U0331121

杜威晚期著作

John Dewey

1925—1953

复旦大学杜威与美国哲学研究中心　组译

杜威全集

论文、书评和杂记

第十五卷

1942—1948

[美] 约翰·杜威　著

余灵灵　译

华东师范大学出版社

The Later Works of John Dewey, 1925—1953
Volume Fifteen: 1942—1948, Essays, Reviews, and Miscellany
By John Dewey
Edited by Jo Ann Boydston

Published by agreement with Southern Illinois University Press, 1915 University Press Drive, SIUC Mail Code 6806, Carbondale, IL 62901, USA

上海市版权局著作权合同登记 图字:09-2004-377号

《杜威全集·晚期著作》(1925—1953)

第十五卷(1942—1948)

主　　　　编　乔·安·博伊兹顿

文 本 编 辑　帕特里夏·贝辛格

助理文本编辑　理查德·W·菲尔德

《杜威全集》中文版编辑委员会

目　录

附录 / 309

文本研究资料 / 411

中文版序

《杜威全集》中文版终于由华东师范大学出版社出版了。作为这一项目的发起人，我当然为此高兴，但更关心它能否得到我国学界和广大读者的认可，并在相关的学术研究中起到预期作用。后者直接关涉到对杜威思想及其重要性的合理认识，这有赖专家们的研究。我愿借此机会，对杜威其人、其思想的基本倾向和影响，以及研究杜威哲学的意义等问题谈些看法，以期抛砖引玉。考虑到中国学界以往对杜威思想的消极方面谈论得很多，大家已非常熟悉，我在此就主要谈其积极方面，但这并非认为可以忽视其消极方面。

一、杜威其人

约翰·杜威(John Dewey, 1859—1952)是美国哲学发展中最有代表性的人物。他不仅进一步阐释并发展了由皮尔士创立、由詹姆斯系统化的实用主义哲学的基本理论，而且将其运用于社会、政治、文化、教育、伦理、心理、逻辑、科学技术、艺术、宗教等众多人文和社会科学领域的研究，并在这些领域提出了重要创见。他在这些领域的不少论著，被西方各该领域的专家视为经典之作。这些论著不仅对促进这些领域的理论研究起到过重要的作用，在这些领域的实践中也产生过深刻的影响。杜威由此被认为是美国思想史上最具影响的学者，甚至被认为是美国的精神象征；在整个西方世界，他也被公认是 20 世纪少数几个最伟大的思想家之一。

杜威出生于佛蒙特州伯灵顿市一个杂货店商人家庭。他于 1875 年进佛蒙特大学，开始受到进化论的影响。1879 年，他毕业后先后在一所中学和一所乡村学校教书。在这期间，他阅读了大量的哲学著作，深受当时美国圣路易黑格尔学派刊物《思辨哲学杂志》的影响。1882 年，他在该刊发表了《唯物主义的形而上学假定》和《斯宾诺莎的泛神论》两文，很受鼓舞，从此决定以哲学为业。同年，他成了约翰·霍普金斯大学的哲学研究生，在此听了皮尔士的逻辑讲座，不过当时对他影响最大的是黑格尔派哲学家莫里斯(George Sylvester Morris)和实验心理学家霍尔(G. Stanley Hall)。两年后，他以《康德的心理学》论文取得哲学博士学位。

1884 年，杜威到密歇根大学教哲学，在该校任职 10 年(其间，1888 年在明尼苏达大学)。初期，他的哲学观点大体上接近黑格尔主义。他对心理学研究很感兴趣，并使之融化于其哲学研究中。这种研究，促使他由黑格尔主义转向实用主义。在这方面，当时已出版并享有盛誉的詹姆斯的《心理学原理》对他产生了强烈的影响。杜威对心理学的研究，又促使他进一步去研究教育学。他主张用心理学观点去进行教学，并认为应当把教育实验当作哲学在实际生活中的运用的重要内容。

1894 年，杜威应聘到芝加哥大学，后曾任该校哲学系主任。他在此任教也是 10 年。1896 年，他在此创办了有名的实验学校。这个学校抛弃传统的教学法，不片面注重书本，而更为强调接触实际生活；不片面注重理论知识的传授，而更为强调实际技能的训练。杜威后来所一再倡导的“教育就是生活，而不是生活的准备”、“从做中学”等口号，就是对这种教学法的概括。杜威在芝加哥时期，已是美国思想界一位引人注目的人物。他团聚了一批志同道合者(包括在密歇根大学就与他共事的塔夫茨、米德)，形成了美国实用主义运动中著名的芝加哥学派。杜威称他们共同撰写的《逻辑理论研究》(1903 年)一书是工具主义学派的“第一个宣言”。此书标志着杜威已从整体上由黑格尔主义转向了实用主义。

从 1905 年起，杜威转到纽约哥伦比亚大学任教，直到 1930 年以荣誉教授退休。他以后的活动也仍以该校为中心。这一时期不仅是他的学术活动的鼎盛期(他的大部分有代表性的论著都是在这一时期问世的)，也是他参与各种社会和政治活动最频繁且声望最卓著的时期。他把两者有机地结合在一起。他对各种社会现实问题的评论和讲演，往往成为他的学术活动的重要组成部分。从 1919 年起，杜威开始了一系列国外讲学旅行，到过日本、墨西哥、俄罗斯、土耳其等国。“五四”前夕，他到了中国，在北京、南京、上海、广州等十多个城市作过系列讲演，于 1921 年 7 月返美。

杜威一生出版了40种著作，发表了700多篇论文，内容涉及哲学、社会、政治、教育、伦理、心理、逻辑、文化、艺术、宗教等多个方面。其主要论著有：《学校与社会》(1899年)、《伦理学》(1908年与塔夫茨合著，1932年修订)、《达尔文主义对哲学的影响》(1910年)、《我们如何思维》(1910年)、《实验逻辑论文集》(1910年)、《哲学的改造》(1920年)、《人性与行为》(1922年)、《经验与自然》(1925年)、《公众及其问题》(1927年)、《确定性的寻求》(1929年)、《新旧个人主义》(1930年)、《作为经验的艺术》(1934年)、《共同的信仰》(1934年)、《逻辑：探究的理论》(1938年)、《经验与教育》(1938年)、《自由与文化》(1939年)、《评价理论》(1939年)、《人的问题》(1946年)、《认知与所知》(1949年与本特雷合著)等等。

二、杜威哲学的基本倾向

杜威在各个领域的思想都与他的哲学密切相关，这不只是他的哲学的具体运用，有时甚至就是他的哲学的直接体现。我们在此不拟具体介绍他的思想的各个方面和他的哲学的各个部分，仅概略地揭示他的哲学的基本倾向。杜威哲学的各个部分，以及他的思想的各个方面，大体上都可从他的哲学的基本倾向中得到解释。这种基本倾向从其积极意义上说，主要表现为如下三点。

第一，杜威把对现实生活和实践的关注当作哲学的根本意义所在。

在现代西方各派哲学中，杜威哲学最为反对以抽象、独断、脱离实际等为特征的传统形而上学，最为肯定哲学应当面向人的现实生活和实践。如何通过人本身的行为、行动、实践(即他所谓的以生活和历史为双重内容的经验)来妥善处理人与其所面对的现实世界(自然和社会环境)，以及人与人之间的关系，是杜威哲学最为关注的根本问题。杜威哲学从不同的角度来说有着不同的名称，例如，当他强调实验和探究的方法在其哲学中的重要意义时，称其哲学为实验主义(experimentalism)；当他谈到思想、观念的真理性在于它们能充当引起人们的行动的工具时，称其哲学为工具主义(Instrumentalism)；当他谈到经验的存在论意义，而经验就是作为有机体的人与其自然环境的相互作用时，称其哲学为经验自然主义(empirical naturalism)。贯彻于所有这些称呼的概念是行动、行为、实践。杜威哲学的各个方面，都在于从实践出发并引向实践。这并不意味着实践就是一切。实践的目的是改善经验，即改善人与其自然和社会环境的关系，一句话，改善人的生活和生存条件。

杜威对实践的解释当然有片面性。例如，他没有看到人类的物质生产活动在人的实践中的基础作用，更没有科学地说明实践的社会性；但他把实践看作是全部哲学研究的核心，认为存在论、认识论、方法论等问题的研究都不能脱离实践，都具有实践的意义，且在一定意义上是合理的。

值得一提的是：与胡塞尔、海德格尔等人通过曲折的道路返回生活世界不同，与只关注逻辑和语言意义分析的分析哲学家也不同，杜威的哲学直接面向现实生活和实践。杜威一生在哲学上所关注的，不是去建构庞大的体系，而是满腔热情地从哲学上探究人在现实生活和实践各个领域所面临的各种问题及其解决办法。在杜威的全部论著中，关于政治、社会、文化、教育、心理、道德、价值、科学技术、审美和宗教等多个领域的具体问题的论述占了绝大部分。他的哲学的精粹和生命力，大多是在这些论述中表现出来的。

第二，杜威的哲学改造适应和引领了西方哲学由近代到现代转向的潮流。

19 世纪中期以来，西方哲学发展出现了根本性的变更，以建构无所不包的体系为特征的近代哲学受到了广泛的批判，以超越传统的实体性形而上学和二元论为特征的现代哲学开始出现，并越来越占主导地位。多数哲学流派各以特有的方式，力图使哲学研究在不同程度上从抽象化的自在的自然界或绝对化的观念世界返回到人的现实生活世界，企图以此摆脱近代哲学所陷入的种种困境，为哲学的发展开辟新道路。西方哲学由近代到现代的这种转折，不能简单归结为由唯物主义转向唯心主义、由进步转向反动，而是包含了哲学思维方式上一次具有划时代意义的转型。它标志着西方哲学发展到了一个新的、更高的阶段。杜威在哲学上的改造，不仅适应了而且在一定意义上引领了这一转型的潮流。

杜威曾像康德那样，把他在哲学上的改造称为“哥白尼革命”（Copernican revolution）。但他认为康德对人的理智的能动性过分强调，以致使它脱离了作为其存在背景的自然。而在他看来，人只有在其与自然的相互作用中才有能动作用，甚至才能存在。哲学上的真正的哥白尼革命，正在于肯定这种交互作用。如果说康德的中心是心灵，那么杜威的新的中心是自然进程中所发生的人与自然的交互作用。正如地球或太阳并不是绝对的中心一样，自我或世界、心灵或自然都不是这样的中心。一切中心都存在于交互作用之中，都只具有相对的意义。可见，杜威所谓哲学中的哥白尼革命，就是以他所主张的心物、主客、经验自然等的交互作用，或者说人的现实生活和实践来既取代客体中心论，也取代主体中心论。他也是在这种意义上，既反对忽视主体的能动性的旧的唯物主义，又反对忽视自然作为存在的根据和作用的旧的唯心主义。

不是把先验的主体或自在的客体，而是把主客的相互作用当作哲学的出发点；不是局限于建构实体性的、无所不包的体系，而是通过行动、实践来超越这样的体系；不是转向纯粹的意识世界或脱离了人的纯粹的自然界，而是转向与人和自然界、精神和物质、理性和非理性等等都有着无限牵涉的生活世界，这大体上就是杜威哲学改造的主要意义；而这在一定程度上，也正是多数西方哲学由近代到现代转向的主要意义。杜威由此体现和引领了这种转向。

第三，杜威的哲学改造与马克思在哲学上的革命变更存在某些相通之处。

西方哲学从近代到现代的转向与马克思在哲学上的革命变更的政治背景大不相同，二者必然存在原则性区别；但二者发生于大致相同的历史时代，具有共同的历史和文化背景，因而又必然存在相通之处。如果我们能够肯定杜威的哲学改造适应并引领了西方哲学从近代到现代转向的潮流，那就必须肯定杜威的哲学改造与马克思在哲学上的革命变更必然同样既有原则区别，又有相通之处。后者突出地表现在，二者都把实践当作哲学的根本意义而加以强调。马克思正是通过这种强调而得以超越旧唯物主义和唯心主义辩证法的界限，把唯物主义和辩证法有机地统一起来，建立了唯物辩证法。杜威在这些方面与马克思相距甚远。但是，他毕竟用实践来解释经验而使他的经验自然主义超越了纯粹自然主义和思辨唯心主义的界限，并由此提出了一系列超越近代哲学范围的思想。

杜威的经验自然主义并不否定自然界在人类经验以外自在地存在，不否定在人类出现以前地球和宇宙早已存在，而只是认为人的对象世界只能是人所遭遇到(经验到)的世界，这在一定程度上类似于马克思所指的与纯粹自然主义的自在世界不同的人化世界，即现实生活世界。杜威否定唯物主义，但他只是在把唯物主义归结为纯粹自然主义的唯物主义的意义上去否定唯物主义。杜威强调经验的能动性，但他不把经验看作可以离开自然(环境)而独立存在的精神实体或精神力量，而强调经验总是处于与自然、环境的统一之中，并与自然、环境发生相互作用。这与传统的唯心主义经验论也是不同的，倒是与马克思关于主客观的统一和相互作用的观点虽有原则区别，却又有相通之处。

杜威是在黑格尔影响下开始哲学活动的。他在转向实用主义以后，虽然抛弃了黑格尔的绝对唯心主义，甚至也拒绝了黑格尔的辩证法，但是在他的理论中又保留着某些辩证法的要素。例如,他把经验、自然和社会等都看作是统一整体,其间都存在着多种多样的联系;他在达尔文进化论的影响下,明确肯定世界(人类社会和自然界)处于不断进化和发展的过程之中。他所强调的连续性(如经验与自然的连续、人与世界的连续、身心的连续、个人与社会的连续等等)概念,在一定程度上就是统一整体的概念、进化和发展的概念。这种概念虽与马克思的辩证法不能相提并论,但毕竟也有相通之处。

三、杜威哲学的积极影响

杜威实用主义哲学对现实生活和实践的强调,对西方哲学从近代到现代转向的潮流的适应和引领,特别是它在一些重要方面与马克思哲学的相通,说明它在一定程度上体现了时代精神发展的要求。正因为如此,它必然是一种在一定范围内能发生积极影响的哲学。

实用主义在美国的积极影响,可以用美国人民在不长的历史时期里几乎从空地上把美国建设成为世界的超级大国来说明。实用主义当然不是美国唯一的哲学,但它却是美国最有代表性的哲学。实用主义产生以前的许多美国思想家(特别是富兰克林、杰斐逊等启蒙思想家),大多已具有实用主义的某些特征,这在一定意义上为实用主义的正式形成作了思想准备。实用主义产生以后,传入美国的欧洲各国哲学虽然能在美国哲学中占有一席之地,其中分析哲学在较长时期甚至能在哲学讲坛上占有支配地位;但是,它们几乎都毫无例外地迟早被实用主义同化,成为整个实用主义运动的组成部分。当代美国实用主义者莫利斯说:逻辑经验主义、英国语言分析哲学、现象学、存在主义同实用主义"在性质上是协同一致的",它们"每一种所强调的,实际上是实用主义运动作为一个整体范围之内的中心问题之一"。[①] 就实际影响来说,实用主义在美国哲学中始终占有优势地位。桑塔亚那等一些美国思想家也承认,美国人不管其口头上拥护的是什么样的哲学,但是从他们的内心和生活来说都是实用主义者。只有实用主义,才是美国建国以来长期形成的一种民族精神的象征。而实用主义的最大特色,就是把哲学从玄虚的抽象王国转向人所面对的现实生活世界。实用主义的主旨

---

① Morris, Charles W. *The Pragmatic Movement in American Philosophy*. New York: George Braziller, 1970, p. 148.

就在指引人们如何去面对现实生活世界，解决他们所面临的各种疑虑和困扰。实用主义当然具有各种局限性，人们也可以而且应当从各种角度去批判它，马克思主义者更应当划清与实用主义的界限；但从思想理论根源上说，正是实用主义促使美国能够在许多方面取得成功，这大概是一个不争的事实。

在美国以外，实用主义同样能发生重要的影响。与杜威等人的哲学同时代的欧洲哲学尽管不称为实用主义，但正如莫利斯说的那样，它们同实用主义"在性质上是协同一致的"。如果说它们各自在某些特定方面、在一定程度上体现了现代西方社会的时代特征，实用主义则较为综合地体现了这些特征。换言之，就体现时代特征来说，被欧洲各个哲学流派特殊地体现的，为实用主义所一般地体现了。正因为如此，实用主义能较其他现代西方哲学流派发生更为广泛的影响。

杜威的实用主义在中国也发生过重要的影响。早在"五四"时期，杜威就成了在中国最具影响的西方思想家。从外在原因上说，这是由于胡适、蒋梦麟、陶行知等他在中国的著名弟子对他作了广泛的宣扬；杜威本人在"五四"时期也来华讲学，遍访了中国东西南北十多个城市。这使他的思想为中国广大知识界所熟知。然而，更重要的原因是：他在理论中所包含的科学和民主精神，正好与"五四"时期中国先进知识分子倡导科学和民主的潮流相一致。另外，他的讲演不局限于纯哲学的思辨而尤其关注现实问题，这也与中国先进分子的社会改革的现实要求相一致。正是这种一致，使杜威的理论受到了投入"五四"新文化运动和社会改革的各阶层人士的普遍欢迎，从而使他在中国各地的讲演往往引起某种程度的轰动效应。杜威本人也由此受到很大鼓舞，原本只是一次短期的顺道访华也因此被延长到两年多。胡适在杜威起程回国时写的《杜威先生与中国》一文中曾谈到："我们可以说，自从中国与西方文化接触以来，没有一个外国学者在中国思想界的影响有杜威先生这样大的。我们还可以说，在最近的将来几十年中，也未必有别个西洋学者在中国的影响可以比杜威先生还大的。"①作为杜威的信徒，胡适所作的评价可能偏高。但就其对中国社会的现实层面的影响来说，除了马克思主义者以外，也许的确没有其他现代西方思想家可以与杜威相比。

尽管杜威的实用主义与马克思主义有原则区别，但"五四"时期中国马克思主义者对杜威及其实用主义并未简单否定。陈独秀那时就肯定了实用主义的某

① 引自《胡适哲学思想资料选》(上)，上海：华东师范大学出版社，1981年，第181页。

些观点，甚至还成为杜威在广州讲学活动的主持人。1919 年，李大钊和胡适关于“问题与主义”的著名论战，固然表现了马克思主义与实用主义的原则分歧，但李大钊既批评了胡适的片面性，又指出自己的观点有的和胡适“完全相同”，有的“稍有差异”。他们当时的争论并未越出新文化运动统一战线这个总的范围，在倡导科学和民主精神上毋宁说大体一致。毛泽东在其青年时代也推崇胡适和杜威。

“五四”以后，随着国内形势的重大变化，上述统一战线趋向分裂。20 世纪 30 年代后期，由于受到苏联对杜威态度骤变的影响，中国马克思主义者对杜威也近乎于全盘否定了。20 世纪 50 年代中期，为了确立马克思主义在思想文化领域的主导地位，从上而下发动了一场对实用主义全盘否定的大规模批判运动。它在一定程度上达到了预期的政治目的，但在理论上却存在着很大的片面性。当时多数批判论著脱离了杜威等人的理论实际，形成了一种对西方思潮“左”的批判模式，并在中国学术界起着支配作用。从此以后，人们在对杜威等现代西方思想家、对实用主义等现代西方思潮的评判中，往往是政治标准取代了学术标准，简单否定取代了具体分析。杜威等西方学者及其理论的真实面貌就因此而被扭曲了。

对杜威等西方思想家及其理论的简单否定，势必造成多方面的消极后果。其中最突出的有两点：一是使马克思主义及其指导下的思想理论领域在一定程度上与当代世界及其思想文化的发展脱节，使前者处于封闭状态，从而妨碍其得到更大的丰富和发展；二是由于扭曲了马克思主义哲学和现代西方哲学的关系，忽视了二者在某些方面存在的共通之处，在批判杜威哲学等现代西方哲学的名义下扭曲了马克思主义哲学一些最重要的学说，例如关于真理的实践检验、关于主客观统一、关于个人与社会的关系等学说都存在这种情况。这种理论上的混乱导致实践方向上的混乱，甚至在一定程度上导致实践上的挫折。

需要说明的是：肯定杜威实用主义的积极作用并不意味着否定其消极作用，也不意味着简单否定中国学界以往对实用主义的批判。以往被作为市侩哲学、庸人哲学、极端个人主义哲学的实用主义不仅是存在的，而且在一些人群中一直发生着重要的影响。资产阶级庸人、投机商、政客以及各种形式的机会主义者所奉行的哲学，正是这样的实用主义。对这样的实用主义进行坚定的批判，是完全正当的。但是，如果对杜威的哲学作具体研究，就会发觉他的理论与这样的实用主义毕竟有着重大的区别。杜威自己就一再批判了这类庸俗习气和极端个人主义。如果简单地把杜威哲学归结为这样的实用主义,那在很大程度上就是把杜威所批判的哲学当作是他自己的哲学。

四、杜威哲学研究在当代中国的积极意义

改革开放以来,中国政治和思想文化上的"左"的路线得到纠正,哲学研究出现了求真务实的新气象,包括杜威实用主义在内的现代西方哲学研究得到了恢复和发展。以 1988 年全国实用主义学术讨论会为转折点,对杜威等人的实用主义的全盘否定倾向得到了克服,如何重新评价其在中国思想文化建设中的作用的问题也越来越受到学界的关注,对杜威等人的实用主义的研究由此进入了一个新阶段。"五四"时期,由于杜威的学说正好与当时中国的新文化运动相契合,起过重要的积极作用;今天的中国学界,由于对马克思主义哲学和现代西方哲学都已有了更为全面和深刻的理解,对杜威的思想的研究也会更加深入和具体,更能区别其中的精华和糟粕,这对促进中国的思想文化建设会产生更为积极的作用。

对杜威哲学的重新研究在当代中国的积极意义,至少包括如下三个方面:

第一,有利于对马克思主义哲学有更为全面和深刻的理解。

这是因为,杜威哲学和马克思的哲学虽有原则性区别,但二者在一些重要方面有相通之处。这主要表现在二者都批判和超越了以抽象、思辨、脱离实际等为特征的传统形而上学;都强调对现实生活和实践的关注在哲学中的决定性作用;都肯定任何观念和理论的真理性的标准是它们是否经得起实践的检验;都认为科学真理的获得是一个不断提出假设、又不断进行实验的发展过程;都认为社会历史同样是一个不断发展的过程,社会应当不断地进行改造,使之越来越能符合满足人的需要和人的全面发展的目标;都认为每一个人的自由是一切人取得自由的条件,同时个人又应当对社会负责,私利应当服从公益;都提出了使所有人共同幸福的社会理想,等等。在这些方面将马克思主义与杜威的实用主义作比较研究,既能更好地揭示它们作为不同阶级的哲学的差异,又能更好地发现二者作为同时代的哲学的共性,从而使人们既能更好地划清马克思主义和实用主义的界限,又能通过批判地借鉴后者可能包含的积极成果来丰富和发展马克思主义。

第二，有利于对中国传统文化的批判继承。

杜威哲学和中国传统文化有着两种不同的联系。以儒家为代表的中国传统文化是一种前资本主义文化，没有西方资本主义文化的理性主义特质，不会具有因把理性绝对化而导致的绝对理性主义和思辨形而上学等弊端；但未充分经理性思维的熏陶又是中国传统文化的缺陷，不利于自然科学的发展，更不利于人的个性的发展和自由民主等意识的形成。正因为如此，以儒家为代表的中国传统文化往往被历代封建统治阶级神圣化和神秘化，成为他们的意识形态，后者阻碍了中国科学技术的发展、人民的觉醒和社会历史的进步。"五四"新文化运动的主要矛头就是针对儒家文化作为封建意识形态的方面，以此来为以民主和科学精神为特征的新文化开辟道路。杜威哲学正是以倡导民主和科学为重要特征的。杜威来到中国时，正好碰上"五四"新文化运动，他成了这一运动的支持者。他的学说对于批判作为封建意识形态的儒学，自然也起了促进作用。

但是，儒家文化并不等于封建文化；孔子提出的以"仁"为核心的儒学本身并不是统治阶级的意识形态。直到汉武帝实行"罢黜百家，独尊儒术"的政策以后，儒学才取得了独特的官方地位，由此被历代封建帝王当作维护其统治的精神工具。即使如此，也不能否定儒学在学理上的意义。它既可以被封建统治阶级所利用，又能为广大民众所接受，成为他们的生活信念和道德准则。历代学者对儒学的发挥，也都具有这种二重性。正因为如此，儒学除了被封建统治阶级利用外，还能不断发扬光大，成为中华民族宝贵的思想文化遗产。儒学所强调的"以人为本"、"经世致用"、"公而忘私"、"以和为贵"、"己所不欲，勿施于人"等观念，具有超越时代和阶级的普世意义。新文化运动的代表人物并不反对这些观念，而这些观念与杜威哲学的某些观念在一定程度上是相通的。杜威哲学在"五四"时期之所以能为中国广大知识分子接受，在一定程度上正是因为中国文化传统中已有与杜威哲学相通的成分。正因为如此，研究杜威的实用主义思想，对于更清晰地理解儒家思想，特别是分清其中具有普世价值的成分与被神圣化和神秘化的成分，发扬前者，拒斥后者，能起到促进作用。

第三，有利于促进对各门社会人文学科的研究。

杜威的哲学活动的一个突出特点，是他非常自觉地超越纯粹哲学思辨的范围而扩及各门社会人文学科。我们上面曾谈到，在杜威的全部论著中，关于政治、社会、文化、教育、道德、心理、逻辑、科学技术、审美和宗教等各个领域的具体问题的论述占了绝大部分。他不只是把他的哲学观点运用于这些学科的研究，而且是通过对这些学科的研究更明确和更透彻地把他的哲学观点阐释出来。反过来说，他对这些学科的研究都不是孤立地进行的，而是通过其基本哲学观点的具体运用而与其他相关学科联系起来，从而把对这些学科的研究形成为一个有机整体，并由此使他对这些学科的研究可能具有某些独创意义。

例如，杜威极其关注教育问题并在这方面作了大量论述，除了贯彻他对现实生活和实践的重视这个基本哲学倾向、由此强调在实践中学习在整个教学过程中的决定作用以外，他还把教育与心理、道德、社会、政治等因素紧密地结合在一起，从而使教育的内容更加丰富、全面。他的教育思想也由此得到了更为广泛的认同，被公认为是当代西方最具影响的教育学家。值得一提的是：无论在中国还是在苏联，杜威在教育上的影响几乎经久不衰。即使是在政治和意识形态影响极为深刻的年代，杜威提出的许多教育思想依然能不同程度地被人肯定。陶行知的教育思想在中国就一直得到肯定，而陶行知的教育思想被公认为主要来源于杜威。

我们这样说，并不是全盘肯定杜威。无论是在哲学和教育或其他方面，杜威都有很大的局限性，需要我们通过具体研究加以识别。但与其他现代西方哲学家相比，杜威是最善于把哲学的一般理论与其他人文社会学科密切结合起来、使之相互渗透和相互促进的哲学家，这大概是不可否认的事实。在这方面，很是值得我们借鉴。

五、关于《杜威全集》中文版的翻译和出版

要在中国开展对杜威思想的研究，一个重要的条件是有完备的和翻译准确的杜威论著。中国学者早在“五四”时期就开始从事这方面的工作。当时杜威在华的讲演，为许多报刊广泛译载并汇集成册出版。“五四”以后，杜威的新著的翻译出版仍在继续。即使是杜威在中国受到严厉批判的年代，他的一些主要论著也作为供批判的材料公开或内部出版。杜威部分重要著作的英文原版，在中国一些大的图书馆里也可以找到。从对杜威哲学的一般性研究来说，材料问题不是主要障碍。但是，如果想要对杜威作全面研究或某些专题研究，特别是对他所涉及的人文和社会广泛领域的研究，这些材料就显得不足了。加上杜威论著的原有中译本出现于不同的历史年代，标准不一，有的译本存在不准确或疏漏之

处，难以为据。更为重要的是，在杜威的论著中，论文（包括书评、杂录、教学大纲等）占大部分，它们极少译成中文，原文也很难找到。为了进一步开展对杜威的研究，就需要进一步解决材料问题。

2003年，在复旦大学举行的一次大型实用主义国际学术讨论会上，我建议在复旦大学建立杜威研究中心并由该中心来主持翻译《杜威全集》，得到与会专家的赞许，复旦大学的有关领导也明确表示支持。2004年初，复旦大学正式批准以哲学学院外国哲学学科为基础，建立杜威与美国哲学研究中心，挂靠哲学学院。研究中心立即策划《杜威全集》的翻译。华东师范大学出版社朱杰人社长对出版《杜威全集》中文版表示了极大的兴趣，希望由该社出版。经过多次协商，我们与华东师范大学出版社达成了翻译出版协议，由此开始了我们后来的合作。

《杜威全集》（*Collected works of John Dewey*）由美国杜威研究中心（设在南伊利诺伊大学）组织全美研究杜威最著名的专家，经30年（1961—1991）的努力，集体编辑而成，乔・安・博伊兹顿（Jo Ann Boydston）任主编。全集分早、中、晚三期，共37卷。早期5卷，为1882—1898年的论著；中期15卷，为1899—1924年的论著；晚期17卷，为1925—1953年的论著。各卷前面都有一篇导言，分别由在这方面最有声望的美国学者撰写。另外，还出了一卷索引。这样共为38卷。尽管杜威的思想清晰明确，但文字表达相当晦涩古奥，又涉及人文、社会等众多学科；要将其准确流畅地翻译出来，是一项极其庞大和困难的任务，必须争取国内同行专家来共同完成。我们旋即与中国社会科学院哲学研究所、北京大学、清华大学、中国人民大学、北京师范大学、南京大学、浙江大学、武汉大学、北京外国语大学，以及华东师范大学和上海社会科学院哲学研究所等兄弟单位的专家联系，得到了他们参与翻译的承诺，这给了我们很大的鼓舞。

《杜威全集》英文版分精装和平装两种版本，两者的正文（包括页码）完全相同。平装本略去了精装本中的“文本的校勘原则和程序”等部分编辑技术性内容。为了力求全面，我们按照精装本翻译。由于《杜威全集》篇幅浩繁，有一千多万字，参加翻译的专家有几十人。尽管我们向大家提出在译名等各方面尽可能统一，但各人见解不一，很难做到完全统一。为了便于读者查阅，我们在索引卷中把同一词不同的译名都列出，读者通过查阅边码即原文页码不难找到原词。为了确保译文质量，特别是不出明显的差错，我们一般要求每一卷都由两人以上参与，互校译文。译者译完以后，由复旦大学杜威与美国哲学研究中心初审。如无明显的差错，交由出版社聘请译校人员逐字逐句校对，并请较有经验的专家抽查，提出意见，退回译者复核。经出版社按照编辑流程加工处理后，再由研究中心终审定稿。尽管采取了一系列较为严密的措施，但很难完全避免缺点和错误，我们衷心地希望专家和读者提出意见。

复旦大学杜威与美国哲学研究中心的工作是在哲学学院和国外马克思主义与国外思潮创新基地的支持下进行的，学院和基地的不少成员参与了《杜威全集》的翻译。为了使研究中心更好地开展工作，校领导还确定研究中心与美国研究创新基地挂钩，由该基地给予必要的支持。《杜威全集》中文版编委会由参与翻译的复旦大学和各个兄弟单位的专家共同组成，他们都一直关心着研究中心的工作。俞吾金教授和童世骏教授作为编委会副主编，对《杜威全集》的翻译工作作出了重要的贡献。汪堂家教授作为常务副主编，更是为《杜威全集》的翻译工作尽心尽力，承担了大量具体的组织和审校工作。华东师范大学出版社与我们有着良好的合作，编辑们怀着高度的责任心，兢兢业业地在组织与审校等方面做了大量的工作，在此一并表示衷心的感谢。

刘放桐

2010 年 6 月 11 日

导　言

刘易斯·福伊尔(Lewis Feuer)

1942—1948年对杜威来说,或许是他一生理智活动中最孤立的时期。迟至 *xi*
1941年春,他一直反对美国卷入反纳粹德国的战争,因为他担心在这样一场战争中,美国会牺牲自己的民主权利。然而,在日本袭击珍珠港、希特勒正式向美国宣战以后,杜威完全支持美国尽一切努力去赢得战争胜利。但是,作为一位哲学家和社会科学家,杜威勇敢而明智地批评这样一种大规模的宣传活动,这种宣传活动改写苏联历史,为斯大林的独裁政治和秘密警察的残酷镇压辩护。托洛茨基调查委员会(Trotsky Inquiry Commission)的经历还清晰地印在杜威的脑海中,他却惊愕地看到,前美国驻苏联大使约瑟夫·E·戴维斯(Joseph E. Davies)如何信誓旦旦地告诉百万美国人说,"莫斯科审判"是斯大林消除"第五纵队成员"如托洛茨基、布哈林(Bukharin)和图哈切夫斯基(Tukhachevsky)元帅的手段,据说他们伺机在战争到来时将苏联出卖给纳粹。戴维斯的著作《赴莫斯科的使命》(*Mission to Moscow*)是一本畅销书;据其改编的影片中,饰演现任大使的沃尔特·休斯顿(Walter Huston)棱角分明,一脸忠诚,用有助于斯大林及其党组织的描述,迷惑住了美国人。

杜威以往的写作,从来没有像他在关于戴维斯的《赴莫斯科的使命》一书的评论和信件中那样充满直接、有力的批评。他讽刺性地比较了戴维斯在离开莫斯科三年以后"奇迹般地显现"与圣保罗在通往大马士革路上的变化:"前大使戴维斯,这位莫斯科使命的担负者成为了传教士。"他指出,如果戴维斯读一下库斯勒(Koestler)
的《午时黑暗》(*Darkness at Noon*),"他或许会接受另一种灵光一现的启示"。最重要 *xii*
的是,杜威警告说,"对俄国错误的理想化"将会使我们商谈和平条款变得复杂起来,我们将“不得不为把斯大林主义者及其同道捧到顶点而付出高昂的代价”。

杜威在《纽约时报》(*New York Times*)上明智地告诫道：我们可以“为俄国战胜我们共同的敌人而高兴，而不把斯大林的恐怖政权理想化”；在我们内战期间，我们感谢“专制的俄国的帮助”，而没有因此有责任称颂沙皇的专制；斯大林正在接受所有我们对他的帮助，并不意味着此时他会相信，“极权主义和民主制度能够混合在一起”。根据近来出版的苏联前情报官沃尔特·克里维茨基(Walter Krivitsky)的书，杜威大胆指出：“斯大林对老布尔什维克的清算”，是他“与希特勒交易成功的代价”的一部分，他与希特勒一直“致力于达成一个协定”。杜威认为，任何官方正式“介绍斯大林的极权主义专制都是危险的，除真相外”。在与教育家约翰·L·蔡尔兹(John L. Childs)交流时，杜威很有先见之明，他警告说，正在进行的谈判已经打算“牺牲波罗的海国家和波兰”，在斯大林那里争取对民主发展的让步的关键时机已经丧失了，“斯大林需要我们的帮助的时机，就是提出这些条件的时机”。

关于二战，杜威没有写更多的东西。另一些公众关注的问题一直吸引着他的哲学写作。他特别为下述问题所困扰：如何面对反自然主义日益增长的有害影响，特别是以罗马天主教会为代表的反自然主义。杜威深刻感受到，1940 年在阻止任命伯特兰·罗素(Bertrand Russell)作为纽约城市学院哲学教授时，教会所起的重要作用。杜威本人不喜欢罗素，[①]但他不惜笔墨并花时间为罗素的任命努力辩护，反对一名天主教徒母亲代表她的女儿提起的诉讼，以及后来由一名天主教
xiii 坦慕尼派法官在教士们的压力下作出的裁决。杜威的文章《极端的反自然主义》(Anti-Naturalism in Extremis)语气尖锐，是他以前反对神学哲学所从来没有过的；甚至如雅克·马里顿(Jacques Maritain)这样的天主教自由主义者都不能免遭杜威的攻击，因为杜威认为，各种反自然主义哲学本质上都是卑劣的“可鄙的自然观”。

然而自然主义哲学的确是通往高尚观念的指南吗？苏联以其历史唯物主义观点作为支持，一直培育着对人类生命的蔑视，这种蔑视居然支持在劳改营和监

---

① 杜威在 1948 年 4 月 3 日致友人博伊德·H·博德(Boyd H. Bode)信中写道：“我一直感到内疚，我如此轻易地辜负了 B·罗素。我从来没有在理智上以足够的真诚公正地对待他。如果需要证据阻止现在哲学的低迷状态，他的膨胀的老大名声或许就足够了——他或许是也或许不是数学形式化的权威。我在这点上怀疑 A·F·本特利(A. F. Bentley)的权威性，但是即便如此，在哲学上给予他老大的名声也是一种怜悯的同情。”(《约翰·杜威来信》，安阿伯大学微缩胶片)

狱中杀死无数的人——"阶级敌人"、克鲁泡特金主义者、孟什维克、托洛茨基主义者、布哈林主义者、农民、不满的工人、资产阶级、支持或拥护犹太复国运动者、浸信会教友。马克思主义的自然主义观点认为，不存在普遍的伦理原则，只存在反映变动的阶级利益的变化的规则，这种自然观正如任何神学教条一样，会潜移默化地降低人的道德感。杜威尖锐地指出，"某些最血腥、最残酷的战争"是以"超自然主义和神职机构……名义发动的"；当圣托马斯·阿奎那说"如爱你自己一样爱你的邻人"时，实际上是在肉体上折磨同胞以拯救他的灵魂免遭地狱的轮回；反自然主义阻塞了在社会问题上科学进步的道路。作为科学的一名倡导者，杜威很清楚，只有自然主义能提供"人的尊严和价值"基础，因为自然主义在人类本性自身中、在其自然的社会关系中发现了人类价值的源泉。然而，反自然主义真的必然会抵制科学方法吗？科学革命的领导者们包括这样一些人，如笛卡尔、莱布尼茨、斯宾诺莎、牛顿、洛克，在杜威的意义上，他们都是"反自然主义者"；的确，正是莱布尼茨首先使用了"自然主义"一词，他在批判中写道："笛卡尔在自然主义处终结，而斯宾诺莎在此处开始。"[①]但这是否足以清楚表明莱布尼茨能被列入反自然主义者？无论如何，自然主义者如弗洛伊德和尼采认为，人类本性及其先天的侵略性，[②]以及很少尊重人的价值和尊严，是战争、敌意、妒忌的无可补救的源泉。那么，自然主义足以作为人文主义伦理学的基础吗？ *xiv*

的确，杜威坚持，超自然主义的观点孕育着一种悲观的关于人性的观念，只有当如托马斯·杰斐逊这样的自然主义的自由论哲学家出现后，人类的希望才真正出现。然而看起来，自然主义、人道主义、乐观主义都被阿瑟·洛夫乔伊（Arthur Lovejoy）称为"单元观念"（unit-ideas），即是说，它们每一个都独立于其他观念，一个人可以相容地结合这些原则以及与其相反的原则；例如一个人可以既不是人道主义者也不是乐观主义者，但他是自然主义者。从卢克莱修到霍布斯和桑塔亚那，自然主义者对人性持悲观的观念。卢克莱修眼见他所置身的社会在衰落："他

---

① 《莱布尼茨哲学著作》（*The Philosophical Works of Leibnitz*）第二版，乔治·马丁·邓肯（George Martin Duncan）译，纽黑文：塔特尔-莫尔豪斯-泰勒出版公司，1908 年，第 269 页。

② 西格蒙德·弗洛伊德（Sigmund Freud）："我在人类中基本没有发现'善的'东西。以我的经验人类大部分是垃圾，……"《心理分析与信仰：西格蒙德·弗洛伊德致奥斯卡·菲斯特的信》（*Psychoanalysis and Faith: The Letters of Sigmund Freud & Oskar Pfister*），海因里希·门和厄恩斯特·L·弗洛伊德（Heinrich Meng and Ernst L. Freud）编，埃里克·莫斯巴赫（Eric Mosbacher）译，纽约：基础图书公司，1963 年，第 61 页。

们以公民流血来积聚财富，贪婪地成倍增加他们的富有，同时也堆积下累累尸骨，……”“是的，即使当前时代，依然衰败，大地已经耗竭。……如今上了年岁的农夫摇头……以双手劳作的人们一无所有。……悲伤的种植者……控诉着时光流逝不堪回首。……”[①]托马斯·霍布斯的母亲在怀孕时，对于西班牙舰队的逼近“对我们的种族带来厄运”“怀有极大的恐惧”，因此，霍布斯生来就具有恐惧心理，一直将人类看作如野兽般行事，因而需要一个绝对至高无上的君主的约束；[②]杜威曾经对霍布斯政治哲学，及其关于人的心理学理论与霍布斯时代的无休止的战乱之间的关系，进行过详尽的研究并有著述；杜威了解这样一名自然主义的悲观主义者的思想根源。实际上，美国宪法的主要倡议者詹姆斯·麦迪逊和亚
xv 历山大·汉密尔顿在人性观念上同样是自然主义的悲观主义者。《联邦党人文集》(*The Federalist Papers*)的作者并没有停留在人类的仁爱、公众精神或无私等方面；麦迪逊写道，“派系精神”在人们中是普遍的。[③] 宪法的作者们构建了一个检查与制衡的系统，因为他们想要针对类似于民主集会、寡头议院和被选举的执政官，阻止其私人利益倾向。

此外，杜威无疑知道，即便人道主义的自然主义似乎也将悲观的重负强加于其最热烈的鼓吹者。在1936年，杜威将托马斯·哈代(Thomas Hardy)的《德伯家的苔丝》看作除了贝拉米(Bellamy)的《追忆似水年华》外，过去五十年来对他最有影响的小说，哈代以象征式地抗议“不朽的主宰”来结束他的故事，期待着“人性表演的结束”。[④] 托马斯·亨利·赫胥黎(Thomas Henry Huxley)的生理学教科书对作为大学生的杜威有着极大影响，赫胥黎写道，对物理决定论的“伟

---

① 卢克莱修(Lucretius)：《物性论》(*On the Nature of Things*)，H·A·J·芒罗(H. A. J. Munro)译，伦敦：G·贝尔父子出版公司，1929年，第85、81页。

② 《托马斯·霍布斯自传》(*The Autobiography of Thomas Hobbes*)，本杰明·法林顿(Benjamin Farrington)译，《唯理论年鉴(1958年)》，(*The Rationalist Annual*, 1958)，伦敦：瓦特出版公司，1957年，第24页。

③ 阿瑟·O·洛夫乔伊(Arthur O. Lovejoy)：《人性的反思》(*Reflections on Human Nature*)，巴尔的摩：约翰·霍普金斯出版社，1961年，第46页，第51—52页。

④ 见爱德华·威克斯(Edward Weeks)，《五十部有影响力的书》(Fifty Influential Books)，《出版周刊》(*Publishers' Weekly*)1935年3月23日，第1227—1229页，亦见第1230页。《专家精选的最具影响力的书》(Savants Select Most Influential Volumes)，《英文杂志》(*English Journal*)第25期，1936年6月，第497—498页。卡尔·J·韦伯(Carl J. Weber)，《哈代在美国：托马斯·哈代及其美国读者》(*Hardy in America: A Study of Thomas Hardy and His American Readers*)，缅因州沃特维勒：科尔比学院出版社，1946年，第261页。

大真理"的意识"像噩梦一样重压在……许多当今最好的头脑中"，这种自然主义的噩梦显然影响着赫胥黎，使其周期性地处于低迷状态。杜威的得意门生克拉伦斯·艾尔斯(Clarence Ayres)在其关于赫胥黎的传记中，生动地讲述了这个故事。[①] 甚至赫伯特·斯宾塞(Herbert Spencer)这位影响杜威前半生的高尚的自然主义哲学家，也承认在他的大部分岁月中一直存在着一个根本的怀疑，即他的生命是否有价值。[②] 尽管如此，杜威坚持一种世俗主义信仰，即相信自然主义哲学及其反"空想主义与人道主义的失败主义"的功效之间的预定和谐。

除了对于反自然主义的社会学批判外，杜威作为哲学家，还想要将自然主义建立在哲学基础上，作为一种超越于所有反自然主义观点的理论。这样做的机 *xvi*
会于 1945 年到来，杜威以前的学生悉尼·胡克(Sidney Hook)和欧内斯特·内格尔(Ernest Nagel)邀请他与他们合作一篇文章，文章题为《自然主义者是唯物主义者吗?》(Are Naturalists Materialists?)，他欣然同意了。除了开头段落外，杜威对这篇文章贡献甚少，文章主要是由内格尔写的；然而杜威显然很高兴与这些比他年轻四十岁的学生一起，捍卫他们的著作《自然主义与人类精神》(*Naturalism and the Human Spirit*)。他们反驳的批评家 W·H·谢尔登(W. H. Sheldon)是耶鲁大学的著名教授，其立场是唯心主义的，以谨慎、周到著称。谢尔登指责自然主义"不过是又一次冠上更温和一点名称的唯物主义"，因为他们认为意识或精神活动"完全听命于"物理过程。根据谢尔登的观点，自然主义者的论证是循环的；对自然主义者来说，自然被定义为可以为科学方法研究的一切东西；因此，如果天使、内心的思想和上帝不能被科学方法所研究，就可以断言它们不是自然的一部分，因而也就不存在。

杜威、胡克和内格尔的回答直截了当。首先，他们指出，他们不是"还原论的唯物主义者"，即是说，他们并不认为，精神状态、情感、喜悦与对意义的理解等是可归入物理实体或物理活动下的；但是，他们认为，这些精神事件是形容物理活动的，在这个意义上类似于温度和溶解度等性质，它们本身不是物理实体，因为它们既没有体积也没有形状。而且，他们认为，精神事件是由物理事件引起的；

---

① 克拉伦斯·艾尔斯：《赫胥黎》(*Huxley*)，纽约：W·W·诺顿出版公司，1932 年，第 115—116 页。

② 休·埃利奥特(Hugh Elliot)：《赫伯特·斯宾塞》(*Herbert Spencer*)，纽约：亨利·霍尔特出版公司，1917 年，第 46—47 页。

它们依靠物理事物特定的组织状态，然而自身并不是另外的物理实体。这种“唯物主义”的另外类型，杜威及其合作者称之为“自然主义”；类似于C·D·布罗德(C.D. Broad)在其详尽分类的《心灵及其在自然中的位置》(*The Mind and Its Place in Nature*)一书中所称为的“新生的唯物主义”(emergent materialism)。

杜威及其支持者对关于心灵的二元论的这一答复使人信服吗？将精神活动类比为温度等物理性质很难被接受。因为在众所周知的量纲理论中，质量、长度
xvii 和时间这三种量是基础，定义所有物理概念必须具备这三个量。当然，温度具有相应的物理量纲，这一理论为约瑟夫·傅立叶(Joseph Fourier)在其名著《热的理论》(*Theory of Heat*)中首次发展了。[①] 目前对于反应、梦、记忆尚没有类似的有量纲的定义；它们不具备质量和长度量纲；当我们个人做梦时，外人可以观察到我们公开的物理状态，但这种关系缺乏如温度或溶解度那样可操作的物理定义的逻辑结构。值得注意的是，反射行为研究中最伟大的生理学家查尔斯·谢灵顿爵士(Sir Charles Sherrington)，被称为“研究神经系统的最重要的哲学家”和“几乎独力使得神经生理学成为特殊领域的人”，在身心关系问题上一生都是一个二元论者。他的有生之年(1857—1952)跨越了杜威的有生之年；同样的生物学和生理学证据对他们二人都可资利用。杜威或许在感情上不能接受任何二者的“分离”，不能接受二元论，但谢灵顿写道：“身体只是身体的，心灵只是心灵的”，然而两个系统“在很大程度上是相互补足的，生命使它们在无数点上在一起合作”。谢灵顿说，心灵和躯体构成一个二元的“联络”：“我们的存在应是由两个基本实体构成，我并不认为有更大的内在可能性，即存在仅仅依赖于一种实体。”谢灵顿以其广博的生理学知识，在1947年认为，问题依然停留在“亚里士多德两千年前出发的地方”[②]，“两个实体看上去不能比较”[③]。

---

① W·斯坦利·杰文斯(W. Stanley Jevons)：《科学的原则：论逻辑与科学方法》(*The Principles of Science: A Treatise on Logic and Scientific Method*)第二版，伦敦与纽约：麦克米兰出版公司，1892年，第325页及以下。P·W·布里奇曼(P. W. Bridgman)，《量纲分析》(*Dimensional Analysis*)，纽黑文：耶鲁大学出版社，1922年，第24页。

② 朱迪思·P·斯韦齐(Judith P. Swazey)：“查尔斯·斯科特·谢灵顿”，《科学传记词典》(*Dictionary of Scientific Biography*)第12卷，纽约：查尔斯·斯克里布纳之子公司，1975年，第401页。约翰·C·埃克尔斯和威廉·C·吉布森(John C. Eccles and William C. Gibson)，《谢灵顿：生活与思想》(*Sherrington: His Life and Thought*)，柏林：施普林格国际，1979年，第111、128页及以下，第232—234页。

③ 查尔斯·谢灵顿爵士：《人的本性》(*Man on His Nature*)第二版，剑桥：剑桥大学，1951年，第247页。

在杜威看来，谢灵顿的这种二元的观念会大大阻碍他对于反射行为的研究，形成形而上学的重负。但事实远非如此，谢灵顿的科学研究硕果累累，尽管他感 *xviii*
到，到最后，在事物活动的生化序列和精神序列之间存在着完全无法说明的裂隙。爱因斯坦最钦佩的、从历史逻辑角度研究科学方法的学者埃米尔·迈耶森(Émile Meyerson)，同样感到躯体活动和心灵活动之间的关系是无理性的，对于科学解释基本的守恒(或同一)模式不足以说明心灵-躯体的相互作用。然而，在杜威及其合作者看来，这种"心-身二元论"似乎开启了通往唯心主义的绝对论、以一切方法反对科学的自由研究的道路。杜威认为，二元论哲学危及对人类价值观的因果关系的研究。或许在杜威那里保留着一种将他所反对的不同的哲学观念结合在一起的、超越体系之上的倾向。阿瑟·洛夫乔伊或许是对杜威的实用主义中的含混性作出最尖锐批评的评论家，他也是美国哲学中二元论的最有力和敏锐的支持者。虽然洛夫乔伊的《反二元论》一书并没有阻止反二元论的倾向，但作者深深地意识到，不合逻辑的驱动力很大程度上控制着学术活动的方向。洛夫乔伊自身从来没有从二元论发展为绝对唯心主义或反科学的超自然主义；他依然是"永恒的"唯心主义的深入锐利的评论家，他把自己称为"世俗主义者"，可以肯定他对科学的忠诚与杜威一样始终不渝。值得注意的是，洛夫乔伊和杜威都是美国大学教授联合会的奠基人，分别是首任书记和首任会长。由于杜威认为在哲学和政治学之间存在紧密联系，尤其是他认识到二元分离的潜在危机，人们认为他与洛夫乔伊的合作会是不可能的，或者最多是洛夫乔伊前后不一致带来的意外之喜。很难设想，缜密的洛夫乔伊在其一生中是矛盾的。

最多是杜威准备向二元论让步，如杜威与菲利普·布莱尔·赖斯(Philip Blair Rice)的讨论中那样，承认私人的事件如牙痛是"集中于特殊的有机体上的"；然而他否认私人的事件构成私人的感觉、非公共的认识。杜威如此坚决地排除公共的和私人的认识之间的所有二元论，因此他提出下述生理学推论："如 *xix*
果两个有机体的本体感受器的神经组织的某种移植可以成功地实现"，不同的观察者就能同样体验到被称为"私人的"事件，这一事件因此表现为"公共的"。非常奇怪的是，杜威并没看到这一大胆的断定与他经常重申的原则并不一致——探索特定的存在对象本身的实验装置与这一对象是相互作用的，并重构这一对象。植入金属丝，或培育另外的组织，将一个人的神经与另一个人的神经连接起来，本身就会有别于第二个经验体的特性，更改变了第一个经验体的特性。因此，私人的特定的经验永远不会被完全地公开复制。

杜威的自然主义意欲通过科学方法为研究和解决伦理道德问题奠定基础；实际上，伦理学应当成为应用的社会科学，使得人们不诉诸超验的直觉或宗教戒律，而依靠最有用的科学知识来作出决定。然而，1944 年查尔斯·L·史蒂文森(Charles L. Stevenson)的著作《伦理学与语言》(*Ethics and Language*)出版了，该书尽管向杜威致谢，却在根本上挑战了杜威的科学的伦理学的观念。史蒂文森吸取了奥格登(Ogden)、理查兹(Richards)和维特根斯坦(Wittgenstein)的语言学分析，认为诸如"好"或"责任"等伦理学术语具有情感意义，而不具有科学或描述意义；它们部分地类似于诸如叹息、呻吟或感叹词等情感表达的声音。诸如"好"或"责任"这类词因此起着"类祈使作用"；它们帮助双亲、教师、宣传者和政治领导改变、转向或加强人们特定方向的态度或承诺。然而，如果态度方面出现了基本分歧，即提供进一步的知识不能改变任何人的特定态度，并且，如果每个人都保持不受其批评者的情感影响或不被说服，这种态度或价值观的分歧绝不可能得到科学解决。一名情感上被证实为有坚定信仰的纳粹党人，或许在伦理上是可以免除任何人道主义的自由主义者的科学批判的，人道主义的自由主义者感到大屠杀极其恐怖。

现在，杜威在纽约哥伦比亚大学教学时遇到了这种"伦理的相对性"。格林威治社区的情人们、诗人们以及艺术家们在 20 世纪早期就借助爱因斯坦的相对
xx 论为他们"一切都是相对的"观念辩护。[①] 更有甚者，在哥伦比亚大学，有才气的年轻的人类学家如鲁思·本尼迪克特(Ruth Benedict)致力于将弗朗兹·博厄斯(Franz Boas)的田野方法与杜威的人性可塑的观念结合起来，形成了一种文化相对性的哲学；他们断言，所有文化都具有在不同的历史和物质条件下发展的有效的生活模式。[②] 当然，由此得出的结论是：每一种文化都有其制度手段向成长

① 马克斯韦尔·博登海姆(Maxwell Bodenheim)：《我在格林威治的生活与爱情》(*My Life and Loves in Greenwich Village*)第二版，纽约：贝尔蒙图书公司，1961 年，第 123 页。亦见第 50、54、111、123 页。博登海姆是否确实是此书作者一直存疑。见杰克·B·穆尔(Jack B. Moore)，《马克斯韦尔·博登海姆》(*Maxwell Bodenheim*)，纽约：特韦纳出版公司，1970 年，第 184 页。然而描述的细节看来是可信的，伪造作者身份表明，被归于早期格林威治社区的"相对"伦理学仍在持续。

② 玛格丽特·米德(Margaret Mead)：《人类学家：鲁思·本尼迪克特的著述》(*An Anthropologist at Work: Writings of Ruth Benedict*)，纽约：阿瑟顿出版社，1966 年，第 4 页。

中的孩子灌输其什么是“好”的价值观——通过家庭、教师和语言劝告。奇怪的是，儿童关于“好”的观念从一开始就包含着二元论：一方面，“好”是孩子在某种活动中感到快乐的自发的表达，如当他尝到他喜欢的食物时；但另一方面，“好”甚至“责任”是母亲以语言方式鼓励训练他使用座便器，孩子的服从行为带来了母亲爱的回报。后一种意义上的“好”有着情感诱导的意义和熏陶作用，可以在孩子无意识的情况下帮助他形成产生内疚的道德感。

然而根据史蒂文森的观点，如果两个人在态度方面不可调和、相互对抗，他们所能做的就是用“好”这个词在情感方面进行争论；如果一方的情感劝导比另一方更有力，或者另一方在心理上更容易受到攻击，他就会归顺对方，但是这种程序决不是验证某种假设的科学实验。

可是杜威一直追问：是否有“终极的”价值观？关于什么是好的、有价值的或值得要的，每一陈述都是出自陈述者个人的立场，而不是出自对于“爱好”的观察报告或专家的经验；它也包括关于这种经验与我们其他经验的相对地位的某种判断、某种反思和结论。如果弗洛伊德相信一个人能够以探究起因来削弱虐待 xxi
狂或受虐狂对“终极”价值观的固恋，那么杜威支持的不仅是以起因来解释各类事项的方法，也以结果来解释；他在科学伦理学方面的实用主义不仅依赖于探究起源和原因（有意识的和无意识的），而且也依赖于探究价值观与态度的结果；对于我们的价值判断的科学怀疑与重建是可能的。除非以科学方法评判“爱好”，否则“爱好”不能成为伦理学知识，正如除非根据相关假定和进一步的试验、证实或证伪来研究某种物理观察资料，否则这种观察资料不能在科学中取得地位一样。正如杜威在与菲利普·布莱尔·赖斯论战时写到的那样：“满足、爱好、享受……本身不是一种价值，除非在比喻的意义上说。……[它]不是对于被享受的东西的价值判断。”即便这看上去是关于语词的争论，杜威的起因-结果的方法仍然表现出其启发力。清教徒的苦行主义伦理学在科学上受到下述批判，它关于“善”的自我惩罚观念源自于物资匮乏时代，那时苦行态度有助于维持家庭生计，免遭灾荒的威胁；然而这样一种态度在物资丰裕的时代可能就过时了。同样，即便某种进取因素一直存在于人类的驱动力中，表现在诸如战争、棒球、科学探索、发明创造以及经济竞争中，但“纯粹的进取”本身是一个从未在直接经验中遇到的抽象概念，正如在物理学中，能量也总是采取一种特定的形式——如机械的、电的、磁的或热的形式。

因此，杜威为人类伦理判断的合理性作辩护。在一次庭审上，他注意到，我们最终试图不相信律师表达情感的“声调、面部表情、手势等”，按照法律，不把它们当作法律陈述的一部分，而注重引证的事实证据。因此，杜威得出结论说：“如果道德理论具有某种特殊领域和某种重要作用，我要说，就是批评特定时代或特定群体中流行的习惯语言，以便如果可能的话排除这一因素[反伦理的和伪伦理的]作为道德理论的主题的组成成分。”而且，史蒂文森将“做这个！”这句话的“类
xxii 祈使句”功能作为典型的伦理学用法，在杜威看来，这句话包含了上级向下级说话的情形；史蒂文森的伦理学语言的分析于是将传统等级制度的“终极”态度，当作他的评控（或许是无意识的）标准，而不是以一种民主平等的社会伦理学语言传达的共同的科学事业的立场作为标准。正如杜威在他的《经验主义者威廉·詹姆斯》一文中写的，有一个哲学学派“声称代表了唯一科学的观点”，认为所有价值观“仅仅是一种宣泄或向下级发出的命令，……趋于认可极权主义国家利用科学作为获得专制权力的……武器”。

威廉·詹姆斯对杜威的影响随着岁月而加深，1942 年，詹姆斯百年诞辰为杜威提供了阐释詹姆斯的伟大机会。詹姆斯将心理学由形而上学的混合物中解放出来，认为它是一门自然科学；在杜威早年，正是詹姆斯的这一观念极大地影响了他。以后的岁月中，杜威从詹姆斯那里获得了支持，建立了更人道主义、更丰富、更深思熟虑的观念，而不仅仅依靠逻辑学家和语言学家提供的支持。然而在杜威看来，詹姆斯的“信仰意志”很大程度上讽刺性地成为一种一厢情愿的想法。因为根据杜威的理解，詹姆斯关注的不是“科学命题的真理性”，而是“意义，……哲学体系与原则的力量、重要性和存在的理由”。那么，对无意义的陈述尽管具有情感-实践结果，依旧是无意义的，科学哲学家提出什么样的反驳呢？杜威回答道，利用“最可信的科学”但也要超越这种科学，“错误的或甚至无意义的事物”，仍然可以在“当它们被用来解释人类与社会的困境与活动时，获得另一种重要性”。

奇怪的是，杜威的哲学观念转向了令人惊诧的真理与意义之间的二元论。他几乎强加了一种限制在他的实证逻辑之上，因为他想要以假定无意义的命题具有情感-实践意义——一种实证逻辑和人道主义之间关于意义的终极二元论，
xxiii 来为哲学家合理地解释实证上无意义的命题提供可能。虽然新一代“科学的”和实证的哲学家以杜威的名字作为先驱，杜威显然敏锐地感觉到他们缺乏这种赋

予其生活以意义的深刻的人类关怀；按照这种实用主义的经验主义的宽泛标准，杜威感觉到，这种新型的逻辑经验主义被束缚于这种精神。另外，在杜威看来，威廉·詹姆斯一直是将经验主义哲学建筑在“情感和认识紧密结合”基础上的哲学家的伟大榜样。詹姆斯或许首先是这样一位哲学家，他大胆提出我们相信上帝存在实际上强化了上帝的有限、并非全能，因此引起同时代人的愤怒；他甚至推测，存在着各种超自然力量所引导的诸种宗教体验。杜威是否在后半生确实有时逡巡于他自己的自然主义了呢？

在此期间，世俗事务也需要处理，杜威回应了这一需要。杜威觉得，共同的经验是最有益的；因此，他继续写作一系列的简介，许多书的序言和前言，针对个人的评论文字，以及介绍性文章。例如，为他在和平运动中的两位同事萨蒙·O·莱文森(Salmon O. Levinson)和简·亚当斯(Jane Addams)作的介绍性文章；他介绍了他的朋友阿格尼丝·德·利马(Agnes de Lima)关于改进小学的书，特立尼达和多巴哥后来的首任总理埃里克·威廉斯(Eric Williams)关于英国西印度群岛教育的书，以及中等教育方面的教授厄尔·C·凯利(Earl C. Kelley)的书，凯利书中强调了阿德尔伯特·埃姆斯(Adelbert Ames)关于感性认识中实验的重要性；他还给秘鲁的教师们写了一封信。值得注意的是，杜威对他的两位长期的哲学同事詹姆斯·H·塔夫茨(James H. Tufts)和博伊德·博德(Boyd H. Bode)的颂词，他与他们保持通信，差不多直至生命终结；在心理医学领域，他很高兴地为E·S·考尔斯(E. S. Cowles)的《不要恐惧！》(*Don't Be Afraid!*)一书写了推介，在这方面杜威像詹姆斯一样，不定期会支持一下；他还为《赫伯特·拜尔的作品》(*The Work of Herbert Bayer*)和另一本书《艺术活动的开展》(*The Unfolding of Artistic Activity*)写了序言。杜威引了《党派评论》(*Partisan Review*)上的一段广告，表达他希望悉尼·胡克的书《现代人的教育》(*Education of Mordern Man*)成为“公众理解和公众努力的指导著作”。杜威也 *xxiv*
介入了黑人佃农奥德尔·沃勒(Odell Waller)案的复审，认为宣布他犯有杀害主人罪行的证据无力。

最令杜威痛苦的是1943年1月11日他的好友卡洛·特雷斯卡(Carlo Tresca)遇害，他们两人曾一起度过很多个黄昏，彼此愉快地交谈。[①] 特雷斯卡是

① 《纽约时报》1943年1月12日。

意大利劳工运动中最坚定、最刚毅、最勇敢的斗士。他是一份工团主义运动报纸《锤》(*Il Martello*)的编辑,总是戴着一顶足有五加仑半大的黑帽子,他在1912年和1913年劳伦斯和帕特森纺织工人大罢工中颇具影响,1916年又鼓动梅萨比岭赭铁矿区矿工罢工。"本世纪的前四分之一时期中,在几乎所有大工业的斗争、真正的工人反抗中,卡洛·特雷斯卡都充当先锋,站在火线上",马克斯·伊斯门(Max Eastman)写道。① 特雷斯卡为法西斯主义者所惧怕,也为共产主义者所惧怕。在捍卫讲演自由的所有集会上,他与他的追随者都能够打败极权主义的分裂主义者。② 甚至他的浪漫行为都名声在外,特别是他与伊丽莎白·格利·弗林(Elizabeth Gurley Flynn)多年的浪漫史,弗林是第一次世界大战的女英雄,他看着她堕落为冷酷的美国共产党党员。他一度由于为玛格丽特·桑格(Margaret Sanger)关于节育的书写了四行广告而在监狱中度过了四个月。最后,一天傍晚,他走在第五大街十五街道上,当他在等信号灯过马路时,一个男人走过来向他开了四枪,然后乘上一辆等候在那里的汽车逃跑了。特雷斯卡死于人行道上。劳工团体、自由主义团体和意大利人社团都为他哀悼;舆论争论暗杀
xxv 是法西斯主义分子干的还是共产主义者干的。杜威哀悼他的朋友,彼时,他正在纽约的一个医院中进行手术后的康复,他怀着敬意和回忆写道:"我们都失去了一位对人类充满爱的人。但世界因他的存在而更加丰富。"在特雷斯卡的报纸上刊登了一封杜威致"亲爱的卡尔"的信的副本。③ 悉尼·胡克同样赞颂这位"真诚地相信人类"的人,在他的生活中没有教条、学说、失败主义或幻灭。卡洛·特雷斯卡对他们来说,"就像文艺复兴式的人物,对思想、人类和自由充满热情。他的激情来自对生活的无比热望。……我们感到,注定要失败的努力总是有机会的,只要卡洛同在,它就永远不是无望的事业"④。

---

① 马克斯·伊斯门(Max Eastman):《我所认识的英雄:生的伟大的12位英雄》(*Heroes I Have Known: Twelve Who Lived Great Lives*),纽约:西蒙-舒斯特出版公司,1942年,第22页。

② 杰尔·曼金(Jerre Mangione):《不受束缚的异教徒:美国三十与四十年代实录》(*An Ethnic at Large: A Memoir of America in the Thirties and Forties*),纽约:G·P·普特南出版公司,1978年,第164页。亦见鲁道夫·J·维科利(Rudolph J. Vecoli),《卡洛·特雷斯卡》,《美国传记词典:补遗3,1941—1945年》(*Dictionary of American Biography: Supplement Three 1941-1945*),纽约:查尔斯·斯克里布纳出版公司,1973年,第776—778页。

③《纪念不朽的卡洛·特雷斯卡》(*Omaggio Alla Memoria Imperitura di Carlo Tresca*),《锤》(纽约),1943年3月28日,第48页。

④ 同上,第44页。

搜查特雷斯卡的暗杀者的行动迟缓，而且地方检察官的调查人似乎确实与法西斯团体有关。杜威加入了一个著名的自由主义团体，其中有美国公民自由联盟的罗杰·N·鲍德温（Roger N. Baldwin）、社会党领导人诺曼·托马斯（Norman Thomas）、一流的文艺批评家埃德蒙·威尔逊（Edmund Wilson），以及头发斑白的资深法律专家莫里斯·厄恩斯特（Morris Ernst），他们要求将此调查人调离此案。他们的要求得到了满足，但是暗杀者一直没有被审判。在亲见极权主义是如何击败自由的捍卫者的背景下，杜威更加感到，要如他写信给《纽约时报》揭露影片《赴莫斯科的使命》歪曲事实一样，必须帮助知识分子摆脱所谓“极权主义的诱惑”。

此外，1940 年代，杜威辞去了《新共和》（*New Republic*）特约编辑的职务，发现一些新的刊物的观点与他更为相近。他成为《评论》受尊重的作者，这是战争和战后年轻一代具有很高天份的犹太知识分子新创办的刊物；他们具有社会科学基础，正在摆脱他们早期对马克思主义者的爱慕，他们的知识和经验使得他们成为最有学识的马克思主义意识形态和共产主义现实存在的批评家。他们欢迎杜威为他们写文章，虽然他们中有人具有强烈的宗教存在主义情感，但他们的政 *xxvi*
治哲学与杜威的实用主义是一致的。为了他们的读者群，杜威曾改写其哲学的核心论题。“解放社会科学家”再次倡导社会学家和经济学家将自己从现状的约束中解放出来，从甚至先于他们的调查研究的固定框架中解放出来。或许杜威夸大了美国社会科学受现状束缚的程度；在杜威的时代，在芝加哥大学和哥伦比亚大学，他的社会学家朋友 W·I·托马斯（W. I. Thomas）、乔治·赫伯特·米德（George Herbert Mead）、索尔斯坦·维布伦（Thorstein Veblen）、富兰克林·吉丁斯（Franklin Giddings）、弗拉基米尔·西姆克霍维奇（Vladimir Simkhovitch）都自由且有力地表达了他们非正统的意见。无论如何，在二战后的年代，杜威的社会科学研究计划在很大程度上实现了。从杜鲁门任期开始，在国内外许多方面，由政府保障推进了一系列研究，包括公民权利、住宅供给、就业、减少并根除贫困、落后民族经济发展、选举程序的民主改革、从幼儿园到大学政府补助的范围、社会保障的范围、扩大科学家在政府管理中的作用等。同时继续与苏联极权主义的扩张斗争，增加高校教授作为内阁部长、官员和立法者，这些因素一起在政治社会学方面引入了新的分析。新的政治发展有助于支持大学社会学、经济学和政治科学院系的空前发展，因为有大量政府资金和基金会基金注入各种致力于解决新出现的问题的研究计划。研究生和大学教师几乎都由这类基金激励去进行研究。这种社会科学家的“解放”与杜威的理解是否一样是存疑的。每解决一个问题，就会接着产生大量新的、意想不到的艰巨问题。社会因果链条中的不确定性远远超过了颇为简单的“存疑境遇”(problematic situation)的不确定性，而杜威一直沉迷于挑战这后一种不确定性。

然而，特别值得注意的是，在下述情况下，杜威证明自己比起著名的哥伦比亚大学政治社会学家如保罗·拉扎斯菲尔德(Paul Lazarsfeld)及其思维敏捷的、
xxvii 有进取心的学生们来，是敏锐得多的观察者。杜威预言1948年哈里·杜鲁门将再次当选为美国总统，并在1947年拒绝相信亨利·华莱士(Henry Wallace)的第三方候选人资格会确保共和党候选人成功。

欧洲的哲学批评家继续照常纵容他们将美国的实用主义丑化为一种庸俗动机的意识形态。其中一位批评家，法国作者朱利恩·本德(Julien Benda)令杜威诧异，因为他一直故意曲解美国哲学。根据本德的观点，威廉·詹姆斯的著述表明，他是一个帝国主义哲学家，赞成美国在古巴的战争，使用的是与塞西尔·罗得斯(Cecil Rhodes)为英帝国加速布尔战争辩护同样的语言。本德声称，美国的实用主义哲学像俄国的布尔什维克学说一样，正在破坏西方世界的道德。无论人们如何看待人类历史上帝国主义的作用，杜威清楚地使人们看到，威廉·詹姆斯是美国占领古巴或菲律宾计划的雄辩的、直率的批评家；詹姆斯的确曾经将美国向西班牙宣战作为一个群体心理学研究的案例进行分析，斥责美国人自我吹捧地相信我们“与其他民族相比，是一个道德上较高尚的民族。……做梦！各处人类天性都是相同的；稍微一点诱惑，就会使古老的军事热情高涨，横扫面前的一切”。杜威也引述了詹姆斯的一贯主张，“反对任何形式的伟大与崇高，……反对一切庞大的组织……一切巨大的成就”。出于对威廉·詹姆斯的高度赞美，杜威声称引自詹姆斯的引文“接近于实用主义的精神，而本德的解释与它相距甚远”。

在杜威看来，实用主义最终是与“科学探索的逻辑和伦理”同义的。同样，他将实用主义看作是天生地反对“任何形式的绝对主义”的。他认为，“当绝对主义成为占统治地位的哲学”，社会的不宽容，甚至政治“清洗”“都会随之而来”。人们感到奇怪，是否一定是叠加了某种附加因素或动机，才导致了绝对主义转变为这样一种恶性的学说。毕竟，杜威对之充满感情的托马斯·杰斐逊，在《独立宣
xxviii 言》中写下了“自明的”真理。或许詹姆斯自己关于“开放的宇宙”永恒真理的观

念本身最终也带有直觉成分？

杜威有时明显趋于极度好辩。他担心由于每一种绝对主义都试图确定一个“更高的实体”，会至少建立一种将社会分为优等和劣等的二元层级，并会成为反实证的，因为“心灵”与“物质”之间的二元论必然会导致将不可挑战的直觉知识的特权赋予心灵。他坚持认为，科学的兴起和经验主义者-实证主义者的观点导致的新技术，是结束封建主义和发展民主的工业社会的第一位的原因。然而公正地看，我们必须认识到，如笛卡尔、莱布尼茨和斯宾诺莎这些理性主义的直觉主义者，比任何经验主义哲学家都更潜心于技术。莱布尼茨花了很多年试图发展一种风车技术，作为哈尔茨山矿区的能源，斯宾诺莎是一名磨镜片的工人，谋生职业是制作新工具显微镜和望远镜的高级工匠。[①] 理性主义倾向如同实证主义或技术主义一样，是科学精神的一部分；渴望世界体系，渴望以一些简单的、逻辑的规律来进行解释，如同牛顿、爱因斯坦和达尔文假设的那样，一直是科学的理智驱动力的一部分。

然而，杜威的词汇表趋于将科学理论描述为实用的活动。他在《人的问题》中写道，观念是“行动计划”；当然，如果“行动”等同于某种实验结果或观察结果，那么杜威的断言就等同于具有科学意义的条件；另一方面，假设每一个科学观念必定对于人类与自然和社会环境的斗争有所贡献，“行动”一词也具有道德、政治或实践激励的意味。或许简单原初的人类观念对于生存进化具有定向作用。然 *xxix*
而，观念史表明，观念的出现一直是从其维持生物学的生存功能开始，达到对理智的理解力的纯粹满足。虽然“纯粹的好奇心”之根或许出于童年时代在陌生的世界上减轻不安全感的动机，出于审美-性的渴望，出于控制和权力的欲望，但是，因科学认识而感到兴奋或许是一种自发因素，它与行动的关系并非内在的。

杜威最终抱怨康德的形式的、二元的绝对主义是一种意味着服从现状的哲学。或许康德身上那种个人自我解放的戏剧性效果也打动了杜威，因为杜威的老

---

① L·S·福伊尔(L. S. Feuer)：《斯宾诺莎与自由主义的崛起》(*Spinoza and the Rise of Liberalism*)，波士顿：灯塔出版社，1958年，第236—238页。E·J·艾顿(E. J. Aiton)：《莱布尼茨传记》(*Leibniz: A Biography*)，布里斯托尔市：希尔格出版公司，1985年，第87页及以下，第107—114页。乔治斯·甘格韦尔海姆(Georges Ganguilhem)：《笛卡尔与技术》(Descartes et la technique)，《第九界国际哲学代表大会之笛卡尔哲学研究卷》(*Travaux du IXe Congrès International de Philosophie*, vol. 2 *Études Carté-siennes*)，巴黎：人类出版公司，1937年，第77—85页。

师托里(Torrey)和莫里斯教授的哲学一直是他的理智起点。然而与杜威同时代，德国的赫尔曼·科恩(Hermann Cohen)运用康德哲学为自由主义的社会主义提供了基础，法国的简·饶勒斯(Jean Jaurès)也做了同样的事情①；爱德华·伯恩斯坦(Eduard Bernstein)开创的修正主义的社会主义伴随的口号是“回到康德!”，伯恩斯坦认识到只有重视人为自身的目的，才能保卫社会主义社会，避免它退化到把人仅仅当作工具的专政统治；激烈的康德主义者库尔特·艾斯纳(Kurt Eisner)领导了1918年推翻巴伐利亚君主政体的革命。在纽约，费利克斯·阿德勒(Felix Adler)在教育和社会改革方面的成就与杜威相匹敌；阿德勒将康德的观点作为他的伦理文化的核心。杜威尽管有些保留，依旧将他自己的孩子送到了阿德勒创办的学校。“如果他们有那样的老师，”据说杜威曾说，“我认为伦理课程就不会造成什么危害。”②杜威作为父亲，比起他作为哲学家，在判断康德思想时更实际。

杜威在通俗杂志和专业杂志上发表的无数文章和声明，其中心教诲就是回归最古老的哲学观念，即寻求智慧。在《人的问题》序言的最后，他将寻求智慧解
xxx 释为“赋予我们人类集体活动以方向的目标与价值观”，特别是“道路的自由设计，以便带来我们所需要的社会变化”。杜威认为，这一运动是“以实用主义、经验主义和工具主义的名义”唤起的。他因此更是将自己置于自泰勒斯与希腊七贤到本杰明·富兰克林的传统中，这一传统确实更关注人的日常的社会生存，而不是一般的存在的终极本质。

杜威在智慧方面的确与先贤有许多共同之处。从泰勒斯到富兰克林，智者不仅爱好科学，而且更多地关注科学的技术运用方面；富兰克林精准地断言，可以说服普通人支持科学进步，只要科学成果，如他那个时代的避雷针，能用于改善他们的生活。智者本性上是实用主义者；当泰勒斯被问到“最愉快的是什么”时，他的回答是“成功”；富兰克林的“可怜的理查德”影响了几代美国人，人们都相信“早睡早起使人健康、富有并聪明”；他的年鉴成为最多被翻译成外文(包括俄文)的美国书。

虽然如此，在一些重要方面，杜威远远地超越了传统智慧。举例来说，迄今

---

① 哈维·戈登堡(Harvey Goldberg)：《简·饶勒斯的一生》(*The Life of Jean Jaurès*)，麦迪逊市：威斯康星大学出版社，1962年，第17、83页。

② 贺拉斯·L·弗里斯(Horace L. Friess)：《费利克斯·阿德勒与伦理文化：回忆与研究》(*Felix Adler and Ethical Culture: Memories and Studies*)，范妮娅·温加纳(Fannia Weingartner)编，纽约：哥伦比亚大学出版社，1981年，第127页。

的智者，如与杜威同时代、略年长于他的小贾斯蒂斯·奥利弗·温德尔·霍姆斯(Justice Oliver Wendell Holmes, Jr.)，就没有高度尊重人性，也没有鼓励杜威的希望，即社会条件的变化可能导致人性的重要提升。美国极少有像富兰克林于1782年致他的科学家朋友约瑟夫·普里斯特利(Joseph Priestley)的信件那样关于人类觉醒的文献："我发现人是一种非常糟糕地构成的存在物，……更愿意去互相伤害而不是互相弥补，……在相互杀戮中而不是在相互依赖中寻找着更大的骄傲甚至快乐。"他补充道，他开始"怀疑"是否"这种物种真的值得生产或保护"，贾斯蒂斯·霍姆斯也持这种观点。圣贤关于社会改革的观念因此并不是杜威设想的社会实验的观念；圣贤们倡导立宪的改革，如梭伦所做的那样，主要是保证社会稳定，而不是实现公正的理想；富兰克林更愿意与英国保持结盟，并认为殖民地一直要对母邦保持足够的让步；作为与托马斯·杰斐逊一样的委员，他 *xxxi*
明智地从杰斐逊的《独立宣言》草稿中删除了形容人权的"神圣"一词。[①] 贾斯蒂斯·霍姆斯年轻时是热情的废奴主义者并经历了内战，后来不再将自己与任何"事业"或"道德运动"联系起来。简言之，"自由设计"(杜威的用词)的倾向很少成为过去智者们的特点；他们具有特定的保守气质，或许会认为杜威不是他们队伍中的一员。垄断了米利都橄榄油市场的泰勒斯，成功的排字工人富兰克林，都会拒绝杜威对于资本主义事业的批判。杜威号召哲学思考"为什么人如今如此异化"，并认为哲学必须为未来世界从事"助产行动"。然而智者会制止激烈的助产行动，因为它会冒导致流产的风险或产生有缺陷的后代。泰勒斯和富兰克林都提出了详尽可行的政治改革方法；泰勒斯倡导爱奥尼亚城邦结盟，而两千多年后的富兰克林也寻求美洲殖民地的结盟。然而，他们中会有人被诱使去认可苏联共产主义的社会设计，即便在朴素的水平上，就像黑山学院那样可疑的设计吗?[②]

---

① 卡尔·贝克尔(Carl Becker)：《独立宣言：政治观念史研究》(*The Declaration of Independence: A Study in the History of Political Ideas*)，纽约：A·A·克诺夫出版公司，1922年出版，1942年再版，第142页。

② 马丁·杜伯曼(Martin Duberman)：《黑山：社团研究》(*Black Mountain: An Exploration in Community*)，纽约：达顿出版公司，1972年，第40、102页。杜威于1940年写道："这座学院的工作和生活……是民主政治活的榜样。"见杜伯曼的书，第446页，引自约翰·杜威1940年7月18日致西奥多·德赖尔(Theodore Dreier)的信。同样，黑山学院校长认为杜威"是我所认识的唯一一位完全准备并适于生活于民主制度下的人"。这一称赞并未很好地预示民主制度的将来。杜威在黑山充分享受着快乐生活。见约翰·安德鲁·赖斯(John Andrew Rice)：《我来自十八世纪》(*I Came Out of the Eighteenth Century*)第二版，纽约：哈珀兄弟出版公司，1942年，第331—332页。

最后，历史上的智者都认为，宗教因素是其哲学的基本成分；虽然他们没有一位是神学家，但都将理智之基建立在传统的宗教信仰上。富兰克林在宗教信仰方面明确地信仰仁慈的上帝。然而杜威认为，任何超自然主义最终都将导致
xxxii 他所谓的科学的“围栏”，即限制科学方法进入问题研究的领域。此外，任何对于超自然的上帝的信仰在杜威看来都意味着另一种“二元论”。

杜威从情感上反感二元论的原因，如他自己在最初的自传中所表明的，深深植根于他所看到的新英格兰北部文化的压抑方面，他在这种文化中度过了成长的岁月。[①] 从纯粹逻辑的观点出发，他的反二元论看上去不是实用主义哲学的必要成分；它是一种分离的、独立的单元理念。根据科学原因决定心灵活动对于身体活动是否完全是“形容词性的”，或者心灵活动是否可以具有自主的因果效应，这是一个独立的问题。“人是世界的一部分”（杜威的话）并不对应着人的心灵活动可以使人脱离世界。洛夫乔伊在一系列著名的论文中有力地指出，心物二元性符合并适用于实用主义哲学，实用主义哲学认为，人类观念在改造世界方面具有很大影响。二元论观点看上去的确是在各种各样的社会框架中发现的一种普遍的思想模式。17 世纪的科学革命是一种二元论的革命，是建立在区分第一性的质和第二性的质的基础上的，伽利略、洛克和牛顿都同意这种区分，爱因斯坦则进一步阐述了这一区分。弗洛伊德的心理分析排斥形而上学，因此他对“真实原则”与“快乐原则”作出了区分，假定了心灵体验与物理世界之间的基本的二元论。值得怀疑的是，在二元论与反民主的阶级界限之间是否存在如杜威所断言的联系。我们会发现，在以色列的“集体定居点”与资本主义的香港一样，具有常识的二元论者都占有很高的比例。杜威似乎再次将若干独立的单元理念
xxxiii 混合为松散结合的整体。如果他竭力主张依赖哲学家的社会助产作用，人们会奇怪，晚年伯特兰·罗素和让-保罗·萨特激烈的反美国“行动主义”是否有助于更高的文明的诞生。

---

① 约翰·杜威：《从绝对主义到经验主义》，《杜威晚期著作》（*The Later Works of John Dewey*），第 5 卷，乔·安·博伊兹顿（Jo Ann Boydston）编，卡本代尔和爱德华兹维尔：南伊利诺伊大学，1984 年，第 153 页；首次发表于《当代美国哲学》（*Contemporary American Philosophy: Personal Statements*），第 2 卷，乔治·P·亚当斯和威廉·佩珀雷尔·蒙塔古（George P. Adams and William Pepperell Montague）编，伦敦：乔治·艾伦-昂温出版公司；纽约：麦克米兰出版公司，1930 年，第 19 页。

杜威反复向各类读者——从《哲学杂志》的专业读者到《人道主义者》杂志的普通读者，再到大学纪念威廉·詹姆斯的演讲——重申他的基本命题。这是由于杜威一直坚持拉尔夫·沃尔多·爱默生(Ralph Waldo Emerson)的新英格兰传统，爱默生由一名传教士成为讲演者，他感到必须以民主的品德教育公民们，为此在这片土地上到处行走讲演。这种布道是规范的人文知识，杜威作为一名青年，在伯灵顿、佛蒙特第一公理会教堂，在佛蒙特大学他的导师亨利·A·P·托里(Henry A. P. Torrey)那里，吸收了这种规范的人文知识。尽管杜威在其正式进行哲学探讨时有很长一段距离是重复不前的，在教堂中找到"一种共同信仰"结成共同体的渴望却从未减轻。在哥伦比亚大学，杜威一度"接待了一位来自英格兰的人道主义者"。惊讶于他培养的"可怕的"学生，"他们比先生更教条"，杜威"与这位绅士一起，提议在美国建立某种人道主义教堂"。[①] 这就是为什么杜威一直称颂托马斯·亨利·赫胥黎为"世俗的布道者"。他不愿长时间、精细地打造哲学名著，而更愿作为宗教民主主义者，在教师中、在经常去做礼拜的人中、在杂志读者中传播他的思想，而哲学家中的二元论者将这些人看作低等的。

杜威的伟大不仅在于他投入科学精力创建的"理智的方法"和"探究的逻辑"，更在于我们可称为"特性的方法"。因为潜在于理智运用之前的，是思想家的情感制衡。这一制衡并不是从教科书上学来的，而是人们作为合作者，从实验室或他们自己与其作为榜样的具有制衡精神的人在生活中的冲突中获得，或者可能幸运地来自上帝的眷顾或一个人的遗传基因。我们最终要问，思想家的正直，就是要准备好冷静地思考所有有关问题的证据吗，即便当证据违反他自己的情感偏爱时，也是如此吗？所有熟悉杜威或他的著作的人都会体验到杜威身上的制衡特性；他依据自明的公理本能地生活，他为人类的自我启蒙而斗争，他的思维有时充满热情，更多的是疲惫，有时还有气馁。 *xxxiv*

---

① 这件事是罗伯特·E·菲奇(Robert E. Fitch)讲的，他是杜威在哥伦比亚大学的学生，后来是加利福尼亚伯克利太平洋宗教学校的校长，见《约翰·杜威——最后的新教徒》，《太平洋观察者》(*Pacific Spectator*)，1953年第7期，第227页。

论　　文

威廉·詹姆斯与当今世界[①]

詹姆斯在一篇文章中以“不屑的耸肩”接受了多元论，并抨击宇宙为封闭整 3
体的绝对论。只能说，在他早期大胆进入哲学领域时，批评他的人最赞同的反应是，承认詹姆斯在心理学方面的卓越见解，但却遗憾地认为他闯入一个他缺乏适当准备的领域。并不是说同时代的其他大多数哲学家明确地自称一元论者和绝对论者，而是说人们普遍认为，只有严肃的哲学家，才能在那个方向走得尽可能远。科学家或许可以沉迷于暂时与变化之物，但哲学家是绝对与永恒真理的守护者，这种真理为相对的(因此也是不确定的)实际经验提供根据。

今天，肯定多元论或某种形式的相对论，不再被认为是古怪的或是另类的，这是“舆论风气”变革的一个信号。在詹姆斯讲学的年代中，有许多人否定或怀疑绝对论能维持下去。特别是众多不接受大学哲学教师指导的人。但詹姆斯对他们，与对当时统治专业哲学领域的唯心主义学派一样，并没有表现出更多的同情。不难看出为什么会这样。这些人最终停留在这样的认识上，即人类理解力具有某些弱点或人类经验具有某些愚钝之处，这妨碍了人们接受绝对确定的真
理与实体，而这些真理与实体无可否认地存在于相对的事物与经验之后。他们 4
是相对论者与多元论者，因为他们首先是不可知论者与“现象论者”。他们的专业资源并不那么发达，但他们却是当今逻辑实证主义者的先驱。

---

① 首次发表于《威廉·詹姆斯其人及其思想：发表于威斯康星大学纪念其百年诞辰大会上的演讲》(*William James, the Man and the Thinker. Addresses Delivered at the University of Wisconsin in Celebration of the Centenary of His Birth*)，麦迪逊：威斯康星大学出版社，1942年，第91—97页。杜威缺席，卡尔·伯格霍尔特(Carl Boegholt) 于1942年1月10日代为宣读。

詹姆斯的多元论的特殊意义在于，它是建立在肯定的基础上，而不是建立在否定的基础上的。他承认一元论作为假设的合理性。但多元论作为假设同样具有合理性。它提供了更多的经验证明，特别具有道德优势。在他的日记中有如下记载："充满知识与真诚的人能够使自己与宇宙的全部进程如此热烈地共鸣，以致赞同似乎是这一进程中所固有的恶吗？……如果这样，乐观主义便是可能的。"抑或，恶如此明显，以至于他成为悲观主义者。但还有第三种可能性。"如果分隔的宇宙可能作为其理解力所依赖的概念，同时，他具有意志力去面对宇宙的灭亡，而不是逃避宇宙的灭亡，他就能过世界向善论的生活。"

詹姆斯不止一次地强调过的多样性、自发性和新奇性，是美国冒险精神先驱的理解力标志，但甚至在詹姆斯写作的年代，它们也正在消逝。我自己也曾说过类似的话。但从当今世界危机的观点来看詹姆斯的教诲，他的多元论与相对论具有更深刻的意义。我们在其中可以看到对环境条件的预感，这种环境条件在民主与极权主义信仰为获取统治霸权所作的生死斗争中恶化到了极点。当代危机使这种环境条件如此鲜明地体现出来，当詹姆斯的论证被置于这种情况下，他的多元论的源泉与精神确实成为更可理解的。

詹姆斯强调人类与一切事物的个体性，这当然是其多元论的核心。但形容词"个体的"常常被转化成一个名词，于是人类和一切客体与事件都仿佛被看作是个体的，并且只是个体的。结果是人类被等同于某种假设完全孤立的东西，这
5 也是经济学、政治学与心理学上所谓的个人主义运动的祸根所在。我发现，詹姆斯的实际立场，在他引述他的一个做木匠的熟人的话中很好地表现了出来："在一个人与另一个人之间差别很小；但不论小到什么程度，都是非常重要的。"这一微小的不同之处正是最可贵的，因为这是其他人和其他东西所不能贡献的，是一切创造力的源泉。另一方面，其他一般特性是可以替换的，表达的是常规性质。

詹姆斯自己的陈述非常充分，引用他的论述，对于认识当今世界状况与理解詹姆斯都非常恰当。在其《多元的宇宙》(*Pluralistic Universe*)一书中，詹姆斯对比了总的形式(all-form)与个别形式(each-form)。他说："总的形式不允许具有联系，也不允许抛开联系。……相反，在个别形式中，事物可以通过媒介，同与它不具有直接或本质联系之物发生联系。正因如此，许多可能的联系在此刻并不一定实现。这些可能的联系依赖于所遇媒介的实际作用途径。我们仍然拥有一个相互关联的世界。"因此，在心理方面，他谈到汇集(*confluence*)——"具体的感

觉经验的每一短暂时刻与其直接相邻的下一个短暂时刻的汇集。”

“和”(and)是詹姆斯哲学多元论的一个基本范畴;它与“下一个”(next)相伴随,下一个又与相邻的下一个相伴随,以此类推。但由于媒介是多样的,不确定的,“或”(or)就“代表一个实体”。在一处谈到反对王国或帝国时,他将世界结构与“联邦共和国”相比较。他谈到分立的、松散的世界。他说,“某物永远不会与他物相溶合”。他又说,“自然是对无节制(excess)的命名。自然中的每一点都在展开并变得更多”。

我引述这些有代表性的段落,是因为这些段落完全可以驳倒下述观念,即在物理学已经放弃了其完全孤立的旧学说的意义上,詹姆斯代表了原子个人主义。事实是,比起将联系归结为逻辑的或“思想的”联系的理论来,詹姆斯的联系具有更密切的形式。然而,我引述这些段落,还有一个更重要的原因:因为它们与哲学家必须面对的当代问题密切相关,除非哲学家们采取这种或那种流行的逃避责任的方法。对民主实践与流行的民主思想作出这样的指责是恰当的,即它们 6
远没有培育出各种媒介使得我们可以密切配合,同时又不像在极权主义下那样使我们被束缚手脚。这是绝对主义和“总的形式”的社会版本。哲学没有造成民主在实践上的这一弱点,也没有预先提供些什么来填充虚空,真空阻碍交往与友好的交流。假设存在着人类联合中的空白与缺口,我们便无权诧异,极权主义已经介入其间,并宣称其代表了唯一的方法,用这种方法可以填补虚空,人类可以结成密不可分的联合体。

詹姆斯及其追随者都没有指明具体的媒介,依靠这些媒介,群体与群体之间一系列的紧密联系可以扩展到人类关系的全部领域。我们甚至一直没有非常严肃地设问:哪一种社会联系能够保护并扩大人类自由,使他们每个人的个体性成为可能;哪一种社会联系限制了他们的自由,因此剥夺了其他可以丰富他们生活的联系。我们一直称赞这样的表述——“自由与联合,同样是不可分离的”,但我们并没有试图严肃地揭示这种联合所表现与强化的自由。我们一直满足于重复一般性,甚至当产生这种一般性的生活与文明的环境条件不再存在时,也是如此。结果是:民主哲学没有深思熟虑,没有充分发展,无以对抗极权主义意识形态。今天不像从前,詹姆斯既指出了方法,也引起了挑战。

我前面引述了詹姆斯的一段话,谈到一种“理解力可以依赖的”哲学,它具有一种既直面于恶,又决意为事物带来更好的状态的意志。因为正如詹姆斯在某处所说，他最憎恶“干涸”，并且因为他不能将哲学与生活分离，因此，就他深思熟虑地试图在哲学上将基于我们情感和欲求天性的要求与我们的理解力和科学认识的主张结合起来而言，他不仅是他所处时代的杰出哲学家，也是历史上最杰出
7 的哲学家。他肯定在构建哲学时情感和欲求的天性有权利获得重视，有时他却不能清楚地说明，他所关注的是哲学，而不是落入通常事物范围的结论。结果他有时所用的表述留给读者这样的印象，即他相信，情感在具有相关证据时，有权利决定结论。但在上下文中却显示，詹姆斯关注的是哲学而不是科学。

在我看来，今天的哲学在这方面大多得益于詹姆斯。今天的科学也是如此。詹姆斯高于当时其他美国哲学家[皮尔士(Peirce)除外]的地方，是他将自己训练成了一名科学家。在科学知识缺乏或有缺陷的地方，科学工作需要提升，已经获得的结论需要我们最大的忠诚。但这些表述本身并不是科学的结论。它们表达了一种植根于希望与欲求的信念，表明了一种决心。它们说明了一个事实，即便拥有最广泛的科学知识，也仍然遗留下一个问题，即这些知识用于什么人类目的。这个问题最深刻、最迫切地涉及我们的欲求与目的——所有情感与意志所构成的人类天性。

物理学的飞速发展，长期以来一直向哲学提出这样一个问题，即如何使科学方法与结论与人类生活方式相关。当今世界危机以毫无遮掩的方式揭示了这样一个问题，即科学是用于破坏还是用于创造。哲学对此问题无所作为，这一局面促成了这样一种信念，即世界危机只能通过武力冲突来解决，而科学被用于在武力冲突中获取优势。哲学的首要任务，其最具特色的功能，是要揭示欲求与思想、目的与认识、情感与科学，能够为了人类的善而卓有成效地协调起来，是要使我们站在前辈詹姆斯的立场上。

还要将哲学引上唯一的道路，让哲学不再在科学拥有合法权限的事物上使自己成为科学的对手，也不使自己仅仅局限于寻求知识；哲学的最佳状态是加强
8 方法，最糟状态是逃避哲学存在的理由。詹姆斯的教诲是对哲学的挑战，让哲学在这样一个世界中找到自己的位置，在这个世界中，情感与理智的鸿沟在协调人类个体与其自身关系及与他者关系方面起着重要作用。如果哲学迎接这一挑战，至少能为创造更人性、更友好的世界生存条件起到些微作用。

经验主义者威廉·詹姆斯①

在这位具有多方面才智的人与思想家的百年纪念之际，我不想尝试去全面 9
评价他的成就及其影响。我只是随便谈谈我的一些思考，谈谈他对于当代哲学的重要性。我要谈的是三个方面的多少有些关联的问题。

正如我们所知，威廉·詹姆斯在著述期间，是一位哲学教师，更确切地说是一位哲学教授。他的著述最显著的特征，是缺乏通常的教授口气和专业作品性。在我看来，著述的这一缺乏以及表现出的与此相反的特性，与作者自己的教育条件密切相关，这一关联为我们今天的哲学教师上了一课。

因为我认为，我们——就一般而言当今世界，就特殊而言哲学家群体，由于威廉·詹姆斯亲身参与的这种教育——都更富有。我相信，我们都值得为那种教育的非学院特征而庆贺。我们不能指望与我们自己的学生接触时重复那种教育的积极方面。我们不能提供像他那样的与父亲和父亲的朋友们的接触，或提供四处出游的时间，积累广泛的艺术与人类经验。而且，威廉·詹姆斯也逃避了经常会产生麻木感的学院环境。他强烈渴望增强理解力，针对一片死寂的学术
氛围强烈追求精神的独立，他这种与生俱来的天赋丝毫不会被扼制或压抑。然 10
而在我看来，他的著述的特性为我们哲学教师提供了机会，来反思我们通常所用的引导学生们进入哲学领域的方法。

---

① 首次发表于《纪念威廉·詹姆斯（1842—1942）》（*In Commemoration of William James 1842—1942*），纽约：哥伦比亚大学出版社，1942 年，第 48—57 页，文章来自纽约市 1941 年 11 月 23 日召开的“哲学方法与社会科学研究新学派研讨会”。

我认为，对学术的过分关注并不危险，不会在专业上威胁到我们；而当学术以自身为目的并成为沉重的负担压制创新时，这种危险就会发生。但是我认为，我们在准备提出补救措施的思维方式中，趋于过分夸大技术方面、技巧方面。我们或许可以回想一下柏格森(Bergson)的比喻，他将马的眼罩比喻为“智力”，因为眼罩能将它的视野限制在前方的道路上，这样它就不会跑到更具吸引力的青翠的田野里去。我相信，理解力不是这样一种限制。但我可以肯定，我们在教授哲学方面的专业态度会限制眼界，因为其重点放在获得一种特殊的技能上。注意力集中于过去铺就的道路上。的确，学生们知道，还要参加许多重复的等级考试，还要应对许多不必要的困难测验，与其他各条道路的各个交汇点，比如说通向科学、艺术或宗教的道路，不得不很容易地被放弃。但我们似乎很少关注那些能够提供新营养来源的绿色田野，也几乎没有关注那些山顶——现在的道路选择绕道，而不是试图攀越这些山顶。威廉·詹姆斯的著述，其首次面世就为大多数专业教授所接受，在我看来，这是对我们这些教授哲学并从事哲学著述的人的继续教育。

我的另一个思考或许为一篇评论很好地介绍过了，它在词句上与我刚才所言稍微有些出入。詹姆斯所带来的对传统经验信仰的实质性的革命，为那些将哲学结论建立在经验分析基础上的人，提供了新的有效的理智手段与一系列策略。我们发现，即便在今天，欧洲批评经验主义的批评家们，在详尽驳斥经验主义时，仍立足于将经验主义与过时的感觉论相等同。在我们国家，那些想必读过詹姆斯著作的批评家们，依然在批判经验主义的学说，甚至包括詹姆斯的学说，
11 似乎经验主义者必定认为，观念是感觉的摹本或混合，因此都缺乏独创的、建设性的意义。

我认为，《心理学原理》(*Principles of Psychology*)是詹姆斯的诸多伟大著作中最伟大的一部。我发现，能否根据心理学领域今天的工作将这部著作判定为“心理科学”，这并不重要，然而可以确定，今天撰写最科学的著作的作者，甚至也能从詹姆斯这里学到一些东西。我认为重要的是，这部著作揭示了经验主义的本质，它使得感觉论者的经验主义与理性主义对经验主义的批判都变得完全过时。詹姆斯的著作基于现在适用、过去则不可理解的科学认识对经验加以分析，取代了对经验的辩证分析。因此，我要重申，詹姆斯为想要运用经验方法与实验方法的人提供了新的理智武器和手段。他表明，经验与自然界密切相关，而

不是存在于相互分离的世界中，从而从根本上完成了这一任务。

我要提到《心理学原理》一书中的一些思考，这些思考在我看来完全证明了上述论断是正确的，比起关于《实用主义》（*Pragmatism*）的演讲更好地揭示了实用主义的经验主义本质。例如，思考一下分析在认识过程中的重要性，然后注意一下詹姆斯如何揭示以人类兴趣为指导的区别与分离的方法，就可以知道，观念间与信仰间的真正不同是造成行为不同的原因，这里的“造成”就是字面意义的造成。如果转向使认识中的各要素成为一个整体，我们就会发现，推理、一般观念、定义与分类被视作“目的论的武器”，视作攻击存在的基本事实的工具，尽管这些事实本身与我们“更高的”兴趣无关，甚至（比起詹姆斯写作时，现在更普遍地认识到）与我们的科学认识也无关。

理智生活的各个阶段或许都会使得经验的各个方面与阶段更丰富、更不受限制，在我看来，这是詹姆斯说明获取认识的过程与操作的中心主题。就我所知，在哲学批判中最没有道理的就是这样一个假设的论断，即由于詹姆斯合理地说明了被概括在“理性”（reason）中的一切，他因此很少关注合理性（reasonableness）。将“理性”密切地并内在地与经验联系起来，的确是对传统解释的一个否 12
定，传统解释将理性置于经验的对立面。但这一事实并不能作为下述这些人对詹姆斯作出这种批评的借口，这些人缺少了他们认为得自外在的“理性”的传统观点的支持，便会感到迷失。那些歪曲詹姆斯学说的人，认为兴趣和目的有可能将认识与认识成果集中于丰富我们的日常经验，进而赞颂“意志”，而以损害“理性”为代价，这些人便更没有借口对詹姆斯作出上述批评了。真正的经验主义者不会——当然詹姆斯更不会——根据这种模糊的未经分析的观念去思考。

《心理学原理》第二卷的最后一章与这一主题有关。詹姆斯的这些原则在经验中非常具有组织力，因此它们被称作必要的和先验的，他在说明这些原则的起源与检验时，在心理学这一特殊领域预先考虑了目前在更广阔的生物学领域被称为“变异”的进化因素。詹姆斯认为，有些变异相当于有机体结构系统地重新排列。这种变异开始时作为“运动”，但是它们对于人类、对于个体后来的经验过程可能都是决定性的。在下述意义上它们是重要的，即经验中的变化不可能是由感觉印象或感觉材料的增加造成的。他竟然说：“所有科学概念都首先是某人头脑中的‘自发的变异’。”许多这种运动最终不会产生任何结果。一切都必须由与环境的相互作用来检验其可接受性。这些“运动”通过“行动”表达，它们对于接下来的生命历程的价值取决于行动的结果，而环境在结果的产生中起到了决定性的作用。关于《实用主义》的讲演中对检验观念与信仰的结果的讨论，可以与这一主题中的内容很好地联系起来。因为这种结果可以被当作生命的延续。在任何一个特定时间发生的事情都不是最终的结果。许多人渴望的终极标准存在于不断扩充的生长过程中，在这个过程中经验越来越丰富和不受限制。

詹姆斯在一处说，用结果取代前提，用最后的事物取代最初的事物，作为标
13 准，其作用不亚于对权威的革命。我相信，我们可以断言，詹姆斯不仅指出、还向我们介绍的经验观念的发展，构成了传统经验主义的革命性变革。他把《实用主义》称作是对旧的思维方法的新命名。任何了解英国思想的人，了解自培根至霍布斯、洛克、休谟甚至约翰·斯图亚特·穆勒的思想的人，都会发现，比起通常历史上人们所认为的，他们思想中其实具有更多的严格意义上的实用主义。但是，詹姆斯拥有他的前人们不可能利用的科学资源。他利用这些资源赋予英国经验主义思想血统中的那些至多只是直觉的观念以支持与基础。

当然，这些科学资源之一就是发生在生物科学中的进步。詹姆斯在生理学与医学方面的训练，为他的心理学与经验理论提供了前人所没有的背景与眼界。但人们几乎不愿提到这一因素，因为那些热衷于还原论、无法摆脱还原论的批评家们常常认为，在心理学与哲学中运用生物学的思考，是将经验还原为仅仅是生物学的经验。人们不必深入了解詹姆斯，就能看到他关于生物学方面的思考是破除哲学所遭遇的人为设置的障碍与隔阂的工具。例如，以前的经验主义者将经验看作是与自然相对立的，与自然之间有着鸿沟。阻碍真正的经验哲学发展的这一重要障碍被詹姆斯破除了。经验的生物学方面远非整个经验。但认识到它的存在，只此一项，便高于其他经验理论，这些理论自觉不自觉地停留在这样的假定上，即经验是与自然界对立的，只能独立于我们关于自然界的知识来研究。

他也将生物学方面的联系作为破除以前心理学建立的经验内部区分的工具，之前的心理学将经验区分为认识、情感、行为或“意志”等各个部分。经验作
14 为有生命的生物主动获得或被动经受的东西，不能以那种方式割裂开来。任何这种划分对于生命的持续都是致命的。大脑至少是活着的人的一个器官，这看来是一个具有基本真理性的命题。但甚至在詹姆斯指出了这一事实对所有具有

科学根据的观念与认识理论所带来的结果后，其真理性仍然远未达成共识。因为如果大脑是生命的器官，由大脑协调的经验——即观念与认识——就与延续生命过程具有某些内在联系，这一判断看起来就有了真实性。不论有没有这种内在联系，问题并不主要是揭示经验实现这一功能的明确方法。在这方面，詹姆斯与作为他的追随者的我们，都只能为其开端。

当然，有人会说，毕竟詹姆斯的工作涉及心理学，而心理学本身不会影响哲学的神圣与崇高。我并不想涉及哲学与心理学的相互关系。我只满足于引证一些事实。对于经验主义者来说，无论什么照亮了经验的本性，并为我们提供更好的经验分析方法，都具有根本的重要性，不论对这光源赋予什么名称。不再重复已经被证明事实上错误的经验和经验主义方法，这对于所有学派的思想家都具有重要意义。这一过程自身的徒劳无效性，特别是在那些断言他们代表更高的"理性"标准的人看来，用轻蔑的声调说出"心理学"一词不足以将它消除。如果这是恰当的时机，我认为可以表明，当代具有重要影响的两个学派——英国分析学派与逻辑实证主义学派，由于它们依赖前詹姆斯的心理学而深受其害。

作为人，哲学家像其他人一样，为来自教育与环境的看法、意向、习惯所影响。这些属于心理学范畴，当心理学尚处于非科学状态时，它们中有好些便影响着我们。在当代，为了清除哲学家头脑中陈旧的观念，需要生物学、人类学和心理学的知识，无论这种知识在哲学中起什么作用。因此，我回到詹姆斯对那些将其哲学立足于经验的人具有重要性的话题。他指出了一种新的分析并叙述经验 15
的方法。他不仅指出了这种方法，还开辟了传统经验主义革命性变革的道路。他去世已经三十年了，我们只能拓展詹姆斯开辟的道路，只能做有限的工作，以摆脱早先哲学思维灌输给我们的观点与假设，这些观点与假设极度妨碍我们理解并利用当代科学与文化为我们提供的资源。

詹姆斯的工作对今天关注哲学的人非常重要的第三方面，我将只概括性地表述一下。我斗胆提出这样一个观点，即或许对我们来说，他学说中最宝贵的部分，就是他学说中那些表面上最容易受正统思想的批判的方面，对于本会同情他的著述要旨的人来说，这些部分是最大的障碍。我要提到这样一些观念，他把它们称为"愿意相信"的观念，这些观念引导他支持将情感经验的结果连同可用作证据的结果都作为检验观念的真理性的成分。詹姆斯大胆地提出了他的概念，过分信赖了读者的想象力能够补充他在挑战传统信仰时所忽略表述的限定条件。但事实上，他充分说明了这些限定条件，因此将他的观点表述为一厢情愿，是一种歪曲。然而，正如他的表述所遭受的指责，他的一些表述似乎指向了如下结论，与证据无关的东西，即关于个人偏好及满足，在某些情况下可以作为检验真理的组成部分。

现在我认为，仔细阅读后会发现，不容置疑，詹姆斯关注的确实并不是科学命题，而是意义，这是哲学体系与原则的力量、重要性和存在的理由。无可否认，他做出过与这一评论不一致的表述。在有一些段落中，他采用了皮尔士陈述的获得科学概念的意义的方法，似乎将它用作决定概念的真理性的方法。混乱是由“意义”(significance)一词的模糊性所导致，有时它被用作逻辑意义上“含义”
16 (meaning)的同义词，有时则被用作“重要性”(importance)的同义词。如果我们摆脱詹姆斯论述中的这些混乱，根据他所最关注的哲学对人类生活具有重要意义而非仅具有学究的和学院的意义来解释他的论述，我认为，我们就能把握住他想强调的内容。

哲学议题与哲学问题要关注生活这一意识总会激励哲学家们，这一认识对于把握哲学家们论述的意义，是重要的线索。因为如果错误的甚至无意义的事物被当作哲学家们断言的关于宇宙和绝对真理的终极结构，当它们被用来解释人类与社会的困境与活动时，就获得了另一种重要性。哲学家们可能会沉迷于这样一个自以为是的断言，即比起科学家作为科学家所能够发现的真理，哲学家在提出并展示更深刻、更全面、更终极的科学真理。他们的作用毋宁说是探求现有的最可信的科学得出的结论与包括情感、欲望及被检验的观念这些存疑问题之间的关系。因为所有这些存疑问题都与指导人类行为有关，包括欲望、兴趣及已知的事实。

近来文化中最显著的特征之一，是逐渐理解到人类事务中一些关键因素，即冲动、欲望、活动趋势等所起的巨大作用，这些因素通常被统称为“无意识的”——尽管并不恰当。这一认识在许多人看来为休谟的论述，即“理性是而且必定是激情的奴隶”提供了证明，休谟用“激情”一词指人类生活中先于理性、无关理性的因素。被断言为理性的事物通常是事实上屈从于冲动和欲望——“激情”而产生与消退的，对此我毫不怀疑。但断定这种关系必定是奴役关系，不会成为合作关系，这是一个完全不同的命题。詹姆斯的哲学并非是要称颂非理性的活动，而事实上是呼吁哲学致力于建立认识与促使人行动的因素之间的相互协作。

今天哲学研究突出的问题，是被称为“事实”的一切事物与被称为“价值”的
一切事物之间的关系。在詹姆斯的论述中不难发现，他敏感地预见到了这个问 17
题的紧迫性，也指出了恰当地处理这个问题的方向。当代有一个哲学学派声称代表了唯一科学的观点，据他们说，包含情感性经验的所有词汇和所有方面，所有价值，仅仅是一种宣泄或向下级发出的命令，如果这样，我们就面临着科学与情感、观念与欲望完全分离的逻辑结果这一令人印象深刻的教训。我们得到一个简明的表述，它将所有个人与集体的行为问题，所有的工业、政治和国际关系问题，都归结为是由更强大的力量所决定的。考虑到物理学知识在当今事态下所起的实际作用，我们就事实上趋于认可极权主义国家利用科学作为在获得专制权力的斗争中的武器。

我从詹姆斯的著作中发现，当摆脱了混乱和纠结以后，他预见到了当今哲学中最迫切的问题，预见到了经验哲学需要建立在如下基础上，即认识到经验是情感与认识的密切结合。詹姆斯是意识到二者实际结合的先驱。他也是意识到下述事实的先驱，即这一结合对于哲学的职责与任务极为重要。对于作为哲学家的我们而言，在纪念典礼上我们最好的纪念方式，是遵从詹姆斯事实上指派给哲学家的天职。当哲学杜绝了揭示终极实在与绝对真理的结构的野心时，就能够致力于人道的、即便是比较谦卑的职责，揭示当代科学知识投向冲动与欲望的黑暗深渊之光，表明科学认识如何能使我们突破陈旧的传统与习惯的束缚，依靠建立在我们能够获得的最可靠的认识基础之上的对目的与目标的设计——这些目的既不代表纯粹的权力，也不是摇曳的鬼火——照亮前进的道路。

谈《心理学原理》①

18 比起其他现代作家，对于詹姆斯我们可以确切地说，所有与人相关的话题他都不陌生。他的看法是整体性的。他的兴趣领域非常广泛，摆脱了大多数学者都具有的专业的和技术的界限。这一事实使我斗胆来谈谈他的《心理学原理》一书，因为不论当今心理学观点如何看待其内容，这部书像洛克的《论政府》与休谟的《人性论》一样，可以列为永恒的经典。这部书不适于分门别类地归类。像那两部著作一样，它是面向一般公众的，每一页都表明作者关注公众能基于平常态度和日常事务来理解书中讨论的议题。

我并不是说，这部书应当被看作哲学论文集而不是心理学论文集。我是说，同洛克与休谟的情况相同，这些传统的名称并不重要。主要的事实是，詹姆斯首先是一位医学与心理学研究者，深切关注如何基于对人性的构成与作用方式的理解，来揭示这些学科领域的新认识。这一着手研究的准备工作与模式，与詹姆斯广泛和自主的兴趣相符合，因此他运用他的专业训练，关注人类关注的几乎所有方面。结果是，他将科学方法与对于人性的各个方面的浓厚兴趣完美地结合了起来。在我看来，正是这一结合，使得詹姆斯的《心理学原理》一书成为永恒的经典，无论讨论的特殊主题发生什么变化。

① 首次发表于《心理学评论》，第 50 期(1943 年 1 月)，第 121 页。

威廉·詹姆斯的道德与朱利恩·本德的道德：实用主义不是机会主义[①]

在朱利恩·本德的《抨击西方道德》(The Attack on Western Morality)(《评 19
论》,1947 年 11 月)一文中,他选择将他认为的实用主义哲学作为抨击的主要对象。事实上,他将实用主义哲学连同俄国布尔什维克哲学,都置于破坏西方世界道德的理智力量的前列。这是一种严重的指责,之所以严重,是因为自称实用主义者的人会非常奇怪,他们信仰的哲学竟然具有如此广泛的影响,不论这种影响是好是坏。人们的第一个反应是,本德不严谨地使用了"实用主义的"一词,来代表在利益方面——不论金融的、政治的还是个人的——趋于将直接的、狭隘的、权宜的利己之计置于一切考虑因素之上的行为。由于"实用主义"是一个具有明确含义的特殊哲学术语,其含义与上述本德的用法完全不同,这种用法上的不严谨也表明了理智上的不负责。但是,本德甚至没有承认这种最低程度的辩护。

他的重要的章节标题假定,"苏格拉底-基督教道德若干年前是唯一被尊崇的",而下一个重要章节的标题为:"19 世纪末对这种道德的蓄意攻击——实用主义道德说教",然后他特别将这些"实用主义道德"等同于威廉·詹姆斯的学说,詹姆斯在"19 世纪末"出版了他书名为《实用主义》(*Pragmatism*)的著作。

本德写道——我引这段话是因为它是本文唯一的参考资料,他甚至为这一 20
针对实用主义哲学的特别指责提出了根据:"在布尔战争(Boer War)时期,塞西

---

① 首次发表于《评论》(*Commentary*),第 5 期(1948 年 1 月),第 46—50 页。这篇文章是对朱利恩·本德文章的回应,朱利恩·本德的文章见附录 1。

尔·罗兹(Cecil Rhodes)就宣称:‘这场战争是正义的,因为它对我们国家有益。’不错,他只是一名商人,但知识分子基普林(Kipling)也采取了同样的态度。我是否可以大胆地说,这与威廉·*詹姆斯在古巴为其美国同胞掠夺时的态度非常近似*——几乎极为近似?”

着重号是我加的,以确切无疑地弄清本德所指的实用主义哲学与道德到底是什么。为增强对于詹姆斯的评论的说服力,本德特别提到了“他的《书信》的第二卷,第73—74页”。詹姆斯到底说了些什么,我们不久便可以看到。由于不可思议的巧合,詹姆斯在后来的信中提及基普林对美国人占领菲律宾的态度,我也将引述他对这个问题的说法。

下面是詹姆斯在1898年6月15日致一位法国哲学家朋友弗朗索瓦·皮利翁(François Pillon)的信中所写。(本德所说的掠夺菲律宾和波多黎各——而不是古巴——的“同胞”之事,和平条约是在詹姆斯写这封信的六个月后才得以签订,而本德将这封信作为他的根据。)“我们正在进行古巴战争。作为一段奇特的历史时期,它展现出一个民族的理想如何会在一眨眼间就为具有几分偶然性的一连串外部事件所改变。”在提及“说服在古巴的西班牙人民残酷与暴政要求驱逐西班牙人”和缅因州爆发的“具有几分偶然性的外部事件”突然改变了国家的理想后,他继续说道:“然而国会的战争宣言表现了一种龌龊的心理状态,是真正的最后的歇斯底里的行为。……欧洲大陆国家不会相信,我们主张人性、我们放弃所有征服的观念是真诚的。它一直是绝对真诚的。”在这句话中对“一直是”的强调在下面的段落中清楚地得以说明:“但是这里加入了心理因素;一旦行动的刺激减弱了……古老的人类本能会发挥其固有的力量,我们民族所具有的掌控
21 的野心与意念会提出新的要求。它不会掌控古巴;我想,这一点非常确定。……但波多黎各,甚至菲律宾,却不能如此肯定。我们一直设想我们这个民族(尽管我们在某些方面粗暴、野蛮)与其他民族相比,在道德上更加高尚,我们的国家是安全的,等等。……真是做梦!各处人类天性都是相同的;稍微一点诱惑,古老的军事热情就会高涨,横扫面前的一切。”①

---

① 詹姆斯的心理学学说因赋予他称为“本能”的情形以仅次于理性的重要性而值得重视,这一观点现在已成心理学常识,但在当时却是令人吃惊的新奇观点。事实上他并没有简单地美化这些本能。他将它们当作相当重要的事实,即任何忽视这些本能的人类改良政策都是注定要失败的。理解这段引文可以参考他在《论和平盛宴》(Remarks at a Peace Banquet, 1904)以及《战争 (转下页)

我引述这段话并不是要为威廉·詹姆斯辩护，他不需要辩护。我引述这段话也与另一方面的内容无关，即揭示他基于知识分子的正直与清明的思想具有现实性，不幸的是这种正直与清明如今已不常见。我引述这段话是要揭示“一个”与本德关于知识分子责任性质有关的问题。很可能詹姆斯相信，古巴存在的无可否认的“残酷与暴政”，如果不由西班牙自己的行动来结束，那么最终诉诸战争来解放古巴就是正当的。然而这只是一种猜测。实际的战争发生了，他将实际的战争某种程度上归因于外部偶然事件引发的“大众心理”——根深蒂固的本能暂时颠覆了理智的控制。若干年后再谈及这一主题时，他写道：“我认为，强制国家实行其征服政策的麦金利(Mckinley)政府的施政方式是令人憎恶的，国民刚刚接触到诱惑时恢复并遵循古老灵魂的方式是令人厌恶的。”(《通信》，第二卷，第289页)

詹姆斯不是绝对和平主义者。本德自己或许无法运用他的绝对主义来说明美国参与战争这一事实中存在罪恶。但无论如何，所有这一切都仅仅说明了这样一个事实，本德对詹姆斯的立场的解释是不负责任的——他将“实用主义道 22
德”解释为一种廉价的、低级的、权宜的利己哲学。

这不仅是因为詹姆斯的文字是在我们占领菲律宾期间、和约签订的六个月之前写下的，也不仅仅是因为詹姆斯关于我们不会掌控古巴的预言是完全正确的，而本德在其报告中作出的预言是错误的，五十年之后，我们确实掌控了它。这些事情与下述事实比起来并不重要，即詹姆斯是最早地、最愤慨地、也最持之以恒地反对我们占领菲律宾的美国人之一——幸好，这样的历史时期目前已经终结。詹姆斯也没有等到完全占领实现那一天。本德用以支持其关于詹姆斯的评论的那封信上，还有下述内容：“今天我要去波士顿参加一个大规模的民众集会，我的许多朋友准备在会上反对新‘帝国主义’。”(詹姆斯是反帝同盟的副主席)

我并不想断言出自本德的两难选择中哪一个更可取：或者他没有读过这封信，或者他读了这封信，而选择视而不见，并且不愿尝试去了解詹姆斯关于战争

(接上页)的道德等价物》(The Moral Equivalent of War)中更充分的论述，两篇文章均发表于他的《回忆与研究》(*Memories and Studies*)。在这里引述这两篇文章过于冗长，但《战争的道德等价物》一文开篇的话是：“我虔诚地相信和平的主宰权与某种社会主义的均衡势力逐渐出现。”这篇文章陈述了社会制度安排的必要性，即如果和平统治不能成为一种温和的快乐经济，则必须使利己主义与个人利益服从于重要的高尚的理想。

与谈论菲律宾问题的众所周知的报告。指出下面一点就足够了：他将詹姆斯反对的“占领”菲律宾变为占领古巴——而这并没有发生，然后将这一转换作为主要的文本参考——因为这是唯一的参考，又据此来构成实用主义道德。似乎并不需要评论本德在理智方面的道德责任水平，只需注意到这是一个明显的、较之他自己怒斥过的一切背叛更真实的“知识分子的背叛”的例子。

本德将詹姆斯与基普林联系起来，依据的是第二手材料。但是，从詹姆斯的书信的同一卷中引述这方面的真相是可能的。在刚才提及的那封信之后同年2月詹姆斯写的另一封信中，我们发现了关于基普林的这样一段文字：“我愿他多倾听一些他自身的人类深层的本性，而少倾听一些他自身的侵略的本性。如果盎格鲁-撒克逊种族会流泪哀诉，他们要担负的‘担子’就会轻许多。”然后转论菲律宾问题：“基普林很清楚地知道，我们在热带的营地不是高校社区，我们的军队
23 不是访贫问苦的慈善家团体；我认为，他把我们想象成那样是可耻的。”

我认为，下述事情不仅仅是巧合，即在詹姆斯反思了美国人——像其他民族一样——身上突发的原始本性后只有短短几个月，便又写道：“例如我，我的基本立场已经奠定：我反对任何形式的伟大(bigness)与崇高(greatness)，以及对每个人的无形的道德强制，像许多柔软的细根一样，或像渗水的毛细管一样，悄悄地蔓延过世界的裂隙，如果给它们以时间，就会撕碎人类自尊心最坚硬的外壳。……所以我反对一切巨大的组织……反对一切伟大的成就……赞成总是以个别的、当下并不成功的方式发生作用的真理的永恒力量。”

这段引文引自被本德称为宣扬当下“实用的”成功的人，我相信，这段引文足以表明，本德在描述威廉·詹姆斯的实用主义时是多么“极端地”“大胆”。这是他对实用主义的整个描述有多么“大胆”的一个典型例子。虽然我并不是断言，我们所有被称为实用主义者的人在理智与道德上都达到了威廉·詹姆斯的高度，但我可以明确断言，上述引自詹姆斯的引文接近于实用主义的精神，而本德的解释与它相距甚远。

本德“大胆”的顶点可以在下述段落中看到，在这些段落中他将实用主义归为掌控苏联的人所持并所行的哲学。其中一段引文是一个标题：“当今特别成功的实用主义伦理学的两种形式”，“两种形式”的第二种便明确等同于布尔什维克共产主义哲学。他在下述句子中“大胆”断言了这种同一，“[实用主义]除了为实践条件所决定，或者更确切地说，为经济利益所决定的道德价值外，趋于否认

公众、真理、理性等道德价值观”，即如成功的布尔什维克的情况。如果我说本德对后一哲学的描述与他对实用主义哲学的描述一样不确切，停留在同样水平，他或许会将这一评论作为我试图捍卫俄国官方哲学的证据。所以我要说，苏格兰某地的学生仔也许会很清楚地意识到这一事实，即任何实际的考虑，甚至“经济 24
利益”的考虑，都不是布尔什维克哲学的决定性要素。相反，本德自己的哲学恰恰是绝对主义的哲学，尽管他在此是以“辩证唯物主义”的绝对主义取代了所谓的“唯心论的”或超自然的绝对主义。在任何情况下，两种哲学相互冲突都是绝对主义的冲突。值得注意的是，布尔什维克俄国的绝对主义国家哲学认为美国实用主义非常接近于本德的绝对主义形式，这一点是非常奇怪的。[①] 两者都不能“大胆”将实用主义用其自己的术语说成是逻辑学与伦理学的科学研究的系统成果。

本德所表达的意识形态的混合物，即“苏格拉底与基督教共有的”，至少可以说是令人困惑的。苏格拉底之死，是因为他怀疑为公众接受的道德与公民信奉的教义，而这种怀疑是具有颠覆性的。各种研究表明，苏格拉底所主张的，与导致已经确立的公认的权威们置他于死地的是同一件事情，就是他在寻求真理过程中将不断地系统地质疑的权利与权威置于其他权威之上，这些权威声称有权控制生活。本德或许有理由，但他没有说明为什么用“苏格拉底与基督教共有的”替代通常所说的“犹太教与基督教共有的”。但只要这些理由未被明言，我们就只能说，这看起来很像是试图要接受超自然的绝对主义，同时又自称质疑绝对主义的论断，而这两者是不可兼得的。无论如何，可以这样说，从这些众所周知的事实来看，目前依然有人断言要批判性地系统考察所有被公众接受的东西和无论源自何处的信念，并维护这种系统地质疑的权利和权威，实用主义者在其中极为突出，他们早已断言是“苏格拉底的同道”。

如果本德决定为实用主义写一个负责任的说明，包括它关注的道德问题（因为单独使用“实用主义道德”这一术语是无意义的），这一说明或许会违背他最近的文章中的唯一正确的论述：实用主义哲学对一切形式的绝对主义深恶痛绝，无 25

---

① 最近苏联关于美国哲学特别是实用主义的评论，参阅 M·戴尼克（M. Dynnik）《美国当代资产阶级哲学》（Contemporary Bourgeois Philosophy），载于 1947 年 11 月《当代评论》（*Modern Review*），附有悉尼·胡克的批评性评论。

论是反动的右派还是反动的左派。从这个观点出发，会促使人们去思考这一厌恶产生的根据。这些根据既充分又简单。就其本性而言，任何类型的绝对主义都趋于独断，所有对其原则的质疑在道德上都是具有颠覆性、破坏性的，因此必须被禁止。从苏格拉底和伽利略到当代布尔什维克共产主义的历史发展表明，这一结果不仅是绝对主义的理论推断，事实上也是绝对主义的实际后果。伴随着理论与实际的不宽容，诸如来自与绝对主义信仰相伴随的教条主义，导致——的确也要求——消灭在道德上和政治上危险的持异议者。清洗并不是从纳粹主义或布尔什维主义开始的。当绝对主义成为占统治地位的哲学时，这种清洗就会随之而来。

但甚至这种以关押与死亡为手段的对持异议者的迫害也并非绝对主义唯一严重的道德后果。对这种质疑更不公开、更不明显的镇压与歪曲会带来同样具有破坏性的后果。窒息自由探索的最有效的手段，来自于创造这样一种理所当然的理智与道德氛围，这种氛围与被赋予"永恒真理"地位的信仰与行为方式一致，这些永恒真理具有制度的支持，而这些制度的威信又建立在上述真理被假定拥有的威信的基础上，这些真理又由历史上的成功而加重了其分量。正是绝对主义，而不是实用主义，在不择手段地实现其特别设定的终极和全部神圣目标方面取得了成功。不是实用主义，而是本德的体系，是绝对主义的，其体系深处有某种与布尔什维克的共产主义相同的东西。

就此而论，前面引自威廉·詹姆斯的话具有深刻意义。他不谈论"永恒真理"，只谈论"总是发生作用的真理的永恒力量"，尽管当下并不成功，但这种力量作为植物的细根起作用，因为它们是*活的*，而不是因为外部的权威。那种声称已经拥有了永恒的、绝对的真理的做法，在道德上最糟糕的是，它固化了生活，而生
26 活应当永远是生动的，在其中世俗的甚至平凡的真理得以发现，生活本身也赖此发展；并且在生活发展的同时，更多鲜活的真理得以揭示，它们之所以鲜活，是因为它们不是封闭的、完成的——就像各种声称自己必定是绝对的"真理"那样。

关于本德加之于詹姆斯的实用主义所需担负的道德和理智方面的责任，我最好引述威廉·詹姆斯的论述，他认为美国人生活中最主要的缺点是："极度理想化的'成功'仅仅是物质层面上感到'达到目的'，最大限度地尽快达到目的，这是我们这一代人的特征。"或许他最著名的表达之一就是"拜物教的成功"。这位无时无处不在攻击本德所谓的"实用主义道德"的人，正是本德"大胆"将其与塞

西尔·罗兹等而视之的人，(据本德所言)罗兹说，正义的东西是因为它对他的国家有用！如果我可以相信，本德的歪曲说明，可以唤起这一代人关注赋予威廉·詹姆斯的遗产以生命力的这种精神，关注所有我们依然需要从这种精神中学习的一切，我几乎应当感谢本德。

这种精神是什么，最好不是从孤立的段落去把握，而是从其整个著述去把握，他的著述显现了他对变化、新奇与自发性的深深的热爱，他关于开放的宇宙与人在宇宙中的创造作用的多元观念，他关于意义与真理的经验理论，他对新见悟始终不动摇的热情，以及他的丰富的想象力。将詹姆斯与自称为"实用主义者"的人联系在一起，是受了语词的欺骗，因为他们中许多人看来并不熟悉他的著述，他们将他们自己的学说绝对化，并且用不加批判的传统或暴力的权威取代不断进行科学探索的权威。我们时代所有大的词汇和抽象概念都已被滥用。别忘了，希特勒将自己称为"社会主义者"，斯大林将自己称为"民主主义者"，教权主义的独裁者将自己称为"人道主义者"，佛朗哥将自己称为"基督徒"。

看到隐藏在词汇背后的人的愿景的实质，是自由与敏感的知识分子的标志。

心灵如何被认知？①

27 所有对哲学感兴趣的人都会同意，“心灵(mind)与精神(mental)是什么”是一个非常重要的问题。但他们也都认为，得出的结论有很大差别。近来关于这一主题的一些讨论使我想到，只要作为权宜之计，或许提出下述问题是可取的，即如何看待心灵的本质，这一问题与认识精神的本质的方法有关。提出这一设想，我并不打算涉及从认识论上探索认识可能性的任何本质问题，只涉及使用的方法这个一般问题，正如我们可以就任何主题提出探索它的最有效的方法。

提出认识的方法问题有助于说明关于精神的本质某些现存观点之间的差别。很明显，一些关于精神本质的学说事实上停留在一种假设上，即唯一最恰当的方法就是内省的方法；内省一词其含义与对除“精神”之外的一切事物的观察所具有的含义有着根本的差别。

另一种可能存在的方法以及关于这一方法的特点，为“内省”一词较早的含义所提示。因为它最初用作检查、考察、观察的同义词，通常被考察的对象是一个人从某种道德观点出发的个人行为。无疑，一个人的个人行为是被考察的对象，这一事实在“内省”这一词义以后的发展中起着作用，由于词义的发展，“内
28 省”代表心灵或意识的一种直接的和直觉的认识行为。然而较早的意义与后来的意义具有明显的差别。仔细全面地研究完成了的行为的道德特性——这是为较早的用法所规定的，它包含着确定的方法，即在从事这些行为时其道德本质严

① 首次发表于《哲学杂志》(*Journal of Philosophy*)，第39期(1942年1月15日)，第29—35页。

格说来是没有被认识的，而是要求反思的对象。[①]

古代和中世纪认识接受的假定是，确定性是一切有资格被称为严格意义上的认识的本质属性，因此，推断或推论得出的结论之所以能作为认识，因为它们是经由固有的必然为真的程序，从直接的自明的已知为真的前提中推出的。现代物理科学摧毁了这样一些特殊命题的基础，而这些特殊命题以前被作为终极真理，被作为其他一切科学真理的真理性证明所依赖的前提。然而，认识具有内在确定性的假设被保留了下来。诉诸意识的直接事实，或"精神性的事实"来作为必须的不可动摇不容置疑的第一真理，没有这些真理，就不可能推断其他真命题，这种看法在现代思想史上并不陌生。或许可以引用一个有趣的例子。早先的现代哲学依然相信数学定义与公理是自明的真理，这与古代和中世纪的哲学是相同的。但是，物理学变革没有为具有自明性的数学真理有效地运用于物理学现象提供逻辑根据。因此，需要在"意识"或"心灵"中发现某种完全确定的东西为这种运用提供可靠的根据(例如笛卡尔和康德，尽管他们之间有其他差别)。

一些人喜欢引用桑塔亚那(Santayana)的下述论述，即认识一样东西和以完全占有的方式成为它之间是不同的，认识并不像吃东西那样，还有一些人接受的 29
原则与桑塔亚那认可的原则无关，他们都会意识到，认识"精神性的"东西所运用的方法之间有着根本差异。因为相信认识精神性的东西具有直接性与确定性，其背后的认识论学说，是精神性的东西是什么和被如何认识是同一回事。为了认识其他事物，通常需要利用形成假设和经验观察，或多或少通过长期探索间接达到认识。但是就精神性的东西而言，应当这样假定：被认识的对象或事件是自我表露、自我揭示的。拥有它们就是认识它们。

这一立场有其逻辑上的困难。除了与其他主题比较和对照外，我们如何知道讨论的特殊对象或事件是精神性的？假设所指的事件是独特的，与其他任何东西都不具有同一性或不能与其他任何东西相区别，"精神性的"一词，或者"意识"一词，其可能的含义又是什么？我并不想探究这一逻辑上的困难。我提出这一困难是要我们重视这样一个事实，即认识其他一切意味着通过比较与辨别建

① 或许值得注意，*conscience* 和 *consciousness* 在意义上也发生了一些相似的变化。*Con-scious* 和 *conscire*，最初意味着与他人分享的认识(to know with another)，*conscire alii* 和 *conscire sibi* 是正统的表达。"自己的认识"(to know with one's self)无疑意味着私人的或独享的认识。但它不意味着某种本质上私人的认识。

立联系，依靠这种比较与辨别联系被揭示出来。这是认识心灵和精神的本质的对照方法，这一方法通常被忽视，因此这篇文章致力于提出的这个问题是正当的。

特殊的、个体的、唯一的东西不能被认识，这一结论常被得出，但在进一步证明之前意思是不确定的。它可以意味着就其特殊性而言它不能被认识，或它不能以任何方式被认识。前一种意思与下述观点相一致，即认识包含根据构成某种联系的特点进行描述。在这个意义上，"精神性的"认识所具有的直接性，就其发生的特殊性而言，与任何事件的直接性一样。① 因为被认知的事件被称作着
30 火、发热、战斗或其他名称，就其发生的直接性而言，都是特殊的。在后一种意思中，就其特殊性而言，它们与其他发生之事没有丝毫共同特征。如果意识着落在一件事情上，比如莱布尼茨的单子，就可以说，就这件事被意识到而言，其性质是私人的；"私人的"一词在这里是"特殊的"同义词。如果同样的逻辑方法被用于"精神"直接与直觉地洞察自身的学说，一个事件就可以被说成对其自身性质的认识，是能够认识其"自身"状态及过程的唯一的存在。

沉溺于事件的这种想象出来的天赋能力不失为一种方法，即注意到"有"与认识（和被认识）的不同，这一不同标志着每一事件发生的特殊性。例如，说我牙痛是私人的，是为我直接知道的，是任何他人完全无法理解的，这样说的时候，只有一个要素是可以由经验证明的。这个要素与"认识"无关。你有牙痛与我有牙痛是完全不同的一件事，这一事实是能够证实的。这并不意味着你认识到你的牙痛与其他人认识到的牙痛的方式有什么不同。事实是，牙科医生可能比有牙痛之人更清楚地知道牙痛的性质，这种牙痛的特殊之处以及其他特征。它的"私人性"似乎依赖于身体条件而不是任何内在的东西。我们有理由相信，如果技术进一步发展，神经嫁接或许可以使我感到牙痛或有牙痛，而其发生处则是在你的颚上，就如同用收音机我们可以听到源于远处的声音一样。

简言之，诸如享受与受苦等事情，就其发生而言是"私人的"。它们被认识的方式，完全不同于我们认识声音、颜色等的方式，这一断言似乎是建立在认识理

---

① 显然，"精神的"与"心灵"指的是类性质。我忽略了如下逻辑困难："类"属性以及它们所断言的特殊性之间存在矛盾，因为它应该是前面提到的逻辑困难的另一种形式，即不与他物相比较或相区别，认识某物是精神性的是困难的。

论上的，而不是建立在某种与其特别相关的证据上的。而且，享受与受苦就其发
生的私人性而言，似乎描述了一个社会事实，就像一个守财奴拥有并贪婪地注视
着“私人的”黄金储备。我在最近读的一本书上偶然看到这样的话：“个人以私密
投票的方式来私下表达他的意志。”无需论辩便能证明，私下或秘密投票是公众 31
决定的事情，社会公众相信它是可取的。在上述引文中提到的“个人”，只有当年
龄、公民身份、登记等公众参与决定的条件满足之后才能投票。同样，强调商业
中“私人的优先权”作为某种社会政权制度的标志，是这样一些人极力主张的，他
们由于所谓的社会利益而支持将这种优先权作为一种社会政策。我们甚至竟可
以说，认识到享受与受苦是私人具有的，这一认识的意义关乎社会道德。因为它
是随着超出了人种与宗教界限的人道主义与慈善事业近来的发展而产生的。错
误地将“有”作为认识的唯一模式，这一学说的流行可以说是政治学与经济学方
面的“个人主义的”社会运动的混乱的产物。

对我的这一论述的一个反驳是：它完全忽略了被称作*亲知*(acquaintance)的
这一主要的认识方式。而且我的论述还远不止是忽视了亲知这一事实。我在这
里不再重复我在其他地方的论述，即熟悉与认识到*如何*以适当的行动应对事件
之间具有密切关系，例如熟悉一种外国语，或熟悉约翰·F·爱克斯伯里(John
F. Exbury)。指出亲知与任何做出科学或哲学断言的认识的不同就够了。人类
在达到如今被看作科学的认识之前的很长时间，就非常熟悉炎热和寒冷，熟悉各
种疾病，熟悉石头、植物和动物。正如古希腊和中世纪的“科学”表明，相信科学
认识与熟悉具有同样的规则，这一信仰将实际的科学压制了若干世纪。就我而
言，我怀疑，一个人是否能够比熟悉牛奶、橡树或邻居，更熟悉他所享受和经历的
事情，除非他依靠比较和区别的操作获得了更多的东西，这些操作赋予他所享受
和经历的事情以一般的或公共的形态。但是我关于亲知与可称之为哲学或心理 32
学方面认识的精神性认识之间不同的观点，与我的上述信念无关。

任何其正确性依赖于假定特殊的认识形式的关于精神本质的理论，如果只能运用于特殊的对象而不能运用于其他对象，我相信，这种理论如果不是一种用于交流的特殊形式的认识论理论，就是高度可疑的。考虑到这种交流形式，先前的怀疑就被依靠检验、在封闭圈中的特殊的推理抵消了。实际上心灵的极其特殊的本质被说成是需要同样特殊的、唯一的认识心灵的程序。而且，既然精神完全独特的本质的学说是建立在假设这样一种被认知的方法上的，这一论证并不

能使人信服。

如果被称作精神现象的本质，是根据其他直接表现出来的独特的性质，诸如这种热、这种冷、这种红等被认知的，那么“精神性的”东西就与几乎不需要中介就被认知的事物是完全相反的。要科学地认识红颜色是什么，需要广泛的实际的和理论的知识作为必要条件。我们必须获得仔细检验过的光的本质的观念，并且会发现这些观念又与电磁学理论有关。我不需要进一步详细说明关于为经验直接拥有的特殊性质的间接性特征。我在这里并不想描述精神性东西的特殊性质，而只是提出，为了解释精神性东西的本质，我们或许只能从由生物学观点得出的关于行为的最佳结论出发，然后综合构成文化的各种条件，包括交往或语言，对导致修正这一行为的所有认识加以利用。

C·I·刘易斯(C. I. Lewis)在其文章《关于精神性东西的某些逻辑思考》①(Some Logical Considerations)中，至少九次使用了短语“行为的和[或]大脑的状
33 态”。他并没有论证，但将对精神性东西的行为说明等同于对大脑状态进行描述。因此可以说，当我在前面一段用行为一词时，行为甚至在生物学水平(不涉及行为的文化组成)都包含许多超出“大脑活动”的东西。的确，除非对有限的行为方式本身的描述取决于最广泛的生理学意义上的已知的整体行为方案，在这个意义上行为方案也包含环境条件的相互作用，否则我很难理解，人们怎么能给予大脑行为以可以理解的说明。刘易斯有一段话与刚才提到的九处表述相反，他谈到“大脑的真相或身体行为的真相”。即便这里的“或”表达了一种可选择的替代而不是“同义词”，形容词“身体的”也构成了对行为方式的限制，这种行为方式仅仅为“行动主义者”所接受，他们对行为的说明从属于认识论的思考。

最后一段只用于说明这一事实，即认知心灵，不同于有“精神性的”性质，我们必须转向非心灵的亦非精神的东西，将直接出现的性质转换为事件之间的一系列联系。它们被用来说明的方法的观念，正如已经指出的，是与完全不容置疑的直接认识方法对立的，后者彻底排除了反思与探索的需要。由于提出的是方法问题，我在这里不会提出任何关于心灵的本质的结论，而利用系统研究的方法或许可以引导我们得出这样的结论。然而完全可以说，这篇文章已经获得了而不仅只是预示了积极的结论。

---

①《哲学杂志》，第38期(1941年)，第225—233页。

境遇的探究与境遇的不确定性[①]

我感谢麦凯先生使我有机会纠正我的探究理论中的某些错误的表述，特别 34
是与探究有关的“不确定性”的含义。[②] 我希望我能够清楚地说明问题，研究了他的文章使我相信，由于下面的原因，我们之间的分歧比起他所指出的一些特殊困难还要深得多。如果我的这一看法是正确的，我对麦凯先生的问题与批评的回应所处理的问题较之他提出的问题更为基本，我的文章就会不同于他的文章所引出的观点。

麦凯先生提出了两个问题。因为他说，他的第二个问题，即关于我的分析中有所谓的实质性缺陷的问题，可能是他的第一个指责即含混性指责的根据，由于我同意他的说法，我就从第二个问题，“更严重的困难”入手。麦凯先生在开始他的讨论时提出了下述问题：“说存疑境遇下*存在的*条件是不确定的，意味着什么？”麦凯先生的异议和批评的关键与“存在的”一词的用法有关，这一点不仅被他用斜体字[③]表明，也在下面的陈述中明白地表明了。“假定境遇由其预期的最终结果方面来看是不确定的，这么说时，看来杜威先生是在假定，由于结果自身是有关存在的，而不仅仅是思想方面的事情，先在的条件一定也是与存在有关的
不确定的。*但结果虽然是未决的、将来的，然而是观念的或思想的事情，是意义* 35

① 首次发表于《哲学杂志》，第 39 期(1942 年 5 月 21 日)，第 290—296 页。这篇文章是对唐纳德·麦凯(Donald S. Mackay)的文章的答复。唐纳德·麦凯的文章见附录 2。

② 唐纳德·麦凯：《杜威先生的“不确定境遇”指的是什么？》，《哲学杂志》，第 39 期(1942 年)，第 141—148 页。

③ 英文原版书中的斜体在中文版中均改为楷体加重。——译者

的事情，是预期的可能性。”(第 145 页，斜体并非原文所标）接着他指责我，“将最终结果转换为先行存在”；“为了解最终结果在其实现前的不确定特征，回到因果关系中的先在的实体”。这显然根据的是我在另一本书中讨论其他问题时的论述。当他说我混淆了(在最终结果实现前的)纯粹属于认识的不确定性的经验性质与最初先在条件的经验性质的实践的和操作的不确定性时，他用另一种方式作出了同样的批评。

说最终结果在其实现前可以达到，或虽然最终结果是将来的，然而是观念的或思想的，因此是非存在的东西，这句话是麦凯先生立场的关键。这是为了指责我所列举的唯一根据。这就更突显了麦凯先生并没有为他的主张提供论证或论据这一事实。通常这样一种做法意味着，作者将其论述当作自明的，或至少是明显没有理由怀疑的。但如果真是这样，麦凯先生相信将来的东西都只是思想的和非存在的，他相信这是一个自明的普遍命题。我不愿将麦凯先生说成是唯心主义的形而上学，依据这一形而上学，将来与将来的事件，即便它们作为结果与在特定日期会发生的事件密切相关，都仅仅是观念的和非存在的。但如果他这样看问题，我就必须说这与我的观点是完全对立的，无论如何根据他所相信的观点解释我的论述，都是站不住的。

还有另一种可能的解释，一般说来，这种解释看起来更为可能。麦凯先生会假定，我的理论总体上使我在逻辑上接受了他的陈述，因此他的陈述表达了我的实际观点，而且，我是在混乱中遮蔽并否认这一实际观点的。即便如此，它依然使我惊讶：没有给出证据，没有提到任何一段属于我的逻辑理论支持我拥有这样一种观点。

回答或即便仅仅是讨论这样一种含混的论述中遗留的问题，通常是非常困
36 难的。但是在这一特殊情况下，指出他提出的问题与我的整个探索理论是相对立的，恰恰是一件很简单的事：只要记得被指责为根本上混乱的论述的前提就是结论。而且，他还使得这一探索理论变得一文不值。我本应当假设，我的探索理论的总的要旨，如果用麦凯先生在他的文章中引用过的探究定义，就会得到澄清。我本应当假设，为最初不确定境遇“有控制或有方向地转换”的最终境遇，应当被看作必然拥有最初境遇的存在的本质。然而，即使我的观点本质如此这一事实没有从这一探究定义中显现出来，最初的不确定境遇与最终达到的境遇恰恰是同一个存在的境遇的最初的和最终的阶段，这一学说体现在我的《逻辑：探

究的理论》每一章中涉及的每一个问题上。①

为充分证明我上面提出的论辞，显然我要给出《逻辑：探究的理论》全书的一个概要。由于这样做是不可能的，考虑到下述事实，即麦凯先生没有引述任何特殊证据来支持他归结于我的观点，我将我的论述限制在我确实坚持的一个一方面普遍、一方面特殊的观点上，这一观点是普遍理论的一个特殊情况。就我的一般立场而言，我相信下述段落的话——结合其上下文以及作为许多其他达到同样效果的段落的样本，这一段落表明了我对于最初的和最终的境遇作为同一个存在的境遇的最初的和最终的存在的两端的观点："[探究中实现的]转换是存在的，因此是暂时的。认识之前的未定的境遇只能通过改变其要素来确定。……
于是，探究的暂时性意味着与探究的过程需要费时完全不同的事情。它意味着 37
探究的客观主题经历着转变。"②

境遇从开始到结束的存在主义性质，的确非常直接而密切地与我对探究的讨论的每一部分相联系，我几乎不知该引哪一段引文。意识到我的论述被理解为恰恰相反的意思，是令人沮丧的。但是，这种完全相反的解释只出现在麦凯先生提到的我的基本"探究的连续统一性学说"中，他不是将探究当作暂时的存在的连续统一性，而把它说成"只是在混淆两种不确定性方面获得了成功，而没有在两者之间建起桥梁"——这两种不确定性一种当然是非存在的不确定性，他归之于最终的境遇，另一种是"实践的、操作的"不确定性，他假设我将这种不确定性赋予了最初的境遇——而且正如后面将会看到的，他仅仅是在否定意义上把握这种不确定性的。在这里，麦凯先生提及"因果关系中先在的境遇"，不妨也提提我的《逻辑：探究的理论》中的一章对用"先在-结果"解释因果联系的详细批评，并说明它在探究中作为建立暂时的"历史的"连续性的工具的作用这一观点。

我要提请注意的更为特殊的一点是，已提出的那个一般命题的特殊情况。最终境遇是观念性的（而不是在其最初阶段不确定的境遇经过存在的转换的存

① 在麦凯先生的文章中，他同样没有提出证据或材料，便提出了下述关于达到探究的最终境遇阶段的论述："它的确定性与探究得出的认识或被证明为合理的断言的语境有关，而与这些认识或断言的内容无关。"在我看来，就确定性是构成探究的那些操作的结果或"后果"而言，探究的最终境遇阶段的确定性不仅仅是认识的内容，而且它也提供了认识的定义。

② 《逻辑：探究的理论》（*Logic: The Theory of Inquiry*），第 118 页[《杜威晚期著作》第 12 卷，第 121—122 页]。由于操作的必要性或操作的性能，强调实验对于合格的探究的必要性，否认"思维"的心灵主义的本质，在这段中都提及了。

在的结果），这一观点使得我在《逻辑：探究的理论》中发展起来的关于观念本质
的理论变得毫无意义。对最终的结果的预期是观念；这样一个对可能结果的预
期表明它是一种观念；并且（根据我的观点）这种预期是影响存在的转换的必要
38 因素，探究就是为了实现这种转换：这些命题的确是我的理论的组成部分。但下
述思想同样是我的理论的一部分，即观念或预期的可能的结果，为满足被控制的
探究的要求，必须指明一种存在方面能执行的操作，或者是影响存在方面转换的
（被称为程序的）工具，没有这种工具，存疑境遇的问题无法解决。而且，在我对
观念的说明中清楚地说过，观念的有效性作为最终解决存在境遇的一种预期，要
为执行操作的作用来检验，这种操作形成了最终确定的阶段的制度安排。同样
的解释也用于说明观察材料作为影响必需的存在转换的物质工具的逻辑重要
性。我能够理解，比起麦凯先生反对他认为我所持的理论来，他或许会更致力于
反对我实际所持的理论。但这一事实并不影响他将不相干的观点归于我，以此
作为他提出批判的根据。

II[1]

为处理关于我的不确定性观念中的含混性导致的问题，我首先要说，正如麦凯先生提出的一点，我确实随意地使用了一种容易误导读者的语言。我很高兴麦凯先生的文章给了我改正错误的机会。在麦凯先生引述的一段文字中，在涉及探究之前的境遇时，我使用了“可怀疑的”一词，似乎它是不确定性的同义词，而我将这种不确定性归因于探究之前的境遇。显然，怀疑与探究有关。我在这种特殊情况下的误用与当时讨论的特殊问题毫无关系，这一事实或许一直是导致我忽视这一误用的因素，但这却是不可原谅的。

麦凯先生的第二点讨论表明，他认为先在的境遇的不确定性纯粹是否定的。
他将这种不确定性称为意味着“感觉缺乏认识”；“缺乏某种由进一步的探究所决
39 定的最终特性”（粗体字并非原文所加）。他相信不确定性仅仅具有否定性的特
征，这一点也表现在他引用詹姆斯关于感觉缺乏和缺乏感觉是完全不同的论述
上。这一观点也体现在他将最初境遇的不确定性看作“实践的”和“操作的”。在

[1] 英文版原书即如此，无“Ⅰ”，从“Ⅱ”开始，全书有多处类似情况，如第 101、159、166、178 页。——译者

这个问题上，麦凯先生的处理再次使读者无法判断，他是认为他的解释是“自明的”、理所当然的，还是认为他的解释是我的理论必然的逻辑推论。就上面涉及的他的讨论而言，他的论述是武断的。因此，我只能说，就上述我的观点而言，对最初境遇的否定性特性的断言，颠倒了我的观点。在我看来，最初境遇具有肯定的、内在的特性，正是由于这样的特性，它引发并引导着试图影响存在转化到最终的确定性境遇的探究。对于“境遇”的论述完全适用于性质上不确定的境遇。“情境（situation，本卷译作“境遇”，中文版《杜威全集》第 12 卷译作“情境”——译者）由于其直接的普遍性而是一个整体。……普遍性也是唯一的；它使得每一个情境都成为个别的情境，成为不可分割、无法复制的。……没有这种制约的存在，就无法决定任何指定的区别或联系的相关性、重要性或一致性。”①境遇的唯一普遍的不确定性为“当下的控制”提供了方向，麦凯先生的批评认为缺失这一方向，当然，如果上述不确定性仅仅意味着缺乏或缺失，的确就缺失了方向。而且，如果麦凯先生认为，最初境遇就其纯粹否定意义而言是不确定的，那么看来正是他持下述观点，即完全无知，如果被觉察到，能够引发有效的探究。而我是否认这一观点的，我相信，只有内在的、肯定的、唯一的不确定性才能实现探究，这为我的下述断言提供了根据，即疑问和怀疑如不代表最初的、特定的存在的不确定性，就是病态的，至少是吹毛求疵的、武断的。

麦凯先生假设，可能我使用了一些“不确定”的同义词，用于最初的先在的境 40
遇，这便增加了而不是减少了这一词的含混性。就我而言，我希望我拥有足够的诗歌或戏剧才能进一步增加词汇的使用。因为任何一个词都不能描述或表达一种性质。当然，这一说法对于不确定的性质，和对于红的、硬的、悲剧的或有趣的性质一样，都是成立的。使用这些词至多只能在听众或读者那里造成这样一种经验，在这种经验中提及的性质被直接拥有或经验到。在我的《逻辑：探究的理论》中发展起来的观点中，有足够的新东西促使我重视在不确定的境遇下会发生的困难；这里，“不确定”一词具有我所使用的实际意义。因此，我谈到某些境遇（那些引发与引导探究的境遇）是杂乱无章、含混不清、充满变数的，是未决定、不平衡的，是希望某种形容词可以引发读者自己想到这种境遇的，“不确定”一词适用于这种与探究相关的境遇。我也可以使用——可能我已经不时使用过——诸

① 《逻辑：探究的理论》，第 68 页（《杜威晚期著作》第 12 卷，第 73—74 页）。

如可怀疑的、不可靠的，甚至变化无常的等词汇，这不是在认识意义上使用的，而是在人的立足点是不确定的意义上使用的。使用一个名称指称一种性质时的"含混性"有多大，在特定的情况下，就使用这个词的人来说，是缺乏上述适当的唤起相应经验的能力的问题，而找不到——由于之前形成的习惯规则——这样一个赋予语词指称以预期意义的境遇是多大的问题，不能根据一般原则来决定。但是我希望我所使用和提及的各种词汇至少会防止相应的性质被看作否定的和缺失意义的。①

III

41 如果不是由于麦凯先生将不确定性解释为完全缺乏和缺失，而使得问题清楚起来，我会完全无法理解麦凯先生文章的结论部分指的是什么——特别是他再一次只做出陈述而不以我著述中的任何特殊段落为例证或支持。假设相信不确定性意味着纯粹缺失意义，再假设将这一信念曲解为我关于价值观、目标、标准、政策的论述，我会在某种程度上模糊地理解为什么麦凯先生会将我的"自由主义"与"冷漠的自由主义"联系起来，会提出其他的指责。根据目前情况，我只能表达这样一个希望，希望麦凯先生在另一篇文章中从我关于社会哲学的著述中确实陈述的内容里提出根据，以证明他对于我的著述所持的观点。

由于缺乏这种根据，我只涉及一种评论。我关于价值问题和一般社会热点问题的著述常被批评为依据极度夸张的理智观点，这一点我已非常习惯了，而我使用理智一词是用作胜任探究工作的简称。麦凯先生的批评方式至少具有新奇的刺激性。根据社会上长期使用的理智方法对于价值观与自由进行界定，是关于这样一种方法的学说，根据这种方法（我看待事物的唯一方法）目前流行的、妨碍并阻止我们获得价值观和有效的或积极的自由的根深蒂固的混乱与冲突会日益被克服。

---

① 《逻辑：探究的理论》，第 68—70 页（《杜威晚期著作》第 12 卷，第 73—76 页），与"境遇"一词相关，我评论了下述事实，即在确定的情况下，在一般的讨论中，词汇对于读者或听众来说只能是一种建议（*invitations*），读者或听众可以接受，也可以拒绝。这里所说的情况特别适用于讨论中的"不确定性"。

“内在的善”的模糊性[①][*]

我想提出的观点是，当“内在的”一词用于善及其他哲学讨论的主题时，具有某种模糊性。有时它被用来指在亚里士多德的“形式因”意义上的本质的东西。因此它与“存在的”相对立，存在的是指暂时的、占有空间的，但不是必然的和普遍的东西。我的讨论首先提到的是语言表达的用法，但我不打算赋予这种用法以任何拥有立法权的能力。我所谓的这种特殊的用法是指词“内在的”和“与生俱来的”用法。查阅《牛津词典》(*Oxford Dictionary*)的人会发现，这些词有时被用作同义词，这种用法赋予内在的一词一种力量来表示属于事物本性或本质的东西。例如，“内在的”一词的第三个界定是：“属于事物自身的，或依据其本性的；与生俱来的，本质的；固有的；‘属于其自身的’。”显然，这一界定意味着接受了这样一种逻辑的形而上的学说，即认为某些性质必然地、永恒不变地、普遍地属于某些实体，而区别于仅仅暂时地、偶然地“被拥有的”性质。在同一词典中，对“与生俱来的”一词的界定使得这一层意思非常清楚：“在事物中作为永久属性或性质而存在的；……属于谈及的事物的内在本性。” 42

至此尚没有模糊性的问题。但在这里引述的“内在的”一个重要界定，以下面引自约翰·洛克(John Lock)著作中的一段文字作为例证：“银子作为货币，其内在的价值，是赖以作出普遍同意的评估。”这种“评估”显然是易变的和偶然的 43

① 首次发表于《哲学杂志》，第39期(1942年6月4日)，第328—330页。

* 没有巴尼特·萨弗利(Barnett Savery)论“内在的善”的文章的刺激，这篇文章就不会面世。那篇文章发表于《哲学杂志》第39期(1942年)，第234—244页。事实上，如果不是似乎要使他对他没有说过的结论负责，我会将这篇文章看作他的文章的某些观点的发展。

东西，随着时间和地点而变化。它和由于本身的、与生俱来的、永久的性质或本质而属于银子的价值无关。用亚里士多德的话来说，它是“从属的”性质，当空间和时间条件变化时就会变化。

萨弗利先生的文章引述了G·E·摩尔关于内在的善的两个界定或描述。[1]其中一个界定认为，将善称作内在的，是肯定“即便它完全孤立”地存在，也是作为善的事物存在，这一界定并未超越存在的或非本质的意义。这一事实证明，萨弗利先生关于这一界定是“显然无害的”论断完全正确。但是摩尔也认为，善的事物能否被说成是内在的善的，“只能依赖于这一事物的内在的本性”。

假设我们不说“善”的性质而说“白”那样的性质，如果我说“白”的性质内在地属于我书写用的纸，因为即便纸完全孤立地存在于世界上，“白”这一性质依旧属于它，那么我认为，我只是说出了事实上确实属于纸的性质，而不管这一性质如何属于纸。在这个意义上，“内在的”并没有超出断言时空存在的事实。在这个意义上，我会认为，所有“内在”于事物的性质，它们符合事物发生的时空条件——假设只有这些事物真正地“拥有”这些性质。然而，如果我认为“白”的性质属于纸，是因为纸的“内在的本性”，我就是在完全不同的意义上使用“内在的”一词。

如果说“善”的适用性依赖于事物的“内在本性”，便无疑涉及这一模糊的词
44 的两种含义。有一点很不明显，即这一词的模糊性的影响竟至改变了问题，这很不幸。问题不再是某种事件或存在是否确实具有“善”的性质，与该事件或存在如何具有这种性质无关，而是转变为内在性质或本质的一般的形而上的问题。“善”的内在本性的全部问题于是被看作依赖于另一个问题，即直接与内在的不变的性质或本质的学说相联系的问题。

我不打算讨论后一学说的正确性。显然，任何论述这一主题的人都有权在讨论伦理学问题界定“善”时利用这一学说。但是我认为，每遇这种情况，应当让读者清楚，这一道德界定是根据宽泛的逻辑-形而上学说作出的，其正确性依赖于后一学说的正确性，因此，为了证明提出的“善”的道德学说的正确性，后一学说需要独立的证明。

不再深入的话，我想，我们会假定，一些论述道德问题的作者会对我所说的内在的“善”的存在的含义和本质的含义作出区分，认为就其非道德的用法而言，

---

① 《哲学杂志》，第39期(1942年6月4日)，第235页。

“善”等同于满意或享受;这种满意或享受确实作为特定时间和地点的某个事件的性质而存在,它仅仅是在下述意义上是“内在的”,即这一事物在那一时刻、那一地点确实具有或“拥有”这一性质。另一方面,道德的善或许可以被认为是道德的,恰恰是因为被标志为“善”的东西的性质或本质是永恒的。

我不怀疑,这是一个可以坚持的观点。但如果要接受它,当然需要论证的支持,因为有可供选择的不同观点。为了清楚地陈述并清楚地辩护,我提出一种可选择的观点。可以认为,关于作为满意或享受的善的事物的道德问题,只是在下述条件下提出的,即这种享受成为有疑问的,并导致了反思的探究。在这种情况下,对照物被认为并非是下述两种事物的对照,即某种仅仅在“外在的”或偶然的意义上为善的事物与由于其永恒的普遍的本性为善的事物之间的对照,而是直接为善的事物与适用于大多数情况的依赖反思被确定为善的事物之间的对照。我这里并不坚持这是对的。我指出一种可供选择的界定,是为了表明“内在的 45
善”的观点需要清楚地阐释和证明,以确保它最终不会停留在与尚未阐明的形而上观点相联系的“内在的”一词的模糊性上。

极端的反自然主义[①]

46 哲学的自然主义比起通常人们所认为的具有更高贵的血统，例如，有亚里士多德和斯宾诺莎的血统。不过，对近代哲学有着巨大影响的亚里士多德，他的自然主义并没有阻止他在存在等级中将自然的层面看作最低的层面，也并没有阻止他认为纯粹的理智是这一等级中的顶峰，"纯粹的"是由于摆脱了一切物质因素的污染。然而，如果亚里士多德没有被作为教会的权威哲学家，如果他的著述没有通过中世纪的变形找到进入近代文化的方式，他的工作是否会像以往那样，为反自然主义增光，是值得怀疑的。

因为在这段时间，罗马天主教会的彻底的超自然主义无时不在注入对亚里士多德的解释。他论述中的自然主义因素被超自然的信仰遮蔽了、覆盖了；或者，如果不可能做到那一点，便被作为未受希伯来-基督教来自天启的解释启蒙的、愚昧的异教徒观点而忽略了。超自然主义对亚里士多德的曲解混杂着亚里士多德著述自身的因素，这些因素从现代科学的观点看确实是非自然主义的。它导致许多近代作者将他与柏拉图都作为唯心论的反自然主义哲学的奠基人。

然而，作为道德理论的问题，亚里士多德的自然主义从字面上看十分明显，以致中世纪基督教神学哲学被迫赋予他的论述以根本不同的解释。这一解释有多么不同，可以从红衣主教纽曼(Cardinal Newman)的话中推断出来，他代表着
47 权威观点："模范的人，公正的人，正直的人，慷慨的人，可敬的人，尽责的人，如果

① 首次发表于《党派评论》，第10期(1943年1—2月)，第24—39页。

他的这些品德不是来自超自然的力量，而是来自仅仅是自然的美德”，“天堂就会向他关闭，拒绝接受他”。[1] 当用这种标准来衡量诸如荣誉、正直、公正及慷慨等美德时，我们当然很容易知道如何判断这种产生于爱好与欲望的行为。因为有关后者的判断甚至更深地浸染着保罗和奥古斯丁关于整个肉体和对肉欲的渴望都是堕落的观点。人的自然本性堕落的学说的历史渊源被置于次要的地位。但是，西方世界是在教会学说和圣事的影响下成长起来的。人性中固有的罪恶是“自然的”，更高的自我是“精神的”，这两者之间对立的假定被一些哲学家保留了下来，这些哲学家公然批判超自然主义——如在康德那里就非常明显。教会从来不会忘记提醒迷茫中的信徒们这种对立是由于他们的堕落状态造成的，因为否则就不需要超自然地求助于赎救。同样，反自然主义、但表面上宣称非超自然的反自然主义哲学家从来没有停止过思考自然人仅仅具有感官享受和利己主义的特征，没有停止过思考自然冲动和欲望在道德上的诱惑性特征，因为否则就没有下述学说的立足之地，即人类关系中的真正的道德因素是为精神性的非自然的源泉与权威双重决定的。

使用非自然主义的与反自然主义的两个词是完全必要的。因为除了公开的超自然主义外，还有一些哲学家声称他们外在于自然主义，但不是超自然主义；他们的学说是建立在更高的理性或直觉能力上的，不是建立在某种天启，或诸如此类的其他什么上的。我个人相信，他们的哲学只能被理解为对公开的超自然主义的历史继承，我不强烈主张这种观点。我更愿提醒人们注意两种反自然主义学派成员之间的一致与实践上的合作。他们都将自然主义等同于“唯物主义”。因此，他们用这种等同来指责自然主义者将人类独特的道德、审美、逻辑等价值都还原为物质实体的盲目的机械的关系，这种还原将人类独特的价值全部
摧毁。于是，这种等同允许反自然主义用谩骂来代替对特殊问题用适当术语及 48
其具体证据进行讨论。

鉴于这一等同，人们在这里可以注意到，自然主义者必然尊重自然科学的结论。因此他很清楚，在现代科学中，“物质”不具有古希腊和中世纪哲学赋予它的粗卑的、低等的、惰性的性质：这些性质是那些完全对立的更高等的性质的基础，褒义的形容词适用于这种更高等的性质。结果是他认识到，由于“物质”和“唯物

① “仅仅”一词在反自然主义的著述中起着巨大的作用。

主义”是在与被称为“精神”和“唯心主义”的东西的对立中获得其意义的，自然主义没有给后者留位置这一事实，也剥夺了前者在哲学中的所有意义。要找到比古希腊-中世纪传统中的“物质”与当代科学中仅适合用数学符号表达的技术含意上的“物质”差距更大的两个词，是非常困难的。

谈到科学，我们想到，或许除了最教条的超自然主义者外，谁也不会否认，现代的实验观察方法在天文学、物理学、化学和生物学等学科中带来了意义深刻的变革；也不会否认，这些领域发生的这种变革对人类关系发生了最深刻的影响。除了这一认识外，自然主义者还认识到一个具有重要意义的事实。他认识到，反自然主义是如何反对运用科学方法探索人类社会事务领域的问题。它因此阻止了科学完成其事业、实现其建设性的潜能，因为它认为，人类是外在于自然的。因此，用以研究人类的工具与方法，根本不同于迄今一直支配人类的、已为人类掌控的、用以认识被认为是自然的一切事件与问题的那些方法。评估当代人类状况不可取之处，在多大程度上与在认识和获得真理方面的不彻底的、混杂的、
49 不能整合的状况表现出的分裂、隔绝、混乱与冲突有关，超出了人类的想象力。只要反自然主义拖延并阻止下述方法的使用，即单单使用这些方法就能够理解并进而引导社会关系，民主政治就既不能对其自身意义获得足够认识，又不能在实践中一致地获得实现。

就此而言，讨论一些或多或少偏离这篇文章主题的话题，是适宜的。哲学的自然主义在其迄今为止只能称得上刚刚涉足的一个领域还有工作要做。因为超自然的宗教的影响，首先是天主教的影响，其次是新教的影响，不仅仅“物质”一词仍反映着前科学与前民主时期的信仰，下述词汇，诸如心灵、主体、自我、个人、个体，更不用说“价值”了，其通行用法——导致了混乱的哲学表述——及其含义，这些含义来自对外在于自然之物的信仰，它们都带有浓厚的前科学与前民主时期的信仰色彩。在心理学与社会学的分析与描述中使用的词汇，几乎没有一个不受这种影响。

因此便得出了这样的结论，当代自然主义最紧迫的问题和最迫切的任务，是以可利用的证据为基础，对由下述词汇表述的事物和事件进行自然主义的解释，这些词汇如今几乎完全支配着心理学和社会学探索与报告。例如，对自然主义理论来说，没有比观察的性质更根本的问题了。然而纵览当代文献会发现它们很少用自己的术语来讨论问题，就像在天文台的观察中，在化学、物理学和生物

学实验室的探索中，在植物学家和动物学家涉足的野外实地考察中，所使用的程序术语来讨论问题。相反，似乎必须将观察还原为感觉、感觉材料、感觉与料（具体哪个词并不重要）等词汇并用它们来代替观察，这些词汇均受非自然主义传统影响。

目前流行的对语言的讨论——也是具有根本重要性的话题——提供了一个例子。从逻辑的和社会学的观点研究这一主题的学者，认为自己是反形而上学的科学的实证主义者，他们在写作时，仿佛词汇是由一种“内部的”、私人的、精神性的核心或实体和“外部的”物质外壳所构成的，依赖于这种外壳，本质上主观的、无法传达的东西“跨越主观地”得以传达！他们似乎完全没有觉察到他们假 50
定了外在于自然的起源和状态。在自然主义者将他们的原则与方法用于表述心灵、意识、自我等话题之前，他们会处于严重的劣势。因为反自然主义的“理性的”各类哲学家几乎总是从关于心灵、意识等所谓事实中提取他们的前提。他们假设这些“事实”是自然主义者所承认的。当发现没有得出他们得出的结论时，他们便谴责自然主义者持矛盾的和断章取义的观点。

II

这一主题太大了，不适宜于在这里讨论，所以这篇文章的其余部分将集中讨论对自然主义的指责（因为它被等同于“唯物主义”）与实际情况之间的差异。今天确实冒出了许多这类指责。大多数指责似乎将当今世界的悲观状况看作天赐良机，以此来指责自然主义应当对我们正在遭受的各种罪恶负责。我便从引述某些例证开始讨论。

“决定论者、唯物主义者、不可知论者、行为主义者及其同类只是因为其自身是矛盾的，因此才会是民主制度真诚的捍卫者；因为不论是否愿意，他们的理论不可避免地导致以强力为政府辩护，导致否认所有我们称之为不可剥夺的权利与自由。”自然主义者不包括在前述名单中。但是混杂着下述作者们的一份名单表明他们属于“同类”：“康德和卡莱尔（Carlyle），威廉·詹姆斯和赫伯特·斯宾塞（Herbert Spencer），威廉·麦克道尔（William McDougall）和亨利·柏格森（Henri Bergson），戈宾诺（Gobineau）和张伯伦（Chamberlain）——他们都会对纳粹主义的全部产物深感惊恐——他们使得这样一种哲学[以强力为政府辩护]不仅成为可能，而且几乎是不可避免的，因为他们否认某种自由的、人道主义的和基督教的社会观念赖以建构的基础。”①

51 这些人的哲学完全没有或几乎完全没有共同点，除了他们都否认或忽视罗马天主教的神学哲学的教条外，而这一信仰的信徒将这些教条看作“自由的”和有序的社会的唯一基础，将这些人放在一起，是作者用来进行评论的思想标准。这是一种自然主义者不敢苟同的不负责任。只有一个人自信地认为他代表由神创建和指引的机构，才会将这些具有对立信仰的人混同在一起。甚至还可以指出这样一个事实，即被认为引发当今社会无序的人中，康德是哲学上的反自然主义者。此外，他详细阐明了这样一种学说，即每一个人都是自己的目的，都因为是高于自然界的领域的成员而拥有自由。康德认为，能够引导共和政府成为遵循他设立的哲学原则的唯一政府，这是历史的作用，是社会结构的渐进的改良。

由于柏格森被列于这一名单中这一事实，从下面这位作者那里引述的引文就显得十分有意思，这段引文被新教徒作为天主教会自由主义的例证，但这位作者公开表达特别受惠于柏格森：“现代世界与文明在思想秩序方面所需要的，四个世纪以来人的现世的善所需要的，是基督教哲学。现代世界产生了一种孤立的哲学和非人道的人道主义，一种由于它想要以人为中心而不是以上帝为中心因而对人有害的人道主义。我们已经饱尝苦难，现在，血腥的反人道主义，凶恶的反理性主义，以及理性主义的人道主义最终通往奴役的倾向就在我们眼前。”②

“单纯的”自然主义者即便能依仗听众的无知或健忘，也不能理直气壮地假设，世界在理性主义、自然主义与人道主义高涨之前，处于幸福有序与和平的状态，摆脱了流血与暴行。甚至普通读者也会记起，人类历史上某些最血腥、最残
52 酷的战争，是以超自然主义和在上“四个世纪”前一直统治欧洲文化的神职机构的名义下发动并获其公开批准的。

而且，如果读者熟悉中世纪超自然主义哲学的文章，也会回忆起为了教会的利益而进行的血腥与残酷的迫害与压迫有各种形式。因为在后一种情况下，他们企图拯救异教徒的灵魂免于永恒的诅咒；或者如果不可能做到，至少也要保护

---

① 托马斯·P·尼尔(Thomas P. Neill)：《天主教世界》(*Catholic World*)，1942年第5期，第151页。

② J·马里顿(J. Maritain)：《当代宗教思想的复兴》(Contemporary Renewals in Religious Thought)，《宗教与当代世界》(*Religion and the Modern World*)，第14页。

其他人不要被“该诅咒的”异教污染。圣托马斯·阿奎那(St. Thomas Aquinas)(现在是教会的官方哲学家)对《圣经》的律令“如爱你自己一样爱你的邻人”的解释是这种正统传统的证明,因为这种爱是对不朽的灵魂的爱,而灵魂只能为接受教会信条、分享教会圣事来拯救,耶稣的律令完全不具有字面上的、自然的含义。因为这是明确认可试图拯救灵魂免遭地狱折磨可以使用任何一切手段。与超自然的永恒相比,只是平静地、带着世俗与自然满足地、拥有合理程度幸福地活到古稀之年又算得了什么?因此,正确的道路只能为真正的“爱”来指引。

现在我想起这样一个论断,如果我没有弄错,这一论断的倡导者既有超自然的反自然主义者,也有哲学上的反自然主义者。“在民主国家持这种自然主义观点的人没有觉察到其立场的危险性。由于当今哲学唯心主义、浪漫的先验主义或宗教的一神论的影响,他们在理智上对这些精神观念进行批判,却像相信这些精神观念那样行动。他们试图为了人的尊严保持他们的情感,同时对本质上唯物主义的哲学赋予敬意,而根据唯物主义哲学,人只是(原文如此!)高度发展的动物。他们远离古典的宗教传统,生活于精神领域之外,精神之都在他们那里坍塌了。……由于这一矛盾表明它在理智上是无法忍受的,学者们与教师们必须(!)恢复并重申我们来自古希腊与希伯来-基督教源泉的关于人及其善的精神观念。如果他们不能这样做,不仅宗教尊严与道德责任,而且他们直接涉及的学术活动,都会受到严重威胁。在极权主义政体下,这些活动正在被破坏;在民主政 53
体下,破坏的程度略好,但亦是如此。”[①]

这一声明的署名人既可能属于超自然的反自然主义,也可能属于理性主义的反自然主义。声明中提及我们的古典的与宗教的传统,古希腊的与希伯来-基督教的源泉,表明了这种情况是可能的。他们的攻击目的是一致的。但是,反复询查会揭示出两者根本上的不相容。例如,哲学上的反自然主义满足于对因自然主义而发生的恐怖事件做出可怕的预言。然而,他们超自然主义的同伴则意识到,一度用于制止如自然主义等异教传播的积极的暴力工具,可以防止可怕结果的发生。如果对自己的信仰有足够的认识,他们就会认为,这种方法依旧需

① 引自多位普林斯顿教授署名的声明,发表于《科学、哲学与宗教研讨会文献汇编》(*Proceedings of the Conference on Science, Philosophy and Religion*)第2期,虽然题目中出现“科学”一词,但是这一会议的交汇点与讨论主要致力于维护反自然主义的某些方面;本书的作者们由于对涉及的哲学问题无知,而充当了这一混合物的粘合剂。

要，但由于自然主义的自由主义在文明国家的传播，这种方法如今无法得以实行。当这一群体的成员们想到，教会有力量保护信仰免遭“所谓的科学”的攻击、免受危险的学术思想的侵蚀时所付出的各种努力，他们就会嘲笑那些无知的同伴，这些同伴暗示，在自然主义不能立足之处，探索、学术与教导便完全没有了障碍。他们当然会说他们仅仅是哲学上的同事，他们没有生活在超自然传统的都市中。单纯的自然主义者会非常惊讶，这宣言的突出特点是，考虑到世界的非基督部分，宣言体现出对历史的无知、自满或偏狭的地区主义，抑或是纯粹修辞上的教条主义。对于致力于在现代世界实现民主制度与心灵自由的人们的信仰，以及能够承受各种艰苦努力直到事件的发展迫使他们终止蒙昧主义的人的信仰，思想史家将能够贡献某种值得注意的资料。

54 接下来，我将引述在危机强烈地表现出来之前写下的一段话作为结束。G·K·切斯特顿(G. K. Chesterton)在访问这个国家后，在一本书中谈到了这个国家的民主制度的前景：“就民主制度成为或依旧是天主教与基督教而言，民主制度会保留民主。……人们会越来越明白，如果一切事物都没有意义，民主制度也就没有意义；如果宇宙没有一个作为我们权利基础的核心意义和权威，任何事物就没有意义。”

我认为，如果任何事物都没有意义，民主制度也没有意义，就无法期待进步能够真正实现。这段话的要义在下述断言中清楚地表现出来，即除非权利与自由是归因于某种完全外在于自然并外在于人们相互之间的社会关系的核心与权威的，否则构成民主制度的权利与自由就不具有有效性或意义。这一关于人的本性的本质上怀疑论的、甚至愤世嫉俗和悲观主义的观点，是所有下述断言的基础，即断言自然主义破坏与民主制度有关的价值观，包括对人的尊严与人类生活价值的信仰。这一毁谤的观点(温和地说)是整个声讨自然主义的计划的基础，不论这一声讨使用多么美妙的哲学语言。事实是，自然主义发现，上述价值，即男人与女人的尊严的价值，是建立在人类本性自身基础上的，建立在人类个体之间现实的与可能的自然的社会关系中的。不仅如此，自然主义在任何时候都持下述观点，即内在于人与自然的基础比起所谓外在于人与自然结构的基础更合理。

我认为，劝导这样一些人，他们认不清人类本性本质上是堕落的和不值得信任的这一观点的历史起源的背景，并不是权宜之计或策略。我们应当回忆起，其

源泉是圣徒保罗(和奥古斯丁)对古代希伯来人关于亚当和夏娃在伊甸园中的传
说的解释。基督教信仰的信徒们如果一直受到地质学、历史学、人类学与文学批 55
评的影响,可以理解,他们就会更愿意将这个故事归于符号论的领域。但是全部
本性完全堕落,人类全体与个体都处于堕落状态,这一观点是下述主张的唯一依
据,即主张有必要以外在于自然的手段来实现拯救。被称作理性主义形而上学
的唯心主义或理想主义的较弱的历史超自然主义的哲学观点,没有相应的对人
类本性的完全悲观主义的观点,也就没有依据来建立其“更高级的”非自然的结
构与功能,以及这些结构与功能据言显现出的超自然真理。

III

我现在来谈谈各种反自然主义哲学关于一般意义上的本性、特别是人类本性是堕落的观点与基础所带来的道德与社会问题。我从下述事实出发,即这一观点的整个倾向是将可能改良人类生活的资源大大削减。对于任何无偏见的、头脑清楚的人而言,只需要问一个简单的问题就足够了:认为任何一点对人类状态的基本的和重要的改良,都必须基于外在于自然与社会的手段与方法,因为人类能力非常低下,以至于依靠人类的能力只能使事情变得更糟,持这种观点的不可避免的结果是什么?科学不能帮忙,工业与商业不能帮忙,政治与法律安排不能帮忙,普通的人类情感、同情心和友谊不能帮忙。每一种反自然主义都将这些自然资源置于可怕的障碍下,其结果是什么?并不是上述事物实际上不能实现任何结果,而是它们的运作恰恰由于超自然主义的盛行而变得无力并受到牵制。

将科学当作由“自然的”手段和方法获得的“自然的”知识的例子,再加上这
一事实,即从外在于自然主义的观点看,毕竟科学只是自然的知识,必须完全反
对它进入能够理解外在于自然的东西的更高的真理领域。会有人相信,这种意 56
见流行之处,科学方法以及运用科学方法得出的结论还能够做它们力所能及的
事情吗?否认任何群体拥有合理的自由(reasonable freedom)及其连带的责任导
致了这样的情况,而这种情况又会被引证为为什么这一群体不能被赋予自由或
特定的责任的理由。同样,它对科学的评价不高,且认为因为科学观念专注于自
然界,它不能对可用形容词“理想的”、“更高的”(或任何具有歌颂内涵的形容词)
来修饰的价值观形成影响,这样的评价和观点因此也限定了科学的影响。反自
然主义的成果于是为攻击自然主义奠定了基础。

如果我说，对科学是自然的评价不高，这本身就降低了反自然主义者的理智水平，使他们对于证据的重要性的感觉迟钝了，使他们对论述需要准确性的感觉迟钝了，纵容了情感修辞而损害了分析与辨别，我似乎过于紧跟反自然主义的诽谤者(如上面提到的)提出的模式了。然而可以说，虽然反自然主义的某些作家追随亚里士多德对“理智的美德”谈论了很多，我却找不到任何论证可以表明，他们理解科学方法的出现如何扩大了这些美德的范围，并增强了这些美德的影响。当贬低科学方法成为他们的图式的必要部分时，他们又怎么能代表更高层次的方法与要素以获得据说是无限重要的关于外在于自然的真理呢?

除了表现出对科学方法的系统的不尊重外，当科学发现与他们的信条冲突时，超自然主义还否认科学发现。结果是神学与科学的冲突。在当代，这一冲突减少了。但是，正如已经指出的，这非常有助于说明在前面引述的声明中的指责，即正是自然主义者危及着学术自由。哲学的反自然主义者在对待某些科学问题时是暧昧的。例如，胜任生物学领域的科学工作者都乐于接受如下观点，即
57 所有植物与动物物种，包括人类，都有某种形式的遗传发展。这一结论明确地直接将人置于自然界之中。或许可以问，非神学的反自然主义者对这一结论持什么态度? 例如，签署声明认为自然主义者将人看作“仅仅是高度发展的动物”的这些人，是否打算否认科学的生物学结论? 他们是想承认是哲学的自然主义而非科学探索产生并支持了这种发展学说吗? 或者，他们是想利用“动物”一词来表达自然主义哲学家很粗俗吗?

由于自然主义哲学家不折不扣地接受由细致的、彻底的探索所验证的事实，他们认为，他们全力观察得到的事实，揭示了人与其他动物的不同，也揭示了科学研究中发现的人与动物在进化上的连续性。认为正是在自然主义中存在一些因素阻止我们承认不同特征各自的重要性，或迫使我们将这些特征还原为蠕虫、蛤蜊、猫或猴子的特征，这一观点是没有根据的。缺乏根据或许能够解释，为什么反自然主义的批评家们发现可以将自然主义描述为仅仅是一种形式的唯物主义。因为被归于自然主义的这一观点仅仅是哲学论战中经常采取的低劣步骤的另一个例证，即根据批评家认为可能的术语来表述对立面的观点，对手本身的术语中并没有这种意思，但是在转化为一种对立的理论术语后便包含了这种意思。总的来说，非超自然主义的反自然主义者处于这样一个进退两难的境地，我们应对他们表示同情。如果他们以自己的术语表述自然主义的观点，就必须重视说

明科学方法及其结论。

但是如果这样做了，他们就不可避免地受他们正在攻击的哲学的某些观念的影响。在这种情况下，他们自己正反感情并存的态度就容易被理解了。

科学方法毕竟是在搜集、罗列和检验作为证据的事实时，系统、广泛、谨慎地运用慎重的、无偏见的观察和实验的方法，对科学方法的不尊重，伴随的是一种目的论和教条主义的倾向。非神学的反自然主义者可能会否认他们的观点以超 58
自然的狂热为标志。而他们在其他事情上都没有表现出同样强烈的狂热。但从逻辑的观点看，必须说，他们不尊重科学，更应归因于他们的心而不是他们的脑。因为其学说的本质部分是，在持续坚韧的不断探索、不断学习与从事实验的科学方法之上，存在着某种要素或禀赋，它们会揭示终极的永恒的真理；除了这样获得的真理外，社会道德与人道的制度安排便没有确定的基础。正如一位自然主义的批评家（确实有些天真地）评论道，没有这些绝对的终极真理，在道德方面就只有存在于物理学和化学中的那种确定性。

非神学的反自然主义者们的所写所言仿佛表明，所有绝对论者在关于终极真理的特殊内容的标准、规则和理想方面都完全一致。超自然主义者更有头脑。他们意识到存在的冲突，他们知道，声称具有完全的权威的终极真理之间的冲突，是可能存在的最基本的不一致。因此，他们要求超自然的指导；因此，狂热的宗教发起运动清除危险的异教，因为他们声称拥有终极真理。非超自然主义的反自然主义通常采取更为人道的态度，它们依靠的是为现代自由主义的发展断然否定的传统资源。如果它们的追随者遵从逻辑的要求，他们就会看到，这样一些人的立场有多么的安全，这些人假设了终极的永恒的真理，认为没有这些真理只会导致道德与社会的混乱与冲突，因此需要一种特殊制度去传达并强制人们服从这些真理。

在社会风俗没有什么变化以及群体之间相互隔绝的时期，人们相对容易满足于在保证他们自己确定的实践与信仰的条件下生活。那个时代一去不复返。不同民族、种族、阶级之间获得相互理解与合理的友好合作的问题，与使用和平与民主的手段解决问题是相关联的，使用这种手段可以调整目前处于冲突状态的价值观、标准和目的。对各种形式的反自然主义中包含的绝对主义与极权主 59
义因素的依赖，增加了这一已经极为困难的事业的困难程度。

声称自然主义的道德似乎否认任何规定的目的和标准的存在与合法性，这是将一种观点转变为与其对立的观点的另一种情况。认为除非标准与准则是永恒不变的，否则它们就根本不是准则与标准，这种观点是幼稚的。如果观察能够确认什么事情的话，那就是人类天生珍爱某些事物与关系，他们自然地确立了价值观。他们渴望并需要以目标与目的指导他们自己，不可能有其他的途径确立价值。这些标准与目标生长起来，并以各种相对偶然的方式获得了控制人类行为的有效性，这也是一个充分确定的观察事实。其中许多标准与目标反映了地理上隔绝、社会种族隔离，以及缺乏科学方法的状况。这些状况不再流行。要断言大量对自然的新认识，包括对人的本性的认识，都不能被用来或不会被用来使人类关系更人性化、更公正与自由，这样断言需要浓重的悲观主义。指责自然主义所支持的这种认识与这种运用，将增加误解与冲突，这种观念是对教条主义的绝对主义诉诸外在于自然的权威所造成的结果的非常奇特的"反转的指责"。

谈到上述悲观主义，会使人想起目前一种一致的看法，即声言自然主义致力于危险的浪漫主义的、乐观主义的、乌托邦的人性观点。这一断言或许会被看作一种受欢迎的对自然主义的变相指责，即指责自然主义把人类"仅仅"看作是动物。但这种指责也恰恰被排除在自然主义的特征之外。在致力于清除理性主义的概括的人看来，将同样无限的乐观主义归于他们的对立面，来与他们自己的悲观主义相对应，或许是"自然的"。但由于自然主义者致力于将结论建立在证据上，他们同样注重观察到的事实，这些事实既指向非社会的行为，也指向亲密合
60 作的行为。然而，在两种情况下，现存的事实都不能被当作最终的和固定不变的。它们被看作目前涉及的事物的指征。

自然主义的确很有希望拒绝红衣主教纽曼表达的下述观点，他说："她（教会）认为这个世界以及其中的所有事物，与单一的灵魂的价值相比，都是尘埃与灰烬……她认为，这个世界的活动与灵魂的活动完全是不相称的。"自然主义拒绝这一观点，是因为"灵魂及其活动"作为超自然的东西被置于自然的世界及其活动的对立面，而自然的世界及其活动被看作是完全堕落的。但是，自然主义并没有跳至另一对立的极端。它坚持以自然手段发现人类本性状况与环境状况的可能性，这些状况造成了社会健康的具体形式，也造成了社会疾病的具体形式，这种可能性作为认识并通过充分的知识来相应地调控行为的可能性，在用药过程中得到实际的证实。这条道路上的主要困难是，在社会问题与道德问题上，我们落后于希波克拉底（Hippocrates）发现疾病与健康原因的自然属性两千五百

年。我们也落后于他的名言，即所有事物都同样神圣，同样自然。

我进一步提出一个反自然主义与自然主义关于社会问题相关立场的对比。由于关于人类本性与物质是粗俗的观点的影响，在被称作经济的东西和被称作道德的东西之间，划出一条明确的界限，这一界限被普遍接受，尽管事实证明，与其他独立因素相比，现代工业和商业对于人们之间的实际关系影响更大。“经济的”东西被划作独立的部分，是因为一方面它被当作源于肉体的欲望与需求并为了满足这些欲望与需求，另一方面经济活动只与“物质”有关。

不论卡尔·马克思是否发明了这一思想，即经济因素是导致社会变革的唯一终极的因素，他并没有发明这种因素是“唯物主义的”观念。他是从流行的古典的古希腊-中世纪-基督教传统接受这一观念的。我不知道有什么方法能够判 61
断，在现存的社会关系中，有多少尚可补救的严酷的东西和残忍的不人道的做法，与否认我们赖以生活的各类活动的内在的道德意义有关。我并不认为，反自然主义是存在的罪恶的根源。但我确实认为，相信所有自然的东西都是低于正常标准的，并且其倾向是反道德的，这一信仰与在我们掌握了能够使得情况更人性化的自然手段后，事态却仍然继续恶化有莫大关系。而且，在政治方面，我们没有注意到，所谓的自由放任的个人主义，及其将人类相互隔离的极端的分离主义，事实上是只与上帝相关联的超自然灵魂学说的世俗翻版。

对可怕状况的恐惧与厌恶，伴随着巨大的压力与紧张。关注当代危机的焦虑情绪大大加强了下述哲学，这种哲学试图支持下述说法，即自然主义的兴起应对当代罪恶负责，它们是民主国家人民反对的敌对意识形态的具体形式。强烈的情绪既无效也不能引起任何反应。它仅仅根据黑白分明来看待事情。因此，具有学术教养的人们会这样著述，仿佛在自然主义兴起之前，就没有野蛮、残忍和偏狭。魔鬼的突然出现，是与超自然主义中突然出现的扶危救困人物相对应的，自然具有令人激动的戏剧性。自然主义作家作为人，会屈从于恐惧与厌恶的影响。但这是因为他放弃了人道主义的自然主义。人道主义的自然主义倡导观察具体的自然的因果条件，设计符合探索中揭示的社会条件的目标与方法。这种哲学致力于继续使用一切可以利用的理智操作的方法，致力于反对反自然主义固有的逃避现实的空想与人文主义的失败。

由于战争成为全球的战争，和平也必须是尊重全世界所有国家与“种族”的和平。我早先提到，将世界上的非基督教徒——特别是亚洲的（后来还有非洲

的)非基督教徒——排除在外的地方主义,是出于哲学上的非超自然主义在真正
62 的人类范围之内依赖它自己的形而上规定来确认得出的。如果哲学上的非超自然主义坚持其理论,削弱对于自然手段包括文化、科学、经济、政治等手段的依赖,而依赖这些可以建设一个更人性化更友好的世界,哲学上的自然主义者就既不会满意也不会赞成其信仰和行动。相反,在自然主义者看来,当今的悲惨局面是一种挑战,要求我们大胆地、不断地、持续地、慷慨地使用所有目前可能由我们自由支配的自然资源。

价值判断与直接的质[1]

在菲利普·B·赖斯先生最近发表于《哲学杂志》的文章中，有许多是新经验主义者非常乐于赞同的观点。[2] 从批评性的方面看，他赞同反对形而上的"实在论"，这种实在论将价值的"客观性"定位于"客体"中，客体之所以称为客体，是由于与人类行为缺乏任何关联。他也赞同反对这样一些观点，这些观点承认价值观中人的因素，但却以结果是怀疑论的方法做出解释，即否认了对客体作出任何真判断的可能性。这些赞同意见是基于赖斯先生的文章的积极方面的：(1)将真判断的可能性问题，与得出能够指导生活行为的价值观结论的可能性问题，看作是同一个问题；(2)将判断的"客观性"等同于可为经验证据证实的可证实性。价值判断是"客观的"，与其他判断被认为是有效的，具有同样的理由，那就是，因为它们可以为假设-归纳方法[3]所证实，这一观点是新经验主义者所主张的。 63

I

对于赖斯先生文章中这些观点越感到满意，就会对赖斯先生引入"主观性"要素越感到失望，这种主观性是由与界定"客观性"不同的方法和不同的标准获 64

---

① 首次发表于《哲学杂志》，第40期(1943年6月10日)，第309—317页。这篇文章是对菲利普·布莱尔·赖斯(Philip Blair Rice)文章的答复，赖斯的文章见附录3。赖斯的第二篇文章，见附录4。杜威的进一步答复与赖斯的反驳，见本卷第73—83页及附录5。

② 《价值判断的"客观性"》("Objectivity" in Value Judgments)，《哲学杂志》，第40期(1943年)，第5—14页(见本卷附录3)。

③ 参阅第12页(本卷第410页)。由于强调可证实性，似乎有些遗憾，即没有提及莱普利(Lepley)博士关于这个问题的文章。

得的。这些方法和标准根本不同，毫不相干。主观的是根据存在的特殊状态界定的，即只是直接面向某个个人的观察，这种观察通过一种称为“内省”或“自觉”的特殊认识得来，这种存在的状态因此是“内在的”和“私人的”。于是，一方面，“主观的”依靠假设某种认识论-形而上的“实在”来界定；另一方面，“客观的”则依据所有科学探索中发现的证据来界定。赖斯先生不仅使用在“客观性”中被明确拒斥的方法和标准，而且还进一步将事情复杂化，认为这种对私人的内在的东西的内省提供了一种价值判断的特殊验证方法，这种验证能够也应当附加到共同观察提供的证据上，诸如在获得非价值命题时那样，这一规定使“主观的”本身根据赋予客观性的界定成为“客观的”！

在涉及客观性问题时，我要先说明一下关于“主观性”的界定，界定“主观性”可以根据用于“客观性”的相同的推理和标准。情况会是这样的：当命题（判断，信念或其他陈述）由因果条件产生时，这些因果条件不具有真正证明的可能和证实的力量，但它们这时又被当作具有这种可能和力量，人们因此接受并认同这些命题，此时，这些命题便是主观的。在这一界定中，唯一的“假定”就是下述经验上可证实的事实，即所有信仰，不论对错和是否有效，都有其具体的因果条件，在特定的环境下，这些因果条件产生了判断；但是在某些情况下，这些因果条件可以为形成的命题提供理由或进行辩护，而在另一些情况下，它们被发现并不能提
65 供辩护的根据。认识论哲学家在说明幻想、幻觉、各种精神错乱的形式方面费尽力气。但是科学以幻想、幻觉、错乱发生的具体条件为基础继续发展，这些条件能够被发现并被消除或减少，直到它们能够产生并使人接受特定的命题和信念。在科学倒退的状态下，在一般推测的未经分析的关于“一个主体”的假设下，将具体的可以列举的错误条件混杂在一起，作为存在的特殊的状态，可能是“自然的”。但是科学探索进步了，因为它寻求并发现特殊的具体的条件，这些条件如同保证并证实正确、有效的命题（判断、信仰或其他陈述）的条件一样，严格服从于公众同样的观察和检验。赖斯先生关于价值判断的观点的特征在于，他完全拒绝“客观性”条件下的认识论-形而上的假设，而保留了“主观性”条件下的认识论-形而上的假设。经验主义的一贯观点是，作为事件，主观的东西和客观的东西一样具有相同的本质。这些事件在相应因果条件能够作为有效根据方面存在差异（根本差异），即它们在能够经受用作证据的要素的检验方面存在差异。

II

赖斯先生并没有提供直接的证据或论证，来支持这样一种材料的存在，这种材料是私人的、内在的，因此（本质上是）可以为个别的、排他的、非公共和非社会的一个“自我”经过观察直接达到的。而且，他参与了另一个观点的讨论，将这一观点的缺陷看作是为他的立场提供了根据。由于这另一观点被归为我的观点，对这一观点的思考会被看作纯粹为特定观点或群体利益服务的论证，这是一个缺陷。但我希望这一讨论的发展能够较之个人观点，形成两种更重要的观点。其一涉及主观性问题，其二涉及“价值体验”的能力的问题，（正如赖斯先生描述 66
的那样）作为确认价值判断的辅助的或“附加的”证据。

赖斯先生非常正确地将下述观点归于我，即价值判断是探究“被经验到的客体的条件与结果”所得出的结论。他也非常正确地指出，这个观点与下述观点是相同的，即认为“客观性”存在于“公众可观察到的条件中和价值体验的结果中”。他进一步断言，我在证据中寻求价值判断的客观性时，方向是正确的。问题在于我在可作为证据并进行检验的材料是什么的问题上没有进一步说明。我的“社会行动主义导致[我]忽视了一个非常重要的根据，即关于价值体验本身的直接的质”（immediate quality）。[①] 这一论述自身并没有特别强调这个“直接的质”是私人的和主观的。在这个范围内，讨论直接经验到的性质可作为证据的价值，而排除其所谓的主观性质，是可能的。

赖斯先生关于“价值判断”是“关于价值体验本身的直接的质”的论述，是与下述论述相关联的，即既然我*承认*“‘爱好’或‘享受’是价值体验本身的要素”，我忽视爱好与享受的体验中可作为证据并进行检验的要素，就是非常奇怪的。[②]

现在我远非只是认为，质上的“享受”、“满意”是可作出价值判断的经验材料的一个*要素*。我还认为，“享受”和“满意”是可作出判断的*所有*材料。但我的价值判断观点的本质部分是：满意、爱好、享受本身不是一种价值，除非以一种比喻的方法，或者举例说明的方法，而使用这种方法时，人被认为注定会遭遇某种命

---

① 参阅第 9—10 页（本卷第 407 页）。

② 同上。“*承认*”一词在赖斯先生的原文中并非斜体。我以斜体标明的原因可以从后面的论述中作出推断。

运。因为我并不是断言，人天生地本质上注定会遭遇某种命运；而是断言，人是与正在进行的事件相关联的，对这些正在进行的事件，将来必须作出选择——以预期的参照标准作出选择。因此，享受被认为是与作出评价判断的潜在要素有
67 关的价值，或与即将发生的事件有关的价值。这一认定作为一种比喻是可以的，但当字斟句酌时，它便混淆了整个问题。

赖斯先生对我的观点的批判的奇怪之处是，他自己明确支持评价判断就其“客观性”而言，可作为预期的参照，而除非具有证据支持的客观性，我不认为任何陈述都能够被当作一个判断。引自赖斯先生文章的下述思考，肯定会被当作似乎与我的观点完全融洽，我的观点是仅仅阐明实际上某物被欣赏或喜爱，这不是对被欣赏的东西的价值的判断。因为他在界定“客观性”时(如我刚才所说，没有声明不是任何词汇的形式都能用来表示判断)，清楚地表明，伦理判断不是关于现在或过去的事实的简单的描述性判断，而“是关于人性的可能性和现实性现状的预言性判断”。他明确地说，说一个行为X是善的，不是在孤立地谈论它，而是与整个利益系统或“利益实现方式”相关联的；它具有“客观性”，因此它将“最终”推动这一利益实现方式“比起其他的利益实现方式，带来满足的最大化”；X具有客观性，是因为它指向“*超出我此刻的所欲或喜欢之外的事情*”。[①] 当他仅仅说我强调“条件和结果”“方向是正确的”时，他并没有指出，除了在“条件和结果”的基础之外，还能在什么基础上比较并研究与利益系统相关的可选择的可能性。

III

那么，我们之间的不同是什么呢？为什么赖斯先生发现我的观点的确有缺陷呢？既然他同意我关于评价性判断的理论的两个主要观点，即(1)这种判断的客
68 观性问题等于对生活行为的合理指导是否可能的问题，(2)客观性是可能的，因为价值判断涉及超出当下特定的爱好或满意的利益系统或利益实现方式。就我的理解，我们之间的不同有两个层面。我的批评家认为，爱好或满意的发生提供了附加的或“增加的”检验证据；他认为，由于被喜好的是性质，就其仅仅直接向自我的观察或内省开放而言，它是主观的，或是私人的和内在的。我首先采用他的观

① 参阅第11页(本卷第409页)，斜体为我所标。

点，即满意的直接的质是证明满意是一种价值的证据之必要部分。这个观点似乎与赖斯先生下述学说非常矛盾，他的这一学说认为价值问题必定涉及满意与利益系统的联系，包括对将来的考量以及对各种行为的一体化功能进行比较选择。

因此，他的下述论述的说服力似乎就打了折扣，即他认为我的“社会行动主义导致[我]忽视了一个非常重要的证据，即价值体验本身的直接的质”。我非但不“忽视”它，根据我的观点，整个价值评价过程恰恰专门涉及这一直接发生的性质。赖斯先生自己的论述，大意是价值评价不是对已经发生的事情的描述，而是关于预言的描述，该论述就像对同一学说的明确认可。其含糊之处在于，将有关直接体验到的性质的证据等同于由直接的质的满足（享受、喜好）提供的证据，而不管这种证据与其整个利益实现方式的关系是可疑的，将此作为价值评价判断的理由和根据！这一含糊之处在下述段落的假定中非常清楚。他认为，由于“杜威承认‘爱好’或‘享受’是价值体验本身的要素……在经验主义者看来，在寻找价值评价的根据时，将行为的这一阶段排除在研究之外，似乎是极大的疏漏”（第 9 页，本卷第 407页）。这里清楚地表明，从判断拥有的可作为证据并能进行检验的功能中排除直接经验到的性质，相当于从所有认识或关注中排除这一性质，虽然事实上这一现象恰恰是判断在努力确定其自身作为价值的资格时，其内容或其所“关注的东西”！当他批判我的观点时说，“无论在其他哪个领域，我们 69
在研究时都不能排除对现象的关注，只专注于其条件和结果”（第 9 页，本卷第 407 页），在我看来很清楚，从特定现象的可作为证据的要素和功能到形成爱好这一事实之间，有着不正当的转换：这种转换之所以不正当，是因为它无知地用拥有可作为证据的要素取代无遮蔽地发生的事实，这一事实唤起并要求对其价值状态作出判断。对特定事件其条件和结果的探究，为什么并且怎么样会消除对事件的关注，理解这一点并不容易。对于无可否认地作为直接性的事件无遮蔽地发生，其可作为证据的价值以及价值判断的问题就谈这些。

IV

现在我来谈另一个问题，赖斯先生假设，因为被享受的是直接的质，因此它是“主观的”。无疑，正是这个假设使他相信，根据原因和结果、条件和结果的界定只是部分的界定，在赖斯先生和我自己的用语中，这一界定都被限制在确定无疑地“客观的”要素上。我指出，在我关于判断和证实的一般学说中，境遇是关键词，一种境遇被认为是具有直接和当下性的质。我认为，如果就境遇的直接的质而言，由于混乱的、冲突的、相对杂乱的性质导致境遇是存疑的，那么境遇就会唤起探究，并最终作出判断。因此，任何被唤起的探究在一定程度上都是成功的，即进一步的观察获得了成功，发现了事实，依靠这些事实，探究在有序、统一的境遇中告终(与原初的、存疑的境遇同样具有直接的质)。在导致这种从一种性质转向另一种性质的转换中，被发现的东西形成了检验其他包括在观察结果中的理论或假设的资格，即前面提及的假设-归纳方法。

70 由于目前的讨论并不关注我的理论的真理性，而是关注其本性(nature)，所以我满足于仅仅引用一段引文。变换了性质的境遇据说是探究的目标(end)，这是“在‘目标’意味着‘期待的目标’的意义上，也是在目标意味着‘结束’的意义上”说的。①

现在赖斯先生根本没有论据支持其观点，即认为爱好(满足、享受)的直接的质是主观的。显然他将这一观点看作是自明的。但是赖斯先生认为，我的理论是有缺陷的，理由是我认为价值判断是根据“条件与结果”决定的，于是不考虑“主观的”东西提供的证据。因此，在我看来，必须要指出，依据我的理论，原初存疑的境遇和最终转变为确定的境遇同样是直接性的，这些境遇都不是主观的，也不包含主-客关系。这一事实表明，我的理论恰恰没有“忽视”直接的质，其中肯之处在于下述事实，即如果赖斯先生想要对我的理论进行相应的批判，他应当拿出论据来支持他的观点，即认为至少在爱好与满足的现象中，只有通过对本身是“内在的和私有的”事物的内省或“自我观察”的行为，性质才被直接检视或观察。他应当对他的下述观点作出解释，即提供最初材料的事件(1)不是境遇的自然状况，并且/或者(2)有令人满意的证据支持直接性的境遇是“主观的”，而不是先在于、中立于或包含主客之间能够合理建立的区别和联系。因为否认这一首要的和最终的主客关系(这种关系被假设为本身具有认识论-形而上的基础与根据，哲学理论由之形成)，是我的一般认识理论、判断理论和证实理论的特征，我的价值判断理论只是这种一般理论的特殊情况。

在将我关于这一问题的理论称为我的一般理论的一种特殊情况下，我打算提请注意下述事实，即我否认价值判断作为判断，或探究、检验和证实的方法，具

---

①《逻辑：探究的理论》，第158页(《杜威晚期著作》第12卷，第160页)。

有任何特殊的或独特的特征。当然在与判断相关的特殊事物上，价值判断不同 71
于其他判断。但是在这方面，关于土豆、猫和分子的探究和对于它们的判断，相互之间也是不同的。真正重要的区别在于所谓的价值判断的特殊主题所具有的关于生活行为的更重要的事实。因为与人类这一主题的深度和广度相比，其他判断的主题相对狭窄，只是技术方面的。

V

我感谢赖斯先生，不仅因为他同意我的理论的某些主要原则，而且因为他的文章给了我澄清自己下述实际观点的机会，即"主-客"区别与联系的次要的、衍生性质，以及境遇的首要特征在于境遇对这种区别与联系完全是中立的。在我看来，这种联系在一种直接性境遇转换到另一种有序的、但同样是直接性的境遇时，是中间的、过渡的、工具性的，它既不是主观的，不是客观的，也不是两者之间的联系。

我感谢他，是因为我越来越接近这样一个结论，即不能把握我在这个问题上的观点以及我讨论特殊主题的基本立场，是导致误解我曾讨论过的许多主题的首要原因。布拉泽斯顿(Brotherston)先生最近在《哲学杂志》中的一篇文章与此有关。文章的题目是"实用主义的经验主义特征"(The Genius of Pragmatic Empiricism)①，其出发点是认为这一理论坚持"在常识和科学活动领域的主-客关系[得到公认]，它在探究的一开始就作为一直关注的东西"(第 14 页)。根据他的观点，这一理论的代表进一步表明，在对这一关系的反思分析开始前对它并没有清楚的意识。但是他们的错误在于从一开始就没有明确指出"主观的"因素 72
具有首要地位。现在不论我们是否应当坚持这一观点，事实上它与我们一直持有的观点十分不同，或许可以把它称为实用主义的经验主义的"坏的特征"。②

---

① 第 40 期(1943 年)，第 14—21、29—39 页。

② A·F·本特利的另一篇文章《真理、实在与行为事实》(Truth, Reality, and Behavioral Fact)正确地陈述了这一实际立场，特别是修正了布拉泽斯顿先生对于詹姆斯的"中立实体"的误解[《哲学杂志》第 40 期(1943 年)，第 169—187 页]。我也许应提一下我较早的一篇文章——《心灵如何被认知？》(How Is Mind to Be Known)[同上，第 39 期，第 29—35 页(参阅本卷第 27—33 页)]。在我的一篇较早的文章《现代哲学的客观主义-主观主义》(The Objectivism-Subjectivism of Mordern Philosophy)[同上，第 38 期(1941 年)，第 533—542 页(《杜威晚期著作》第 14 卷，第 189—200 页)]中，我恐怕没有足够清楚地表明，在谈到作为一种境遇的条件的有机的环境因素时，所指的是这些因素是境遇发生(occurrence)的条件，与产生(production)有区别，这一区别是为我们带来有目的的规则下境遇性质(在这种境遇下关系不是获得的)的首要因素。

我现在重新提及直接的质与价值判断的关系。认为任何一种满足的无遮蔽地发生都是价值的证据，这个观点在我看来落入了前科学的方法，皮尔士将这种方法称作同质性方法。在我看来，它也没有清楚地表明，据说是私人的和内在的质如何能够被加于公共的质之上，形成可作为证据的整体。这样一种相加或结合似乎是语词上的自相矛盾。但是，这些思考与下述事实根本不矛盾，即显著的满足，有时相当于积极的刺激，会限定境遇，在这种境遇中，最终的价值判断由能够被作为证据的事实来验证。但是，就其作为价值而言，获得充分证实而产生的满足的性质，完全不同于偶然发生的不受证据约束的满足的性质。真正的运用科学方法的教育的主要好处之一，就是它导致对这两种满足之间的不同的直接感受。

关于价值判断的进一步论述[①]

我感谢赖斯先生给了我进一步澄清我的观点的机会，过去我没能将我的观 73
点表述得足够清楚[②]。我现在试图将自己限定在赖斯先生提出的两个最主要的命题上。第一个命题是，有一些事件本质上具有如下的质，即它们只能够被“内省地”观察到，或为个人或为事件发生于他们身上的人自己观察到，这些事件是极为“隐秘的和特殊的”，因此是私人的，心理学上是“主观的”。第二个命题是，尽管具有主观内在的性质，它们能够与具有公共的和“客观的”性质的事实一起被用作证据来判断价值，因此虽然存在着主观性，逻辑却是“客观的”。[③]

I

这两个命题中的第一个命题涉及事实问题。这一涉及的事实是，它具有这 74

---

① 首次发表于《哲学杂志》，第 40 期（1943 年 9 月 30 日），第 543—552 页。这篇文章是对菲利普·布莱尔·赖斯的文章的回答，赖斯的文章见本卷附录 5。较早的文章见本卷第 63—72 页及附录 3 和附录 4。

② 这篇文章为赖斯教授《价值判断的类型》一文所引出，赖斯先生的文章见《哲学杂志》第 40 期（1943 年），第 533－543 页（本卷附录 5）。我在这里补充这一注释，当我偶然使用“评价判断”（valuation judgments）一词时，我将这一短语当作一种重复，评价（*valuation*）就是一种判断（judgment）。[估价（valuing）如我早就指出的，是一个含混的词，可以代表判断或评价，也可以代表直接的喜好、珍爱、欣赏、亲爱等。]由于赖斯先生在他的文章中，将我为了区别于传统的感觉论的经验主义而称之为新经验主义的观点以及科学方法，等同于“工具主义”，因此我也要加上这一注释，即只能将我过去和现在的论述，等同于“假设-归纳法”。

③ 在赖斯先生的文章中还有第三个观点，这个观点显然就是其文章的标题。它完全独立于刚才提到的观点，值得单独加以考量，因此在这一答复中我不涉及。

样一个基本性质，它与有效地支持价值判断的证据这一逻辑问题没有影响与关联，与其他众多哲学问题也没有影响与关联。于是我将把它作为一个事实问题讨论，而且我注意到，在赖斯先生的观点中，按照他的解释，这一事实在关于“价值”的判断中起着重要的作用。赖斯先生认为，诸如“形状、颜色、明显的运动”等，具有为许多具备同样条件的观察者观察到的质，因此它们的存在方式是公共的和“客观的”。与这些事例相对立，存在着诸如“肌肉的感觉”、不能表达的思想、有情调的情感等。这些东西只能被个人观察到，或“内省地”观察到，因此是私人的、主观的。在下述论述中这一观点得到了清楚的表达，即“这些事件的发生与质只能被发生于其上的个体有机体直接观察到”。从生理学上，它们据说是以本体感受器和内部感受器官为条件的，而具有公共性与客观性的东西是以外部感受器官为条件的。

讨论这一事实问题过程中存在一个难点。按定义，讨论中具有这种特征的事件不能为任何两名观察者所共同拥有，因此不能为赖斯先生与我共同拥有。赖斯先生因此非常逻辑地让我求助于“我自身”(排外的我自身)的“喜悦、痛苦和隐秘的思想”，作为私人观察到的事件存在的证据。当我认识到赖斯先生列举的这些事例的存在时，我并没有发现它们作为被观察和被认知的东西是“私人的”或内在的，现在这直接的陈述不能使讨论进一步进行，它似乎使得讨论进入了死胡同。

然而争论的问题可以间接地来处理。赖斯先生反对我将他的观点描述为“认识论-形而上的”观点。过去我没有解释这一描述。因为我那时没有打算以任何招致不满的方式将之运用于赖斯先生的观点。相反，我打算把这个描述运用于一个传统的、目前仍然普遍被接受的学说，这一学说源于并发展于现代认识论的讨论，在这一学说与存在的两种性质或状态的固有本性有关的意义上，它是
75 “形而上的”。如果我正确地理解了赖斯先生，由于他接受并传播这一观点，即有两种状态，一种是心理的和“个人的”，另一种则不是，我便使用了上述描述。[①]

① 这一问题在赖斯先生最后一篇文章中因下述事实而变得复杂了，即他随意谈论“主观的”方面和“客观的”方面，似乎“经验”被当作具有两方面或两面，一方面是私人的，一方面是公共的。我依然将此观点看作是“形而上的”，这是在其作为关于存在物本性的一般性的最高概括意义上说的。无论如何，因为我无法假定，赖斯先生对“方面”一词的使用闪烁其辞，这个词看来需要解释。赖斯先生关于“肌肉的感觉、隐秘的思想、有情调的情感”的讨论，似乎将它们当作以自身为依据的事例。

无论如何，我愿意再次表达对赖斯先生的感谢，他给了我尽可能清楚地陈述我对于这个问题的观点的机会，因为正如我在先前的文章中所言，不能把握我的实际观点，看来可能是由于误解了我的一般哲学理论中的许多观点。这次重申我的观点，我要从陈述我的结论开始。这就是：各种事件——这些事件是一般在特殊的生物有机体内，比如在约翰·史密斯身上，在观察与认识方面发生的事件的更直接的条件——其无可否认的中心，被看作是证据，证明了作为结果的观察是其自身"个人的"观察。我进一步相信，事件发生的条件转变为（观察的）事件本身的内在的固有性质，这一转变不应归于任何事实，而是来自一种较早的、前科学的主要具有神学起源的学说的延续，这种学说认为个体灵魂是认识者——即便"灵魂"部分已稀薄化为"精神"、"意识"，或甚至被认为是科学合成的，是单个的生物有机体的大脑。

换言之，我并不否认，一种痛苦，例如牙痛发生的直接或最近的条件，以及关于认识一个特定事件，例如牙痛这样一个事件发生的直接和最近的条件，是以特殊的有机体为中心的。但我确实否认，一个事件发生的因果条件本身就是这一事件的性质或特性。我认为，它们是外在于事件自身的，尽管它们与事件的发生确实相关。我还认为，一种观察的时间与空间界限条件以特殊的生物有机体为中心，这些条件并不位于这个生物有机体内。因为在体外发生的事件和在体内 76
发生的事件都既直接与产生的痛苦有关，也与对作为痛苦的观察有关。

我从上述这一观点出发。在区分我称之为事件的中心与其位置时，我头脑中并无任何难以理解之处。每一件发生的事件都有一定的时空延伸，其长度与广度包括所有有关的相互作用的条件。环境条件肯定像有机体条件一样，是牙痛发生的一部分；如其所是，他认知诸如牙痛的事件确实依赖于认知前者。环境条件和有机体条件之间存在的唯一区别是，在形成一个完整事件的事件发生序列中，前者占据相对初始的位置而后者占据相对末端的位置。环境条件和有机体条件的出现、起作用，同样在赖斯先生称为"私人的"的事件中被发现，如同在他称之为"公共的"事件中一样。认为语言在没有被其他人听到（没"被表达的"）的情况下，其起源、发生和性质是私人的，这种观点十分极端，因此我相信除了极端唯我论者外，没有什么人持这种观点。而且，如果某些以特殊的生物有机体为中心发生的事件，证明了以此为条件的事件是私人的和"主观的"这一结论是正确的，那么似乎逻辑上可以推出的学说就是：感觉到的颜色和明显的运动也是私人的。赖斯先生纠正了我的这样一个印象，即他认为诸如此类的性质同样是“主观的”；但我认为，有关坚持所有性质都是主观的理由，这一问题的逻辑与那些对感觉到的颜色和感觉到的痛苦不作区分的人有关。

就问题的逻辑而言，为什么不坚持所有事件都具有排他的、隐蔽的、私人的、自我中心的方面？例如，着火并不普遍发生。它发生于特殊的房子，并可以被限制于单独一所房子：根据代表主观性学说的逻辑，它是“个别的”。除了坚定的泛灵论者外，所有人如果认为这一事实不能把着火归结为主观的，同时认为类似事
77 实使得牙痛的感觉是私人的，这样的人似乎都有责任指明两种情况的区别，而泛灵论者没有这一责任，因为他们自始至终运用同样的逻辑。

最后，例如痛苦的事件的发生可以在经过限制的相对的意义上，被恰当地说成是以特殊的有机体为中心，这种说法的相对意义与其作为痛苦和作为牙痛的痛苦的观察知识无关。在平常条件下，某个其他人也能比我自己更直接地看到“我自己的”牙痛，我想，这一事实不能用来证明，毕竟他所看到的是属于他“私人”方面的。在平常条件下，我不能看到我自己的后脑，这一事实也不能被用来反对下述事实，即毕竟这涉及的是“我自己的”后脑。从我现在坐的地方，我可以观察到某些人从他们现在占有的位置无法观察到的事情，这一事实也不能用来作为上述事情是私人的和主观的证据。

我所选择的例子大概会引起反驳，说上述感觉和非感觉的条件完全是外在的，对感觉到的事物的性质没有影响。严格地说是这样的。我的观点是：为什么牙痛直接为一个人而不是另一个人“感觉”到，其原因同样是外在的，根本不影响对诸如痛苦和牙痛事件的观察性质。我们又回到了区分特定事件发生的条件和对这一事件的观察性质的问题。

当“感觉”意味着识别与区分一事件是否具有某种界定某事成其为某种事的性质时——正如识别与区分作为痛苦和作为牙痛的事件一样，我们必须学习去看、去听、去感觉。尽管不能十分确信地断言，下一代人或许可以做到，使生物学、人类学和其他科学所确定的事实取代目前的学说对观察和认识理论的影响，这些学说是在科学达到目前状态前构建的。作为目前站得住的事物，许多仍然作为可靠的心理学知识的东西，是由于它们渗入了在先前的条件下“自然”值得坚持的学说的结果，但这些条件现在在科学上无效了。

在重提对下述事件的混淆时——这些事件在相对有限的意义上是作为事件发生的条件，还是作为被观察到的事件的性质，我要说，在平常环境下我们确实感觉不到我们自己的牙齿或我们自己的后脑。然而，“利用镜子”就很容易做到。 78
虽然在实际上不是很方便，但在原则上，牙痛的情况也是同样。假设两个有机体的神经组织的感受器的某种移植能够成功地实现（像这样奇异的事件确实发生了），就会存在由不同的观察者同样观察到的条件——这种观察的标准被说成是“公共的”。

关于另一观点，即识别和区分事件*如此这般*靠的是感觉和观察，赖斯先生合理地承认一个事实，即基于公共认识——例如牙医的观察——的感觉，比起没有什么技术知识的观察来说，更可能有效，即便被观察事件的发生条件恰巧以被观察的有机体为中心。事实上赖斯先生承认这点，就非常接近于认可我已经提出的观点，问题或许还在那里。

我要补充说，我相信详尽考察“肌肉的感觉”所表现的状况或许证明是特别有益的。生理学方面的一些性质因肌肉中的神经组织的变化而改变，这种性质的存在是在什么时间、在什么环境下，被第一次发觉的？我相信，这一事实将表明，虽然事件直接发生在某人的有机体内，但是它们的出现并不是某人直接容易观察的，在一开始，它就是根据对另外的事实的认识得出结论的——这一假定的结论于是通过设立特殊的、能够进行直接观察的条件来检验（一般就如同用镜子感觉一个人自己的后脑那样）。

我还要补充说，考察语言的情况，无论是表达出的还是“隐秘的”语言，在我看来，都提供了至关重要的证据。语言是*习得的*，是在社会或公共条件下习得的，这几乎不需要辩论。如果我们消除传统学说的影响，这些学说的流行要归于传统的力量而不是科学上确认的事实，那么我相信，我们接受下述观点就不会有 79
困难，即它们并非首先是私人的“思想”，是由于语言的外衣而成为公共的，而是由于语言、交流，无声的事件才拥有了“意义”，当这种意义以分割的方法来研究时，这种意义就被称作“思想”。我可以想象，涉及决定“*痛苦、牙痛*”的意思的语言在赖斯先生看来似乎是不相干的。这个问题太大了，无法在这里详尽讨论。但是这里讨论的问题在于观察的便利性。为了对“不相干”的观点作辩护，有必要表明，对*如此这般*的事件的观察不使用语言中公共确定的特征是可能的，并且/或者，没有它们，事件就不可能发生的条件与语言的描述并不相干。①

II

80 前面一节涉及的是事实问题。得出的结论影响到评价理论，只是在结论与哲学主题有关的意义上而言的。在这篇文章中，哲学讨论占据着很大篇幅，这是因为在前面的文章中提出的问题和作出的批评看来使得这一讨论成为必须。就我来说，我所得出的结论乍看起来使得与评价的证据有关的问题陷入了僵局。因为如果根本没有这种"主观的"事件，那么主观的事件当然不能作为评价的证据或其他事物的证据。

然而，实际上关于评价的问题并不能以这种颇为随意的方式解决。我并不否认被赖斯先生称为私人的和内在的*主题*的存在。相反，我们同意，这种材料（不论是主观的还是客观的）是评价所涉及的材料。关于判断这种材料是否可用作证据的问题因此仍然摆在我们面前。与事实不同的逻辑问题需要讨论。而且，在赖斯先生的上一篇文章中，他的说明有助于界定这一问题。

我尽可能再次强调一下，至于说估价、珍爱、赞美、欣赏、享受等事件的发生，都不在讨论之列。它们对于人类生活具有不折不扣的重要性；这些事件使生活有价值。我并不认为，这些事件*必须*消除其直接性质，并且经过判断。相反，我

① 赖斯先生非常友好地将他发表于同一期刊的对这篇文章反驳的抄件送给了我。因此我对前面的段落附加了一些简短的注释。（1）我在这篇文章开始就指出，我要批评的赖斯先生的第一个论题是"*内在的*"和"唯一的"观点，即某些事件是难于达成公共的（例如两个人或多数人的）观察的。因为我理解赖斯先生是坚持对某些事件难于达成两个人的观察这一*内在的*特性的。我在他的反驳中并没有发现任何否定这一观点的论述。然而，如果我的理解没错，在通常被引作典型的情况下——即牙痛的情况下，这一观点被撤回了。但是，如果我的理解没错，接下来，难于达成两人观察的内在性观点仍未能收回。（2）我的观点是，这种情况证明，特定事件的观察者的数量是*外在的*东西，正如在*目前条件下*，我是我正在写作的房间中事件的唯一"可达到的"的观察者。（3）我并不把下述观点归结于赖斯先生，即他对私人的和公共的事件的区分是依据它们发生的原因条件的，相反我早已指出，他没有这样做，表明他将在特殊时空条件下难于达到的观察看作是*内在的*和绝对的——如果我正确地理解了"内在的"和"唯一的"两词的含义。（4）因此，我不采取这一观点，即认为"外在的联系不能被用作事件的'定义性质'"（包括各类事件），我的论断是：在这种"外在的联系"中的时空*区别*，是赖斯先生认为与众不同地*内在的*事件和各类事件的整个区别。因此这一区别就像我在*通常的*时空条件下无法看到自己的后脑一样，完全是*外在的*。（5）我不能肯定，赖斯先生是否打算将下述观点归于我，即我"依据以有机体为中心"区分各类事件。但为避免可能的误解，我要补充说我不持这种观点。相反，我的观点是，*所有*观察事件都是以有机体为*中心的*，而所有赖斯先生称为私人的和称为公共的事件，在时空上都远远超出了集中于其上的有机体自身。这一思考用于补充与观察中的语言有关的话题，因为在观察中事件被描述为*如此这般*。

关于评价的观点是：只有当下述条件出现了，即引起对它们的价值（而不是它们的发生）的怀疑，才能对它们作出判断。没有一个单独的词汇能够涵盖这种事件的整个范围。用一个单独的词汇来省去对被赞美、享受、喜好、珍爱、欣赏的东西的不断重复，是方便的，这一列表远不能包含它们的整个范围。我将使用“被享受的东西”（the enjoyeds）一词。我用这个词而不用“享受”（enjoyments）一词来谈论赖斯先生的说明，是因为它强调这一事实，即它涉及实际的事件；我们并不享受（enjoy）享受（enjoyments），而是享受人、情景、行为、艺术作品、朋友、与朋友的交谈以及球类运动和协奏曲。

在赖斯先生最初的文章中，他批评我的下述观点，即评价判断形成于将被享 81
受的东西置于（当然是由探究提供的）产生它们的条件和由它们产生的结果构成的背景中。赖斯先生并不否认，这一操作提供了证据，但他指责我忽略了由被享受的东西的出现提供的证据。事实上他甚至认为在我专注于条件和结果时，并不关注被享受的东西的出现。我的回答是我非但没有忽略这一事实，我的理论还认为，正是这种事件是评价的*主题*；但由于它们作为价值的未决或不确定的状况恰恰呼唤着判断，*根据它们的无遮蔽的出现*，便认为它们能够提供证据，这是含糊其词。

赖斯先生在回答中，引证了牙痛的例子，认为它的直接的并非享受的性质可以并经常为价值判断提供部分证据：“‘我应当去看牙医’，或者——虽然最初不太可能——‘我应该去补牙’，”他继续说，“疼痛不像杜威先生认为的那样，只是这种境遇下的一个‘不确定的’因素，而是加上我以前对相似的境遇的认识，构成了这种价值判断的*初步*证据。”我不知道赖斯先生在说看来我认为疼痛“只是这种境遇下的一个‘不确定的’因素”时指的是什么。而且我并不认为，他打算归于我的观点是，疼痛的存在是存疑的。因此我要重复一遍，*如果*在价值判断时犹豫，一定是因为在整个境遇中，对表明如何做更好、*应当*或应该如何做，有着某种疑问。我要加上*如果*，是因为判断的介入绝不是必须的。疼痛的人或许会将它作为看牙医的尺度；上述事件因此是作为一个直接的刺激——不幸的是，许多人的做法只是忍受疼痛直到它停止。

赖斯先生观点的要义可以在包含“加上”（together with）这一短语的句子中找到，他认为疼痛的性质，*与以前的认识一起*，提供了证据。现在“加上”这词有一个含义，根据这个含义这句话似乎对我和对赖斯先生同样是可理解的和明确

的。但是这一含义恰恰不是赖斯先生赋予这一短语的。“加上”是一个含糊的短
82 语。赖斯先生赋予它他自己的理论所需要的含义;它自身就是证据,然后这个证据*加*到先前对相似境遇的认识提供的证据上。我对这一短语的理解是,我相信,它出现在一个人的脑海中与任何理论都无关。当对一个被享受的事件的判断与其价值有关时,鉴定这一事件发生的价值,其依据是使它的发生摆脱孤立状态,将它与其他事实联系起来,首先是与对过去相似境遇中发生的事件的记忆性认识所提供的那些事实联系起来。由于“加上”这些事实来进行考虑,形成了事件如何更好或事件应当如何的判断。从我的观点出发,赖斯先生赋予这一短语的含义是重复了我前一篇文章所指责他的含糊措词。

虽然如此,赖斯先生对事实的理解导致他限定事件可作为证据的状况;他将它称为“*初步的*证据”,并谈到为了证实(我料想或是为了拒绝)仅仅是*初步的*证据,需要寻找“进一步的证据”。我的观点是,这个进一步的证据,恰恰是在下述同样的意义上“加上”上述被享受的东西的,在这个意义上对先前境遇的认识加上了被享受的东西:“加上”就是作为决定对它的评价的手段。

赖斯先生为这相同的一般类型列举了进一步的例证,涉及关于未来事件的评价。他说,当作出如下判断时,即当说听贝多芬协奏曲或看道奇队和红人队之间的球赛是一种享受时,“它部分地是因为我回忆起过去相似情况下伴随着享受,还因为我通过内省发现,我对可能的体验的想象伴随着愉快”。谁也不能怀疑,过去的相似事件证明是享受这一事实提供的证据也很好地证明了下述事实,即在相同条件下,同类的事件在将来会被享受。这没有证明赖斯先生的下述论点,即目前对期望之事的兴趣是*附加的*证据,而是说明*其他*事件提供的证据可用于判定这种兴趣作为价值的性质。我只是重申,我认为评价判断并不*必须*介入。
83 人们可以直接做出反应去球场或音乐厅。除非赖斯先生认为,被享受的每一种情况*本身*也是作出评价判断的情况,否则根据他的观点,唤起对被享受的事物——假设其无疑具有价值——作出判断的条件是什么呢?

但读者会自己分析赖斯先生所举的例证,决定它们是否是下述情况的实际例证,即直接享受的东西在进行价值*判断*时提供了附加的、甚至是初步的证据;或者决定据说是被*附加*其上的证据事实上是否是决定被享受的事情的*价值*的东西。如果我们仅仅限于辩论,而不讨论问题,我要补充一点:引入*初步的*这一短语本身就足以表明,后一种选择是对事实的描述。

本质的与技艺的[①]

I

当前关于认识的各种哲学理论非常奇怪地忽略了发生于科学认识的实际主 84
题与方法中的革命的结论与结果。这一革命本质上或许可以说是从“依靠本质的”(by nature)认识到“依靠技艺的”(by art)而成为其所是的科学主题的革命。在亚里士多德之后，经典的方案认为，科学作为最高等级的认识，其主题因为某种内在的形式、本质或本性而是其所是。这些内在的、构成性的本性是永恒的、不变的和必然的。接下来，在古希腊-中世纪体系中，所有科学，从天文学到生物学，都关注种或类的问题，类永远是同一的，永远由于形成其内在本质的固定本性而相互区分。

认识的其他形式，诸如被称为感性认识和意见的形式，也是因其内在本质的本性而是其所是；或者，更严格地说，是依据不可改变的、根深蒂固的对本质的偏见或本质的缺陷的。因为内在本质形式所构成的固定的永恒的类的对立面，是变化的事物，是产生和灭亡的事物。变动、可变性、易变性因此本身就证明了不稳定性和无常变化。这些又反过来证明了没有完整意义上的本质。正因为没有或缺乏独立的自足的本质，因此某些东西是易变的，暂时的，亦此亦彼的。没有内在本性或本质就相当于依赖外在的环境，这种对外在的东西的依赖在其可变
性中得到了证明。在古典术语中，科学关注的是“形式因”，即关注“引起”事物成 85

① 首次发表于《哲学杂志》，第 41 期(1944 年 5 月 25 日)，第 281—292 页。

为它们自己的内在本性。感性认识和意见是关于事物的认识的低级形式，这些事物的本质是非常易变的，因此对于它们的知识本身也是易变的，如对于触摸到、听到、看到的事物的认识。

无需详细研究下述事实，即根据科学目前的状况，古代方案中归于低级的——即直接的和物质的“原因”的东西，构成了自然科学唯一合法的主题；并且古代方案接受下述观点，即科学以本质的形式或本性作为主题，这解释了科学革命之前科学成果贫乏的原因。根据古代学说，一方面是感性认识和意见的主题，另一方面是科学的主题，二者始终为一条不可逾越的鸿沟所分离，因为在宇宙论和本体论上，二者所涉及的主题的“本质”不同。在现在构成科学的东西中，这种区别是方法论上的。因为这种区别是因为*探究的方法*不同，而不是内在的本质不同。感觉和意见的主题潜在地是属于发展中的科学的；它们是科学的原材料。一方面，探究的程序与技术的不断完备，会将感觉材料转变为科学认识；另一方面，没有一种科学的主题是永远同一的，而是随着探究程序功效的进一步发展而进步。

科学革命将科学引上了稳定前进和成果丰硕的道路，与之相关联的是用“依靠技艺的”认识取代据说是“依靠本质的”认识。这一关联并不疏远，也不难理解。技艺的东西关乎生产、产生、制作和制造。因此，它们属于在古典方案中易变的东西的领域，根据古典方案，对于易变的东西是不可能有科学认识的。根据现代科学的操作及其结论，科学由对于*变化的秩序*的认识构成。虽然这一事实标志着与古典观点的完全分离，它自身还不足以证明，可以将科学认识称作是技艺的，尽管它提供了条件，没有这一条件，这一称谓就没有正当的理由；因为它完全摧毁了在科学主题和技艺主题之间原来划定的固定的、不可逾越的界限的依
86 据。因为它将科学与变化相关联。将科学当作技艺的进一步理由，是下述事实，即任何特定情况下的科学的任务都依靠实验得来的事实。科学目前是有意识地依照具有假说性质的计划或方案进行操作的产物，这一假说目前是可行的。这一计划的价值或有效性，与任何技艺的情况一样，都是为它所鼓动并指导的操作结果来检验的。而且，科学由于下述事实被当作界定技艺的条件，即和在任何工业技艺生产的情况下一样，相关的有效结果的产生，都依赖于将人工设计的用具和设备用作实行指导操作计划的手段。

II

“本质”(nature)一词有多种含义，这是一个古老而又熟悉的话题。含义之一上文已经提到。根据这一含义，正在被研究的东西，例如燃烧、电流或其他东西，它们的本质是科学概括的主题。我们依然在这个意义上表达某物或其他事物的“本质”，虽然我想这种表达的频率在日益减少。但当我们的确在这个意义上使用这个词汇时，其含义与在古典方案中的同样表达完全不同。因为它不再指向固定的内在的本质，这种本质使得事情成为它现在的样子。相反，它意味着相关变化的秩序，这种秩序被发现在理解和应对特殊变化时非常有效。词汇含义的不同是根本的。①

“自然”(nature)的另一个含义是宇宙论的。这个词用来表示世界、宇宙、现实地或潜在地作为探究和认识主题的事实的总和。关于“自然”的这一含义，古
代哲学相对于现代哲学的一般要旨具有重要优势。因为现代哲学消除了永恒之 87
物与变化之物之间在本体论上的差别，或二者在本质类型上的区别，在这方面它适合实际的科学实践；不幸地是，它趋于用同样固定的一组区别，即假设的主观存在序列和客观存在序列之间的区别，来取代上述区别。② “不幸”事实上是非常委婉和中性的词。因为实际效果会将认识的主体置于被认识的自然的对立面。因此，“认识者”事实上成为在自然之外的。在历史上，这种情况很容易得到解释。因为在古希腊观念中，心灵的感性活动和理性活动都是自然事实的终极形式或最终“目的”，在中世纪观念中(现代理论由之而来并且没有放弃其中某些主要原则)，灵魂和心灵明显具有超自然的特性。这些特性的或多或少弱化的形式，在现代哲学中再次表现为外在于自然的认识“主体”，它们是作为“客体”的自然世界的对立面。

为了进一步厘清在讨论中关于这一问题的论述的相关术语，必须明确关注“自然”和“自然的”与“技艺”和“技艺的”之间相对照的含义。因为自然在宇宙论

---

① 或许可以这样说，一个事物的“本质”的古老含义在讨论道德和社会主题时仍然流行；这一事实或许能解释这些领域中的探讨为何一直停滞并且没有结果。

② “精神的”与“物质的”序列，“个人的”与“非个人的”序列，就其内在东西或主题而言都被看作是分离的和对立的，因此，事实上是它们的同义词。

意义上，用莎士比亚的话大概是，那种改进天工的工具，正也是天工所造成的[①]；自然的第三个含义中(刚才提到的)，科学显然最终是技艺的而不是自然的东西。

我们通过描绘一幅天文观察或物理实验的图景，便很容易把握这一论述的意义。我们不得不将收集到的书籍和杂志作为这一图景的部分，这种收集工作与其他开展科学活动的手段有着最密切和必需的联系。因为印刷品能够使原本
88 非常严格地被限制的直接感知材料与时空范围宽广不定的主题联系起来；因为只有与书本材料相结合，直接呈现的东西才能具有科学的资格，并且只有与直接呈现的东西结合，书本材料才不再是假定意义上的“理论的”；因为只有当文化上被传播的材料，其深度与广度不断通过由直接的实验观察提供的当前材料确定、更新并检验，它才能够成为可信的科学的合理部分。

为完善下述论述，即科学方法与结论都是技艺，不得不加上进一步的限定。因为在某种意义上，每一种形式的认知都是技艺的东西；所有认知，甚至最原始的诸如归于低等的生物有机体的认知，也表现为一种选择和排列材料的技巧，有助于保持延续生命的程序与操作。说所有动物至少都知道如何借助于器官构造和生理过程以及可透过表皮作用(与外界环境进行物质交换和能量交流)来做这类事情，并非一种比喻性的表述。因此，当说科学显然不同于其他认知方式，而是一种技艺时，“技艺”一词的使用有着不同的性质。构成标志其他认知方式的技艺或技巧的探索操作发展为再探索。

对构成科学认知的技艺更具体的限制是，它依赖于器官之外的用具和手段，它们是人工发明的。科学革命或许可以被说成是在下述情况下开始的，这时研究者借助来自工业技艺的设备与程序，并将它们用作获得可靠的科学材料的工具。镜头的使用本身就几乎足以使天文学发生革命。当回顾时，我们注意到，早先的大多数认识事实上都是通过追求工业和机械技艺增进的。工匠的低下的社会地位(这一阶层包括雕刻匠、建筑师、画匠、乐师，事实上包括除了从事文字工作的所有生产者)在所有此类知识天生地位低下的学说中得以“合理化”。技艺一词是贬义的，最多是“经验的”。从根本上来说，科学革命是由“经验的”转变为“实验的”(*experimental*)。从历史上看，这一转变由于采用了工业中为实现“物

---

① 译文参见朱生豪、孙法理译:《莎士比亚全集》(增订本)，第7卷，南京:译林出版社，1998年，第261页。

质”目的——在这个意义上“物质”是将“质料”等同于卑贱的、服从的东西——使用的设备与工序，作为获得科学认识的手段，因而得以实现。在自然知识借助工 89
业技艺得以发展之后，科学开始了依靠有计划地自己发明创造这类器具实现稳定与不断加速发展的阶段。为了标志属于科学的技艺的这一不同特征，我将用“技术”(technology)一词。①

由于技术，生产技艺与科学技艺之间的循环关系得到确立。我已经谈到，科学如今有赖于器具与程序的运用，这些器具与程序一度被限定在“功利的”和“实际的”目标上，而社会和道德方面的次要的和“基本的”地位被归结于这一目标。另一方面，在科学大规模地回归应用至工业技艺中之前，生产是常规事务。它的特点是模仿和追随已建立的模式和先例。创新与发明是偶然的而不是系统的。科学结论与方法的运用将生产从这一状态下解放出来，上述状态证明了在贬义上使用形容词“经验的”是合理的。通过将科学方法与结论纳入生产技艺，它们能够在表示褒义的意义上成为“合理的”。短语“生产合理化”陈述了一个事实。的确可以说，科学与其他技术之间的区别不是固有的。它是由文化条件的不同决定的，文化条件对于科学与工业而言都是外在的。如果不是由于这些条件的影响，科学与工业之间的不同就会只是约定的乃至语词的不同。但只要某些技术为了个人利益继续运用，而以牺牲公共福利为代价，“唯物主义”的污名就会继 90
续被归于工业技术，表示褒义的形容词“唯心主义的”就会被产生认识的技术独占，特别是如果认识是“纯粹的”——即在古典观念中未被“实际的”利用玷污。

III

关于认知理论中许多争议问题的有价值的说明，或许来自前面讨论的根本原则。其中之一——或许在表面上最明显的——是如下事实，即许多被认为是内在于认知与知识的分类与区别，事实上都归因于一种历史的因而是暂时的和局部的社会-文化条件。存在这样一个事实(我在以前的著述中曾详细论述过)，古典哲学传统中在“理论的”认识与“实践的”认识之间划下的鲜明界限，是武断

① 许多作者提出了这一观点中包含的事实，据我所知，克拉伦斯·艾尔斯(Clarence Ayres)博士是第一位明确将科学称为一种技术的人。如果我系统地用“技术”而非“工具主义”一词来表达我提出的科学作为认知的特性的相关看法，可能会避免许多的误解。

的和不恰当的。假设将二者分离的鸿沟事实上只是下述观点的逻辑推论，即认为科学认识的固有主题是永恒不变的。科学与变化的联系、科学方法与变化的实验制造的联系，使得这一学说完全失效。在采取实验方法之前对自然的认识贫乏，在很大程度上可以归因于下述事实，即古代和中世纪的科学将平常观察到的事物“当作本来如此”，即当作“自然地”给定的现成状态。结果，它所受的唯一的支配是辩证的。

表面上不那么明显的是，基于科学行为与结论的认识理论断然废除了被认为存在于感性认识和理性认识之间的不变的区分。认识的感觉方面严格说来确实是一个*方面*。它在实现特殊目的的理智分析上是可以区分的。但它并非如长期认为的那样，是一种特殊的认识，或是认识的独立成分。正是认识系统赖以扩
91 展到不确定的广阔时空领域的这一方面，是与当下紧密联系并聚焦于当下的。如果这种联系没有得到显现，任何系统，不论其在内在一致性方面组织得多有条理，在假设意义上都是“理论的”。另一方面，认识的理性方面为现存的认识所组成，而这种现存的认识又由以前的探究所组成，它被组织好了，因此是可以传达的，可以用于进一步探究以修正并拓展原有的系统。

作为这些特殊事物基础的原则，是认识理论的合理主题由下述事实构成，即在特定时间认知的事实；当然，作为这一认识对象得以建立的程序也是其中必需的组成部分。这一关于适当的认识理论根据的观点，在于公开反对认识论理论的基础，即假定除非表明它满足了这样的条件，这些条件在一切实际认识之前规定，独立于在获取具体认识的探究过程中得到的一切结论，否则，一切主题都没有资格被称作认识。这两个基本原理之间的完全对立或许是依据下述思考来判断的。依据第一个原理，当主题由在科学中实际使用的探究、检验、证实和系统排列或组织的方法来决定时，主题有资格被称为认识。依据另一个原理，是将先在的条件运用于所有好的、坏的、无关紧要的情况。因此，它们完全不同于保证事实上在褒义上使用“认识”一词的实际调查、检验及证实。

因此从逻辑的观点看，认识论探讨以康德下述问题达到顶点是不可避免的：认识如何可能？如果在研究中提出任何其他主题的“可能性”问题，这一主题的存在会是起点。例如，探讨其可能性仅仅是探讨其现实性的特殊条件，这就足以表明癌的存在。只有在认识状态下才能假设，其“可能性”问题是对现实性的问
92 题的完全质疑，直至规定的某种普遍的先在的条件被满足。

例如，就癌的情况而言，可能性问题意味着我们的认识仍然是存疑的、不确定的，因此需要继续探究去发现事实的特征、条件以及后果，这些东西的实存向我们提出了难题。非常奇怪的是(怪在倘若忽略历史-文化事实)下述独断的、矛盾的假设妄称为认识批判理论，即假设关于认识条件的认识先于每一种具体认识并是这些具体认识的条件！

IV

我并不打算进一步讨论这一矛盾，只能说任何人只要依据认识的事实看问题，而不是依据历史上孤立于其他文化事件的哲学体系提供的认识看问题，这一矛盾就是十分明显的。我打算提出某些历史-文化条件，这些条件通常会导致形成满足先前条件的认识论假设；特别是这些条件会导致关于这些条件的“主-客”表达方式。科学革命发生时存在的条件构成了具有影响的因素之一。不能过分强调下述事实，即这些条件不仅反对长期接受的理性学说，而且也反对作为这些学说的载体的习俗与制度——这些习俗与制度对它们的支持外在于它们自身的组成部分。因为某些即便事实上不是这样，在心理学上却是恰当的原因，“社会的”一词会因为这一事实，被当作可用于制度上建立的和运用权威的东西。据此，形容词“个人的”被认为等同于标志着背离传统上和制度上建立的东西，特别是如果这一背离具有包含反抗、挑战传统和习俗的公正的权威的性质。

这些条件在现代科学出现之时充分醒目地表现出来了。关于哲学史的每一 93
本书都提到了下述事实，即 15 世纪及以后的哲学文献以这样的论文、随笔、短文为标志，一旦确实获得了科学认识，它们都讨论其中采用并追求的科学方法。这些新的冒险的消极方面，是公然地或隐晦地攻击所有长期被接受为科学的东西。事实上，即便不是公开地，也有着这样一种主张，即通常被接受的主题只是错误和谎言的系统化的集合。对现存“科学”进行攻击的全新程序的必然性，一律被当作*方法*的事情。正是由于*方法*习惯地被运用和认同，现存的“科学”停滞了，失去了它固有的标志——理解本质。建立在正确方法上的其他文献可能一直没有使用弗兰西斯·培根(Francis Bacon)的《新工具》(*Novum Organum*)中的话，更不认可其规则。但它们在声称有必要与传统方法彻底决裂并全面反对亚里士多德《工具论》的原则方面，与培根是一致的。

抗议、反叛和创新运动在这些文献中得以表达，并在新的天文学和“自然哲学"中付诸实践，如果这些运动被限制在"科学"的技术的和孤立的方面，这一危机就不会实际发生。构成被称为"科学与宗教冲突"——或与神学冲突——说法的事实清楚而有说服力地证明了，创新、抗议和反叛运动不受这些限制。新的科学被当作道德上的异端，被当作对稳定与公正的社会秩序基础的危险的威胁。特别是在欧洲大陆，它被当作对神圣权威的反叛。它以较之"新教"运动更基本的方式，反对过去在道德和宗教方面建立的基础。它的反对者澄清了这一点，而它的支持者却没能这样做。

用稍微不同的词来说，在任何主题有权拥有"认识"的光荣称号前，需要满足的各种条件的主-客表达方式，只能被看作与通常有着"个人主义"名声的政治和经济制度方面的运动有极其紧密的联系。因为，正如已经指出的，任何对由稳固地建立起来的权威制度所包含并支持的传统和习俗的背离，都被教会和国家中
94 旧形式的守护者当作在非社会和反社会意义上的"个人的"。只是在后来，能够将事件放在长期的历史背景中，而不是放在当代短期的支离破碎的历史背景中来看待时，被称为"个人主义"的东西才能像处于变更中的习俗与制度那样，在起源、内容和结果方面被看作是"社会的"。

在这一文化境遇下，哲学家们与笛卡尔和贝克莱(Berkeley)不同——他们二人将认识的基础和动因看作"我"或"自我"、个体的自我，这一事实具有重要意义。这一参照作为新思潮的证据具有特别意义，是因为它用不着任何辩护。它是如此明显，不需要为它提供论证。在休谟(Hume)证明了"经验"自我作为真正认识的来源与动因的不可靠性之后，这种参照和引用是康德依据"先验自我"构建认识条件的所谓"批判的"尝试的先兆。

如果我们采取习惯的将哲学的真实历史面貌与其他社会-文化事实分离的做法，如果将哲学史看作能够孤立地根据被归为哲学的文献来理解的东西，我们就能将现代哲学的突出特征，看作诉诸"感觉经验"作为终极权威的学说与诉诸直觉和理性的理论之间的冲突，这一冲突在康德调和"*先天的*"东西和"*后天的*"东西的过程中按预期得到了解决。当这些哲学被置于其文化环境中时，它们被看作参与着一个共同的运动，两个学派都反对传统科学的方法、前提和结论，同时两个学派都致力于寻找理智和道德权威的不同的新根据。在这两个学派之间确实有着重要的区别。但从历史上来看，这些区别表现为重点的不同，一个学派倾向于文化制度上"保守的"定位，另一个学派倾向于"进步的"或激进的定位。

当新科学表达习俗的首创、发明、进取和自主这些方面时(理由是习俗更可 95
能正在扭曲和误导而不是有助于获得科学认识),这些方面是形成主-客表达方式的必要条件,但它们远非充分条件。不加怀疑地坚持基本传统,支配着反对其他习俗的主张。中世纪的制度集中于相信非物质的灵魂和精神。这一信仰是完整的。它渗透在生活的各个方面。有关灵魂的堕落、救赎和祸福永恒的命运戏剧,在公认的关于宇宙与人的创生和历史观念中居于统治地位。灵魂信仰远非仅是一种理智的原则,人能够将强烈的情感和最深切、最鲜明的想象注入这一信仰。控制着灵魂关切的教会事实上是这一时期占统治地位的教育与政治机构。

世俗化运动逐渐破坏了教会垄断的权威。虽然对自然的兴趣没有取代对超自然的兴趣,但它们趋于将超自然的兴趣由中心推向外围。但超自然的关注在道德和宗教事务上仍保持着强大的力量,因此在科学事实开辟了通向自然的道路后,认识理论依旧遵循着这种关注所保持的道路。这一兜圈子的道路由于习俗的力量,比起任何科学事实指明的道路显得更"自然(本质)"。标志现代哲学的认识论理论与认识事实之间的巨大鸿沟被建立了起来。

尽管有反叛和创新,基于主导认识理论形成的各种态度,坚持灵魂信仰作为认识主题,这种坚持是如此牢固,以至于在这一信仰的合法性建立其上的制度明显衰落之前,这一信仰不会被粉碎。

然而,反叛和创新足以对基督教关于灵魂的学说的一个方面进行清楚明白的表述,这一方面在中世纪占统治地位的制度与习俗中是隐藏着的。这个方面就是关于有罪、救赎、惩罚和奖励的主体的个人的或单称的性质。新教支持在宗教事务中使基督教观念的这一方面得以公开并作为核心。关注新科学的作者们
在他们传播的认识理论中完成了一个相同的任务。坚持旧的学说,甚至是建立 96
在与其神学阶段最无关紧要的基础上的学说,表现为坚持相信非物质的心灵、知觉等作为认识的基础和动因。这一信仰影响着新的科学,甚至影响着它的基本的反叛和创新,表现为将可靠认识的主体与动因等同于摆脱了习俗与传统的堕落与僵化的影响的"个人"。甚至今天那些口头上否认心灵和知觉是认识器官的人,用有机体或有机体的神经系统来取代它们,却仍然将独立于自然其他部分的性质(包括用于传播与交流的文化)归于有机体或其神经系统,这很容易让我们回忆起中世纪孤独的灵魂。

不可否认的消极事实,是曾经作为认识基础的灵魂的重要性逐渐减弱与衰

退，最终将导致完全的淘汰。新科学运动必须依据其自身的方法和结论，在完全淘汰发生之前，积极把握与生命和人类历史有关的这些自然事实方面。只有在最近的一百年中（事实上还不到）生物科学、文化人类学和历史学，特别是有关“起源”的科学才达到了发达阶段，将人及其作品置于自然之中。科学这样做，便提供了具体的经过证实的积极的事实，这些事实使得系统的认识理论的形成变得可能并成为迫切需求，在这种理论中，认识的事实被详尽说明或描述，并被严密地组织起来，如同作为认识理论的相关主题的那些科学的事实那样。只有以这种方法，我们的认识体系的事实以及关于认识理论的事实，才能相互协调，它们之间目前显著的矛盾才能消除。

回应之前若干批评[①]

我十分感谢著名的意大利哲学家本尼迪特·克罗齐(Benedetto Croce)对 97
《作为经验的艺术》的关注,正如我赞赏他英勇地反抗动摇了曾使许多意大利思想家和教育家心驰神往的法西斯浪潮。他竟然读完了我的书,又不避烦劳在另一个国家发表关于它的评论,对此我衷心地感谢。我也愿向凯瑟琳·吉尔伯特(Katharine Gilbert)教授表达我的谢意,她引发了克罗齐写这篇文章的兴趣,而且将这篇文章的译稿送给我并建议我作一个答复。

很遗憾,我所必须说的很大程度上是评论性的,而不是在任何特别意义上的答复。作为答复,就我的理解,需要双方有共同的讨论基础,可以衡量双方背离这一基础有多远。在目前情况下,我没有发现这样一个共同的讨论基础。我能做的或许最好是介绍我的评论,说明为什么我不能找到共同的讨论基础。本质上这是因为克罗齐假定我关于艺术的著述,其目的是将它引入实用主义哲学的范围——尽管如他所见,我没有成功地实现包含在这一目的中的主张。事实是,我一贯将实用主义理论当作*认知*理论,当作限定于特殊认识主题领域的。另外,我特别拒绝下述观念,即美学主题是认识的一种形式。我认为,艺术哲学的主要缺点是将主题看作仿佛是(不论它的创作者和享用者是否意识到它)一种关于实
体的认识,或许是比"科学"能够达到的等级更高级更真实的层次。在我的研究 98

---

① 首次发表于《美学与艺术批评杂志》(*Journal of Aesthetics and Art Criticism*),第6期(1948年3月),第207—209页。这篇文章是对本尼迪特·克罗齐的文章的答复,克罗齐的文章见本卷附录6。

中早已得出结论，这一路径的结果是这一主题既未从自身角度受到审视，也未用自己的语言加以描述，而是改变这一主题，直到它看来适合其偏好的某种哲学的范畴。因此，我写《作为经验的艺术》不是作为我的实用主义的附录或运用（由于刚才陈述的原因，这在任何情况下都是不允许的），也不是要从属于任何哲学体系。最终结果在批评家眼中是不好的，他们想要艺术创作与美学欣赏服从于预想的哲学体系；但是我愿补充的是，这些结果令某些致力于美术实践的批评家们相当满意。

为避免前面所述被理解为我自己承认我探讨不同主题的方法过于杂乱，以至于甚至不具有哲学性质，我要补充说，我的实用主义的认识理论是建立在这样一个假定上的，即认知是人类作为有生命的存在物的活动；认知表现为人类生活的一个非常重要的事情；这一假设也是《作为经验的艺术》一书的出发点。科学或艺术两者哪一个更应感激另一个，如果问这个问题是合理的，我会倾向于科学应感激艺术。不仅因为科学探索是一种非常熟练的技术，而且作为生活经验的审美阶段特征，其完满的实现在获得科学结论中起着非常重要的作用。

我曾经设想，“经验”一词在我的标题中出现，特别是与第一章《活的生灵》密切相关，会表明我在关于艺术作品的创作与欣赏的讨论中采用的观点与方法。但是，看来这一设想过于乐观了。属于历史上经验哲学的含义被曲意加入这个词，而下述事实被置之一旁，即实用主义的认知理论系统化地批判了这些经验主义，因为它们不能系统地将经验与活生生的人类生活过程和活动联系起来。

前述评论表明缺乏作出答复所需要的共同的讨论基础。但这也表明了这样
99 一个观点，我可以从此出发回答我的批评家的某些评论，即我可以无愧地说，我没有忽视对我要感谢的作者们的感谢，特别是对意大利作者没有一种仇外心理。不论好坏，正如我已经说过的，我从以艺术与美学哲学为名的著作中没有学到什么东西，因为在我看来它将艺术从属于哲学，而不是以哲学作为非主要的辅助，以艺术自己的语言来欣赏艺术。然而，我从评论家与文学批评家的著述中却学到了很多东西，特别是从英国作家们那里，他们的著述本身是英国文学伟大传统的一部分；我还从诗人、画家等对其从事的艺术实践的谈论中学到了很多东西，在我看来它们都是一种资源，却被将艺术哲学化的人给不恰当地忽略了。比起哲学家们写的关于艺术的权威的论文来说，我更多地受惠于阿尔伯特·C·巴恩斯（Albert C. Barnes）关于造型艺术的著作，我并不认为这样说有什么夸张。

我恐怕不得不清楚一点地介绍基于克罗齐明确列出的 18 个观点上的这些
论述，同时假设它们是其他可能提到的情况的范例。我并不是说，被提到的这些
是平常的话；这样说就过分了。但它们对于鉴赏家和有教养的评论家和批评家
来说相当熟悉。如果能够表明，这些观点中有某些特别依赖于某种哲学体系，我
会感到惊诧。回顾多年来阅读的一般文献，对于它们的大部分情况，我可以说出
其非哲学的源泉，我很可能正是从这种源泉获知它们的。我满足于两种情况。
我对待“表达”，就来自我多年前所写的对“自我表达”思想的批判，“自我表达”是
一些教育学理论家和一位英国评论家提出的；我也希望，我对待“表达”，是来自
由大量交谈与阅读唤起的各种思考的积聚与沉淀，不论是现在或是在我把它们
写入书中时，总之我的记忆没那么确切了。还有一种特殊的情况——我的批评
家关注的最后一点——“历史知识对于艺术判断是不可或缺的”。如果意大利有 100
巴恩斯博士的著作，如果克罗齐留心参考一下它们，他就会发现，其中就坚持在
艺术作品制作过程中传统的连续性之重要性，以及对艺术作品的批判性鉴赏的
重要性。的确，我的书中所表述的整个判断理论几乎就是巴恩斯博士关于造型
艺术已经论述过的观点的摹本，我在其中发现了所有艺术规程的源泉。最后，如
果感到需要自我辩护，我要补充的是，我不打算写每页都充满脚注以表明权威如
何说的学术论文，我的目标很低。

关于价值的一些问题[①]

101 当分析我最近经历的关于价值讨论中的挫折时，我发现，它来自于这样一种感觉，即在判定所涉及的基本问题方面几乎没有什么进展；而不是来自这样一个事实，即我个人所坚持的观点没有得到普遍的承认。盖格博士最近的文章[②]的清晰性促使我通过澄清基本问题来试着做些什么，只有如此关注回答与解决，或许才能凸显问题的性质。我并不认为，我对问题作出的说明会丝毫不受我对问题的回答影响。但如果其他人要陈述在他们看来是基本的问题，或许获取一致意见对问题解决方案的讨论会比以往更丰富。[③]

我从初步的粗略列表开始。

Ⅰ. 被称作珍视或亲爱的态度，与渴望、喜欢、感兴趣、享受等之间，如果有关系，那么有什么样的关系？

Ⅱ. 不管上面所说的哪种态度被当作首要的，它自身就是价值观存在的充分条件吗？或者，因为它是价值评价（*valuation*）或估价（*appraisal*）的必要条件，所以也是价值评价或估价所要求的深一层的条件吗？

102 Ⅲ. 无论对第二个问题如何回答，在估价、评价的性质方面，有什么判断或/和命题，是在逻辑或科学的地位方面区别于其他命题或判断的吗？或者，这些命

① 首次发表于《哲学杂志》，第 41 期（1944 年 8 月 17 日），第 449—455 页。这是对乔治·R·盖格（Geoge Raymond Geiger）的文章的答复，盖格的文章见附录 7。

② 《我们能进行价值选择吗？》，《哲学杂志》，第 41 期，第 292—298 页（本卷附录 7）。

③ 我要补充说，我并不试图列举所有导致结论不一致的问题。赋予价值标准以先验性的观点已经被忽略，因此我所说的对于持这种观点的人并无吸引力。

题或判断具有的这种不同特性完全只事关其主题——正如我们谈论天文学命题和地质学命题，而无须指明作为命题它们之间有什么不同吗？

Ⅳ. 科学的探索方法就其广义而言[①]，能够运用于决定评价或估价方面的判断和/或命题吗？或者，在价值观的本质中，有什么主题是固有地阻碍运用这种方法的东西吗？

I

并不能认为，“珍视”(prizing)和“渴望”(desiring)这些词(或第一个问题中的任何一个词)的含义像它们表面上那么明显。试图界定它们的全部含义是不可能的，也是不必要的。“珍视”一词在这里用来表示行为的交流。如果它的力量强度从明确的行动降低为一种态度，那么这种态度或意向也一定会被理解为是对事物或人的，即便这种态度与它所对待的对象相隔离，也不会有模糊的含义。差不多的意思可以用养育、关怀、照料、扶植、悉心照顾、效忠或忠实、坚守等词来表示，只要这些词是在一种能动的行为意义上使用的。如果“珍视”具有这层含义，那么第一个问题关注的关系(或关系的缺失)，是在特定的行为方式与诸如“渴望”、“喜欢”、“感兴趣”、“享受”等状态、行动或过程之间具备的，而不论后者如何界定。

这就是说，如果后面的词被赋予行为描述，既然一切都是行为，问题就依旧
是关乎由同类的各种态度或意向彼此之间相互保持的关系。例如，或许可以认 103
为，既然被称作珍视、亲爱的，是一种倾向于维护某物实际(时空)存在的行为方式，兴趣就代表这种天性的一种持久的或长时期的倾向，它将具有不同倾向的各种行为统合起来。渴望或许是行为态度，当珍视暂时受阻或挫败时，就产生了渴望，而享受则应当是珍视得以完成的阶段的名称。[②] 然而，如果渴望、兴趣等都被赋予一种非行为的意义，那么似乎它们就必须代表某些“内在的”、“精神作用的”东西。这样的话，利害攸关的问题就会是在下述两种观点之间作出选择，一

---

① “就其广义”这一短语的插入，使得这一点清楚了，即“科学的”并不是被预先假设还原为物理学或生物学的词汇，而是像一般意义上的对具体事物的科学研究那样，将这一主题领域留给了探究过程来决定。

② 文中使用“或许”一词表明，使用特殊的描述是为了作为同类行动解释的例证，而不是作为最后的定论。

种观点认为评价从根本上说是保持独立存在的具有价值的事物继续存在的一种行为方式，另一种观点则认为某种精神性的状态或过程就足以产生作为唯一完满产物的价值。

根据第一种观点，“珍视”(照这里的理解)具有确定的生物学根基，例如，这种根基在母鸟养育小鸟或母熊攻击威胁幼仔的动物的行为中就很明显。“珍视”的强度因此可以用投入养育或保护行为的总的精力来衡量。根据这一观点，总会有一件事情或东西是独立于其被珍视(或评价)而存在的，在特殊的时空条件下，“价值”这一特性或属性被加于其上。从渴望、喜欢、兴趣或其他产生价值的东西仅仅是“内在的”或“精神性的”这一观点出发，似乎可以推出，如果这种价值被加诸一件事情或客体(在时空中的某物)，那也是出于外在因素的或多或少非本质的联系。因为如果渴望或喜欢完全是自身的“内在的”状态，那么忽然想到例如一块钻石、一位年轻女子或得到一个官位，这种事情确实完全是外在的，因此是一种相对偶然的事情。

II

104 在当前文献中，另一个看来基本的问题关注的是在进行评价(*evaluating*)的意义上作出评价(*valuing*)与价值评价(*valuation*)之间的关系或关系的缺失的问题。价值(values)得以存在(不论如何理解它们和解释它们)与进行评价的条件无关，并且先于评价条件存在吗？如果真是这样，后来的价值评价与先在的价值之间的关系是什么？价值评价是如何继之产生的？为什么它是继之产生的——或者说，如果价值评价有其功能，它的功能是什么？

前面一节的论述基于这样一个信念，即考察当前的讨论将表明，一些人认为，除了引入某种估量和比较的评价(appraisal)因素，一切都不具有价值属性；而另一些人认为，价值可以而且确实独立于评价的实施而存在，因此价值评价对于价值存在而言总是完全地事后的。

我想，可以肯定，认为亲爱和作出评价通常是可以互换的。就用法而言，这一事实在表面上看似乎表明作出评价完全与进行评价无关。但价值评价与作出评价也常常被用作同义词，这一事实足以为这一结论划上句号。例如，据说征税领域的估价师会对不动产进行估价，几乎所有的领域都有专门的估价师参与买卖财产。的确，他们根据对财产的评估确定价值。这里根本的问题是：“价值”是一个名词，代表着一个自足的实体，还是说“价值”是个形容词，在可列举的条件下,代表属于具有独立存在的被评价东西或个人的一种属性或性质。如果采纳第一种观点,那么说一颗钻石、一位心爱的人、得到一个官位具有或者就是一种价值,就是肯定在两个分离的并且不同的实体之间以某种方式建立的联系。如果持第二种观点,那么就是认为一样东西由于可以确认并且描述的事件,获得了先前不属于它的性质或属性。正如一个先前很硬的东西因受热而变软。根据这个观点,先前中性的东西,当我们为保护或帮助其继续存在而去积极关怀它时,它就具有了价值性。根据这个观点,价值性失去 105
了经常被归于它的半神秘的特征,它能够根据因果条件来确认和描述,就如其他自然事件一样。①

当假设估价(进行评价)通常可以与作出评价互换时,目的并不是宣布在珍爱这一直接动作与对于不动产和其他商品的价值评价活动之间毫无区别。这里有着明显的区别。提请关注通常用法这一事实具有双重意义。它明确地提出了价值评价与价值相互之间的关系问题。在亲爱(渴望、喜欢、享受)的意义上,价值评价影响或改变事物以前被评估的价值吗?或者价值评价命题仅仅传达一个事实,即一样东西或一个人事实上被亲爱(被喜欢、被欣赏、被尊敬)?如果是后者,深思熟虑的功能是什么?有时这样的问题就出现了,即是不是先前被高度尊敬(渴望、喜欢等)的东西真的应当被这样看待或对待?在后一种情况下,为了确定这件东西或这个人的价值,看来需要反思的探究(深思熟虑)。

提请关注作出评价和价值评价的用法可偶然加以互换的另一目的,是提出这样一个问题,即在直接作出评价和间接价值评价之间勿庸置疑的区别,是否是分离或侧重的结果。如果在直接作出评价时,在对被评价事物或人的认识中,有一种要素可以作为珍视、尊敬、渴望、喜欢等的根据,那么它与明确的价值评价之间的不同,就是侧重和程度上的,而不是固定的。估价因此或多或少相当于对已经在珍视中表达的东西的系统发展。如果进行评价完全是非理性的,如果没有什么"客观的"东西作为其根据,那么直接作出评价与价值评价之间就有着完全的分离。在这种情况下,问题是决定价值评价(1)只是对已经完全在那里的东西
的"现实主义的"理解,或者(2)只是对已经确立的事实的口头传达,但它在任何 106

① 如果这一解释被接受,就表明价值性的出现在起源和功能上的延续,不仅与保护和延续生命过程的生理学活动有关,而且与在某些化合物部分的变化中维持稳定性的物理化学相互作用有关。

意义上都不是一个命题，或者(3)如果它确实参与了后续评价的形成，它又如何能这样做。

III

第三个问题直接源于刚才讨论的一个问题。它可以表述如下：价值评价命题作为命题有独特之处吗？(如果这些命题仅仅阐明已经存在的事实，这一问题便不会出现，因为这种信息本身不是命题。)明确表明价值判断命题作为命题，并且不只是由于其主题是一种独特的命题，这在讨论价值主题的文献中并不多见。但人们常会接受这些立场，并且除非这些立场虽未明确陈述但已被当作假设，否则引出的话题似乎不具有任何意义。我举一个典型例子。

经常有文章讨论事实与价值的关系问题。如果在这种题目下讨论的主题是价值事实与其他事实的关系，就不会有刚才提到的独特性假设。但是，任何读了致力于讨论这一问题的文章的人，都会注意到，只是由于认为关于价值的命题是某种独特的命题，与生俱来就被从关于事实的命题中划分出来，这才成为一个问题。可以清楚地陈述这样一些理由，根据这些理由，可以假设关于价值的命题不是关于时空事实的命题，而且可以清楚地讨论这个观点的推论，比起这种做法来，我想不出如何更能澄清这一主题当下的混乱。如果提出一个关于地质学命题对天文学命题的关系，或关于流星的命题对彗星的命题的关系的问题，谁也不会想到这个"问题"不是两个事实系列之间的关系问题。我深信，必须清楚明白地说明为什么在涉及价值问题时，要假定情况是不同的，否则，就不能更好地澄清目前关于价值问题讨论中的令人不满的状况。

IV

107 最近出现了一些理论家，他们坚持认为，真正的价值命题(和/或判断)是不可能的，因为它们具有完全不遵从认识方式的性质。简言之，这一学派认为，关于价值的口头表达具有感叹的性质，只是表达一个人脱口而出的话具有强烈的情感色彩。脱口而出的话可以在言辞上扩充成为表达渴望或喜欢或兴趣的句子。但是据说，能够提出的唯一与认识或理解相关的问题，就是口头表达(不论是简短的、脱口而出的感叹，还是扩展为一句话)是确实表达了说话的人的情感，还是隐藏或歪曲了他的实际状况而误导了其他人。

这一观点的实际重要性可以从下述事实中推断出来，即根据这一观点，关于价值的分歧不能被判定或议定。它们就是终极事实。坦率地说，采纳这一观点的人最终的严重分歧即便能够从根本上解决，也只能依靠“打破脑袋”。我这里并不想问这一观点离其下述逻辑结论有多远，即认为某种“内在的”或精神性的状态或过程足以使价值得以存在。我只限于指出，人们实际上把当代在评价方面的严重分歧看作只能借助暴力来解决，并且这一观点具有经验的支持。国家之间的战争是这种情况，比较不明显和不彻底的例子是国内集团之间的争论和阶级之间的冲突。在国际关系方面，除了战争外，承认“可由法律裁决的”争论与“不可由法律裁决的”争论之间的最终分歧，实际上就接受了上述观点。

不可否认，这一特殊问题在实践上极其重要。不带成见地使用“偏好”一词，我认为问题可以表述为：是否价值事实(value-facts)就是强烈排他的偏好事实(bias-facts)，这种强烈排他使它不能为任何可能的对根据和结果的思考而改变？这一问题并非某些价值如今是否确实被当作仿佛它们就是的这种样子。问题是：它们被这样看的原因在于它们自身作为价值事实，还是在于它们是一种文化与社会现象？如果情况是后者，它们就能够为社会与文化变化而改变。108
如果情况是前者，那么极其重要的社会评价中存在的分歧，就不可能产生于调查范围内，因此也不能够以合理的方法解决。它们或许不会总是导致公开的冲突。但是即便没有导致冲突，也是因为相信冲突不能获得成功，或者代价太大，或者时机不成熟，或者某种更迂回的方法能够更有效地实现向往的胜利。

这第四个问题显然与前面讨论的问题有关。如果评价全部并且排他地由内在地抵触探究和裁决的东西构成，那么必须承认，它不可能高于野兽的水平——除了手段更能保证其克服冲突的价值评价和价值观。但是如果在回答第三个问题时，下述这一点是确定的，即在每一种珍视、渴望等等情况下，价值评价的某种要素或方面都有着“客观的”根据，那么这一要素或方面自身可能被珍爱、渴望和欣赏，以至于它会放弃非理性的因素来增强其力量。

在这种关系中，值得注意的是：那些坚持评价具有完全非理性特征的作者，开始接受“内在的”精神性的价值理论，因此赋予这一类似空虚的东西以超过三重的厚钢板的抵抗力。在我看来，这四个问题或多或少在当前的讨论中都被公开表达了，我所陈述的事实又使我自己提出了另外一个问题，这个问题在论述价值问题的文献中并不经常出现，然而它比经常出现的问题更带有根本性。价值与价值评价能够被看作是基于所谓“个人的”心理学的东西吗？或者，是否非常确定它们完全是社会文化的东西，因此只能在社会文化背景下有效地对待它们？[1]

① 上面的正文已经写就，我发现这个问题在艾尔斯的著作《经济进步理论》（*The Theory of Economic Progress*）中，明确地被当作经济理论的基础，特别参见第73—85页，第90和97页。

自然主义者是唯物主义者吗？[1]

谢尔登教授在《自然主义与人类精神》一书中对当代自然主义的批评[2]由一 109
个核心“罪名”构成：自然主义是十足的唯物主义。这一指控由他的进一步论述所支持，即由于自然主义者拥护的科学方法能获得关于自然的可靠知识，却不能产生关于精神的知识，对于自然主义者来说，“自然”就被明确限定于“物理的自然”。他因此得出结论说：自然主义不是能够解决唯物主义与唯心主义之间长期冲突的哲学，而只是一种派系观点，无助于新的哲学综合。当代自然主义者在哲学上是否破坏了新的基础，这个题目太大，不易简单讨论，而且不管怎么说，它是一个历史问题。但是，谢尔登先生提出的另外一些问题对自然主义者形成了挑战，自然主义者需要澄清许多观点，并消除某些对于他们观点的明显误解。本文的讨论就致力于此。

I

根据谢尔登先生的观点，在唯物主义和其他哲学之间的“真正的问题”如下：“我们称之为心智的或精神的状态或过程，是否能够在一定程度上独立于任何时
空上的重新布局，控制我们称之为物理的状态与过程？或者，如果真正理解了当 110

---

① 首次发表于《哲学杂志》，第42期（1945年9月13日），第515—530页，由杜威、悉尼·胡克和欧内斯特·内格尔署名。这篇文章是对威尔蒙·亨利·谢尔登（Wilmon Henry Sheldon）的文章的答复，谢尔顿的文章见附录8。

② W·H·谢尔登：《自然主义批判》，《哲学杂志》，第42期（1945年），第253—270页（本卷附录8）。所有引用页码（方括号中的页码是本卷边码——译者）都是这篇文章的。

心灵看起来控制躯体时会继续发生什么，我们是否会认识到时空上的重新布局是唯一的因素?”(第 255—256 页[456 页])如此考虑问题的话，这完全是一个实践问题。因为如果一个人肯定地回答第二个问题，“你就可以用一种与上述安排完全不同的方式安排你的生活，如果它们不是……当我谴责唯物主义的自然主义者时，我是指行动的唯物主义，一种超出纯理论而要开创一种生活方式的哲学”。正如谢尔登先生所看到的，自然主义者的纲要与方法

> 会导致或意味着，已知或未知的宇宙、心智、精神、生命的或无生命的全部过程，归根到底会服从于我们称之为物理的过程；因此，唯一可靠的控制自然、控制他人的方法，是以关于时空的重新布局的知识来保证的。这是唯一有意义的唯物主义，就其关注人类生活和人的未来而言。
>
> 作为唯物主义者，你或许相信无机物、动物、人的等级分类，它们都不能根据低于自身的等级来完全描述。……要不，你或许相信，每一个等级都能根据较低等级来充分定义。无论哪种情况，你都仍是唯物主义者。关键是，高等级的(精神的)东西，其行为是否能精确地由关于较低等级的东西的认识预知并控制。这种能力很重要，是自然主义者希望通过他们的科学方法获得的能力，通过较低等级东西的适当的“重新布局”，确保达到较高等级的东西。逻辑上的可还原性与这个问题无关。……(第 256 页[456—457 页])

乍一看，如此提出问题，这一问题的确是实际问题，只能通过诉诸经验证据来解决。因为这个问题看起来只涉及能够揭示、保持并展现事物及其性质的最有效的方法。根据谢尔登先生的论述，如果一个人相信这种能力是由学会如何操控具体事物而获得的，如果一个人试图以重新布局时空中的物体来指导人们
111 的命运和事务，这个人就是唯物主义者，那么每个在这个世界上努力实践其职业的人，不论工程师还是医师，社会学家还是教育家，政治家还是农民，都必然是唯物主义者。甚至当一个人试图以与同伴交流思想来影响他们时，他也是唯物主义者，因为正如谢尔登先生所提到的，这样一种影响他人的方法运用了物质手段：口头讲演或书面谈话、艺术，以及其他符号构造物。因此，显然只有这样的人才能够称自己为非唯物主义者，他们认为，因果关系的功效存在于诸如某种脱离

躯体的意识、未表达的愿望、无声的祈祷、天使般的或有魔力般的能力等等之中。依照这个概念,一名非唯物主义者是这样的人,他将心灵看作实体,看作能够独立于时空中的事物而存在的东西,不能从逻辑上用形容词或副词描述这样的事物。另一方面,一名唯物主义者是这样的人,他相信没有证据表明存在如此这般的心灵,他还发现,假定如此设想心灵,并假定心灵能够进入与其他事物的因果关系,具有不可克服的困难。如果唯物主义者与非唯物主义者之间确实存在区别,那么被谢尔登先生指责为唯物主义的自然主义者很高兴发现谢尔登与他们是一伙的,因为他的实际认可(根据他的观点,唯一真正有价值的观点)即便不是他的理论认可,他也肯定是一名唯物主义者。无论如何,这样解释唯物主义的证据是压倒性的;自然主义很高兴承认,谢尔登对于他们是唯物主义的指责不是一种批评,而是一种对他们的合情合理的认可。

然而,对于谢尔登先生的批评作如此无害的解释,不可能忠实于他的意图。因为尽管他强调他提出的问题是非常实际的,尽管他拒绝承认自然主义者和其他人仔细区别的唯物主义的各种形式所具有的细微区别,他的目的大概是以自然主义者他们自己“感觉名声不好”(第 257 页[458 页])的观点来指责他们。

这个观点是什么?不幸的是,谢尔登先生没有说明。他指责自然主义者除了物质的东西将其他一切排除在自然之外,指责他们采用的探究方法无法获得对于精神性东西的任何认识。的确,他根据物质的东西与精神的东西之间的鲜 112
明对照,明确表述了唯物主义与唯心主义之间的问题。但是,他无助于弄清区分这两种主义的标志是什么。的确,他认为,物质的东西仅仅是能够在时空中进行布局和重新布局的东西;并且由于精神的东西在他看来是与物质的东西分离的,也意味着他认为,精神的东西是不能存在于时空中的。无论如何,几乎可以肯定这些认识不足以达到目的。例如温度、潜能、溶解性、电阻、黏性、渗透、消化力、繁殖,这种性质和过程在谢尔登先生的范畴体系中是物质的吗?既然它们都是具有时空维度的事物的性质或能力或活动,回答应该是肯定的。然而,虽然它们是具有空间维度的事物的性质,它们中没有一项自身具有空间维度。例如,温度没有体积,溶解性没有形状,消化力没有面积,等等。如果一种性质所描述的物体具有时空维度,该性质就被看作是物质的,那么为什么疼痛、激情、感觉、对意义的理解、所有可包括在物质的东西下的性质不是物质的呢?因为据我们所知,这种“精神的”状态和事件只有作为时空中躯体的特性才会发生——虽然像潜能或黏性一样，它们自身也不具有时空维度。因此，谢尔登先生没有清楚地表述这样一个标准，赖此标准，物质的东西能够明确地与精神的东西进行区分；因此他并没有对他认为自然主义者所持的学说提供足够的描述。于是，我们似乎可以在唯物主义学说的两种形态之间作出区分。

根据唯物主义的一种形式，精神的东西简单地等同于或“只”是物质的东西。当谢尔登先生宣称真正的唯物主义“坚持思想仅仅是潜在的或暂时的肌肉反应”(第256页[456页])时，他所指的正是这种形态的唯物主义。这一规定可以用下述比较精确的方式来表述。让我们将一般用于各种物理的自然科学的词汇称为“物理的词汇”，这类表达包括诸如“重量”、“长度”、“分子”、“电荷”、“渗透压”
113 等词汇和短语。让我们将不用于自然科学，而是通常用于描述“精神的”状态的词汇称作“心理的词汇”，这类表述包括这样一些词汇和短语，如“疼痛”、“恐惧”、“美感”、“罪恶感”等等。这种形态的唯物主义被认为持下述观点，即每一个心理的词汇都与某个表达物理的词汇或词汇组意思相同，或有同样的含义。这一观点如果有支持者，他们可以被想象为坚持下述主张：现代科学已经表明，红色仅仅在复杂的电磁过程也发生时才显现；因此，“红”这个词与短语“电磁振动波长约为7 100埃”具有相同的含义(这后一个短语过于简单，它需要以其他表示有机体的物理、化学和生理状态的词汇来进行复杂的表述，但是过于简单化并不影响说明这一点)。表达这一观点的论述必定被用于宣称，对于诸如“痛苦”和“美感”等特定的心理的词汇，可以指定类似的物理的同义词。

当严格采用这一观点(通常被称为“还原论的唯物主义”)的结论时，诸如“我痛苦”这样的表述必须被看作逻辑上蕴涵着下述形式的表述：“我的身体处于某种物理-化学-生理学状态。”是否有优秀的思想家坚持这里概述的这种具体形式的唯物主义观点，是值得怀疑的，尽管德谟克利特(Democritus)、霍布斯(Hobbes)和一些当代行动主义者经常被认为持有某些相似的观点。那些确实持这一观点的人常常坚持认为，在颜色和电磁振动之间的明显区别，或感觉到痛苦和有机体生理状况之间的区别，是“虚假的”而不是“真实的”，因为只有物理过程和事件(即那些只能专门以物理的词汇描述的过程和事件)才具有神圣的真实性。不论对于还原论的唯物主义可以说些什么——几乎没有什么可赞同的，但可以无条件地断言，它不是自然主义者表述的一种观点，谢尔登先生批评的自然
114 主义者既没有默认，更没有明确承认它。如果“唯物主义”是指还原论的唯物主

义，那么这些自然主义者不是唯物主义者。

但是还有唯物主义的第二种不同形态，虽然人们有时把它与前面一种形态相混淆。它认为，精神事件的发生离不开某种复杂的物理-化学-生理学事件和结构的发生，因此，除非存在适当地组织的躯体，否则就不会有痛苦、激情、美或神圣的体验。另外，它并不认为，例如被称作“痛苦”的特殊性质“只”是以特殊方式排列的物质粒子的集合。它也没有断言，“思想仅仅是潜在的或暂时的肌肉反应”。它也没有宣称，如果用前一段落的说明方式来说明，“痛苦”一词与“电流通过神经纤维”这样的短语是同义的。它的确宣称，痛苦的发生与生理过程的发生两者之间的关系是伴随的或“因果的”关系，而不是分析的或逻辑的关系。这一观点的许多支持者抱有这样的希望，在某一天，根据通常被当作自然科学基础的要素之间的某种特殊的布局、行为和关系，例如根据当代物理学中的亚原子粒子和结构，详细说明精神状态与事件发生的必要的和充分的条件将成为可能的。抱有这样一个希望不是这种形态的唯物主义的*必不可少的*条件，无论如何，不论这一希望能否实现，都不能靠辩证分析的方法来解决，而只能依靠科学未来的发展来解决。然而，不论这种形态的唯物主义者是否抱有这样的希望，他都确实没有断言，而是否认关于精神事件的命题（即使用心理的词汇的命题）在逻辑上可以从仅与物理事件相关的命题（即只包含物理的词汇的命题）中推导出来。

这种形态的唯物主义正确与否的问题只能根据经验证据来判定。精神过程依赖于物质过程的许多详情，人们远未知晓。然而，根据已经积累的证据，存在这样一种依赖关系是无可置疑的。一种建立在与这一证据相矛盾的心灵概念基础上的哲学体系，因而只能是任性固执的推断。因此，如果“唯物主义”意味着类 115
似刚才概述的观点，谢尔登先生在谴责自然主义者是唯物主义者时就没有搞错。如果要解决唯物主义者与唯心主义者之间的问题，只能通过接受下述心灵观念，即否认心灵是形容并属于躯体的，那么谢尔登声称自然主义者无助于解决这一问题也是对的。自然主义者也不愿用这样的心灵概念解决这一古老的冲突。

自然主义者是否相信精神性的东西“完全服从于”物理的东西，以及他们会如何回答谢尔登先生的下述怀疑，即“我们称之为心智的或精神的状态或过程，是否能够在一定程度上独立于时空的重新布局，控制我们称之为物理性的状态或过程”，这两个问题是相关联的。必须注意两件事。首先，在谢尔登先生的比喻中有着某种圈套，为了无偏见地进行讨论必须除去这一圈套。说精神性的东西“完全服从于”物理的东西，是假定精神性的东西低一等，是屈从的、不能自主的，这就违反了我们对事实的理解。除了对事物持一种神秘的观点外，物理的过程并不召唤什么——只有人类才会召唤。如果这里假设，在任何等级上有组织结合的物质的性质必定被解释为另一个等级上有组织结合的物质，那么正如已经指出的，自然主义者并不赞成这样一种物理的东西的观念。其次，如果关于这些问题的观点基于下述观念，即心灵是物质的但是无形的实体，然而能够控制物理的实体或被物理的实体所控制，那么自然主义者就不会理会这些不是向自己提出的问题：他们只是不赞成这种关于精神性东西的观念。另外，如果这些问题不采用关于物理的和精神性的东西的这些观点，自然主义者在答复中就没有什么要说的了——就像我们马上就会看到的那样。

因为，假设一位化学家被问到他是否相信水的性质“服从于”氢原子和氧原子，或者他是否认为水“控制了”其构成元素的行为和属性，难道他不会回答说，这些问题只有在下述假设中才有意义，即假设水的属性不仅区别于它相互独立的构成元素的属性，而且当这些元素以水分子的组成方式发生联系时，水的属性
116 也实际上区别于氢原子和氧原子的属性？另外，化学家当然会坚持，水及其属性的存在是取决于某些化合存在的元素依据一定方式发生关联。但是，他会提请人们注意这一事实，即当这些元素以这样的方式发生联系时，它们所参与的结构化的整体就显示了一种特殊的反应方式。然而，如此构成的物体不是另外的一种东西，这种东西在表现其属性时，由于某种外在的优势而控制了其各个组成部分的反应方式。在特定环境下的反应方式，只是表现出其构成元素在这种环境下处于这种结构关联中会做出的反应。可以肯定，我们将之与水联系起来的这些属性的发生，或许可以通过“重新布局”时空中的事物来加以控制——始终假设水中原子的结合能够实际上发生作用。但在这样一种重新布局中，元素本身做出反应的方式，恰好就是在水分子中元素之间的相互关系需要它们做出的反应：它们的反应不是从外部强加于它们的。

自然主义者以一种本质上完全相同的方式来说明心灵的状态。正如化学家说明水的属性时一样，自然主义者认为，被称为精神性的状态或事件，只有当某种物理东西的组织也出现时，才会存在。也像化学家一样，自然主义者认为，当物理的东西适当地组织起来时它们所表现出来的性质和反应，即被称作精神性的性质和反应，是只有当这些东西如此组织时才会显现出来的。但是，被组织起

来的整体的这种性质和反应不是这样一种另外的东西，这种另外的东西在实质上不同于具有时空特性的物体在这一组织起来的整体中的属性和反应。因此，自然主义者毫不犹豫地承认，人是能够有思想、感觉和激情的，这些能力的结果（它们的存在是取决于人的躯体的组织的），是人能够从事躯体不这样组织便不可能完成的行动。特别是，人类能够进行理性的探索，并且，根据他们的发现，能够"重新布局"时空中的事物，以保证许多物理的和精神事件的实现与终结。然而他们不是作为无实体的心灵来实现这些的，而是作为特殊地组织起来的躯体
来实现这些的。在自然主义者看来，比起这样一些事实来，即以确定的方式排列 117
的齿轮上的嵌齿与弹簧，能够记录时间的流逝，或者氢原子和氧原子以另外的方式排列，会显现出水的属性，至少下述事实没有更多的神秘色彩，即某种躯体能够理性地思考与行动。"事物就是它们本身，它们的结果是它们将会成为的事物，那么为什么我们要相信这不是真的呢？"

II

谢尔登先生声称，自然主义者采取科学方法作为保证认识的可靠性的方法，严重地限制了他们所能认识的事物的种类。据他所言，根据自然主义设想的这一方法的性质，它只能运用于物理的或"公共的"事物，而不能用于精神的或"私人的"状态或事件。这一断言有多少正确性？自然主义者们选择的方法妨碍了他们发现神圣的或天使般的东西吗——如果宇宙中包含这些东西的话？特别是，如果自然主义者严肃地采取科学方法，他必须排除"私人的"内省的观察材料吗？

"科学方法"的两种含义之间的初步区别有助于为自然主义者的回应扫清障碍。因为这一名称常常是可以互换的，这既可用作指一系列一般规则，在这些规则的帮助下证据得以收集和评价，也可用作指一系列专门技术及各种工具，它们每一种都只适用于有限的主题。谢尔登先生部分地借助了这一名称的两重含义来支持他关于科学方法范围的结论。他主张，方法不是无中生有的，不是独立于主题的。"没有纯粹的方法论"，他声称，"每种方法都面对着一种形而上学——尽管可能是暂时的"（第258页[459页]）。他引用望远镜的例子，望远镜对于研
究恒星来说是极好的工具，但对于解剖植物的种子来说，几乎毫无用处。的确， 118
谁也不会想要否认这后一个观察的真理性。然而，这并不能推论出，在检验天文

学命题有效性的过程中包含的逻辑规则不同于生物学中运用的逻辑规则，因为望远镜是探测恒星而不是探测种子的适当的技术工具这一事实与下述断言并不矛盾，即一系列共同原则适用于对整个自然领域，包括上述主题，进行证据评价。这也并不能推论出，由于证明的原则能够指导关于自然主题的探索，它们就不适合对于心理学主题的探索。无论如何，科学方法正是在作为一系列一般的探索规则的运用的意义上，而不是在作为一种特殊技术的运用的意义上，被自然主义者认为是保证认识的可靠性的合理方法。虽然谢尔登先生指责说，自然主义者没有对科学方法进行标准的分析(第 258 页[459 页])，他肯定也知道，许多自然主义者的著述事实上都专注于考察这种一般的证明原则。

但是，谢尔登先生主要指责的是自然主义者对于检验过程的性质的说明。自然主义者认为："可靠的认识是可以公开检验的。"他们难道因此不排除认识不是"公共的"而是"私人的"东西的可能性吗？"神秘主义的鼓吹者能通过直接观察证实神的存在吗？"谢尔登先生问道，"内省的心理学家能以私人的心灵做实验吗？"(第 258 页[459 页])如果这种私人的东西被排除在科学方法适用的领域外，自然主义者不会永远被迫停留在物质的领域吗？

下述论述有助于澄清自然主义者关于这一问题的立场。

(1) 在坚持科学方法是获取认识的最可靠的方法方面，自然主义者说的就是这个意思。他主张用自然科学的方法来获取认识，获取有正当理由的主张，而不是获取审美或情感经验。他不想否认人们对于他们所说的神有着神秘的体验，不想否认人们享受的快乐和遭受的痛苦，也不想否认人们对于美的各种看法。他的确否认拥有这种经验就构成了认识，虽然他也肯定，这种"精神状态"能
119 够成为认识的对象。因此，当他认为可以不通过认识以另外的方式来面对世界时，当他承认科学方法并不能被断言为面对世界的唯一有效方法时，他也认为并非每一种面对世界的方法都是一种认识。的确，在许多自然主义者看来，科学方法的经验是丰富其他经验的工具。这一观点是初步的但是基本的。它完全摧毁了谢尔登先生试图诱惑自然主义者陷入的恶性循环，根据这一循环，对自然主义者来说自然界对科学方法开放，而科学方法只是接近自然的可取方法(第 263 页[464 页])。断言如果要认识任何东西(它可以以一种另外的方式被经验到)，关于它的可靠的认识要通过运用科学方法来获取，这断言中的恶性循环是什么呢？因为事物并非必须先被认识才能被面对，科学方法也并非要求自然中的一切必

须先被经验才能被描述和使用。从这一点出发并不能推论出，自然中的一切只有作为一种认识才能被知晓或被经验，正如我们从这一点不能推论出，由于不论关于什么东西的断言都是可陈述的，每一样东西都已经被陈述，或只是作为一种可陈述的东西存在。

(2) 尽管谢尔登先生有时似乎认为，可观察的东西本身是可确定的或可证实的，自然主义者则坚持认为这些词汇的含义是不同的。谢尔登先生声称：

> 科学方法要求实验与观察可以为他人所证实。心智状态或过程，就其不是物质的、不是“行为”而言，不能被观察。自然主义者认为它们是“不可及的”。但对于其所有者而言，它们当然是可及的；只是对于他人，对于公众，它们是不可及的。在自然主义者看来，科学方法因此意味着，非公众的观察既没有理由也没有意义。检验是公开的；私人的和隐秘的东西应当被排除在外。……(第 262 页[463 页])

这一论述的关键在于，从精神状态不能为他人观察这样一个陈述，过渡为这
样一个结论，即因此私人的和隐秘的东西被自然主义者排除在外。但这并非根 120
据前提得出的推理。因为假设我们承认——至少为了讨论——甲的精神状态不能为他人观察到，我们甚至承认更强硬的断言，即诸如“乙不能体验到甲的感觉”这样的陈述根据分析是真的，因此乙体验到甲的情感在逻辑上是不可能的。这能推论出乙不能公开地证实甲的确体验到某种情感——例如痛苦——吗？显然不能作出如此推论。将谢尔登先生的论证用于下述假设——即假设亚原子的能量交换的发生是合乎现代物理学理论的，谁也不能断言这种亚原子的变化确实是可观察的，至少不能断言可为人类的实验观察。然而，虽然这些变化不能观察，关于它们的命题确实是可确定的或可证实的，事实上可以为观察肉眼可见的对象的反应来公开证实。因此，显然可能有不可观察的状态和事件，然而关于它们的命题是可以公开证实的。

(3) 然而，谢尔登先生断言，如果自然主义者前后一贯，他就不能依靠科学方法形成对于精神性东西作为精神或“私人的”东西的可靠认识。例如，他不能用这种方法向自己确证他肚子疼，除非外科医生首先证明并公开证实他患有阑尾炎。

但将这种观点归咎于自然主义者，是对后者立场的歪曲。自然主义者确实认为，甲对于痛苦的感觉有其身体上和生理上的原因。然而，因为自然主义者不是还原论的唯物主义者，他并不认为甲所体验的痛苦的性质“只”是其赖以发生的身体的和生理的条件。因此，他并不认为牙科医生注意到甲的牙齿上有一个洞，就体验到了甲的痛苦；相反，他会认为，只有甲的身体能证实甲遭受的苦痛，他将这一境况归因于甲身上发生的特殊的生理变化。因此，自然主义者会认识到，“甲正在体验一种痛苦”这一命题可以用两种方式证实：直接为甲所证实——借助于甲的身体发生的特殊状态；为任何人（包括甲）所间接证实，只要他所处位置能够观察到与痛苦感觉有关的过程。

121 然而下述这一点是基本的，即甲能够直接证实他痛苦这一命题，不需要请教外科医生或牙科医生，这一事实并没有使这一命题缺少了可公开证实的性质。因为可以肯定，外科医生或牙科医生无需通过分享甲的体验，而是以其他方法，例如询问甲，或注意到甲的身体状况，也能证实这一事实。因此，简言之，认为关于发生痛苦或其他精神状态的命题是能够公开证实的，这并不意味着这些命题必定总是被间接证实；反之亦然，承认关于精神状态的命题不是被间接证实的，与它们能够公开证实这一点并不矛盾。

（4）上述观点非常重要，值得详细论述。众所周知，物体的温度可以用几种方法来确定：例如，用普通的水银温度计或热电偶。在一种情况下，温度的变化为水银体积的变化来记录；在另一种情况下，温度的变化则由电流通过电流计的变化来记录。于是工具表现出两种完全不同性质的选择：因为温度计不是来记录热电势的效果的装备，而热电偶则缺乏必要的结构来记录热膨胀。因此显然，每一种工具所表现出来的性质和反应都是其特殊结构模式和其在物理交互系统中占有的特殊位置的结果。然而，尽管工具之间的性质不同，每种工具都足以用来确定温度的变化——至少在这些变化的规定范围内是如此。顺便提一下，要注意的是，在记录另一物体的温度时，工具同时显示出其自身的温度。此外，如果两种工具在工作时都与某一物体相关，用于测量这一物体的温度，那么可以用任何一种工具来预知其他一种工具的某些方面的反应，并因此确定另一种工具的温度。假如工具被赋予了知觉力（让我们允许我们自己有这种能力），当温度计正在记录某一物体的温度时，它就会体验到一种独特的性质，这种性质或状态
122 对温度计而言会是“私人的”，不能向热电偶传达这一信息。然而，即便因为热电

偶自身特殊的组织方式和独特的物理性能，它不能体验温度计所显示的性质，也不妨碍它记录（并因此“证实”）第三个物体和温度计自身的温度。

现在根据谢尔登先生提出的问题来思考一下这一物理学例证的意义。由于同样的原因，正如温度计不能够显示（或体验）热电偶的独特反应方式，甲也不可能体验乙的精神状态。但甲能够认识乙正在经历某种特殊的体验，正如温度计能够用来测量热电偶的温度一样。谢尔登先生根据公共的和私人的之间的区别，建立起了他反对自然主义者的例证，就认识问题而言，这种区别就在于两种不同地组织起来的物体之间因果关系的不同。

(5) 自然主义者承认所有谢尔登先生指认为“精神的”事实是可以公开证实的，当然并不因此就认可经常将此种材料引作证据的各种命题。因此，一方面，自然主义者们原则上并不否认人们体验到痛苦，正如他们并不否认神秘主义者欣喜若狂看到神的幻象；因为他们相信，这种幻象和体验的发生已经被公众证实。另一方面，认识到“这种事件确实发生”这一命题是有根据的，这种认识本身，并不能决定这些事件的发生能够确认什么样的更进一步的命题。的确，这个问题不能一般地决定，而需要详细地考查每一个命题。关键是，承认某人经历过他称之为“神圣的体验”这一命题为真，与因此承认肯定神的存在的命题为真，这两者之间肯定是不同的，正如在承认痛苦与将这种痛苦归为心脏机能损伤之间是不同的。不论哪种情况，如果上面提到的最后一个命题要成为有效的命题，需要独立地证明。神秘主义者的证词是证词，但并不必然是神秘主义者断言的命题的证据，虽然它可以是某个其他命题的证据，正如一名患者关于他的痛苦的报告并不必然证明他相信自己得了不治之症这一想法为真。如果自然主义者们与 123
那些声称神和天使存在的人不一致，那不是因为他们排除了所有证人的证词，而是因为证词经不住详细的批评审查。谢尔登先生用令人战栗的超自然物指责自然主义者并非不公正，他们很好地建立起来的信仰，对于超自然物并不是任意地拒绝：令人战栗的超自然物指的是他们拒绝接受类似“相信幽灵”这类命题的结果，因为可以利用的证据无可争议地是否定的。

(6) 最后一点需要引起注意，因为谢尔登先生简单地暗示了这一点，并且这一点经常成为讨论的焦点，例如在目前的讨论中。这一点涉及某些命题比起其他命题具有所谓更大的确定性，特别是内省的观察的命题比起关于其他事物的命题具有更大的确定性。

谢尔登先生对行动主义者试图确立的下述事实提出了问题，即某人正在经历一种美的体验。他相信，如果一名相信科学方法的自然主义者想要确认某人有这样一种体验，他必须运用物理设备测试这个人的腺体和肌肉反应。因为根据谢尔登先生的观点，自然主义者不能轻信这个人的话："这个报告只是私人的，在可以证实的真理领域之外。"（第 267 页[468 页]）但是，当前讨论进行到这一阶段，可以清楚地看到，只有当自然主义者是还原论的唯物主义者时，即如果自然主义者坚持认为对美的感觉"只"是腺体和肌肉的反应时，谢尔登先生才可以这样认为。然而，既然归于自然主义者的这样一个观点是错误的，为什么要按谢尔登先生所说的方式继续得出"自然主义者认为对美的感觉'只'是腺体和肌肉反应"的结论？因为正如一个人口头上说他拥有对美的感觉时并不等同于他对美的感觉，他的腺体和肌肉反应也不同于他对美的感觉。对于发生这样的感觉来说，比起某种铜制设备的反应，口头报告或许是更可靠的证据，特别是在目前
124 的例子中，我们对于这种感觉发生的腺体和肌肉条件几乎没有什么精确的认识。可以肯定，如果物理设备能够提供关于上述争议问题的确切证据，如果怀疑人们对他们的感觉和证词不说真话，自然主义者不会拒绝使用物理设备，例如必要时使用"测谎仪"。但是，这种设备的确不能仅仅因为它们是物理的，便从本质上提供更可靠的证据；它们能否事实上提供这种证据，是必须通过详细考查才能解决的问题。

但是，人们有时会问，如果一个命题不能被他人所证实，那么自然主义者相信他自己接受的关于他"私人"体验的命题是正当的吗？如果自然主义者将可靠的认识当作可以被公开证实的认识，那么他难道无需坚持，例如他说的"我现在头痛"这样一个命题不是仅仅依靠他感觉到的痛苦所确定的，而是必须被他人所确认后，才能被看作是成立的？简言之，自然主义者难道无需断言，除非能够被非内省的证据证实，否则所有命题都是未获承认的吗？一种批评认为，在肯定地回答这些问题时，自然主义者对可靠的认识采取了教条武断的标准，这一标准与常识相矛盾，也与许多称职的心理学家的实践相矛盾。

然而，这里必须重复一下前面所说的区别。自然主义者的确将可靠的认识描述为能够被公众证实的认识。因此，如果"我现在头痛"这一命题构成一个认识，就一定能够被其他人证实，也能被本人证实。但这并不意味着从这点出发能推论出，如果要证明说出这个命题的人接受这一命题为真，这一命题必须实际上

被他人证实。在一个特定的命题能被当作可靠的之前,需要有多少确定的证明,
是不可能一次性详细列出的。但是无疑,有这样一些情况(正如在关于头痛的命
题的例子中),起码的证据(即感觉到痛苦)足以确证它被断言这个命题的人所接
受,因此对于这个人来说,任何额外的证据都是可有可无的。但是,这里所考虑
的可能性对通过内省地观察获得的命题来说不是唯一的。化学家观察到一片蓝
色的石蕊纸浸入一种液体中变成了红色,就会断言纸的确是红色的,并得出结论
说,这种液体是酸性的。他通常会认为,寻求进一步的证据来支持他所断言的这 125
两个命题,是浪费时间,即便是能够找到证明这两个命题的证据。

另外,自然主义者就像训练有素的拥有常识和富有经验的内省心理学家,敏
锐地感觉到了“纯粹的”内省有其危险和局限。例如,他认识到,只凭内省不能揭
示他感到痛苦的原因(也不能精确定位他的痛苦);因为仅仅断言性质的存在不
能提供这种性质与其他事物相联系的理论认识。即便是“感觉到痛苦这一性质
是‘私人的’”这一事实,也不是通过内省的方法来单独确定的;就像“某种痛苦与
牙齿和神经纤维中同时出现的物理化学变化有关,因此可以通过‘重新布局’时
空中的东西来加以控制”这一事实一样,它们可以通过只为操作“公共可观察的”
事物的公开实验来确定。只要关注痛苦性质的整个发生,关于痛苦的理论认识
就会展现对人类活动的新的说明和经验的新形式,即尚未实现的可能性。然而,
对于痛苦本质的确定认识不是纯粹内省的产物。在任何情况下,在自然主义者
看来,当人们接受内省的观察而没有进一步的实验参照时,物理学、医学和心理
学的记录可以澄清他们所陷入的严重错误。对这一点无需多说,甚至教科书都
对这一点有详尽的说明。正如卓越的心理学家们所注意到的,内省的观察并非
根本不同于其他种类的观察。不论一个人用他的身体还是其他记录设备进行性
质区分,他如何都要十分小心地说明其报告并从中得出结论。而且,如果心理学
和社会科学断言的命题仅仅限于能够直接观察或亲知的事物,如果这些科学不
能系统地将直接领会的性质与事件同并非直接体验到的性质与事件联系起来,
心理学和社会科学就几乎会失去一切重要性。经常被引入的“内在的”与“外在 126
的”之间,“私人的”与“公众的”之间的二分法,因此在许多自然主义者看来不外
乎于在其寄居的身体中神秘地起作用的实体性的、自主动因的心灵概念的残骸。
这一心灵概念及其二分法既不能促进哲学的发展,也不能促进科学的发展。

的确,这一心灵概念对于谢尔登先生想要捍卫的人类价值观具有悲剧结果,

他相信这种价值观正受到科学方法的威胁。因为它公然违背关乎人在自然中的地位的大量证据，将无根基的人类价值观系之于经验中的任意的根据。不是自然主义哲学，而正是谢尔登先生的二元论使人类价值观处于危机中。由于将对于人们作出价值承诺的原因和结果的自然方面考察当作无关紧要的，它剥夺了人类的有效选择，为不负责任的直觉打开了方便之门，使得由于科学理解而成为可能的对于自然和社会的控制变得失去人性。尽管谢尔登先生反对人类学、社会心理学、精神病学和其他社会科学能够得出的关于人类活动的"精神方面"的不确定的结论(第 257—258 页[458 页])，熟悉这些学科历史的人都不会质疑下述断言，即作为将现代科学方法引入这些领域的结果，我们的可靠认识和我们对于这些问题的控制力在不断增长。有足够的证据使人相信继续运用这种方法将会阻碍而不是促进这种知识和控制能力的发展吗？谢尔登先生提出了什么样的还没有被试过的、不被怀疑的可供选择的方法了吗？他能提出什么样的好的理由，将维护和实现人类利益托付于历史上偏狭的精神与物质的二元论吗？科学的进步正日益对这种二元论提出质疑。正是谢尔登先生对自然主义提出批评所依据的这一二元论学说，而不是他所攻击的哲学，需要做出负责任的答辩。

伦理主题与语言[①]

这篇文章标题所指明的讨论主题，集中关注史蒂文森教授在其近作中提出的特定议题。[②] 既然我的文章明确批评这一特定议题，我感到更有责任在一开始就表明某些观点，我认为这本书总体上不仅应该赢得伦理学研究者的关注，而且应该赢得他们的支持。大家一致同意的观点如下：(1)我们非常需要更多去关注明确表述伦理判断的语言；(2)伦理学研究应当“源自人的知识*整体*”，因为这种研究的材料不适合专门化；(3)伦理学研究一直受害于“探索最终建立终极原则”——这一程序“不仅完全遮蔽了道德问题的复杂性，而且提出了静止的、超尘脱俗的标准，取代具有灵活性的、实际的标准”；(4)最后，由于“伦理学*问题*不同于科学*问题*”，应该审慎地注意到它们不同的*方式*。[③] 127

“问题”一词词义非常模糊，因此把握其双重意义是极为必要的。这一词的一种含义是，道德问题与科学问题的不同不仅被当作一种让步加以承认，而且被当作伦理主题和伦理判断的特征加以坚持。两种*问题*在这层含上的不同，即便不是老生常谈，在认为伦理学是实践的或“规范的”学科时，也通常被接受。但在这一意义上，“问题”就与职责、功能、效用、力量等同义；它涉及在上下文中“实践 128

① 首次发表于《哲学杂志》，第42期(1945年12月20日)，第701—712页。

② 查尔斯·L·史蒂文森(Charles L. Stevenson)：《伦理学与语言》，耶鲁大学出版社，1944年。我愿表明，我受惠于亨利·艾肯(Henry Aiken)博士对该书评论的启发，他的这篇评论发表于《哲学杂志》，第42期(1945年)，第455—470页。由于他对史蒂文森关于态度和信仰关系的讨论在我看来具有结论性，对这一问题我无话可说，只能另辟蹊径。

③ 引文均出自《伦理学与语言》第336页；“整体”为斜体字乃原文如此，而“问题”和“方法”则非原文所强调。我之所以强调这两个词，是因为在下面将看到，它们是我讨论的重点。

的"指称，涉及伦理判断的客观性。陈述、接受或拒绝伦理判断的人试图实现这一功能和效用，就此而言，是不同的兴趣将伦理判断与具有传统所谓科学兴趣的判断区分开。虽然这种不同决定着被选择作为伦理判断的特定内容或主题的特定事实，但它不构成这一主题的组成部分。由于伦理判断的不同效用或功能，某些事实而不是另一些事实被选择，这些事实以某种特定的方式而不是以其他方式排列或组织，这种说法是一回事。同样的命题适用于将不同科学相互区分——例如将物理学与生物学区分开——的不同事实。而将功能和效用的不同转换为伦理判断的结构和内容上的不同成分，这是完全不同的另一回事。这种转换事实上便是史蒂文森的处理方式。

我可以进一步预见随后的讨论进程，我要指出，我看不出如何能够否认下述说法，即完全满足伦理判断的职责和功能的那些判断，其选择的适当的必需的主题，能够承载(并且确实如此)这样一些名称——诸如贪婪-慷慨、爱-恨、同情-憎恶、尊敬-漠视——所认定的事实。这些事实通常被总称为"情感"，或更学术地称为"情感动机"。承认(和坚持)伦理判断的这一特征是为这些判断的功能或效用所要求的特征，这是一回事。认为这一主题不能也不需要描述，不需要那种属于"科学"判断的描述，这是完全不同的另一回事。我相信，考察史蒂文森对"情感的"(emotional)，或他所使用的术语"表达情感的"(emotive)东西的特殊论述
129 将表明，他认为下述事实——即实际上充分的理由被用于真正的伦理判断，以修正影响并指导行为的情感动机的态度——是等同于承认上述判断中认识能力之外的成分存在的。简言之，(可描述的)实际理由在真正的伦理判断中用作工具，以影响行为动机并因此指导和重新审视行为，这一事实似乎被用来将一种完全不服从理智或认识考量的因素纳入伦理判断的特殊主题。[①] 人们会完全同意，伦理判断(就关注其目的和用途而言)是一种"指向人的意动-情感的天性"的"辩护和劝告"。[②] 这些判断的效用和目的都是实践性的。但待决的问题在于实现这一结果的工具。我重申一遍，将目的转化为工具的固有组成部分，使得在真正的道德判断中，目的依赖这种工具得以实现，这是一种激进的谬见。我认为，将

---

① "真正的"一词运用于文中，是因为声称为伦理的判断无疑经常利用认识之外的"表达情感"的因素影响行为，因此破坏实际列举的证据。此外，某些理论，如康德的理论，在下述方面已经走得很远，即使得直接的、排外的"律令"要素成为所有伦理判断的最重要的部分。

② 参见第 13 页。

"情感因素"附加于给出的理由,仿佛这一伴随的因素是判断的固有部分,不仅在理论上是错误的,当其在实践中广泛运用时,更是道德衰败的根源。[①]

II

先前的一些段落在某种程度上事先使用了随后的讨论中得出的结论,这些段落主要试图通过说明结论不是什么来揭示问题的本质。奇怪的是(或许除了由于前面提到的模糊性外),引证一段单独的论述——其中明确表述伦理判断本身包含两种独立成分,一种是认识的,一种是非认识的——并非易事。不过,很 130
容易找到下述类型的论述:"在最典型的规范的伦理学的语境下,伦理学术语既具有表达情感的功能,又具有描述的功能。"[②]但在这样的段落中,"功能"一词出现了。于是,我便要直接讨论史蒂文森赖以得出他关于伦理判断具有非认识的成分这一结论的特定根据。他关于根据或理由的陈述与符号和意义的讨论有关。单独地"表达情感的"符号和意义存在的证据包括:(1)对非语言的事件,诸如叹息、呻吟、微笑等的说明;(2)对语言事件诸如感叹词的说明。除非表达情感的意义的发生能够独立实现,否则,完全排除描述性指称(和描述性意义)这样一种要素,才会当然无疑地在伦理判断中找到。因此,接下来将集中讨论这一点。

我毫无删节地引述以下关键段落:

> 词的表达情感的意义最好可以通过将它与笑、叹息、呻吟和所有类似的通过声音或手势进行的情感表达来比较和对照,来加以理解。显然,这些"自然的"表达是证明情感的直接行为征兆。笑直接"宣泄"为它所伴随的欢乐,这种宣泄方式十分密切、不可避免,如果笑被突然制止,某种程度的欢乐同样也被抑止。同样,叹息即时地释放了忧愁;耸肩主要表达了满不在乎与无动于衷。我们决不能仅仅因为这个缘故,就坚持认为笑、叹息等等真的是语言的部分,或认为它们有表达情感的意义;但仍然有一个重要的类比:感叹词是语言的一部分,它们确实具有表达情感的意义,它们像叹息、尖叫、呻

① 我不想过分强调这一点,但我印象很深,史蒂文森关于道德判断的"意义"的论述,有时受"意义"一词模糊性的影响,即"意义"既有意图或目的的含义,又有符号表征的含义。

② 参见第 84 页。我们的确有诸如"独立的情感的意义"这样的表达,意思是指当"描述性的"意义变化时,表达情感的意义仍旧保持一致。(第 73 页)

> 131 吟以及其他能够同样用来“宣泄”情感或态度的行为一样。……表达情感(emotive)的词，不论关于它们还能说出什么，都适用于“宣泄”情感，就此而言，表达情感的词与那些指谓(denote)情感的词是不同的，而与“自然地”表现(manifest)情感的笑、呻吟和叹息相同。……为什么“自然地”表现情感是在这一更宽泛的含义上被赋予意义[正是在这层含义上，像“退烧有时意味着逐渐康复”这样的自然事件具有意义，这种意义据说比任何语言学理论中所发现的意义更宽泛]，而感叹词——它们的功能与“自然地”表现情感相同——则在更狭隘的含义上被赋予意义？①

关于史蒂文森对这最后一个问题的回答，即为什么“自然的”符号的意义不同于语言符号的意义，相关讨论将被搁置，直到关于感叹词和叹息、呻吟等的下述说法被采纳，即二者的类似之处在于都仅仅是表达情感，因此都没有相应的“指示物”。一方面，上述事件被说成是宣泄(*vent*)、释放(*release*)；另一方面，它们被说成是征兆(*symptomatic*)、显现(*manifest*)和证明(*testify*)。在后一种身份中，它们一定是认识含义上的符号。上文使用的“表达”(express)一词，似乎是一个居间的、模糊的术语；就“表达”意味着传达(*convey*)，它无疑是一种认识符号；就表达意味着“排出”(squeeze out)，它与宣泄相类似。

现在我将宣泄和显现区分为两类情况，一个与符号相关，另一个与符号无关，而史蒂文森的处理方法，是将宣泄或释放的明显事实等同于符号。另外，他将宣泄不仅作为一种表达一般情感的符号，而且作为一种表达特定情感——不适的呻吟和忧愁的叹息等的符号。我不知道，如果没有一套成熟的(为语言所命名的)已知事物系统所提供的帮助和支撑，它们怎么可能被看作或当作这样的符号。我的这一评论并不意味着下述事实无足轻重或同义反复，即我们需要语言赋予它们以名称；我的意见是，想要赋予它们以一类事件的名称，即表达情感，并且赋予它们以这类特殊事件的名称，不进行确认和区分是不可能的，而确认和区
132 分与下述事件有关，这些事件超出了单纯的宣泄。的确，它们远远超出了单纯的宣泄，是只有成人才能做或理解的事件；也就是说，只有对可能“描述”的事物颇为熟悉的人才能做或理解。

---

① 参阅第 37—39 页，均可见。

在讨论感叹词作为语言的符号时，如果可能，这里提出的观点甚至会表现得更有说服力。这一讨论占据着重要的战略位置。因为既然感叹词是语言符号，如果能够证实它们具有意义，具有独立地“表达情感”的意义，那么这种“意义”是伦理判断的组成成分这一观点，就获得了事实根据。史蒂文森在这样一段话中提供了证据，他说在语言符号的一种含义中，“符号的‘意义’是当人们使用符号时它们所指示的东西”，对于这种意义，可以用“所指”一词来替代，它是描述性的。之后他继续说，然而，一些语言符号还具有另一种含义。一些词(如“唉”)是无所指示的，但的确具有一种意义，即“表达情感的意义”。[1] 这里我们至少对于“表达情感”的语言符号是什么，有了一个否定性的规定。其确切特征是缺乏所指(*referent*)。它表达了一种意义，像叹息宣泄了一种情感一样。它表明，有一些符号“并不同指谓(denote)情感的词类似，而是同‘自然地’表现情感的笑、呻吟和叹息类似”[2]。然而这一段落，包含这一段落的整个讨论，都既将一般意义上“被称为情感的东西”，也将特殊意义上不同的情感(欢乐、忧愁等)称作感叹词作为符号的所指！如果这不是“指谓”、标明(designate)或命名，我不知它还能是什么。这里的指谓只能凭借确认和区分而得以发生，没有确认和区分，被称为感叹词的声音充其量不过是发声事件——当然，即便只是将一个事件确认为“发声”事件，也只可能通过一系列“指称”来命名它。

以咳嗽作为“自然的”符号，很容易进一步深入这一讨论。“咳嗽可能意味着 133
着凉”是一个无可否认的事实。但当有人说咳嗽作为一个自然符号缺乏“为实现交流目的的确切条件”时，我们犹豫了。[3] 作为自然的事件，咳嗽可能不是着凉的符号，我可以说，这是一个无可否认的事实。咳嗽可以在没有确切条件的情况下用作符号，我可以说，这是不可能的；只有在下述条件下似乎是可能的，即在艾丽斯奇遇中蛋糕面上印有“吃掉我”字样的类似情况下。例如，把医生制止常见的咳嗽的根据，看作许多不同的生理条件的符号。当然，这并不能得出结论说，咳嗽是传统的语言学含义上的语言符号。但它确实能够引出下述结论，就其作为符号或与标志符号有关的资格说，它与语言符号一样。如果不是在语言符号

① 参阅第 42 页。
② 参阅第 38 页。
③ 参阅第 57 页。

的某种关联中，并由于这种关联能使咳嗽代表自身之外的某物，认为咳嗽能够作为着凉的符号，似乎是非常值得怀疑的。由于出现在语言作为另一要素的整个关联中，咳嗽不仅发生了，还获得了指示事件的能力。没有这样一个指示能力，它就缺乏符号的特性。值得注意的是，一个词在成为符号之前，最初是独立于符号存在的自然事件，是一种声音或存在于空间的标记。

至此，重点落到下述方面，即某些自然事件、叹息等，据说都是像某些语言符号，即感叹词一样的符号。值得注意的是史蒂文森为下述认定给出的理由，他认定这些符号在一个重要的方面是不同的，正是这一重要方面使得感叹词成为语言。在回答上面列举的问题时，即为什么情感的“自然表现”在其他自然事件具有意义的“更宽泛的含义”上具有意义，我们发现了如下论述：“感叹词的表达，与呻吟或笑不同，是建立在它们的传统用法的习惯上的。……可以说，各种语言中人们都会发出呻吟，但只在英语中发出‘ough’。”同样，据说感叹词作为讲话时有
134 组织的语法形式，“引起了语源学家和语音学家的兴趣，而后者[呻吟等]只引起生理学家和心理学家发生科学兴趣”[①]。然而，“只引起生理学家和心理学家”发生兴趣的这些词却见于这样一个段落，其中，符号研究者怀着明确兴趣来讨论它们，将它们作为某种相关理论的证明！被证明的是它们作为符号及其与标志符号有关的资格；被列举的是研究它们的特殊群体。涉及特殊的“训练”或“条件”的情况意味着什么对语法学者等人和对生理学家是不同的。将一样东西称为H_2O和水，涉及的就是这种训练。

史蒂文森将呻吟当作内在的表现、表达，作为某物的符号，即作为表达情感的符号。他这么做是基于以下假定，即在事件的开始就存在两种东西，一种是情感，另一种是情感的宣泄或释放。但在第一个例子中只有一个完整事件，这一事件发生的顺序与诸如排尿一样，婴儿在小床上不断翻转，水流汩汩，婴儿不停地哭喊。这完全是行为主义者的行为，不是情感及其释放。上述任何事件都可以看作及用作一个符号。但它是成为(*become*)一个符号；它不是在事件一开始时就是一个符号。它如何成为一个符号，在什么条件下它被当作代表它自身之外某物的符号，这个问题在史蒂文森先生的论述中甚至没有提及。如果讨论了这个问题，我认为就会明确，上述条件就是行为交互作用的条件，在这种行为交互

① 前一段话引自第39页；后一段话引自第38页。

作用中，其他事件(被称作“所指项”，或更通常被称作“客体”)是与并非符号的单纯事件共同伴随的事件。

“唉”和“嗐”对不同的社会群体成为符号的条件，根本不是使两者具有符号特征的条件，也不是两者是同一事件即忧愁事件的符号的条件。我并不想列举辞典作为最终权威。但辞典的表述具有提示性。在《牛津辞典》中，我发现了下述表述：“唉：表达不快、忧愁、遗憾或担忧的感叹词。”除了要处于会发生同样事情的复杂境遇之下，它表达了这类情感所在(*at*)、所关(*about*)或所属(*of*)的任何其他条件吗？此外，这四个词并非同义词。脱离了其属于、关于的“客体”的共同 135
存在，脱离了描述性的语境，如何能分辨“唉”是表达这四种意思中的哪一种？正如某些语调、手势、面部表情是为了欺骗观众和听众而装出来的，正如“实际的”反应若要符合事实，就需要将这种情况与真实情况相区别，我们也需要区别感叹词的真实的意义和伪装的“意义”。《牛津辞典》在上述引文之后的文字是：“偶尔与格宾语或 for 连用。”我认为，“偶尔”一词仅指明确表示的语言惯例；若与格宾语在语音学上没有明确界定，是由于它是言者与听者共有境遇的一部分，因此言及它是多余的。至于使用“for”，我们能在下述说明性引文，即“唉，我为你的不幸哭泣”以及“唉，既为这一行为，也为其原因”中发现有这样的情况吗？即除了与灾难性、损失性、悲剧性事件，或某种悲伤的原因或哀悼的行为有关外，“唉”还有其他意义吗？我认为，当读者看到“情感”一词时，他有可能想到愤怒、恐惧、希望、同情等事件，在想到这些事件时，他必然想到其他的事情——与这些事件密切关联的事情。只有通过这种方式，一个事件，无论是一声叹息或一个词“唉”，才能具有可确认的、可被承认的“意义”。然而这正是史蒂文森理论所拒斥的！

关于史蒂文森的理论，即所有意义都是一种“心理反应”，他以其一贯的谨慎与坦诚，给我们造成了一种心理反应，这无疑是他的情感反应理论的显著特征。他将感受(feeling)和情感(emotion)说成是同义词，并进而说道：“‘感受’一词用来指示一种情绪状态，*这种状态流露出其当下内省的全部特性*，而无需逻辑推理。”[1]既然要有一种意义是“表达情感”所独有的，就必须这样来看，因为没有“所指”，也就没有这种意义。只有断言一种情感——不仅指它是一种情感，而且

① 参阅第 60 页；斜体非原文所加。

指它是一种忧愁、愤怒等——在其发生时无掩饰地自我流露其全部特性，使用"属于(of)、关于(about)、对于(to)"等来指示的事实才能被作为不相干的事实加
136 以排除。在此一般地讨论"心理"问题，以及特别讨论"内在地"自我流露的问题，是不可能的。这里我必须满足于指出：(1)这些假设在史蒂文森的学说中所处的核心地位，(2)事实上，它们只是假定，但被当作理所当然可普遍接受的事情，因此不需要证据，也不需要论证，只需要说明。[①]

III

迄今的讨论对于考察史蒂文森的书的主题——伦理语言，只是一个开端。如果他对情感表达的"自然的"和语言的解释失败，后一个理论就失去了主要的支撑(就意义的两重性被归于伦理语言而言)。但是，值得讨论的是他的伦理语言理论的影响。他的总体观点可以用下一段话来公正地表述："在最典型的规范伦理学的语境下，伦理学术语既具有表达情感的功能，又具有描述性功能。"[②]在承认"描述性"方面，史蒂文森超出了那些否认伦理表达具有任何描述效用的人。[③] 就此而言，史蒂文森的论述是一种决定性的进步。我就从否定这一有争议之点出发。史蒂文森说："伦理学术语不能完全与科学术语相比较。它们具有准规则(quasi-imperative)的*功能*。"[④]现在(正如前面所言)争议的观点并不涉及
137 上两句引文的第二句，也不涉及下述陈述的正确性，即"规则判断和伦理判断更多是*用于*激励、改变或重新确定目的和行为，而不仅仅是描述目的和行为。"[⑤]争议之处在于，具有*效用*和*功能*的事实是否使得在其主题和内容方面，伦理学术语和判断不能完全与科学术语和判断相比较。我相信，就*效用*而言，上述段落中"更多"还强调得不够。就通常运用的伦理判断而言，我相信，可以说，伦理判断的整个效用和功能是指导性的或"实践性的"。争议的焦点还涉及另一个

---

① 在史蒂文森先生的第三章的标题中，"心理学的"一词和"实用主义的"一词是用作同义词的。他这样使用，是有赖于莫里斯(Morris)对皮尔士的符号和意义理论所作的非同寻常的解释的权威性的。我将在《哲学杂志》上另文讨论皮尔士的理论与莫里斯的误解，我有机会说明这里未加详察的问题。

② 参阅第84页。我忽略了"功能"(function)一词的使用，因为我们已经考察了该词含义的模糊性。

③ 他在其著作第256—257页的脚注中列出了来自其中最重要的作家的参考文献。

④ 参阅第36页；斜体为后加。

⑤ 参阅第21页；斜体为后加。

问题：如果判断真正具有伦理性质，这一目的如何实现。对于史蒂文森提出的观点而言，还有一个可选择的关于伦理判断的理论观点是：就非认识的、在认识范围之外的因素被归为自称真正的伦理学判断的主题和内容而言，这些判断恰恰因此被剥夺了某些性质，而这些性质是判断成为真正的伦理判断所应具有的。

让我们注意某种程度上类似的一种情况。善辩的律师经常诉诸诉讼程序来为受到犯罪指控的当事人辩护，诉讼活动中经常包含非认识要素，这些因素对陪审团来说有时比事实证据或叙述证据更具有影响力和导向力。在这种情况下，我们能说，这些手段，诸如声调、面部表情、手势等，是法律判断之为法律判断的一部分吗？如果在这种情况中不是，为什么在伦理判断中就是呢？因此，值得注意的是，至少在某些情况下（可能在所有情况下）科学判断具有实践职能和功能。在某种科学理论由于有对立的观点而引发争论的情况下，无疑也是这样。当然，被列举的证据被采用或打算被采用，是为了确证、削弱、修改、重新确定为他人所接受的命题。但我怀疑，是否有人会认为，有时伴随着列举理由以改变旧观点的热情是科学命题的主题的一部分。

超出认识范围之外的手段无疑被用来实现一个结果，这一结果只是在下述 138
意义上是道德的，即“不道德的”一词被包含在“道德的”范围之内。许多现在被当作不道德的命题，在从前很长时间里被认为具有绝对的道德性质。这里有一种很明显的迹象表明，超出理性范围的因素在早期形成判断和使人们接受判断过程中起着过于强大的作用。党派偏见、“一厢情愿”等在今天，不仅在使得人们接受判断方面，而且在确定被人们接受的判断主题方面，都起着巨大的作用，否认这一点是愚蠢的。但我也必须指出，显然这些事实只是在下述意义上是“道德的”，即“道德的”一词包括了反道德和伪道德。如果道德理论具有某种特殊范围和重要功能，我认为，就是批判在特定的时间或在特定的群体中流行的习惯语言，如果可能，从相关主题中排除这一因素作为成分，代之以提供取自那一时代知识整体的相关部分的准确的事实或“描述的”证据。

我的结论就其是个人的而言，无足轻重，但它可以用来说明前面讨论中的立场或原则。史蒂文森接受了我在讨论价值判断时关于“应当”（to be）一词的用法，而伦理判断是价值判断的一种。他发现我在使用“应当”时的一个特点，即我被迫承认伦理判断中的准规则“力量”。[1] 由于我没有明确赋予它们导向力量，在史蒂文森先生看来似乎我必须赋予“应当”一种预言力量。因此他得出结论说，我关于价值判断的说法在某种程度上的合理性应归因于下述事实，即我允许“祈使句中的应当”与“预言性的应当在某种程度上是复杂地结合在一起的”。

我开始时说，不论我关于“将要”或“预言”如何论述，都与我在价值评价中关于曾经和现在的论述相同，即由于主张某些“应当”是在应该做的事的意义上使
139 用，价值评价只与给出可描述的事实理由或根据有关。我曾认为，我一直坚持需要依赖整个相关事实的知识去探究“条件和结果”，可以表明，条件和结果的职能是以合理的方式决定应当的情况。显然，过去我没有澄清这一点，我很愿意现在重申一遍：价值评价命题与选择什么目标有关，与遵循什么样的行动路线有关，与采取什么样的方针有关。但说明劝说采取某一行为的根据和理由，在道德上是必要的。这些根据和理由作为条件，构成了报告发生了什么、现在如何的事实判断，构成了对如果某些条件被用作手段将会带来的结果的估计。因为在我看来，关于应该做什么、选择什么的判断只有在下述逻辑意义上才能被看作句子、命题和判断，即这些话仅作为事实根据来支持被劝告、规劝和建议去做的事——即根据事实证明值得做的事。

不幸的是，许多道德理论，其中一些在哲学上具有很高声望，都以规范、标准、理想来解释道德主题，根据这种理论的提出者的观点，这些规范标准和理想根本不具有事实的地位。于是遵循它们的“理由”就涉及明确宣称为超验的、先天的、神圣的、“超尘脱俗”意义上的“理性”与“合理性”中。根据那些理论家，给出在其他学科探索和讨论中找到的类似理由，忽略了什么是真正道德的，是将其贬低为一种“审慎的”、权宜的“策略的”东西。据此，伦理学只能在下述意义上是“科学的”，即赋予“科学”一词以极为神秘的意义，在这个意义上一些作者认为哲学是唯一最高的科学，具有超越次级的“自然”科学的方法和能力。鉴于这种道德理论的流行，历史地看，就理论的否定部分而言，终究总会有人对这些理论家的话信以为真，这是不可避免的；因此他们会宣称，所有道德判断和道德理论都
140 是超出科学范围的。史蒂文森看到，伦理判断中有一个部分需要并能够进行

① 参阅第 255 页及其后诸页。

其他学科探索中同样的验证和发展，这是其处理方式的优点。正是由于这一积极的贡献，在我看来，值得批判地考察他的理论中向这一方向迈进却又半途而废的部分。

皮尔士论语言符号、思想及意义[①]

141 在最近的文章中，我指出，史蒂文森在其《语言与伦理学》(*Languge and Ethics*)一书中将“心理的”等同于“实用主义的”，是建立在莫里斯关于“实用主义的”解释基础上的。[②] 莫里斯关于心理学的观点不同于史蒂文森，因为前者偏重于行为甚于内省(《符号理论的基础》，第6页)。但无论这一不同从某种角度来看如何重要，它都与这里讨论的问题无关，即莫里斯是借皮尔士的权威对意义进行实用主义解释的。因此值得注意的是，皮尔士的理论也直接影响了史蒂文森“表达情感”的意义理论。必须对皮尔士原本的符号理论进行一般考察，并对他的语言符号(他称为 *symbols*)理论进行特殊考察，这不仅因为目前对皮尔士著述的兴趣，而且因为莫里斯对皮尔士理论的颠倒说明不仅影响着史蒂文森，而且影响着其他作者，这一点已为近来出版的文献资料所表明。由于莫里斯自称赞同皮尔士的理论，非常重要的是根据皮尔士自己的著述拯救皮尔士的理论，以防赝品(*Ersatz*)取代皮尔士的真实观点。

I

142 莫里斯采纳了皮尔士命名的符号学(semiosis)作为一般的符号理论。在开

---

① 首次发表于《哲学杂志》，第43期(1946年2月14日)，第85—95页。查尔斯·W·莫里斯(Charles W. Morris)的答复见附录9；杜威的回复见本卷第331—332页。

② 我的文章《伦理主题与语言》发表于《哲学杂志》，第42期(1945年)，第701—712页。莫里斯的观点参见他的《符号理论的基础》(*Foundations of the Theory of Signs*)，收于《国际统一科学百科全书》第一卷第2期，芝加哥，1938年。

始的一段文字中，他区分了符号的四个要素、成分，有时也称作四个方面。这就是(1)符号媒介，其作用或功能是充当符号；(2)符号所指；(3)存在“对某个解释者的影响，根据这种影响，被讨论的事物对于那个解释者来说是符号”，即解释；(4)“解释者可以作为第四个要素”，或概要地说，“做出说明是*解释*(*interpretants*)；过程的动作者是*解释者*(*interpreters*)”。[1] 在稍后的一段文字中，“解释的过程”被压缩为解释，二者的合并此后也被称为“解释”。论著的其余部分涉及的符号学的三个要素因此是“符号媒介、所指和解释者”[2]。由于对皮尔士理论的偏离，我们称之为颠倒，是与“解释者”的无端引入有关，且由于这一无端引入是莫里斯的实用主义说明所出之源，乍一看似乎这篇文章中讨论的问题是“实用主义”的本质。因此我要在一开始就澄清，这只是次要问题。主要问题一般而言是皮尔士提出的意义理论和符号理论，具体来说是其语言符号理论：在这一理论中“与解释者的关系”不仅不以任何方式描述“实用主义”，而且完全不在皮尔士的符号与意义理论以及这一理论的相关内容范围之内(这是最主要的)。

由于区分了上述三位一体的关系，莫里斯得到了三个“维度”。“符号与其运用对象的二元关系”被称为*语义*(*semantic*)维度；“符号之间的关系”被称为*句法*(*syntactical*)维度；而“符号与解释者的关系”被称为*语用*(*pragmatic*)维度。需要进一步补充的是，在语义学维度，符号表示指示；在句法维度，符号表示关联； 143
在语用维度，符号表示表达。[3]

在我看来，试图将主题划分为不同部分来“解决”问题是一种很常见的做法，这一做法也回避了真正的问题。莫里斯先生因此将语义维度让渡给认识理论的经验主义研究者；将句法维度让渡给逻辑学家，这由上面陈述中“关联”(蕴涵)一词可知(于是形式上成功地与实际的科学主题区分开)；而为语用维度保留了超认识范围、超逻辑范围的领域，这一领域包括“符号发生作用过程中出现的所有心理学、生物学和社会学现象”[4]。在这方面，据说这三个维度的划分可以使我

---

① 《符号理论的基础》第3、4页。斜体为原文如此。

② 《符号理论的基础》第6页，这里最后命名的三个要素被称为“符号学三位一体的三个关联要素”。

③ 《符号理论的基础》第6—7页。

④ 最后一段引文参见《符号理论的基础》第30页。考虑到主题是*语言*符号，它们对研究事实的学者表现为生理学-心理学-社会事件，后者被降为认识之外、逻辑之外的部分，这一降格应使读者为它带来的分崩离析做好准备。

们认识到所有这三种观点的*有效性*——包括实用主义观点，它“倾向于把语言看作一种交流活动，其起源和本质是社会的”。

不论我对将主题分解为独立领域或维度来解决问题这一趋势的一般论述是否正确，人们必须通过读皮尔士的著述，才能看清莫里斯的解释完全分解了主题，而皮尔士关于这一主题的工作是为了提供一种整合的解决方案。由于争论的重点不是实用主义的性质，更不是实用主义的正确性，就涉及皮尔士而言，由于莫里斯的错误解释集中并开始于其在语言符号方面对皮尔士“实用主义”含义的特别解释，讨论必须从这里开始。真正的问题是皮尔士关于语言符号和意义的本质的理论。上述错误理解在于将皮尔士使用的大写的解释一词变成了个体使用者或解释者的解释。在皮尔士看来，“解释者”意味着解释，从而赋予语言符
144 号以意义。我认为，不能夸大皮尔士对下述意图的不屑，即听任那些碰巧使用某一特定语言符号的人一个突然闪现的念头来解释这一符号。但这一事实并不意味着，皮尔士认为解释一个语言符号的解释，是存在“物”意义上的“客体”。相反，皮尔士所使用的解释，总是且必须是*另一个*语言符号，或是一系列这种符号。下述文字非常有代表性：“总体来看，如果我们通过一个词、一个命题或论述的意义来理解整个一般的有目的的解释，那么这种论述的意义很明确。论述的意义是*结论*；而命题或词的意义，只是命题或词能够贡献给证明主张的结论的意义。”①

与上文这些论述相反的是莫里斯的以下论述，以及前面引述的他关于语用维度和解释者的论述：语言“与使用语言的人”的关系；“对某个解释者的影响，根据这种影响，被讨论的事物对那个解释者来说是符号”；“符号与解释者的关系……语用的维度”；“表达其解释者”；“表达是一个语用学的术语”；“实用主义的永久意义在于下述事实，即它将注意力更直接指向符号与它们的使用者的关系”。②

这些段落中表达的观点对皮尔士论述的颠倒程度可以从下述事实中看到，

---

① 《文集》第五卷，第110—111页。“结论”一词在原文中不是斜体。参阅《文集》索引——特别是第二和第四卷索引——的读者，会为这段具有代表性的文字所说服。然而我还要补充下述文字：“论述的结论”是“论述的意义，……它的有目的的解释。……使用意义一词来表示有目的的解释，是很自然的”（第五卷，第108页）。在索引中，除解释一词外，可参阅意义与符号两词。

② 《符号理论的基础》第2、3、6、7及29页；类似论述亦可参阅第30、31和33页。

即皮尔士始终认为:(1)根本没有作为独立的符号的东西,每个符号都是一系列有序的符号的要素,因此独立于这一系列的东西就没有意义——或者说不是符号;(2)在一系列有序的符号活动中,这一系列前面的符号的意义,由作为其解释的后面的符号来提供或组成,直到获得结论(当然是逻辑上的)。的确,皮尔士一 145
贯坚持这一观点,他不止一次说,符号本身形成了一个无限的系列,因此不可能有最终的推理的结论,结论本身会由于更多的符号而不断拥有其意义。

从字面上看,这一固有的“符号之间的关系”看起来像莫里斯的句法维度。但在皮尔士那里,符号的这种活动的或系列的关系,只是在下述意义上是形式上的,即是指向结论的有序的符号系列的活动形式。皮尔士的形式的处理方式可见于他的《关系词的逻辑》(*Logic of Relatives*),其中综合论述了他的整个符号理论。在皮尔士看来,符号活动虽然具有形式,但其自身是物质的或实际的,不是形式的,这在下述段落中显然表达得非常清楚:“因此,说思想不能在瞬间发生,必须需要时间,只是以另一种方式说,每一种思想必须以另一种思想来解释,或说所有思想都是以符号表达的。”①

正如莫里斯将“解释”转变为以个人使用者作为其解释者的解释,因而将皮尔士的观点倒置,莫里斯对语义学的阐释,或对符号与“事物”的关系的阐释,也与皮尔士关于后一个主题的论述相对立,以至于是一派胡言。表明这一颠倒的最直接的方式是,根据莫里斯所称的“事物判断”(thing-sentence),来理解他关于事物作为指称的说法,根据他的观点,这种判断被用于“指示所有其所指不包括符号的判断”②。皮尔士一再重申,符号本身只与其他符号相关联,这就足以表明,根据皮尔士的观点,符号的“所指”自身不是符号,这是荒谬的。我们在这里似乎拥有了进一步的证据,莫里斯和其他人提出的逻辑形式在一定程度上为下述认识论传统所支配,即认识主体、人、自我等等,它们相对于世界、事物或客体, 146
前者能够直接凭借自身的能力(认识论的实在论)或通过观念或思想作为媒介

① 《文集》第五卷,第151页。这段话谈到符号序列时,“时间”一词的出现,充分证明了下述事实,即在皮尔士看来,“符号之间的关系”不仅是形式上的。

② 《符号理论的基础》第15页。莫里斯采纳了下述一些人——如卡尔纳普——对这个词的用法,这些人认为,逻辑能够纯粹地或排他地是形式的或句法的东西,这一事实很好地说明了,只要试图将皮尔士的理论与他一贯反对的理论联系起来,必定引起这种混淆。无疑莫里斯不加怀疑地接受卡尔纳普阐述的形式主义,是他为什么被迫解释皮尔士的实用主义的原因,他的解释与后者毫无相同之处。

（认识论的唯心主义）来指示后者。莫里斯采纳了这一学派的逻辑信条，这一学派以语词代替了认识的心灵或认识主体，赋予它从前归于心灵或归于作为媒介的观念同样神奇的力量。皮尔士的解释是用后面的符号为前面的符号提供意义，而对皮尔士观点的颠倒除了能够被解释为传统的认识论理论的褪色的残留外，即除了以语词或符号作为媒介（*tertium quid*）取代过去传统中的观念、思想或精神状态外，我看不到还能做出什么解释。[1]

然而，我们不必依靠从皮尔士关于符号作为其他符号的对象或所指的论述作出推断，来观察下述观念对他的背离，即语言符号的所指能够成为存在的东西。在一段文字中，莫里斯提到了指示（*indexical*）符号。在他的这一段论述中，如果不是由于“所指”一词的存在，它接近于皮尔士实际上的理论，即一种符号，但不是语词、句子或语言符号，如何指示事物。莫里斯的这段话解释道：“事物可以被看作指示符号的所指。”[2]在皮尔士看来，事物和指示符号之间的联系，恰恰否定了事物与语言符号、语词或他称作符号的任何东西之间的联系。因为指示符号被皮尔士称为第二格（*Secondness*），而语言符号是第三格（*Thirdness*）。详细探讨皮尔士著述中这些词以及他的第一格（*Firstness*）的意义超出了这里讨论的问题。但读者任意检视他的著述索引中提及这些词的段落，就会看到，皮尔士是以基本的方式，十分细致地用它们来区分语言符号的情状、力量和独特功能。

构成思想并形成普遍性、连续性和规律性的语言符号属于第三格。它们自
147 身与“事物”无关，因此，它们能够具有关联，依赖于另一个因素的介入。这一因素（皮尔士称之为第二格）与第三格根本不同。它与普遍性相对，是特殊性；与连续性相对，是无理性的中断；与规律性相对，是一种偶然性。有关第二格的指示符号与第三格的语言符号之间的不同，下述段落既是代表性的，也是结论性的：

> 我们屡屡撞上无情的事实。……没有努力就不会有阻力；没有阻力就不会有努力。它们仅仅是描述同样的经验的两种方式。它是一种双重的意识。……由于意识本身是两面的，它也有两种形式：行为，这里我们对其他

---

① 见本特利的文章，《论逻辑中的模糊性》（On a Certain Vagueness in Logic），《哲学杂志》，第42期（1945年），第6—27页，第39—51页。

② 《符号理论的基础》，第25页。

事物的改变比起它们对我们的反作用更突出，以及知觉，这里其他事物对我们的作用比起我们对它们的作用更大。其他事物作用于我们，这一观念是我们生活的重要部分，因此我们根据事物之间的相互作用，设想其他事物也存在。关于“其他”的观念、“不”的观念，成为思想的枢轴。对于这种要素，我称之为第二格。①

这段引文很长。这里不仅表明，根据皮尔士的观点，语言符号指示事物的方式，是通过与指示符号发生联系来实现的，而且表明，其“两面性”预先说出了詹姆斯后来称之为经验的两重性的意思，但詹姆斯的观点可能是独立思考的结果。但它是含蓄地而不是明确地预言“不确定性”原则的，根据这一原则，当一只猫看到一位国王时，会形成相互作用，这时国王和猫都有所触动——当然虽然不是同样程度。感知“内部的”和“外部的”世界是同一件事，近来心理学研究中的“感觉运动”一词正好适用于这一事件。当皮尔士使用“内部的”表示这一两面性事件中有机体部分的情况时，下述情况也是真的，即这一有机体方面对于同一事件的环境条件方面是“外部的”。因此，它完全依赖于我们站在哪一方面看问题。

这一知觉-操控行为事件决定了指示符号，这种符号将“我们”与“事物”联 148
系起来，而根据皮尔士的观点，符号、语言符号，或用莫里斯的话来说，“判断”，不可能直接起到这种联系作用。根据皮尔士的观点，当且仅当指示符号的“第二格”与语言符号活动或“第三格”发生关联，借以用将“第三格”与“第二格”联系起来的方式终结“第三格”，也借以将普遍性与合理性赋予像一物完全作用于他物那样的事件本身，这时莫里斯称作“语义学的指示”才会发生。②

“符号不是符号”——在语言符号的意义上——除非它“将自身转变为另一个意义更充分的符号”，“符号的直接对象只能是符号”，这些陈述与下述陈述类似：“符号只能代表对象，说出对象。它不能提供对于对象的了解和认识，这就是本卷中所谓符号对象的含义，即是说，为了进一步传达关于符号对象的含义，符

---

① 《文集》第一卷第162页。物理上的指示，以及“这个”、“那个”、“我”、“你”等表达，或所有指示代词和人称代词，都是第二格的反映。皮尔士曾说，用名词取代代词，这里正相反，名词依赖于代词。

② 至于语言符号或判断缺乏指示的事物，见索引第三格、符号、连续性、普遍性。

号预先设定了一种对于符号对象的了解。”①

在成人的经验中，极少有纯粹或排他的第二格或第三格。的确，如果有，皮尔士就不必不辞辛苦地悉心区分第一格、第二格和第三格的名称——或许对被区分的主题不是非常适当的名称——重新表述关于认识和逻辑的传统理论。

详细论述语言符号与指示符号的结合方式不是本文的任务。只需简单说明，这种截取的发生，以及通过这种截取，语言符号获得了对“事物”的指示与关联，这是语言符号本身所缺乏的。下述说法也是对的，即我们的科学知识（除数学之外）和具有普遍性和经验参照的“常识”知识部分，代表了语言和非语言的行
149 为模式之间的结合。虽然他没采用下述论述方式，但我相信，下述论述没有偏离他的立场，即在宇宙和自然演进过程中，语言行为是*随附*于其他更直接的或生理行为方式之上的，同时，语言行为也介入生理行为过程，通过这一介入，规律性、连续性和普遍性都成为事件过程的性质，因此被提到合理性的层面。因为，“符号的全部对象，即其意义，是关于规律的本质的”②。

II

皮尔士非常随意地使用“思想”一词。由于认识论的传统，这个词与唯心主义的关联，会给予粗心的读者这样的印象，即皮尔士将语言符号看作某种精神性的对象的“表达”。下述段落概括了皮尔士在这方面的一贯态度：“我不能承认的[是]，逻辑主要与未表达的思想有关，与语言的关系是次要的。”下述段落会为任何企图表述皮尔士的逻辑理论的人提供依据：“所有思想和所有探究的基础是符号，思想和科学的生命是符号所固有的生命，因此，仅仅说一种好的语言对于好的思想是*重要的*，是错误的，因为好的语言是好的思想的本质。”③

在一段文字中，皮尔士明确区分了三种“解释”。图像符号的“解释”作为“第

---

① 最后一段引文引自第二卷第137页；斜体并非原文如此；前几段引文引自第五卷第416页，第二卷第166页脚注。比较下述论述：“符号事实上只能是符号，因为它接受了一种解释，即因为它决定了同一对象的另一个符号”。（第五卷第397页）

② 《文集》第二卷第166页。

③ 《文集》第二卷第284页脚注，及第二卷第129页。

一格”的形式，是情感的；指示符号的“解释”，正如我们在其他文字中所见，是能动的。意义，或理智的和逻辑的“解释”，只是见诸与语言符号的关系中。[①] 这些符号的相互关系就是“思想”。

> 如果我们寻求外在事实的真理，唯一的情况
> 我们对思想所能发现的，就是符号中的思想。
> 显然，没有其他的思想能为外在的事实所证明。但是我们 150
> 已经看到，只有通过外在的事实，我们才能认识思想。
> 于是唯一能够被认识的思想，
> 是符号中的思想。而且不能认识的思想，
> 是不存在的。因此所有思想，必须是符号中的思想。[②]

指出短语“我们已经看到”指的是什么，是有必要的。由于这里所涉及的，是为皮尔士所否认的作为心理学认知源泉的内省能力。当然，任何符号所指都涉及它们的使用者，这是心理学认知的事实。现在在皮尔士那里，由于否认内省认识，所有心理学认识都成为莫里斯称为语义学的认识，或指示存在物的认识。它不仅是用语言符号指示“通常被称为外在的”事物，而且只有它具有更高级的居间作用。皮尔士说，存在着“逻辑学家……[遵循]在逻辑科学中将命题建立在心理学科学基础上的方法。……这些逻辑学家经常混淆心灵的(*psychical*)真理与心理学的真理，虽然两者之间的区别比其他一切都更重要。”[③]再者，“没有理由支持内省力，因此，调查心理问题的唯一方法，是由外部事实进行推断”。再者，“我们没有内省力，所有关于内部世界的认识是来自根据我们对于外部世界的认识的假定性推断。……除了以假设来解释我们通常称为外部世界发生的事物外，我们不能接受任何关于我们内部世界发生的事情的陈述”。再者，“内省完全是

① 《文集》第五卷第 326—327 页。
② 《文集》第五卷第 151 页。
③ 《文集》第五卷第 332—333 页。“更重要”是因为语言符号只涉及相互之间的关系，他在这里称作心灵的东西完全是第一格的，或是图像的，其“解释”是随意的符号。

151 一种推论。……自我只是推知的”①。由于思想由符号组成，它既不是心灵的，也不是心理的；据说，任何涉及其使用者的符号，比起涉及“通常被称为外部的”事物的符号，都更高度居间，更复杂，更难于达到。根据皮尔士的观点，语言符号的发生和发展，既不是由于心灵的作用，也不是由于心理的作用，这一事实直接指向下述事实，即根据他的观点，“生物学的”和“社会学的”事实是这种符号的整合不可或缺的要素——而不是被贬斥到非逻辑的和非认识范围的东西。

哪里有普遍性、连续性，哪里就有习惯。甚至浏览皮尔士著述的读者都会意识到，在他看来，习惯首先是宇宙论的问题，然后才是——在确定的存在论意义上——生理学和生物学的问题。习惯通过人类有机体生效，但在他看来，具有说服力的事实在于有机体是习惯在其中形成并生效的世界的组成部分。至于“社会学”因素，很容易从皮尔士的论述中列举许多段落，其中不论什么被冠之以“逻辑的”和“认识的”名义的东西，都被明确成为与社会有关。他不把社会学和生物学限制在“符号发生作用而带来的现象”上；他坚持这一显而易见的事实，即语言和言语符号是交流的形式，因此本来就是“社会的”。他不厌其烦地说：“逻辑是植根于社会的。”“没有他人心智（mind）的帮助，一个有心智的人也寸步难
152 行”——心智作为思想，是由语言符号来定义的。“当我们研究连续性的原则，并明白一切是多么易变，每一点都直接与其他各点的存在有关，这时，显然利己主义与错误行为就合而为一了。此时，我们认识到，只要人是单独的，他就不是完整的，他本质上是可能的社会成员。特别是，如果人的经验是单独的，就毫无意义。……必须思考的不是‘我的’经验而是‘我们的’经验；这一‘我们’具有无限可能性。”②

① 《文集》第五卷第150、158及313页。这里区别于外部的“内部的”所指，还可见于引自第一卷第162页关于论“斗争”的段落，第五卷第32—40页，第326、334及378页。详述皮尔士“内部的”一词的含义，超出了本文的范围。然而下述段落为对下述问题感兴趣的人提供了线索。“他所熟悉的预期是他的内部世界，或自我。新的陌生的现象是出自外部世界或非自我。”（第五卷第40页）关于“作用”或干扰预期的情况，我们发现“直接经验到内在的过去和外在的现在的两重性”（第五卷第378页），在“自我只是推知的”论述之后；“在现在根本没有时间作出推断。……因此，如果现在有对象性的参照，现在的对象必定是外部对象”。显然，根据过去、现在和将来作出的解释，根本不同于认识论-心理学传统对“内部”与“外部”的解释。将来的是有关的，这一点从下述段落可以清楚地看到：“无法预料的主观性，……无法预料的客观性”（第五卷第379页）；“对于现在的意识因此是为将成为什么而斗争的意识”（第五卷第313页）。

② 《文集》第二卷第398及129页；第五卷第259页脚注。

III

我相信，对于当前的逻辑理论，皮尔士已经道出了许多有价值的东西。现在对于语言和“符号”的关注中包含着潜在的进步。但是只要旧认识论二分法的阴影笼罩着自称逻辑学家的作者，这种进步就不能产生实际效果，就是无效的。皮尔士有时使用具有强烈心理联想的词汇。有理由推测，对这种用法的解释可以在下述事实中发现，即他的宇宙论与泛心论密切相关。但是，正如前面的讨论表明，他完全拒绝下述观念，即语言是第三者，某种被称为思想的东西以语言表达。由于拒绝这一观念，他进一步否认，作为符号使用者的自我、心智、认识主体、人这些名称，可用于除自然存在的特殊东西或“事物”外的任何物，那些东西只能根据我们对于其他物理的、生物的和社会文化的“事物”的最佳认识来认识。皮尔士著述的“使用者”应该或者坚持他的基本范式，或者使之保持原样。

《人的问题》前言[①]

153 紧接着这篇前言的导言是为这本书写的，尚未发表过。这本书中的其他论文则曾发表于一些杂志。正如目录材料所显示，其中大部分为近期发表的。然而，其中一篇写于半个世纪以前，以前从未发表过。[②] 自然，由于许多年过去了，对于各种哲学问题，我的观点会有某种修正。近期的文章当然基本代表我现在的观点。考虑到时间的流逝，早期的文章似乎值得作为对这方面的预想来发表，经过五十年的岁月，我的预想发生了变化。

这里的一部分论文非常具有学术性，表面上看不涉及《人的问题》。但由于它们表现自我批判、清洗的工作，因此应给予它们一席之地，正如我在导言中所说，如果哲学在当今条件下要实现自己的作用，就需要实施这一工作。

约翰·杜威

---

① 首次发表于《人的问题》，纽约：哲学文库，1946 年第 1 页。

② 《科学对待道德的逻辑条件》，见杜威参考文献目录。

《人的问题》导言：人的问题及哲学的现状[①]

一个与哲学教学与著述有关的组织——美国哲学学会——的委员会最近印 154
发了一份报告。它恳请“考察哲学的现状及哲学在战后世界应发挥的作用”。这一要求来自非专业的洛克菲勒基金会(The Rockefeller Foundation),并提供经费支持。这一事实表明,这一题目被看作,不仅与专业有关,而且与公众有关。这一要求为下述委托给委员会的任务所证明:要求委员会研究“哲学……在发展共同体自由的、沉思的生活中的作用”;也要求委员会讨论“哲学在自由教育中的作用”。该报告的标题是《美国教育哲学》。

这一标题表明,委员会被限制在受委托的两项任务的较狭窄的范围内。该报告很少超出这一范围,便证明了这一点。“我们要做什么? 我们认为我们正走向哪里?”在提出问题之后,报告的导言中继续说:“在我们当代的环境中,没有一种被称为‘哲学’的具有权威性的、被普遍接受并由适当的发言人代表的学说。我们有哲学和哲学家,*但他们正是在哲学上对于我们要解决的问题意见纷纭*。”委员会由于坦承这一点而受到信赖。但就利害关系超出了哲学家的圈子而言,我相信,我强调的斜体字比报告中其他的文字更能揭示哲学的现状和作用。

这是一个有力的声明。作出这一声明的原因是:使委员会无法解决被委托 155
的两项任务中更重要的哲学界内部的分歧,是共同体分歧的混乱和冲突在理智形式上的反映。因为哲学如此学术化,完全不触及实际生活中的问题。我们在谴责哲学家们不能取得一致意见之前,应当记得:由于世界现状,他们之间取得

① 首次发表于《人的问题》,纽约:哲学文库,1946 年,第 3—20 页。

一致意见会被证明是积极的。

因此，我建议在人类意义上讨论哲学现状。在哲学家圈子中和在学院的哲学教学中，构成体系和学说的各种不同结论都有其位置。但对于大众来说，与哲学家正在试图做并且可以做什么这个问题比起来，这些不同是微不足道的。大众的兴趣集中于下述问题：哲学的特殊目的和任务是什么？它如何与今天人类所面临的利害关系问题相联系？

I

讨论可以从下述事实开始，即当代确实存在一种哲学，它认为它具有“能被公众接受的发言人”断言其内容的“权威性被普遍接受的学说”。在报告中，这种哲学的代表并没有出现，这一事实揭示了现代生活中的深刻分裂。因为这种哲学是一种制度的哲学，这种制度主张承认神的起源和神的支持及指导。它的学说被认为具有权威性，是因为这些学说来源于超自然的启示。报告中列举的各种哲学系统地阐述了一种观点，根据这种观点，哲学学说应该依据这样一种根据来阐释，这种根据独立于超自然的启示，不需要任何特殊制度作为其机构。超自然的神学哲学形成于中世纪。报告中列举的哲学其形成不是由于解释旧的哲学的态度和兴趣，而且此种哲学在很大程度上是反对那种态度和兴趣的。

156 概括地说，哲学内部的这种分歧表现了现代生活中旧的因素和新的因素之间、超自然的因素和可被称为世俗的因素之间的分裂。正是这种条件，使得马修·阿诺德(Matthew Arnold)在一代人之前就将现代人说成

> 在两个世界中徘徊，一个世界已经死去，
> 另一个世界又无力诞生。

然而，在陈述哲学的现状时必须注意：就哲学的目的和任务而言，神学哲学与某些世俗哲学之间至少有着基本的一致。拒绝超自然的起源与基础，当然形成了巨大的不同。但是，报告中列举的哲学信条在很大程度上——虽然并不只是——坚持认为，哲学的首要目的是认识更加包罗万象、更基本、更终极的存在(Being)或“实在”(Reality)，而不是认识由“特殊的”科学工具或方法提供的知识。因为根据这一观点，科学，可能数学例外，是处理暂时的、变化的、偶然的事

物的，而哲学则致力于认识永恒的、本质上必然的东西，这种东西及其重要，是终极性的，它本身就能确保断言由少数认识形式所提供的真理。

正是深刻的分裂这一事实，而不是谁对谁错的问题，在这里非常重要。由“现代”带来的生活中的分裂，极大地违反并背叛了过去的实践和信条，一切事物都受到了影响。在政治上、实践上导致各国政教分离的运动就是证明。工业和商业的发展，以流动性取代了由一度盛行的习俗统治的相对静止的条件；这些发展引起了对中世纪教会统治时期至高无上的利益和享有权威的挑战。在自然和历史知识方面，新的研究方法深深地动摇了宇宙论、物理学、生物学和人类学理
论，神学哲学认同了对于历史的认识。源于积极的科学与神学之间、世俗与神圣 157
之间、现世利益与永恒利益之间的分裂，带来了下述特别的分离，这种分离以“二元论”的形式决定着在历史意义上“现代”哲学的首要问题。

然而，有关这些现代哲学最明显的事实是：现代哲学在政治、工业和科学方面表现出它的后中世纪运动(postmedieval movements)的影响力，但并没有使得旧的、古典的观点降服，后者认为，哲学的主要任务是寻求某种实在，这种实在比科学所揭示的事实更基本、更具终极性。结果引发了近几个世纪关于认识工具的争论，这种争论导致形成了不同的哲学学说。哲学的目的和任务是实在，这一实在被假定在形成科学的各种可靠认识的主题背后并超越这一主题。由于这种观点，“认识的可能性”，认识能够发生之前的认识条件，成为哲学的首要“问题”。实际的认识越丰富，相互矛盾的哲学就越以提供“认识的基础”自居，而不使用众所周知的知识去指导它发现和完成自己的任务。曾经赋予哲学以寻求智慧为名的任务，日益后退为背景。因为众所周知，在用于人类生活的智力行为方面，智慧与知识不同。哲学的困难是由于这一事实，即这种有效的认识越是增长，哲学就越致力于不再是人类的切合实际的任务。

实践问题深深植根于人类，因此也是当代的精神问题。实践问题的范围和强度日益增加。它们实际上覆盖了当代生活、国内问题、工业和政治的各个方面。但就在这一切发生之时，哲学则将它们置于从属于未经证实的认识问题的位置。同时，实际的认识，由发明和工业技术带来的科学在生活中的运用，都得
以充分发展；而认识的未经证实的基础与可能性，只是无关紧要的职业兴趣。忽 158
略这些迫切问题而专注于对积极的人类关怀无足轻重的问题，其最终结果说明了哲学已经日益陷入普遍的不信任；反过来，这种不信任在决定哲学在世界上的

作用时又成为决定性的因素。

不管在科学和人类事务方面具有基本重要性的条件发生什么变化，哲学所能够做的，仍旧是忽略认识的实际的和可能的结果而专注于认识的条件吗？致力于对科学的成果进行系统研究，研究它们为什么会成为今天的状态，研究仅仅通过没有运用科学探索的制度媒介影响生活环境的这种科学方法有限性的原因，研究科学的成果如果得以运用其结果可能怎样，这种研究才有希望对培养共同体中自由的、受到很好检验的、事实上理由充分的态度起到某种作用。

II

在当今条件下，科学方法影响着大众生活于其中的具体的经济条件；但科学方法并没有被用来自由和系统地决定道德目的、人道目的，这些目的由令人向往的实践条件、由目的和价值观的实际状况所提供。因此，更重要的事情被留给了具体的习俗、成见、阶级利益和传统来决定，这些条件为掌控它们的人所拥有的最高权力牢牢固定。在这种条件下，哲学方面近来的一个运动特别需要关注。这一运动持下述观点，即哲学关注的是最高的实在，在探索最高实在时主要是从数学与类似数学的符号学中得到启示，但完全拒斥哲学以寻求智慧为名的活动。这一运动将现代哲学对政治和道德主题的实际忽略，转变为系统地从理论上否
159 定理智关注它们的可能性。它认为，具有最高最深远意义的人类实践事务是价值观与价值评价问题，因此它们在本质上是不可能由理智来判定的，既不能根据理智的理由来辩护，也不能根据理智的理由来非难。这一运动以最引人注目的形式保留了古希腊的观念，根据古希腊的观念，"理论"本质上高于任何一种形式的实践——后者是由与永恒的存在相对立的变动不居的事物组成的。但是，上述运动可以说比古典学说更进一步。古典学说认为，实际事物是有关物质的较低级的知识。现代运动认为，道德方面的事情，关于它们具有"内在的"价值，还是"以自身为目的"，这完全超出了所有认识能够达到的范围。

当代思想界这一流派的一位著名成员最近写道："人的行为，其无数重要方面，依赖于他们关于世界和人类生活的理论，依赖于他们关于善恶的理论。"但他也写道，人们关于"善恶"的观点纯粹是好恶的问题。它们完全是私人的和个人的问题——用哲学术语说是"主观的"——因此不能用"客观的"根据来判断。好恶不受认识的影响，因为好恶处于难以揭示的私密层面。"外在的"或"工具的"

价值可以用理性来估价，因为它们仅仅是工具，并不以真正的意义为目的。作为工具，它们的功效可以由能够经受科学检验的方法来确定；但它们服务的“目的”(真正的目的)是群体、阶级、宗派、种族或某种团体非理性的好恶事务。

全世界的人们在机遇与相对不利的地位方面实际或具体的条件，他们的幸福和痛苦，他们“在许多方面对善恶”的看法的种类和程度，根据这一观点，都为单纯的工具事物所决定。而且，据说他们对于其最终目的完全是任意的、不负责
任的，尽管这些目的都是人类所珍视的！他们造成的结果必定是由好恶决定的， 160
反过来，好恶又由非理性的习惯、习俗以及阶级和宗派对强者与弱者的权力分配所决定。如果人类的生活环境继续以现在的速度发展，在这种具体环境下进行调控，地球上人类可能的命运会怎样呢？无论这一学派关于终极实在的“理论”观点多么深奥，其学说的这一部分对或错的确是公众所关注的。

假如这一哲学被普遍接受，以“禁止科学”为目的的运动就会大大得到发展。因为根据这一哲学，“工具”价值观正是源自科学。根据这一哲学，使用原子能毁灭人类，将它用于保障人类生活更安全更丰富的和平工业，这两者之间在理智的运用与检验方面没有什么区别。这一事实并不能证明这一学说是错误的；但它的确表明，必须严肃地思考这一学说自身赖以成立的理由。价值与价值评价问题无论如何已经提到面前。这里提出的挑战，会使这一问题在未来一段时间成为重要的问题。

同时，这样一种风气如同会产生这一学说一样，几乎会自动增进超自然的神学哲学。因为神学哲学也认为，终极目的是超越于人类的发现和判断范围的；但它又认为，天启提供了足够充分的补救方法。在像现在一样不平静的年代，否认任何自然方法和人类方法能够最终判断善恶，这样一种哲学将有利于下述一些人，这些人自认为拥有高于人类、高于自然的探索终极目的的可靠工具，特别是他们声称拥有确保那些接受他们断言的真理的人能够达到终极的善的实际方法。

III

哲学现状的另一形态也需要注意。它批判最近的运动所倡导的东西，肯定 161
这一运动所否定的东西。它完全打破了下述哲学传统，即认为对最高实在的关注决定哲学探索的任务。它声称，哲学的全部目的和任务是被称作寻求智慧的

历史传统——即寻求为我们人类行为提供指导的目的和价值。它认为，所谓科学，并不是把握永恒的实在，而是运用我们最好的认识方法和结论，为指导这一探索提供工具。它认为，这种应用现存的界限会随着检验认识的方法的拓展而变动，这类方法界定了从物理学和生理学问题到社会和人类事务方面的科学。这一运动的不同方面，以实用主义、经验主义和工具主义命名；这些名称并不重要，重要的是它们关于哲学探索的特殊目的和任务，以及如何实现这一目的和任务的观念。

指责它天真地相信科学，是忽略了下述事实，即它认为科学本身仍旧处于婴儿期。它认为，科学研究的方法尚不完备；科学方法只有扩展到人类关注的所有事物的所有方面，才达到成熟期。它认为，现代许多可以挽救的不幸都是由于研究和检验方法的错误，以及片面地应用，这些方法组成的东西有权被称作“科学”。它认为，哲学在当代的首要任务是解决现存的问题，包括关于方法的自由设定的问题，以这种方法可以带来必需的社会变化。

关于哲学的目的和任务的这种观点，包括如综合（comprehensiveness）和终极（ultimacy）等词义在运用于哲学任务方面的确定的变化。在哲学被当作获得关于“实在”的认识的努力时，即获得高于与具体科学有关的认识时，赋予这些词
162 的意义现在已不复存在。在特定的时间地点，在引导人类善恶行为方面存在的问题非常重要，具有战略的重要性，因此是名副其实的、终极的和综合的。这些问题需要我们给予最系统的反思和关注。这种关注被称为哲学或其他名称，并不重要。根据探索已经掌握的最好的、经过检验的种种资源，给予这些问题以关注，对于人类具有极端重要性。

涉及刚才提及的地点和时间，应该很清楚，这一关于哲学职责的观点与下述观点无关，即认为哲学的问题是“永恒的”。相反，它认为，这样一种观点妨碍倾向于首先要有利于保护不断重复出现问题的实践，这些问题在其原来的社会条件下是适时的，但现在不再迫切——除了从历史的观点出发。历史的观点在哲学上与在其他人文领域一样重要。但当它被允许垄断哲学活动时，便窒息了哲学的生命力。永恒被当作回避时间的避难所，而人类生活是在时间中得以延续的。这一永恒可以提供一种安慰。但是，情感与安慰不应等同于理解与见识，也不应等同于理解与见识所能提供的指导。

这一运动被指责为在下述意义上增进了“相对主义”，即将相对主义等同于

缺乏标准，因此等同于增加混乱的趋势。的确，这一运动认为，既然哲学问题不是永恒的，它们就应该与当时当地的紧急事务相联系。如果“哲学状况”是指其现状，它就必须解决当代的问题。“相对性”一词被用作使哲学家成为不敢批判“绝对主义”的稻草人。在整个历史上，每一个阶级都以发表绝对宣言的方式来保卫自身的利益不受检查。社会上的狂热分子，不论是右派还是左派，都以极端绝对的、不受怀疑和质询的原则为堡垒。绝对的东西是孤立的东西；孤立的东西是不能通过考察其各种关系来作出判断的。上述运动的这种“相对性”特征，是
标志整个科学研究的特征。因为科学研究也认为，它唯一可使用的“标准”是由 163
事物之间的实际关系所提供的；当这种关系一般化时，它们只被给予“时空”的名称。

对时空关系的依赖性，是科学研究取得的所有成就的特征。假定它们仅仅停留在特殊性上，那是愚蠢的。相反，它们永远趋向一般，因为只有一般性需要更广泛的联系，而不是沉浸在无穷的空虚中。因此，正是使用权威的研究方法和结论作为考察价值的工具的这种哲学，目前在调控人类习惯、制度和各种努力。假如时空关系与判断当前迫切的问题有关，那么时空关系的跨度就不可能太泛太长。隔离和局限事物的并非“相对性”，而是绝对主义。实际上，绝对主义攻击相对性的原因在于，寻求事物间的关系是摧毁各种绝对主义在各处所获得的、免除受考查的特权地位的可靠方法。

IV

前面的论述需要说明，这场哲学运动以什么样的特殊问题取代了那些它认为是无关的、妨碍哲学在当代世界扮演其可以担当的角色的问题。如果我说，至少哲学应当清理门户，这似乎是在回避人类的问题，而退回到对专业哲学的技术事务中去。如果哲学学说中需要清除的东西不是人类现状中成为障碍或导致偏离的东西，情况应该是这样。这是一个尚未完成的说明。心物分离，将被称作“观念的”和“精神的”东西提升为最高存在，而将被称作物质和世俗的具体物降低到最低的地位，这种理论是经济和政治上的阶级分裂在哲学上的反映。奴隶
和工匠（他们并不比奴隶有更多的政治自由）从事“物质的”生产，即良好生活资 164
料的生产，但却不能分享良好的生活。自由的公民完全不需要从事这些卑贱的活动。当然，随之而来的是理性的、理论的高级知识与低级的、卑贱的、惯常的实

际知识之间的分离，以及观念的东西和物质的东西之间的分裂。

我们已经摆脱了奴隶制和农奴制；但目前生活的情况仍然使人忘不了下述分离，即低级的、卑贱的活动与自由的、观念的活动之间的分离。一些教育家认为，他们坚持他们称之为自由的学习与称之为机械的、实用的学习之间的固有区别，是正在提供一种服务。从这种区别发展出来的、有巨大影响的经济理论习惯于为经济的、商业的与金融的事务独立于政治的与道德的事务提供辩护，现在已经超越了这种辩护。与当今条件相关的哲学在清理自身学说方面有艰巨的任务要完成，因为这些学说似乎在为这一分离辩护；这些学说阻碍着这样一些措施和政策的形成，科学和技术（科学的运用）根据这些措施和政策可以完成比以往更人性和更自由的任务。

当代哲学可以很好地解决这类问题的上述例证，与另一个问题紧密相连，事实上，这另一个问题是同一问题的另一形式。当今流行在哲学专业内外的观点是：内在价值与外在价值、终极价值与工具价值之间的区别，是工具与目的之间分离的理智形式。这种哲学上的“二元论”，是前科学、前技术、前民主条件下的哲学在当今哲学中的投影；这一投影造成了极大的障碍，因此必须全部清除。另外，如果哲学家想在清理当今科学和技术时利用潜在资源，以在人类事务中发挥其真正自由的职能，他们就有艰巨的、吃力的工作要做。

因此，以自身为目的的观念，区别于被称为仅仅是工具的目的，代表着目前
165 肯定成为障碍的先前的社会情况。在其理论方面，突出的是在科学处处以关联性取代绝对性之后，仍然保持绝对性。当将自身看作现代的、脱离禁锢的——像以前描述的那样——哲学完全保留了这样的观念时，即认为确实存在作为目的而非工具的事物，该观念所支配的这种认识就明显地表现出来。只要放弃这一观念，被用来支持下述认识的理由就全部消失了，即认为在理论上，道德目的不能像技术目的那样为同样“客观的”事实所决定。根据民主精神去打破“较高等的”和“较低等的”之间的固定区别，还必须有哲学上的进步。

考察价值的这一方面，是为了引入另一项渴望在当今世界发挥作用的哲学工作。使价值完全超越有根据的判断的一个理由是：价值具有*主观性*。任何学哲学的人都不需要被告知，在现代哲学中主客二元论的影响有多大。在现代科学的早期，这种二元论确实具有实际作用。科学有许多要与之斗争的敌人。科学采取了下述策略，即建立认识的心灵和自我的“内在的”权威，以反对习俗和既

定制度的“外在的”权威。当科学进步表明人是自然的一部分而非与自然对立的存在物时，仍然坚持这种主观和客观的分离，便成为妨碍理智地讨论社会问题的主要障碍之一。如果哲学要在推动对社会问题的研究方面发挥作用，就必须在哲学上完全接受下述事实，即现在根本没有理由去固化事物主观的和客观的划分，这是首要条件。

正在讨论的问题关系到哲学今天必须从事的艰巨的、我们中很多人不同意的工作。这一工作要依靠尽可能严谨的批判性的思考去消除那些迂腐的态度，那些态度阻碍了从事哲学的思考者把握目前的机遇。这一工作在哲学现状中是批判性的，或是承担的任务的否定性方面；但它不仅仅是否定性的，也是哲学能 166
够做和应该做的工作的积极性的和构建性的方面。哲学自身不能解决当今世界的矛盾与混乱。

只有全世界成员联合起来，才能从事这一工作——建立和平制度条件是其显著的特点。但是，需要理智工具作为行动的观念或计划。从事这项工作所用的理智的工具需要经过消毒和打造。这一工作与尽快地打造工具密切相关。实际运用理智工具解决当今人类问题，是防止它们生锈的唯一方法。用已经完成的工作来考察和检验，是使这些工具免于与传染病的黑点接触的方法。所能够提供的计划、措施与政策仅是种种假设，这一事实只是哲学及其探索态度和精神的另一个例证，这种探索态度和探索精神在其他领域的科学探索中赢得了胜利。

仅仅是在数个世纪以前，物理学仅仅处于今天的历史学兴趣的状态——它在方法和主题上远离我们今天称为“科学”的状态。创造和使用新方法的障碍，一度并非仅仅在理论方面。旧的信仰和旧的认识方法与传统习俗和制度相关，以至于抨击其中之一就被当作抨击另一个。然而，还是有一些人有勇气不仅对几个世纪以来所接受的结论进行彻底批判，而且对几个世纪以来的立场和方法进行彻底批判。此外，他们还提出了种种新的假设，以指导此后的物理学探索。其中一些假设涉及非常广泛，以至于它们在今天被认为是“哲学的”而非“科学的”。尽管如此，这些假设最终如同上述的清理工作，在引导探索进入正确的路径时无疑起了作用，沿着这一路径得到了可靠的、经过检验的结果。

今天，就在探索中如何有效地处理问题而言，社会问题与三百年前的物理学问题一样。目前需要像数百年前进行物理学知识革命那样，对流行的方法和习

167 惯作出系统的、综合的批判，并提出丰富的假设。不仅有这种需要，而且有良好的机会。现在研究社会问题的障碍，比起中世纪研究天体问题要大。最初的步骤是使人们普遍认识到，所谓认识，包括大多数无可置疑的科学认识，不是独立于社会活动的，而是其本身即是社会活动的一种形式，就像农业或运输是社会活动的一种形式一样。因为认识是人类从事的活动，正如人们耕地和行船一样。从批判或"清理"方面看，彻底地拒斥所有下述学说，即把认识和"心灵"与被称作个体自我的孤立的、自我封闭的东西联系起来的学说，是必要的。从肯定方面看，这最初的步骤要求系统地考察生物学和社会学方面的自然条件。据此，认识才能得以进行。

这一工作是准备性的工作。总的来看，哲学正在清理门户，进行某种程度的重构。重要的工作是使人们明白，经济、政治、道德和宗教方面的社会条件一直将科学研究首先限制在自然学方面，其次限制在生理学方面；这些社会条件圈定了科学研究的范围，致使人类最为关注的广大领域被当作似乎是神圣不可侵犯的，而不被具体的研究所沾染。牢固地确立并得以巩固地对待经济事务、对待工业和商业的习惯，作为与道德的"终极"目的没有内在联系的工具，具体说明了这种圈定理论，并使这种理论在实践中长久地持续下去。

结果是，在最重要的社会实践形式中被误认为道德理想的东西过于"理想"，以至于成为乌托邦。这些理想被当作个人的劝告，有时则辅以实际应用或威胁使用的奖惩力量。"物质的"东西和"理想的"东西的分离，使后者失去了杠杆作用和推动力，并阻止以前者的名称命名的事物为人类提供它们所能提供的服务。生理学与其应用已经在公共卫生方面得以实现作为例证，尽管有限，但足以说明合格的探索方法和结果可以为人类的各个方面带来益处。被称为实用主义的哲学，曾协助打破了教育领域里"实用的"和"自由的"教育之间的分离，因为这一分
168 离既限制了前者，又限制了后者。认为"职业的"教育不可能是人性化的，这种看法如果不是在实际上非常有害，倒不失为一种幽默。

政治理论和实践提供了另一个例证。自由主义曾一度从事解放事业；但它受到绝对论者传统观点的影响非常深，以至于发明了建立在与"大写的社会"相分离的二元对立基础上的"大写的个体"的神话。它掩盖了这一事实，即这些词汇事实上是命名人类特征和能力的名称。它把名称所指示的东西变成独自的存在。因此，它掩盖并阻止人们认识下述事实：这些特征和能力的实现，依赖于人

们诞生和成长的具体条件。在这种影响下，个体与社会成为现成的内在的事物的名称——并没有在本质上区别于下述信仰，即相信超自然的本质，而自然科学知识方面的新运动在从事其工作之前必须攻击和清除这种超自然的本质。

V

为了进行说明，在前面的论述中，我已经展现了系统的、一般性探索的一些任务。任何探索，不论其名称，都承担着这种探索、批判和构建的任务，都不必担心其在世界上的作用。在结束之时，我就这一任务将不得不面对的环境条件说上几句。我从一位著名的美国思想家写于一个时代前的著述中引用一段话，以说明一个对比。乔赛亚·罗伊斯(Josiah Royce)说："当你们反思你们在世界上所做的事情时，你们是在进行哲学思维。当然，你们正在做的事情首先是生活。生活包括激情、信仰、怀疑和勇气。批判地研究这些东西意味和包含着什么，就是哲学。"

假如习惯、约定、制度，与之有关的是激情，诸如怀疑、信仰和勇气，也包括在哲学的任务中，那么这种观点与我所说的相差无几。但我们马上会想到要注意 169
的另一个问题。这段话继续说："我们感到自己置身在一个有规律和有意义的世界中。然而，为什么我们对于世界的实在和价值的舒适感仍是要批评的一件事呢？这种对生活详尽彻底的批判，就是哲学。"在后面这段话中，他假定人们生活于其中的世界是具有意义和价值的，以至于我们不能不感觉其舒适之感。因此，哲学的任务仅限于通过系统的和彻底的反思，为哲学认为理所当然的事实提供合理的理由。

从这位思想家写下这些话至今，时代变了。这些话或许表达了过去大多数典型的社会制度共同的假定和目标。但是，这些话写在特别充满希望的时期，所以很容易作出对于价值、意义和统一秩序的假定。我们现在生活在这样一种情况下，世界对于我们似乎是疏离了，而不是舒适的；在这样的时代中，科学认识的趋势改变了我们从前对"最有权威的规律"(overruling laws)的信仰。在大多数实践问题中，最普遍的感觉是不安全。有这样一种哲学试图表明，我们所处的世界与一切"表象"相反，在实际上是一个有稳定秩序的、有意义的和有价值的世界，这种哲学的态度颇像神学宣教的态度。

哲学还有一项工作要做。由于转向思考为什么人与人现在如此疏远，哲学为自己设立了职责。它或许会提出大量丰富的假说；如果这些假说用作行动计划，它们将为人们的下述探索提供理智的指导，即寻求使世界更有价值、更有意义、更舒适的种种方法。在教育、经济、政治、宗教生活的所有阶段，探索都是致力于缔造马修·阿诺德所断言尚未诞生的世界。当代哲学最适当的工作就是助产，这是苏格拉底两千五百年前就为哲学指定的工作。

1946 年 1 月

自由社会的宗教与道德[①]

除年头外，19 世纪的一切似乎都已远去。至少，对于我们中间年纪老到足以在那些年确立自己的道德和政治信仰的人来说是这样。世界的现状迫使我们追问：我们成长时的信仰，我们学会怀有的希望，是否都是虚幻的？我们清醒地意识到，我们生活的社会并非完全自由的。我们知道，存在许多缺陷和问题需要解决。我们知道，我们并没有认清自由带来的责任。随着时间的流逝，我们越来越确切地认识到，问题集中于经济自由与政治自由的关系。一些人认为，政治行动正在侵犯个人在实业与金融方面的自由；其他人认为，为了给所有人的政治自由提供保证，国家必须进一步限制经济自由。学术讨论所关心的话题是法律与自由的关系和允许自由的界限。 170

但这样谈论问题只限于表面。我们中的大多数认为下述观点是理所当然的，即自由社会的价值观和目标提供了文明定义的要点，提供了我们共同的道德进步的标准。一些人认为，不可避免的进步是历史发展的首要规律和经验，他们将进步等同于人类在政治和公民自由方面的进步；他们面向未来，伴随着各处那只是暂时的逆流，继续前进。一些人并不深信进步的确定性；随着年龄的增长，他们相信，自由社会的优势是由下述事件证明的，即想不出有严重的逆潮流的运动。 171

我们认识到，战争的祸根依然存在，梦想普遍实现世界和平是将来的事。我

① 首次发表于《霍林斯学院百年庆典》(*The Centennial Celebration of Hollins College*)，弗吉尼亚霍林斯学院：霍林斯学院出版社，1949 年，第 79—93 页，选自 1942 年 5 月 18 日发表的演讲。

们知道，过去留下的敌意和怀疑需要时间来消除。但我们也认为，世界各国日益增长的相互依存、这种相互依存的增长对各国都有利的证明以及认识到诉诸残暴的武力是野蛮时代的遗留物，这些都加速了各国和平共处的日子的到来。我们认为，和平与文明紧密相连，从长远来看，其他问题都是次要的。在我国，我们认为，自由的制度与我们地理位置的优势相结合，使我国成为创新各种方法的领袖，世界和平将依赖这些方法来推进。

我们认识到，不同种族、不同宗教之间的相互关系问题仍然是棘手的问题，因为这个问题上过去也遗留下了恶俗。但我们也相信，时间的亲和作用，彼此尊重与同情理解的增长，会逐渐平复文明的低级阶段给社会带来的创伤。我几乎不需要继续这一话题。我们不希望的是，在这样科学高度发达、艺术和技术高度发展的现代工业文明中取得长足进步的国家，会正式宣布下述信念并以之为指导，即战争是社会进步的最高标志，并将对其他信仰和其他种族的野蛮迫害看作国家强大的最终标志。我们认为，纯粹物理力量的使用至少是要打下述折扣的，即随着战争的持续，任何声称文明的国家都不能认为，它所跻身的文明等级，可以用为征服和压服而组织动员各种资源——这资源包括物质、科学和道德——的能力来衡量。

国际上相互理解的可能性、宗教和种族宽容的可能性受到了深思熟虑的系统的抨击，因此自由信仰的其他所有条款遭到否定，这毫不奇怪。在战争突然爆发之前的若干年，极权主义国家压制良心自由、科学探索自由、言论和出版自由
172 以及自愿结社的权利。这些权利被侵犯，不是由于它们的表达恰好与强有力的特殊利益相冲突，也不是由于某种特殊事件。甚至在我们国家，众所周知这种压制也存在。在极权主义国家，这些权利被以道德理由加以否定和打击。它们被当作私人和阶级自身利益的表现，会削弱基本的社会联系。它们证明了自私和导致分裂的利己主义占据上风，忽略了公共利益方面的贡献。它们是使国家外部虚弱、内部无序和分裂的根源。

我没有详细列举这些事情，是因为我认为，我们自己对我们为之奋斗的事业的忠诚仍然需要加强。我提到这些事情，是因为我相信，当代危机对信奉自由社会的原则和价值观的人来说，起码可以令后者比以往更严肃地反思以心灵自由和良心自由为核心的不同形式的自由的道德基础和道德观。在长期和平的年代，我们应当思考通常被概括为“公民自由”的不同形式的自由，这或许是自然

的。我们知道，它们具有极端重要性，因此它们被列于我们的宪法中，在政治上由最高的政治权威来保障。但或许，在认为它们对于法院和警方具有政治和法律的重要性时，我们没有看到它们与自由社会表达并创建的道德和宗教价值观的基本联系。但当强大的国家向自己的成员否认能够运用这些自由，并努力以强力将同样的否定强加于其他国家的人民时，此时的确我们应该为下述自由寻求道德根据，包括良心自由，崇拜自由，联合起来追求共同的宗教、实业和教育目标的自由，思想自由以及言论和出版自由。特别重要的是，我们这样做是因为：自由的这些形式受到攻击和否定，根据的是被断言为道德的理由；它们被断言在道德价值方面比起自由社会的这些自由带来的浅薄自私和物质享受更具根本
性。在成功地得出结论的实际斗争中，我们也需要确信我们信仰自由社会的理 173
想和方法的理由，需要确信这些理由是道德的和宗教的，而不是外在的智慧、策略、物质增益、安逸与舒适等东西。

我认为，在所有现代战争中，每个参战的人都需要为一种信念所支持，即自己的事业在道德上是正义的，而敌人是在为非正义的、不正当的势力而战。但在刚才的话中，我还有另一种想法，不只是要在斗争中努力积聚能量。甚至有可能在战争胜利后我们赢得的和平，在某种程度上依赖于我们思考自由社会的道德价值观的深度和我们致力于提升这些价值观的努力。无论如何，现状是一个机遇，的确也是一个急迫的挑战，使我们比以往更深刻地认识到自由社会心灵自由的意义：即认清为法律和政治的形式和方法所支持、帮助，并由此取得成果的道德价值观。

我们需要这一新的认识由下述事实说明，即毕竟人们可能并没有真正对专制社会的理想和方法的复活感到极度震惊。因为道德绝对论在人类历史上的很大部分甚至绝大部分留下了痕迹；相比之下，自由社会的道德是新事物——几乎可以说是平地而起的。我不想断言，社会制度中无数代人身上表现出的绝对论的道德，是奴隶的道德。但即便不说，人们实际上也认为，多数人的心灵太孱弱、品质太堕落、不相信自由，因此社会秩序依赖于少数道德权威，他们有权强迫民众服从道德原则。科学与工业方面的变革废除了旧的道德规章发生作用的这种特殊形式。在这种规章体现为制度的时代发展起来的习俗、态度和信念，会试图掌握新的力量，利用它们再一次维护道德权威、道德纪律，维护多数人服从少数
权威人士的道德，对此我们为什么会奇怪呢？这个问题是纯理论的问题。但虽 174

然如此，提出这一问题可以帮助我们认识到，自由社会的出现不仅构成了政治革命也构成了道德革命，巩固民主的政治秩序依赖于活力与真诚，我们以这种活力与真诚致力于维护自由社会的道德基础。

有人经常说，目前继续进行道德和宗教斗争，对于维护人类神圣的人格特征是必要的。无疑人们会认为这一说法是对的。但像所有一般论述一样，可以有各种解释。对支持这种观点的人来说，他们可能在构建人格方面、心灵和良心自由的地位、自由交往权利的地位问题上有根本不同的观念。支持这种观点的人可能没有认识到，伴随创建自由社会的道德变革集中于下述信念，即相信人格是一种没有思想自由和交往自由就不可能完善并保持的东西。因为长期的历史进程都印下了下述信念的印记，即相信人格的真正规范依赖于毫无疑问地服从外部操控的最高道德权威。除此之外我们又如何解释此前不久才出现的宗教信仰自由和废除将信仰作为公民条件的特殊检查呢？

某种形式的道德绝对主义根深蒂固，可以用下述问题来测试：我们在什么程度上容忍下述权利，即坚持并宣传社会强势集团认为在道德上有害的观点？我们大多数人实际上相信下述观点，即一些观点与传染病一样，当有利于组成社会的单位防止传染病蔓延时，不仅有权利而且有责任使用有组织的社会的强制力，来扑灭那些蔓延起来会造成道德流行病、造成社会瘟疫的舆论，难道不是这样吗？无论如何，历史事件证明，人们不仅会持这种观点并以系统思考的道德哲学来支持这种观点，而且还会认为只有依靠这种方法，真正的道德人格才能得到保护和保存。

175 所谓的大西洋宪章中的第二种自由是："世界各地每个人以自己的方式崇拜上帝的自由。"这一自由包括不以任何方式崇拜任何上帝的自由吗？包括成为无神论者的自由吗？或者，由于我们自己的实践在执行政治宽容原则时对这一问题给予了肯定的回答，即不把宗教信仰限定为公民权利义务的条件，公开声明无神论者享有所有政治和法律权利，那么让我们来问这样一个重要问题：我们的实践建立在什么基础上？建立在信仰心灵自由的内在原则上吗？或者我们的实践在什么程度上是不关心信仰的结果？——历史事件已经证明，试图压制宗教上的错误，即便这一压制在理论上有正当的理由，就其直接结果而言在实践上是有害的。

我提出这个问题不是为了讨论应该给予什么回答。我是用这个问题说明这样一个观点，即相信理智自由作为社会的核心价值以及其他社会道德的源泉，是最近的事，它与历史上大多数时期社会用以进行管理的原则相对立。现存的自由社会的奠基者们不仅在政治方面，而且在道德观方面都是创始者和先驱者。心灵自由是维护自由社会的基本的核心的自由，这一论述没有什么新东西。我要说的只是重复这一论述，强调其中所包含的两点思考：一是全心全意一心一意地相信这一观点，使我们相信，理智自由是自由社会道德信条的核心。二是这一信仰与人类历史上大部分时代社会赖以组织的核心道德原则是对立的。

这一道德绝对主义的基本原则有两个根源和两条主干。一条是，关于如何管理社会，这一根本真理主要由相对少数人的集团所掌握，他们凭借这一点，在道德上有资格成为纳粹所说的大众“领袖”。与之相应的另一条是，大多数人不可能拥有这些真理，因此只有在那些独占社会与道德的终极真理、因而拥有领导的责任和权利的人的指导下，才能自己管理自己的生活。其他人的责任和权利 176
是遵守和服从道德领袖的道德权威。

将法西斯和纳粹的哲学看作纯粹的强力（power）崇拜，看作对一切道德原则的价值的否定，这是一种简单化。这一简单化可以暂时用来刺激麻木的人；但它远非理智的人所要求的，他们怀疑纯粹寄希望于强力以及强力带来的回报在极权主义国家实际所起的作用。但是对我们来说，较之无须道德支持的强力爱好，实际情况要更加危险。使纳粹拥有对所有其他人利益构成极度威胁的强力的，是这样一个事实，即许多人坚信，强力被用作高尚的社会目标，强力的成功将有利于所有社会的有序与和平。不加掩饰地表现出来的武力不可能长久维持其力量。当人们发现统治仅仅建立在武力的优势上时，这种统治的日子便屈指可数了。为了能够控制人们的生活，统治的强力不得不披上权威的外衣，披上至少外表正当的外衣。

正是通过对照特定的阶级或集团拥有的权威道德哲学，及随之而来的这一集团决定信仰什么不信仰什么的权利，自由社会的道德哲学获得了其重要意义。为思想和良心自由辩护，没有比下述观念再无力的根据了，即认为观念与信仰只存在于我们内心，因此在心灵与行动之间有着鸿沟。我认为，没有人会真心诚意地认同这一点：允许心灵和思想自由的理由是，它们不会在人们的实际行为中造成什么区别。然而将理智或精神性的信仰和实际或公开的行动、将内心观念与外部世界截然分离的学说，在保障目前获得的心灵自由方面起着作用。甚至有

理由证明，心灵自由是不可能阻止的，只有言论自由是可以阻止的，似乎行动的
177 条件，包括与同伴交流的条件，不会严重影响我们的探索、思考和判断的能力。在这一点上，我们至少可以从纳粹哲学中学到某种东西。因为它们的方法表明高度重视观念对行动的影响力，包括涉及许多人的大规模的行动。

于是，我们又回到自由社会道德信仰和道德理想这一关键问题。如果我们从纳粹的哲学和实践中了解到，观念的实践重要性极其巨大，其他一切的影响力最终都不能与之相比——正如一位伟大的美国自由主义者所言，如果我们只了解到了这一点而没有再了解到其他东西，那么我们会模仿他们的方法，反复灌输一系列固化的观念。这种方法就是，每一天每一分钟都在通过广播灌输某些观念，压制一切有可能竞争的探索、意见和信仰，并将这种方法集中用于天真的年轻人身上。这样做，我们事实上就掌握了极权主义道德规范的基本信条。我们表示接受下述观念，即拥有指导社会行动权威的真理是由小部分精英拥有的，大多数人在道德方面都不具有正确地判断和信仰的能力；如果允许他们心灵自由，他们的政策和决定会由于个人和阶级利益而摇摆，最终会导致分裂、冲突和崩溃的结果。

如果我们持相反的观点，认为心灵自由是其他自由之本，政治和法律制度只有就其来自并证明心灵自由而言才是正义的、值得尊重的，那么现状就迫使我们面对为我们的信仰辩护的问题。我们如何保护自己不受下述指控——即由于道德真理是唯一的、不变的，我们从相信并接受这一真理转向允许许多声音喧嚣，由此我们所能期待的只是混乱吗？我们如何对待下述原则——即道德真理需要权威的肯定和服从者的接受，而不需要讨论和辩论？

虽然否定的理由不足以为这一肯定的信仰辩护，然而一些主要是否定的理由在使人们相信自由社会的优势方面有很大影响。更重要的是，它们表明了某种肯定的、构建性的东西。专制社会的失败在将思想和行动转向自我管理的理
178 想方面起着巨大作用。它表明，不负责任的强力是毒药；它会使那些使用这些毒药的人比接受毒药的人中毒更深。受欢迎的政府促成权力的分散与分配，以非常低调的道德术语解决问题，它证明，当产生和实施社会管理的权力被分散时，权力的滥用易于相互抵消。

即使有人认为，拥有权力并有权宣布他人的信仰和目标的人拥有道德真理；并且历史表明，人类是由于自我中心和为自己追逐权力而进步的；我们依然可以

安全地声称，某一集团如果拥有管理他人生活和财产的权力，它越拥有对终极道德真理的垄断，就会越无理性，越冷酷无情，没有一种对他人的权力能够像被赋予的控制他人信仰的权力那样完整。因此，对于自由社会的创始人而言，以扩大自由探索和自由交往的领域来延伸权力的策略，是唯一安全的策略——正如不断扩大被征服人民的范围，使他们处于专制主义蹂躏之下，对极权主义国家是唯一安全的策略。

这一事实，如果你愿意，可以称为消极的事实；它无误地表明，不得不在肉体上强迫的，或不依赖于道德手段来使人接受的道德真理，不是真正的道德真理。它由于使用确保其被承认的手段而堕落，较之被强迫服从的人群，在运用强制力的人群中，这种堕落更容易发生。在我们反对的专制主义国家这一特定情况下，我认为，矛盾显而易见：一面宣称道德权威，一面却以强力强迫人们接受之。提出这一问题，是由于它证明了在任何一种社会道德问题中，目的和用以实现目的的手段是同一的。这是很难获得的经验，即我们用手段决定目的，并确实带来了这种结果。急躁情绪总是使人想要通过捷径得到他们所认为的好的结果。他们没有意识到，使用其他方法而不是使用主要是教育的方法，表明他们对他们所号称运用的道德原则的固有力量缺乏信心。

自由社会表现出许多缺点。绝大多数自由社会都没有在用于达到其目的的 179
方法上实现其公开声明的理想。断言心灵自由和交往自由作为社会有序和进步的基本原则，就是断言道德和宗教的选择应当出自运用自由理智作出的决定，自由理智是由在共同合作的探索中积极与他人交流而得到训练和发展的。这一态度标志着人类历史上最重大的变化。在将标志人类生活的理想和信仰付诸实现的过程中，道德原则是最具难度的。如果人类天性并非倾向于将伴随自由而来的责任转嫁给他人，极权主义国家就不会在复活道德绝对主义方面获得那样的成功，甚至不会获得暂时的成功。墨索里尼由于号召青年“享受危险生活”而在意大利获得了法西斯主义的名声。如果享受危险生活意味着比鲁莽地、草率地生活包含更多东西，如果它意味着在对极端的社会问题作出决定和形成政策时敢于参与，那么自由社会的本质就是要求其成员永远过有道德勇气的生活，道德感随时准备付诸行动。我们的缺点之一是一直在说服自己和他人，自由社会的生活是轻松的生活。如果指责我们过于关注权利而过少关注责任，这一指责是有意义的，意义正在于此。在自由社会，权利和责任不是相互对立的，自由的权利与下述责任是统一的，即要不懈地紧张地学习，做我们力所能及的工作，使我们所学对他人有用。

作为一般的社会哲学和科学的社会学学说，下述命题已经有许多讨论，即使我们相互发生真正的联系——不仅是肉体的联系——的人类社会的本质和生活，是交流的存在：依靠语言，每一经验的结果、每一发现的意义、每一新见解和激动人心的前景的展现，都能与他人交流，因此成为共同拥有的东西。教育的整
180 个过程以下述事实为基础，即心灵和品质通过联系与交往得以发展。极权主义国家利用学校、出版、书籍、讲坛、公众集会、广播、甚至个人谈话，将它们作为逐步灌输单一的一系列观念的工具；这样的苦难对于心灵自由与自由生活的等同，是一种反面的贡献。

我说过，在很长的历史过程中，在一个封闭的道德原则体系中，在作为这些原则的拥有者和贡献者的严格限制的人群中，有两种密切相关的信仰成为其标志。抽象地说，为这种哲学做更好的辩护是可能的，而我们通常认为这是不可能的。道德关怀与社会关系的秩序有着直接的紧密的联系，因此据说必定有一种道德律，它本质上是完全固定不变的，使人们认识并遵循它是具有权威的集团的责任。纳粹或许宣称，他们所引入的变化仅仅是利用现代科学的一切方法、技术和工具，确保普遍接受共同的社会原则，而抛弃民主国家仍然使用的过时的笨拙方法。在卡莱尔(Carlyle)嘲笑大众政府时，他在某种程度上解释了道德绝对主义的基本原则；他将这种政府比作让许多人以讨论和投票的方法来解决乘法表的真理性问题，他由此询问：对于正确的社会关系秩序而言，是数学真理更重要还是道德真理更重要？不应回避这一事实，即自由社会建立在下述信仰基础上：适用于人类具体关系的道德原则，不是为某些权威掌握的紧密封闭的体系，而是对继续探索和发现保持开放的体系；只有在不断探索和不断交往中，才能保持这些原则的鲜活性。

这一态度被绝对主义道德权威的信徒们漫画化了，他们说，这是在否定任何稳定的调节原则的存在。其实，我们的结论不外乎就是自然科学探索包含的东西——没有这种坚持不懈的探索，我们不可能认识到火的燃烧和水的解渴。这两种情况中的包含是指，我们已知的东西可以而且应该用来了解更多的东西，在相互自由交往中保持已知知识的鲜活性，这在道德认识中甚至比在物理学认识
181 中更必要。相信封闭的不变的真理体系，这一信念在这样的社会中生长并适应

于这样的社会，即为习惯的铁环所建立的社会。现在，社会变化成为常态，各种变化加速发生，亟须将抽象的道德原则不断转化为需要并可能的新的具体条款。只有两种方法能达成这一转化。一是依赖外部的权威；二是继续探索，继续交流探索所获。人们一度认为，在天文学和物理学中自由探索的方法会导致理智的混乱。以普遍使用的检验手段来检验这一自由探索方法的训练，在社会道德问题上是需要的、值得的，甚至在难于获得的极为重要的宗教信仰经验方面也是这样。比起在物理学中，在社会道德问题上需要更多的人共同不懈地努力。

道德绝对主义与社会专制主义的复兴给自由社会的成员带来的震惊或许会促使我们探索，我们自己离实现自由社会的原则和理想有多大距离，因为我们的失败在导致上述复兴方面起到了重要作用。我相信，有一个失败可以确切地指出来：自由制度的支持者过于一厢情愿地断言说，心灵自由是每个正常人天生固有的。结果是，我们对于一些条件没有给予充分注意，如果个人潜在的理智想要有效地实现，就需要这些条件。我们通常相信，我们所需要的，只是摆脱法律和政治的限制，随着废除这些法律和政治限制，心灵自由就会完全实现。这一消极的自由观是我们称之为“个人主义”的被充分批判的缺点的根源。我们试图根据已经拥有的自由，为言论自由、良心自由、集会和出版自由提供辩护，而不是根据它们是导致心灵自由的必要要素来提供辩护。假如自由表达的权利仅仅意味着向公众倾泻所谓“私人的心灵”所想的任何东西，那么它走不了多远。为信仰辩 182
护的心灵自由是其他自由的最后依靠，心灵自由是需要开发的，培育心灵自由的条件需要不懈地关注。

我们没有充分关注心灵自由得以实现的这些条件（即有效的操作力量），这方面的例证表现为我们忽视了工业环境所起的巨大作用。在工业化的工作条件下，一群人形成了他们的习惯态度；他们每天重复这样的习惯，这种习惯是他们供养家庭和他们自己的手段。这种形成的习惯是理智的、道德的，不仅仅是自然的。自由交流是培育自由心灵、也是表现自由心灵的手段，只有在共同活动中参与并分享结果时，这种交流才会发生。相信自由社会不适当地将自由限制在脱离经济的政治事务方面，同时断言极权主义社会比民主社会在经济方面会提供更广泛的自由，这种想法在赢得赞同方面起着重要作用。

在某些情况下，它甚至引导我们社会和英国社会中的一些人根据下述原因赞同极权主义国家压制公民的自由，认为这一暂时的压制是建立产业方面自由的社会的必要部分。对于交流和教育的缓慢进程的急躁情绪误导了为各种希望激励的人们，以致忽略了在所有方面——包括经济方面——都更美好更自由的社会的基本原则，这一社会能够实现只是由于自由的手段——这意味着发展而不是限制自由交往的手段。没有比下述想法更致命的错觉了，即相信自由社会的目标可以为下述方法来接近，这种方法包括压制自由良心、自由探索和自由言论的核心自由。在困惑和变化不定的时刻，相信自由社会的人只有一个确实可用的标准：一个特定的社会和特定的运动是依赖于拓展各种手段还是依赖于限制各种手段？心灵自由依靠这些手段来表达，也依靠这些手段的滋养和培育。

183 幸运的是，另一种说明使我接近了我们今天所纪念的事业。美国人民在教育方面的信仰有时由于下述原因受到批评和嘲笑：在批评家的心目中，教育成为一种宗教，成为一种偶像。我知道，我们没有对下述事实进行详细说明，即支撑自由社会并为之辩护的这种心灵自由是慎重的社会教育的产物，这种社会教育是由不断交流的过程带来的，这一交流过程包括不断地分享、不断地相互交流思想、经验、知识和信仰，以创建共同的道德态度和道德观念，而不只是致力于教育——我们今天赞颂的就是这样一个高尚的榜样。

在自由社会，据说关于宗教显而易见不可否认的东西是，良心和信仰权利的运用伴随着自由崇拜的特殊力量，这种权利只有在下述情况下是可靠的，即信仰自由不仅仅是容忍必须容忍的某些东西，以免更糟的东西接踵而来。真正的信仰自由不仅仅意味着容忍我们所不厌恶的东西，也不仅仅意味着中立，或确信信仰的不同无关紧要，因为它们不是问题。真正的信仰自由包括同情其他信仰的人的奋斗和考验，而不仅是同情我们自己的奋斗和考验；还包括渴望与他们在寻求光明的过程中相互合作。但我们还可以比崇拜的权利和信仰自由的责任走得更远。寻求更多的智慧和洞见可以成为具有强烈的宗教性质的情感。这一宗教性质由于下述认识而加强并加深，即存在着这样的真理，这种真理制约着我们在共同分享奋斗、悲伤和欢乐的生活中的相互关系；发现这种真理是我们的共同任务，赢得这种真理是对我们的共同回报。在许多观点上我们可以、也将会产生分歧。但我们可以学会将这种分歧作为学习和理解的手段，认识到仅仅具有同一性意味着发展的中断。在各种宗教的分歧中，我相信，我们在以下诸点上可以一致：即自由社会的宗教将相信继续发展的可能性；作为发展的条件的对新真理的追寻；构成宽容的彼此尊重和关心——它们鼓舞着人们的和平意愿与善良意志。

关于自然科学的几点看法[①]

在英国《文学指南与理性主义者的评论》(*Literary Guide and Rationalist* 184
Review)——一本在这个国家应该比较知名的杂志——的3月刊上,我读到一系列英国广播电台(British Broadcasting Radio)的谈话。在其中的两篇中,朱利安·赫克斯利(Julian Huxley)和吉尔伯特·默里(Gilbert Murray)提出了科学人道主义的事业;第三篇是神学家奥尔德姆(Oldham)博士作出的回答。读这三篇谈话会颇有兴味,但就我所知在这个国家是不容易获得报道的。无论如何,唯理论者月刊中的简单报道包括了摘自神学家撰稿人演讲的引文。我想用其中两篇作为评论的文本。

一段文字写道,"在科学方法方面个人与他根据自己的目的寻求理解与适应的世界是对立的。这一态度本质上是个人主义的。"这一段话是目前反科学运动的典型特征,这一运动不妨被解释为希望的征兆——假如我们有望在其中找到这样的证据,表明科学的人道主义对反动者来说正在成为"危险的"。这一段话作为对于科学方法及其结果的错误表述(这里意味着相反的表述),无论如何是很有意义的。因为如果世界上有什么东西在方法、态度或结果方面不是"个人主义的",那正是科学。每一位科学工作者都运用这样一种资本,这种资本是全世界许多人长期合作积累的结果;每一位工作者在他自己的工作中都依赖并非由个人完成的工作。科学工作者获得的每一个成果立刻汇入知识之流,这一知识之流是非自我的、(无私的)、非个人的;知识之流比花岗岩更稳定,花岗岩随着时 185

① 首次发表于《人道主义者》(*Humanist*),第4期(1944年夏),第57—59页。

间的流逝会被蚀为粉尘而不会增长。

无论如何，我不认为神学家应该对创立这一激进的非科学的观点负有最终责任。需要认识到下述事实，即迄今为止在认识理论方面，一系列哲学家都把认识看作是“个人头脑”的产物。即便今天，我们在读许多已出版的心理学著作时，仍然找不到任何下述暗示，即认识完全是社会文化的产物。这一奇怪的事实被理解为本身就是一定历史时期的社会文化遗产。许多以“现代”为标志的运动和成就——包括科学——包含对已经建立的制度的反抗以及对承载着许多情感的传统的反抗。这样的反抗将旧的制度与传统等同于“社会”，仿佛它们自己是“个人主义的”；尽管实际上它们像它们要取代的习惯和制度一样，在起源和目的方面完全是“社会的”。

公正和理智也要求认识到下述事实，即仍然流行并影响很大的习惯（即便在科学工作者中也是这样），趋于将科学知识的社会文化基础和性质保持在专门化领域的界限中，这一界限趋于赋予“科学”非人道主义意义上的技术含义；或者，用肯定的话来说，趋于阻止科学方法在社会事务——包括我们时代严重的道德问题——方面的运用。科学的人道主义的任务就源于这一事实。如果这一事业想要成功，它就应当努力打破下述观念，这一观念认为，自然科学自然地特别关注的是“外部的”和“物理的”世界。这一观念是源于前科学年代的遗产，在前科学年代，人被置于自然之外、自然之上，而不是在自然之中；这一遗产今天必须被置于反科学之列。

另一段是有关下述印象的，即科学的人道主义的观点忽视了“这一事实，即冲突是个性的不可避免的结果”。由于科学不可能是“个人的”，这一论述显然荒
186 谬。但这段话可以用来引起对下述事实的注意，即在科学操作方面的“冲突”是促进共同承担共同推动的共同事业的竞争形式。对于这种标志科学的竞争，我们可以正确地使用经常错误地用在创造财富的竞争方面的话，即它有益于推动共同事业的合作。如果非要把“冲突”一词用于认识进步，那就应当理解认识冲突与身体冲突之间的巨大差别，这一差别是固有的，因此在两种情况中还是不用同一词为宜。

这里人道主义运动也需要同这样一些来自其他方面的运动相联合，这些运动致力于促进对潜在于科学态度中的高尚道德的认识。这种认识必须与下述事实相联系，即这种潜在的可能性目前远未实现。因为科学仍然经常被降至只是

技术的领域，被割断了与人类事务和人类价值观的联系。必须强调的是，过去对超自然的至高无上的权力的信仰，是将人及其道德关怀与自然的其余部分分离的基础；这一分离通常是在“自然的”科学和“道德的”科学之间作划分的根据；而这一划分又是建立在将自然科学仅仅与物理的和物质的主题相等同的基础上的。每当面对人类生活每一阶段的具体事实、面对人类每一个严重的问题时，自然科学只能与“外部的”世界打交道这一观念近乎理智上倒置和道德上愚蠢的顶点——之所以这样，是由于人们仅仅将自然科学的结论用于人类生活，而科学态度和方法却在这些事务和问题方面全然缺席。

如果现代有组织的反科学运动成为带来下述普遍认识的工具，即认识到科学方法的运用仍然存在界限，那么这一运动可以被有意义地加以利用。它会使人们看到，目前科学中的罪恶事实上要归于保持自然与人之间、物质与“理想”之 187
间、躯体与精神之间的极度分离，这是人类前科学阶段所特有的认识与认识不足的产物。

对科学的反抗[①]

188 争论目前我们普遍面对的对科学的反抗是浪费时间，因为这种反抗几乎在所有领域都显而易见。在教育领域这种反抗采取了下述形式，即以人文学科与科学对抗，同时声称，当前学校体制的弊病与失败——从数量和严重程度来看绝不仅仅是偶然——是使“人文学科”(humanities)服从科学的结果。我给人文学科一词打引号，是因为在教育领域这种攻击起因于文科的教师，继之以将人文的(humane)与语言的(linguistic)和文学的(literary)相等同。

根据伪哲学理论的这一方面，这种攻击停留在将科学称为“唯物主义的”，而文科(literary subjects)则被等同于我们传统与制度中的理想的和“精神性的”东西。这一观点支撑着下述信念，即相信人与自然的分离。人不仅被当作自然的主人，而且是在最古老最可疑的意义上的主人——仅仅依靠命令来统治的专制君主。这一分离是一切分离的最基本的形式，这一分离完全忽略了人类大多数的日常利益与关注，人类大多数忙于以完全个人的方式与他们必须面对的自然环境打交道，这些环境对他们的幸福与命运具有巨大影响。人类在创造和拥有美好生活过程中展现出壮观场面，任何愿意观察这一场面的人都会意识到，将人文学科等同于语言学和文学是一种畸形的傲慢。

189 作出这种等同判断并对科学提出指控，这一事实无疑发人深省。它突出了反抗科学的背景，勾画出濒临危境的真正的人类价值观和目的，并指出导致真正的而非虚假的人道主义进步的唯一道路。就反抗的背景和原因而言，它把矛头

① 首次发表于《人道主义者》，第5期(1945年秋)，第105—107页。

直接指向反对这一运动的“权威”，这一运动由于导向新的、更广泛、更人文的秩序，因而威胁到他们至高无上的权力。从根本上看，这种攻击出自这样一些代表人物，他们享受建立在政治、教会和经济制度上的控制和管理他人的权力。从表面上和口头上看，这种攻击出自这样一些教师，他们发现他们在教育体制内的位置和声望受到削弱，他们愚蠢地成为了盲从者。

将目前对科学的反抗和以前负有“科学与宗教的冲突”之名的运动相比较，会发现这是有意义的，也是有趣味的。在以前的交战中，对科学的攻击主要是科学达到的某些一般结论，首先是天文学中的结论，最后是生物学中的结论。这种攻击集中于新的结论对过去的信仰的毁灭性影响，过去的信仰是人类历史的早期阶段建立起来的，在数千年的历史中被赋予了所有理智的、制度的和情感的认可。

几乎不能说科学学说赢得了完全胜利。“原教旨主义”依然在罗马天主教和新教教派中盛行。但就整体而言舆论在向新观点转变。对于新观点的攻击现在是宗派的而不具有普遍的社会意义。目前对科学的反抗比以往更强烈——不管科学在此期间取得多大的胜利。在特定领域一系列新的信仰和深入人心的旧信仰之间，我们不再有斗争。对科学的攻击现在是对科学态度、立场和方法的攻击，特别是关于它们对于人类制度的影响，聚焦于这一最重要的问题：谁和什么将拥有影响和指导生活的权威。 190

这里我并不试图批判被用来为攻击科学提供辩护的基础哲学：无论有什么人想要将科学方法和结论用于超出技术的“质料”，其程度当然要以不侵犯人类关怀的道德领域为限。我想指出一些因素，这些因素将回应下述攻击，即将科学攻击为“唯物主义的”，将其唯物主义攻击为对人文价值观怀有敌意的。我们都熟悉通常对“纯粹”科学和“应用”科学的划分。我在这里不打算重复我在别处不断重复的观点，即这一明确的划分是理智的遗产：在亚里士多德的修辞学中，“理论”必须与神圣的、永恒的因而是最高等级事物有关，而“实践”只能与世俗的事物有关，在最坏的情况下与卑贱的事物有关，在最好的情况下也只与尘世的暂时的事物有关。

我想提起注意这样一个事实，即无论少数知识分子阶层寻求纯粹的和应用的科学的分离具有多么正当的理由，人民大众与“科学”的关系只在于其应用。对人民大众来说，科学是他们日常生活中所指的科学；科学的结果表现在他们在家中、在社区和在工厂的日常工作、使用和享受中，也表现在使用和享受的局限上；表现在他们的工作中，也表现在他们无法获得工作上。

“应用”科学完全不同于致力于进行区分的哲学家之所指。它完全不同于致力于将数学-物理学公式转化为机器和其他动力设备的发明家之所指。因为对哲学家来说，科学不是指抽象意义上的技术；它意味着在现存的政治-经济-文化-条件下运转的技术。正是在这里而不是在科学——无论是纯粹的还是抽象的科学——中，我们发现唯物主义是人文的敌人；攻击所向，也应该是在这里而不是别处。

当那些自命为人道主义者的人、自命为人类道德和理想保护者的人开始攻
191 击这样一些习惯和制度时——这些习惯和制度使得科学的技术运用严重影响了一大部分人，限制了他们受教育和过丰富生活的机会，将可能的安全设备转变为产生大量不安全的设备——这时我们有理由相信他们对人文价值观的关注是真诚的，而不是为了保证某种制度化的阶级利益而提出的蓄意或简单的策略。人之为人在于其行。

民主的国际组织对强制的国际组织

——简·亚当斯的现实主义①

《和平与生计》一书的再版非常及时。简·亚当斯的著作是对于第一次世界 192
大战中人类的许多方面富于探索性的生动记录。它对自1914年至1922年美国人的情感发展作出了描述,1922年是这本书首次出版的年代。这本书有力地提醒人们,有些事是不该被忘记的,倘若我们不仅仅浮在事件表面生活的话。她的书带领我们回顾最早的时期,这时战争似乎很遥远、很虚幻,美国公众对战争表示怀疑和愤怒;又回顾了逐步沉默地接受战争事实的阶段;直到两年半后,我们以极大的参与热情回应了战争宣言,这时早期几乎普遍的反战主义被当作懦夫的退避或背叛;然后回顾了战后幻灭和倒退的年代。

对于这些事实,我们中年龄较大的人在很大程度上忘记了,而年纪较轻的人则根本不知道。如果只是以第一次世界大战和目前甚至在更大范围折磨世界的战争的共同特点传达一种警告,作出一种指导,那么这本书描述的画面确实具有极大的现代价值。但是,当我们将下述思考包含在内时——即思考这样一些事情,这些事情使得美国人在当前战争中的态度和回应完全不同于三十年前,也不同于随后而来的八至十年——这时,这种警告和指导会增强而不是在减少。我认为,简单陈述这些不同将揭示这种增强的适时性。

国内外的条件导致了对1939年欧洲战争爆发的反应完全不同于对1914年

① 首次发表于简·亚当斯:《战争年代的和平与生计》(*Peace and Breadin Time of War*),1915—1945年纪念专刊,纽约:王冠出版社,1945年,第ix—xx页。

193 事件的反应。甚至那一事件之后仅仅八年，亚当斯女士就写道："现在再不可能产生以悲凉、自杀、时代错误为基调的感觉，这是最初战争的消息被带给成千上万的男女时产生的，他们把战争看作是科学意义上的倒退。"她还写道，"在战后五年，回忆起大多数普通人在战争开始的年代里的态度是非常困难的"——当时反战的反应"几乎立刻弥漫了整个国家"。当时的困难在现在成了不可能。相反，我们强调后来的发展，正如亚当斯女士在1922年所写，"我们被迫适应大范围爆发战争的世界以及它所带来的不可避免的分裂和仇恨的结果"。

突出的变化是，三十年前，以战争结束战争的观念会被认真采纳，而我们现在仅满足于能够建立延续一两代人的和平的希望。更有意义的是这样一些人的态度的变化，他们一直反对我们参加两次战争。在一战中，正是战争之为战争的愚蠢和不道德激起了反对。在目前的战争中，反对之声明显来自国家主义的孤立主义，这种孤立主义想要使我们不受战争的蹂躏，而赞成参战的人大部分是根据道义的理由。

我相信，说这些巨大的不同是增强而非消解了亚当斯女士几乎四分之一个世纪之前的著作中的教训、警告、指导及适时性，这种说法并不自相矛盾。警告是反对采取非常传统的方法——我们太有可能采取这种方法了，这就是被称作"媾和条件"的方法，但这种条件事实上只是战争之间不稳定的短暂过渡。指导关乎采取下述方法的必要性，这种方法中断了政治传统，勇敢地冒险协调政府之间的新的外交关系和政治关系，符合到处都在发生的巨大的社会变化。

194 "和平主义者"一词在目前不幸带有更特定的意义。它过去被用于所有向往世界摆脱战争祸根并为此而工作的人。现在已经成为几乎专门指代反对一切条件下的战争的人。另外，"和平运动"这一短语的意义加深了。它过去代表整体而言消极的东西，代表很容易将和平主义与消极主义等同的态度。造成这后一种变化很大程度要归功于简·亚当斯。在她出版于第一次世界大战前若干年的《和平的新理想》(*The Newer Ideals of Peace*)一书中，她提出了与《和平与生计》一书中密切相关的目标和方法，以致两本书形成了整体。两本书中提出的目标和方法不仅仅是以"必要和有力"来证明其为合理的。

这些目标和方法的本质可以从她有力地否认对她和她的同事们的随意、苛刻的指控来了解。在谈到第一次世界大战前的态势时，她写道："世界致力于变革，因为它知道，真正否定和放弃生命的不是躯体的死亡，而是被动地屈从于环境和默认没有解决的问题。……我们和平主义者非但不消极地希望一切都没有发生，相反，我们主张，应当利用这一世界危机创造一个国际组织，以达成预期的必要的政治和经济变革；……下述想法无疑是极其愚蠢的，即认为各国无法创立一个国际组织，通过这个机构，各国无须威胁到自身就可以认可甚至推动其他国家的发展。”她又写道：“我们经常被指责想要孤立美国，使我们国家置身于世界政治之外。我们当然是主张相反的政策，即我们国家应当领导世界各国实现更广泛的彼此协调的政治生活。”

亚当斯女士反复号召人们关注下述事实，即所有在传统的外交和“国际法”范围之外的社会运动，都正在将不同国家的人民更加紧密地联系在一起，而现代条件下的战争正在以前所未有的方式影响普通民众。自从她写作这两本书以来，这两种因素极大地增强了。依靠以前的方法是无用的，这在刚才引述的那段 195
话中已经提到，现在则更加无用了。许多人——包括笔者——都不是亚当斯女士那样的无条件和平主义者；他们相信她已经清楚地表明了所有和平的努力应当把握的方向——假如这努力不想徒劳无益的话。

亚当斯女士在《和平与生计》一书中说道：“社会进步既依赖结果，也依赖令它自身获得保障的过程。”当人们认识到她的著述本质上的人类性时，说这一判断表达了一种哲学，这种哲学构成她论述战争及其持久和平条件的基础，就有些书生气。但在这种情况下她的立场和建议的人类性正是一种哲学，这一哲学给予了理解她的钥匙。她对和平运动的有力的重要的贡献，在于她坚持国际组织的必要性。今天这一观念成为共识。威尔逊的国际联盟（Wilsonian League of Nations）至少在很大程度实现了这一观念。我们确信，第二次世界大战是为了形成国际组织以维护和平而战。但当我们询问所依赖的过程时，我们发现“组织”一词涵盖了非常不同的东西。

在通常讨论中，过程大多指“政治的”行为，我们所谓的政治行为是指政府的和法律的行为，以及强制的经济措施。亚当斯女士也使用“政治的”一词。但语境肯定地表明，她是在更广泛的人类意义上使用这个词的。她的这种用法赋予这个词以道德的、理想的意义，她的态度事实上比信任传统政治“组织”的态度更现实。因为人们可以简洁公正地说，指望传统的政治“组织”来创造国家之间的和平关系，需要依靠的正是扩大国家主义和权力政治，而正是这样的政治将世界带入现在的境况。

相比之下，亚当斯女士要我们依赖的组织进程是超越国家主义路线的进程。
196 而且，这也不是要建立一个超级国家，而是降低走这种路线的可能。它的本质在一段话中得以明确，这段话紧接着已经引述过的一段话，在那段话中，她表达了这样一种愿望，即美国在指引世界“实现更广泛的彼此协调的政治生活”方面起领导作用。亚当斯女士认为，使美国适于担当这一领导的恰恰是这一事实，即这个国家民主政治的发展事实上不断降低并超越种族的阶级的藩篱。亚当斯女士的书中最适时的就是对我们这个移民国家所贡献的积极价值观的领悟。来自不同的怀有敌意的国家的人在美国通情达理地和睦生活，这种由多民族组成的美国生活方式，能够并且应当用来提升国际组织的形式。对现状的嘲讽之一是，很大程度上由纳粹蓄意挑起种族和阶级仇恨而引发的战争，在我们国家产生了刺激种族畏惧和厌恶情绪增长的效果，而不是导致理智地拒绝纳粹的仇恨教义。正如亚当斯女士所见，民主运动的核心是“以被管理者的完全同意取代强制，通过民主制度培养并增强人民的自由意志”，在民主制度下，“这一伟大国家的世界移民最终会在为实现社会目标的广泛的共同努力中团结起来”。由于美国在相当大的程度上证明了这一方法的可行性，亚当斯女士相信，民主进程可以扩展到更多的国家。她发现民主方法真正的对立面存在于“反对共同的敌人，即将各国人民联合在一起的古老方法”中，这个方法“更适合于军事而不是社会，更适合于由强制形成的政府，而不是由自由人创立的政府”。

今天有许多不是现代意义上和平主义者的人，他们相信亚当斯女士的书是适时的，因为这本书直接指出了前一代人持有的热切希望遭到失败的原因。当时人们认为，他们能够通过传统政治形式的国际组织来获得和平，这种政治形式更依赖于强制力量而不是依赖建设性地满足人类需求。当我试图确切阐述亚当斯女士并非正式然而清楚地写下的文字时，我感觉到了两种方法和态度之间的
197 不同。一方面，我们可以相信一种普遍类型的国际政治组织会创造它所需要的机构；另一方面，我们可以依赖已经建立的关注人类发展需求（包括对变革的需求）的机构，在此实际应用的过程中发展出可以依靠的组织，因为它在实践中得到了巩固。我相信，如果历史证明了某种东西，那就是只有后一种组织非常“必要和有力”故而可以持存，而前一种组织可能形成机械的强力机构，这种结构并非很“平衡”，因此当旧的压力和张力以新的形式重新产生时，它就会崩溃。将“现实主义”的名声赋予这种建立在反对敌人基础上、依靠武力维持自身的组织，

这已经成为习惯。相比之下，我认为，亚当斯女士指出的道路更“现实”得多。

在《和平与生计》一书中，值得注意的是第四章和第十章，这些章节提供了材料，使得下述两者之间的区别变得具体和明确起来。其一是强调依靠强力——已经在可能的战争状态——的传统形态的政治-法律进程或组织，其二是亚当斯女士求助于的人性的、社会化人性的进程。甚至这场战争还在进行时，联合国善后救济总署（UNRRA）的成立，就其本身而言就是认识到了对世界组织的“粮食挑战”。我们利用并拓展这一过程作为国际组织其他事业的运作模式，这样做的能力将决定获得持久和平的努力的成败。这不仅是预言，而且是建立在过去可靠经验的基础上的。

亚当斯女士指出的粮食需求的意义，表明了《和平与生计》全书几乎每一页都跃然纸上的一个特征，因为标题中两个词的联系是基本的。对于生计（面包）的需求是一个重要标志，显示出亚当斯女士心目中自然冲动和原始情感的重要性。相信这一点是她关注“社会解决”的原因；这一信念由于赫尔大厦的经验而得以增强。所有认识亚当斯女士的人都知道，她坚信她参与的赫尔大厦的活动不是为了有益于作为受惠者的他人；参与的人是接受而不是给予。她深深地感到，在地球上朴素的、“卑微的”人民身上，原始的友好情感冲动是最纯朴自然、未被污染的。她对民主的信念是与这一信念不可分离的。这种信念渗入她的文 198
字，因为它是她每天生活的一部分。她自己过着一种积极预期的生活，近来一位作家以下述文字赞扬了这种生活：“社会将由于生活在预期中而发展，而不是由于策划预期而发展。”亚当斯女士不相信“卡莱尔的观点，即人民必须由伟人的经验、睿智和美德引上正确的道路”。她的信念正好相反。无论是政治的还是理智的领导人，在她看来，都是普通人民利益的受托人。他们有义务和责任将普通人的冲动形成明确有效的表达形式，她将这种关系概括为“伙伴关系”。如果简·亚当斯今天与我们在一起，她的声音和笔触会告诉我们，在两次世界大战之间的这些年发生的事件如何加剧了这样的罪恶，如果领导人背叛了对他们的信任，就必定引发这种罪恶；这些事件迫切需要这样一些人性化的进程和机构，只有它们才能为这一被悲惨地分裂的世界带来持久和平的希望。

弗罗里达，基伟岛

1945 年 1 月

二元论与原子裂变

——原子时代的科学与道德①

199 原子裂变和原子弹的制造带来了紧迫的问题和长期的问题。紧迫的问题自然吸引了公众的关注和讨论。因为它涉及上述发现与发明对全人类——无疑包括我们自己——的安全产生的迫切问题。由于原子弹表现出的摧毁性能量超过了世界曾见证过的最大范围的人类毁灭场景,这一紧迫性不断增长。具有讽刺意味的是下述事实:作为战争期间的安全手段而开发的工具,冷静下来看,成为人类所能想象的对于安全的最大威胁。

长期问题涉及自然科学实际的和潜在的地位和应用,涉及人类目前和将来生活中的工业生产技术是否真正符合人性。科学和技术的特殊发展是新事物。但它仅仅是过去科学和工业发展的成就。特殊发展的成就的确是新颖的,非常新颖,以致似乎在感觉上是空前的。但科学和工业取得的成就一直在为新事物进行准备,因此其中根本没有新的或空前的东西。更重要的是——向人类提出的问题中也没有新的或空前的东西:系统地运用自然科学的资源,建立在这种运用上的工业要为人类带来安全和幸福,而不是带来不安全和毁灭。原子弹的出现将这个一直存在的问题典型化并加以突出。科学和工业技术自身出现太晚,
200 不足以成为我们文明的更基本的条件。它们一直被作为外在的东西加于制度和习俗之上,制度和习俗非常古老,因此无法轻易进行根本的改变。

① 首次发表于《新领袖》(*New Leader*),第28期(1945年11月22日),第1、4页。

简言之，作为科学发现的原子裂变和作为技术发展的原子弹制造，使长期以来一直零散地发生影响的事件成为聚焦点。这些事件自从17世纪科学革命和18及19世纪工业革命以来不断发生。目前这些事件到了紧要关头，后来的发展作为先前事件的总和，聚焦于我们以前没有看到——在某种程度上也不想看到——的趋势。理智的人从今以后都不会不注意到，我们时代的自然科学和工业技术与我们依然赖以生活的传统道德价值观和价值目标相脱节。

习惯上，人们会为上述脱节安上“文化落后”之名。当然是这样。但仅仅称之为落后，会使我们看不到这样一个重要的事实，即这一落后带来了下述两者之间可悲的分裂，一方面是人类特有的东西，另一方面是我们仅仅列为物质的科学和技术。只要这种分裂存在，科学和技术就会很容易以非人性的方式运作。在早先的岁月中学会发话的呼声，因此正喧嚣地将整个现代罪恶归于科学和技术方面。他们说，这些东西本来就处于物质的、非道德的层面，它们为人类带来的运用和享受诱使人们不去关注更高层面的“精神性的”事物。他们说，唯物论者因此被允许侵犯他无权进入的领地。补救方法是使自然科学和工业技术严格服从他们称之为“道德”的东西，无论人类生活所有方面发生怎样的巨大变化。

人们会，或必须同意，某些事物肯定出了问题。但我们必须从根本上不同意
借以实现生活整合的上述信条。一方面，科学和工业革命不是后退。假设依靠 201
主要针对情感的劝说便会导致对绝对道德原则的服从，那是没有意义的。这一方法明显是无力的；不论这种方法以前的效果如何，它正在失去一度拥有的传统、习俗和制度的支持。而且，由于科学和工业这种被谴责的发展的实际效果，这种方法已经失去了支持。另一方面，这一方法的无力如此明显，因此下面这种人更起劲了，这些人主张我们唯一的拯救是回过头来顺从地接受外部强加的权威；那样一种事物在蠢蠢欲动，那种事物据说垄断了人类有序生活所依赖的更高的道德和“精神的”真理；尽管它在我们面前早已证明是无效的。

这后一群体的断言提出了具有根本重要性的问题：我们遇到的混乱和冲突在多大程度上源于我们在变化条件下被要求向之回归的学说？因为后者的主要原则之一就是，就事物的本质而言，因此就其是不可克服的而言，“物质性的”东

西和道德与理想的东西——委婉地、带有情感地说即“精神性的”东西——之间，存在着根本分裂。这一分裂的实际结果恰恰就是当下需要战胜的大量罪恶。

如果上述分裂仅仅是贴上哲学标志的东西，它就太微不足道了，不足以造成后果。但这一分裂的理论阐述源于对已经建立的制度条件进行理智表达并为之辩护的尝试。当世界上的劳作由这样的人完成时：这些人即便不是奴隶或农奴，也是在政治上被剥夺公民权，在经济上被剥夺和丧失权利，在道德上是可鄙的——那么他们的仆人地位将不可避免地反映在下述观念上，即他们拥有的事物和方法天生是低级的。工业技艺是习惯的东西，要由从事这种技艺的人以学徒身份来获得；而“理性”和真正的科学则被当作只有高层群体才具有的能力。

202 工业技艺或技术今天成为发明的产物；而只有通过高度知识化的（或“合理的”）程序支配才能获得科学洞见，是这种洞见使发明成为可能——这一事实在原子弹问题上得以充分证明。但如下所述也依然是事实，即由于教育的缺乏和经济上的劣势，大部分工人不能分享作为他们工作依据的知识。认为这一从属关系可以被更系统地服从外部权威来改善，就是认为罪恶可以用强化罪恶来改良。下述说法依然是事实，即尽管依靠政治解放废除了奴隶制和农奴制，但世界上的工人基本没有享有对他们工作的支配权。现实的制度条件依然渲染并支持下述哲学，即将物质与心灵（即便针对“物质”的实际操作是理智的理解力的表现）、自然与人、科学与道德相分离的哲学。这时，由这种哲学提供辩护的实际状况，就是我们时代的主要问题和危机的根源。

这一切对原子弹有什么影响呢？令原子弹能够威胁人类的安全与幸福的这种情况，在原子弹只是梦想的时候就威胁着人民大众的安全。由于原子弹会增强破坏力，真正需要担忧的东西，是造成阶级、群体、种族、宗派分裂的东西，这些东西又反过来造成了对武力的追求，将武力作为解决纷争和冲突的手段。摆脱困境的方法不是回过头去服从这样一些所谓的权威，他们代表着使我们持续遭受这种现实分裂的教条和制度。摆脱困境的方法是，促进我们最佳的科学程序和结果的应用，使它们能在人类道德价值观和道德关怀下运作，而不是外在于甚至反对这些价值观和道德关怀。现代人的任务，是尽一切努力认识到，现在我们掌握的无限的技术资源并不只限于下述目标——这些目标已经降低到仅仅是某种低级意义上的物质或功利的目标——而是要系统地用于为人类谋利益，即普遍的共同的安全与幸福。

最根本的和最首要的是:如果原子裂变以及制造原子弹的技术还不足以告 203
诉我们,我们生活在一个变化的世界,因此我们人类关系的组织也必须变化,那么情况真可谓是毫无希望了。

无序的世界还是有序的世界？[①]

204 我们时代的悲剧，是地球上的每一个人实际上都属于一个世界单位，而没有成为世界社会的成员。社会只存在于有法治的地方；只存在于管理手段能够对人们之间的分歧进行调解或作出公断的地方。现在解决纷争的手段是战争；不只是这场或那场战争，而是渗入并影响地球上每个民族生活的各个方面的战争体系。这个战争体系是偶然的，因为它为事件趋势所裹挟。这个战争体系是不可预见、也不可选择的。人们也不能有所准备地去应对由未加预警就掌控世界的新的力量所带来的大量问题。

在过去的一个世纪中，世界各国以各种途径变得更加相互依赖，密切联系在一起。这一变化是到目前为止人类整个历史上最大的变化。这一变化来得如此之快，使得旧的传统、风俗、制度、情感和信仰的习惯、根深蒂固的忠诚，都不能为应对这一变动的场景提供可以使用的工具。这些东西使我们无力应对与这些传统和习惯密切相关的问题，除非传统和习惯被改变。我们的思维、道德和情感状况、我们的生活方式——所有这一切仍然处于历史上早期阶段的状况，那时地球上的各个民族事实上是孤立的，只有少数的接触和交往，只限于与相邻的国家接触和交往。战争相应地也是局部的战争。

将那一时期与我们的时代比比看。变化具有悲剧的特征，这表现在下述事
205 实上：在短短的四分之一个世纪中，全球范围的战争两度发生。一个其各个部分密切相关的世界，却又无法保持这些部分不发生冲突，这样的世界实际上是处于

① 选自纽约哥伦比亚大学巴特勒图书馆(Butler Library)珍贵图书与手稿藏书室的打印稿。

无序状态的。

这种无序世界的状况在对全球长久的战争威胁中表现得最明显。但这种威胁只是由于缺乏法治、缺乏以和平方式进行调解的必要手段而引起的全球混乱的征兆和证据之一。战争的破坏性大大增加了。原子弹就能摧毁地球。有组织的研究利用了所有科学的资源，制造了原子弹这种致命的大规模摧毁性工具。然而发明和科学研究也是知识的产物，如果我们愿意，知识对于大规模的持久建设是有用的。包含在这一完全颠倒的价值观中的曲解和变形是下述混乱的有力证据：当世界成为一体时，却发现自己处于这种混乱中，它既没有手段也没有工具来创造或维持一个世界社会。

正因为如今战争的条件和结果是新的，所以世界人民必须有一种新的思考、计划和行动的方法，来应对原子时代强加于我们的生存环境。战争对自然、工业、文化、道德的破坏的严重性非语言所能表达，必须以同样重要的建设性努力来应对和遏制。文明不能在废墟中传承，必须唤醒大范围的斗争，发起更大规模的联合的善意示范。旧时代的外交、权力集团、权力政治以及国际法，它们本身就是现代战争的受害者。它们像前膛装填的老枪一样废旧无用。我们面对目前自身的危险情况闭上了眼睛，更糟糕的是，面对后代的危险也闭上了眼睛。假如我们秉持这样的观点来行动，即形势的严重性仅仅要求我们更努力地为下一场战争的胜利作准备，那么我们只会加剧早已存在的分裂。

II

全球各国人民，不仅是政府官员，都必须对下列问题找到有效的回答。世界 206
政府是可能的吗？它将如何产生？是依靠某一国家单方面强制的行动，还是依靠普遍合作的行动？它的手段将是什么？表达世界社会需求的法治想要用和平与安全取代今天的战争体系，为了实现这一目的，这一世界政府的职责是什么？这些问题都是迫切需要回答的；极其严肃地直面这些问题是势在必行的。它们不是抽象的理论问题，而是最实际的问题。如果不能找到积极的回答，我们就会找到通往新的最后的战争的道路，说它是最后的，是因为它将标志人类的毁灭。只有纯粹的犬儒主义和失败主义才会否认创造一个能够起作用的世界政府的可能性。当今失败主义的道德祖先会轻蔑地宣称，对于像我们今天的美国那样大的地域，法治是不可能的。他们会说，在家庭和小范围的邻里之外，人与人之间的相互摩擦是没法消除的。

在一个国家的国内事务中，当然可以肯定，缺乏法治是不可想象的。法治是共同的，必须不分特权平等地运用它，这就如同法治本身一样重要。或许更重要的是，任何巨大的政治力量，在所谓的和平时期，都不怀疑大规模策划战争的实际可能性；而在实际的战争时期，策划几乎被用于生活的每一个细节。如果各国人民——特别是统治者——致力于将正被用于策划战争的物理的、智力的和道德的力量用于策划可持续的和平体系，那么他们就会达成世界政府。向失败主义投降是放弃理智。放弃这方面的斗争足以令文明濒临危机。

然而，正如我们必须拥有无保留地参与斗争的意志一样，重视这一事业的巨大困难同样是必要的。

207 我们如何创建世界政府？我们将占据哪里？以什么手段、在什么样的支持下，来迈出第一步？这件事会被委托给某一国家吗？或者，世界形势是否是这样的，即只有所有国家的共同努力才能成功？

记忆和传统看起来曾经为这样一个信念辩护，即相信强大的国家独自就能建立世界和平——即是说，依靠它自己就能实现和平。这里的系统是征服的系统。我们的这些记忆来自亚历山大大帝（Alexander the Great）发起的战争的短暂成功，来自独裁者们(Caesars)统治下罗马帝国那较为持久的和平。我们还有一种印象，神圣罗马帝国时教会的权威和政治上的皇权在整个西欧创造了一种道德统一，遍及当时所知的整个文明世界。

拿破仑依靠武力统一欧洲的失败，以及最近法西斯主义轴心国试图创建世界秩序的失败，表明创建世界秩序的这种方法可能会被证明是奢侈、虚幻的梦想。

为什么今天一种单一的力量通过纯粹武力统治世界是不可能的？这是因为世界环境条件已经急剧变化。过去，不同的政治单位的人民很少相互接触。甚至战争对于人民的日常生活也只意味着统治者的变动，除了必须交纳贡品的对象变化之外没有什么不同。今天各国人民之间的联系非常多，非常密切，因此某个国家的强制统一行动会带来无法忍受的痛苦和扭曲。试图使不同国家人民的生活服从某一国家的模式，是完全违背人们已经建立的价值观的，会引发顽强的反抗和对立。

即使由于武力而实现了外表统一，这样的结果仍远不是社会统一体。它只能靠进一步使用武力才能维持。它只是战争体系的无序状态的延续，提供的仅仅是有名无实的和平与安全。服从的各国人民的效忠是非常勉强和有限的，因此毫无意义。梅特涅(Metternich)在政治问题上远非不愿使用武力，他曾经说 208
道，一切都可以用刺刀解决，只要我们不仅仅依靠刺刀。

拿破仑的征服战争大大推动了欧洲国家主义的发展，这是一个大家熟知的事实。民族国家已经形成。但抵抗外国统治是将事态转变为观念和理想的重要因素。当发生这一转变时，国家主义作为自觉的原则趋于将从前分散的政治和社会力量联合在一起。

19 世纪后期及 20 世纪的前四十年见证了亚洲各国人民中发生的同一件事。他们改变了地域共同体的文化而非政治的松散聚集，形成了以国家主义为目标的政治组织。外国武力征服的威胁促成了将许多地域维系在一起的整合。随之而来的是建立一个强大的中央政府的努力。拥有政治、法律、经济和军事机关的中央政府在国家主义之前是没有的。中央政府和国家主义是外部压迫的产物。对这些机关的依赖出于保护上千年中习惯的熟悉、亲切的生活方式的需要。

生活方式比起政治联系根深蒂固，但生活方式能够与政治联系彼此熔合。当它们确实熔合在一起时，便形成了像岩石一样稳固的东西，在它面前，试图以强制的武力创建世界秩序的企图被粉碎了。国家主义具有两面性。一方面，它由无形的锁链所构成，这些锁链构成了特定的社会群体所特有的道德和理智传统及观念。作为整体，它们具有文明之名；这是下述事实之名，即存在着一种由于长期适应形成的极为根深蒂固的生活方式；这种生活方式造成了一个民族的本性；这种本性极其坚韧，经常至死不变，因此足以抵御外部摧毁它的企图。

现在已经非常清楚，只有各国的自愿合作才能创造一个世界社会(从而继续这样一个进程，使狭小的地域性的社会单位放弃它们的孤立状态)；剩下的问题是能够克服障碍的手段和方法是什么。这些障碍中最为明显的是国家主义的排外和侵略性。就其包容的方面——更广泛的社会秩序和组织——而言，国家主义构成了积极的进步。世界社会自身若想成功地保持完整无缺、不受挑战的持 209
久和平与安全秩序，就必须保持这一进步。世界社会的确要为其价值观提供额外的保护。否则，它将不能博得世界人民的忠诚的支持。它会在不稳定的平衡条件下坚持一个时期。但最终它将走上这样的道路，即求助于由纯粹的武力优势建立的世界秩序。更大范围的利益共同体不可能由消灭原有共同体中的信仰、行为和相互支持这样的否定性进程来实现，这些共同体背后有数百年的忠诚在支撑着。没有植根于共同体中的这一基础，世界政府就会成为不稳定的存在。如果这样一个政府想要获得全球人民衷心的支持，就必须积极获取民族国家的力量，作为实行它自己政策的可依赖的机构。只有当这些政策赋予民族国家的社会价值观比它们目前所拥有的更能确保繁荣和机遇，世界政府才能获得全球人民的衷心支持。

考虑到战争体系给各国带来的负担，这一条件应当相对容易实现。即便在一开始，世界政府获得普遍支持主要是由于它能减轻战争体系带来的负担；假如这一世界社会还会继续运转，那么情况就不会有什么不同。因为即使减轻负担是由世界社会来促成的，它也会使各国可以做它们想做但只要生活在战争体系的阴影下就不能做的事——结果将会培育积极的效忠。不可缺少的就是要有一个开端。

促成更包容的社会组织的运动悲剧性地经受了两次破坏性的世界大战，由此这一促成民族国家诞生的运动被粗暴地阻挡在历史进程中。

人类历史上的危机

——退向个人主义的危险①

没有比《评论》杂志的编者提出的问题再紧迫的问题了。在讨论中给出的回 210
答实际上很重要。因为在公众探索中表达和发展的态度不可避免地成为实践答案中的真实成分。这一态度是后来表现得更切实并更公开的活动的第一阶段。信仰态度形成的最初阶段通常都不被加以考虑，似乎这一阶段只是理论的、与某种被称为实践的阶段相对立的阶段。但没有比正确地提出问题更具有实践重要性的事了。如果从错误基点出发，就会累及我们在以后阶段的行动。

这些考虑是中肯的，因为它们不是凭空设想的。已经有错误地提出问题引发危险的证据——这会扰乱而非指引行动。危险由将“个人的”与“社会的”相互割裂开始，又以发现它们的相互对立而告终。这就忽略了下述明显的事实，即不断受损害的是完整的人，而不是孤立的个人或抽象的社会。

个人的与社会的至多代表人的特征；而且，这些特征是整体的一个组成部分，因此它们只是人的实际存在的两个方面。人们的特异的、独有的，或个人的特征无疑受到贬损。而构成这一贬损的事件是人们由之团结在一起的纽带遭到
的贬抑和侵害。这些“社会的”纽带不存在于“个体”之中；它们完整地存在于人 211
类天性之中。它们与标志着一个人与另一个人之差别的特征相联系，这种联系非常普遍，非常密切。因此，只有全面看待这种联系，人的个别特征才能被理解，也才能被有效地应对。

① 首次发表于《评论》，第 1 期（1946 年 3 月），第 1—9 页。

用"人类"来取代"个人"实际上是我关于摆在我们面前的问题要说的内容的一半。"个人的"与"社会的"一样,都只是个形容词。每个词都是人类组成和发展所固有的东西的名称。"社会的"是一个形容词,这至少作为语法事实,是通常都认识到的。但是,"个人的"(individual)通常似乎被当作是一个名词,本质上代表一个实体。如果有人寻求这一说法的证据,他只需要注意到加定冠词的"个人"(*the* individual)在目前讨论中出现得多么频繁,再看看如果用"人类"(human being)一词取代其位置会怎样。这种替代本身不能保证提出问题的正确方法。但它至少可以使我们认识到,"社会的"特征,就其关乎人类联系的方式而言,必须得到重视。

说这一问题是发生在作为整体的人类身上的,而不是发生在"个人"(或加定冠词的"个人")身上,这两者之间的差别并不是语词上的。你可以设想任何一个人。如果具体地而不是抽象地看待他,就会看到他生来就非常无助,因此为了生存就必须依赖他人。我们几乎羞于提及一些事实,这些事实非常明显,因此似乎不可能被系统地忽略。我只列举一个。倘若忽略对语言和其他相互交往的工具的说明,那么人类理智的发展、甚至特异的或个人的能力的发展都是完全不可想象的。以具体的方法去看待一个成年人,你必定立刻会把他放到某种"社会的"联系和职能的关系中——双亲、公民、雇主、工薪族、农民、商人、教师、律师、好公民、罪犯及其他。避免空洞的语词抽象(大写的个人和社会就是例证),不将它们
212 转变为实体,这样一来"社会的"显然就指称着每个人都固有的属性。让思考超出直接的显见之物,显然社会的一词是联系的多样性和范围的简略表达,这种联系是现状的决定性条件,而现状是由个体的或特异的能力达到的。

上述一切都表明,人类作为"个体"而言存在着严重的——甚至可悲的——危机。它断言,就个体在复杂的联系之网中的状况看,同样存在着危机,一个危机不能与另一个危机分开来看。我想在这个一般论述基础上再进一步。在为由现在的危机公开显现的这些因素辩护并强化这些因素方面,在它们之间引入分离的习惯起了强大的作用。就其影响了共同使用的语言而言,以个人主义为名的这一运动很大程度上应对在人类联系中出现的混乱负责——这一混乱是当下人类所遭到的贬抑的根源。

这些评论包含着我要说的另一半内容。个人的与社会的之间的分离和对立,其根源在久远的历史中。它始于人与"另一个世界"联系起来而不是与现世

的同伴联系起来的时候。但假如没有被新的历史因素强化，它不会在我们时代的危机中达到顶点。这一危机明显地表明了一直被掩盖着而实际上发生着作用的要素的关联。这一危机是长期以来一直分散的力量积累聚集的表现。不去很好地回顾过去，我们就不能把握危机的意义；不去很好地预测未来，我们就无法判定如何去面对危机。最后我要补充的是，只有当我们摆脱狭隘的地域和时间限制，以长期的历史的眼光来看，我们才能理解这一危机。

不然的话，我们将只涉及症状。我们将允许这眼前直接的、紧迫的东西阻塞有着世界范围与若干世纪跨度的场景，这场景赋予这些太现代的事件以意义。我一直把这里提出的两点称作同一整体的两半。被置于相互对立位置的所谓个
人主义和社会主义的东西，也必须被置于它们长期的历史全景中来看。个人主 213
义运动先于社会主义运动，并由于其反作用激起了社会主义运动，这一个人主义运动本身说明了注意事件的长期发展的必要性。不论我们考虑到其早期有助于自由的方面，还是它后来的破产，这一说法都是正确的。

以这种方法来看，自由主义在其早期阶段表现为一种解放运动。它解放了人类生活的种种环境条件，唤醒新的力量对压迫制度——教会和国家——的反叛。然而，人类生活的新形态没有被看作一种新的社会的制度安排，在其中个人或特定的倾向和利益都获得了解放。旧的传统和制度一直具有极大的压迫性，而不是有组织的生活的支持者，这些传统和制度被等同于“社会的”。自由在很大程度上被看作“个人”摆脱“社会”。这一趋势首先最明显地表现在自然科学的新发展方面，表现在化身为旧制度的信仰努力以暴力镇压自由方面。后来生活中政治和工业及商业方面的事件延续并强化了下述信仰，即社会组织是人类启蒙和进步的敌人。个人成为了绝对的。

在许多领域，暂时的解放掩盖了不断发生的分崩离析。特别是在产品生产和分配方面，新运动的执行者和管理者有效地宣告，他们是解放力量首要的不可缺少的代理人。工业、政治和宗教中长期以来的封建习惯所造就的限制性结果帮助和支持了他们。但在注意个人主义运动的崛起和破产的历史过程时，没有比忽略下述问题更大的错误了，即忽略了在自由放任的自由主义事业中某些宗教传统的遗产所给予个人主义的重要的道德支持。这些传统教导说，人生来就具有属于个人的灵魂，因此人只是与超自然的存在具有本质的联系，而他们的相互联系只能通过这一超自然关系的外来媒介来实现。

214 新的环境与旧的传统之间的冲突和联合，有着奇特的关联。在这种关联中，旧传统的道德和宗教的特征被充分调动，给予了新的环境、特别是工业环境中许多非人道的东西以支持。没有对于旧传统与新环境的深层联系和公开冲突的说明，就不能理解加定冠词的“个人”的双重人格。这一冲突表现为逐步破坏宗教、工业和政治方面的旧的制度安排。但要将一个特定的“社会的”组织中的对抗转变为“社会”与“个人”的固有分离，转变为在这一对立中至尊、权威和特权对于“个人”的规定，那么除非个人自身认同包含在宗教传统中的道德个人主义的宗旨，否则这一转变是不可能发生的。

II

教会与国家的剧变是长期以来人类联合的制度形式崩溃的条件与结果，倘若没有构成工业革命的事件，这一剧变就不可能采取它们所采取过的形式。在旧纽带的断裂中，可以发现对于上述事实的附带的然而有意义的例证，而旧纽带的断裂源自许多民族的人民从原有的土地向更广阔的地域移民。紧接着就是宗教力量和政治力量的联合，以后这一联合又附加了经济改良的愿望。最终的结果表现为个人自由的创造性的释放。但是，打破旧纽带所伴随着的变化，倘若没有新科学的发展和新技术的作用，是不可能发生的。在科学、宗教、政治和工业动力及运动的熔合中，个人最终获得了优势。而且，个人以一种特殊的经济形式获得了这种优势，在这种经济形式中，有地位高下之分的封建模式重新以下述伪装形式出现，即在雇主和被雇佣者之间的自愿的“个人”协定，不再带有封建主义的固定化特征。一个世纪以前，卡莱尔赋予这一社会安排的特殊表现以恰当的名称——“金钱往来关系”(cash-nexus)。但同时，他赞扬英雄，轻视群众，在他的
215 文字里群众的含义是惰性的团块，他的这种褒贬生动地说明了旧的压迫性的制度主义与新的“个人主义”的联合。具有讽刺意义的结果是，只有金钱往来关系，依靠工业资本主义以其征服英雄的能力，被带入了持久稳定的状态。

无疑，新的个人主义以释放发现和发明的力量为标志(这是人类个体或“个人”的真正特征)。但需要说明的是，他们在促进冲突、不确定性和恐怖中所起的重要作用，正是这些冲突、不确定性和恐怖制造了“社会”形成极权主义形式的反作用力。由于在舆论现状中这种极权主义不能被过于经常言及，因此极权主义的集体主义似乎是突然发生的；但它实际上只是突破了之前个人主义阶段的外

表，得以公然表现出来。

足够详细地说明片面的“个人主义”运动如何变为同样片面的“社会主义”运动，需要的是一卷书而不是几段话。我从波拉尼(Polany)的《伟大的变革》(*The Great Transformation*)中比从其他资料中更多地了解了有关这方面的问题。这本书详尽地表明，由流行的“个人主义”学说所辩护的政策如何制造了一个又一个的罪恶，对于这些罪恶需要特殊的立法机关和行政措施来确保防止人类利益受到毁灭性的威胁。这些“社会的”措施的累计效果非常大，因为它们是被零碎地进行的。每项措施似乎都是孤立的，被仅仅当作是对某些危险或罪恶的特殊补救措施，而那些罪恶也被孤立地看待。

在这种联系中，即便为了对于事件有一个基本理解，看到下述问题也是很重要的，即不只是俄国，而是所有法西斯国家，都声称是“社会主义的”，都声称从事保护他们的广大成员免遭那些以自由主义和民主主义为名的“个人主义”措施的侵害，后者已经使民众陷入了一种悲惨的不安全的状态。将社会主义者置于与自由主义者截然对立的地位，并不是法西斯主义和极权主义的创造。它是放任的“自由主义”的直接遗产，这种放任的自由主义妄称保护人类“个体”免遭有组织的社会的压迫。商业和金融方面的所谓“自由的事业”被与自由的本质等同。 216
下述情况已经变得很明显了，即这种自由的最终结果是工业低迷的再度发生，每一次都比前一次更为严重。在这种情况下，人类大众又回到不安全的恐惧的状态；几乎不用奇怪，已经习惯于依赖更高的政治权威的各国人民宁愿选择允诺某种稳定生活的“农奴制的道路”。我们拥有技术手段来建立恰当可靠的生活标准，这一事实点亮了我们的预期——尤其是当它被看作一个选项时。

III

表面上肤浅地看，这一变化是突然的。它使世界毫无准备。正是这一表面上的突然性，使得这一变化植根于过去这一点更值得注意。如前所述，西欧普遍接受的宗教起着重要的作用，因为它教导说，每一个人都是“精神性的”实体，因此从根本上看，他与其他人的联系只存在于这样的媒介中，即以与至高的超自然的存在——上帝——的联系为媒介。于是，人自身之间的联系是外在的和肉体的，而不是道德的联系。的确，人的“自然的”状态是非常世俗的，因此其自身是道德的恶的根源。在他们的自然的和世俗的状态中，他们分有着人类的堕落。

只要单一的教会制度统治西欧的生活，它就会宣称拥有填补这一道德真空的手段并行使之。新教异议的兴起致力于释放其潜在而基本的“个人主义”。

这一孤立主义远非当代危机仅有的道德根源。在古希腊哲学中就已经设立了仅仅是工具的东西与仅仅作为目的的东西之间、“物质的”东西与“精神的”东西之间的鸿沟。在早期和中世纪基督教中，这一分裂不再是哲学问题，它被作为已获得的习惯态度来坚持。这一纯粹的手段与纯粹的目的的分裂，在将人类经济生活——仅仅因为它是“物质的”——归为粗鄙的这一点上最明显地表现出
217 来。但它也影响到政治生活方面，除非政治生活明确地在教会制度的统治下——因为教会把自身看作追求更高的内在的“精神的”价值的唯一代理者，而这种价值自身就是目的，是至高的、终极的。可能没有什么态度比将一切经济的东西都仅仅看作工具更为司空见惯了，这一态度认为经济的东西只与“物质”有关，因此对它的教化只能从外部入手。随着工业的、商业的和金融的因素在人类实际生活中的重要性不断增长，这一学说的有害程度也随之增长。

这一学说及其实践以一种特殊的方式联系在一起，增强了对孤立的个人主义的信仰。例如，康德教导说，每个人都是“自身的目的”。这一教导的目的是高尚的。它被用来反对德国的专制。它被用来迎接并支持在美国革命和法国革命中崛起的共和趋向。但作为一种“理想”，它是在下述意义上提出的，即“理想”意味着与实际完全分离。它被称为“本体的”，与“现象的”和“经验的”东西形成鲜明对照，这清楚地揭示了它直接来自超自然的东西与人的分离这一血统。反对将某些人贬低为仅仅是服务于另一些人的利益和权势的工具，这是一回事。但人只是自身的目的、绝不是服务他人的工具这一学说相当于批判所有将人们维系在一起的合作关系。①

表达下述学说并被这样一种学说辩护的实践是当代危机中持存不变的部分：根据这一学说，固有的仅仅作为工具的东西与固有的仅仅作为目的的东西之间有着明确的分离；这一学说还教导说，这一分离覆盖了人类生活的整个经济领域。

---

① 虽然康德的表述不允许将人仅仅作为工具，但高于感觉的目的和出于自然的手段之间的二元论，在他的哲学中随处可见——这种二元论导致这样的观念：孤立的以自身为目的的人构成了共同体。依赖这一途径，人们不同的个性赖以发展的实际经验、共有的联系，是不可能被理解的。

经济问题与政治关切的密切联系是生活环境中的显著事实，这一事实的存 218
在不需要证明。极权主义的社会主义是放任的自由主义——它声称政治从属于经济——的正当结果，也是对放任的自由主义的反动，这并不矛盾。

生产、商业和金融方面的经济活动是由许多"个人"以他们个人的能力展开的，这可能是现代生活最成功也是最有害的神话。它的恶主要在于它与下述观点的结合，即认为作为手段的东西是与作为目的的东西——正如"以自身为目的"这个短语所说——相分离的。实际上手段是并且是唯一对产生的结果起作用的东西。要保护实际经济条件下人的实际活动结果不受人文或道德术语的判断，没有一种学说像下述观点那样有效，即认为这种行为结果仅仅是手段，仅仅是物质的。人类经济方面的联系决定着人类实际生活的环境。这一决定包括分享积累的文化价值观和为文化价值观的进一步发展作贡献的有效能力。"以自身为目的"将目的得以实际达成的现实条件都分离了出去，这使目的成为乌托邦、成为无力的，使得由使用手段引发的实际环境成为不公平的、非人性的。

事情发展的结果足以令我们将注意力集中于允诺救济的一切措施。手段与目的、物质与精神、经济与道德的分离支撑着产生这一结果的文化条件，这种分离可以在人类历史上追溯很远；任何解释倘若忽略了这一事实，肯定会在诊断当代危机方面犯根本错误。试图以向"个人"的良心进行道德说教的方式使工业、商业和金融业（即人类实际生活的条件）道德化，只是在敷用情感的膏剂。另外，"社会的"管理行为表现为纯粹的钟摆摇摆，从极端的"个人主义"立场加速摆向目的与手段、物质与精神分离的老路。

对于现状的一些报告早已提出，现状的弊病应该召集下述一些人来医治，他
们既掌握有效行动的"技术"，又掌握精神顾问的"道德"。这等同于下述观念，即 219
具有精神障碍的人应该由一位医治"身体上"紊乱的人和另一位医治"心灵"或"灵魂"紊乱的人来照顾。在两种情况下，我们都需要站在认识到人类统一性的立场上来进行报道和应对。需要一种来自两方面的社会治疗，这一观念有了一些进步。但仅仅在这样的潜流之上它才有实现的可能，即持续地合作考察人的整体构造和功能。否则就只是导致烦恼的古老分离的延续。将一个孤立的因素加到另一个同样孤立的因素上不能弥合内在的分离。

必须以更广阔的眼界看待当前危机的一个进一步的但密切相关的说明，是由国家主义的事例提供的。任何读过约一个世纪以前的文学作品的人，例如读

过马志尼(Mazzini)的作品的人,都会意识到国家和国籍两个词一度承载着美好的人道的热望。它们在过去既被用于反对长久以来建立的以地域和省为单位的狭隘性,也被用于反对拿破仑试图实现的无差别的统一。它实际上既反对18世纪理想主义者的无基础的世界大同主义,也反对新生帝国主义试图实现的罗马式的统一与和平。这两个词被作为传统的、渴望中的共同体的重要代表:这一共同体由所有构成其共有文化的因素所组成,而这种共有的文化是由自由的相互交往产生的。为了更大范围的国际共同体——即人类——的利益,国家共同体要相互合作,每一个国家都将其道德资源付诸人类的共同储备,以其多样性丰富这一统一体。

今天,国家主义在很大程度上是侵略性利己主义集体的同义词。各国人民以他们自己国家的扩张能力来衡量自己的国家,"强国"就是独自能够保护自己安全的国家。从以对整个人类幸福和进步的贡献作为衡量一个国家的标准,到以扩张能力作为标准,这一变化是巨大的、破坏性的。

国家生活的实际环境,由一个接一个新的经济力量与老的政治和军国主义
220 制度的联合体来接替。后者获得了它们从来没有过的影响力。前者在很大程度上偏离了它们能够提供的人类服务,而转变为压迫的力量。它们周期性地转变为活跃的破坏性力量,每一轮新的战争都比前面的战争更具破坏性。旧的制度和习惯捕获了新的力量,这极大地巩固了它们为恶的能力。原本热烈地期望商业的发展会创造一种相互依赖,这种相互依赖能够并且可以广泛协调各种利益并增加相互信任;但随着情况的发展,期望变成了这样的处境:人类以"国家"形态生活于无边的恐惧之中。

战争是最古老的人类惯例之一。它与人类组织结合为各种政治单位,这种结合也同样古老。战争所到之处,人类个体的神圣不可侵犯性从来没有得到保护。战争和军国主义政治就其趋势而言本质上是极权主义的。

近来的形势不外乎是对于这一事实的极为强有力的证明。但这仍然是用孤立的新因素不足以解释的。"社会的"因素捕获到了新的力量,并用这些力量贬低并亵渎人,这种社会因素伴随着人类历史。发明并操控自然力的"技术"将一种空前压制和毁灭人类价值观的力量用于战争和国家进行的战争动员。但这些被强化的因素本身是古老的。

尽管我说过要防止误解,但很可能一些读者会认为,我对宗教、道德、政治和

经济“个人主义”的批判，是在求助于“集体主义”、政府管理的“社会主义”。其实这一批判直接针对的是个人和人类整体诸方面的分离。在法西斯的意大利、布尔什维克主义的俄国和纳粹德国，极权主义事实（向一切能够并愿意面对事实的人）证明了，从一极摆向另一极只是古老分离的有效重复，变化的只是它不可避免地使用的压迫方式。然而，现在有许多迹象表明，对极权主义“社会主义”的明显罪恶的反对，是在摆回扩大某些被称为“个人的”东西，尽管这时伴随着对“经 221
济的”个人的厌恶和“精神的”个人的理想的崇尚。某种被称为“人格主义”的东西正在被提升为极权主义可选择的东西，特别是在片面社会主义信条的受挫的皈依者中间。结果是得出这样的观点，他们中的一个人用这样的说法来表述，即将“独立的实体和终极的价值归于孤立的个人”！显然，一度的专制主义者，始终是专制主义者。外衣改变了，但仍是一元论的剪裁和款式。

只有当用多元的观察取代批发来的、在哲学上以各种一元论命名的伪观察时，我们才能够理智地理解并制定政策。有各种各样“个人的”特征，实际上，如果我们认真地考察“个人的”一词，有多少“个人”就有多少“个人的”。如果认识到了这一事实，我们就也会认识到，谈论经济的或精神的“个人”是荒谬的。我们会与特殊而多样的环境相联系，在这些环境下特征千差万别；在多样的条件下这些特征才能令人满意地发展而非受到扭曲、妨碍。同时，主张个人是终极实在和价值的观点，如果认真加以考察，会导致无限的利己主义，这种利己主义并不适于贴上“精神性的”标签。

使用“社会”和“社会的”来批发一元论术语的习惯（不论褒贬）同样是有害的。有各种各样的关系。强盗在一种关系中是非常“社会的”，而在另一种关系中是反社会的。在用对人类关系的特殊形式和模式的认识取代仍然在很大程度上统治着社会学理论各个方面的抽象概念之前，我们对人类生活中的关系的考察与思考，不会接近在物质方面取得并仍在取得的进步。阅读电话地址名录会使我们注意到人类关系的巨大变化，注意到他们那广泛的相互关系，比起阅读许多学术作品更能证明“个人的”与“社会的”这一主题。

如果我说的话被用来表明这样一种信念，即摆脱当前危机的幸福前景是一
定或非常可能的，那么我就会被完全误解。因为我所说的仅限于这一要点：在本 222
无分离之处引入分离，这会导致逻辑、心理、社会和道德方面可悲的后果。除了在严格限定的条件下之外，对于当前危机的可能结果，我什么都没说。我的目的

是说，只有根据事件的具体联系来看待这些事件，我们的措施才能产生出合意的结果。这一联系是出自长期历史延续和广阔地理范围的联系。人为地片面地将“社会的”与“个人的”分离，目前是以正确眼光看待这一危机的首要障碍。有迹象表明这种曲解仍在持续。

我以下述补充作为结束，在此我不为乐观主义提供保证；有的只是我们掌握的资源，如果利用这些资源，它们将带来有利的结果。不确定的是我们何时能利用它们。前述讨论涉及了人类的个人的、特异的、不同的方面作为所有发明和发现的源泉。这些发明和发现是所有深思熟虑的创新和变革的媒介。但发明和技术进步源于智力，只有在大范围的条件和结果中运用智力，才能决定发明和技术进步的方向，由此也决定着它们可能带来的问题。

涉及自然科学问题的智力已经认识到了这一教训。自然科学的发现及其在技术发明方面的应用自然依赖于全面系统的实际结论。这样一种程序肯定不适用于我们人类和人文活动的特殊领域。在这里我们为保证结果而引入的策略、使用的措施，是由非常不同的考虑事项决定的。概括地说，在人类事务中我们的发现、发明和技术根本比不上在物理学问题上掌握的发现、发明和技术。我们的人文知识相对而言处于婴儿状态。

人文知识和技术倒退的原因之一已经被指明。没有什么方法更能产生并确保目前在认识和实践方面那可悲的片面发展了，即将生活划分为物质的和精神
223 的，并把经济生活当作本质上更低下的部分。工业技术事实上独占了系统性观察和报告的整体。被撕成碎片的生活的其他部分，仍然在制度和传统的控制之下，这些制度和传统形成于静态发展时期，那时生活中的变化是偶然的，通常源于灾难。下述问题是无法回答的，即是否“当代危机归因于技术和大规模的计划”，这一问题并没有将因此而形成的独断的局限性置于思考的中心。将罪恶归诸“科学”、技术和大规模的计划，而非归诸被可悲地分割的人类生活的片面性和支离的环境，如此只会使危机长久存在并日趋激烈。

我们现在的一般态度是一种急躁和匆忙的态度。我们不倾向于“停下来思考”；即在观察中切近地接触倒退和前进。情感的反作用限制了我们对近在眼前的东西的观察。这种情感本身是正当的，正如它们在正常的人类身上是不可避免的。但是，这种情感应当被用于提升而不是阻碍广泛观察，增进而不是妨碍大规模的计划；这一计划在规模上足以将经济与道德和人文进行整合，努力赋予被

贬为物质的东西以积极的地位，以增进人文价值的安全，拓展人文价值的范围，将统一与团结带入我们的未来生活。如果有先知，倘若他们是真正的预言家，他们就会警告人们不要退向过去，他们会告诉我们怎样充分利用我们可以支配的新的资源！

解放社会科学家[①]

224 大约去年,《评论》杂志以"人的研究"为栏目,发表了一系列有关近来社会科学的文章。虽然这些文章涉及不同话题,但我发现它们趋于得出一个共同的结论。这一结论出自以下两方面,一是他们对其所洞察的社会科学根本缺点的批评,二是他们对改进社会科学的建设性意见。共同点是对社会科学目前"参照系"的狭隘性、约束性和有限性的警觉,这一"参照系"就是目前社会科学所运用的公理、术语以及它们在其中运作的领域边界。

或许我应该说明,当我要使用"社会研究"(social inquiry)这一短语时,我更喜欢使用"人的研究"(study of man)这一短语[和/或"对人类关系的研究"(inquiry into human relationships),或对"共同生活的文化"(cultures of associated life)的研究]。这些名称更好,它们不会预先决定研究的主题;而现在所使用的"社会"一词则意味着与"个人"相对立的某种东西。

在《用操纵来执政》("Government by Manipulation",《评论》,1947 年 7 月)一文中,内森·格莱策(Nathan Glazer)提出了下述问题:仅仅作为"解决纷争之人"去干预事件进程,以减轻集团之间的摩擦(具体指在二战期间日本人与西海岸的"白人"之间的激烈冲突),而不是去促进"长远目标的明确表达与执行",这在社会研究中是否合适。格莱策文章的标题是"用操纵来执政",暗示着对他所列举的许多研究的立场和方法的批评。他所说的"长远目标"表明他所提出的更好和更有效的"参照系"的性质。

① 首次发表于《评论》,第 4 期(1947 年 10 月),第 378—385 页。

丹尼尔·贝尔(Daniel Bell)的文章《使人适应于机器》(“Adjusting Men to 225
Machines”,《评论》,1947年1月)详细阐释了另一领域对于人类关系的研究,即在“工厂社会学”中对工业领域的研究。这篇文章的一个观点与格莱策的观点相同。“社会科学的资源日益被用于处理社会日常问题,特别是由集团之间的摩擦和冲突带来的问题”——例如,以工人为一方、以雇主和管理者为另一方的集团之间的摩擦和冲突。他对大量这类调查进行深入研究得出的最终结论是:进行这类调查的人“像技师一样操作,*像例行公事一样处理问题并将问题的处理控制在雇请他们的人设立的框架中*”(斜体字为作者所强调)。这里显然是在批评当前流行的程序——这些程序被限制在事先设定而不是由调查所决定的架构中。下面的论述则表明需要更广泛和自由的架构:“只有少数正在进行的研究注意到什么样的职位能够更好地激励工人们的自发性和自主性,如何能够更好地改变产业秩序以确保形成这种职位。”

格莱策的第二篇文章《社会学的职责是什么?》(“What Is Sociology's Job?”,《评论》,1947年2月),也是关于特殊领域的概览。它考查了去年美国社会学学会年会上宣读的论文,目的是发现社会学研究的流行趋势。其结论是:社会学研究对于作为研究“基础”的假定基本没有兴趣,“实际的”问题是研究的主要课题;“实际的”问题是指“犯罪、青少年不良行为、离婚、种族关系、旷课以及工业中的限制输出”。虽然对这些情况的研究不受集团之间利益冲突的制约,但这里仍然有着确定的结论:由于受需要考虑的外界事物的限制,研究很大程度上是在“证明”显而易见的情况。

最后,卡尔·波拉尼(Karl Polanyi)的文章在批判和构建方面都更具启发性(《评论》,1947年2月)。其主标题意味深长,是“陈腐的市场心理”(Our Obsolete Market Mentality),副标题也意味深长,是“文明必须找到新的思想模式”(Civilization Must Find a New Thought Pattern)。

所有这些文章都一致认为当前研究人类事务的“参照系”太受限制,以至于
只局限在可以用来处理人类利益关系的方面。所有这些文章也表达了希望研究 226
范围能够更广泛和更自由的客观需求和主观愿望。贝尔先生文章中下面这段话很好地代表了他们的要旨:“作为科学家,他们(即主持研究的人)关心的是‘是什么’的问题,而不愿卷入对道德价值观问题或更多的社会问题的判断。”我引述这段话,是赞同它关注“是什么”的问题。因为追问和发现*是什么*是科学研究的最

高任务。而我下面的论述将表明，上述研究的不足之处在于这种研究并非真正科学的，因为它们并没有把握是什么，即将人类关系中的事实作为研究的主题；而是从对“是什么”的预先判定出发，限制研究的继续展开。我将表明，只有取消这种不科学的限制，“更多的社会问题”（这些问题中包括道德价值观）才不可避免地成为社会研究课题的组成部分。

精明的实业家们雇佣专家，研究并报告制造摩擦并降低效率和利润的环境条件，这只是表明他们在管理方面的精明。被雇用的专家们所运用的，是在科学的而不是预先限定的（特别是金钱方面限定的）研究中被证明为有效的技术，这也是很容易理解的。但若是以为在与科学无关的观点、立场和目标指导下进行的研究是科学研究，坦率地说，不过是一种幻想。在“社会”研究中，这是一种危险的幻想。

这样的研究不会把我们从先前限定的环境条件中解放出来（这种解放是真正的科学研究的成果），而是倾向于赋予现状或已经建立的秩序以科学证明，最多作些细节调整——这在经济学研究中尤其有害。因此，在格莱策和贝尔提交的关于政府和产业的研究报告中，除了他们借用的由于摆脱了预定的观点、预定的问题选择和预定的程序方法因而在研究中被证明为有效的某些技术以外，不
227 可能证明他们的主张是“科学的”。

正如更进一步的观察所注意到的，在真正的科学研究中，参照系是在运作的（*working*）东西。它是先前认识的产物，也是今后研究的指导。但在被报道的“社会”研究中，情况则相反。使研究得以进行的架构被看作是固定的、先于调查并与调查无关的架构。这一事实在将形容词“现存的”（existing）置于“社会和/或经济秩序”之前的用法中得到证明，这种用法表面上没错但实际上却有害。“现存的”一词排除了对作为研究主题的这一秩序的批判审视，因为它把研究主题限制在“现存”这一狭窄的地域和短暂的时间跨度内。

现存的经济秩序这一事例很有教益。如果说研究的主题是当下的（*present*）工业、经济和金融秩序，即确定主题主要考虑的是金钱上的成功，那么科学的局限性至少会得到暴露。但在上述情况中使用“现存的”一词，就要以两个假设为条件和限制。首先，假设“经济学的”研究主题完全是以经济学自身为根据并说明经济学自身的，“本质上”就可以独立于所有其他社会（人类）事务而得到科学研究。其次，假设在现代工业、实业、和金融业出现的某一时刻到 1947 年之间

“一直存在的”某种事物，能够不用参照其先前模式或其带来的结果，就足以被看作科学的样板或经济秩序的典型。

上面提到的两个假设是同一事情的两个方面。只有把经济秩序看作完全孤立的，才会把武断地切取的“存在”的有限地域和时间看作完整的、固定不变的和终极的，看作科学的目的，反之亦然。[①]

上文所述，旨在说明许多“关于人的研究”，如社会学中的研究，是在根据虚 228
安的假设进行。这个假设是，脱离时空范围的研究可以是科学的，这一时空范围就是更大的事件——包括先前的条件和在时空上不可避免地即将到来的结果——中特定的时空片断。倘若研究能够根据纯逻辑的“思维能力”(intellect)进行，这一假设的魔力是显然的。但即使完全排除制度规则和利益关系的影响，采用完全内在意义上的“纯粹的”思维能力，也不可能有纯粹的经济学。在科学研究的更高层面上的这种“纯粹性”，构成了历史性的进步；依靠这一进步，这种研究已经足以成为以自身为根据的制度规则和利益关系，在某种程度上确立了使得研究得以进行的条件(或许即便在数学中，这条件也并非那么完满)。[②] 物理学研究以及在相当程度上但程度更为有限的生理学研究堪称获得了这种解放并拥有“纯粹性”的领域。在这方面，它们为不发达的“社会”科学提供了一个追求的模式，因为社会科学很大程度上依然服从于制度规则方面和其他方面的目标和条件，而这些目标和条件是外在于研究工作的。

就此而论，对研究与实践及“实际”结果之间的关系进行探讨，是有意义的；根据流行的偏见，这或许是必须的。尽管物理学研究通过技术的运用，已经使大部分人的日常实践近乎发生了革命，但在科学(在古典的近乎神圣的意义上被称为“理论”)和实践之间存在某种鸿沟的看法仍然流行。然而就人的研究、“社会” 229
研究而言，显然研究的主题由人的实践或活动构成，而对于这些活动的研究本身也是人类的一种活动或实践，研究的结论总是以这种或那种方式干预先前的人

---

① 后面关于特定研究的科学合理性的说法表明，这类研究只有采取了这样的方法才是正当的，即当需要时，这类研究能够恢复其研究主题所具有的全部复杂性。

② 这种奇怪的扭曲在哲学讨论中经常发生，我在以前的著述中使用“工具的”一词，经常有人提出异议或批评，似乎它意味着“认识”必须限制在某种预先确定的特殊目标上。我所反复强调的，恰好达到了相反的效果。正是特殊的认识，是我们用以摆脱惯常目标、敞开新的更自由的前景的唯一普遍方法。

类实践。自然科学研究本身目前获得了体制化的地位——用不带贬损含义的描述性语言说，即获得了体制化的既定兴趣；而社会学研究的现状则表明，它仍继续服从于外在的制度规则的旨趣，而不是以自身兴趣和利益为目的来指导研究。

II

关于格莱策的第一篇文章中的另一层意思。他指出，在自然科学研究的方法和结果方面的革命(开始于短短的三四个世纪以前)，对人类具有重大影响；事实上，这一影响可与封建社会形态转变为资本主义社会形态相提并论。他认为，社会研究的进程会伴随着“现存的”社会形态的同样广泛的转型。对于从人类的过去以及同样不可避免的人类的将来武断地切取现代这一做法，他的批评相当中肯。

他直接瞄准将自然科学研究与人类研究分割开来的现代坚固围墙的起源，这方面他同样中肯：这座围墙也将人类研究的不同方面相互分割开来，因而将经济学、政治学和伦理学与整个文化整体分割开来，而在整个文化中这些学科的主题是不可分割地联系在一起的。对科学进行这种划分的结果是有效地阻止了方法和结果的交融，于是自然科学研究片面而有限地应用于人类，而人类研究被限制在意见、阶级斗争和教条的“权威性”的领域。

230 自然科学研究发展至今表现出两个突出特征。一个特征是大家所熟悉的，通过教会与科学之间的激烈斗争——这一斗争如此激烈以至于被冠以“战争”之名，自然科学达到了摆脱外在的传统和规则束缚的现代标准。另一个特征虽然对人类有很大影响，通常却被忽略了。取得的胜利也不是很清晰很完满的。它是一种妥协。在这种妥协中，整个世界——包括人，甚至始于人——被割裂为两个部分。一部分人致力于自然科学名义下的自然研究。另一部分人只是由于占据“更高的”和最终“拥有权威的”的领域和拥有对“道德”和“精神”领域的统治权，而占有世袭之地。这一妥协使两部分人自由地自行其是，防止侵犯和干扰对方的领地。

16 和 17 世纪以来的哲学进程可以看作是在致力于应对种种反映这一割裂的“二元论”。但即便是这种哲学的努力，也不如下述事实重要，即自然科学研究赢得的“胜利”是权宜的而不是根本性的。人类获得的解放主要在于，伴随着新的科学，人类的安逸、舒适和力量有了明显的增长，而不是由于深入系统地把握了科学在道德和理智方面的重要性。近来在“精神”领域拥有统治权的官方代表一直采取攻势，这并不奇怪。现在他们把当今世界的严重问题都归咎于自然科学，声称拯救世界的唯一出路是回归过去的时代，那时“自然”知识完全服从于“精神”传统的权威（和权力）。在某种条件下，从被压制的冲突到公开的冲突这一变化是值得欢迎的。聪明的办法是理智地去引导这一冲突而不是展开激烈争论。

因为一旦冲突被恰当地置于理智的审视下，它就会表现为问题：哪里有问题，哪里就会有系统考察的可能性，而不再只是盲目力量的冲突。选择使自然研究服从于超自然的权威（更确切地说，是外在于自然的人类权威），是想使自然研究自身向下述方向发展，即令它有能力解决困扰我们的社会道德秩序问题。[①] 231

目前的问题是：不使用在自然学领域获得显著成功的方法以及特定结论，是否能够有效地开展对社会道德问题的研究。为实现新的目标，必然要利用从前程序中获得的进展，将它们富有成效地运用于新的目标。如果想要在人类活动的其他形式中获得一个完整的世界，我们就需要理智和理解力的“同一个世界”。

正是由于这种关系，使自然研究服从于外在的“权威”不幸有其重要性。它或者意味着确立特定体制以物质力量来加强其所谓的“精神”权威，或者意味着将人类今天面临的问题置于我们认知模式中最不发达、最不成熟的政治和伦理模式中。如果选择前一路径，我们就会发现，其影响在民主文化氛围的学术圈中可以忽略；然而在它对其具备强大影响的实际事务中，起作用的不是“科学”而是意识形态对有争议的实际政策的“合理化”。

根据这一论点，从研究的立场出发，较之极权主义模式中的压制讨论，民主政策至少有其优点：它能包容，并在一定范围内鼓励对于各种具体问题的自由探索。但是当进行系统的理智表述时，我们就会发现，这种半官方的学说即传统的“自由主义”，是建立在经济学“利己主义”基础上的；这种利己主义在工业革命早期阶段具有张扬人性的意义，但现在除了保护经济制度外，其张扬人性的意义已

---

① 将选择视为将人类秩序还原为自然秩序，这一思想是不可取的。它只是重复了相互分离的两个“领域”的假设，正是这一假设导致了我们当今的混乱。

不复存在。而在极权主义方面，标准和目标是预先确定的；因此若想使这些标准和目标服从于研究，就会被社会视为不忠于国家的危险行为。

如果将道德规范当作理智规定，我们就会发现我们面对一种尴尬的情景。
232 对于判断标准或行动目的，我们根本没有一致的意见，也基本没有一致同意的方法和"工具"来确定标准和目标。的确，至少最近两百年来，关于这些问题的伦理学理论一直在退化。这种情况带来的最严重的问题之一，是道德研究主题一直被排除在经济学和政治学研究的具体问题之外。结果出现了这样一种退化的理解：在流行的观点看来，讨论"道德"问题等同于抱怨现存之物而倡导应该或"应当"怎样。事实上，当今道德研究状况就清楚地表明，对社会的研究被分成一些彼此独立、封闭、相互不交流的部分，具体表现为最终相互割裂的结果——这一结果源于将自然物与人相分离。

III

我知道除了引用有关"物质"与精神、道德之间分裂的半官方文件和公开宣言，没有更有效的方法提起对于这一分裂的起源和性质的注意。这一引文就是《社会科学百科全书》(*Encyclopaedia of the Social Science*)(第 5 卷，第 344 页)中关于"经济学"一文中开头的一段话。这里写道：

"经济学涉及以供给满足个人和集团的物质需求为中心的社会现象。"即使"物质的"一词一直被强调，将它用作区别于其他社会现象——即道德的和"精神的"现象——的一种"社会现象"的标准，我仍然怀疑是否许多读者注意到了这一点。因为将人类关系区分为两种相互独立的类型，一种低下(低下是在基础和基本的意义上说的)，另一种高级、权威并道德，这一区分深深植根于经过许多世纪建立起来的制度习惯和传统中，因此没有异议地直接被用作研究"社会"问题的标准的参照系。我们内心深处认为它是"自然的"。

233 它伴随着一系列其他为我们所熟悉的分裂：躯体和灵魂、肉体和精神、动物的欲望和作为告诫和抑制因素的道德心、感觉和理性，以及在更理智的层面上——内在和外在、主观和客观。这些分裂是在自然和超自然的区分中提取和积淀下来的，自然和超自然的区分在西方社会道德历史上长期占据中心和统治地位。[①] 我不相信在人类历史上还能找到比将道德与其他人类利益和态度尤其是“经济”作出区分更重要的道德事实。

早些时候我提到过这样一个假定，即各种经济现象造成了社会分割为相互独立并自我封闭的部分，这些部分可以科学地被看作完全独立于人的活动的前因后果。考虑到工业、商业和金融因素在当今世界各个方面——科学、艺术、政治、国内和国际——的决定作用，假如我们不从传统文化的历史背景中加以理解，就不能解释人们普遍被动地接受这一立场这个事实。下述论点是无须争辩的：经济事件非但不是独立的自我封闭的领域，而且，一方面，它们是新的自然科学的产物；另一方面，它们通过其结果不断增强对人类关于整个世界的价值观的影响。面对这些事实足以使我们保持警惕。[②]

充分表明“经济”与“物质”的同一性出自这样一个文化背景，它将经济从更广泛的人类价值观——被称为道德的价值观——中分割出来故而损失惨重，这
将需要多卷本的著作。无论如何，人类历史的两个时期是非常具有代表性的。 234
其一是古希腊，其经济是奴隶制经济，甚至像工匠和劳动者这些并非奴隶的人都不具有共同体成员资格——在雅典不仅意味着政治上的公民资格，而且意味着参与艺术、知识和交际方面有意义的活动的资格。

这些事实被亚里士多德敏锐地注意到并作了充分阐释。在论述当时“存在的”情况的基础时，他明确区分了活动的类型，一些活动是工具的和仅仅是工具的活动，另一些活动就其内在本性或本质来说，是以自身为目的的活动。[③] 经济活动全部被归入前一种活动范围。这只是事情的开始。当时的科学和宇宙论，正如亚里士多德敏锐而充分地阐释的，把宇宙看作是有等级结构的，以被称为“质料”的东西所占据的地方为基础部分，以纯质料为基础（在“基础”一词的全部

---

① 复苏人的原罪观念用以解释当今世界的种种困扰（这一非常奇怪的解释是许多人得到安慰的源泉），这一复苏是这些分裂深深植根于我们文化中的当代证明。见悉尼·胡克博士的论文《人类历史上的才智与罪恶》（“Intelligence and Evil in Human History”，《评论》，1947 年 3 月）这篇论文对当前这一复苏进行了研究。

② 批评马克思“唯物主义地”解释历史的批评家们似乎没有注意到，这种“唯物主义”只是简单地接受了对经济学的传统看法，同时敏锐地观察到经济活动对于人类的影响。这些批评若想富有成效，就必须针对“经济”具有独立性的基本假设。

③ 不幸的是，亚里士多德以“自然的”为理由把整个人类活动中的片断当作普遍必然的，这一例子在哲学讨论中被广泛采用，甚至被那些厌恶这一特殊实例的哲学家所采用。

意义上)，以完全摆脱与质料的一切联系的神为最高等级。而且，一方面，变化和不稳定性只与“质料”相联系；另一方面，不变性和永恒性只与自足的存在(Being)相联系。这一观点一直统治着自然科学，直到科学革命赋予被轻视的运动以中心地位，“质料”获得了“能”，失去了使它成为外在的“力”的牺牲品的完全被动性。

因此得出结论，不论在田里还是在工厂忙于生产的阶级“天性上”——即普遍地、永恒地、必然地——就是仆人、奴隶，只具有人的动物的和肉体的部分，与所有知识无关，因为知识与物质的和易变的事物无关。由于亚里士多德生活在古代，他的形而上学宇宙论更多地诉诸少数知识精英；如果不是另一个令人难忘的历史事件，这些学说就会逐渐显得无意义了。这后一个事件将亚里士多德的学说中的
235 实体用于占统治地位的宗教中，给变化多端但不可磨灭的世界文化印上了标记。

这个事件就是基督教信仰传遍整个欧洲。教会在中世纪的权威远远超出了今天通常所说的“宗教”领域。它在政治、经济、艺术和教育等事务中都具有至高无上的权威。它正式接受亚里士多德的宇宙论和科学，作为自己关于所有“自然的”事物和服从于人类理性的事物的知识构架。或许会是暂时性的事件因此牢牢嵌入西方世界的宗教文化中，即便人类认识的世俗化和占支配地位的日常利益关系的世俗化这样的进步，也并没有真正动摇物质与精神和观念的固有分离。经济与道德的割裂，使各自的研究成为独立的封闭领域，这应该被理解为整个事件的一部分。

IV

对于人类事务即“社会”问题的研究的落后状况，是这个报告的内容之一。社会研究仍然顽固地坚持着一度统治着物理学研究的参照系，而当整个科学发生系统性进步时这一参照系已经被放弃了。自从16世纪以来，物理学研究日益表现出对于变化的尊重，由于变化的过程，物理学研究陷于冗长。直到最近，这一方面仍为牛顿的框架所限制，根据牛顿的框架，变化发生在没有变化的时空中，因此变化与时空是相互独立的。现在物理学研究(通过在通常人类理解力看来是不幸的“相对论”)从这一限制中解放了出来。

但是，物理学研究越是由于承认变化和过程而获得发展并取得成果，道德研究就越顽固地坚守不变的“第一”原则和不变的最终或最后“目标”。使物理学研

究从停滞状态转为稳定进步状态的原则，被道德研究称之为标志着通往无序和混乱的道路而加以拒斥。结果是，物理学研究方法的进步和将物理学研究结论 236
运用于人类事务方面是如此不平衡，以至于继续扩大着扰乱我们生活的分裂。这些分裂强化了对近代科学技术之前的道德观念的利用，凭借这些道德观念的精神作用，支撑起了引发我们今天道德混乱的社会环境。

这两种情况中的参照系还有另一个区别，这一区别与刚才的论述有关。与物理学的研究实践相关的"自然的"世界、宇宙，在这一研究过程中显现出其意义。需要进一步研究的并不是固定的、永远在背后并作为基础的某物，即便它被冠以诸如宇宙、实体等好听的名称；研究的过程也不为某些预先确定的不变的标准所决定，无论这一标准被赋予多么高深的形而上学的名称。研究由在以前的研究过程中发展起来的观察和试验方法得出的结论来决定。在这一过程中出现的没有回答的问题为以后的研究提供了直接的指导。结论中已经获得的要点提供了资源，可以用来攻克当前的薄弱环节、不足之处，并解决由此产生的矛盾。

结论是，研究的最发达最完善的形式与绝对概括无关。研究得出的最佳理论是通过运用于新的领域得到检验的灵活的假设。官方的道德研究对于绝对性的偏好，并不是力量的证明和力量的源泉，而是其处于相当迟钝的状态的证明和根源。它只是有助于保持这种状态。其绝对性是形式的、空洞的。每个人都忠于这种绝对性，尽管在实际情形中他们的利益和实践全然是另一番模样。这种形式上的绝对性很大程度上要为现存的经济立场和道德立场之间的尖锐对立负责。[①] 由于研究实际上讨厌固定不变的概括(即便这种概括被称为"律")，研究 237
的最高形式是自由从事更高层次的阐述或更高层次的"专业化"，以保证其结果巩固和扩大已知的系统，而不是给已知的整体或系统施加不适宜的影响。当详尽的专业化远远超出在"社会"研究中已发现的东西，它就避免了固定的无交流的割裂，而这种割裂正是目前社会研究的显著特征。[②]

---

① 由于上面径直使用了"道德"一词，所以需要杜绝误解，确切地说，使用这一词，其最具包容性的含义是代表人类或"社会"，而不是代表任何特殊领域。我斗胆补充一点，通常加于道德一词的"律"一词，提供了这一参照系明显僵化的例证。

② 这并非怀疑经济学家所进行的许多有效的和有价值的研究。批评是针对下述假设的，即只重视作为理论基础的参照系，而它现在实际上已经妨碍了人们将他们的结论广泛地用于指导人类事务。

作为结果我们必然面临放弃使科学研究服从于预定目的的打算。相反，我们应该果断积极地作另一个选择。如果不再坚持这种割裂的基本态度、利害关系和信念——这种割裂目前有效地阻止我们把掌握的资源进行杂交和利用——我们就能生活在一个更自由、更宽广的天地。如果放弃过去传统的心智习惯（由于物理学和生理学方面参照系和结论的拓展）自由地使用我们所掌握的资源，我们就会发现运用这些资源不会将人类研究束缚于固定的物理学的和“物质的”参照系中，而会解放我们的方法并拓展我们的结论，因此它们会解除目前压制和限制“社会”（包括道德）问题研究的重负。

当有用的资源被释放并拓展时，就能在理智上澄清现存的实际的和“实践的”混乱，这一作用即便不立刻显现，也肯定会显现出来。像在物理学研究中的广泛有序的转变一样，人类事务中也会发生广泛有序的转变，并且还会表现得缓和与平衡——这将不再是梦想。

但我们必须首先摆脱这些植根于传统的假设，物理学研究就最大程度地摆脱了这些假设。为了做到这一点，我们需要明确物理学所研究的是什么，即物理
238 学做什么，怎样做。目前仍然流行的误解在引自最近的一个出版物的下述引文中得到了很好的例证。引文如下：

“所有科学都有助于这样的信念，即人是机械论世界的牺牲品，他不能主宰自己的灵魂。物理学和化学把宇宙描述为由永恒的因果律操控的机器。人只是机器上的一个齿轮。天文学揭示了由引力使之结合在一起的无限宇宙的复杂结构。在这一宏伟的系统中，人只是微不足道的一个点，等等。”如果说“科学”早已揭示了作为事实的这些内容，那就很难明白为什么会有这么大的热情伴随着这样的揭示。但事实上上述引文甚至没有达到五十年前“通俗”科学的水平。

在此被归之于物理学和天文学的普遍概括的模式很不科学，不幸的是它现在主要流行于被冠名为道德理论的领域。科学的进步并非使人被束缚于固定的完成的结构，科学进步的每一步都伴随着人的自由的扩展，使人能够利用自然界能量作为其动力之源，首先解放其目标，然后提供实现这些目标的手段。的确，这一解放仍然是片面的解放。但正是这种非常不平衡的状况，会给予我们最强的刺激，把科学的立场和程序扩展到仍然为意见、偏见和外力所控制的领域；这些东西仍然在起作用，仅仅是因为前科学的态度和兴趣以道德和宗教之名赋予了它们体制的权威。

亨利·华莱士与1948年选举[①]

凡论及上述话题而其论述不用“如果”的人都比我胆大。首先是华莱士 239
(Henry Wallace)是否将会竞选总统。华莱士自己是否知道这一问题的答案都值得怀疑。他无疑高度亢奋,但或许应以“如果”加以限定,因为要看公决时候或其为亲密的支持者所认识时候的政治风向。一旦他获得提名,当选举日到来他是否会赢得多数选票,也还是一个大大的“如果”。通常假设当选共和党候选人便足以获得选举,但即便对此也还有一些值得怀疑的理由。[当本文要付印时,已经公布,华莱士将在12月29日星期一宣布他的候选人资格。]

我不是先知,也没有做民意测验用以支持我的观点,我斗胆对如果他成为候选人将会发生什么作出颇为肯定的断言。在我看来,很可能正如几个星期以来的那样,竞选结果将越来越取决于对外政策问题:更明显地——虽然不是必然地——依赖于我们同苏联的关系以及苏联同我们的关系——尽管其代理人在这方面倒行逆施。我相信,在竞选活动的最后关头,这一问题将在事实上成为受到认真关注的问题,这一假设并非妄想。

正是因此,我不接受人们的假定,即华莱士的候选人资格能够确保共和党人
的候选人获胜。民主党竞选政策的制定者并不享有聪明能干的名声。他们正在 240
失去其最精明的对政治潮流趋势的判断者,同时在失去许多对其政策不满的保守人士。杜鲁门(Truman)总统的退让并没有纠正这些过失。但我相信,塑造了竞选为之而运作的问题的民主党领导人并非完全不称职。

---

① 首次发表于《新领袖》,第30期(1947年12月),第1页。

如果他们没有看明白下述问题，就愚蠢到家了。首先，他们成功的机会在于断绝许多共和党人试图在民主党一边弥补他们无疑会受到的损失的念头；其次，把最重要的问题视为布尔什维克苏联政权强加于我们的问题，这就为获得所需选票来弥补他们预期的损失提供了目前最好的机会。共和党的普通成员与民主党的普通成员相比，在看待苏联政治领导人的扩张主义政治政策时不会更宽容，他们也惧怕苏联的经济政策。考虑到共和党中的工业和金融首脑的地位，他们几乎不可能真心热衷于为支持劳工组织内外的共产党人及其同路人的候选人增添名望。我没有愚蠢到认为他们会由于这个缘故去帮助民主党候选人，但如果他们能够发挥其的惯常的影响，特别是对于美国劳工联合会成员的影响——他们虽然是少数党但人数众多——结果将会是出人意料的。

我上述的评论并不表明，主要取决于上述问题的竞选前景使我高兴，即便趋势是——如我所认为——民主党人赢得选举。情况恰恰相反。在总统竞选中已经有太多的辛酸和苦难，太缺乏相互尊重。我想不出有什么会更加重这种苦难。它也不会仅仅在苦难中终结。它会趋于使国家分裂，而此时在政治分歧之下的道德观念和目标的一致性恰是迫切之需。即便在最好的条件下，这需求也不容忽略。在我看来，没有比以对外关系方面的摩擦和对立为指导的政治竞选更能
241 动摇和粉碎这样一种道德统一的前景了。共产党的问题已经在我们的政治讨论和政治生活中占据了不成比例的位置——并非没有其他严重的政治问题，而是它与其他问题不平衡。华莱士的支持者——美国产业联合会政治行动委员会的谴责，甚至在现在都仍然是说民主党正在放弃罗斯福的政策，在国内问题上采取相反的立场。这一观点理论上与他们自己实际所做的不一致，他们实际上在把注意力由国内问题转向国外问题。但逻辑上的不一致在政治上并不重要。实际的危险在于，他们为了影响公众舆论而提出的指控将成为事实。即便人们记起他们自己首先要为此负责，也不足以形成安慰，更不足以消除我们国家生活中的严重分裂所导致的罪恶后果。

美国青年们，小心华莱士带来的礼物[①]

我生于 1859 年，这一年在我国社会生活中有一件关键性的事件发生。在这 242
一年中，脱胎于解体的辉格党的共和党，成为获胜的党并成为奴隶的解放者。正是这个融合了完全相异成分的共和党，抵挡住了我们的民主政治分裂和瓦解的危险。

今天，89 年之后，我看到我们面前是一个完全不同的新党，这个反自由主义的政党成为 20 世纪奴隶拥有者的代言人。我要向总统候选人亨利·华莱士讲明我的看法，即便他可能获得了热爱自由的美国人的同情和热情，他其实深深植根于苏维埃极权主义的深层土壤。

我写给全国高校青年的这篇文章，不代表任何党派或任何总统候选人。许多年来，我寻求在我们的政治结构中创建一个新的自由主义的政党，并为此积极工作。这是我长期献身的一项任务，因为我知道需要这样一个政党，这个政党能够养育本土的进步、民主的激进主义。

因此，我在 1912 年投了尤金·德布兹(Eugene Debs)的票，在 1924 年投了老拉福利特(La Follette)的票，由于政治上没有绝对性，我在 1884 年也投过格罗弗·克利夫兰(Grover Cleveland)的票，在 1916 年也投过伍德罗·威尔逊(Woodrow Wilson)的票。然而，我从来没有动摇过、现在也仍然没有动摇我的信念，即我们国家最需要的是一个真正自由主义的政党。

但在认识到建立一个新政党的迫切任务的同时，我也认识到，我们自由主义者的最大弱点是在组织方面；而没有组织，民主主义的理想就会有落空的危险。

① 首次发表于《自由主义者》(*Liberal*)，第 2 期(1948 年 10 月 2 日)，第 3—4 页。

243 民主是一种战斗的信仰。当民主理想为科学方法和实验理智所加强，它就足以唤起纪律、热情和组织。

就华莱士作为总统候选人而言，我看不到进步的希望。这个所谓“新党”的整个历史，以及对其现行纲领和领导层的研究，都使我确信这一点。我对你们的热情充满同情，我要对你们这些在华莱士的党身上看到希望的人说：你们这些年轻的持不同政见者，我珍视你们的理想主义——因为它是我们国家真正的财富和资产，你们正在寻求使我们充满恐怖的社会变得光明，你们想要贯彻我们的民主传统。

我在这里并不涉及共产主义者及其缺乏勇气的同志和同路人。他们决计有意无意地反对人类自由，反对民主政治，反对公民权利。他们对华莱士的支持与他们追求的目标相一致——扩大苏联的影响，瓦解欧洲的民主力量，挫败马歇尔计划。

还有另一种力量有理由赞许华莱士和他的政党。这就是极端的保守主义者，对他们而言，华莱士提供了分裂进步主义的希望。保守主义努力扰乱公众对于进步主义的道德状况的判断，华莱士为他们提供了帮助。极端保守主义很好地利用了华莱士的双重标准——一种是对阿拉巴马州黑人的标准，另一种是对捷克斯洛伐克的社会主义者的标准；一种是对我国国务院的，另一种是对苏联外交部的。华莱士所使用的民主政治的语言和理想只能导致贬低这种语言，嘲讽这种理想的终极意义。

当今公共生活中的任何人，要谴责其对手为帝国主义者、战争贩子、反民主主义者，其首要条件是坚定不移地代表其对手不能达到的积极的理想。

然而，在华莱士那里我读不到任何足以使我相信他致力于为保障和平与繁荣作出贡献的东西。相反，我发现他不断强调要“理解”苏联政府，建议世界划分
244 为两个势力范围——苏联和美国，声称反对这一非道德划分就是与和平为敌；他把所有苏联的声明都接受为事实，贬损所有我国政府的声明，诽谤我们的动机。

因此，华莱士在给斯大林的公开信中和在后来的声明中，迫切要求苏联专制政权与美国进行双边会谈，这样可以排除被这一极权主义所摧残蹂躏的国家，绕开联合国——华莱士谴责我们的政府待它过于殷勤。当然，我可以为一位得到苏联领导人关注的公众偶像设计很多东西，他可以问斯大林：在俄国，公民自由在哪里？有多大规模的奴隶劳动？我于1928年在苏联结识的教授们发生了什

么事？他们为什么消失了？苏联帝国主义及其漠视他人权利的残忍统治什么时候终结？

但是，我知道在华莱士及其上层支持者那里不可能期待这种事情的发生，他们公开宣布其与共产主义者的关系；据他们自己声称，他们以下述事实为骄傲，即正是共产党在帮助建立华莱士的政府。

在美国，一个新的政党必定会遇到三项考验：

必须在扩大和丰富民主政治方面提出一个真正全新的立场，在社会变革中起到媒介作用，利用过去好的和有用的东西来为现在和将来服务。

必须提供负责任的、有能力的、完全民主的领导集团，这一领导集团认为警察国家的暴行在道义上应该受到谴责。

必须植根于工会运动，尽管工会运动有摇摆，它仍然发扬了我们的自由主义传统。

华莱士的运动就没有解决上述任何一项任务。华莱士被这样一些人包围着，他们在 1940 年反对他作为副总统的候选人，可是他们也反对罗斯福作为总统候选人。当时这种反对根本不是以国家的最高利益为依据的，也不管其他民主政权面临着灭亡的威胁；它是以苏联利益为根据的，当时苏联与希特勒签有协定。

今天，这些以前希特勒的姑息者成为华莱士政党的领导人，他们寻求姑息斯
大林及其霸权扩张。从根本上看，他们所关心的不是废除《塔夫脱-哈特莱法案》 245
(Taft-Hartley Law)或建立有效的通胀调节机制。他们所关心的是将美国转变为孤立的领地，对于欧洲民主政权兄弟们的求助麻木不仁。

在欧洲复兴计划中展现着和平的希望。我们的对外政策，尽管在孤立的情况下曾经被扭曲，却仍然是加强目前保留下来的为数不多的欧洲民主政权的唯一路径。撤回我们对西欧的支持，就像华莱士想让我们做的那样，将意味着法国、意大利、苏格兰低地以及斯堪的纳维亚半岛的最终失守和倒向苏联极权主义。

我请你们年轻人研究一下亨利·华莱士的履历。我请你们对下述事实寻找一个答案，即没有一位卓越的自由主义领导人、没有一位有民主思想的工会领导人加入华莱士的阵营。当然，工会运动及其 1 600 万成员有充足理由不满南方的民主党和共和党。第 80 届国会极大地伤害了我们人民的利益。国会放弃我

们的利益清楚地表明，在实际上，我们更接近于联邦的一党制，而不是两党制。

说到这里，更值得注意的是，美国劳工联合会和美国产业工会联合会的领导们坚决否决华莱士的候选人资格。拒绝华莱士的官员不仅存在于上述这些工团主义者当中。我们的自由工会组织一致以压倒多数确认这一否决。

我知道，我所说的或许看起来是完全消极的，没有比这种说法更让慷慨热切的年轻人讨厌了。仅仅"等与看"的策略就是消极地向现实妥协。但在这个观念的竞选中，在这个针对欧洲人精神的竞选中，支持华莱士不是唯一的选择；因为华莱士不再是世界和平的救星，也不再可能成为东欧公民权利的保证者。他只是自愿为独裁政府推销其观念的人，独裁政治的阴影已经覆盖了欧洲大陆的大部分地区，并且其军团已经在西欧快速挺进，等待着决战的日子。

声称愿意接受并欢迎共产主义领导人的支持的政党，在滋养自由主义的我国不会有地位；正如声称欢迎三 K 党或纳粹同盟支持的党不会有地位一样——
246 这么说并不仅仅是否定。否定的同时也是肯定的，因为只要你们有所赞成，你们就会有所反对。

倘若没有自由主义的多数人政党，国家就会缺乏对最切近的现实问题的切近答案。现在没有我能够要求你们去支持的群众政党。但仍然有值得寄予期望的集团认真地关注着发动我所说的这类运动。有着这样的集团，他们像我一样相信，即便是暂时的，也不能向极权主义妥协。向极权主义妥协意味着为在苏联统治下的世界和平运动发放通行证。妥协意味着公开谴责美国的全民军训，却容忍苏联拥有规模巨大的正规军。妥协意味着勇敢地公开反对南方的人头税，却忽视东欧的政治迫害和西伯利亚的强制奴役。

综上所述，你们不委身于这样的集团才是理智的。这个集团利用政治真空，在自由主义的名义和外衣下，将由当今世界最反动的帝国主义国家（指苏联——译者）所控制的政治行动强加给我们国家。作为大学生，多想一想，问一问，反思反思；如此方能表明你们具备标志着你们是大学生的探索精神。

这样一个过程并不意味着消极和迟缓地作出决定。它必定可以成为积极的。在我们国家、大学和学院里，都有进行政治教育的国家机构。你们可以参加其中一个。如果没有，可以与这类机构的总部联系，设立一个分部。

在你们作出无法更改的决定前，考察其履历，衡量其事实。你们中的许多人将在十一月第一次投票。这次投票将决定我们的命运，因为我们处于人类历史上最严重的转折关头之一。

可以问一问，哪一个候选人、哪一个政党会鼓舞我们的民主主义信仰，哪一个会侵蚀其活力？问一问，是否实现世界和平的目标要由以独裁为目的的军团士兵来服役？问一问，是否嘲弄捷克斯洛伐克共和国之毁灭和马萨里克(Jan Masaryk)之死的人足以成为极权主义的抵抗者？

就像我一样，你们有许多问题必须问一问。如果我了解美国的大学生们，那 247
么你们将会找到答案，你们将由此发现足以引以为豪的政治表达，它将鼓舞民主主义的忠实朋友和全世界人民。

如何确立自由主义[①]

248 交往工具的退化，有时甚至完全误用，是我们今天的显著特征。这一现象从外部看包括无线电通信、出版和其他机械通讯媒介的使用；但更严重的是指语词(words)的使用，这是人类交往的特殊方式。极权主义者用"民主政治"一词命名这样一种政体，这种政体公开蔑视每个人的言论自由、集会自由、结社自由和讨论自由，而这些自由一直赋予民主政治以实质意义。这足以说明上述观点。自命的"语义学者"以表面上的语言操作处理根植于我们今天社会政治动乱带来的麻烦，这种微不足道的努力或许近于以拖把阻止海潮。

困难并非出自为了声望或其他特殊阶级或集团的利益而进行的故意歪曲，而是出自下述事实：社会急剧变革，使得人类理智能力无法跟上变革。语词遭遇新老之间的混杂，与人类其他方面遭遇的情况一样。除了在经济学方面被滥用为自由放任外，"自由主义"一词的误用或许更多地是由于上述原因，而不是某个党派集团有意识地误导公众舆论。

参照教育领域，可能有助于说明这一情况的历史。若干世纪以来，"自由技艺"(liberal arts，即人文学科——译者)一词通常被专门用来命名文学艺术，以区别于实用的、实践的"机械技艺"(mechanical arts)，后者在当时包括所有实业职
249 业。该词的这种特定用法是历史上这样一个时期的标志，这时雅典人的生活建立在奴隶制制度上，把一切工匠和手工劳动者排除在自由公民身份之外。中世纪封建主义在随后的几个世纪中将"自由的"教育(即人文教育——译者)和"职

① 首次发表于《劳工与国家》(*Labor and Nation*)，第4期(1948年11—12月)，第14—15页。

业的”(vocational)教育的明确区分固定化了，当然也将固有的高贵桂冠赋予了前者。

我相信，在“自由的”和“自由主义”一词被广泛使用的情况下，上述回顾是必要的。传统习惯比我们意识到的要强大。除非有意将“自由主义”一词限制在欧洲早期的政策方面——当时这个词确实意味着解放，它旨在反对来自封建主义的不公正和压迫；而工业、政治和其他文化方面的迅速变革剥夺了这个词原有的人们一致认同的含义。

我提醒大家注意这些事实的唯一目的，是尽我所能强化《劳工与国家》中的呼吁，即为达成重要原则而共同努力，除非自由一词被完全放弃。当我提到原则时，我所特指的，不是具体政纲或条款，而是基本的设想，这些设想要经得起特定的检验，并要成为判断特殊措施和政策的标准。我并不是反对政纲和计划的发展。它们是有效组织的先决条件。但是，我们作为自由主义者忍受着的是没有原则(这个词的确切意思即首要)来判别提出来的计划条款和政纲之苦。我或许过分受我个人专业训练的影响，偏好和倾向都由此而来。但我相信，自由主义者之间的任何持久结合都首先依赖于严肃的理智的工作。

这样一个工作最初至少必须有一个初步的原则。我认为，如果真正要实现自由而不是仅仅用它来包装各种各样的方案，那么我们就需要彻底考察在现代条件下自由要求什么。即便提出了具有善的道德信仰——像历史上社会主义者的计划那样——的特殊方案，也是不够的。设计特殊的工具和媒介，运用这些手段进行有组织的计划和干预，如此将促进自由——这是个深刻而重要的问题；事情远非如下述论断那样，即声称有组织的社会干预和计划就是回归农奴境遇。 250
我们不得不忽略过去的许多口号去做这项工作，在那些口号中我们谈论“个人”是没有意义的，因为没有根基——这种谈论通常直接为这样的人所利用，这些人利用当前人类的混乱和混沌状态，(或许在自由和“个人”的名义下)欺骗人们说，只有某种外在的权威是获得秩序和安全的唯一手段。(根据我的判断)最迫切需要的，是少谈论个人，多研究特殊的社会条件，以发现在这样的社会条件下，什么样的组织将带来更广泛因而更公正的、我们当今技术手段下可行的利益分配。并不是说许多马克思主义者一个世纪前提出的建议现在过时了，仿佛它们是三百年前提出的。有组织的知识分子的注意力现在必须聚焦于具体的社会组织形式的问题上，这样才能解决那些理论化的个人概念指望解决的事。在个人一词前面加上“道德的”，或更糟糕地加上“精神的”，都毫无意义。所需要的是确切发现，在我们今天急剧变革的社会中，这些形容词具体代表什么。我重复一遍，这首先是理智的工作。

民主信念与教育①

甚至最有远见的人也无法预见近五十年来发生的一系列事件。事实上首先 251
值得注意的，是对事物持有乐观看法的人心中的期待——因为实际上这一系列事件是向着与他们愿望相反的方向发展的，过程中不乏暴力。大约属于上个世纪的热情而满怀希望的社会理想主义者被证实为犯了极大的错误，于是发生了向极端相反方向发展的反作用。近来一位作家甚至向悲观主义者的团体提出建议，建议他们聚居到某种社会绿洲。罗列旧信念的条款是很容易的，从今天的立场看，旧信念已经可悲地落空了。

第一条是对于消除战争的希望。人们一度认为，发生在商业和交往方面的革命会打破使地球上各民族彼此隔离和敌对的障碍，并且会创造一种相互依赖的环境，这种环境会保证持久的和平。只有一位极端的悲观主义者曾斗胆提出，相互依赖会增加摩擦和冲突点。

另一条是相信源于科学革命的知识增长和传播必定会带来启蒙与理性的普遍增进。由于长期以来人们一直认为理性与自由密不可分，因此认为向往民主制度和人民政府——这种政府已经接连在英国、美国和法国革命中形成——的
运动必定会蔓延，直到自由与平等成为地球上每个国家政治体制的基础。 252

普遍无知和尚未启蒙的时代，与实行专制和压迫的政府统治的时代，实际上

① 首次发表于《安提俄克评论》(*Antioch Review*)，第4期(1944年6月)，第274—283页，选自杜威的一篇演讲，该演讲是1944年5月27日在纽约城道德文化学院，由杰罗姆·内桑森(Jerome Nathanson)在"科学精神与民主信念"大会之前宣读的。

是同义的。因此有了第三条信念。社会哲学家普遍相信,政府行为或多或少必然带有压迫性,政府行为已经成为人为干扰自然法运行的行为。因此,启蒙与民主制度的传播必将导致逐渐地然而无疑地摧毁政治国家的权力。自由被认为深深植根于人的天性,因此如果激进的启蒙得到传播,将会使得只需要极少数有限的政治行为就能保证外部治安秩序。

要提到的另一条信念是一条普遍信念,即工业革命带来生产力巨大的、几乎无法计算的增长,必定会将生活标准提高到这样的程度,极端贫困必定会被消除。人们相信,这将确保每个在身体上和精神上正常的人,都能够由于自足而过上体面的、自尊的经济生活。

事件进程发展至今,无需详尽论证便足以表明,这些乐观的期望是如何可悲地落空了。取代普遍和平的,是发生了两次的世界范围的战争,其破坏性超过了历史上所有已知事件。取代民主自由与平等稳步发展的,是强大的极权主义国家的崛起,这些国家全面压制信仰和表达的自由,超过了以往历史上最专制的国家。政府立法和行政行为的重要性的增长和范围的扩大,成为保证大多数人自由的手段。就经济安全和贫困的消除而言,我们今天的工业危机在广度方面大大扩展,在强度方面大大增强,工人就业的难度也大大提高。社会不稳定到这样的程度,倘若不加以遏制,将会引发革命。

253 表面上看似乎悲观主义者赢了。但在得出这一结论之前,我们必须追问一下理想主义的乐观主义者所断言的情况的前提是否可靠。这一原理就是,更值得期待的目标会为合力所实现,这种合力的整体被称为大写的"自然"。实际结果是,接受这一原理等同于在人类理智和努力所及的领域内随波逐流。只有弄清我们寄希望于放任策略的结果有多么失败时,我们才能得出结论;这种策略就是:听任"乔治"在自然形态和自然律下从事只有人类理智和努力才足以完成的工作。在思考下述选项之后,我们才能得出结论,这一选项就是:如果我们认识到,创造国际和平、国内自由与经济安全得到保障的状态这一责任,可以由人类相互合作的努力来实现,会发生什么情况?从技术上说,自由放任策略的作用是有限的。但其有限的技术意义例证了这样一种普遍信念,即相信非人力的能力——即通常被称作大写的自然——能够从事必须由人类洞察力、远见和有目的的计划来从事的工作。

并非所有以前的人都是理想主义者。理想主义哲学在下述方面是积极因素，即促使那些因现实主义策略而自豪的人扭转乾坤，以达成有利于他们自己及其阶级利益的结果。进行干预的合作的、集体的智慧和努力的失败，招来了只顾自己利益的人的短视的介入。结果是自然资源的大规模破坏和浪费、社会不稳定性增加，以人类的将来换取短暂的所谓繁荣。如果说“理想主义者”错在他们没有做某些事，那么“现实主义者”则错在他们做了什么。如果说前者错在假定放任（被他们称作进步或进化）必定导致更好的前景，那么后者在行动上更有害，因为他们坚持相信自然律无疑是为了个人和阶级的利益。

上述两种人忽略的前提是，科学和技术都不是非人力的宇宙力。它们只有 254
在人类期望、预见、目标和努力的媒介中才能运作。科学和技术是人与自然共同合作的交易，在这一合作中人的因素直接面临修正与指引。谁也不能否认，在发明和使用工业和商业设备、工具和机械方面，人与自然条件结成同盟。

但实际上，尽管不那么明确，人们一直否认人对于人类发明和使用的工具所导致的结果负有责任。这一否认表现为我们普遍拒绝从事大规模的共同计划。许多日子过去了，尽管在当前的危机中，这样一个计划已经不被讥讽为出自充满空想的教授或其他同样不切实际的人头脑的空想。事实是，所有成功的工业组织都把其成功归因于在有限的领域——有利可图的领域——坚持计划，更何况我们在工业化道路和战争中由于相信放任策略已经付出了可怕的高额代价。

拒绝为向前看、为计划国内国际事务承担责任，是由于拒绝在社会事务、人类关系领域运用观察、解释和实验这些方法；这些是我们在处理自然界事物过程中使用的方法，而且我们把战胜自然归因于这些方法。最终结果是一种不平衡状态，即我们的自然知识与社会-精神知识的严重不平衡。缺乏这种协调，是导致当今危机及其可悲前景的重要因素。因为自然知识和物理技术远远超过社会或人类知识及人类工程。我们没能把使物理知识经历革命性变革的科学方法运用于人类事务方面，从而使物理知识统治了社会事务。

世界在物理方面的变化极其深刻，我们可能没有理由对下述事实表示惊诧，即我们的心理学和道德知识并没有保持同步。但我们有理由对下述事实惊诧：即在战争灾难之后，不安全感和对民主制度的威胁已经表明，需要与世界的变化
相一致的道德和理智的态度和习惯；然而却有一种明确的运动把科学态度当成 255
当代罪恶的替罪羊，前科学和前技术时代的实践竟被视为拯救之路。

现在将科学和技术攻击为天生就是唯物主义的，攻击为侵占了由抽象的道

德教条所把持的领域——然而其抽象恰是将目标与实现目标的手段相分离——这种有组织的攻击使我们今天必须面对的问题非常清楚。我们要向后退吗？或者我们要前进吗？即去发现这样的手段并将它们用于实践：通过这些手段，科学和技术将成为增进人类福利的基础。无法运用科学方法来创造性地理解人类关系和利益，来计划人类事务的政策与措施，使之与技术在自然界的运用相一致，这一失败很容易用历史条件来解释。新的科学始于与人类事务距离最远的东西，即天上的星星。新方法从天文学开始，继而在物理学和化学领域取得了胜利。以后，科学又运用于生理学与生物学主题。在每一阶段，前进都遇到来自旧制度的代表的坚决抵制，他们感到其声望建筑在维护旧信念的基础上，感到他们对于其他阶级的控制受到了威胁。结果是，许多科学工作者发现，获得继续探索机会的最简单的方法，就是采取极端特殊化的态度。这一结果等同于这样的立场，即他们的方法和结论不是也不会是“危险的”，因为他们与人的严肃的道德关怀无关。这一立场反过来使得人与自然界其他事物的古老区分永恒化和固定化，强化了“物质的”与道德的和“观念的”之间的分裂。

于是，当科学探索从天文学与物理学领域的完全胜利和生命科学领域的部分胜利，转向人类事务和关怀领域时，拒绝先前科学进步的利益集团和习惯制度
256 共同打起精神，发起了对构成科学之最高和终极意义的方面的最后攻击。根据进攻是最好的防守这一原则，尊重科学，忠诚于科学世界观，被攻击为当今所有社会问题的首要根源。例如，人们会在流行的作品中读到下述段落这样故作姿态的让步：“当然，科学态度虽然经常导致这样的灾难，但不应受到谴责。”接下来的文字表明，这种特殊的“灾难”由“源于不正确的真理理论……并导致了战争的错误”构成。据这位作者说，由于这些错误是由下述信念产生的，即相信科学方法适用于自然界也适用于人类，所以补救的方法是放弃“错误地把自然科学的方法和结果运用于人类社会问题”。

这一段引文在三方面成为当前有组织的运动的典型。首先是声称诸如现代战争等灾难是热衷于科学方法和结论的结果。其次是对“自然”科学运用于人类事务的谴责，这一谴责暗示着，人外在于并高于自然，结论必然是回归中世纪的前科学的教条，即所有社会与道德方面的主题具有超自然的基础。再次是与事实相反的假设，即假设科学方法在当代一直被严肃系统地运用于人类生活问题。

我之所以突出上述段落，是因为它和其他许多来自反面的表述一样，反映了

对当今社会问题的看法。的确，自然科学的结果很大程度上既有恶也有善，将世界带到当今的关口。但这同样也是事实，即“自然”科学在下面的意义上被等同于物理科学，而物理的被置于人类的对立面。的确，反对科学的利益集团与制度习惯是这样一种力量，这种力量代表超自然的引力中心，竭力保持人类事务中这一悲剧性鸿沟。现在问题变得日益清晰了，问题就在于：我们是否退回去，或我们是否继续向前，在理论和实践上认清人本主义与自然主义是不可分割的统一体。

以上这些和教育有何关系？对这个问题的回答可以从下述事实获得，那些 257
致力于攻击科学的人将他们的攻击集中于这样一点，即我们的学校日益把注意力放在科学及其在职业培训中的应用方面。他们建议，在当今这个主要由科学和技术造就的世界上，教育不应该以现有的这种程度注重科学和技术。他们建议我们应该转向中世纪精神，这种精神把被称作“自由的”技艺等同于文学艺术：这是在对自然知识无知的年代里自然形成的态度，在那个时代，通过了解希腊-罗马文化来学习文学艺术，成为脱离野蛮状态的最完备的手段。他们的建议远离了当今世界的实际状况，冷漠地忽视了现实，因此似乎成了无意义的空话。但如此轻率地对待这种反动的攻击，将会成为一个悲剧性的错误。因为它们所表达的正是将科学禁锢起来并贴上“唯物主义和反人类”标签的力量。它们强化所有下述习惯和制度，这些习惯和制度使得道德上“理想的”东西在行动中无力，而让“物质的”东西脱离人文导向而运转。

让我们暂时回到我所强调的论述，即社会理想主义者的基本错误，是假设被称为“自然律”的东西是可以相信的；只要人类顺势地与它合作，它就会带来人们期望的结果。我们得到的教训是：要实现国家之间的和平，增强经济安全，利用政治手段增进自由与平等，在世界范围建立民主制度，人类的态度和努力才是战略中心。任何人从这一前提出发，都一定能够看到，在建立能够保证和平、民主和经济安全的习惯和观念的过程中，教育有极端重要性。

明白这一点之后，也就能明白，在我们的学校中，在将科学和技术活力用于确立某种态度和部署、以保护能够应对当今人类问题的知识方面，做得多么不
够。表面上，在教学科目和教学方法上有了很大的改进。但当我们批判性地审 258
视这些改变时，可以发现，它们很大程度上是对当代世界目前的情况和问题的让步与妥协。教育方面的标准和主导方法仍然主要是前科学和前技术时代的。

这一论述在很多人看来似乎是夸张了。但看一看那些肯定被当作“现代”的学科——科学和职业教育——中仍然统治着教育领域的目标吧。科学主要是被作为现成的知识和技术来教，而不是为所有有效的智力活动在方法方面提供模式。科学主要教的不是方法，只有通过这种方法，科学才能真正进入人类生活并由此成为至高无上的人道课题；但目前的科学似乎必须应对“外在于”人类关怀的世界。科学没有表现为与方法有关，以这种方法才能真正进入当今人类生活的每个方面和每个阶段。几乎不必补充说，科学还很少被当作克服纯粹放任的、致力于人类事务的科学知识来教。在科学方法和结论被当作指导人类合作行为的最高媒介之前，科学方法和结论在教育中就不会获得根本性的重要地位。

在目前的实践和职业教育中，科学与技术的作用也有着同样的情况。反对的批评主张告诉我们，职业教育科目是用来教给大众的——据说大众不能提高到“知识分子的”水平，只能做一些必须有人做的有用的工作，职业教育是为了教他们更有效地做这些工作。这一观点当然是公开试图回到标志着封建时代的观念与行为，即“知识分子”与“从事实际工作的人”、自由技艺与生活技艺的二元分立。这一回到割裂世界的永恒鸿沟的反动运动被视为一种治疗、一种良药，而它实际上是对社会的和精神的庸医治疗。拿科学的情形来说，压倒一切的需要就是继续前进。技术方面的前进运动如同在科学方面的前进运动一样，就是要消
259 除古代和中世纪教育实践和理论在自由的和职业的教育之间设立的鸿沟，而不是把由这一鸿沟造成的空白当作建立自由社会的基础。

社会上需要的有用的职业中并不存在某种内在的东西，把这些职业划分为“有学问的”职业和仆人的、奴隶的、不自由的职业。这一划分事实上的存在，是先前人类关系的阶级结构的产物。它是反民主的。当教育中的一个重要的——或许是最重要的——问题是用真正自由的内容补充职业导向的教育时，不论人们是否相信，我们竟然会有这样一个运动——例如哈钦斯(Hutchins)主席所发起的，把职业培训与自由教育完全分开，把职业培训归入致力于教授技术性技能的特殊学校。以自由精神鼓舞职业教育，用自由内容补充职业教育，并非乌托邦的梦想。很多学校已经证明了其可能性，在这些学校里，当教授被冠以“实用”之名的学科时，是包括科学的理解力以及这些学科潜在的社会—道德方面的应用的。

如果说先前关于民主信念的评论没有说出什么，那是由于这些针对民主观

念的评论很大程度上是表面的。在这个国家中，当民主的生活哲学和民主制度形成时，环境条件鼓励这样一种信念，即民主制度是符合人的天性的，是适合于人的本质的；只要民主制度一旦建立，就能够保持下去。我在这里不再复述动摇这一天真的信念的一系列事件。对民主制度的每一次有准备的攻击，对其过去的失败的嘲讽，对其将来的悲观主义，都涉及这些事件。如果把这种攻击和表达看作是这样一种标志，即以建立民主制度为目标，却将其与目标赖以建立的手段相分离，那么它们就值得被认真对待。

民主不是一条很容易走上的道路。相反，民主的实现是非常困难的，它与当
代世界的复杂状况有关。就民主制度已经实践并产生影响而言，我们值得拿出 260
勇气走民主道路。但对于这种勇气，我们必须补充说，我们的勇气必须是理智的而不是盲目的；要成功地保持民主制度，需要最大限度地运用最可取的方法，去获得与我们的自然知识相适应的社会知识，去发明和利用与我们应对自然的技术能力相适应的社会工程。

这是已经明确的任务。如果我们用一个大的术语表达，就是建立人性化的科学。这个任务实际上没有科学的成果是不能完成的，科学成果作为技术，也应当被人性化。这个任务实际上只能在下述条件下完成，即把它分解为理智在各个领域解决各种问题的重要运用，如此科学和技术就能效力于民主的希望和信仰。目标能够在思想和行动方面鼓舞人的忠诚。但必须把热情和努力与自由的、广泛的、经过培养的观察和理解的态度结合起来，习惯成自然地运用科学方法的重要原理。这样，科学、教育和民主事业就汇合成一项事业。或许我们都面临这样的时刻，因为这是我们人类的问题。我们只能通过人类希望、人类理智和人类努力作为媒介，找到解决问题的方法。

对自由主义思想的挑战[①]

261 要知道活生生的而非古董的哲学是关于什么的，可能最好的方法就是问我们自己，我们要用什么样的标准、什么样的目标和理想来调控我们的教育政策和教育事业。如果把这一问题系统地展开，将使在道德上和理智上指导人类事务的基本原则明确起来。它将揭示目前社会中的基本分歧和冲突。它将赋予与人类需要和人类斗争相脱离的哲学体系所提出的晦涩抽象的问题和原理以具体明确的意义。因此，对教育中属于现代的新事物的攻击，恰好受到那些相信现代教育的趋势完全是反动的人的欢迎。我们必须直面这种攻击，直面这种攻击将使长期以来处于黑暗中的信念明确起来。因为的确，在教育和其他方面，最糟糕的是将相反和对立的东西混合在一起。厘清目前的问题不仅有助于澄清我们教育中的混乱，而且能够为僵化的哲学注入生命力。

我们被告知，科学学科一直在蚕食文学学科，而后者才是真正人文主义的。我们被告知，对于实用主义和功利主义的热情导致了自由的（liberal，即文科的——译者）教育为单纯的职业教育所取代，这种教育限制了完整的人的发展，使其生存仅仅与谋生相关。我们被告知，整个发展趋势偏离了人道主义而趋于
262 唯物主义，偏离了永恒的理性而趋于权宜之计，等等。现在最奇怪的是，恰恰我们中的一些从根本上不同意对我们现在的制度进行批判、同样也从根本上不同

① 首次发表于《财富》，第30期（1944年8月），第155—157、180、182、184、186、188、190页。亚历山大·米克尔约翰的回应，见本卷附录10。杜威的反驳，见本卷第333—336页。其他信件见本卷附录11及第337页。

意对现在的制度进行修正的人，也认为现在的制度（如果可以称作制度）缺乏目标、材料和方法的统一，仅仅是一种拼凑起来的东西。我们同意，超负荷的课程需要精简。我们承认，我们不能确定我们在朝哪里走、我们想要走到哪里、我们为什么要这样做。

我们对教育现状的批评在很多细节上并非完全不同于这样的批评家，但他们的基本前提和目标与我们是尖锐对立的。无论如何，进行批评的立场和推进改革的导向全然不同。问题正在逐渐明确。我们承认缺乏统一性。我们完全不同意下述信念，即我们制度中的错误与缺点源于过度关注在人类文明中属于现代的东西，即科学、技术和当代社会问题。而我们自己对现代教育状况的批评是由下述信念支持的，即活跃于当今社会的因素，正在构成着当代文明；它们或者由于对过去的过度关注而在混乱中遭到扼杀，或者由于这些因素没有被赋予中心地位，故而成了技术性的、相对不自由的因素。

因而我从这一事实入手：我们正在被告知，真正自由的教育需要回归大约两千五百年前希腊人设计的模式和标准，需要恢复和实践六七个世纪以前封建中世纪的模式和标准。的确，将使用“自由”一词的教育理论应用于与“实用”无关的教育，这一理论是在希腊系统地形成的。我们从希腊继承了这一传统，即将“自由的”教育与“机械的”教育完全对立起来；需要注意的是，这一传统把与工业和实用的商品、服务相关的一切都看作机械的。

这种哲学是忠实于产生它的社会生活的。它把雅典生活中繁荣和发展起来
的制度、习俗和道德态度转化为理智的术语。自由的教育在雅典共同体是对自 263
由人的教育，这在当时是适当的。但与之紧密相关的一个事实从现代民主共同体的立场看是完全不恰当的，即自由公民在希腊只是少数，他们的自由以一个庞大的奴隶阶级为基础。享有自由和自由教育的特权阶级正是基于那样的观念，而现代自由则一直致力于消除这观念。由出身、性别和经济条件决定人的身份，在民主社会被看作反自由的。在希腊哲学家看来，这些区别是必然的，它们是由“天性”决定的。这种区别建立在社会制度基础上，即便在当时最贤明的人看来，其他观点也是毫无道理的。

这一事实或许使我们怀疑现在的、根据真正自由的对立面来定义自由教育的教育哲学。职业的实用教育在古希腊是非自由的，因为它是对于奴隶阶级的培训。古希腊的自由教育之所以自由，是因为它是一小部分人享受的生活方式，

这些人可以自由地投身于更高层次的事情。他们可以自由地做这些事，是因为他们依赖于奴隶阶级的劳动成果。而手工业是靠双亲传授给孩子的学徒方式得以延续的。

即便手工业者遵循的模式获得了高度的审美发展，我们也不能忽略上述事实。因为它与现代工业形成了鲜明对比。工作方法是科学不断运用的结果。发明本身是运用科学的结果，发明使先前常规的生产方式不断得到改变。古希腊人区别了表现为理性认识或科学的活动与表现为无理性的、按惯例行事的活动，在当时的条件下，有理由为古希腊人辩护。但现代没有理由为这样一个观点辩护。与我们的政治和社会事务中堪称科学的因素相比，目前我们的工业行为中包含更多的科学性。

264 以前进取代后退，由此成为令我们的技术和职业教育获得解放的问题。普通工人很少或根本没有意识到其工作中的科学程序。他所做的对他来说通常是常规的机械工作。在这个意义上批评家们对于当今职业教育的诊断在很多地方是正确的。但他们反动的矫正措施意味着只是将当今制度中不好的方面固定下来。他们不是寻求找到一种教育方式，使得所有上学的人都能认识到工业流程中的科学基础，而是试图更明确地在那些接受不自由的职业培训的人与少数享受自由教育——它模仿的是古希腊文学模式——的人之间划出界限。真正自由的、解放的教育，在今天应该拒绝把各种水平的职业培训与在社会、道德和科学等方面的继续教育分割开来——只有在后者构成的环境中，职业培训才能得到良好的管理和运作。

不把从事这一任务的教育内容和方法放在当代不断成熟、日益重要的理智选择和安排的基础上，有意忽略服务于这个时代的种种要素，必将使我们生活于其中的世界处于长久的混乱和冲突中。运用理智的勇气使得教育改观，将会带来信心和印证这一信心的智慧。

在我们转向古希腊自由教育理论在中世纪的翻版时，情况几乎一样。农奴和领主之间的划分在中世纪社会是非常确定的，当时就连最具有自由思想的哲学家都未曾注意。它被当作一个当然的事实，或者被当作"自然的"。此外，中世纪社会没有公民(*civic*)意义上的政治公民身份，也没有共同体生活，而这在雅典城邦是至高无上的。虽然从古希腊哲学中借用的自由技艺与自由教育者两个词广泛使用，但它们的意义与雅典人生活中完全不一样。最重要的机构是教会，而不是城邦。因此，在中世纪思想中，僧侣与其他人之间的区别取代了古希腊哲学著作中自由人和工匠之间的区别。正如公民一词是雅典人生活的中心内容一样，僧侣一词是中世纪文化的中心内容。

只要关注一下教育哲学，就可以看到为什么当代反动运动最接近于中世纪 265
模式而不是古希腊模式。自由的雅典公民的行为直接与城邦共同体的事务和问题有关，在城邦共同体中，神权政治的影响和宗教习俗是世俗共同体生活的常规而次要的部分。此外，亚里士多德教导说，甚至自由的政治生活也不是完全摆脱实践的侵染的。唯一完全自由的生活是致力于探索科学与哲学的生活。自然而非超自然是古希腊哲学的中心。

在古希腊科学哲学家看来，不是通过感官就是通过“心灵”的对自然的直接感知，是真理的来源。过去遗留下来的著述通常暗示着，它们给可供选择的可能性提供了材料。它们从来没有被当作最终的权威。唯一被禁止的，是在视觉影像和自然事实之间加入其他意见。但在由语言工具一代代口述、书写和传播的中世纪文化中，它们成为了最终的权威。引证众所周知的“圣经”的作用就足以证明这一点。我并不是说，中世纪没有展示出敏锐的理智与智慧。但它被引向从字面意义上对先前的知识进行研究、阐释、改写和组织。对这些著述的研究基本上取代了古希腊哲学和科学对自然本身的研究。它们构成了被研究的世界。

然而在那时欧洲的条件下，把文字作为与过去的知识进行交流的媒介是必须的。自由是所有人都得到解放，实现人类能力的解放。不能领会这一解放是我们的新经院哲学家的错误之源，他们认为，自由教育的主题固结于其自身。过去的语言艺术和书面材料在中世纪起到的解放作用是其他事物不能起到的。因为整个北欧只是刚刚脱离野蛮状态。历史地说，除了去亲近若干世纪以前在地中海发展起来的更高级的文明产物外，实际上没法看到这一解放运动还能有什
么样的有效指导。语言文字是与那些文明产物相联系的唯一媒介。僧侣是掌握 266
语言工具并具有道德权威的唯一的阶级，于是他们成为教育的中心。

中世纪以来的社会和文化环境经历了巨大的革命性变革。在精神方面，相对于中世纪文化，我们更接近于古代文化。在社会关系方面，从以奴役为基础到以自由为基础的变革是如此巨大，我们却可以相当准确地说，这一变革与雅典确立的原则相一致。由于社会制度习惯的压力，这些原则的全部意义并没有被其制定者所察觉。对历史的无知是这样一些批评家的显著缺点，他们主张回归古

希腊-中世纪的观念，仿佛这两个时代的观念是相同的，因为中世纪的哲学家使用了一些古希腊哲学家提出的言辞。

语言在教育方面仍然具有基本的重要性。交流是明确区分人与其他生灵的特征，是文化赖以存在的条件。但认为语言、文字的使用与学习，在当代条件下可以如同在古希腊、亚历山大时期或中世纪一样，为了相同的目的而使用相同的方法，这种观念是荒谬的，在实践中采取这种观念是有害的。试图重新将语言技能和语言材料作为教育的中心，并且披着“为自由而进行的教育”或“自由”教育的外衣这样做，是与民主国家所珍视的自由直接对立的。认为任何适当的教育都能依靠上百本各种各样的书来获得，这种想法从实际来看或多或少是可笑的。对于成年人来说，在一生的空闲时间阅读、重读并消化一书架的书，是一件事。而用四年时间规定固定的量来阅读，是非常不同的另一件事。就其理论的和基本的目标而言，它并不可笑。因为它标志着违背了古希腊将知识看作智力训练产物的健全观念。它标志着恢复了中世纪学者的看法，即依靠他人已经发现的——或假设他人已经发现的——最终权威，可是使得中世纪学者的看法得以
267 成立的历史条件已经变了。

反动的运动是危险的(或者倘若它获得重大进展会是危险的)，因为它忽视并实际上否认了实验探索和直接观察的原则，而这一原则是科学进步的活力源泉，这种进步简直不可思议，因为与它比起来，以前数千年在知识方面取得的进步几乎为零。很自然，反动的经院教育的主要鼓吹者应该是缺乏科学教育的文人，或坚持推行为超自然力量所建立并指导的体制的教会神学家——他们的正式说法被确定为终极真理，恰恰因为这些说法超出了人类研究和批评的范围。

哈钦斯先生写道：①

> 我们知道有着自然的道德律，我们能够理解它是什么，因为我们知道人类具有一种天性，我们能够理解这种天性。人的天性是相同的，是朦胧的，但不会为不同文化的不同习俗所湮没。人类天性的这一特点是……人是有理性和精神的存在……

① 《财富》，1943 年 6 月。

由于这一固有的必然的本质，所有时代、所有地方、所有文化中的人都是一样的。发生在人身上的一切，或者人是其中一部分的物理世界、生物世界和社会中发生的一切，都不能改变人的天性。凌驾于人的行为及其道德信念之上的权威原则因此是永恒不变的。而且，这些原则为这样一种能力所感知，这种能力独立于并高于人类以实验观察为手段去发现自身、社会和物理世界的事实的方法。

这种观点并没有新奇之处。我们从儿童时期就熟悉这种观点。这是我们在家庭中或在星期日对儿童进行宗教教育的学校中就培养起来的常规观念的一部分。然而，它是狭隘的习俗观点的表达，是一种前科学——就“科学”在当代的含义而言——文化的表达。起码与那些断言人性和道德绝对同一的人具备同等智力的人（如亚里士多德自己），关于自然物体也说过同样的话。天文学和生物学 268
一度牢固地建立在永恒的统一性基础上，如同道德科学和哲学现在被断言的那样。在天文学中，一度认为更高的天空以及其中的万物都一直具有并将永远具有恒定的圆周运动。而现代天文学学说似乎倾向于宣布宇宙是无序的。在生物学中，植物和动物物种完全不变和始终同一的观念一度被视为一切科学认识的合理而必要的基础。

简言之，现在被如此自信地提出的有关道德的观点一度在自然科学中盛行。二者的基础是，统一性和不变性在其完美性和真理性方面天然地高于任何具有变化的东西。从社会角度看，很容易理解这一观点的出现。它适合于由习俗统治的社会，这种社会害怕变化，把变化看作不稳定和无秩序的根源。当观察由于缺乏工具而受到限制时，这种看法也是自然的。不使用望远镜，“恒星”位置的变化就无法被注意到。植物和动物物种的变化只有当变异显现出来时才能观察得到。相信人类天性永恒不变的信念，是一度普遍认为的天体和生物永恒不变的信念的残余。科学方法和结论几乎影响不了主要受文学教育的人。否则，他们也不会在某个领域继续坚持科学已经抛弃的信念。

然而上述这一集团不会反对教授科学。非但不会，他们的主张是，自然科学学科只具有第二位的重要性，无论如何，它属于其价值体现在技术、功利和实践方面的学科。因此，他们认可并倾向于确认可靠的认识工具与具有道德、理想和“精神”的重要性的事物之间的分离。

很难明白有思想的人怎么能轻视这一分离。古希腊和中世纪“科学”中没有这种分离。在他们的科学中，所有关于自然界和自然对象的真理，像在道德目标 269

和原则中一样，与永恒不变的事物有关。事实上，亚里士多德这位中世纪自然和世俗事务方面的权威，清楚地指出天文学和生物学具有更高的地位，是由于它们与永恒相关联，而不是和道德方面的知识相关联。因为他观察到一个确定的事实，即道德实践和目标是依据时间和地点变化的。

实际上，现在诉诸古希腊哲学的人和诉诸中世纪哲学的人的联盟更多地是战术的而不是根本的。他们结盟是因为有同样的厌恶，同样居住在亚杜兰(Adullam)洞穴中。他们有同样的厌恶而没有同样的忠诚和目标。古希腊科学的确从现代自科学来看是以超自然的特点为标志的。但无论如何，根据古希腊科学，科学的主题是与自然有关的，具有内在合理性。而根据中世纪神学哲学，所有终极道德原则的基础都是超自然的；不仅高于自然和理性，而且远远超出了自然和理性的范围，因此必定是超自然地显现并保持不变的。

哈钦斯先生的一些神学同路人清楚地阐述了这一观点。因为他们特别明确地区分了政治的、公民的及社会的道德与个人的道德。前者是“*自然的*”，其美德直接导向“文明的善”。后者必须考虑人的“*超世俗的命运*”。只有关于“自然的道德”的说教会受“所谓政治生活和社会文明的美德”的影响。它倾向于忽视或贬损个人的道德，后者“是所有道德之根”，而人们如果记得的话，这样一种道德在起源和目的方面都是超自然的。

这一学派的自由主义作者发现他们陷入了进退两难的局面，这进退两难可以用下述事实说明，即他们为“完整的人道主义”、为避免分裂制造了一种托辞。他们先是为他们自己设立了一系列完全的分裂：人与超自然的神之间的分裂，世俗之物与永恒之物之间的分裂，人性与神性之间的分裂，内在与外在之间的分裂，最后是公民和社会(或人世间事物)与所谓的超世俗的命运之间的分裂。于
270 是当然需要一个特殊的超自然的一贯正确的教会去沟通。

从一种观点看，这些作者只是阐明了现代文明的分裂和冲突的特征。但他们却把系统地坚持这种分裂拿来医治分裂带来的不幸。从两派共同具有的观点看，由神学哲学家表述的观点似乎优越于世俗的合作者提出的观点。因为他们声称他们代表庄严地建立起来的教会，它是永远受上天的指导的。因此，当会犯错误的人类理性的意见变化时，当不同民族的公民道德相互冲突时，它能够权威地指明那个真理。

因此，教育哲学中出现的问题是有意义的，因为它标志着哲学每一个阶段和

方面表现出的分裂。它表达了下述两种观点的不同：一种观点向过去寻求指导；另一种观点认为，如果哲学想要有助于当前的状况，就必须高度关注现代的运动、需求、问题和资源。这后一种观点经常被反对者漫画化。据说它无理性地偏好新奇和变化，致力于现代性只是因为现代性在时间顺序中出现得较晚。而实际状况是，在当代生活中确实有一些要素在起作用，这些要素即便尚未表现出成功，也表现出极高的价值。这些要素是认识领域的实验科学和实验方法。这一领域包含确定的道德与伦理，正如它包含确定的关于人与世界的结论一样。现代性的第二个要素是人类关系中的民主精神。第三个要素是技术为了人类的目标而控制自然。这三个因素是密切相关的。自然科学方面的革命是发明工具和方法之母，这些发明为现代工业技术提供了坚实的基础。这一事实非常明显，是无法否认的，尽管有一些人肤浅地不把工业中的伟大进步归因于现代科学方法与结论，而归因于对金钱的追求。或许不太明显的是，存在于古代和中世纪的纯粹理智的"精神性的"、"更高级"的事物与"实用的"、"物质的"、"较低级"的东西之间的围墙已经倒塌，正因为这个自然科学才发生了的惊人的进步。 271

对于所有不愿闭目塞听的人来说，显然下述情况是一个历史事实，即科学方面从相对贫乏和停滞转变为硕果累累并不断进步的变化，始于探索者利用在社会上被轻视的工业手段和方法作为媒介以认识自然。日用品生产和服务方面的变化对于破除封建制度是一个重要的要素。便利的交流取代了民族之间、群体之间和阶级之间的隔离，这成为实现民主运动的动力。

我回到下述事实，即我们过着既相互融合又相互隔离的生活。我们被推向彼此对立的方向。我们至今还没有一种现代哲学，这种现代哲学不是在时间顺序意义上说的。我们至今还没有这样一种教育机构或其他社会机构，它们不是对立的要素的混合物。自然科学的方法和结论的分离及盛行于道德和宗教中的方法与结论的分离，是一个严重的问题，无论从什么角度都应看作严重的问题。它意味着一个社会在其最重要的方面是不统一的。

我不理解那些力主在道德和社会制度方面回到古代的人为什么希望在自然科学方面也回到先前的状况；我也不主张废除作为科学实验的延伸成果的所有现代发明的使用。这一构架在逻辑上和实践上的重要性只是固定这种分离，而我们受害于这种分离。前科学的精神与方法正盛行于"更高级的"领域，而科学和技术则被归入生活中天生较低的、与前者分离的领域。传道或外在制度习惯的权威，被用来维持后者的地位。

于是，首要的问题是我们朝什么方向前进。我们是否不得不在自然科学中使用一种方法，而在道德问题上使用根本不同的另一种方法？科学方法现在找到了进入心理学领域的道路，并已经在人类学研究中被熟悉起来。当这些研究
272 中得出的结论找到了被普遍接受之路时，科学信念与道德信念之间的冲突是否会取代过去科学与宗教之间的冲突？这个问题更为中肯，因为宗教也表达了前科学文化发展的一个阶段。

正如在教育领域表现出的一样，这一问题以生动鲜明的方式使方向问题成为哲学问题。我并不是说，哲学问题与我们在教育、工业和政治实践中的方向问题一样重要。但这两者密切相关。旧的形而上学和神学哲学反映了它们形成的社会环境。这些环境条件被转化为理性术语从而得到支持。传统哲学为社会运动的方向提供了指导。它们今天仍在发挥这些作用。然而，它们只是带来了混乱和冲突。

我希望我已经清楚地表明，我并不同情作为上述我所考察过的观点之基础的哲学。但哲学在当下的积极行动应该受到欢迎。哲学需要摆脱这样一些人的支配，他们把哲学等同于不产生结果的理智的训练，等同于纯粹的语词分析。或许使哲学回归到人，会剧烈地动摇目前朝向相反方向的运动。如果哲学在当代危机中想要有所表现的话，这里讨论的教育哲学唤起了所有现在需要关注的哲学问题。

变与不变的问题包括下述问题，即是否在一个领域创造了奇迹的研究和检验方法应该被用来拓展我们关于道德和社会方面的知识。在科学与道德之间有没有不可逾越的鸿沟？或者，道德原则和道德方面的普遍真理是否与科学原则和科学方面的普遍真理相同——即这样的工作假定：一方面精炼以前的经验和研究所得出的结论，另一方面指导进一步卓有成效的研究，并将其结论反过来用于检验和发展这进一步的运用？假设从理论上说道德原则像一些人认为的那样是永恒不变的，假设这是真的。是否有人以哪怕最粗略的方式说明过，这些道德
273 原则是如何被运用的？实际上，问题在于是诉诸教条（这种教条非常严格，因此最终必须诉诸强力），还是诉诸我们所拥有的最高智慧指导下的理智观察，这是科学方法的核心。

让我来举例说明科学思想如何运用于以前被认为绝对不可改变的事物。这

个例子取自这样一个人，和其他任何人相比，他在见解和观点方面都更足以被称为美国哲学之父，他就是查尔斯·皮尔士。这个例子具有至关重要的道德意义，它是真理的意义问题。传统的真理观把真理看作由我们所拥有的永恒不变的原则所构成的不变的体系，一切事物都应该服从于这个体系。与传统的真理观相反，皮尔士认为，真理“是抽象陈述与理想界限的一致，无止境的研究会趋于将科学信念引向这一一致”。假使承认这一一致有其“不准确性和片面性”——这样的“承认是真理的基本要素”——这一一致甚至在当下就能为科学信念所拥有。简言之，我们这里在相信不变还是相信变化这一关键问题上作出了区分性的陈述。也有明确的含义，即变化意味着不断增长、发展、解放与合作，而不变意味着历史上总是表现为偏狭的、对不同意见者和探索者进行残酷迫害的教条主义。相信无止境的探索，相信对目前所拥有的东西的非教条的友好态度（这能刺激我们不断地努力），这被那些没有接受科学精神教育的人等同于道德败坏、冷漠与不负责任。

政治民主的核心是以讨论和交流来解决社会纷争。这一方法初步接近于根据实验研究和检验而实现变革的方法，即科学方法。民主程序的基础依赖于社会变革的实验结果，这一实验是由在实践活动中检验并发展的工作原理指导的。然而，民主的运作为哲学的持久影响所损害——因为我们被怂恿去求助于那种哲学。

欧洲大陆现在是世界上被搅得最乱的地方，也是扰乱其他地方的根源；它恰 274
好也是这样一个地方，这里一直最彻底地坚持我们现在被强烈要求回归的教育哲学——这可不是一个意外事件。美国必须被看作要么是欧洲在文化上的分支，要么是非地理意义上的新大陆。持后一种观点既不是激进爱国的国家主义，也不是激进的孤立主义。它是对要做的事情的确认。欧洲至少在不久以前还在科学上引领世界，美国要在造型艺术和文学方面达到旧大陆的水平，还需要很长的时间。但欧洲大陆特别是德国，一直是建立在科学与道德严格分离这一基础上的实践和哲学的故乡，科学被看作技术的和永恒变化的，而道德则被看作是依据固定不变的原则。把“新大陆”之名用于美国，是因为我们要承担起这样的任务，即把哲学和教育在过去分离的事物结合为一体；而我们现在被强烈要求回归的恰恰是这种哲学和教育。

简言之，延缓和阻止赋予民主运动以统一性和坚定性的自觉的，恰恰就是教条主义的僵化的哲学。因此，自称哲学家的人的主要机会和责任，应该是弄清民主与导致科学革命的方法之间的内在血缘关系。只有这样，我们才能摆脱标准、目标和方法上的二元论——即我们目前深受其害的绝对割裂。技术工业是科学的创造物。它也是实际上决定社会环境的、影响最广泛最深刻的因素。我们这个时代人类最紧迫的问题是，将新技术赋予我们的无限资源转化为人类的积极的手段。反动哲学的贡献是，力主技术和科学在本质上具有低等的、非自由的性质！

当代社会哲学中存在的主要争论是所谓的“个人主义”和所谓的“社会主义”
275 之间的抽象争论。但问题是具体的。这个或那个工厂或田间的操作如何能够对人的能力的释放和增长作出贡献？它们如何能够生产出大量便宜的物质产品？前面这个问题和后面的问题一样，都得靠不断运用实验观察和检验的科学方法才能解决。感到对科学和道德之间、“自然”事实和人类价值之间的关系需要加以说明的人，将从这里找到例证。

加深着“物质”与“精神”之间、永恒原则与急剧变化的社会环境之间的鸿沟的哲学，妨碍着这一重要问题的有效解决。问题的解决当然不会在哲学领域。但哲学的机遇在于帮助摆脱目前妨碍问题解决的理智习惯。

学校教育是必需的实用工具的一部分，而教育理论或教育哲学的任务和机会则在于帮助摧毁支持外部权威反对自由合作的哲学。必须对下述观念提出争辩，即道德是完全同科学与科学方法分离、并高于科学与科学方法的。它必须帮助消除下述观念，即人的日常工作与文学追求相比是可以忽略的，人类当下命运与某种超自然的命运相比是微不足道的。为实现现代民主理想，不仅仅在技术上，而且在生活中，我们都必须完整地接受科学方法。

人文学院的问题[①]

在近来关于自由教育(liberal education,或译人文教育——译者)的讨论中， 276
最惊人的是普遍地而且似乎自发地将使获得自由(*liberating*)作为自由(*liberal*)的同义词使用。因为它标志着下述传统观念的终结:某一组学科是自由的,是因为它们自身具有的性质——由于内在的本质而属于它们——正如鸦片一度被说成是由于其安眠的性质而能够促使人睡眠。在一些作家和教育家看来,这后一种关于自由教育的观点有其优点,即把对这一问题的追问变得不必要了:对于其研究者而言,学科本身究竟促成了什么?假如有一组特定的学科因其自身之故便是“自由的”,那么上述问题就不切题。自由教育倘若未曾取得效果,那不是学科的过错而应归咎于外部条件,诸如一些学生本来就没有能力达到真正的“知识分子”水平。把“自由”定义为使获得自由,就给自由教育和人文学院带来了问题,这问题属于调查研究领域通过调研学科实际上促成了什么,这问题才能被解决。检验提出的主张并为之辩护,要根据看得见的结果,而不是根据先天的教条。

第一,前面所界定的人文学院目前的问题,其具体意义在于突出历史性思考。某种科目是自由的,是由于某种永远属于其自身性质的东西,这种理论是科学方法出现之前的阐述。它是与过去曾经统治全部知识形式的哲学理论相一致的。根据那时的学说,一种东西的可知是由于其自身固有的性质、形式或本质,于是认识就是由纯粹“理智”直觉地把握事物的性质。 277

---

① 首次发表于《美国学者》(*American Scholar*),第 13 期(1944 年 10 月),第 391—393 页。

第二，传统学说在前现代技术和前现代科学时期的教育制度中得以具体化。自由的技艺（即人文的——译者）与实用技艺形成鲜明对照。这一差异在社会和文化环境中有其根源。实用的或工业的技艺是由学徒在长期日常工作中学到的，在这种常规工作中对于工作原理的认识是可以忽略的。工业革命是科学革命的结果，是近几个世纪的标志。如今只有最落后的“实用”技艺才依据常规经验。实用的技艺现在成为科技，这一事实表明，它们建立在对基本原理的科学理解上。

第三，也是最重要的，是社会组织形式也经历了革命。“自由的（人文的）”与“实用的”技艺之间的区别是那个时代的产物，当时从事工业生产的技工和工匠是在社会上具有奴隶身份的人。传统的关于自由的技艺的学说，其含义只有与下述事实相联系才能够理解，即社会上有着自由人与奴隶和农奴之间的区分，只有前者能接受“理智的”教育，这种教育在当时条件下是指文学和语言方面的训练。在科学革命迅速改变认识、理解和学习的性质和方法的时代，在工业革命摧毁了体力劳动者与脑力劳动者之间的障碍的时代，民主的政治革命赋予了农奴以自由民的社会身份。它因此摧毁了这样一种传统区分的基础，即把技艺区分为适合于“有身份的人”的技艺与适合于从事实用服务和日用品生产的人的技艺——简言之，即“自由的（人文的）”技艺与“实用”技艺之间的区分。

要厘清人文学院目前的两难选择，要厘清人文学院在我们社会中的作用，只有把这种选择和作用放到不可逆的历史进程中考察，否则是不可能完成的。没有比下述做法更愚蠢的了，即把当代我们国家人文学院的问题归因于许多误入
278 歧途的教育家的活动，而不是归因于不断加强的社会力量的影响。如果说还有同样愚蠢的做法，那就是断言（如此断言者坚持将“自由”、人文等同于语言、文学和形而上学教育，以为凭此过时的见解就足以解决问题）他们的对手完全满足于现状。事实上对手比他们早许多年指出，现代的学院教育是以混乱、冲突和不确定性为标志的。

用历史的眼光（与排他的文学、形而上学训练的受害者和拥护者迥异的眼光）看待这种情况时，就会看到，正是由于科学研究在社会事务中日益增长的重要性，而不是由于对科学知识的热爱，更不是由于对科学方法的普遍热忱——使得与不易更改的正统方法相反的科学方法进入了学院。当拉丁语失去其作为学者们交流的普遍用语的垄断地位时，活的语言被纳入了语言课程。不仅在原有

的文学学士学位之外增加了理学学士学位、哲学学士学位(或者说前者拓展到了新的研究),而且课程密集,目标则摇摆而不确定。

社会压力的新模式不止这一点。出现了大量新的职业和职位。它们对三种传统的“学术”职业形成了有力的竞争,这种竞争的结果终究进入了学院。同时,两种学术职业,医学和法学,则经历了巨大的转变。化学和生理学方面的新发现大大改变了医学,使它实际上不可能将准备工作纳入以前安排的时间。实际上而非名义上的前医学研究找到了进入学院的道路。在工业和商业方面不断发生的巨大变化及其社会效果,对法学实践产生了巨大影响。工商业带来的结果对学院教育的影响虽然不像在医学方面那样明显,但其结果真正是属于现代的。

以上简述的由社会变革带来的变更使得“人文学院”这一名称与其说是描述性的,倒不如说是怀旧的——它被用于我们的许多学院机构。在这种环境下,一 279
直立足于防御的古老的文学和形而上学观点的代表们现在开始采取攻势,是不足为奇的。他们一贯坚持某种学科天生是自由的观点;与此相应,现在他们宣称,其他学科,特别是科学和技术的学科,天生是不自由的、唯物主义的、带有功利主义奴性的,除非它们保持严格的隶属状态。社会革命极少会以全然倒退的面目出现,尽管会有反动现象发生。我不相信会有这样的可能性,即美国大学本科学院会大范围地退回到传统人文机构的文学和形而上学课程中去。我注意到,这些口头上朝这个方向努力的人并不拒绝接受基金,去把更新的科学的和半职业的课程纳入已经塞得满满的课表。

在我看来,危险在其他方面。冻结现存的非人文的倾向,强化现存的不合需要的分裂,这些都是可能的。当技术教育在许多情况下侵占我们用以熟知和运用古老人文作品的时间时,我们发现,“经典”的阅读和研究被孤立起来,被置于与其他事物尖锐对立的位置。要保证人文学院在民主社会发挥应有作用,就要认清目前社会所需的技术学科需要获得人文导向。这些学科中并没有天生的排外倾向,但是如果割断了人文源泉和灵感,它们就不可能成为解放性的。另外,书本若是被割断了与时代生活需要和时代生活问题的至关重要的联系,就会成为过于学术的东西。

特别需要的是把关于人与关于自然的知识结合起来,把当代具有深刻社会背景的职业准备知识,与关于工业和工业职业会带来的社会结果的知识结合起来。面对这一需要,我们却一直在促进实行将二者系统地分裂的政策。我最近收到一位公共生活中杰出的、但并非职业教育家的人的来信,他在信中写道:“我们数百万的士兵正在成为某种反动分子,因为他们缺乏文化教育,不能评价他们
280 的环境以及发生的事件。”我要补充说,国内还有另外数百万人,他们处于困惑和迷惘中,随波逐流,盲从“领袖”,因为他们缺乏能够使他们评价他们周围环境和事件原因的教育。我相信,自由教育在当代的作用,是利用我们的资源,诸如人文文献、科学、具有职业定向的学科等,来保证人们评价当今世界的需求和问题的能力。这样一种教育将会具有解放效果,并非因为它远不同于中世纪的“七艺”,而恰恰是因为它在为当代世界做这样一些事情,这些事情正是那些学科试图为造就了它们的时代所做的。

《1947 年教育发展法案》的含意[①]

《1947 年教育发展法案》或 S. 2499，是由参议员墨里(Murray)、莫尔斯(Morse)和佩珀(Pepper)发起的，乍看起来对于公共教育具有非常大的工具价值。法案的"政策宣言"认为，"民主参与政府管理，发展科学和艺术，在富有成效的经济体制内增加就业，明智地利用闲暇时间，促进世界和平与安全，普遍增进福利"，将通过其措施一劳永逸地得以实现。这些目标中没有什么新内容，它们一直是美国梦的一部分。但这一法案中令人不安地混杂着反动的和革命的建议，这种混杂不符合美国梦的本质。关键问题在于：为美国人民、特别是热爱其职业的教育家所了解的这一背离，会由于增加对公共教育的投入这一诱人的承诺而令人神往，因为学校所有人都太清楚需要增加投入。 281

在为公立中小学提供巨额资助的借口下，还隐藏着一些条款，如果实行这些条款，将会动摇民主国家的某些基本原则。这些基本原则包括：首先，政教分离；其次，保持学校与个人和地方共同体的密切联系，保持州内的管理权力。在《1947 年教育发展法案》中，"非赢利的、免税的学校"被与公立中小学并列作为政府资助的收益人。即使有的州法定条款禁止将公款挪用于任何私立学校，根据上述法案的第 504 条，也可以挪用。 282

如果我们想要充分了解这一法案中暗含的意思，必须确切认识到公立学校作为一种民主机构其作用的重要性；尤其是因为这个法案意味着，我们的传

---

① 首次发表于《国立学校》(*Nation's Schools*)，第 39 期(1947 年 3 月)，第 20—21 页。

统——即明确规定公立学校是国家的基础教育机构——对于民主不具有特殊意义。《1947年教育发展法案》把所有学校都当作政府可信任的合作伙伴,为它们提供财政资助。由于这一法案明显地威胁到民主制度,我们迫切需要再来重温一下我们的民主传统的基本含义,并再一次指出公立学校在保持和改进民主程序方面的重要地位。

说现在需要重温美国的民主传统似乎是不合适的,因为我们刚好发动了保护和推进这一传统的斗争。而且,比起依靠严格自省实际分析这一理想并依靠自律实践这种理想,捍卫一种理想免遭攻击或许更简单,而前者是痛苦而长期的任务。每次种族歧视的事件被宽恕,或经济不公平被容忍,或某个教会组织的力量由于公家直接或间接补助而得到加强,我们就又一次证明,我们没有正确地认识美国原则的意义。

我们文化传统的基本原则之一在于:我们共同的人性及其对于丰富并实现人类个性的共同兴趣,是民主生活的基础。在美国民主中根本没有任何独裁主义的位置,不论是经济的、教育的、政治的还是教会的独裁。致力于这一原则,使我们吸收了种族、文化和宗教背景中令人惊讶的不同成分,这种吸收的程度是世界上从来没有过的。不同种族、不同文化、不同信仰和不同经济水平之间差别的进一步融合,是美国民主的首要原则,并且是我们对西方文明的最有意义的贡献。存在的危险是,这一为所有加入公立学校计划的人所习惯地甚至无意识地
283 参与的融合进程,会被作为理所当然的事情来接受,而不去致力于改进其方法;我们会陷入冷漠的状态,去重复我们甚至不再理解其意义的仪式和陈词滥调。或者,我们会陷入一种多愁善感的状态,这意味着对我们的基本原则的积极鉴别不再存在。这种多愁善感可以以下述态度作例证,即那些参议员声称,由于美国陆军权利法案允许退伍军人在非公立学院接受教育,把这种权利扩展到退伍军人的孩子——甚至是孙子——只是惯例。这些人实际上是在说,允许一部分人根据自己的选择一代代花费公款进入私立学校,这种做法并没有反民主之处。显然,这样一种程序会制造我们的人民之间的隔阂,会导致各个不断延续其既得利益的集团之间无休止的冲突。履行我们对"二战"退伍军人的职责,根本不同于由国会法案建立一种不利于我们制度背景、不利于我们一百五十年实践的永久的政策,这种政策在政府的合法权威机构、公立学校和其他或许符合或许不符合民主原则的机构之间分割公共资金。

承认并尊重个人是民主社会得以存在的基础，是保持学校与人民紧密联系的传统政策的基础。对《1947 年教育发展法案》的异议之一是，由于没有认识到公共教育的本质，它违背了这一政策的积极表达。一位女士告诉我，她曾问一位众所周知的美国政治家，如果他是上帝，他会为这个国家的人民做什么。他说，“这确实是个问题。我应该走访一遍人民，决断出他们需要什么，然后尝试着把他们想要的东西给他们。”她说：“要知道，我料到你会这么回答。有些人在试图给别人东西之前会去问他们想要什么。”问别人他们喜欢什么，他们需要什么，他们的想法是什么，是民主观念的本质部分。我们非常熟悉这种民主习惯，以致或许当我们回答问题时我们并不总是想到这一点。这种习惯是教育的事，因为它使我们认识到身为民主制度中的成员的责任所在，那就是要考虑我们作为个人想要的是什么，我们的需要和困难是什么。任何针对美国教育发展的建议，都应 284
该把从人们的交流中寻求了解其需要这一习惯当作主要目标。而《1947 年教育发展法案》似乎是自上而下迫使人们接受好处，而不是让人们以自身为根本获得发展。

在这个新大陆躁动的不同民族中创建的无差别社会之所以可能，原因之一就是：国家权力无可更改地脱离所有教会力量，允许并鼓励所有人的孩子在摆脱了一切教派、阶级、个人、甚至联邦政府控制的机构中获得知识。公立学校代表着第一个面向所有人的免费教育体系，是针对多少世纪以来的愚民教育进行反抗的结果。当然现在的公共教育还远没有完全实现其目标，但学校的缺点也不能使我们看不到下述事实：即通过这么多年，已经建立了坚固的基础，我们应该把我们的物质资源和道德热情贡献给这样一个已经建立起来并稳步改进的机构。

《1947 年教育发展法案》没有确切评价公立学校体系长期以来的作用，使其自身进一步完善，而是实际上包含了这样一种意思，即新的“国立中小学”体系会更好地实现我们的目标。比以前更不靠谱和更大胆的，是提出了这样一个设想，即由各个教派创办的学校应该获得公共财政的支持。我们很容易看到由此将带来的分裂，只要回想一下许多教派为了信仰、许多个人为了利益会在公共预算上怎样争夺地位，就足以了解了。例如，罗马天主教集团许多年来一直试图获得国家财政资助，并通过为天主教学校提供午餐、健康计划和学校交通工具等积极游说来推进它的计划。《1947 年教育发展法案》的准备金会大大增加对天主教学

285 校的支持。关键是，由于公布了对民主有害的条款，它在民主生活至关重要的领域怂恿了强大的世界反动组织。这一基本问题的实质现在足以看清楚了。

我们不否认，公共教育需要联邦的资助，使得州与州之间、个人与个人之间机会均等。但以失去我们最伟大的理智和道德遗产为代价来获得物质资助，这的确是一个可悲的交易。公立学校体系的不断完善推动民主的增进；但我们必须非常清楚，如果制定的用钱政策根本不合理，不符合最好、最明智的民主原则，那么大笔的钱本身解决不了任何问题。

书　评

《赴莫斯科的使命》没有揭示苏联审判的新证据

戴维斯(Davies)先生的书[1]分成两个部分。“分成(Fall)”意味着“走入歧途” 289
(fall),因为戴维斯先生对自己的使命的说明分成两部分。这两部分可以以“奇迹前后”为标题。他的故事使读者想起不信宗教的人在通往大马士革的道路上成为教会使徒的体验。前任驻莫斯科大使戴维斯也成为了一名传教士。奇迹发生在戴维斯先生回到美国之后。事实上,直到 1941 年 6 月才发生。

戴维斯很诚实,比在书的护封上为他的书做广告的出版商要诚实得多,他把他的报告冠之以“事后的研究”。他的报告非常朴素,足以使人消除怀疑。在希特勒入侵俄国三天后,他在芝加哥发表讲演,“听众中有人问道,‘俄国的第五纵队怎么样?’我下来告诉他,‘根本没有——他们都被枪杀了。’那天在火车上,那个想法一直在我脑子里。”他接下来说,俄国的情况与捷克斯洛伐克、挪威、苏台德、比利时等地发生的事件的对照,给他以深刻的印象。于是,奇迹降临了,“想着这些事情,我脑子里闪现一个念头”。的确,这种想法是热气腾腾的。

在戴维斯先生离开莫斯科三年后的某天,他发现了那里发生的事件的意义;而当他在那里时,却完全看不到这一意义——那时他不仅与苏联政府的高层成员会谈,也与平时聚集在外国首都的机智的、消息灵通的报人们会谈,包括与美

---

① 约瑟夫·戴维斯、西蒙和舒斯特(Joeseph E. Davis, Siman and Schuster):《赴莫斯科的使命》(*Mission to Moscow*),纽约:1941 年。[首次发表于《新领袖》,第 25 期(1942 年 1 月 17 日),第 5 页。]

国和英国报人们会谈。一个闪念，这个闪念向他揭示了大清洗和整个恐怖统治
290 （如他在这一事件在苏联发生时直率地所称）的意义。具有政治家才能和远见的斯大林正在保卫他的国家免遭第五纵队、叛国分子、破坏者的破坏，这几种人后来几年对欧洲其他国家的反纳粹战争起了很大的破坏作用。俄国的难于对付的防御于是得到了解释。

虽然斯大林的另一个坚定的辩护者沃尔特·杜兰蒂（Walter Duranty）确信，假如不是因为大清洗和恐怖统治，希特勒不敢进攻俄国；但现在远离事发时空的戴维斯先生确信，当时给他带来震惊、向他证明个人自由和安全根本没有保证的恐怖事件，解释了俄国令人费解的军事成功。用市井的话说，“你打得赢吗？”

你要证明吗？希特勒在其他国家的军事成功是由这些国家内部的破坏者促成的，这难道不是众所周知的事实吗？这样的成功没有在俄国重演，这难道不是事实吗？在俄国第五纵队没有冒头或插手，这不也是事实吗？当时看来是专制暴君为摆脱内部政敌而实施的恐怖统治，事实上是由对未来事件的非凡远见所指导的，它成为保证俄国免遭外敌入侵的手段，对此你还需要更多东西去证明吗？如果这一证明的逻辑听起来更像谬误的集合而不像逻辑，那是因为它是来自天启的闪念。

那么，戴维斯先生真实的“在莫斯科的使命”——这里强调的是*在*——是什么？他的任期是从1936年11月初到1938年6月，包括经常离开的时间，一共一年半。他发至华盛顿的公文为数不少，超过了一千二百件。他引用的正式文件总共有四、五十件，不超过总数的百分之四。我并不认为戴维斯先生扣留了对俄国事件做出相反解释的报告。但公开的材料具有很大的选择片面性这一事实说明了问题。

实际上，从他的正式的综述材料中，很容易引述支持相反的批评的证据，这种批评把苏联看作极权主义专制国家。总的看来，戴维斯先生在表现出非常天
291 真或对历史与意识形态背景的无知时，也表现出与其身份相应的老道和机敏。他与李维诺夫（Litvinoff）会谈的报告，表明后者应该得到能干的外交家的声望。他经常提及驻莫斯科的各国记者是情报来源，许多公文叙述了其他外交官向他发表的看法，但他没有提及他们的名字——除了那位法国大使，他对于具体事件的看法已经纳入他自己冠名的出版物中。

没有理由怀疑，戴维斯先生在莫斯科期间有着很好的情报来源，也没有理由

怀疑——正如他声称的——他试图做到客观，甚至从头再认识一遍。他所说的某些关于俄罗斯的情况是为证实所有理智的消息灵通人士心目中的普遍状况，这部分内容因此特别重要。他关于苏联的明显相反的报告中自然没有一句话出现在他的回顾文章中，在他的回顾文章中，他把斯大林当作偶像来崇拜——这也表明戴维斯先生在粉饰苏联的情况。因此值得注意的是他不断重复的下述看法：(在苏联)完全没有非极权主义国家所理解的个人自由；激烈的排外主义的增长波及到居住在那里的人，发展到大规模地逮捕和驱逐；民族主义的增长和对马克思、列宁的国际主义的背弃。他对工业效率的看法是，生产效率大约只有美国工厂的40%。他不仅描绘出工业无序的沉闷画面，而且把这种情况直接归于政治原因。“几乎所有产业的组织基础都被动摇。”他相信，根据俄罗斯人的判断方法，大多数被公开审判的人判决是他们应得的；可是甚至在这时，他也没有试图掩盖他对采用的合法方法的怀疑：“他们的根本缺点就是，个人权利服从于国家。”他甚至认为，可能一些人的罪行在于，他们在原始共产主义被官方背离后，依然保留了原始共产主义者的热忱。用他自己的话说，“就这些政治罪行而言，他们那信仰的热情和真诚或许会导致罪恶。”

考虑到他是在离开苏联三年后得到的启示，有必要比较详细地引用他在大 292
清洗时的所言：“这里的恐怖是令人毛骨悚然的事实。恐惧在这个国家的所有地区蔓延。没有一个家庭——无论多么恭顺——不是生活在长期的恐惧中，害怕秘密警察夜间突然搜查。……这种恐怖的程度可以用下述事实来表明，几乎每天从厨师和仆人们低声的充满恐惧的交谈中，都能了解到朋友们中间的新一轮的逮捕、新的苦难、新的忧虑和新的恐惧。……这种特别的清洗无疑是政治性的。……这是由党的领导人有意策划的，他们自己对这一清洗的必要性感到遗憾。”他谈到“历史趋势”，表明了他在意识形态方面的最高见识，即以布尔什维克提出的标准作为道德依据，据此来判断这件事的对错。如果戴维斯先生认真阅读一下《午时黑暗》，他或许会接受另一种灵光一现的启示。

我提及戴维斯先生的文件的这一方面，是因为它被那些利用这本书支持苏联观点的人完全忽视了。戴维斯先生不能逃避谴责。他对材料的选择和安排，他的信念，无疑是有爱国心的；即为把俄国树立为推动对德战争的范例，任何可能之事都应该去做——但这些做法至少是不适宜的。但他的出版商们更应该受到谴责。为引导那些评论家——他们认为这些评论家的无知是可以利用的——

他们在附加的说明中说，"这是对著名的令人困惑的叛国审判的全新视角。以戴维斯先生当时当地积累的证据和印象为基础，现在可以看清，这些审判镇压了希特勒在俄国的第五纵队。"

这种说法是臭名昭著的有意歪曲。这里根本没有新的"证据"。这里有许多"印象"并不是"当时"也不是"当地"形成的。这种歪曲来自大量销售的需要，还是由于相信同盟能够由此加强，我不得而知。但若是因为斯大林和俄国镇压了国内反动派而称颂他们，会证明下述做法是合理的，即任何国家都可以用最残忍、最具压迫性和最专制的不合法的方法消灭持不同政见的敌人——根据戴维斯先生自己对于恐怖统治的说明，当时他就是把这种恐怖统治归因
293 于当权者渴望加强自身力量去反对国内政敌。我一刻也不愿相信，戴维斯先生会支持在我们国家用同样的方法去铲除批评家，消除所有可能的批评。在大清洗避免了内部弱点这一想法中，唯一得到证明的是：如果你消灭了政治上反对派的所有基础，那么无疑你会成功地消灭他们——在他们有可能做任何事情之前。

除了俄国共产党人及其同道以他们所有的能量利用戴维斯的这本书作为恢复他们自己名誉的工具外，还有一些人认为公开建立对俄国的尊重是合理的爱国政策，因为俄国现在正在抗击共同的敌人。然而，这里有一种短视的私利，它最终将带来巨大的反作用。从军事观点看要尽力赋予俄国以动力，只要俄国继续与轴心国作战。但是错误地将俄国理想化，一味姑息，那么一旦赢得了对德战争，就会使我们将来与俄国的关系复杂化，包括和平条件。只有健忘的人才会愚蠢地认为，即便把斯大林主义者及其同道捧到其权力无限扩展的顶点，将来我们也不必付出高昂的代价。在战争期间听任情感不受控制，会为那些在战争时站在我们一边的人制造一个危险的错误形象，也会制造对站在另一边的人的歇斯底里的恨。戴维斯先生的书的最糟糕之处在于，它制造了危险的幻象。它正在被各种利益集团为达到其目的而利用。

戴维斯先生在这本书开头的一页上记述了在他赴任前与特洛雅诺夫斯基(Troyanovsky，时任俄国大使)在华盛顿的会谈。这位大使认为，莫斯科外交部和前美国大使布利特(Bullitt)之间早先的关系，或许引起了对他的某种程度的冷淡。戴维斯先生在日记中写道，"我将同比尔·布利特探讨这个问题。"他是否实现了他的愿望不得而知，因为这结果不幸被遗漏了。

布利特关于苏联政权特征的"启示"是在他在那里时获得的。无论如何,布 294
利特现在不在其位,因此他不能直率地表达他对他的继任者所写的这本书的意见。结果是,世界外交史上失去了一份生动的文献。

铁棒背后[①]

《苏联的强迫劳动》(*Forced Labor in Soviet Russia*)

戴维 J. 达林(David J. Dallin)与鲍里斯 I. 尼古拉耶夫斯基(Boris I. Nicolaevsky)著

纽黑文(New Haven):耶鲁大学出版社,1947 年

295 对于承诺为这本书写述评的人来说幸运的是,《新领袖》一书的读者已经完全认识到,戴维·达林和鲍里斯·尼古拉耶夫斯基对于苏联事务非常了解,并且他们报告这些事实时小心翼翼并十分全面。由于目前的工作已经非常全面,材料已经详细核对,因此充分加以评述已无必要。这本书的最后一部分的标题是"关于俄国强迫劳动的材料",摘要了十页八开纸的有用材料。参考这些材料的人立刻会注意到这一努力,即区分可靠的第一手报告和被怀疑有敌方宣传性质的报告或来自第二手的材料。或许我们拿不准,是否还有人类堕落的故事,在事件发生后如此短的时间内就被更完整或更精确地讲述过;况且还有着铁幕。对于他们统治的人——不论俄国人还是外国人——的强制范围如此之大,足以使主要事实被禁止扩散,况且还采取了严厉的手段。人们不愿把这一悲惨记录中的任何事情称为"幸运的"。但从了解这一记录的立场看,波兰方面无疑是幸运的。1940 年,一百至一百五十万波兰人被驱逐到俄国的"劳动营"和"移民区"。但在 1941 年中期,与西科尔斯基(Sikorski)将军领导下的波兰人缔结的联盟,宣布了对这些集中营的波兰人的特赦。大约四分之一的波兰囚徒已经死亡。但成千上万的囚徒最终离开了苏联,并能够报道这些军事组织中发生了什么——这些军事组织在非常短的时间里成为苏联政权、经济、工业和政治的有组织的一部
296 分。由于来自波罗的海各共和国和来自比萨拉比亚的成千上万的被驱逐者没有

① 首次发表于《新领袖》,第 30 期(1947 年 9 月 13 日),第 11 页。

获得特赦，由于不满者和被宣判有罪的人数量剧增，强迫劳动很快就成为斯大林政权对内对外政策的主要特征。根据可以做出的最精确的估计，各个时间段的人数都在一千万到一千四百万之间。

这本书的作者们所做的工作是一项非常成功的工作，它把对于导致强迫劳动的一般性政策的说明，与具体的可信的细节结合了起来。读者一定会通过这本书，看到这两方面是如何成功地被组织在一起。关于政策方面的说明，我引述下文：

> 苏联的强迫劳动制度不是魔鬼般的头脑的发明，不是暂时的非常规做法，也不是政治肌体上的毒瘤。这一制度是社会结构的有机的要素，常规的组成成分。理解这一现象对每一个知识分子是必需的。……只有思考其从微不足道的开端发展到极致规模的演变时，才能认清这些现象，并在历史序列中发现其位置。

这一段中所包含的实际允诺在这本书的主题组织中被完全证明了。它说明强迫劳动作为一种制度的发展，是布尔什维克俄国对待弱小邻国的对外政策的固有部分，也是为保证充足的廉价劳动力而不考虑人的生活和苦难的对内体制；书中还论述了共产党人中间左翼学说和右翼学说对正统的背离，因为他们开始怀疑居于统治地位的官僚机构的绝对正确性——以上说明赋予整个体制运作以特别的画面。

我最近读了一篇为苏联政策辩护的文章，其基本思想是，苏联生活的不安全是由于外国对待苏联的态度，以此说明苏联的不妥协态度。苏联人这一大范围的不安全是无可置疑的。但下述说法更靠谱，即一成原因是由于其他国家的糟 297
糕政策，而九成原因是布尔什维克俄国的政策直接造成的。强迫劳动制度的一个显著特征，是其作为胁迫所有不同意见者的手段得到了系统化的运用。没有人知道有多少曾经的共产党官员，由于苏联的这种政策手段，使得他们的健康被完全损害，他们的政治生涯被全部断送。

我不能不提到这本书提出的一个值得注意的特征。苏联政策的伪善性可以与其残酷性相提并论。我相信，在斯大林巩固其权力以前，对苏联政策的早期特征的公正的观察员，都被某种理想主义特征所感染。目前看来难以置信的是，作者们清楚地揭示了一个事实：在俄国囚徒的劳动政策的开端，上述特征依然存在。在苏联前期，刑罚改革的最高原则有时得以实现。但整个铁板一块的制度的压力，由于其对廉价劳动的需要、对压制批评和怀疑的需要，以及官僚政治集团对保持其权力的需要，使得它在1928年以后、特别是1934年以后，完全改变了初衷。

但是早期的理想主义宣言被以暴力形式保留下来——的确，特别是在外国人看来，它被不断繁衍和强化。（顺便提及，国外许多"自由主义的"意见是不可靠的，这一点为事件的进程所证明。）事实上为苏联政府所推行的劳动联盟政策的完全转向，与其一般刑事和劳动政策的完全转向是一样的。

有一个特殊事件揭示了其伪善，我认为特别值得一提。它涉及一位俄国领导人，他现在很大程度上指导着俄国的国际关系。当他说出并践行"谎言越大便越有效"这一箴言时，希特勒找到了能干的门徒。小的谎言引起怀疑；颠倒真理则会使信念瘫痪。布尔什维克从纳粹那里借鉴了许多，就其兜售谎言而言，他们非常能干。

298 在1931年和1932年，从泄露出的事实看，强迫劳动得到充分发展。英国和美国开始抗议其产品输入。俄国当时的经济情况使得其出口对于其整体福利相当重要。一个名叫莫洛托夫（Molotov）的人开始了他的政治生涯。他承认劳动集中营的存在，但他不满足于只是否认集中营的产品用于出口。他补充描绘了集中营的田园生活般的条件，说许多"资本主义国家的失业工人会羡慕我们北方地区囚徒的生活和工作条件"。然而和事实相比，那些囚徒写的赞美和感谢的诗几乎无法置信地令人作呕，它们只是为争取支持而写的。有一个谣传，说一个美国调查委员会正在去调查这些集中营。于是集中营被下令取消，囚徒们被轻率地发配，很多人死了，他们从事的各种工作的痕迹很快被消除了。

这只是作者讲述的众多事件中的一件，这些事件足以使读者理解俄国特有的政策——莫洛托夫那成功的政治生涯中的行为也包括在内。一方面是无情地忽视人类生活和福利，一方面是系统地把理想主义转化为世界上最大的伪善的展示；我们无法确定，在当今使人类道德蒙羞的俄国政权中，哪个方面更加令人厌恶。

我相信，这本不朽著作的作者会证明他们的说法是有道理的，即当前迫切的任务是，每一位理智的公民都应理解正在发生什么，如何把握它。在即将到来的较少纷争的时代，这本书将会成为历史学家、心理学学生以及经济和政治科学的无法估价的资料。此时，它是关注建立在自由与公正基础上的和平的公民所需的理智盔甲的一部分。

前言和序言

《S·O·莱文森与〈巴黎非战公约〉》序言[①]

与S·O·莱文森(Salmon O. Levinson)的合作几乎没有任何可能的特殊利 301
益。当这种合作成为国家之间和平的事业时,它就具有了特别重要的价值——莱文森为这一事业贡献了他最好的一贯的思想和能量。有一种激励与他丰富的能量有关——的确有这样一种激励,它超过了所有我所认识的个人所拥有的激励,很容易给一个组织提供力量以继续发展其活力。它在体能上是强大的;但它更是一种精神力量。莱文森先生是这样一个人,他不愿也不可能由于任务过于艰巨,或遇到障碍而气馁。

莱文森的精力和能量奉献给了非常有意义的事业。他的奉献是无私的。他的奉献热情是如此高涨,以致会自然而然地激发他人脱离毫无生气的状态,即便仅仅是因为感到羞耻。他的信仰是如此强烈,以至于只要他在场,漠不关心就会转变为充满热情。他的信仰与工作结合。他是信仰与能力完全统一的杰出榜样。他的信仰是和平事业能够成功,为此他奉献了一生。但这一信仰立足于相信他的同伴,相信世界上的普通人。他不相信在他们内心深处向往战争,而由于这些战争最终他们可悲地牺牲了。他作为社会发明家而奋斗,正如其他人在物理发明与工业发明方面奋斗一样。他想要发现并帮助他人发现社会工具和手
段,人们运用这些手段可以有效地使他们的根本愿望有利于和平。第二次世界 302
大战可悲地证明,他的直接目标失败了。但是我相信,我们生活的环境会更加强

① 首次发表于约翰·E·斯托纳(John E. Stoner):《S·O·莱文森与〈巴黎非战公约〉:技术手段影响研究》,芝加哥:芝加哥大学出版社,1942年,第7—8页。

调我们需要恢复和增强莱文森的信念，即绝大多数人会欢迎不再有战争的时代，社会手段可以保障这一目的的实现。

我把与莱文森的合作称赞为没有特殊利益的，因此我非常荣幸被邀请为这部著作作序。而我愿意答应作序，更是因为这本书的质量。斯托纳先生不仅完成了一项学者的研究。他以向读者传达的方式揭示了莱文森著作戏剧性的方面。与事件发生时间密切相关，充分接触所有材料，从而形成历史研究的重要范例，这是不多见的。在我看来，由于莱文森接触的多样性和广泛性，斯托纳先生在写作的时候也对当代历史许多方面作出了颇有价值的贡献。他做了一项坚实的工作，这将保持他所论及的问题的权威性。让我们期待它成为一份历史性的文献，这一文献不仅涉及过去，也鼓舞他人恢复对莱文森为之奋斗的事业可能成功的信念。

《小红校舍》序言[1]

几年前，我冒昧写道："进步的教育"运动可以省略"进步"一词或许为时不远 303
了。这样说并不意味着一些学校不再是教育发展的先遣部队，也不意味着运动本身会停止向前发展。它只是意味着，总有一天我们会看到，真正的问题是真正有教育意义的教育和事实上失去教育意义的教育之间的关系问题；是常规的机械的旧教育和鲜活的发展的新教育之间的冲突，后者事实上表现为这样一种努力，即努力发现并运用当今生活环境中真正有教育意义的材料和方法。

序言中用这样的词证明：真实的、重要的小红校舍的故事，新的运动的确正在成熟。我相信，在发展新的方法方面，科学洞见的支持，鼓舞人的常识的巨大作用，给人以深刻印象；没有这种印象，没有人会读这一报告。当我们将这里报道的这类学校的实际所为，与那些力主回归古代模式的人判断进步学校的标准相比，我们只会感到，前者是脚踏实地的，是现实主义的，而后者则是理论的，并且是在坏的意义上使用理论一词的，因为它远离我们今天生活的世界。报告开始提出的九个目标，以及全书提出的达到目标的措施，为此提供了证明。这是该报告的一个显著特征。另一个显著特征是：这一学校的不断成功提供关于其适应性的丰富的实证经验，适应于被称为活动计划的教育方法。该书在这方面提 304
供了很好的实用服务。它提供了非常必要的证据，即在影响公立学校工作的环境方面，没有什么东西妨碍学校和班级的运作采取新的目标和方法，即便是在大

---

① 首次发表于阿格尼丝·德·利马(Agnes de Lima)和斯塔夫(Staff)：《小红校舍》(*The Little Red School House*)，纽约：麦克米兰出版公司，1942年，第9—10页。

城市也是如此。这一特点使这本书深刻地唤起那些关注使公立学校有能力办得更好的人的注意。书中谈到，现在的问题不是我们是否将采取新方法，而是这些方法怎样最有效地用于操作。这本书中关于学校经验的详细生动的说明，回答了任何一个关注公共教育的人都不能忽视的问题。

《方法》一书的序言[①]

哲学领域越来越多的教师、作者和学生现在不满足于历史和传统的体系，传 305
统体系的问题及其解决仍然占据哲学教科书的大量篇幅。确切地说，他们对于这些体系不适应于当今的重要问题这一点非常不满。这种不满以及获得更好的解答的努力，与将这种体系赞美为历史文献，是并不矛盾的。就后者而言，许多体系的确是天才的产物，如同其他形式的一流文献一样。而且，它们为考察其出现的文化环境提供了最佳线索。但它们在这些方面值得称道的特征是这样一种东西，它不适合恰当地反映当代人类特有的问题，不适合为解决这些问题提供有效的帮助。

持这种观点并不是认为现在比过去更好，而只是认为过去的体系相对而言产生于前现代科学和技术的年代。例如，当我们注意到，在前两三代人的生活中和当代物理学中，在相对论和波动力学方面，自然科学经历了相当于一场革命的巨大变革，甚至出现于16世纪、经过17和18世纪传承下来的体系，甚至19世纪上半叶出现的体系，它们确实不属于前现代科学，但与现代科学相比，其产物属于科学的幼稚期：掌握简单移动和有效表达的科学。

技术方面也是这样。不仅大规模生产的技术、高速运输工具技术和更高速 306
的通信技术是新近出现的，使过去时代的大多数伟大的成体系的理智系统有了新的时间标记。也不仅是它们对人类的习俗、制度和关系的影响在当代被大大加速并大大扩大了，而是工业革命呈现出新形式——这种新形式虽然没有确切

---

① H·希思·鲍登(H. Heath Bawden)："方法"，未发表的手稿，1944年。

地被描述，但已经有人指出，人类已从机器时代进入动力时代。在我们社会的工业生活中，过程战胜了稳定性。

与科学革命相关联的这一事实，要求体现在哲学体系中的理智态度和习惯相应发生变革，而这些哲学体系则传承着过去的传统。但这一事实也伴随着失败的、消极的方面，这一消极方面向当代哲学提出了最关键的问题。我们关于社会和道德方面事务的思想，仍然被形成于前现代科学和技术年代的习惯所支配；只有我们的物理学思维真正是现代的。因此，我们在物理学方面的信仰和实践，与从事道德和社会事务的信仰与实践之间存在着分裂。古典哲学在道德和理想与自然和物质之间设置了鸿沟。但只是一种哲学的二元论，如果没有超出学术的范围，它就只对于职业哲学家有意义。然而，当一系列利益和原则有效地控制着我们的日常生活时，这时我们又试图无助地实践与应该规范我们生活的准则和理想相反的原则，这一冲突就足以严重到规定现代哲学的首要问题。科学在我们的经济和日常生活中的应用，现在给二元论带来了威胁和灾难，而不仅是作为纯哲学的理论。

许多有思想的外行现在也意识到，哲学中一种新思想即将诞生。他们渴望了解它的一切。新的运动进行的时间还太短，无法获得系统发展。他们与旧的
307 体系进行辩论并努力寻找表达他们自己思想的语言。在这些努力中，他们不可避免地或多或少被卷入那些他们努力反对的东西。由中心向周围扩展的说明是必要的。只有这样的说明能够作为指南。鲍登博士的教科书很好地服务于这一目标，他的见解围绕着一个关键主题。科学和技术革命是理智方法发展的结果，更恰当地说，是理智的运作。哲学家一直围绕理性与合理性进行论述，然而他们所谓的理性是很飘渺的东西。它太高了，太崇高了，无法应用于这个世界的事物，无法应用于日常生活实际。鲍登博士表明，自然科学和技术方法的稳步发展如何使合理性成为生活中的事实，而不是飘渺的目标。但他也表明，这一胜利仍然是片面的，仍然要发展处理社会-道德事务的方法，正是社会-道德事务最终决定物理学的运用造成的结果。当前国内国际生活中的问题和悲剧正是二者分离的结果。

鲍登博士的书没有取名为“哲学导读”，他不沉湎于前面所列举的体系并描述其特征，但我不知道还有更好的著述向读者和学生介绍在当代理智的努力过程中什么是鲜活和发展的东西。他澄清了我在这一序言中表达的观点。如果我

所说的能够引起他人的注意，不论是大学生还是有思想的外行人，有助于理解这本真正属于现代的书提供的哲学精神和目标，我将非常高兴。因为，我重复一遍，这本书从中心开始，依次解决次要的问题，因此展示出明确的结构。

《英属西印度群岛的教育》序言[1]

308 任何一位聪明的读者都会看到，威廉斯博士对《英属西印度群岛的教育》的研究所涉及的内容，比其标题使人想到的范围要更广。它要求与英国在加勒比的殖民地没有直接关系的人引起重视。首先是呼吁教育者，包括管理者，呼吁没有以任何直接方式从事教育机构工作的人引起重视。这项工作的直接理由是计划为在英国政府统治下的西印度群岛的学生创建一所大学，从教育和人性角度看，其涉及更广。就作者提出的特殊问题而言，说这本书的作者发现他应该责无旁贷地探索当代这个动乱世界的许多重要问题，这种评价并不过分。他公正地从事这项工作，而公正是一位真正的学者的标志。

我可以通过引用威廉斯博士前言中的几段话，说明为什么我感到有理由这样说。前言的结束语是："现代世界的教育比其他任何事情都更是属于人们自己的教育，因为必须把属于他们自己的教育看作他们民主权利和民主责任的一部分。"正如他所指出的，这里涉及的问题"在全世界都存在"。它不仅传承了非洲和其他民族受奴役的传统，而且传承了伴随着工业革命的殖民主义时代的传统。经济和政治问题密不可分，因此不把整体框架纳入思考，甚至不可能研究教育问
309 题，更不可能明智地解决问题。与此同时，如果认为作者沉迷于泛泛的概括，那么我对这本书的印象就错了。研究是实在的，关于教育的事实被放在适当的、真实的历史和社会环境的背景中。

---

① 首次发表于埃里克·威廉斯(Eric Williams)：《英属西印度群岛的教育》(*Education in the British West Indies*)，西班牙港，特立尼达：瓜雷恩印刷商，1946年，第vii—viii页。

这本书最直接的应是向英国媒体和英国公众呼吁。但美国公众，包括公共政策的制订者，也能从这本书中获益匪浅。的确是这样，因为黑人奴隶身份的历史传承，我们自己的问题与书中所考虑的问题是相同的。的确是这样，因为英国殖民地与我们密切相关，我们也在加勒比地区有直接的利害关系。的确是这样，因为美国现在是一个世界强国，不论是否愿意，我们都被迫形成并实行各种政策，这些政策甚至扩展到太平洋，扩展到这样一些国家，在那里传统的殖民主义目前正面临渴望民主的浪潮日益高涨的局势。我们自己也一直有着这种对民主的渴望，特别是出于我们在菲律宾的政策的缘故。明眼人看得出，这一对于特殊地区的环境条件的研究，也是对包括我们国家在内的世界性问题的研究。

《求真的教育》序言[①]

310 在这本书中，凯利教授一开始就重申了在半个世纪中经常向教师强调的教育原则和标准。如果他没有超出这个范围，这本书就会由于其气势及其清晰而受到欢迎。但这本书无疑超出了这个范围。我怀疑，在这些年里积极推进公共教育新运动的许多人是否会说，他们满足于已经达到的成就，而不考虑地平线上出现的亮点。这种情况有很多原因，但有一点与这本书特别有关。

为采用作为公立学校新程序和新条件之基础的原则，人们已经提出了极好的理由。但是这些理由都没有完全证实。它们甚至没有某些理论所提出的形式呆板的外在构架，而且仍然缺乏对生活中与人有关的东西的把握；由于缺乏这种把握，这样的构架就根本不可能开始构建。事实上，许多时候这种构架只是用来增加旧机械的冷漠僵硬的操作功能。

这种情况目前得到了根本转变。在汉诺威研究所（Hanover Institute）的阿德尔伯特·艾姆斯（Adelbert Ames）博士的鼓励和指导下，控制知觉发展的原理获得了实验证明，而且比起以前揭示的原理来，这些原理被发现更深层地作用在人类特有的接受力的增长方面。

311 我意识到这些话有些不易接受。正如凯利教授在书中所说："这不是关于这个主题的第一本著作，我想，也不是最后一本著作。"艾姆斯博士及其助手的著作固有的说服力太深刻了，以至于某些有影响的方面不被欢迎。可能需要许多年，

---

① 首次发表于厄尔·C·凯利(Earl C. Kelley)：《求真的教育》(*Education for What Is Real*)，纽约：哈珀兄弟出版公司，1947年，第5—6页。

在经历若干发展阶段后，人们才会说："噢，是那个理论；当然，每个人都知道它是正确的。"因此，我非常感谢凯利博士允许我一起来唤起人们对于那项事实上意义无穷的工作的关注。

《超越“艺术”之路——赫伯特·拜尔的作品》序言①

312 在我看来,没有比眼前这部著作的开篇更深刻和透彻的论述了。我们正面临着伟大的理智变革的时代背景。理智变革始于希腊,这一变革统治了其后的哲学和科学思想的发展,因此这些思想的发展可以说具有古典范式,目前的变革是相对于始于希腊的理智变革的。借用多纳博士的话来说,始于希腊的哲学和科学思想是对于自然界和生活中变化事物背后的不变性的寻求。适应于这一观点的参照系自身是不变的,它甚至支配着那些反对它早期所持的某些形式的人。特殊事物被认为是固定地“被动变化的”,无论什么新事物取代它们的位置,也被假设具有同样不变的性质。从科学方面看,牛顿是一个很好的榜样。他的原子完全不同于作为古希腊科学对象的固定的形式和种类。但后者同样是不变的,同样是时空上相互独立的,而时空也同样是不变的和相互分离的——或者是“绝对的”。达尔文给予植物和动物物种不变的观念以致命的打击。但是,他在生物科学方面的后继者开始寻求变化过程中仍然保持不变的更小的基本单位。

正如多纳博士指出的,目前正在继续发展的运动是一种相对的变化。但是,它调转了方向。以“现代性”为特征的运动正在走向极端,去寻求——根据其表
313 面,并根据我们的语言习惯——超越偶然的固定不变的东西背后的变易性。一度被认为是不变的规律正在变化——信奉旧观点的人会说“消失了”——变为统

---

① 首次发表于亚历山大·多纳(Alexander Dorner):《超越“艺术”之路——赫伯特·拜尔的作品》(*The Way beyond “Art” — The Work of Herbert Bayer*),纽约:威滕堡-舒尔茨出版公司,1947年,第9—11页。

计学的可能性，以概括的形式，稳定到足以允许做出适度可靠的预言。在哲学方面，对永恒的绝对的一般概念的信念则远没有消失。但是，过程观念正在进入已知领域，操作观念正在运用于说明我们如何认知。“事件”是整个过程的表现，是表现之所由，是表现的继续，其另一表现是“事实”，即做过的、完成了的（在相对意义上）表现，事件和事实共同成为新的事件和新的事物的开端。

我想提请大家特别注意这一广阔领域的一个阶段。在旧观点看来，作为个体的人是特定的更大整体中的固定的元素；背离这一固定的位置就信仰而言就是异端，就公开行为而言就是不义。被称为“个人主义者”的后者完全摆脱约束，被假设固执于自身——单独或孤立的同义词。作者有效地唤起读者对于具有根本重要性但通常被忽视的东西的注意：对不变性的假定是二者共同的。在前一情况下，艺术家是“绝对形式的仆人”；在后一情况下，他自己被认为是绝对的因此是“自发的创造者”。与这些不变性相反，多纳博士指出个体的人是“整个生活过程”的参与者，是整个生活过程的“特殊贡献者”。这一参与者与贡献者的结合描绘着艺术家的不朽作品。

在标志着已经过去的旧时代和正在到来的新时代冲突的混乱时期，对于两者都非常敏感的人来说，要找到可靠的立足点是非常困难的。在艺术品制造方面的某些人失去了心理平衡。几乎可以肯定，如果艺术品的普通观众和鉴赏者转变为职业批评家，他们往往会趋于以从前不变的艺术标准进行评判。在他们看来，实际上每一样以新或“现代”为标志的东西，都是古怪和新奇的。结果是，受到依据过去时代的基本标准而作出判断的批评家影响的公众，当他们与另外一些批评家有认识上的接触时，他们的确很幸运，因为另外这些批评家认为真正的艺术是由其制作者为了这样的人——他们以聪明才智感觉它，而不是以事先形成的成规来感觉它——而释放的事件。这种在感觉和享受能力方面增长才智 314
的机会，被多纳博士用笔在这些页面上慷慨地提供给读者。他把这本书题献于我，并邀我作序。我对他给予我的这种荣誉表达谢意，因为我知道，他这样做不是出于我在这个领域的资格考虑，在这个领域他就是专家，而是因为我们有着根本的共同点，即对于艺术创造和鉴赏，对于人类生活中其他有非常意义的方面基本一致的信念。我非常乐于分享这一共同点。

假如我阐述多纳博士诉诸视觉享受的关于作品的非三维空间形式说，我会去列举这一领域的例证，我会不得不在这个领域生活更长时间，而不只是打算形成判断。在相当长的时间内，我们不得不等待运动的结果；在我们能够可靠地判断它之前，我们必须认清结果是什么。但我会用他的态度作为例证，尽管是一个小例证，来说明艺术史知识与个人敏感的平衡，这种平衡体现在他所说的每一句话中，并把他所说的统一为一个整体。纵观他对“当代艺术的张力”，“当代艺术的起源”的说明，通过他对这一领域特殊状况的研究，以及他的结论——在这个结论中他特别对艺术博物馆作出了恰如其分的评论，他所涉及的，包括我们当代迫切需要解决的问题，也包括“比我们当代艺术哲学史所具有的更崇高的尊严和更深刻的意义”（他或许已论及人类活动各个方面的历史）。有些读者无法通过读这本书获得更多的意义和感觉的生动性，无法体验和鉴别，无法享受这些文字本身提供的东西，对此我感到遗憾。

《艺术活动的展开》序言①

从理论角度看，这部著作对艺术哲学和教育哲学的贡献值得注意。同时，我 315
相信，与对这两个学科的贡献同样重要的，是其另一个最突出的特点。这些介绍性的评论中的重点正是落在此处。我们所谈论的原则出自理论哲学领域，并超越了这一领域，进入证实事实的领域。当然，我不得不限制我对于这些原则的论述。但如果我没有把多年来不同群体的工作中对这些原则的检验和实证放在首位，我就没有忠实于这本书。这一根据语言和图片证据的证明，赋予其提出的这些原则以实质与形式。

我所注意的首要原则，是强调个体性是生活经验中的创造性因素。关于个体和个体性的论著汗牛充栋，然而，个体性很大程度上被败坏了，因为个体和个体性所代表的仿佛是完全孤立的东西。这里，个体性被看作并一直被当作不同于先前给定秩序的活的要素，看作在某种程度上以不同的变化形式朝背离的方向变化的要素，即便在事实上接受和利用它的时候。这一创造性就是艺术活动的意义——它不仅在被看作美好的艺术中表现出来，而且在生活的所有形式中表现出来，这些生活形式不受习俗和惯例的束缚。在以自己的方式再创造它们时，这种再创造为参与的人带来精神上的快感、成长和令人满意的愉悦。

伴随这一原则，或与这一原则不可分的，是下述证据，即艺术活动是众多要 316
素的统一体，这些要素被称作身体要素、情感要素、智力要素和实践要素——这

① 首次发表于亨利·谢弗-西门(Henry Schaefer-Simmern)：《艺术活动的展开》(*The Unfolding of Artistic Activity*)，伯克利：加利福尼亚大学出版社，1948年，第9—10页。

最后的要素是在从事和制造的意义上说的。然而这最后的要素，与情感方面的原始冲动一样常规而单调。智力是整个过程中活跃的造型因素。感觉器官敏锐活跃地参与创造性想象的活动证明了这一点。在审美形式为其结果的组织活动中，智力也得到了证明。但是，离开了被伪装为原则和标准的固定规则，什么事情也得不到发展，这种经常被提起的观点与“合理性”无关。避开许多感性哲学、理性哲学、身体或物理作用哲学、情感哲学、行动哲学所具有的片面性，是随后段落的特色。这些段落中表达的是：正是在长期观察全部生活和个人存在的整个过程中，活动成为艺术。

由于全部艺术活动、全部人的存在得以展现，作为艺术本身的艺术活动不是一种放任，而是使人的精神振作和恢复，正如完全的是健康的那样。在全部活动和艺术活动之间没有本质的不同；艺术活动是充满活力的活动。因此，它不是少数人拥有的并与其他人分离的东西，而是人类的正常的或自然的传统。艺术活动的自发性并非自然的迸发涌流，而是生物有机体器官所特有的自然性质。人与人之间有很大不同。但当人被外在条件所禁锢，无法完全依照自身的标准实现全部自发性时，当他发现由于这些条件他的自发性转变为不健康的身体体验和沉溺食欲时，就出现了麻烦，出现了不正常的地方。

在正常的自然状况下，艺术活动是这样一种方式，以这种方式人可以“增加其力量和气度，增长其对自己的力量的信心，增强其自尊心，这使得艺术活动在个体性成长方面具有建设性”。正是这一事实突出了谢弗-西门教授的证明。这些证明发生于活动的特殊领域，正如实验证明的每一种形式所必然的那样。但
317 通过这一领域，以及在这一领域中，存在着有说服力的彻底的证明，证明艺术活动超出了所有习惯上冠以“美好艺术”之名的学科。因为它提供了个体性和整个生命活动的完满自由成长的范式和榜样，不论这种成长发生在何处，都会带来精神活力，并在必要时带来精神的恢复。

这本书有效地证明了理论的艺术哲学和教育哲学中合理的与有活力的是什么，我很高兴以此结束我对它的评论，正如我在开始时所说的一样。

颂　词

献给詹姆斯·海登·塔夫茨的颂词[①]

约翰·杜威教授对他今天不能出席大会深表遗憾,但他寄来了下面这 321
一重要的颂词。

许多年来我有幸与詹姆斯·海登·塔夫茨(James Hayden Tufts)密切交往,先是在安阿伯(Ann Arbor)的密歇根大学,以后十年在芝加哥这里。由于这一事实,我有幸应邀在追思会上讲几句话。因为我们的交往不仅是职业交往,我们的交往比我一生中与同事之间、与哲学研究和出版方面的合作者之间的这种交往更深。我把我们的这位朋友看作学者、教师、作家,他慷慨地把他的时间、精力和思想贡献给了公民问题。但当我这样看他时,只是通过他的这些身份证明他的个人素质,这种素质使他成为可贵的同事和朋友。与我们许多人不同的是,塔夫茨先生与他的职业兴趣、活动、素质和人格之间丝毫没有分离、间隙与割裂,这在他与其他人交往的各个方面表现出来。

坚强、坚定、可靠、默默地承担责任,这些品格深深地渗透在他的性格中。在他身上,这些品格都表现出来。不论出现任何情况,人们总是知道他会站在哪里;不论何时发生什么道德问题,人们也总是知道他会站在哪里。我从不知道他做什么事是为了炫耀,是为了吸引人们对他的注意,我不相信其他任何人总是能 322

① 首次发表于弗雷德里克·伍德沃德(Frederic Woodward)、T·V·史密斯(T. V. Smith)和爱德华·S·埃姆斯(Edward S. Ames):《詹姆斯·海登·塔夫茨》(1942 年)第 19—23 页。杜威缺席,由埃姆斯于 1942 年 10 月 8 日在芝加哥大学约瑟夫·邦德教堂举行的追悼仪式上宣读。

做到这点。或许这一特性应被认为当然而不需要提及。但在我看来，不幸的是，在我们的社会中有些事情是鼓励炫耀的，公众看重那些沉浸在炫耀中的人。我们的朋友一生中在任何情况下都没有这种表现，这证明朴素的真诚是他所行所言的基本成分，因为真诚是他自身的自然的无意识的部分。

另一个使与他的伙伴关系有吸引力并能获益的特性，是新英格兰在其儿童中培养起来的审慎的习惯在他身上表现突出。由于某种原因，这一具有新英格兰特有形式的品质似乎与某种幽默的品质相伴随，这种结合在我们的朋友身上表现出来。当一件事情有两个方面而要作出判断时，他会表现出某种无党派偏袒的迟缓；而当事情的是非曲直完全清楚时，他就会毫不犹豫。他仿佛在对那些由于党派原因很快作出反应的人说："为什么这么匆忙？世界的命运并不依赖于你们立刻下决心。"我与塔夫茨先生关于工业论辩的著作没有直接关系。他的无偏袒的心灵习性既是天生的，又是培养的，这种习惯由于一种先定和谐因而适合于他写那部著作。

我不会对塔夫茨先生在他选择的哲学领域的工作作什么评论。但他的特性是，由他的天性所引导，把道德当作社会事业，把对伦理学的思考不是当作抽象的理论，而是如他的一本书的标题，当作《生活的真谛》(*The Real Business of Living*)。他的《美国社会的道德》(*America's Social Morality*)一书的副标题是"进退两难的变化的习俗"，"变化的"(changing)和"进退两难"(dilemmas)两个用词表现出了他典型的看问题的方法，也表现出他心灵的审慎特性。在教条主义者对一切事情都有现成结论的社会道德领域，他关于这一领域的一系列"没有解决的问题"的论述章节，是他十五年前所写著作的第四部分的规划结构的进一步展开。因为这一部分的第一章的标题是"新的力量和新的任务"。这一部分还有其他章节，如同在他的《我们的民主制》(*Our Democracy*)一书中一样，涉及美国
323 人生活中试图实现民主理想的国内和国际问题。在詹姆斯·海登·塔夫茨漫长的、对人类有益的生命的最后几个月中，在这一我们的民主制直接卷入的危机中，他在第一次世界大战期间写下的文字变得鲜活起来。

我很高兴我一直是这样的许多人中的一员，由于塔夫茨的生活和工作，我们对于人类的共同性和对人类生活的可能性的信念表现得更加坚定、更加持久。我们或许都具有能力、具有朴素的真诚，去继续他的工作；他为这项工作付出了全部力量，没有炫耀，也不期望获得回报。当我们重读这部早期著作的这些内容

时，我发现没有比“公平的”(fair)或“不公平的”(unfair)出现得更多的词。世界和我们美国从来没有像在我们今天的悲惨岁月中那样，需要塔夫茨先生一生最关注的公平。

詹姆斯·海登·塔夫茨[1]

324 詹姆斯·海登·塔夫茨，美国哲学学会最早的成员，1914年任会长，1942年8月5日逝世，享年80岁。于阿默斯特学院获得文学学士、硕士学位，于耶鲁大学获得神学学士学位，在密歇根大学执教哲学两年，后赴弗赖堡大学学习，并获得哲学博士学位。他在德国学习期间的成果是翻译了文德尔班(Windelband)的《哲学史》(*History of Philosophy*)。自1892年至1930年，他在芝加哥大学教授哲学，1905年任系主任，也曾任教务长，副校长，在校长伯顿(Burton)去世后任代理校长，直至梅森(Mason)校长上任。他慷慨地把时间用于公民事务。他曾任伊利诺伊社会立法委员会主席，任芝加哥服装工业首席仲裁。他也曾任《国际伦理学杂志》(*International Journal of Ethics*)编辑。

他的哲学兴趣日益朝社会生活的道德问题方向发展。他以学者风度对人类学和历史材料的把握，他在涉及当今问题时对这一不为人关注的问题的价值的敏感，在杜威与塔夫茨的《伦理学》第一与第三部分中清楚地表现出来。正是由于一直保持着活跃的兴趣，因此在他生命的最后几年中，他联系当代国际情况重新思考了社会问题。

塔夫茨先生广泛地不同寻常地参与具体的实践问题，促进并增强了他的学者风度、理论知识和洞见。这种知识与实践经验结合的成果体现在他的下述著
325 作中：《生活的真谛》，《美国社会的道德》以及《我们的民主制》。

他已经出版的著作的影响巨大而且深远，这一影响仅仅是他所陈述的真理

[1] 首次发表于《哲学评论》，第52期(1943年3月)，第163—164页。

的一个方面，因为他说："只有通过个人的关系，我们才能步入某些崇高的价值观的领域，我们才能认识到荣誉与公正、爱与同情、合作与共同利益。"詹姆斯·塔夫茨的同僚、学生、同事和朋友由于同他的接触，都更清楚地认识到了这些价值。他的哲学极其可贵地与他的生存、他的教学与著述合一，表现出他独特的心灵的质朴特征。正如一位年轻的同事所说："他是我所认识的美国教育界中真正不朽的教师的典范。他的风度、仪态和意旨都具有权威性。"

赞博伊德·博德[①]

326 首先，我要祝贺基尔帕特里克(Kilpatrick)博士确立了对教育哲学领域有突出贡献的一系列共识；其次，我要祝贺他和委员会全体成员，因为他们作出判断，将荣誉授予博伊德·博德；第三，我要祝贺博德博士，然而与其说是祝贺他成为获得这一荣誉的人，不如说是祝贺他拥有长期从事教学和写作的履历，因此他非常应该获得这一认可。

由于我自己多年来作为学生、教师和作者从事哲学研究，由我来从哲学角度谈谈我们共同的朋友所做的工作或许是合适的。你们中的一些人无疑清楚，他是作为哲学专业的学生并立志成为这一学科的教师，从而开始他的学术生涯的。他在这一学科获得了博士学位。1905 年《哲学杂志》和《哲学评论》都刊登了他的批评文章，这些文章表现出他整个学术生涯的特点：充满活力并具有独立性。当时这些文章引起了威廉·詹姆斯严肃认真的长期注意。但博德逐渐从纯哲学转向应用哲学领域，他感到只要哲学的主要任务是讨论自身的问题，就会被某种人类成果所否定。

他离开作为追求自身理由的哲学学科，和他选择应用哲学领域的原因，在我看来，都具有促进他工作这样一种深刻的精神意义。他感到哲学以自身为目的，
327 与人类生活距离太远，不值得他付出全部精力和关注；他感到教育是聚焦性的战略性的领域，在这个领域哲学拥有的真理能够在人类事务中焕发活力。在我看来，博伊德·博德基于哲学和教育对于生活发展的共同社会责任，一直把它们看

① 首次发表于《教师学院档案》(*Teachers College Record*)，第 49 期(1948 年 1 月)，第 266—267 页。

作人类生活的表现，正是这一事实使他的教育工作如此突出。博德经常谈论我的哲学著作的某些影响帮助他将哲学与教育结合起来，他的这些说法是过于谦虚了。然而，这使我自豪并高兴地感到，我间接地参与了他的工作。虽然我“愿意相信”是这样，我也必须告诉你们，无论他遇到什么样的资源，在这些材料通过他的大脑后，由于他刨根问底的本能，由于他的幽默感，由于他对于上述这些观念应该并能够在哪里以及如何切入人类社会潮流的看法，材料就在某种程度上不同了。

在我看来，他的人类参照系中的特殊因素，是确实把握住了保持个人与社会之间的稳定的平衡。没有人比他更强调自由的重要性。但他一直把自由看作道德的东西，把道德看作植根于理智的，这里的理智是精明的，对其社会责任有清醒的认识。他意识到教育缺乏社会教育观，他从没认为被动地反映既定的秩序是教育的工作。他一直把教育作为一种机构，通过这种机构，社会秩序能够变得更公正、更自由、更能回应对社会成员承担的责任。我可以用下述说法更简明直接地表达这一点，即他把民主制看作人类道德秩序，它赋予社会全体成员的发展以最具可能的机会，他把民主制的学校看作保持和增强这一秩序的机构。他为这一事业提供的服务不是口头的不加选择的颂扬。他一直对我们的民主制和我们的学校的不足之处、内部分裂和内部矛盾保持敏感。他一直坚定地为教育做工作，人类秩序的民主精神在这种教育下将会得到普及和统一，并有效地促进美国人生活中所熟悉的人类秩序的发展。 328

如同开始时一样，我要以祝贺作为结束。这次我要祝贺今天在场的人，作为更多的不在场的人们的代表，我们大家一起有幸将这一荣誉授予了博伊德·博德。

致编辑的信

答查尔斯·莫里斯[①]

致《哲学杂志》编辑： 331

莫里斯(Charles W. Morris)博士给你们的信发表在《哲学杂志》1946 年第 43 期第 196 页上，他在信中声称，我的文章《皮尔士的语言符号、思想及意义理论》(《哲学杂志》1946 年第 43 期第 85—95 页)聚焦于“关注我的观点多大程度上与皮尔士的观点一致这一历史问题”。由于皮尔士是最早系统阐述实用主义观点，并命名了实用主义的人，这一历史问题当然有其道理，不能轻率地搁置一旁。但正如莫里斯在信中所言，问题远远超出了这一特殊的历史方面。就莫里斯博士的观点而言，我的文章聚焦于皮尔士的《实用主义》关于眼界(scope)、意向(intention)和方法的激进的错误观念。于是他可以说，皮尔士、詹姆斯与现在这位作者犯了一个严重的错误，把实用主义观点当作这样一种观点，即把在他眼中三个不同的关于语义学、逻辑学和实用主义——在他的意义上使用这个术语——的论题合成一个体系，而他正在纠正这一错误，把实用主义放在适当的位置。但他一直没有从任何被认为是实用主义学说的代表那里找到证据，来证明他的论断，即实用主义是关于符号与科学家的“关系的研究”，或符号与符号的“使用者”的“关系的研究”。希望在莫里斯博士即将出版的著作中，他会有机会将他发表的看法，即关于实用主义学说的主题、意向和方法的激进的新观点解释

① 首次发表于《哲学杂志》，第 43 期(1946 年 5 月 9 日)，第 280 页。这是对查尔斯·莫里斯的信的反驳，莫里斯的信见附录 9。杜威更早的文章，见本卷论文部分《皮尔士的语言符号、思想和意义理论》。

332 清楚，或者提出证据，证明其他以实用主义观点著述的人的确拒绝把逻辑学理论和符号与“客体”相关联的问题纳入他们的理论范围。我作为《逻辑：探究的理论》一书的作者，将非常有兴趣看到这种证据。可能的结果之一是上面所述：莫里斯博士明确声明，他正在纠正这些人的严重错误，这些人以前一直以实用主义的名义写作。

约翰·杜威

纽约城

杜威答米克尔约翰[①]

致编辑： 333

在《财富》杂志上，米克尔约翰先生发表了一篇题为“答约翰·杜威”的文章。米克尔约翰先生假设自己对之作答的文章发表在《财富》1944 年 8 月号上，题目是“对自由主义思想的挑战”。我之所以说他“假设自己作答”，是因为他完全误解了我非常清楚的意思，因此我毫不犹豫地声明，不论米克尔约翰先生的文章对何作答，他所列举的并不是我所拥有或我所表达的观点。

我写道：“我们正在被告知，真正自由的教育需要回归大约两千五百年前希腊人设计的模式和标准，需要恢复和实践六七个世纪以前封建的中世纪的模式和标准。”这一回归过去的自由的教育理想，是我所关注的“挑战”；回归运动的各个方面在我的文章中都已经证明。在米克尔约翰先生的“作答”中，我的论述被曲解如下：“杜威先生指出，对希腊的研究‘需要回归希腊人设计的模式和标准’。”他自然会问“为什么”。然后他继续批评我，似乎我假定，研究过去就需要仿效过去。由于想象他正在反驳我的观点，因此他以一定篇幅指出，我所假定的是老生常谈，即不研究过去就不能理解现在。

我不愿浪费时间去驳斥他的观点。不仅我从来没有持这种观点，而且如果我认为有必要否认我持这样一种愚蠢的观念，我将感到羞愧。然而应该注意到， 334

① 首次发表于《财富》，第 31 期（1945 年 3 月），第 10、14 页。杜威较早发表的文章《对自由主义思想的挑战》，见本卷论文部分。这篇文章是回应亚历山大·米克尔约翰的文章的，米克尔约翰的文章见附录 10。更多的通信见附录 11 及《答米克尔约翰》。

我对那些人——我认为他们的观点是对自由主义思想和教育的挑战——的批评中的一个重要部分，在于他们对希腊思想的解释是肤浅的。我指责他们既歪曲了希腊思想，也歪曲了重新编辑的希腊思想，以致使希腊思想从属于中世纪的神学形而上学。由于提到过"对历史的无知"，我招致这些人中的一个重要人物的愤怒。同样应该提及，在谈到希腊思想时我明确地写道："在精神方面，相对于中世纪文化，我们更接近于古代文化。在社会关系方面，这一变革与从以奴隶制为基础到以自由为基础的变革同样巨大，可以相当准确地说，它与雅典确定的原则相一致。"

我必须指出，在其他一些方面，米克尔约翰的"作答"没能回答我所说的和我所信的。他的作答事实上并且或许在主观意图上赞同我的观点，即真正自由的教育必须包括理解"维持并决定那个时代的生活的科学与技术"。但是米克尔约翰继续说，"与上述意见相反，是诉诸学生的个人兴趣，围绕其职业建立每位学生自由教育的计划，这一计划遭到许多异议。……最糟糕的是，由于它不是在计划的有效性中发现其自身的意义，而是在与私人、与学生的职业兴趣的关系中发现自身的意义，因此它切除了自由教育的道德基础"。

米克尔约翰先生一直没有清楚地说明上述"计划"为我所提出或包含在我的观点中。但除我之外，其他人都会奇怪他所指的是什么，除非假定这段话代表我的观点，而不是我反复认真地反对的观点。当然，读者不会从这段话推断出我确实持这种观点：当前最迫切的教育问题是赋予目前社会所需的技术学科以人性化指导。米克尔约翰先生笔下还有同样含混不清的论述，他写道，"他似乎是说，
335 在精神和物质之间，自由的与职业的之间，价值与事实之间，是没有区别的。"人无法与影子搏斗，而"似乎"一词就是一个影子。因此，我只能非常肯定地说，这是我的颇多哲学著作的每一位认真的研究者都了解的。当今哲学的关键问题出自需要重新思考并重建物质与精神、理论与实践、事实与价值的传统信念。当这一重建会涉及打破过去建立的僵硬的二元论时，这一重建既不像将它们割裂的传统学说那样，也远非只是承认二者具有同一性。在我的文章中，论及传统的割裂是就它们阻碍重建而言的，重建的丰富材料已经具备，但重建远没有完成，以至于它规定着当今哲学未完成的任务。

尽管表面上相反，但我相信米克尔约翰先生的误解并不是由于想要错误地解释我的观点。那么误解为什么会发生？我冒昧作出如下解释。米克尔约

翰先生的文章的很大部分是在捍卫圣约翰学院。这一事实只有根据如下假设才能理解，即他假设圣约翰是我批评的主要对象。还值得注意的是，他在开始他的辩护时提到了他在威斯康辛大学的教育实验。这意味着，当我直接攻击圣约翰的教育计划时，我间接地攻击了他的教育哲学。对于前一方面，我可以说，我批评的哲学非常流行，比圣约翰学院的工作影响大得多，我的文章即便间接涉及圣约翰学院的文字也不多。不论对错，我都没有认为圣约翰学院的计划和工作非常重要，值得我用《财富》的大幅版面来批评它，特别是在很多有效的批评已经作出的情况下。[①] 就我对米克尔约翰先生的教育哲学及实验的看法而言，我认为其与圣约翰学院的管理有根本的不同。当然，我不得不—— 336
虽然是勉强的——拜服于米克尔约翰先生的超凡的知识，如果他认为两者是统一的。但即便如此，我也不可避免地记起，他根本没有谈到重新编辑希腊思想以使之支持中世纪信仰；我也不能完全使自己失去希望，即以后的反思可以引导他认识到，他的观点和我所批评的内容在关键方面是不同的，并且是相反的。

我抱有这一希望是由于这一事实，即米克尔约翰先生不止一次表示，他相信，他和我对于教育的未来的基本愿望有许多共同之处——某种不能说成是我的观点的东西，而且是我批评的东西。为了有助于为共同目标的合作，我以简短地重申我对问题的看法作为结语。

我们都认为，真正自由的教育为目的与程序的混乱所阻碍。我们都认为，过去的认识和理解是理解现代并形成有效的教育哲学的必要条件。在我看来，将人与自然、永恒与世俗、不变与变化、理智与实践分割开的哲学与信仰——这种哲学在科学方法的理智操作和价值确认之间划出不可逾越的界限——都是障碍。它们妨碍建立这样一种态度，即在服务于真正自由的教育的需求时，这种态度也服务于我们有缺陷的被割裂的社会生活的需求。我相信，所有具有这一观点的人，都会欢迎米克尔约翰先生作出的贡献，它们的确触及了我们所关心的问题，因为这些出自并反映了我们共同生活中的困惑。如果哲学要切近时代并具

---

① 参阅胡克博士去年5月27日和6月3日在《新领袖》上发表的文章，以及欧文·埃德曼(Irwin Edman)教授和阿瑟·墨菲(Arthur Murphy)教授致1944年5月纽约“科学精神与民主信仰”第二次研讨会的文章。——约翰·杜威

有意义，就必须为有效地解决这些困惑作出贡献。正如我在《财富》上发表的文章的开头所说，教育是这样一个领域，在其中，这样一种哲学具有最直接和最关键的影响。

约翰·杜威

答米克尔约翰[①]

致编辑： 337

我对米克尔先生的答复只是为了使他直面我的观点。他有权承认他误解了它们。但当他说“相互误解”时，我发现他涵盖得过宽了。他最后的话似乎继续以回避来承认误解。

约翰·杜威

① 首次发表于《财富》，第31期(1945年3月)，第14页。杜威与米克尔约翰以前交流的文章，见本卷第261—275页；杜威的信，见本卷第333—336页；以及附录10与11。

俄国的立场

——戴维斯先生书中的错误描述①

338 致《纽约时报》编辑：

鉴于《纽约时报杂志》12月14日发表前大使约瑟夫·戴维斯(Joseph E. Davies)《赴莫斯科的使命》(*Mission to Moscow*)一书的摘录，鉴于拉尔夫·汤普森(Ralph Thompson)在贵刊12月29日的版面上发表赞扬这本书的评论，我为了真相，为了档案，冒昧提供一些观察，这些观察不赶时髦，却是中肯的。

戴维斯先生现在同意苏联官方的看法，斯大林的恐怖——三次莫斯科大审判和红军最高统帅部执行死刑是这一恐怖的突出事件——是在苏联内部清除希特勒的代理人。他向国务卿报告说，他曾对1937年普雅塔科夫-雷德克(Pyatakov-Radek)审判中不幸者的"口供的可靠性表示怀疑"，他"坚持参加"了这一审判过程，但审判记录使他消除了怀疑。他似乎也容忍了没有公开审判就对许多将军执行死刑。对1938年1月的布哈林-李可夫(Bukharin-Rykov)的审判，他在一个脚注中评论道："第一次对反对红军作出了详细明确的指控，涉及红军某些领导人从事'第五纵队'的活动。"请注意，不是详细明确的证据，而是"指控"。这种指控似乎使戴维斯先生有理由相信将军们是有罪的。

这种相信的意愿使得戴维斯先生的下述表现并不令人惊讶，在希特勒入侵俄国后，戴维斯先生只需要重新检查一下审判记录和他当时送出的公文，就能使他相信，"事实上德国第五纵队活动的每一诡计，正如我们所知，都被这些审判中

① 首次发表于《纽约时报》，1942年1月11日第7版。约翰·蔡尔兹(John L. Childs)的答复见附录12。杜威的反驳见本卷《杜威博士论我们与俄国的关系》。

自认第五纵队成员的口供所揭露”。 339

我不知道俄国是否有第五纵队。我不知道在莫斯科审判的被告中是否有第五纵队成员。但我知道,在仔细研究这些审判记录后,除了被告方面矛盾混乱的陈述和明显的谎言、自己认罪的证词以及原告外,没有任何有关第五纵队活动的可信证据。用不着考虑下述惊人的、很快就被揭穿的谎言,我就可以作出上面这样的断言,这些谎言如关于不存在的“布里斯托尔饭店”的证词,或关于普雅塔科夫声称在冬天秘密逃往奥斯陆的证词。我也知道,任何无私的人在研究这些记录时都会遇到麻烦——这些记录是苏联政府出版的官方英译本,但它们不可避免地达到同样的结论。

戴维森先生或者是不清楚,或者是有意忽略了这些审判的政治含意,尽管他在关于将军们被判死刑的报告中作出了有意义的观察:“斯大林政权在政治上和在内部可能比以往更强大。所有可能的反对派都被消灭了。”

如果根据这一观察来看这些审判,就会看到一个与戴维斯先生想要看到的完全不同的情景。这是一幅极权主义独裁者利用消灭“所有可能的反对派”巩固其政权的情景。在俄国,除了在莫斯科审判中成为主犯的那些列宁的仍然健在的同事和革命与内战中的英雄外,还有什么更可能成为反对派的中心?

除了强迫他们承认他们与外国势力共谋,斯大林还能找到什么更有效的工具来诋毁他们?这就好比亚伦·伯尔(Aaron Burr)夺取了权力,并且把乔治·华盛顿(George Washington)、托马斯·杰斐孙(Thomas Jefferson)、约翰·亚当斯(John Adams)、亚历山大·汉密尔顿(Alexander Hamilton)和其他美国革命的英雄推上被审席,指控他们与外国势力共谋反对他们创建的国家,以此来巩固他的权力。

戴维斯先生也选择了忽略这一事实,即在每一次审判和数千次没有审判便执行死刑时,斯大林本人力图与希特勒达成一致。这里前苏联官员克里维斯基 340 (Krivitsky)的证词是恰当的。人们会记起,在斯大林-希特勒条约宣布之前数月,克里维斯基曾预言会签订这一条约。他是以斯大林试图秘密达成这样一个协定为根据作出这一预言的,克里维斯基作为苏联军事情报的负责人从西欧了解到了这一点。

用这一视角来看,斯大林对老布尔什维克的清算看来并不是由于他们涉嫌与希特勒有关而惩罚他们,而是与希特勒交易成功的可能的代价。

但戴维斯先生似乎持下述观点，即斯大林不管做什么都是对的。他为斯大林-希特勒条约辩护；他甚至认为，斯大林现在幸运地站在同盟一边战斗，如果斯大林再一次转向纳粹阵营，错不在他而在同盟的各国政府。我必须指出，这样一个观点不仅是对罗斯福先生和丘吉尔先生的侮辱，而且如果斯大林再一次决定他的利益将由使民主政治陷入困境来满足，那么这种观点将会破坏民主国家的人民对他们领导人的信任。

无疑，我们国家应该给予苏联反对纳粹侵略以所有可能的帮助，苏联人民和军队一直英勇地抵抗着纳粹的侵略。但同样无疑的是，对于戴维斯先生和任何其他公民而言，除真相外以任何形式介绍斯大林的极权主义专制都是无益的，并且是危险的。

美国人民知道，斯大林通过与希特勒的条约放弃了对当前战争的控制，他现在是以希特勒而不是他自己的意愿而站在同盟阵营。他们记得，在希特勒入侵俄国之前，斯大林在美国的追随者们积极阻止我们国家帮助英国或武装自己。他们应该清楚地记得，斯大林的行为——以及他在我国的代理人和同情者的行为——会由他自己认为的利益所左右，而无视其民主国家同盟的努力，也不管这种行为会为这些国家带来怎样的后果。

甚至还有更严重的问题。向美国人民为苏联的血腥清洗辩护，就是为这样的政府辩护，这种政府直接反对公正的民主程序以及这些程序悉心捍卫的被告权利。以任何根据为政府的恐怖行为辩护，就意味着宽恕下述行为，即废除所有
341 保护我们民主政体中公民不受掌权者干扰的民主权利。当民主政治处于严重危机的关头，当美国人捍卫民主政治以及他们的财富和生活时，这种论证是最危险的。

为俄国战胜我们共同的敌人而高兴，并且不把斯大林的恐怖政权理想化，这样做是可能的。以前民主政体中的人民从来没有因为专制主义政权的政治利益恰好符合他们的利益，便将它理想化。在内战期间，我们接受过专制的俄国的帮助。我们感谢这一帮助，但我们没有责任由于这一帮助而称颂沙皇的专制。无可否认，第一次世界大战期间，法兰西共和国在战争的最危急阶段由于沙皇俄国的帮助而得以保全。然而，法国或其他西方民主国家没有人以沙皇的血腥专制为正义与正直的楷模。

对待斯大林这个所有俄国专制君主中最强大的暴君，正确的态度是：我们可

以允许他给我们以教训。他认识到与我们有共同利益。他接受我们能够给予他的帮助,但他并不信任我们。在俄国民主主义的代理人和同情者都没有自由,就像在民主国家布尔什维克的代理人和同情者没有自由一样。因为斯大林知道他在我们这里的辩护者显然不知道的东西——极权主义和民主制度是不能混合在一起的。

如果我们仿效斯大林的谨慎,而不是纵容我们国家目前愚蠢片面地摆出友好盛宴——戴维斯先生的书仅仅是其中的一个表现,那么我们的将来会比现在更安全。

约翰·杜威

佛罗里达,基韦斯特,1942 年 1 月 7 日

杜威博士论我们与俄国的关系[①]

342 先生：关于战后俄国的重要性，包括俄国、英国和我们的关系，蔡尔兹博士不能说得过多，也不能过于强调其重要性。正是这一重要性使得目前对斯大林和斯大林的俄国的赞扬变得危险。当软弱的自由主义者、“实际的”人们由于眼前利益，在以爱国为本位的标准下对斯大林的俄国大加赞扬时，其结果与下述这样一些人进行宣传活动同样危险：这些人确信只要斯大林安全地不介入战争，战争就是一场帝国主义的战争；只要两个独裁者认为结盟对他们有利，这些人就继续为两个极权主义势力间的结盟辩护。

危险正在来临。任何读了已经见报的声明的人，都会明白谈判正在继续，英国是这一谈判活跃的当事人，我们知道美国也算是一个被动的当事人，而牺牲品是波罗的海国家和波兰。在斯大林看来，俄国进行的抵抗是在将来与希特勒准备进行另一桩交易时谈判的筹码；这是一个事实，因为我们都乐于看到，德国势力在战争开始后第一次遭到遏制。我们需要世界大战中的秘密条约那样的条约吗？即预先确定和平的最后期限，并且像上一场战争中的情况那样，播下另一场战争的种子。

343 我这里不把蔡尔兹博士包括在那些人中，那些人甚至用最迂回的方式继续这种危险的活动，即姑息极权主义势力。蔡尔兹博士的记录以及他 3 月 15 日在

---

① 首次发表于《民主前沿》(*Frontier of Democracy*)，第 8 期(1942 年 4 月 15 日)，第 194 页。杜威早先发表的文章，见本卷第 338—341 页；这封信是对约翰·蔡尔兹的信的答复，蔡尔兹的信见附录 12。

《民主前沿》上发表的文章表明，他并不抱有无知的幻想，这种幻想使得戴维斯先生的书畅销并时髦。我提出一些事实，确保我们将首要的事情放在首位。由于俄国和这些民主国家之间将来有用的关系，首要的事情是谨防当前将斯大林及他的国内国际政策理想化的宣传活动。

例如，恕我冒昧，戴维斯的书——流行的畅销书——的百分之九十的读者会说，在军队方面的清洗是俄国最终在抵抗中获得成功的重要因素。他们可能完全不知道这一事实，即正是斯大林的将军们输掉了前期的战役，正是比被杀害者人数更多的仍然活着的人被调回服役，才能说明近来的胜利。这一事实或许与我的观点无关。但我主张，被启蒙的公众舆论是和平的希望，它将有助于持久和平与民主事业的发展。至于涉及俄国，公众舆论现在是被误导而不是被启蒙。下述事实是一个确定的事实，即在战争状态中不可避免的感情主义，是误导最好的文化媒介。为了暂时利益而允许感情主义蔓延，这一政策会使我们日后付出高昂的代价。有着各种各样的声音，大多数属于无知，而有一些则是有意煽动党争，它们正在为破坏和平创造条件。我确信，蔡尔兹博士像我一样不会加入这一合唱。

现在需要的是我们国内的这样一些人能够作出健全的、现实的评价，这些人了解斯大林俄国战争与和平的条件。了解这些事实将能消除斯大林霸权的危险，建立战后各国有益关系的基础，即没有极权主义威胁的俄国与英国和我国的关系：在这样的关系中，我们能够学习俄国所获得的优势，俄国也能够得到帮助向真正民主之路前进。斯大林需要我们帮助之时，就是开始建立这些条件之时； 344
而当我们需要他更甚于他需要我们之时，则是最糟糕之时。因此我重复一遍，要把首要的事情放在首位。

约翰·杜威

佛罗里达，基韦斯特

《赴莫斯科的使命》影片中的几处错误[①]

345 致《纽约时报》编辑：

影片《赴莫斯科的使命》是我国大众消费中极权主义宣传的首例，这一宣传通过曲解、遗漏或纯粹捏造事实来伪造历史，其影响只能是扰乱公众的思想并动摇公众的忠诚。

即便在虚构的电影中，这种方法也具有扰乱作用。在一部作为记录和介绍当今历史人物的影片中，使用这种方法是令人吃惊的。我们的前驻苏联大使约瑟夫·E·戴维斯亲自介绍这一以他的使命为题材的剧作反映了"真实的"俄国；影片中罗斯福总统与戴维斯先生谈话的表现方法似乎暗示着影片至少具有半官方性质。

《赴莫斯科的使命》实质上涉及三方面的事情：苏联自1937年1月以来的历史；自那时起的国际关系；以及美国自1939年以来的历史。影片伪造了这三方面的事情。

1. 在戴维斯先生任大使期间，苏联历史上最重要的事件是斯大林的不断清洗。影片只涉及了其中的一方面——著名的莫斯科审判。

1937年1月19日，戴维斯先生刚到莫斯科。影片中，在欢迎他的外交招待会上，他被引见给卡尔·拉德克（Karl Ladek）、尼古拉·布哈林（Nikolai

① 首次发表于《纽约时报》，1943年5月9日，第8版，与苏珊娜·拉福利特（Suzanne La Follette）共同撰写。阿瑟·厄珀姆·波普（Arthur Upham Pope）的答复见附录13。杜威和拉福利特的反驳，见本卷第351—353页。波普的第二封信见附录14，杜威和拉福利特的最后答复见本卷第354—355页。

Bukharin)和 G·G·雅戈达(Yagoda)。

这部影片借用特技以莫斯科审判来表现不可能发生的事件。卡尔·拉德克在 1936 年 9 月就被捕了,以后再没有被释放。他作为主犯的大规模的审判是在
1 月 23 日,即戴维斯先生抵达后四天。尼古拉·布哈林这时也被捕了,他在拉 346
德克的“供词”中被指控有罪。雅戈达早已被贬。重要的是,在影片声称据以改编的书中,戴维斯先生列举他在被指控有罪的熟人时没有提及这三个人。

影片压缩了 1937 年和 1938 年的审判。运用戏剧手段或许是为了表明拉德克和索科尔尼科夫(Sokolnikov)——1937 年审判的主犯——是 1938 年与布哈林、克雷斯廷斯基(Krestinsky)和雅戈达同案的主犯,因为所有人都被控参与同一阴谋并试图实现这一阴谋。但不能原谅的是,在这一合成的审判场景中出现了被告马歇尔·图哈切夫斯基(Marshal Tukhachevsky),事实上他在 1937 年 6 月被秘密处死,根本没有进行审判。使马歇尔·图哈切夫斯基出现在法庭上,或许是为了有利于苏联的宣传,而不是为了“俄国的真相”。

在这一合成的审判场景中,被告供认,他们所谓的罪行是奉托洛茨基的指示。被遗漏的一点,是在实际审判时对所谓与海外的托洛茨基会面的证词——这一证词一经发布,即刻在全世界新闻界遭到挑战,最终由主席和书记分别签名的国际调查委员会提供的反证证明其谬误。这里指出下述事实并非离题,即在艰苦调查之后,委员会得出结论说:莫斯科审判都是阴谋——这一结论在宣布时为知识界舆论所认同。

影片不仅伪造了审判场景,而且伪造了戴维斯先生自己关于这些审判向国务院递交的报告以及他的信件中的评论。在《赴莫斯科的使命》一书的第 52 页和 53 页上,他在致伯恩斯(Byrnes)参议员的信中说:“法律保证个人的人身自由免受政府可能的压迫……(这种保证)从来没有像在这次审判中因其为公众利益带来的恩惠而给我以深刻印象。所有这些被告都被单独囚禁数月。”

在合成的审判中,戴维斯先生对法律保证的热情不见了。被提及的是他密切关注“供词”(该词被体贴地以英文形式呈现,因为戴维斯先生不懂俄文)以及
他立即宣布他相信被告有罪。在书中第 43 页上并没有“隐匿”的迹象,“基于这 347
些事实,即因违反法律而强制进行惩罚的体制和这里的人民的心态,二者都大大不同于我们自己的情况,以致我所运用的测试如果用于这里,或许是不准确的”。

在正式报告中,戴维斯先生说:“这里的恐怖是令人毛骨悚然的事实。恐惧

在这个国家的所有地区蔓延。尽管恭顺，没有一个家庭不是生活在长期的恐惧中，害怕秘密警察夜间突然搜查。……一旦一个人被带走，从那以后，他或她的一切会几个月——许多时候是永远——不被人知。”(第 302 页)

但在影片中，俄国被矫饰为欢乐的，甚至像节日般欢乐，不论戴维斯先生走到哪里，所遇到的都对这一政权充满信心。

在信和报告中，戴维斯先生把恐怖说成是权力斗争——“这一特别的清洗无疑是政治性的”(第 303 页)。“斯大林政权在政治上和在内部可能比以往更强大。所有可能的反对派都被消灭了”(第 202 页)。

另外，影片给人的印象是：斯大林正在消灭的不是可能的政治上的反对派，而是服务于外国势力的叛国者。换言之，它反映了戴维斯先生迟来的突然的闪念，他在书中称之为“后见之明的研究”，这一闪念(在华盛顿，而且直到 1941 年 6 月)向他揭示了恐怖的确是在清洗第五纵队。

2. 影片表现了斯大林被法英的绥靖政策驱入希特勒方面。影片根本没有提及法国和英国不顾一切的努力使两国在 1939 年与斯大林达成了防御同盟，也没有涉及就在斯大林-希特勒条约公布的时候，在莫斯科的同盟军事代表团徒劳地等待与苏联总参谋部进行协商。影片表现希特勒的军队公然入侵波兰，而不是斯大林的军队。

影片根本没有提到在斯大林和希特勒瓜分波兰后，苏联政府对协商和平的需求，也没有提到在瓜分之后斯大林的话：“我们的友谊是鲜血凝成的”；或莫洛
348 托夫(Molotov)的著名论断，即“法西斯主义只是一种嗜好”；或戴维斯先生自己指出的：“俄国的同盟者——德国。”(《赴莫斯科的使命》，第 474 页)

影片中甚至没有最起码的暗示，即在法国、英国和美国——所有共产国际发挥作用的地方——共产党都系统地破坏同盟的事业。人们不会知道，我国在 1941 年 6 月 22 日之前最坚决最喧嚣的孤立主义者，是在共产党领导的美国和平动员会中。人们不会知道，6 月 22 日之前的几个月中，共产党人煽动我们的国防工业工人罢工，试图破坏我们对装备的改良和对英国的援助。共产党对这些罢工负责是记录在案的——请参阅当时首席检察官杰克逊(Jackson)的陈述、工人领袖们的陈述和整个美国新闻界的陈述。

影片巧妙地反对英国。影片喋喋不休于张伯伦的绥靖政策和丘吉尔先生只是在他仍处在反对派相对没有权力之时的表现。由于影片设计跳过斯大林与希

特勒的合作和丘吉尔指导的英国事务，它就传达了这样一个印象，即斯大林的对外政策一直是民主的、反法西斯的，而英国的对外政策是绥靖的。人们不会想到，正是斯大林使得希特勒进攻波兰，而张伯伦促成了波兰的防卫。

影片的整个气氛给人以这样的印象，即苏联与英国一样，是我们的盟友。日本大使在同一外交招待会上遭到谴责和凌辱，在这一招待会上戴维斯先生不可能遇见布哈林和拉德克。影片放映出戴维斯先生正在访问一所医院，那里的医生和护士正在照料日本空袭的中国受害者——他们如何到达莫斯科却没有说明。主管医生告诉他，“中国人是我们的朋友”，指出绥靖的可怕的道德结果。

这一切的效果造成了这样的印象，即苏联是我们反对日本的盟友。事实上日本和苏联对 6 月 22 日有一个互不侵犯条约；必须指出，在斯大林看来，关于他在远东战争中的中立政策，他从来没有寻求误导联合国。没有什么比下述误导更危险的了，即误导美国人民相信在希特勒被打败后苏联会转而对付日本。

影片表明，戴维斯先生回到美国后，不顾病体巡回讲演，因为向美国人民说 349
明俄国是他的“责任”。这一部分的剧情是通过对照的画面实现的——疯狂的反征兵集会，伴随着闪现戴维斯先生说明俄国的画面；美国实业界人士要求孤立并与希特勒做生意的集会，伴随着闪现戴维斯先生说明俄国的画面，等等。

事实是什么？在 1941 年 7 月 15 日，戴维斯先生告诉萨姆纳·韦尔斯(Sumner Welles)，他愿对苏联使馆提供各种可能的帮助(《赴莫斯科的使命》，第 492 页)。他的巡回讲演是在 1941 年冬和 1942 年——主要是在 1942 年。征兵法是国会在 1940 年 9 月通过的；反对票之一是由维托·马坎托尼奥(Vito Markantonio)众议员投的。

显然，戴维斯先生的巡回讲演对于左右美国征兵活动的舆论没有作用；对于劝阻美国实业界人士一直想同希特勒做生意的想法也没有作用，因为在 1941 年 12 月 7 日珍珠港被轰炸后，美国实业界人士像戴维斯先生一样反对希特勒。戴维斯先生的巡回讲演没有激烈的争论。它只是一个并不令人激动的旅行，向已经百分之百支持俄国人民伟大的卫国战争的美国公众推销苏联政府。

最后，影片中介绍了极权主义者对于议会制度的用心险恶的批评。战前美国国会一些成员的传统的孤立主义被表现为相当于前纳粹主义。影片全部的努力是丢美国国会的脸，同时表现苏联的专政是一种先进的民主制。这种总体的歪曲只会在我们和苏联的关系方面制造混乱。如果我们的合作在战后继续，不能以苏联的宣传为基础，只能以对我们之间政治体制不同的真正理解为基础。

总的来说，影片是反英国、反国会、反民主、反真理的。它加深了当前的道德危机，这一道德危机是现代世界的根本问题。影片《赴莫斯科的使命》及其相应
350 的宣传有助于在公众心理造成某种冷漠，这种冷漠完全是非美国式的。只是在最近，美国人民比较平静地接受了苏联政府的公告，即他们处死了两名作为“纳粹代理人”的波兰犹太人、国际知名的社会主义劳工领导人埃利希(Ehrlich)和奥尔特(Alter)，他们在苏联入侵波兰时就被逮捕。只要有几部像《赴莫斯科的使命》一样不加批判地被接受的影片——因为有数千人读书，就会有数百万人看电影——美国人就会对所有道德价值观失去兴趣。

《赴莫斯科的使命》是对民主事业的极大的破坏。在制作这一影片时，制作者不仅将戴维斯先生褒扬为有爱国心的仆从，而且还攻击自由的基础。因为真理和自由是不可分割的，希特勒在详细说明通过宣传混淆公众舆论的方法时就知道这一点。影片《赴莫斯科的使命》熟练地运用了希特勒的技巧。引用《新社论》中马修·洛(Matthew Low)的话：“这种‘真相’在发展中，如果什么也不能制止它，上帝会帮助我们。”

约翰·杜威

苏珊娜·拉福利特

纽约，1943 年 5 月 6 日

关于莫斯科影片的再批评

——拉福利特女士和杜威博士答波普先生的论点①

致《纽约时报》编辑： 351

5月16日贵报刊登的阿瑟·厄珀姆·波普的文章，反击我们5月9日在贵报上对影片《赴莫斯科的使命》的批判，指责我们不公正，指责我们分别担任主席和书记的这一调查委员会不公正。

这并不新鲜。共产党的新闻出版物多年来一直以同样的论点中伤这一委员会。委员会的两卷(不是波普先生所说的一卷)材料很方便使用，并能有力地回答波普先生对其工作老调重弹的责难。顺便指出，他声称我们的报告没有证明材料，这不是坦诚的态度。报告中有丰富的档案材料，所有材料都可为哈佛大学图书馆中严肃的学者所用。

我们的预备委员会确实说过(卷一第17页，而不是第8页)："在斟酌证词的价值时要考虑证据方面。"波普先生引这句话是打算给人以这样的印象，即我们现在向戴维斯先生的正确性提出挑战，是就其形成对莫斯科审判的看法的证据方面的。事情当然不是这样，我们挑战的是影片歪曲了戴维斯先生自己书中的这一观点。

在书中，戴维斯先生对证词的检验在俄国是否有效表示某种程度的怀疑。在影片中，他在审判后马上宣称他相信"供词"是真的。显然这种或那种态度都

① 首次发表于《纽约时报》，1943年5月24日，第14版，与苏珊娜·拉福利特共同撰写。杜威与拉福利特的前一封信，见本卷第345—350页。阿瑟·厄珀姆·波普的回答见附录13，这篇文章是对这一回答的反驳。波普的第二封信见附录14。杜威和拉福利特的最后回答见本卷第354—355页。

可能表明戴维斯先生的真实状况，但不是两者。

352 波普先生指责道，支持我们所有批评的“是相信托洛茨基是清白的，他没有密谋反对苏联政权，莫斯科审判是闹剧”。

当然，莫斯科审判不是闹剧，而是恐怖的悲剧。但支持我们对《赴莫斯科的使命》的所有批评的是这一事实，即影片是歪曲历史的闹剧，是在为极权主义者做宣传。这一事实已经引发了更多的批评；的确，这一事实使得影片预示着这样一个恶兆，即对于影片的制作者和赞助者来说，它是会伤及使用者自身的飞去来棒。

波普先生以“虚构的技巧”作借口，为影片歪曲历史事实辩护。我们不承认虚构伪造历史的权利，我们再一次提醒大家注意这一事实，即影片是由大使身份的戴维斯介绍“俄国的真相”。如果影片试图提供客观真相，那么对真相的歪曲必定是其恰当的名称。一项工作不能既被当作真相、又被当作虚构而辩护。

表现马歇尔·图哈切夫斯基在公开的审判会上，以及从他口中说出关于被告穆拉罗夫(Muralov)的话，都不是客观真相。如果波普先生愿意相信图哈切夫斯基在镜头前被审讯，那是他的权利。但想要使人们相信，秘密审判和假定有罪能够证明公开法庭上游荡的元帅的鬼魂确有其事，不仅背离历史标准，而且远离虚构标准。任何自重的小说家会敢于伪造下述情节，即说拿破仑在处死德恩格海因(d'Enghien)公爵前审讯过他吗?

表现在这一使戴维斯先生感到恐怖的、使每一个俄国家庭处于“持久的恐惧”中的清洗期间，苏联人欢乐并充满希望也不是客观真相。引证不足道的国会少数人的意见而忽略大多数人的情感——甚至通过打乱年代来错误地表达少数人的意见，这些也不是客观真相。忽略斯大林方面促成了世界大战、侵略波兰、与希特勒合作——戴维斯先生自己称之为联盟，都不是客观真相。

造成下述印象也不是客观真相，即苏联是我们反对日本的盟友。正如波普先生所言，俄国可能是中国最好的朋友——虽然弗雷德里克·范德比尔特·菲尔德(Frederick Vanderbilt Field)在1月26日《新大众》(*New Masses*)发表文章
353 悲叹，蒋介石的百万军队正忙于控制中国共产党人。但不论苏联是否是中国的朋友，苏联与日本订有互不侵犯条约，在远东战争中保持中立。

通过有意地选择和忽略，错误地解释英国的政策和俄国的政策，也不是客观真相。波普先生说，法国和英国确实将斯大林驱入希特勒的怀抱；他们没有派出

一流的外交官——仿佛斯大林由于这样不足道的原因放弃对可怕的战争的控制。斯大林在进行战争准备，波普先生补充道，以此类推可以为张伯伦和达拉蒂尔(Daladier)在慕尼黑的行为辩护。但他忽略了解释，如果斯大林是在积聚力量打击希特勒，为什么共产国际会在1941年6月22日之前对希特勒的敌人采取破坏行动。

总之，篡改和编造意见、特征、事件、日期，除了美化俄国和约瑟夫·戴维斯，不关注任何事情，这不是客观真相，但却是戴维斯先生和华纳(Warner)兄弟想要美国人民接受的真相。由于要美化苏联独裁统治而"虚构"历史，影片成为我们称之为"大众消费的极权主义宣传"。

然而，波普先生在为这一宣传辩护时，借口是"一种冷静的客观性，一种超越争执和论战的眼光"。究竟谁客观？是那些在历史性工作中坚持历史真实性的人，还是那些为虚构历史辩护的人？是谁发起了这场论战？是那些批评《赴莫斯科的使命》的批评家，如奥黑尔·麦考密克(O'Hare McCormick)、多罗茜·汤普森(Dorothy Thompson)、尤金·莱昂斯(Eugene Lyons)、《时代》和《生活》的编辑和我们自己，还是戴维斯先生和华纳兄弟？不是那些反对曲解的人造成了争论，而是那些将曲解当作真相的人挑起了争论。

最后，我们不相信诸如《赴莫斯科的使命》这种极权主义的宣传能够加强我们与苏联的联系，不论在战争期间或在将来的和平时期，也不相信这种宣传能够帮助俄国人民或我们自己。波普先生要求我们为了"正当的重新创造的生活"而保持沉默，但这种生活不可能建立在歪曲历史并有意使世界人民陷入困扰的沼泽之上。作为民心委员会(Committee on National Morale)的主席，了解这一点似乎是波普先生的工作。

约翰·杜威

苏珊娜·拉福利特

纽约，1943年5月18日

再论《赴莫斯科的使命》[①]

354 致《纽约时报》编辑：

为结束由阿瑟·厄珀姆·波普挑起的关于我们批评影片《赴莫斯科的使命》的争论，我们可以评论一下波普先生6月12日在贵刊发表的信中的一个观点吗？

波普先生论辩道，由于“每个人的言论自由在战争年代有所剥夺，在危急时刻必须保护共同意志免遭分裂冲突”，政府领导人不应该屈从于批评。正如他所说，“诽谤英勇的同盟者或其选择的领导人，是愚蠢的，不公正的”，这是或应该是对的。不幸的是，波普先生是这样看待整个问题的，即把对商业影片中发现的弄虚作假的批评等同于诽谤。

另外，正如我们在第一封信中指出的，影片纵容对我们英勇的同盟者英国的诽谤，他们从1940年6月到1941年6月承担了整个反轴心国力量的重担。在贵刊5月16日刊登的波普先生的信中，他苛刻地提到这一同盟者，只是为影片辩护。看来似乎波普先生只打算为苏联政府隐讳缺点。

更重要的是，为反击为了真正达到共同理解、同时为了历史真相而作出的批评，波普先生完全无视这一事实，即影片不是无故地介绍分裂和冲突事件——而
355 且是发生在外国的事件。波普先生应该向影片的制作者提出警告。他应该向这

① 首次发表于《纽约时报》，1943年6月19日，第12版，与苏珊娜·拉福利特共同撰写。杜威与拉福利特关于此论题的其他文字，见本卷第345—350页和第351—353页。阿瑟·厄珀姆·波普的回答见附录13和14。

样一些人提出警告，他们是一些政治帮派及其同路人，其行事风格仿佛美苏的恰当关系依赖于我们偏袒俄国政治中的一个小集团，甚至不惜以历史真相为代价。在这种环境下，为这部影片辩护等同于暗示民主在战时可以休息。

约翰·杜威

苏珊娜·拉福利特

纽约，1943年6月15日

奥德尔·沃勒案

——最高法院被再次要求倾听黑人的诉状①

356 致《纽约时报》编辑：

我们的有色人种公民们已经深深意识到在武装力量和国防工业方面对他们的歧视，再一次表现出不平。5 月 4 日，美国最高法院拒绝复查奥德尔·沃勒(Odell Waller)案，他是有色人种佃农，被宣告犯有一级谋杀罪，在一场争吵中射杀了他的白人农场主奥斯卡·戴维斯(Oscar Davis)，起因是沃勒试图拿回他自己的那份小麦。有色人种认为这一未经解释的拒绝更充分地证明，当白人谈论为保卫自由而战时，他们所谓的自由只是他们白人的自由。

因此，获知下述情况令人非常满意，即沃勒的辩护律师约翰·F·芬纳蒂(John F. Finerty)打算向法院申请复审，法院临时法律顾问名单也被提交给法院，其中包括国家有色人种进步联盟(National Association for the Advancement of Colored People)、美国公民自由权利同盟(American Civil Liberties Union)和其他组织，一些卓越的公民也被列入名单，如神学院校联合会(Union Theological Seminary)会长亨利·斯隆·科芬(Henry Sloane Coffin)博士。这种情况下，在我看来，法院应当牢记已故的梅厄·盖纳(Mayor Gaynor)的伟大格言："我们必须不仅根据正义行事，还必须根据正义的显现行事。"

沃勒以自卫辩护。枪击的唯一目击证人是一名 18 岁的有色人种男孩，受雇于被害人家。这名证人在枪击案后拒绝与辩护律师谈话。在审判时他证实了下述案情：在友好地商谈时，戴维斯告诉沃勒他很快就可以得到他的小麦，之后当

① 首次发表于《纽约时报》，1942 年 5 月 15 日，第 18 版。

戴维斯转身去吃早饭时，沃勒在后面向戴维斯开枪。与这一证词相反，我们又听到了奥德尔·沃勒的故事，这个故事更合乎逻辑地适合已知的模式，即奥斯卡·戴维斯经常虐待沃勒一家。沃勒证明，戴维斯拒绝给他小麦，并咒骂他，还把手 357
伸到口袋里，沃勒知道他带着枪。由于担心生命受威胁他向戴维斯开了枪。这一辩护相当充分，他开始两枪击中了戴维斯的一侧脑袋和胳膊，由于子弹的冲力，加上戴维斯想逃走，使得他身体急速转过去，因此后两枪打在他的背上。

很难相信，沃勒会向刚才还与之友好地商谈的人开枪。此外，认识这个南方人的值得信赖的黑人们都坚持说，如果该地区的有色人种在与白人检察官谈话后，还会在白人的法庭上作不利于雇主利益的证明，这是难以置信的。

不仅证词的可信度存疑。这一案件也涉及被告人受同等的人审问的宪法赋予的权利。弗吉尼亚法律规定连续三年支付1.5美元的人头税能具有民意测验投票资格；在采取这一规定时，现在的参议员卡特·格拉斯(Carter Glass)坦诚地声明，这一规定是想要剥夺黑人的权利。事实上，比起有色人种来，这一规定剥夺了更多白人的权利，遭到普遍抱怨。有资格投票者的名单通常用来补充有资格担任陪审员的名单。这样，奥德尔·沃勒，一个由于穷困而被剥夺了投票权利的人，就被白人投票者组成的陪审团宣告有罪，其中十人是雇佣佃农的农场主。以此为根据，他的律师认为，沃勒被拒绝给予受同等的人审问这一宪法赋予的权利。

在对这一案件的公开讨论中，我注意到这样一种观点，即认为由于支付人头税在弗吉尼亚不是法律规定的陪审团服务的条件，这一辩护无效。但如果支付人头税是事实上的服务条件，正如辩护宣誓证明的，那么这一观点显然是不恰当的、属于技术性的。

最高法院没有说明为什么拒绝复查这一案件，没有澄清下述问题：是否它认为人头税支付者组成的陪审团是与由于穷困而被剥夺投票权利的人同等的人；或者是否它认为由于沃勒的年轻律师列举了众所周知的事实，即陪审团是从税收名单中挑选的，而没有提出确切的证据，被宣告有罪的这个人由于这一失误就必须死。这关乎我们的司法程序的完整性，因此最高法院或者同意复审的请求，或者要陈述拒绝的理由。如果法院依据任何技术性的理由拒绝复查这一案件， 358
回避由同等的人审判的问题，结果肯定会削弱穷人——特别是穷苦的黑人——对于民主程序的信念。

现在来谈谈这一案件的社会和人道主义方面。从记录可以清楚地看到，凶手和被害都是这样一种经济力量的牺牲品，这种经济力量数十年来对白人和有色人种农夫形成了可怕的压力。这个白人是受债务压迫的租赁人，这个黑人是穷困的佃农。正如乔纳森·丹尼尔斯(Jonathan Daniels)指出的："白人和黑人两人都被牵绊在美国南部农业的末端，它的供给少得可怜以至要为它打架——或许甚至为它杀人，这不应被看作不可预料的结果。"

对于这一深刻的悲剧事件，我们必须动用胜于"以眼还眼以牙还牙"的法律的东西。它要求同情，要求宽恕。如果最高法院再一次拒绝复查沃勒案件，减刑的请求无疑会交给弗吉尼亚州长科尔盖特·W·达登(Colgate W. Darden)，他已经表现出仁慈，并勇敢地忽略政治上的考虑，同意缓刑两年。由于这一记录，人们可以期望，达登州长会决定，通过减刑比通过强迫奥尔德·沃勒服极刑更能体现正义和宽恕。

约翰·杜威

纽约，1942年5月15日

约翰·杜威论《经济进步理论》[①]

先生:我必须对亨利·黑兹利特(Henry Hazlitt)评艾尔斯的《经济进步理 359
论》作出批评,虽然无疑这一批评太迟了,但涉及的问题或许对将来很长时间都是适时的,因此我冒昧在这相对滞后之时对此作出批评。

我批评的主题是:黑兹利特在他的评论中既没有陈述艾尔斯先生的观点(不管这本书的题目的表述),也没有在信中给出这样做的理由。相反,用恭维的话来说,他设立了一个稻草人。所有信任黑兹利特的人都会对这本书得出完全错误的观念。

这是一个严重的指控。我在证明中选择一个例子作代表。艾尔斯提出并捍卫的理论,简单地说,就是特定时代的工业状况反映了这一时代的技术状况,这一技术状况又反映了科学知识的状况。因此,经济进步依赖于技术进步。传统的、"古典的"经济理论,是"工业社会的形成和进步依赖于资本(金钱)的积累作为资本(设备)发生和增值的条件"。为批评这一理论,艾尔斯有理由以例证的形式批判一种论点,这种论点是支持贝姆-巴沃克(Boehm-Bawerk)的理论,他指出了这种论点的明显的"昏昧"。

在黑兹利特先生那里,"论点"被转换成"资本和利润的理论",于是黑兹利特先生可以说,艾尔斯认为这一理论是昏昧的,只用了三段话"反驳它(这一理论)

① 首次发表于《星期六文学评论》(*Saturday Review of Literature*),第 27 期(1944 年 10 月 14 日),第 29 页。亨利·黑兹利特对 C·E·艾尔斯的书的评论见附录 15,杜威这封信是对这一评论的答复。黑兹利特对这封信的反驳见附录 16。

360 便满足了”。事实上，整本书都在批评货币资本主义或金钱作为工业社会进步的源泉，并提出了一种可供选择的理论。艾尔斯并不是把这种理论看作“昏昧的”，他清楚地说：“就这一理论成为问题引起注意而言，这是古典传统的光荣。”加之，即便通常用来反对资本主义制度的理由——例如，因为不公正和不平等带来的残酷——能够被证实是正确的，也必定作为文明发展的代价而被忽略。艾尔斯提出的这一可供选择的理论是：积累是重要的，但有价值的不是由于节省消费而积累的资金，而是“工业技术的积累过程”。

这一误解的例子是全部评论的代表，这可以进一步从下述事实中推断出来：艾尔斯的这一学说，即归因于科学进步的技术进步是工业社会进步的主要原因，因此，在黑兹利特先生表述的工业社会的文明中，技术进步说成为这样的理论：进步本身在于“使工具制造工具”！

评论家没有责任赞扬艾尔斯的观点，也没有责任接受这一观点。相反，如果评论家认为这一观点需要批判，那么批判它正是他的任务。但我会认为，这一被批判的理论应该是被评论的书中提出的，这一点在相当程度上应当是自明的。

约翰·杜威

纽约城

评贝尔和波拉尼[①]

致《评论》编辑： 361

丹尼尔·贝尔（Daniel Bell）的《使人适应于机器》（Adjusting Men to Machines）一文在我看来实质上是划时代的，卡尔·波拉尼的《我们的陈腐的市场心理》一文是其书的有价值的后续。我发现，在我读过的东西中，它是对于一个半世纪以来重要历史事件的最具启发的解释。

约翰·杜威

弗罗里达，基韦斯特

① 首次发表于《评论》，第3期（1947年3月），第289页。

《评论》与自由主义[1]

362 致《评论》编辑：

作为非犹太人读者，我很高兴地向你们表达我读《评论》时非常满意的心情。每期杂志中我都能发现真正令人兴奋的一篇，通常至少有两篇文章。

"自由"一词意味着许多东西，因此我说在所有我看到的自由主义刊物中，《评论》是最有价值的，或许这并不能说明什么。在我看来它最突出的是大度和公允，这种公允只能来自摆脱了老生常谈、党派限制和雄辩写作，而当今似乎所有派别的报刊都赞同上述写作风格。《评论》的大多数文章都表现出健全的心智，这只能来自于理智和精神的成熟，使得说教成为多余。

约翰·杜威

纽约城

---

① 首次发表于《评论》，第 6 期(1948 年 11 月)，第 485 页。

杂　记

介绍《不要恐惧！》[①]

先生们： 365

我以极大的兴趣读了考尔斯博士《不要恐惧！》一书的原稿。从哲学和心理学观点看，我对说明身-心关系的方法印象深刻。考尔斯博士的著作吸引我的地方是其从实践上证明了身-心密切相关的事实，而我长期以来只掌握其理论根据。因此，我欢迎他的实践证据，它更令人信服，因为它直接来自具体经验。

如果不是我相信身-心分离的观点在实践上非常有害，即便从哲学方面，我也会羞于谈论这一问题的理论方面。考尔斯博士引人注目的方法上的成功，证明了一种合理的理论能够达到的完美状态。我预期他的这本书《不要恐惧！》会显示其非常有用的价值。我希望它能实现在教育机构中的普遍运用。它应该成为所有教师必修课程的一部分。感谢你们让我读了这部原稿。

您真诚的

（签名）约翰·杜威

纽约城

① 首次作为序言发表于爱德华·斯潘塞·考尔斯(Edward Spencer Cowles)：《不要恐惧！》(*Don't Be Afraid*!)，纽约：威尔科克斯-福利特出版公司，1941 年，第 xiv 页。

谈杰斐逊[1]

366 我们最近在纪念杰斐逊诞辰二百周年。即便与在他活着的时候诅咒和诽谤他的人属于同类的人，也在说空话应酬似地纪念着他。事实上，只有那些继续为他为之奋斗的自由而战的人有权利诉诸他的名义。

由于杰斐逊认为，使我们占有真相的自由研究和自由教育，是自由政体和自由社会唯一的根本支持和保证，因此在这一特殊时期，重申他的信仰，重申他的信仰所依据的理由，是恰当而必要的。因为在我们周围，到处都能找到求助于独裁主义的证据。不仅仅在国际政治和极权主义独裁者的野心中，自由研究和自由教育的基础受到攻击。在哲学、教育、道德、宗教中，独裁主义也采取阴险的形式攻击科学方法，主张必须回到不加怀疑地接受权威设定的"第一原理"，于是我们被反复告诫，对这些原理的研究或批判，是以社会混乱和长期的精神冲突为代价的。

由于这一根本原因，我全心全意地欢迎这次大会，这次大会将在建设性的基础上讨论自由社会科学精神与民主信仰之间内在的不可让渡的关系。

---

① 选自纽约市伦理文化协会(Society for Ethical Culture)杰罗姆·内桑森(Jerome Nathanson)文件的打印稿；这是为1943年5月29—30日召开于纽约的科学精神与民主信仰大会(The Scientific Spirit and Democratic Faith)准备的出版物。

我为什么选择“民主与美国”[①]

正巧我最近在对阿道夫·希特勒的公开声明进行研究——不仅包括《我的 367
奋斗》，而且包括他上台前后的许多讲话。正如我现在写下的一些话与这次再版的我若干年前写下的东西有关，我阅读得出的最后结论与下面论述的东西有关。希特勒不幸错误地理解了美国民主的意义、令人振奋的精神和力量。他之所以错误理解，是因为他根本没有洞见美国民主的道德方面和道德基础。

他认为民主必然是无力的，因为他把民主等同于选举机器和数量方面的多数决定原则；等同于他在维也纳目睹的议会政治的退化和无益；等同于金融资本主义最分裂、因此最软弱的方面。

出于他自己竞选的需要，他认识到一个民族要强大必须统一。他从来没有认识到美国民主政治中表现出来的强大与持久的道德原则：当这个统一不断由自愿同意所达成时，它是最强大的；它又是不断交流、协商、接触的产物，是自由的人们自由交换的产物。他认为统一只能是强力的产物，是一种宣传的产物，只能由压制一切自由言论、自由出版、自由集会和自由教育才可能获得。不论他在这方面对他的人民的判断是否正确，他的观点和实践停留在对人性的最低估价
上。他最终失败的道德原因正是完全缺乏信仰。民主政治遵从其对人类潜能的 368
信仰，依靠将民主的道德力量付诸实践操作，以此实现人的这些潜能，就此而言，美国的民主政治不仅有助于赢得战争，而且能做得更多。在赢得和平这一更严

---

① 首次发表于惠特·伯内特(Whit Burnett)编:《这是我最热烈的祝福》(*This is My Best*)，纽约：戴尔出版社，1942年，第1099—1100页。

峻的考验和任务面前,民主政治也能起到重要作用。创建和平统一的欧洲是欧洲人民找到的真正的民主理想和民主方法,只有依靠这一方法,这一理想才能得以实现。

致中国人民[①]

你们国家和我们国家，中国和美国，都是热爱和平、对其他国家没有图谋的 369
国家。我们都被贪婪的、背信弃义的敌人毫无理由、毫无预警地攻击过。我们——你们国家和我们国家——在这次被迫加入的战争中都有共同的目标，即为了保卫我们的独立和自由。我们都想看到一个这样的世界，在这个世界中各国能够致力于其工业、教育、科学与艺术建设，不必担心一些国家的干扰，那些国家认为它们可以通过毁灭其他国家的男人、妇女和儿童的生活和工作来增益自己。我们——你们国家和我们国家——都决心战斗到最后。

在一个重要的方面我们不同。你们承受战争的负担、压力和灾难比我们更久。我们深深感恩于你们，因为你们进行了持久而英勇的斗争。我们的任务是严峻的，但却容易得多，假如不是因为你们通过长期承受苦难困住了敌人，它会困难得多。我们现在是共同战斗保卫自己的同志，我们的全部精力和能力都用来保证你们的防卫和胜利。

美国会赢得整个战争，美国和中国会战胜日本。在这个问题上就像太阳将在明天升起一样毫无疑问。因为我们是一个爱好和平的国家，我们像你们一样，在战争初期都措手不及。我要告诉你们，早期的灾难是一种刺激，唤醒了人民的
团结精神，激发了人民不可改变的决心。我们在战争中和你们、和你们周围国家 370

---

① 首次以英文形式发表于罗伯特·克洛普顿(Robert W. Clopton)和 Tsuin-Chen Ou 编：《杜威1919—1920年在中国的演讲》，檀香山：夏威夷大学出版社，1973年，第305—306页，选自华盛顿城国家档案馆打字原稿。

的人民在一起，我们将坚持到底，直到全部胜利属于我们，直到你们和他们都永远消除了战争的威胁，你们已经在这一威胁下生活了多年。日本在四分之一世纪以前强加给你们的“二十一条”，是多少年来你们生活在这样一种威胁下的永久记忆，将来你们将不再遭受这一威胁，你们将能够在与其他友善国家的和平合作中，重新投入平静的文化建设工作。

你们通过自己的英勇斗争，已经在世界大家庭中拥有了一个新的位置。你们赢得了所有关注自由的国家的尊敬和钦佩。作为战争胜利的结果，你们屈从的所有不平等会被全部扫除。我们感谢你们，我们尊敬你们，在胜利的曙光来临之际，我们在共同事业中的共同战斗和牺牲保证了中国在各国交往中的平等地位。

我们两国即便在共同经历苦难作出牺牲的过程中，也能表现出勇气实现我们的世界图景，在这样的世界中，我们能够不受长期恐怖困扰而生活，能够朝着友谊和亲善的世界迈进。在这个新世界中，你们确保了东亚精神领袖的地位，你们悠久的文化传统和当前的英勇斗争足以赋予你们这一地位。我们不能忘记，正如日本从西方国家获得技术和机械资源、工业和战争，它也从你们那里获得了文学、艺术和宗教中最好的东西。即将到来的胜利将恢复中国悠久恰当的领袖地位，这有助于人类精神的发展。

致秘鲁教师们[①]

亲爱的加西亚·卡德拉多教授:[②] 371

我很欢迎有这样一个机会通过您寄语秘鲁的教育家们，我全心全意地支持他们为我们共同事业作出的贡献。

我想对他们说，尽管当前世界环境预示着可悲的征兆，仍然有着希望的迹象。在你们国家，如同其他拉丁美洲国家一样，有着与美国属于一个共同体的强烈感情。我们更强烈地意识到，在共同的命运中我们需要相互合作。就各国而言，这样一个声明对于那些对教育青年一代充满热情的人非常重要，因为他们比任何政治家都更直接更亲密地促进世界的团结与合作——今天这个世界发现自己四分五裂。

因此，我想通过您表达我个人支持秘鲁教育家们为这一事业所做的努力，并告诉他们我知道我们将继续一道前进，以我们的热情去创造导致和平、相互理解和友善的条件。

您真诚的

(签字)约翰·杜威

---

① 首次发表于《区域教育》(*Journadas Pedagógicas Regionales*)，阿帕塔区:秘鲁初等教育部，1944年，第11页。乔·安·博伊兹顿翻译的英文首次发表于《杜威通讯》(*Dewey Newsletter*)，第2期(1968年10月)，第21—22页。

② 加西亚·卡德拉多(Augusto García Cuadrado)为大会主席。

评《现代人的教育》[①]

372 想要全面评价当代教育领域的问题、论战、运动、哲学，就会发现需要接触悉尼·胡克的《现代人的教育》。这本书非常全面，因为现代人与教育的不足、教育的可能性和教育中的问题一道，被置于人类历史的广阔背景中。就其批判性方面，它纠正了来自对立面阵营的(经常激昂地表达出来的)短视的观点。就其建设性方面，它提出的建议非常全面，不仅由于这些建议是两方面意见的折衷，而且由于它牢牢把握了当前情况的所有要素。希望认真理解当代的论战和问题、当代的缺点及当代的改进允诺的人，会发现这本书的独特价值。如果这本书成为公众理解和公众努力的指导著作，则我们将是幸运的。它澄清了、阐明了现代人混乱的环境中最混乱的一个方面。

① 首次发表于《党派评论》，第 13 期(1946 年春)，第 257 页。

评《我要像斯大林一样》[①]

我国没有一个公民会对理解我们与苏联相处中的困难不感兴趣，不论他是 373
否意识到这一点。我怀疑，是否存在任何东西等同于这一目的，即我想像斯大林一样。这本书不是局外人的作品，更没有对苏联不利的倾向。它直接译自俄国官方文件，这些文件既不准备将苏联布尔什维克统治者的目标和政策的有利画面提供给局外人，也不准备提供给苏联公民。相反，这本书由政府权威作出的官方说明构成，是为了在俄国训练教师和管理学校（允许存在的学校），从托儿所一直到大学。

这个世界从来没有过——即便是梦想——这样可靠的、组织良好的、包罗广泛的制度，将一个国家的公民品质和心灵铸成一个严格统一体，不允许偏离——并以民主的名义！下面的段落不是文学的夸张。在那些明眼人看来，它驱除了本来包围着苏联政策的神秘东西。

“学校的全部工作必须以有利于儿童在共同体道德方面的教育”；“受过道德教育的个体，其行为会使个人利益服从于为祖国和人民服务”。

此外，马克思和列宁的国际主义在下列文字中变形为强烈的国家主义，即说 374
“这种服务以对祖国敌人的愤怒和憎恨为前提”。

我重复一遍，我确信，这本书提供了理解下述问题的最好的钥匙，即为什么

① 选自鲍里斯·佩特罗·伊斯波夫（Boris Petro Esipov）和N·K·冈察洛夫（N. K. Goncharov）：《我要像斯大林一样》（*I want to Be Like Stalin*），乔治·康茨（George S. Counts）和努西雅·洛奇（Nucia P. Lodge）译，纽约：约翰·戴出版公司，1947年。

对布尔什维克政策的任何方面持有异议的国家会成为它们的敌人——是以愤怒和憎恨为标准的。毫无疑问，这本书将拥有广泛的读者。乔治·康茨提供了一大公共服务。

乔治·塞尔迪斯与“事实”[①]

如果你们刊印下述声明，我会感谢你们。乔治·塞尔迪斯（George Seldes） 375
先生正利用我的名义为他的《事实》（*In Fact*）做广告。利用我的名义完全未经许可。利用我的名义没有得到哪怕一点支持，而是使用下述这样一种典型的方法，即塞尔迪斯先生的著述和刊物中为斯大林的利益而歪曲事实，他居然还有胆量将这一出版物称作《事实》。这一程序也是俄国和其他国家斯大林主义者使用的程序的典型，当然首先是俄国。

我希望这一声明公之于众，这样即便那些以事实的名义系统地说谎的专家也不能再完全歪曲我的观点。

① 首次发表于《新领袖》，第 30 期（1947 年 7 月 12 日），第 12 页。

人与数学[①]

376 我想就《人道主义者》秋季号涉及的数学话题[②]说几句话。只有几句，因为
话题是高度技术性的话题：数学近来的发展推翻了过去关于数学性质的理论，但
还没有形成普遍同意。我想指出，《人道主义者》的评论中提到的两个选择无疑
没有穷尽这一领域。至于说有资格发表意见的人达成了一致，我相信，是指当数
学学科适用于物理学和其他科学学科时，它是"独立于外部世界的"。但它根本
不能引出下述结论，即数学是心智的，或说它是"我们自己心智的构造"。一种没
有提到的选择是：数学是一种*依据基本原理的*建构。许多年前，我听一位杰出的
英国数学家凯利(Cayley)说，对于数学方法是归纳的还是演绎的，这一点存在争
论；但正如他所见，它既不是归纳的也不是演绎的，而更像是诗。凯利并非门外
的评论者，他自己就是这一领域中的创造者。当然数学比诗有更严格的控制，因
为数学的基本原理是许多世纪创造性的、建构性的工作的最终成果。指导(但并
非僵硬地控制)诗有序展开的运作"规则"也是这样。它们是规则，是就下述意义
而言的，即诗、戏剧、任何优雅的艺术都具有指导，但不被束缚。人道主义者绝不
想要他人采取狭隘观点看待同属于人类——不仅仅是人类"心灵"——的创造性
377 建构和文化可能性。简言之，数学是一种高度发展的语言；像语言一样，它富有
成效地运用于我们对外部世界的过程中，但像其他语言一样，它不是外部世界的
一部分，只有人自己是世界的一部分。

① 首次发表于《人道主义者》(*Humanist*)，第7期(1947年冬)，第121页。这是对一篇评论文章的回答，评论文章见附录17。

② 见《期刊与图书》，《人道主义者》(1947年秋)，第101页。

感谢兰德学校[①]

我很高兴有这样一个机会，来表达我对兰德学校教育工作价值的评价。我 378
与这所学校接触，包括在那里讲演，使我明白：年轻人多么真诚地渴望能够利用这所学校提供的教育机会，以及这所学校达到了多么高的标准。它正在从事高质量的教育工作，获得了一批支持者。……这所学校对于所有自称为自由主义者的人，对于所有相信知识的传播是有序的社会进步的工具的人，对于所有相信必须保护自由探索和教学的人提出了至关重要的要求。

① 首次发表于《1948 年公告春季刊》(*General Bulletin*, *Spring Term*, *1948*)，纽约：兰德社会科学学校，第 2 页。

附　　录

1.

抨击西方道德：欧洲理想尚能存否？[①]

朱利恩·本德

在我看来，《评论》杂志编辑所说的文明的危机，应当确切地称作希腊-基督教道德危机，更确切地说是苏格拉底-基督教道德的危机：苏格拉底是在下述意义上说的，即约束人们去尊崇超越其特定时空利益的某类价值观。换言之，用抽象的词语来表述，即公正、真理、法律、对契约的忠诚；基督教是就其下述基本要求而言的，即不论个人条件如何，从他表现出人类道德特性的那刻起，就要尊重他的人格。由于这种道德与人进行控制的天性对立，与教会所说的"人生的虚荣"对立，我们也可以称之为：理智的道德。 381

我想提请你们注意，我所说的人，是就其表现出人类道德特性而言的。这里我的观点与教会、与某种形式的民主政治的观点相反；在他们看来，任何人都神圣不可侵犯，只是由于下述事实，即他表现出了类的解剖学特征。而我的观点是：人有权利获得人的称谓，并因此获得尊重，只是看他是否能够一直提升自己以达到一定的道德水平，这种道德水平在于尊重每个人的人格——可以说，看他是否能提升到人权的概念。

这就是说，我不承认生物种群上的人权观念，我只承认道德种群上的人权观念，即能够达到这一道德水平的人群的人权观念；而另一些人则表现出他们不能达到这 382
种道德水平。"种群"这一词或许在这里不很确切，因为无法证明这些道德水平低的群体是命中注定的，或他们永远不可能摆脱这种低道德水平；虽然他们对于强力的崇

① 首次发表于《评论》，第4期(1947年11月)，第416—422页。杜威的答复见本卷第19—26页。

拜根深蒂固，有时完全缺乏判断力，经常会令人相信是这样。[①] 无论如何，在等待这些群体解放的过程中——如果这种解放会发生——第一类群体对第二类群体负有责任；即使不是去管制他们，也起码要让他们学会尊重——否则后者不可能迈向平等。

苏格拉底-基督教道德若干年前是唯一被尊崇的

让我们回到苏格拉底-基督教道德。

这是我们这一代人——以及更年轻的一代人——从中接受教养的氛围，在家庭和学校都一样（或许在你们国家也是这样）。这种气氛弥漫在我们从师长们那里接受的教育中，弥漫在对18世纪瓜分波兰的责难中，弥漫在弗里德里克二世废止伪证和
383 既成事实方法的实践中，弥漫在拒绝将荣誉赋予不择手段获得成功者的道德评价中（不敬重路易十一，也不敬重马基雅维利），弥漫在对罗马执政官雷古拉斯（Regulus）的赞赏中——他给予了迦太基人以承诺，所以即使明知最大的痛苦在等待他，他仍然回到了迦太基——或者，也弥漫在对甫斯特尔·德·库朗日（Fustel de Coulange）的《古代城邦》（*La cité antique*）的赞美中，因为作者在其中痛斥罗马人的"最可恶的格言"——"让人民的安全成为最高法律"，赞扬向政治上的重要传统灌输某种程度的基督教精神。

接受这样一种道德在我们看来是如此自明地理所当然，是如此的平常，以至于我们甚至不认为它会需要讨论。当然，我们知道，政府有时会违背这种道德；但我们认为，政府并不愿意违背这种道德——起码政府会否认自己在违背道德，不会从违背中汲取荣誉。至少语词上的——或许甚至是矫饰的——对希腊-基督教道德的尊重，在我们看来是如此自然以至于我们不可能想要提出任何其他的教育作为公认的规范教育。

---

① 我不禁要引证一个在我看来具有象征性的事件。在1918年休战之后对莱茵河西部地区进行占领时，我的一位朋友，驻科隆部队的军官，在与旅店主人谈论战争时，他为那个人的良知、为他的顺从、为他认识到德国所犯的错误及德国赎罪的合理性而感动。但当他们分开时，善良的店主感叹出这样一个结论："先生，想一想吧，如果比利时人放我们一条路，所有这一切都不会发生！"在我看来，这一坦白对于消除隔阂适得其反。

德国人的这种固执精神在一位历史学家看来是真的，这位历史学家严肃地研究了这一问题："他[赫德（Herder）]为我们揭示出，"利维-布鲁尔（Lévy-Bruhl）说，"隐秘的连续性，在其显现过程中，未曾中断地将19世纪德国与18世纪德国联系在了一起；我们称前者为现实主义的而称后者为观念论的。割裂它们是错误的：并没有'两个德国'；只有一种演进，现在为邻国的介入所支持或阻碍；用历史的眼光看这一演进的不同阶段，其间隔时间越长、演进程度越高，就越表现出更密切的内在联系。"[《德国：莱布尼茨以来》（*L'Allemagne depuis Leibniz*）]

19 世纪末对这种道德的蓄意攻击——实用主义道德说教

现在我们见证了一种奇怪的盲目判断，我们的所谓第一次觉醒——1897 年反德雷福斯主义（anti-Dreyfusism）——多么残酷！19 世纪末——从这个立场看，是人性道德史上的一个重要日子——值得关注的我们刚刚界定的反希腊-基督教道德的重要运动正式出现。他们声称，他们不知道对所有人在所有时间和所有地点都有效的这种抽象的公正、抽象的真理是什么。他们只能获得环境的公正，获得与利益集团有关的并为其利益所决定的真理，伴随这些利益而变化的真理。他们甚至声称自己不知道那些所谓权利——即使有了上面的界定——是无论什么人都与生俱来就拥有的东西；也不知道源自基督教的、为法国革命和民主主义所继承的平等主义。相反，他 384
们相信存在着注定要发号施令的人，相信整体利益与这些人的至高无上的地位相关，并需要这些人对于那些只具有服从职责的人实行专制。

这一运动表现为三大事件。

首先是德国的国家主义。早在 19 世纪初，阿恩特家族（Arndts）、施莱格尔家族（Schlegels）、格雷家族（Görres）以“上帝选民”为名义的崛起；特别是在攻击法国革命方面，在反对承认任何普遍原则——特别是反对普遍承认的权利平等——方面，阿恩特明确反对德国赋予犹太人任何政治权利。对具有固定不变的、超越环境的道德——苏格拉底教诲的基础——这一观念的敌意，在费希特《对德意志民族的讲演》（*Addresses to the German Nation*）一书第七讲中就清楚地表达出来：“劣等民族[指“法国”——J. B.]的本质是他们相信最终的、确定的、永恒的事物。无论是谁，之所以相信永恒的、不变的、因此是僵死的原则，是因为他自己就是僵死的。”（请注意这段关于永恒的原则就是僵死的原则的引文——尽管其在很大程度上是诡辩。仿佛永恒的原则——例如正义——一直没有被以某种方式变成活的，用这种方式活的人可以拥有并捍卫它。革命士兵在耶拿征服他的国家的军队的那一天，费希特会看到，那些相信永恒原则的人们，他们远非是“僵死的”。）

在 1870 年他们取得胜利的第二天，泛德国专家断言，日耳曼世界的未来在于进一步加强“能够免于基督教影响的力量”，德国的最伟大之处在于除却了“对人类的同情心”。[①] 1914 年，同一类有学问的人声称，侵犯比利时的中立正是因为在当 385

---

① 安德勒（Andlér）的引文以及同类说法，见《泛德意志人》（*Le Pangermanisme Continental*）第 67，123 页。亦见同一作者的《泛德意志哲学》（*Le Pangermanisme Philosophique*）。

时环境下符合德国利益，并声称他们不知道正义这一人民试图用以颠覆他们的普遍观念的含义。在布尔战争时期，塞西尔·罗得斯(Cecil Rhodes)就声称："这场战争是正义的，因为它对我们国家有益。"不错，他只是一名商人；但知识分子基普林也采取了同样的态度。我是否可以大胆地说，这与威廉·詹姆斯在古巴为其美国同胞掠夺时的态度非常近似——几乎极为近似(见詹姆斯的《书信》，第二卷，第73—74页)。

没有必要编年详述纳粹如何将这一运动推至极端——尽管他们不拥有发明权；他们声称，他们不知道什么是普遍真理，但对他们来说，真理——甚至科学——的唯一标准是，是否能使德国人强大；[①]同时他们以官方形式宣布基督教由于其普遍性而没有价值。此外，他们反对希腊-基督教伦理学，这在他们的"物力论"宗教中鲜明地表现出来，他们禁止可能唤起其良心以收敛贪欲的一切事物。[②] 的确，我们发现，在苏格拉底的对话中或福音书中，几乎没有为物力论辩护。

第二个运动起源更近，明确针对希腊-基督教道德，这就是马克思主义——确切地说是俄国共产主义。

我们知道，马克思主义的重要文章之一是谴责将一部分人看作具有被称为"超验的"良心戒律的人，马克思同情地称之为人类的"神圣"部分(苏格拉底也这样称呼)，并声称人类只有摆脱这类痛苦，才能避免被奴役。马克思主义同样承认没有恒定的真理，只有本质上可变的、由当时利益所决定的真理。

386 在新经济政策时期，列宁发现，他不得不将他前一天称为真理的东西斥为错误，这时一位历史学家——马克·维士尼亚克(Mark Vishniak)注意到，这一向后转对于列宁来说很容易，因为他拥有"蔑视一切绝对价值"的统治。同样，我们在斯大林的《关于五年计划的讲话》(*Speech on the Five-Year Plan*)中也可以读到为这一矛盾的辩解，称之为具有"重要意义"，是"斗争的手段"。[③] 我不需要提醒读者，如果在与马克思主义者的论战中，你请求后者赋予逻辑问题以一定的关注，那么你会立刻发现自己被刻画为"可怕的资产阶级"，"仍然相信心灵的绝对原则"。

此外，使所有不变的原则失去资格，只承认环境决定论，这一论断是马克思主义

---

① 教育部长弗里克(Frick)博士1935年10月对慕尼黑大学生的讲演。

② 柏拉图会说他们贪婪(pleonexia)：欲望总是想拥有更多。

③ 注意墨索里尼的同样的断言："让我们谨防逻辑连贯性这一致命的陷阱。"我们必须看到，这里的奇怪之处在于，只要利益需要，就可以称颂矛盾的事情；因为就事情而言，矛盾永远存在，在所有国家都存在。

者所塑造的“黑格尔主义辩证法”的本质；这就是说，真理本质上是一种工具，与一切超越利益的思想无关，只适于行动，因此完全与苏格拉底的教诲相反。[①] 而且，蔑视超越利益的思想为马克思的下述格言明确地概括出来：“真正的［指“共产主义者”——B. J.］人道主义最危险的敌人就是思辨的唯心主义。”

共产主义认为，关于抽象的、无论何时何地都与自身同一的公正概念，纯粹是形而上学家的发明；公正概念是由我们生活于其中的经济条件决定的，是随着经济条件的变化而变化的。在我们看来，被尼布甲尼撒(Nebuchadnezzar)以在鼻子上穿环的方式将他们在卡尔迪亚(Chaldea)平原驱来赶去的民族，被中世纪领主占有其妻子孩子并压以重担的不幸的人们，被柯尔贝尔(Colbert)绑在军舰长椅上的年轻人，都会激烈地主张，在他们那里违反了抽象的公正，他们的命运就他们时代的经济条件而言绝 387
不是公正的。我们这里所强调的是，这一纯粹相对的公正概念为所有侵略者提供了辩护，为1914年侵略比利时的人、为1939年侵略捷克斯洛伐克的人提供了辩护。他们很好地利用了相对公正的概念。

最后，第三个运动始于五十年前，表现为反对这一时代知识分子中的苏格拉底-基督教道德。这一运动的推动者似乎有：尼采，他倡导“主人道德”，认为由于苏格拉底鼓吹理性主义，使希腊衰落；乔治斯·索列尔(Georges Sorel)，其著作有《暴力论》(*Reflections on Violence*，一本具有世界影响的书)以及《苏格拉底的审判》(*Le Procès de Socrate*)，在后一本书中读者可以读到，由于苏格拉底的普遍主义说教，因而对他的判决是正当的；最后是著名的《法兰西行动》(*Action Francaise*)。至少在宗教听讼外，这些行动派乐于承认他们的反基督教活动(我曾提到过他们，因为他们仍然存在，尽管他们的刊物不在了)。按照他们的观点，基督教——他们将基督教与天主教[②]对立——赋予许多革命教条、特别是民主的平等主义以灵感。他们的领袖查尔斯·毛拉斯(Charles Maurras)这样说过一百遍。他们承认其反苏格拉底的活动并不到位，因为他们制造了对希腊罗马式人道主义的崇拜。然而很难否认，他们那“成功”宗

---

① 我们这里将苏维埃制度，更广泛地说是俄国文化，与苏格拉底的希腊对立；在我们看来，苏格拉底的希腊对俄国没有影响。但我们并没有将俄国文化与无理性的、被灌输了亚洲文化的希腊文化对立，这种希腊文化表现为声名狼藉的酒神精神、奥菲斯教和某种柏拉图哲学。甚至当代，俄国对后一种希腊文化也没有表现出敌意，我们可以称这种希腊文化为反苏格拉底文化。因此，苏维埃政府树立了赫拉克利特的雕像，他否定一切不变的原则，是辩证唯物主义的直接祖师。

② 一个在19世纪末发展起来、以天主教为名反基督教的阵营，但它是以一种由雷米·德·古尔蒙(Rèmy de Gourmont)及其《法兰西信使》(*Mercure de France*)集团所倡导的更贵族化、而不是适合于民众的方式运作的。

教——他们断言应尽一切努力探索这一宗教——以及他们对他们所属阶级现行道德的拒绝，源于卡利克勒(Callicles，柏拉图《理想国》中的人物，与苏格拉底对话的人之一，鼓吹“正义即强者的利益”——译者)及其同类，而不是与其对话者。同样，他们崇拜理性，认为理性应该主要为维护其所挚爱的社会等级服务；他们崇拜真理，但如果这种崇拜超出了所有的社会考量，他们便把这种崇拜称为野蛮的[①]；他们的真理是实用主义的，这种实用主义的确是克里托(Crito)的老师所鼓吹的无私的理想主义的对立面。

388 这第三个运动，尽管是知识分子的，却并没有因此而不具规模。由于许多笨蛋想要获得知识分子头衔而追随这一运动，因此更具规模。

这第一个和第三个运动在一个方向上相互支持：反犹太主义。这在很大程度上是合逻辑的。因为，正如犹太人的敌人所声称的，犹太人通常是“无根的”，他们发现自己因此天生是以绝对语词表述的价值观的拥护者，是那些希望自己有最优越的亲族和历史的人的天生敌人。另外，由于被压迫，犹太人狂热地尊崇个人。有人会非常同意《法兰西行动》派领袖的观点，基督教是抽象的公正和民主平等主义的学校，它通过犹太人的先知而得以蔓延。[②]

然而，绝对价值观的这些敌人把这种价值观描述为犹太人的，并非因为事实如此；而是因为犹太人这一称谓本身不受欢迎，于是这么一来这些价值观也就顺理成章地遭到世界厌恶了。其不受欢迎的原因完全不是当下的政治因素，而是先于它们的东西。我们知道，这些有知识的人从这种策略中获取了更大的力量。因此，纳粹将“德国人的”真理与“爱因斯坦的犹太人的真理”对立起来。如果他们将“德国人的”真理简单地与“科学真理”对立起来，尤其是如果他们再补充说，这种科学真理是非犹太人——如莱布尼茨、欧拉(Euler)和维尔斯特拉斯(Weierstrass)——的真理，是某些莱茵河彼岸的一些伟大的数学家的真理，他们显然找不到多少听众。苏格拉底价值观的敌人怀着同样的心智断言，自伯里克利以降，希腊人就成为了犹太人。

知识分子的背叛

这些思考表明，《评论》的编辑并没有将这里讨论的道德价值观的崩溃看作二战

---

① 见拙著《知识分子的背叛》(*The Treason of the Intellectuals*)。

② 罗森贝格(Rosenberg)以类似的方式在基督教内部迫害犹太传统。[劳希宁(Lauschning)：《虚无主义的革命》(*The Revolution of Nihilism*)]

带来的结果，这是完全正确的。他们看到，最严重的问题并不是这些价值观的崩溃， 389
而是拒绝承认保持这些价值观的重要性——或者如我所言，期望在这一价值观崩溃的废墟上表演胜利的舞蹈，或者为宣告这一价值观被否定而唱赞美歌。面对这样一种情景，有人会想到托尔斯泰的小说中的强盗——听了他供词的修道者无奈地说："至少，其他人会为他们的不道德而羞愧；但对于以不道德为荣的人又能怎样呢？"

这种新"道德"的提升是——也只能是——知识分子的工作，他们被赋予了抓住大众注意力的写作才能，能够为这一新道德赋予表面充分的论证和醒目的表述（尼采就是重要的例子）。

这构成了我所说的知识分子的背叛。的确，这一背叛并没有始创人类的不道德，但它将人类的不道德推至极端。人们不必期待《查拉图斯特拉》（*Zarathustra*）的作者或期待罗森贝格就可以去实践"强力意志"而不管其他所有人的权利，可是道德使他们羞于这样做。而今天新道德为他们提供了辩护，极大地提升了他们的自信心。

此外，还有强有力的机构为他们的暴力提供辩护，而这一机构本该是为斥责他们的：罗马教皇承认维克多·伊曼努尔三世（Victor Emmanuel Ⅲ）为"埃塞俄比亚的国王"，教会承认的许多君主在希特勒、墨索里尼和佛朗哥对于人类尊严的侮辱面前表现出屈从。当最高的道德审判官做出这样的榜样时，人们又怎么能够期盼常人不会嘲讽人权呢？

当今特别成功的实用主义伦理学的两种形式

苏格拉底-基督教道德的崩溃并让位于实用主义道德发生在二战之前——即便如此，如今这一崩溃在我看来仍然采取了新的形式；即使不是在本质上，至少也在其断言的强烈程度上、在其范围上是这样。我看到了两种重要的新形式：

（1）秩序信仰。人们会说，相对个人权利而言的秩序信仰又卷土重来。至少在 390
法国，正如我们所见，它对国家信仰的取代在世纪初就在巴莱斯（Barrès）和毛拉斯（Maurras）那里表现出来。它完全取代了以前的信仰，以否定个人权利的法西斯政府的形态表现出来，法国的大部分人——包括他们的领袖毛拉斯——支持这些政府的事业，而不管这些政府的目的是贬抑法兰西民族。当毛拉斯所谓的"神圣袭击"这一天到来时，我们看到这些法国人对这样一个政府取得胜利的欣喜压倒了他们国家的战败。正是在秩序的名义下，这些人成功地诉诸全欧洲人的"健全头脑"——不论他们是否属于与自己敌对的国家如德国——在今天继续反对法国的民主。

需要我证明下面这一点吗？即秩序观念根本上基于约束和否定个人权利。人们似乎本能地一直明白这一点。我发现人们一直致力于建立追求自由、公正、科学、艺术、慈善与和平的塑像，但从来没有追求建立秩序的塑像，这一点很重要。秩序观念在今天的巨大影响是尊崇个人的价值观衰落的有力证明。

（2）马克思主义教条今天所拥有智识资源，正如我们前面所说，在于它认为所有道德价值观——公正、真理、理性——都为实践条件所决定；或者更确切地说，为经济利益所决定。我必须指出，现在这些学说为科学和哲学的权威所追随，至少在法国是这样（我认为在美国也同样）——其景象十分热闹，令普通人都印象深刻。我特别看到，他们采纳马克思主义者称之为“辩证唯物主义”的哲学，这一哲学教导说，为理解历史，必须密切联系“历史进程”——更确切地说，是经济过程，而不是从外部来看待历史。这一哲学构成了完全神秘的、形式上否定理性的立场，因为理性的本质是超越实体进入理性术语，而不是与实体融合。这是一种本质上实用的或试图是实用的教
391 条。毛里斯·索雷兹（Maurice Thorez）——列宁的学生之一——说，辩证唯物主义是“行动的指导”——从这一立场出发，它为这样一个其唯一目标是在当下取得胜利的政党所赞扬，是极其自然的。

但当这一学说为这样一些人所颂扬时问题就严重了，这些人的作用通常就是赞颂无私的理智，像秤砣那样对那些专注于如何击败他人的人起到平衡作用。我们要补充说，这些思想家想要仅仅承认集体意识——马克思说：“个体意识只是集体意识的反映。”结果是出于荒漠之地的人不会有意识。不论他们是否希望，所有这一切都包含着对个人意识及其神圣性的蔑视。

苏格拉底-基督教道德不能为实用主义的基督教所拯救——这一事业是迷惘的，少数人除外

面对这一文明的危机，人们会问，向宗教的回归是否是一剂良药。如果宗教指的是基督教，回归宗教在我看来就是一剂良药；因为根据我刚才所言，罪恶在于世人抛弃了信仰，更严重的是，在于世人中的道德领袖抛弃了信仰。然而我们必须明白，要回归这样一个基督教，它忠实于其本质，鼓吹的是超越实际考量的永恒价值观；而不是那样一个基督教，它坚持“行动”和“物力论”的原则——一种“激进的”基督教，坚持纯粹是政治组织原则的“进化”原则。这后一种基督教现在比以往更活跃，它不仅在对当代世界作“现实主义”的检验；在我看来，它简直是个强有力的副官。

至于这一危机是否会成为“向另一个被赋予更好的价值观的社会过渡”，我承认，我看不出，对纯粹物质满足——即便有利于所有人而不是只有利于一些人——的崇

拜能够引导到我认为的“更好的”的价值观。我知道这一切在某种意义上会导致人类
更幸福，但幸福在我看来不是人类价值观的标准。我认为，如我们所理解的文明事 392
业——借用《评论》中的一句话——是一项迷惘的事业。然而，总会有独立的人，他们
会为之工作。事实上，不一直是这样吗？

2.

杜威先生的“不确定境遇”意味着什么？[①]

唐纳德·S·麦凯

393 标题中的问题涉及杜威先生所谓“存在的母体”(existential matrix)中的探究的起源和发展。根据杜威先生的逻辑理论，这一母体提供了探究的生物学和文化基础，这些不仅是探究的条件，而且是导致认识形成的要素。因此，逻辑被说成是“合乎自然的”；逻辑分析与探究的手段和保障有关，探究导向知识，而知识则被定义为“得到保证的断言”。

在这一合乎自然的探究理论中，我发现了一些困难，这些困难与杜威先生的“不确定境遇”(indeterminate situation)这一概念有关，因为这一概念被当作“存在的母体”的一部分。困难之一看来是，他对“存在的不确定性”这一境遇的存疑的本性的展示是含混或缺乏明晰性的。另一个更严重的困难，我认为来自他对这一存疑境遇的分析中的实质性缺陷。在考察分析的缺陷之前，我将首先考察源于展示的含混或明晰性的缺乏带来的困难，尽管我相信后者至少部分地是前者的结果。但含混是表征，为杜威先生所犯的谬误提供了端倪。

困难的症结在于他在《逻辑：探究的理论》中对探究的定义。显然应该把这一定义看作至关重要的，因为据作者所言，以下超过该书五分之四篇幅的章节都是对这一
394 定义的解释。探究被定义为“有控制或定向对于一种不确定情境的受控制或有方向的转变，使其中作为构件的诸特性和关系变得如此确定，以使原有情境中的各要素转变为统一的整体。”[《逻辑：探究的理论》，第104—105页(《杜威晚期著作》第12卷，

① 首次发表于《哲学杂志》，第39期(1942年3月12日)，第141—148页。杜威的回答见本卷第34—41页。

第108页)]“境遇”一词据说是表示“关联的整体”(contextual whole),在这一整体中客体和事件被理解;尽管关联的整体本身不是一个客体或事件,也不是一系列客体或事件。在探究开始前,境遇是一个自在的整体,但不是一个统一的整体,所谓统一的整体在某种意义上是转换过程的最后结果。在一开始缺乏统一性的境遇由于探究而获得统一性,这显然是杜威先生所指的与不确定境遇相对的确定境遇。但尽管这一转换了的境遇是确定的,这并不意味着它成为确定的客体或事件,成为一系列客体或事件。其确定性关乎语境,而并非关乎由探究得出的知识或被证明的可论断性。困难被当作需要克服的障碍。它是在经验中直接经历或遭遇到的。但它也会被当作需要解决的问题,或更确切地说它被转换为明确的问题要素。探究于是为存疑境遇下混乱而令人困惑的趋势提供了一个回应。但杜威先生所说的从前的境遇的“不确定性”,恰恰是指所有有知觉能力的人在那种境遇下会体验到怀疑并从事探究。在杜威先生关于这一题目以前的著述中,他把存疑境遇中的不确定性归结为有机体与环境相互作用时最初的不确定或犹豫。然而,在最近的《逻辑:探究的理论》一书中,存疑境遇被说成是就其存在特征而言是不确定的,与任何怀疑或探究无关,并先于后来的怀疑或探究。无论是否有谁为境遇所困,境遇本身都是不确定的,尽管显然除非有人开始去探究,境遇的存疑性是不会被揭示的。但是下述说法看来是悖论性的,即认为境遇能够在没有被实际质疑的情况下成为存疑的。针对这悖论,杜威先生说:“原有的不确定情境不仅‘开放’于探究,而且它是在‘各构件并不相连’的意义上开放的。”[同上,第105页(《杜威晚期著作》第12卷,第109页)]那么我们要问了:一种境遇的 395
要素倘若不能在时空关系中“结合为一体”,它又能怎样呢?如果这种境遇的存在不确定性既不在时空方面又不在认知方面,那么杜威先生就没有说清它究竟是什么。

在近来与罗素先生的辩论中已经提出了这一观点。针对所有异议,杜威先生重申了他以前的观点:他确实是说存疑境遇能够脱离质疑者而存在。[①] 他认为,这样一种境遇的来源和原型,是在有机体和环境的相互作用中重现的不均衡或不稳定。以饥饿为例,它不仅仅是主体的一种“感觉”,也是有机体的行为,表现为肉体的不安和寻找食物的行为。现在,罗素先生认为难以置信的是,杜威先生会说下述他看上去正在说的话:“例如,在有生命之前的天文和地质年代有着存疑的境遇。”可以肯定,杜威先生从没说过这种话或类似的话;但显然罗素先生认为,这一结论由于下述主张而成其为必然的,即认为能够有没有质疑者的存疑境遇。无论如何,他们两人的观点或许

① 《哲学杂志》,第38期(1941年),第183页(《杜威晚期著作》第14卷,第184页)。

并不像下述区别那样完全分立，即如同寻找食物的饥饿的有机体的境遇与生命诞生之前行星的天文和地质年代中的境遇那样截然不同。没有理由认为，杜威先生和罗素先生在使用“存疑境遇”一词时是在谈论完全不同的事情。显然，关于这样一种境遇中的不确定性，他们看法不一致；这一不一致源于他们关于境遇的认知要素和非认知要素的不同理论。

在罗素先生的实在论认识论模式中，境遇能够被分析为(1)事实的特殊质料，(2)关于这些事实质料的命题，(3)各种主观的或心智的状态，如信念、欲望、情感、目的和怀疑。在这一分析中，存疑境遇的不确定性显然与下述因素无关：(1)事实的质
396 料；(2)命题(这些命题必定非真即假)。因此，如果一种境遇被称为“不确定的”，则它只与(3)相关。怀疑者的主观或心智状态是这样的，他对于在那种境遇下的特殊的事实质料没有任何确定的知识。但若要成其为“存疑的”，境遇就必须包含解决问题的欲望，以及获得指向事实特定状态的真命题或一系列真命题的认识的决心。显然，存疑和决心不存在于独立于怀疑者的境遇中；尽管或许可以说，境遇是被假定为不确定的——这与任何实际欲望无关，而是在下述意义上说的，即如果有如此这般的训练、欲望和打算，它会使正常人存疑。无论如何，存疑的条件被认为是心智的或主观的，尽管不是在杜威先生想要消除的贬义的主观性这一意义上说的。

不幸的是，在罗素先生的这部分批评中有许多将未决情况视为当然的地方。因为杜威先生的探究理论包含对经验的行为分析，它不允许罗素先生在精神与肉体、主观与客观之间作出的这种区别。与那种实在论——包含感知方面的因果理论和真理方面的符合论——相反，我同意杜威先生的观点，即境遇的存疑本性不依赖于任何对存疑境遇的质疑或其他“心智”态度。例如，在目前的战争中，人们是不确定的，因为问题本身仍然是不确定的；问题是不确定的仅仅是由于人们对于境遇抱有怀疑和困惑。战争提供了、并且可能继续提供探究的机会，也提供了单纯讲演和宣传的机会。战争导致了无数的探究，反映在数以千计的图书、文章、新闻专栏中，甚至可能反映在一些电台评论员的播音中。虽然在这一变动境遇的各个阶段人们作出了不同的决定，但几乎不能认为至今关于战争前因后果有任何“被证明为合理的断言”。以杜威先生的方式说，境遇没有转化为统一的整体，在这一整体中，因果关系在操作上被设定，进而可以运用操作来解决问题。但战争境遇在主观感觉上也是“存疑的”，罗素先
397 生正是在这个意义上谈论存疑境遇的。某种显然的不确定性表现为恐惧和焦虑，其根据在很大程度上出自想象的；正如对于不太具备理解力的人来说，确定性的结论可能恰恰出自无根据的信念。境遇或多或少地被情感的偏好染上色彩，情感的偏好有

时被称作与事实判断相对的“价值判断”。但倘若没有那据说属于存在境遇本身的另一种疑点，那么这一“主观的”怀疑只能是病态的。

如果杜威先生这里对于不确定境遇的解释含混不清，那可能是由于解释得太详细而不是解释得太少了。“有多种名称适用于表明各种不确定的境遇，”他说，“它们是被搅乱的、杂乱无章的、含混不清的、令人困惑的、充满冲突的、模糊晦涩的，等等。正是境遇具有这样的特点。”“等等”一词表明，杜威先生头脑中对于不确定性有某种特定的含义，这里提到了这种含义的种种具体形态，其他形态对读者来说就很容易想到了。但在我看来下述表述仍很不清晰：被搅乱的境遇是不确定的，其意义等同于含混不清的境遇是不确定的；或者令人困惑的和模糊晦涩的境遇是不确定的，是就其充满冲突倾向这一意义上说的。这些词中的一些似乎表示物理和生理状态，而另一些似乎表示心理和逻辑状态。然而显然，一种境遇，不论拥有什么特殊性，都是就其未来倾向而言而具有不确定性。那么，在未来倾向方面的不确定性意味着什么？存疑境遇的未来结果被说成“不确定的”，至少可以有四方面的含义：(1)将来的结果仍然不确定，是非决定的，至今没有形成既成事实以便对之确立现成知识；(2)证据不充足，因此不足以作出可靠的、能够被证实的预言；(3)结果是偶然的，不是当下境遇下行动的必然结果；(4)有真正的选择权作出有理智的选择，因此现在的决定有助于将来最终结果的形成。如果清楚地认识到，罗素先生是在上述(1)和(2)的认知术语意 398
义上谈论存疑境遇的不确定性，而杜威先生主要根据(3)和(4)关注不确定性在实践方面的重要性，那么误解就会被消除。

另一个更严重的困难看来出自杜威先生的分析中的错误。说存疑境遇下的存在条件是不确定的，意味着什么？杜威先生从未来倾向的角度设定境遇是不确定的，看来他是在假定，由于结果关乎存在而不仅仅是智力方面的事情，所以先在的条件一定也是在存在的意义上不确定。但结果既然是未决的、将来的，那么它就是观念的或智力上的事情，是意义也是预期的可能性。为了回答这一异议时或许可以说，结果是一种可能性，如果它实现了，就会成为存在的条件。换言之，在将来可预见的时刻，它会成为与某种将会存在或可能存在的事物相类的东西，因此不仅仅关乎意义。但以这种方式论证，就犯了杜威先生经常在其他哲学论证中批评的那种错误。错误由“将后来的机能转变为先有的存在”[《经验与自然》(*Experience and Nature*)，第29页(《杜威晚期著作》第1卷，第34页)]构成。据说这是“最终出现的机能实体化。这个谬误把事情的交相作用的结果变成了这些结果之所以发生的原因”[同上，第261页(《杜威晚期著作》第1卷，第200页)]。杜威先生看来犯了同样的“哲学错误”，但是以相反的方式。这一错误的直接形式是，由最终结果完成后的确定特征，追认出因果关系中的先在的现实。这里杜威先生看来所犯的相反的错误，就是由最终结果实现前的不确定特征，追认出因果关系中的先在的现实。简言之，对“不确定境遇”的分析混淆了对不确定性的经验与经验的不确定性。[1] 前者一定会和在特定境遇中缺乏认识这
399 一感觉有关，这里对不确定性的经验可以在上述(1)和(2)的认知意义上去理解。后者则是缺乏操作方面确定的、与事物或事件特性一致的东西，而这些特征会根据进一步的探究最终被确定。经验的不确定性于是要根据(3)和(4)的实践含义去理解。在对一事物认知的不确定性与对一事物实践操作的不确定性之间有着明确分界，杜威先生关于探究的连续性的学说只是在混淆两种不确定性方面获得了成功，而没有在两者之间建起桥梁。

杜威先生探究理论中的这种混淆反映了19世纪自由主义的典型弱点——杜威先生在哲学方面重建这一传统的努力并没有完全克服这些弱点。混淆的原因是假定一种无差别的自由，并假定价值观在客观意义上是不确定的，无关乎个人偏好或利益。自由主义作为一种哲学学说，其弱点在于它不能接受自由这一概念的全部结果，而这些是在其传统设定中固有的。比起穆勒，没有人把这种无差别自由表述得更清楚了；然而不论在伦理和政治学说方面或在逻辑和认识论方面，没有人更长久地回避其中的含义。“某物可欲(desirable)的唯一根据，”穆勒说，“就是人们实际上欲求(desire)它。”从这点出发，欲求或不欲求某一结果，就其涉及自由选择而言，倘若不是由于某人恰好拥有在那一境遇中实际欲求的经验，那么欲求或不欲求就是完全无差别的。与这一观点在逻辑上对应的，是穆勒的归纳理论以及下述学说，即自然规律不外是实验探究和归纳概括的结果，“自然法则”仅仅意味着在对现象的观察中以归纳方法建立起来的一致性。

无论在理智上或道德和政治上，继续存在于杜威先生“不确定境遇”中的正是这
400 一无差别自由的概念和价值观在客观上存在不确定性的概念。然而这种继续存在是有限制的，这导致了杜威先生探究理论中的严重矛盾。因为他的著作中重现了三个主张，它们与下述假设冲突，即存疑境遇就其存在本身而言是不确定的，与怀疑和探究无关。第一个主张是，认知作为明显的存在行为，是正在演进的自然过程的一部分，而不是以某种方式超越自然过程，或独立于这一自然过程的实体。[参阅《确定性的寻求》(*The Quest for Certainty*)，第244—245页(《杜威晚期著作》第4卷，第

① 回想一下詹姆斯的表述：“对缺失的感觉完全不同于感觉的缺失。”

194—196 页)]第二个主张是,探究作为导向知识的过程,是有机体与环境之间的相互作用,由物理学的、生物学的和文化的因素来决定。第三个主张是,存疑境遇就其性质上的特殊性而言,不仅引起探究,而且形成对其特定程序的控制。那么,如何还能够自相一致地坚持下述观点——即探究的先在的条件的不确定性先于任何怀疑的经验,并且不涉及这一境遇的尚且存疑的后果?如果存疑境遇确实控制了随后的探究,我无法理解境遇的性质如何能成其为既特定的又不确定的。如果在有机体和环境的相互作用方面有着对不确定性的经验,它必定是不确定性的一种*确定*性质,导致怀疑并引起探究。最后,主张认知是明显的存在行为,是正在演进的自然过程的一部分,这意味着认知与自然规律或自然过程的结构相一致。由于说这一结构是不确定的这种说法是荒谬的,因此很难理解探究的先在的条件如何会是不确定的。因为它主张,当朝着解决问题的方向前进时,境遇的存疑性质控制着探究。但这种控制如果完全与具有先在的确定结构的自然过程相一致,则其发端就简直不可能是不确定的。①

作为混淆认知的不确定性和实践的不确定性的结果,杜威先生无法阐明这样一 *401*
种途径,以这一途径,存疑境遇中问题的*形式*能够对探究过程施加控制。他非常渴望避免将探究的最终作用转变为其先在条件这样的错误,因此他忽视了初始境遇形态中存在的调整和启发式要素。换言之,他没有考虑探究的“存在”校验和引导线索,这些是*先在*于引发探究的怀疑的。并非必须在智力方面认识的确定形式和存在方面的不确定境遇之间做出选择。还有一种存疑境遇的形态,它自身是确定的,如同被证明为合理的断言或认识的最终形式一样。这一形态决定解决问题的可能条件,决定探究能够朝着最终解决问题的方向系统推进的界限。这些限制性条件以及问题的最终解决中的关联性预设了普遍客观的标准,参照这些标准,境遇的存疑性质可以被定义。但是这一主题在杜威先生的探究理论中很难找到位置。

---

① 杜威先生在下述陈述中作了进一步的限制,即“完全不确定的情境都没有可能转化为一个具有明确构件的问题。”[《逻辑:探究的理论》,第 108 页(《杜威晚期著作》第 12 卷,第 112 页)]但这一限制性文字并无作用,因为同样会出现与下述条件相关的困难,即在不完全不确定的境遇中存在的不确定的条件所面临的困难。

3. 价值判断的“客观性”[①]

菲利普·布莱尔·赖斯

402 多数人无可救药地致力于寻求确定性，这似乎是不可能成功的。在哲学批评不能使他们醒悟的地方，或许实践的反复失败能够使他们觉醒。然而，放弃对确定性的寻求，并不需要放弃对与之有关却更适度的、通常被称为“客观性”的寻求。甚至许多经验主义者，尽管长期相信所有信仰都是暂时的、不可靠的，也希望为价值判断寻找这样一个基础，这个基础能够接近于科学判断所能获得的可靠性程度。或者，即便我们通常很可能会满足于较低的可靠性程度，而不是例如在物理学中能够获得的可靠性程度，我们仍然希望将我们的价值判断建立在证据之上，建立在基于证据的假说-归纳之上。如果我们不能这样做，那就只能或选择某种形式的先验的绝对主义，或选择这样一种主观主义，它使价值评价依赖于个体当下的感觉或一时兴致。

绝对主义不能为我们的时代提供解决问题的方案。比起感官感觉本身，绝对主义所诉诸的假定自明的公理或直觉在不同的人、不同的文化之间呈现出更大的差异；于是唯理论者的态度导致了怀疑主义，比起粗糙的经验主义，它所导致的结果破坏性更大。此外，唯理论的先验方法在其他涉及存在世界的探索领域名誉扫地。任何价值观，无论其存在论地位如何，都会在存在领域展现自己并控制存在领域。

403 避免极端主观主义和相对主义的努力同样持久。当今的一些逻辑实证主义哲学家认为，价值观仅仅与个体的意见或直接感觉有关，因此任何关于它们的表述仅仅是“情感的宣泄”——这就是极端主观主义和相对主义的例子。

---

① 首次发表于《哲学杂志》，第 40 期(1943 年 1 月 7 日)，第 5—14 页。杜威的回答见本卷第 63—72 页，赖斯的反驳见附录 4。杜威和赖斯之间的最后交流，见本卷第 73—83 页及附录 5。

正是由于对这种观点的回应,我们发现当代研究价值问题的学者正在寻求价值判断的客观基础。"客观性"一词——哲学术语中声名狼藉的危险标志之一——的意义随着提出的解决方案而变化。我将只涉及研究价值问题的经验路径,因为经验主义在价值研究领域的成败将由其能否解决这一问题而定。只有做到这一点,它才足以作为生活的指导。

追寻价值的客观性的主要方向包括:(1)有价值的事物自身的性质;(2)指导行为的规则的普遍有效性;(3)在现实中具有客观基础的普遍概念;(4)一致同意,或社会评价尺度;(5)对价值体验的"条件"的认识。我并不打算表明所有这些探讨都没有价值,因为分析已经澄清了价值评价的许多方面。这篇文章的否定性论题是,这五个方面自身以及这五个方面加在一起,都不足以回答这一基本问题:我们如何能够避免下述恶的相对主义,即"x 是好的"仅仅意味着"特定的个体或特定的群体认为——或感觉——x 是好的(或值得要的,令人满意的,等等)"?

(1) 价值是有价值的客体的特征。将客观性赋予价值评价的最简单的方法是朴素实在论的方法,根据这一方法,价值是事物的属性正如方、圆以及(根据这一流派)蓝色、音量都表现事物的属性。价值属性如同其他属性一样被人感知到。心灵仅仅是挑选它们。在一种价值确实显现出来时,如果某人无法感知到这一价值,这要归因于他辨别力的故障。①

这一观点无法摆脱作为一般认识论的观点的朴素的实在论所遇到的所有困难, 404
例如,无法解释幻觉和错误;无法说明知觉过程的复杂性——包括媒介的作用、能够做出反应的有机体的作用;而且忽略了解释和反映在辨别中所起的作用。

价值属性还有某些特殊的困难。一个客体在某一时间对某人有价值,而在以后对这个人没有价值,说他在后来不能辨别出这一客体的价值,以此来解释这一状况,是令人难以信服的。因为这个人已经表现出他能够辨别这种价值,他后来或许会有意地寻求这种价值。这些情况通常足以揭示事物一直被保持着的其他属性。但是,假如上述这个人的利益和情感发生变化了呢?在这里,情境的变化是可证实的,而假设这一物体的价值属性发生变化则仅仅是一种推测。

与此相关的一个观点寻求将价值体验者的利益纳入考虑,同时赋予客体以价值,

---

① 这一观点的经典表述,见 G・E・摩尔(G. E. Moore):《伦理学原理》(*Principia Ethica*),对它的权威驳斥,见桑塔亚那(Santayana):《教条的空话》(*Winds of Doctrine*),第四章,以及 R・B・佩里(R. B. Perry):《一般价值理论》(*General Theory of Value*),第二章。

这就是客观相对主义的观点。埃利斯奥·维瓦斯(Eliseo Vivas)先生作为这一观点的代表人物承认,“客体的价值源于欲求的自我与被欲求的客体之间的相互作用”,“当自我没有欲求这一客体时,价值对于自我而言并不在客体中”。然而他又认为,在下述意义上,“价值对于作出评价的有机体而言是客观的”,即“价值外在于作为价值境遇的复合体,或是后者的客体项,而价值境遇复合体的内在项是自我”。① 他把价值定位于外在项或客体,其主要根据就是,人类有时——假定动物时——会在并没有清楚地意识到满足感时评价客体,这满足感伴随着对客体感知。于是他断言,价值依附的是雪茄的芳香与牛奶的味道(这些也被假定在客体之中),而不是伴随这些而来的满足。维瓦斯承认,我们能够欲求满足或享受,因此能对满足和享受进行价值评价,但他倾向于将这一态度作为享乐主义者的幻想而予以放弃。他的观点可以根据
405 下述心理学和认识论加以抨击,即情感要素——它无可否认地是当下的和基本的——不在客体中,因而至少价值的重要因素之一不在客体中。更重要的反对意见是,这个观点没能避免相对主义怀疑论。因为价值的客体化或许是一种错觉;从上述观点看,价值在客体中仅仅是对于特定的有机体或有机体群而言的,他们或许会在将价值赋予客体时犯错误。即使价值在客观相对主义者看来应该是“在客体中的”,但这并不保证我们对于客体的判断会是客观的。当维瓦斯先生继续寻找我们正在价值体验的社会尺度方面寻找的这种客观性时,上述反对意见也被维瓦斯先生默默地承认了。但这一点将在(4)和(5)中讨论。

(2)和(3) *存在于普遍规则或概念中的客观性*。人们看到,某些道德规则诸如“不杀戮”,以及某些概念诸如“美丽”和“安全”,一直为许多个体和各种不同文化忠实奉行。因而人们希望以这样一种方式规定这些规则、定义这些概念,使这些规则和概念因其强制性而成为绝对普遍的。于是客观性被假定意味着普遍性。但在澄清这些规则和概念时,遇到了一些障碍。规则或价值观被发现是冲突的。“不杀戮”在特定情况下会被发现与下述规则是矛盾的,这一规则就是“为保护你的孩子们和朋友们的生命而行动”;或者我们可能要在美丽和安全之间作出选择。决疑法于是有了用武之地,它修改规则来排除矛盾,例如,“不杀戮,除非必须保护你的孩子们和朋友们”。但这一规则又会与其他规则相矛盾,它规定的允许使用的环境太模糊了。当这一规则被用于考虑各种相应的环境时,它就不再是普遍的,因为每一种道德境遇都是独特

---

① 埃利斯奥·维瓦斯(Eliseo Vivas):《价值与事实》(Value and Fact),《科学哲学》(*Philosophy of Science*),第6期(1939年),第435页。

的。因此根据分析，大多数能被经验主义者称为规则的，具有的是广义的一般性(generality)，而不是严格的普遍性(universality)。广义的一般规则是这样一种规则，它在许多熟悉的经常重复的环境下提供指导；要求一般人忠实奉行的“价值”，是相应于基本需求和利益的，它们出现在大多数个体生活和文化中。它们植根于人类共同 406
的生物学构造中，植根于人类联合体的基本结构形态中。就我们能够发现并阐明这些基本需求和利益而言，我们发现了通往判断的客观性的路标。但是，它们并没有为我们的问题提供完全的解决方案。我们不能决定哪种规则或价值在特定条件下是适用的，或者是否所有迄今发现的规则都是充分的。并非总是人类或社会的共同要素才是决定性的：一个人或一种文化中的特殊因素也都可以是价值的源泉。因为人的生物学本性具有很大程度的可塑性，并且他的生活环境和社会形态是变化的。

(4) 一致同意或“社会客观性”作为价值标准。当人们认识到，严格的普遍性并不是在规则或价值概念中认为的，于是便在一致同意中寻找普遍性：“x是好的”意味着“甲、乙、丙……会认为x是好的”(一致同意会被限定于特殊的人群或扩展至整个人类)。因此，维瓦斯先生在上面引述的文章中说：“当我说某物是好的时，我并不仅指我喜欢它……我也不仅指它会满足某种与他人无关的利益，而是指它将不会妨碍他人的利益——这些利益构成了我们的社会——还会帮助和增益他人的利益。我也指我所认同的社会集团的其他成员会认同这一判断。”[①]这种情况下的价值判断或许是特殊的，如“这是好的”，同时它也是普遍规则。这种普遍性是一种赞同，而不是逻辑上的普遍性。

但在这里设定的规则和个体利益又可能是不同的，甚至在一个社会集团内部也可能有不同利益。在许多情况下，一致同意至多是一种粗略的价值检验，而不是价值的客观性的基础。因为许多价值判断的总和不可能是客观的，除非每一个价值判断都有其客观性的基础；进一步说，你有时可以欺骗所有人。因此，可以用不同方式来寻求价值的社会尺度：

(5) 客观性存在于价值体验的“可公开观察的”条件与结果。因此杜威教授说： 407
“对于价值的判断是对于被体验的客体的条件和结果的判断；对于将会塑造我们的欲望、情感和享受的东西的判断。”[②]在杜威关于价值的讨论中最值得注意的是，他强调

---

① 埃利斯奥·维瓦斯：《价值与事实》，《科学哲学》，第6期(1939年)，第437—438页。

② 《确定性的寻求》，第265页(《杜威晚期著作》第4卷，第212页)；亦见《价值评价理论》(*Theory of Valuation*)(《杜威晚期著作》第13卷)全书各处。

探讨手段对于选择目标是非常重要的：我们必须知道哪些目标在现实世界可以实现，这种认识修正着我们对目标的看法。由于是物质和社会条件使得某一特定的价值体系的成功成为可能的或不可能的，这些物质和社会条件是公众能够看得见的，它们就为我们的价值观提供了"客观的"基础，而不同于依靠极端"主观主义者"诉诸个人感觉的理论。

杜威的这一强调对于纠正下述理论十分有用，这种理论人为地将手段与目标相分离，然后将目标当作纯粹依赖感觉的选择。但杜威承认，"爱好"或"享受"是价值体验本身的要素。由于个体通过自我观察获得这种要素，而他人则是间接地获得这种要素，在经验主义者看来，在寻找价值评价的根据时，将行为的这一阶段排除在研究之外，似乎是极大的疏漏。无论在其他哪个领域，我们在研究时都不能排除对现象的关注而专注于其条件和结果。

因此，正如我稍后要论述的，虽然杜威在价值判断的*根据*方面寻找客观性，其方向是正确的，但他的社会行动主义导致他忽视了一个非常重要的根据，即价值体验本身的直接的值。

为反对或补充这五项不恰当不充分的研究，我想提出下述最主要的客观性含义：

（6）当价值判断为真时，价值判断不需要附加认证就可以说是客观的。

这一回答如此简单，以至于它几乎被忽视了。坦率地说，它看上去要么是显而易见的，要么是循环论证。然而，它并非显而易见的，这一点从下述事实上表现出来：上
408 述五项理论没有一项清晰地以这一方式作出回答，即便它们或许预设了这一回答。它是循环论证吗？这样说，或许根据的是下述理由：

（a）理论本身就关系到价值判断中真理标准或条件。例如，或许可以断言，只要价值是客体的属性，或者普遍的价值观念在现实中有根据，价值判断就是真的。但我们必须记得我们的出发点，那就是我们如何避免伦理学的怀疑主义，如何找到足以用来指导我们生活的价值主张。于是可以确定，我们所提出的回答，如果是有效的，则必定是对我们的问题作出的直接的基本的回答。因为如果我们能够以真的判断指导行为，我们就不会为怀疑主义留下地盘。于是我们的问题首先是认识问题。我们正在寻求关于价值判断的*认识*。或许这涉及本体论问题，诸如上述的一些问题；而我要强调的其中之一是，"真理"是包含本体论指涉的术语。但这一指涉的性质是辅助性的。

（b）提出的这一解决方案会被断言是循环论证也可能由于下述原因：根据经验主义原则，我们绝不可能*知道*任何命题是真的。我们所能确信地断言的是，确实有这

样的证据能够赋予命题以高度的可能性。这些陈述是正确的，但是与上面提出的观点并不矛盾。即便我们不能确定地认识到一个价值判断命题是真的，我们也只有根据真的理想观念才能够定义客观性的理想观念。

而这第二个异议要求我们运用上面提出的观点。

上面的观点说，当价值判断为真时，这价值判断无须附加认证就是客观的。由此可以推出，价值判断能够被认识到是客观的，只是在于它能够被认识到是真的。

于是，为了实践的目的，我们能够在下述程度上摆脱关于价值观的怀疑主义，即我们能够获得与价值判断的真理性或可能性有关的经验证据。怀疑论者是这样的人，他相信没有任何证据能证明任何命题的真理性或可能性，没有任何命题比其他命题更具备足以作为证据的分量。另外，非怀疑论的经验主义者认为，虽然涉及存在的 409
所有命题都不能被确定地认识到是真的，然而一些命题比其他命题拥有更多的可作为证据的东西来支持，因此拥有更高程度的可能性。在许多情况下，可能性的程度会达到如此高度，使得这个命题足以为行动提供可靠的指导。

那么，价值判断符合经验主义逻辑规则吗？换言之，它们能为假说-演绎的方法证实吗？

让我们看一下在伦理学中经常遇到的价值判断的种类。困难出自“应当”这一术语或同义的术语，这种术语在伦理判断中总能发现。人们经常说，“应当”绝不能被还原为“是”，“价值”绝不能化约为“事实”。例如，“我应当做 x”，或“x 是好的”，不能被等同于“x 是我所欲”，或“我喜欢 x”。

如果以这种过于简单的方法分析“应当”，那么伦理学的经验主义就会站不住脚，“应当”就会成为非常神秘的东西。但伦理判断的意义能够以更复杂、我相信也是更适合的方法分析。当我说我应当做 x 时，我是指做超出我此刻的所欲或喜欢之外的事情。

让我们首先在纯粹的自利层面上来看待这件事。当我说 x 在我看来是好的时，我是指它会符合我的利益并带来可能的满足。我是指，比起其他可行的选择，从长远来看做 x 会促成我的整体利益最大化；比起其他的利益实现方式，它会带来满足的最大化。

在社会层面或利他层面也是这样。当我说一种行为是对的或好的时，我是指它将实际上或潜在地增进群体利益的实现方式，比起其他选择，这一利益实现方式将为群体提供更上乘的体验质量。

简言之，从这一观点看，“我应当做 x”意味着“x 将促成整体性和质量上的最大满足”。

于是，我们在伦理判断方面所拥有的，就不是关于当前和过去事实的简单的描述性命题，而是包括了人性的可能性与现实性的预言性判断。就广义的事实而言，将来
410 也是事实，世界的本质包括将来正如它包括迄今所是。因此就这一特殊意义而言，价值判断也是事实判断。

这个意义上的伦理判断能够被经验证明吗？

我认为能。我们能够获得两方面的经验证明，一是证明某一特定行为趋于增进整体利益，一是证明这一行为适于产生质量上乘的体验。我们的科学知识，诸如我们的医学知识，以及我们关于适于特定利益的特定行为方式的实际经验，为我们提供了关于行为的整合或分离趋势的根据。同样，我们对于过去各种满足方式的“内在”质量的观察——更多是内省的观察——以及我们对于新鲜行为方式的想象实验，赋予我们某种根据，据此可以预见我们自己和他人的体验的情感质量。

在我们有着这种相关证据的范围内，伦理判断是“客观的”。它依赖于观察事实并根据这一事实进行归纳推论。就内省在对满足程度的认识中所起的作用而言，证据在心理学意义上是“主观的”，即它只能被一位观察者感知到。但它仍然是证据，它在某种范围内能够以间接的方式形成主体间的确认。即便没有确认，一个目击者的证明也有一定分量。

于是，价值判断的一个特性就是，它们依靠的证据尽管是经验观察的事物，却部分地出自这一“私人”性。但这一事实不会如有时人们认为的那样，导致极端相对主义的观点，认为这样一种证据毫无价值。因为关于情感的命题本身有对错，虽然有时由于情况本身的特性只有一个人有足够的理由直接决定其对错。

价值判断的另一个特性是，基本判断，理论上能够拥有完全的真理性和客观性的唯一判断类型，是特称判断。每一件艺术品最终是唯一的，每一种伦理境遇也是这样。因此我可以说，“这个x是美丽的（或好的）”，比起说“所有x都是美丽的（或好的）”，前者更具可作为证据的分量。

411 于是，价值判断的客观性主要建立在特称判断上，是关于个体在个别境遇下的判断。这就是为什么这篇文章前面部分所解释的客观性的第二方面意义是误导性的。通过对境遇的全面分析，我可以更确信地断言，“这种葡萄酒是好的”比“所有葡萄酒都是好的”，“在这种情况下乔·多克斯杀死约翰·史密斯是错的”比“某个人x在所有情况下杀死另一个人y是错的”，前者比后者更确定。无须附加认证，价值的特称判断既可能对也可能错；尽管有必要重复一遍，作为经验主义者，我们必须承认，我们

不可能确定地认识到它们的对错。人们会说这一领域的全称判断或普遍规则或多或少只是粗略的概括，至多拥有统计上的真理性，因为它们没法涵盖个体境遇的复杂性——涉及彼此敌对的认同和贬斥。[①] 我们需要这样的规则，我们在分析特殊境遇本身时需要它们。只要它们在这里指导我们，它们就具有一定程度的客观性。但从伦理境遇的性质看，指导伦理选择的命题是特称的，它规定着个别境遇中的特殊行动路线。

根据这一观点，价值判断涉及一种相对主义。当我们说这个 x 是好的时，我们是指它在可列举的特定情况下对特定的个体或群体是好的，或者至多是上述的某种客体或行为在多数或大多数相似的情况下是大致适当的。但不能断言它对所有个体在所有情况下都是好的。因为价值总是涉及人与世界的关系，而人与世界都是非常易 412
变的项。

但是这种相对主义不是“恶的”，即是说，它不会导致怀疑主义。“x 对某甲在境遇 m 中是好的”并不意味着“x 被某甲或被某个其他人认为或感觉对甲在 m 境遇中是好的”。这会导致有多少观察者、就有多少可能的真理，因此会破坏一切意义上的客观性。相反，这一判断意味着“x 将在 m 境况中促成对甲（并且——如果我们在社会道德层面上讨论问题——对其他人）在整体性和质量上的最大满足。”现在假定或者 x 会促进，或者 x 不会促进。如果 x 会促进，命题就是对的；如果不会促进，命题就是错的——不管甲或其他任何人怎样认为或感觉。最可能正确的人是拥有最多证据和最可靠的解释的人。有时最直接相关的个体是最没有资格做出判断的，尽管他拥有更好的途径获得某种相关证据。

这一关于客观性的观点将满足那些希望借助客观性的优点考察每一重要情况的人。但它不能满足下述这些人，他们坚持要求寻找能够规定所有文化中的所有个体

① 我在这里提及这些规定了特殊价值内容的伦理学准则，诸如上述“所有葡萄酒都是好的”，或“所有杀戮都是错的”。这些准则的术语粗略地相应于卡尔纳普的科学中的“客观语言”，在伦理学中，我们可以把这种语言称为伦理学语言 1。但还有一种伦理学理论自身用的“元语言”，我们可以称之为伦理学语言 n。它由定义和定理所组成，这些定理陈述伦理学术语的意义，用公式表达伦理学语言 1 的句子结构。伦理学语言 n 的一个表达例子或许是上面列举的对好的定义：“‘x 是好的’意味着‘x 将促成在整体性和质量上的最大满足’。”虽然在伦理学语言 n 中的表达不具有独有的语言结构，并且完全缺乏内容——因为它们仅涉及人与世界关系中的价值境遇的一般性内容——故而不足以在特殊境遇中指导行为。然而，它们可以间接地影响行为，正如伦理学论证能够影响特定的价值评价。不附加认证，伦理学语言 n 中的普遍命题就可以是对的或错的——尽管其对错不能被确定地知道，尽管对于它们而言完全适合的公式化表达可能是遥远的、甚至不可能实现的理想。

的规则和价值观。但我一直没有寻求这样一种客观性，这种客观性排除对生活中细微差别进行思考的必要性。这样一种客观性将会成为一种道德偶像。

这一关于客观性的观点也没有表现为令人安慰的学说。通过无情的自我观察、通过对他人可能的经验的生动排演，来获得涉及不同生活经验或生活方式性质的证据，这样的认知是非常困难的。处境中的人经常会不得不悬置判断，或依靠令人心碎的稀少证据作出选择，或者根据其下意识中感到合适的"预感"去行动。但这些似乎是人类悲喜剧中不可避免的困境。

4.

质与价值[①②]

菲利普·布莱尔·赖斯

在伦理学和价值的一般理论中，没有什么比“质”(quality)这一范畴更神秘、更充满混乱。这一范畴深深植根于日常语言和实践。我们经常说，一种生活目标或生活经验或生活方式在质上高于另一种，我们据此作出选择。然而质的范畴不仅不服从哲学教授们对它的定义——因为对基本范畴的定义总是冒险的——而且不服从他们澄清它的尝试。结果通常是，这一范畴或者被当作难以言喻的和不可分析的，因此质的判定只能成为独断(或被称为具有先验基础)；或者被还原为诸如量的范畴或整合范畴，这种范畴为分析提供更多立足点。 413

这一困难部分出于下述事实，即“质”这个词用于价值观时具有意义上的多样性。 414
我们可以说一块布料比其他布料的质更好，因为它更温暖或更耐磨。我们也可以从另一方面称赞它的质，因为尽管它不耐用，但它让人看起来或摸起来感觉更精致。当

① 首次发表于《哲学杂志》，第40期(1943年6月24日)，第337—348页。赖斯前一篇文章，见附录3。杜威的答复见本卷第63—72页。赖斯和杜威进一步讨论的文章，见本卷第73—83页及附录5。

② 在我有机会读到杜威教授的《价值判断与直接的质》之前[《哲学杂志》，第40期(1943年)，第309—317页(本卷第63—72页)]，这篇文章已经写就并准备发表。由于杜威教授的文章对我以前的文章《价值判断的“客观性”》[《哲学杂志》，第40期(1943年)，第5—14页(本卷附录3)]有非常详尽的评论，我不得不以后有机会再答复。这篇文章中对于“价值的知觉源泉”的讨论将向杜威教授澄清，我并不认为所有“直接的质”都会被内省所理解。这是他批评我前一篇文章的主要观点之一，我能够明白，我在那篇文章中对这一问题的简要讨论很容易使别人曲解我的观点。杜威教授和我之间大多数争论的点都在于逻辑和方法上，因此不属于当前这篇文章的范围。就这些问题与“直接的质”这一主题有关的方面而言，我不得不推迟对杜威教授关于这个题目的答复。

一名南方的黑人判断某些白人为"有质的人",他不见得是势利的,他可以指他们对待仆人及相互之间是体谅的、公平的,也可以是指某种生活方式具有的吸引力,因为黑人是具有高度审美感的。他的判断通常既是道德的又是审美的。

这一词所有这些用法的一个共同点就是,所谓客体或行为的质仅仅是称赞这一客体或行为的根据。当一般地说一事物质上优于另一事物时,我们仅仅是指它更可取。但它的什么质构成了优先选择的根据,却仍然是神秘的,除非我们能够进一步进行分析。因此,如果我们不能赋予这个词以更准确更特殊的意义,便不如放弃它。

正如上述例子,"质"这一词的通常用法包含客体在价值方面的纯粹工具特性。当一块布料由于其耐用而受到称赞时,或一个行为由于其"道德"性质而受到称赞时,我们明显是指其用途或结果,而不是仅仅指直接显现的或内在的质。另一方面,这一词也经常用于客体或经验的内在价值而不是外在价值。这种用法与逻辑的或形而上学意义上的用法相似,质被与关系相区别。

在我们能够为质这个词提出一个更确切的含义之前,我们必须发现将事物内在价值赋予事物的根据。关于这个问题,大多数目前流行的价值理论远没有阐述清楚。

今天的经验主义和自然主义思想家一般都认为价值是需要、欲望、兴趣和满足的函项。因此,好的或有价值的,其最普通的意义被R·B·佩里定义为:"一切所欲之事物"(any object of any interest)。① 人们赋予他们感兴趣的东西以价值,赋予他们想要拥有或取得的东西以价值。

415 这样规定的价值理论没有澄清工具价值与内在价值的区别。然而,这样一种区别看来是被预设的。客体中被评价的,是一种工具性质或关系性质,即它导致兴趣或欲望被满足的能力。内在的或完成性的价值在欲望的满足中得到实现,或在对这种满足的期待中得到实现。于是在严格意义上,内在价值是在经验中被发现的,经过衍生或转喻它被置于客体中,作为这经验的潜在原因或经验的一个组成成分。

那么,赋予客体以内在价值的经验又是什么呢?传统的快乐主义会说是"快乐";当前流行的价值理论,由于或好或坏的理由,更愿意称之为"享受"或"喜欢"或"实现的质"。依附于兴趣-满足关系(interest-satisfaction nexus)中的满足阶段,内在价值包括感觉或情感成分,这是最基本的。如果获得这一对象没有伴随着积极的情感因素,我们就说欲求这一对象是错误的,因此把它视为内在价值的源泉也是错误的。但正如我们将看到,获得所欲求的对象几乎总是带来某种享受或实现的质;即便不是这

① 《一般价值理论》(*General Theory of Value*),第五章。

样，预期的价值也足以胜过失望情绪；因此上述兴趣理论似乎是有道理的，有部分的真理性。

至此我们一直在孤立地谈论兴趣，因此是在最简单或最一般的意义上谈论价值。当我们将兴趣放在整个生活中考虑，即在相互关系中、在物质和社会环境中来考虑时，就会看到，某些兴趣必须矫正或消除。因为当这些兴趣萌芽时，它们之间会相互冲突，会致力于一些环境不能提供的对象。因此，在价值体系层面，兴趣理论成为一种整体理论。对象或经验若要被判断为好的，不仅必须满足兴趣，而且我们必须反思，它拥有的性质能否促进——或至少不妨碍——个人或群体的整体兴趣的实现。用斯宾诺莎的话来说，在这一层面某物是不是好的或有
价值的，在于它是否是“获得我们为自己树立的人性样式的手段”①。在这个基础 416
上，所有和谐的或很好地得到整合的生活都拥有某种内在价值。因此，需要这样一种宽容原则：许多个体的生活方式和许多文化都拥有价值，我们必须放弃把它们都铸入一个模式的做法。

然而宽容并不意味着中立主义，兴趣理论所需要的多元主义或相对主义必定面对反复出现的作出选择的必要性。当我们被迫在两种同样整合得很好的生活方式中作出选择时，我们可以根据一种生活方式在“质”上比另一种更丰富而作出选择。于是，人们选择生活在巴黎而不是在波士顿，或选择在塔希提而不是在巴黎。如果我们首先选择诗人或冒险家的生活而不是商人或教授的生活，我们甚至会为了体验“质的丰富”而有意牺牲某种程度的“整合”。

为了应对这种境遇，我们需要考查为以往思考的理论所忽视的价值方面。我想要指出，兴趣理论的不充分之处及其带来的整合原则出自这一事实：它只考虑了内在价值两个主要来源中的一个。

如果一种经验当它包含被称作“享受”或“喜欢”的情感因素时具有内在价值，我们就能够发现这一价值的两个来源。从根本上讲它与意动（conation）或知觉（perception）有关，根据这两种情况下我们会分别谈到意动和知觉价值。这两种价值的来源或类型几乎总是密切交织在一起，但它们为分析所区别。

价值的意动来源

意动价值源于对目标或目的的追求。我欲求某样东西；当我得到它时（或朝着得

---

①《伦理学》(*Ethics*)，第四部分序言。

到它前进或预想着它的实现)，经验有着情感性质，它赋予被经验的对象或"现象对
417 象"以内在价值。这种价值类型是某种兴趣理论的关注焦点，当亚里士多德说到"快乐"伴随着一切没有受到阻碍的活动的执行时，他部分地是指这种价值类型。[①] 这种植根于意动的实现的享受倾向，其生理学原因并不清楚。最说得通的理论之一就是，目的或意动包含有紧张或一连串紧张，这紧张指向目的的各个实现阶段。享受或实现的质就是这里的内在价值，它伴随着紧张的释放。

比起许多兴趣理论的支持者所阐释的，意动更应包括在价值来源中。我们的兴趣或意动可以有非常不同的类型——"实践的"、道德的、智力的以及审美的。我们称之为实践的是在狭义上说的，指它们只涉及应对环境，以占有或消费物质对象为目的。激发这种意动的"控制倾向"就其起源而言可能是生物学上的或类似本能的，或者可能是为经验所植入的。当人选择手段实现这类意动时，控制倾向就开始了，它们导致特定的努力，这种努力带来满足。达到目标的时刻可能是短暂的，满足感转瞬即逝，因此某些道德家和美学家蔑视地称之为"世俗的"追求。但实践者会回答说，他所享受的并不仅是像比赛胜利那样的终结，而是向着终极目标层层递进的次级目标。

"道德的"价值，就其不仅仅是工具性价值而言，在特征上也是相似的。道德在严格意义上指向个体需求的整体，指向与他人所欲相关的个体需求的社会化。虽然道德活动因此可能一开始就具有工具特征，但如我们所见，追求次级目标能够带来内在的或实现的价值。挣钱或写书或减轻他人痛苦都需要早起，这是令人不快的；但以后
418 早起的习惯至少会通过实现目标所带来的内在的满足部分地消除这种不快。正如伊壁鸠鲁或许有些夸大的说法：

> 因此，审慎甚至比哲学都更宝贵；所有其他美德都源于它，因为它教导说，倘若生活是不节制、不名誉、不公正的，那么它就不可能快乐；倘若生活过得审慎、名誉和公正，那么它就不可能不快乐。因为美德和快乐的生活融为一体，快乐生活与美德是不可分的。[②]

---

① 《尼各马可伦理学》(*Nicomachean Ethics*)，第七卷，10。我说"部分地"，是因为根据亚里士多德的观点，快乐也与沉思有关，或与心灵(*nous*)的活动有关，而这不涉及努力奋斗。

② 《致梅诺塞斯的信》(*Letter to Menoeceas*)。

智力活动经常或被赞扬为纯粹“沉思的”或被赞扬为纯粹工具的，我们对伴随着它的价值没有进行恰当的分析。智力正如古希腊人认识到的，是整合的主要中介；他们对下述结果没有充分强调，即智力活动的价值相当程度上是外在的。但智力活动也有其内在报酬，不论我们是同意工具主义者的观点，即认为智力就是“解题”，还是同意柏拉图和亚里士多德的观点，即认为智力就是专注于获得知识本身。在两种情况下内在价值主要地——尽管不是全部地——是意动的。解题是意动类型，因此有其实现的价值。郎格(Langer)女士赋予了这一希腊观点以现代版本，认为用符号表现经验的需要是人类的主要需要，或者，用兴趣理论的语言说，是控制倾向；她引用证据表明，人对符号转换本身感兴趣。[①] 智力活动于是不仅通过其解决实际问题的能力而拥有意动价值，也由于满足人类为经验寻找符号的基本冲动而拥有意动价值。

伴随着意动的价值是如此重要，以至于我们甚至可以在游戏中为了获得追逐这样的享受而设立相当武断的目标。用康德的话说，我们认为有价值的不是目的本身，而是目的性。 419

价值的知觉来源

源于意动的价值是如此普遍，但它也不是内在价值的唯一来源。有一些价值或价值要素，我们并未追求便获得了它们；因此它们不是源于紧张的释放，因为其中不直接包含有目的性的紧张。

内在价值的这第二种类型我们可以称之为“知觉价值”，因为它源于对一个对象或行为的直接的质的知觉，不论这些质及其带来的享受是否被预期或被努力追求过。很可能我们没法列举出纯粹知觉价值的例证，然而在审美经验中或许可以见到纯粹度最高的例证。

审美经验——即便从艺术作品的观众的观点看——不是纯粹被动的或沉思的；它有其意动的方面。审美知觉正如郎格女士所言，本身是认知的一种模式：需要把经验符号化的原始人类可以在艺术中进行表达，正如科学或“智力”中的表达一样。科学家主要通过分析经验的相关方面来用符号表达经验，而艺术家则表现经验的特殊的质。观众由于分享着艺术家的创造性成就，间接地满足了对符号化的需求。

然而审美经验也引起了更特殊的意动。它包括机敏和探求形式。如佩里的兴趣理论所说，它包括“期待”——例如，期待重复、调节和解决，并能满足作为我们生理和

① 《新手段中的哲学》(*Philosophy in a New Key*)。

社会动因的“控制倾向”。但在审美经验中，目标是由艺术家设置的——或由自然或生活引发的，当我们令自身服从那目标时，我们的基本目标是知觉审美对象的结构、质地和意义。当开始服从时，我们不知道艺术家的目标是什么。我们也没有像在其他目的性活动中那样，具有一种预期的目的，我们为之寻求并操作具体手段。艺术家的活动——当然具有极大“实践”要素——会或多或少涉及预期的目标，但就连在创
420 作行为中的艺术家，也只在头脑中有一个一般性目标罢了，何况我这里谈的是观众。我们在下述意义上是被动的，我们是在追随而不是导向目标，尽管机敏和预期会伴随着这一服从过程。我们最初的目的，就其作为有目的的活动而言，是去感觉艺术家为我们(或为他自己)摆放在那里的是什么。我们对经验作出价值评价主要不是为了与艺术家交流的成功，而是为了知觉自身的内在特性——这就是被传达的东西。

虽然审美经验中的部分满足或价值源于我们分享艺术家将经验转换为符号的意图，源于我们成功地把握了他的用意，但这些意动因素最终只具有第二位的重要性。因此兴趣理论看起来是恰当的，只是一般的价值理论基本忽略了审美价值。我们应该记得，“兴趣”被佩里定义为不仅包括“控制倾向”，而且包括随之而来的“期望”的。[①] 现在或许可以发现或假设，在所有审美经验背后都有一种控制倾向。就“需求”的广义而言，我们可以说，不论通过意动还是通过知觉，使我们得到满足的一切都是对需求的回应，即便这种需求在唤醒它的刺激来临之前仅仅是潜在的。这样说是同义反复。如果我们的身心有机体不是天生有这种倾向，或由于经验而形成这种倾向，以愉悦的方式回应知觉，我们就不会如此回应。但正如前面已经提到的，在审美经验中包含着的“期望”远不适合于事件。审美对象比我们预料的要丰富。相对于我们的特定目的而言，它总是包含新奇的、令人诧异的、相对多余的要素。诗人给予我们的细节——例如比喻——要超出承载诗的逻辑构架所需；诗的质地，要超出符号所涉及的表面语义；节奏和音韵的多样性以及声音的纷繁，要超出呆板的韵律的要求并经常与这些要求相冲突。画家即便在他描绘自然时，也会尝试赋予画布的每一部分以形式上、构造上的价值，而这些是其原形所缺乏的。审美对象远不是要回答某种明
421 确的、先在的目的，审美对象会用无法预料的壮观丰富的美景抓住我们，令我们的努力止息。因此审美价值的这一享受要素源于对我们面前的质的知觉，而不是源于意动紧张的释放。

我并不认为美感是脱离肉体的心灵的工作，或者审美中给人以美感的要素是脱

① 《新手段中的哲学》，第七章。

离肌肉运动的知觉调节并脱离初始行为倾向的。我们在艺术工作中对“物质的”因素的享受，例如对中国广口瓷器的灰蓝或牛血红，最接近于纯粹被动的感觉；在整个经验中起作用的这一部分足以告诫我们不能将整个审美价值还原为意动的副产品。但在对形式的感知中包含了紧张，即便对于最简单的装饰性形状也是这样。在这种情况下，比如说我们享受中国广口瓷器的形状，或享受古埃及王朝统治之前的雪花瓷器的残片，会产生放松；伴随着放松，眼睛的肌肉会将视线从曲线的一部分过渡到另一部分，加上其他移情要素——只要这种要素与对形式的感知有关，当然这点通常受到质疑——放松终将归于意动价值。然而这里知觉与意动价值的区别是建立在下述事实上的，即我们享受的不仅是紧张的释放，而且是紧张本身——紧张的平衡与解决。因此悲剧冲突使戏剧情节丰富，不仅由于它导致的结局，而且也由于我们喜欢对立的力量的对称平衡。

价值除了满足意动之外还包含更多的东西，这一事实看来至少部分地为杜威教授在其审美理论中所承认，尽管在他的一般价值理论中或许还没有充分强调这一事实。在《价值评价理论》以及其他地方，杜威认为价值源于“需要”或“缺失”的实现，因此主要是意动的。然而，在《作为经验的艺术》一书中，我们发现了许多限制性陈述，诸如下述陈述：“如果环境总是且处处与我们的冲动的直接实施相适宜，那么这样的环境就会对成长造成限制，如同那总是敌对的环境会造成刺激和破坏一样。冲动永远向其前面的道路推进，它没头没脑地奔波于它的过程，并且对情感麻木不仁。”[1]他 422
力主，如果调整我们自身以适应环境的行动具有价值，那么环境必须适度提供阻力。杜威的主要理由是，由于引发了更加多样的思想和目的性行动，我们周围的客体获得了意义。但也可以说，行动的障碍使我们更清醒地意识到环境及我们对环境的应对的知觉的质以及与之伴随的价值。的确，我们通常抱定决心要实现我们的目标，因此只注意周围世界中我们不得不关注的一些方面。我们的目标可以决定我们选择关注环境的哪些方面，但我们关注的环境的内在知觉的质会吸引我们注意甚至转移我们的目标，使我们将媒介本身当作内在知觉价值的源泉；因此价值的一部分源于艺术作品中的对比、冲突、甚至“无序”。[2]

区分价值的两种来源的努力由于下述事实而复杂化，即知觉价值的对象即便没

---

① 《作为经验的艺术》，第 59 页（《杜威晚期著作》第 10 卷，第 65 页）。

② 比较 S・C・佩珀（S. C. Pepper）：《审美的质》（*Aesthetic Quality*）与劳伦斯・莱顿（Lawrence Leightoh）的“无序”（“Disorder”），见《凯尼恩评论》（*Kenyon Review*）第 1 卷，第 2 号，1939 年。

有被追求，当它被经验到时，也会立刻获得意动价值的要素。如果对它的知觉是令人愉快的，我们就有了保持它、在知觉中维持它的冲动，[①]当这种努力自身得到满足时，就赢得了目的性成功的滋味。但如同兴趣理论那样，说对象有价值只是因为我们体验到了保持它的冲动，看来会与事情的真实状况相反。正相反，说我们有保持它的冲动是因为知觉已经被作为内在价值来经验了，或许更有道理。

正如审美经验中的知觉价值与意动价值混在一起，“实践”活动反过来会包含知觉价值的要素。追求预期的目标，即便是生物学或经济学的目标，都或多或少包含对这种状况的感官享受和戏剧性的质的享受。只有我们的最受趋迫的活动，才除了释
423 放驱使我们追逐目标的紧张以外完全缺乏其他满足源泉。通常是，当我们狭隘地局限于实现目标——例如赢得比赛——时，比起我们超然地知觉过程的质，我们就会较少地获得内在价值。

桑塔亚那说，好的生活在于将依附与出离相结合，目的性活动与沉思相结合；我们可以把它翻译成，好的生活既提供价值的意动源泉，又提供价值的知觉源泉。由于我们在知觉本身中可以获得“兴趣”，因此，用桑塔亚那的话来说，完全理性的或和谐的生活包含后理性的沉思的要素。[②]

质可以被分析吗？

现在，即便就像J·S·穆勒那样认识到了“质的”因素，这一因素仍然被当作不可分析的或不可言喻的。因此穆勒追随柏拉图，诉诸权威来决定“高尚的”快乐和“粗鄙的”快乐。例如，把做诗与别别针之间的选择交付聪明人或体验过所有类型的快乐的人。[③] 聪明人可以独断地作出决定；他不会说明理由，因为根据穆勒的原理，他不可能说明理由。这一态度的结果是，质的判断被视为“情感的宣泄”，并且是无法证实的。

知觉价值判断中的质的差别是不可言喻、不可分析、无法证实的——只要美学和艺术批评的研究依然发展迟缓，这一信念就会得到辩护。但在上一代人那里，我们看到这些学科即便没有完全成熟，至少达到了智力上的青春期。诸如罗杰·弗赖伊(Roger Fry)和R·H·威伦斯基(R. H. Wilenski)等绘画批评家，诸如T·S·艾略

① 佩里:《一般价值理论》，第九章。

② 《乔治·桑塔亚那哲学》(*The Philosophy of Geoge Santayana*)，P·A·席尔普(P. A. Schilpp)编，第560—573页，“Apologia Pro Mente Sua”。

③ 《功利主义》(*Utilitarianism*)，第二章。

特(T. S. Eliot)、I·A·理查兹(I. A. Richards)、J·C·兰塞姆(J. C. Ransom)等文学批评家及其追随者,他们的空前努力丰富了范畴和方法,这些范畴和方法可以对艺 424
术作品的“形式”或知觉价值进行更恰当的分析。这一倾向的哲学表现可以在诸如S·C·佩珀的《审美的质》等著述中看到。准确的语言和可靠的方法被发明出来用于分析审美经验,使我们能够明智地谈论艺术作品的内在价值和外在价值的知觉源泉。在必要的准备之后,我们能够发现批评家所评论的作品中的形式及他唤醒我们注意的其他的质,我们能够体验或不能体验批评家提出的这种价值,就此而言,批评家的判断是能够证实的。① 传统的快乐主义者例如穆勒之所以对价值中的质的因素说不清楚,原因之一是他们直接谈论情感,而不是通过对知觉要素的分析——这些知觉要素为情感或快乐赋予特殊的色彩——间接地接近问题。正如我们在兴趣理论的批评中所看到的,知觉因素有时是偏好或意动的基础。因此我们在批评“主观主义者”或快乐主义者的观点时必须指出,知觉的质(不仅仅是感官的质)是情感的源泉和情感差异的源泉。

我并不是认为,价值中所有质的差别都可以归结到审美或知觉范畴。从术语上说,我们可以选择把“质”限定在知觉因素上,或继续宽泛地用它表示价值偏好的根据,而不管这些根据的种类。如果采取后一种选择,我们现在会比较清楚地认识到在特定条件下用这个词的意思。当我们用“质”指不同种类的对象所拥有的工具价值时,能够详细说明使用对象的结果以及是什么样的质构成了对象的效用。当 425
我们用“质”指意动价值的内在的质时,能够描述出特定意动中的要素。最后,当我们将这个词用于价值的审美或知觉源泉时,如果我们训练有素,就能对对象的属于直接经验的质完成批判性解剖。这些情况下价值都不是不可分析的。②

我们经常会发现,我们不仅涉及一种价值类型。例如,当我们谈论行为的伦理的质时,或对两种不同的生活方式进行质上的区分时,会涉及所有三种价值要素,我们

---

① 前面所述并不意味着批评家重现了艺术作品自身的知觉价值——这会使批评家变成艺术家的竞争者——也不意味着审美价值完全服从于分析。我否认的是:(1)知觉价值不可言喻,理由是,在艺术家表现它时,他自己清楚地表达了它;(2)知觉价值是不可分析的,理由是,当批评家成功地进行批评时,他至少能够部分地追溯到审美价值的特定因素的源泉。最终的审美价值判断是在分析之后的;我们了解到我们能够从批评中了解的东西,然后报告出我们对艺术作品的完全形态的分析之后的经验。

② 莱德的“提蒙学说(timological)”的价值标准[《价值的观念》(*The Idea of Value*)],厄本的“证明”原则[《语言与实在》(*Language and Reality*)]只是武断地替代了上述分析方法;他们最终使得价值问题像分析使用前一样神秘化。

必须区分它们才能应对这一处境。我们可以把较大的工具价值归于一、两种生活方式，因为它能更好地整合我们的欲望；我们可以选择这种方式，因为它通过意动的满足带来更大的内在价值；也可以因为它提供了更丰富的知觉或审美内容。如果狭义的"道德"指的是个人和社会的整合，那么作为价值评价最终仲裁的充分的伦理判断就不仅把好的生活看作和谐的生活，而且也看作在感知方面足够丰富的生活。

5. 价值判断的类型[①]

菲利普·布莱尔·赖斯

我感谢杜威教授在其“价值判断与直接的质”[②]一文中对我的文章[③]的详尽关注，426
感谢他在文章中对他的价值评价理论的某些重要观点进行了澄清。对于杜威先生对我的意见的认可，我也非常满意，我们都同意用经验主义方法的某些基本观点来探讨价值问题，在这方面，的确我自己的观点很大程度上受惠于他。下面我将仅限于阐述仍存在误解或分歧的观点。

事件的材料或表现形态，就其仅仅为自我观察所直接达到这一意义上，它们是“主观的”；而核心问题在于，它们能否作为价值判断的证据。更确切地说，对被称为“享受”或“满足”的价值境遇的内省，能否为价值决定提供证据。杜威先生认为是不能的；我的文章批评了他的这一观点，并推进了这一论题。我的观点是，有关价值问题的恰如其分的经验主义必定会考虑这种证据；而杜威先生认为这样一种观点是与经验主义矛盾的。

关于这一主要问题有四方面的争论，我将依次阐述：

(1)“主观-客观”对立的两种意义。杜威先生指出，我在一处上下文中，在与“客
观”一词基本用法无关的意义上使用“主观”一词，因此由一种标准被判断为主观的东 427
西，可能由另一种标准被判断为客观的。这正是我的意图。我要找出下述问题的答

---

① 首次发表于《哲学杂志》，第 40 期(1943 年 9 月 30 日)，第 533—543 页。杜威的回复见本卷第 73—83 页。赖斯先前的文章，见附录 3、4。杜威先前的答复见本卷第 63—72 页。

② 《哲学杂志》，第 40 期(1943 年)，第 309—317 页(本卷第 63—72 页)

③ 《价值判断的“客观性”》，《哲学杂志》，第 40 期(1943 年)，第 5—14 页(本卷附录 3)。

案，即为什么杜威先生发现这一程序“令人失望”或*无疑*是悖谬的。我的文章的假设是，在“主观-客观”相对立使用的多种意义上，有两种截然不同的意义，两者都与价值研究有关。在这个讨论中，我把这两种意义称为：(a)逻辑意义，(b)心理学意义。

(a) 逻辑意义。杜威先生的下述表述是非常正确的，即我的文章中“客观”的基本意义等同于“能够为经验证据证实的”。事实上严格地说，我把客观性等同于真理而不是可证实性。我把可证实性作为意义的标准(虽然不是唯一的标准)而不是真理的标准。与真理关系更近的是证实，而不是可证实性。我把“*被确信为真*(known to be true)”与“被证实(verified)”等同，因此从实践目标看，客观判断就等同于被证实的判断。但这种限定对于现在的问题是不重要的，因为杜威先生的定义涉及与我的一样的讨论领域。

与“主观”一词相关联的意思是“错误的”，或(在实践层面)“未经证实的”。由于类似于上述陈述的限定，我接受杜威先生对于逻辑意义上的“主观”的定义：“命题(判断、信念，或无论什么其他断言)在下述情况下是*主观的*，即产生它们的原因条件没有真正可被当作证据的力量，但它们在当时被认为具有这种力量……”他的例子是充满幻想、幻觉与顽愚的信念。

(b) 心理学意义。杜威先生反对的我的一个陈述是：“就内省在对质的满足的认识中起作用而言，证据*在心理学意义上*是‘主观的’，即它直接为独立的观察者所接受。”斜体字不是原有的，但我显然是说“客观的”(意义 a)和“主观的”(意义 b)是可以兼容的谓词。①

428 我不认为这一表述过程在逻辑上或语言学上有值得非议的地方。“强-弱”对立也至少具有两种意义，但说同一个人身体上强而精神上弱并不矛盾。如果这里存在混乱，那么看来是在杜威先生那里出现了混乱，因为他认为任何在心理学上是主观的东西在逻辑上也是主观的。

如果“主观”(意义 b)意味着只有通过内省才能直接观察到、因此只有一位观察者可以直接理解的东西，那么“客观”在相应意义上就意味着为非内省或“外部的”观察所感知的东西，即为多个观察者所理解的东西。

杜威先生没有从我的文章中引证，便断言我认为的主观(意义 b)是指“存在的特殊状态”，它构成了“某种认识论——形而上的真实”。从杜威先生著述中随处可见的

---

① 严格地说，意义 a 上的“客观”一词适用于命题，意义 b 上的“主观”一词适用于材料或证据。因此，说在意义 b 上的主观材料可以被用于将意义 a 上的客观性赋予命题，是正确的。

对内省的批判，我认为，他将类似笛卡尔心物二元论的错误归于了我。然而我的区分，就其形而上假设而言完全是中性的；如果涉及任何认识论原则，那么它们不是这一观点的假设，而是结合其他前提得出的结果。

这一区分专门用于心理学过程。它涉及下述事实，即每个人都处于与他自身经验的特定方面的唯一关系中，与个人经验的这些方面的这种关系不为其他观察者所分享。“内省”在这里是在米德教授使用的意义上使用的，他认为心理学“确实在下述意义上使用内省，即它关注任何其他科学都未曾涉足的现象，只有个人的经验才能触及这种现象”①。正是这样一种现象，或现象的这样一些方面，我在心理学意义上称之为主观的。我说现象的一些方面，是因为我同意米德和杜威先生本人的观点，行为的基本单位最好被设想为行为整体，或过程，或事件，我认为，只有将 b 意义上的主观和客观因素都包括在内，才能恰当地看待这一总体。

这个意义上的主观事件的例子是肌肉感触，没有被说出或付诸行动的思想，感受 429
或“表达情感的”语调。现象的这些方面的质只能被发生在其上的个体有机体直接观察到，尽管他人有时可以从外部症状推断这些事情的发生，因此也可以依据相似条件下他们自身经验中发生的涉及“主观”的事件推断它们的质。与感知主观现象直接关联的感官渠道，是本体感受器和内感受器。②

在观察事件和行为的（不论他人或自己的）“客观”方面，诸如观察形状、颜色和外部的运动时，个体没有这种唯一的优势。③ 这些通过运用外感受器而感知，诸如视觉和听觉神经。乙、丙和丁三人对于甲的外貌、他的舞蹈以及他的言论的观察都是同等的，只要同一身份能够被确认。甲甚至在观察自己行为的这些方面稍显劣势，尽管他能够利用镜子作为工具在某种程度上克服这一劣势。然而，甲拥有进入这些现象的

---

① 《心灵、自我与社会》(*Mind, Self and Society*)，第 4—5 页。

② 比较 R·B·佩里：《一般价值理论》，第 270—271 页。

③ 在通常的认识论意义上，“第一性”的质被称为客观的，是相对于主观的或“第二性”的质的——即，第一性的质类似其对象的某些相应的性质，而第二性的质则不是这种摹本——在这个意义上，感知这种现象时包含的感觉材料并不必然是客观的。这是这一对立面的第三个独特含义，根据这一含义，例如形状就被认为是客观的，颜色则被认为是主观的。另外，根据除了朴素的或直接的实在论者外所有认识论学派的观点，在“客观”现象（意义 b）中的感觉材料或材料只可以为这些材料所属的人的意识活动所直接接触，因此在第四个意义上是“主观的”，这一含义部分地是心理学的，部分地是认识论的。我已经在一篇文章中讨论了这一对立的第二种意义（意义 b）与第四种意义之间的关系，这篇文章的题目是“价值评价中的‘公共的’和‘私人的’因素”（“‘Public’ and ‘Private’ Factors in Valuation”），已经为《伦理学》(*Ethics*)杂志接受公开发表。但这里我试图避开认识论问题。

主观性方面的渠道，而乙、丙和丁则不能，尽管后者在解释整个行为或整个境遇时可能比甲更接近于正确。这是因为整个境遇包含客观的和主观的两个方面，两个方面
430 都与对境遇的总体判断有关。此外，甲、乙、丙、丁都可能错误地解释他们的心理学方面的客观材料：因此在 b 意义上的客观性与在 a 意义上的客观性不需要一致。

杜威先生认为我的文章"并没有为下述材料的存在提供直接证据，这种材料是私人的、内在的，因此（就其本质而言）只能为个别的、排他的并且非公共和非社会的自我所直接观察。"我的确没有说明也没有暗示自我是"非公共和非社会的"。我确实认为，自我有其隐蔽的、特殊的方面。从这种情况看，我不可能向任何人提供这些方面的"直接的"证据。对于这点，我必须请求杜威先生考察他自己的快乐、痛苦和秘密的思想。如果他告诉我，他没有任何这些东西，我就没有任何反驳他的话可说。然而，如我从他的著述中对他观点的理解，他并不否认经验具有这些方面，而仅仅是否认经验的这些方面能够拥有证据的重要性。

（2） *直接的质如何被感知*。从上述讨论可以清楚地看到，我并不像杜威先生认为的那样，认为所有的质都由内省感知。"主观的"质（意义 b），包括表达情感的语调，都可直接为内省所理解；而"客观的"质（意义 b）可以为外部的或行为主义的观察所感知。两种质紧密关联，它们之间存在着依赖关系，因此，我们在特定情况下以一定的把握从一种推出另一种。例如，就绘画经验而言，表达情感的风格、融入的感情，源于构图和颜色。但是，即便两种质在大多数情况下是不可分离的，它们之间仍然可以区分。两种观察方法是合作的。正如杜威先生所认为的，由于价值是情感-驱动现象，情感的性质对价值理论具有特殊重要性。正是由于这个原因，在我的前一篇文章中，我强调了在对质的感知中内省的作用。[1] 在杜威先生论价值的著述中，我们更多读到的是价值经验中的驱动因素，而很少读到情感因素。

431 （3） *"公共"和"私人"作为"存疑境遇"的不同方面*。上述关于"公共"和"私人"的定义（为了简明，此后我将用这些词在意义 b 上分别代表"客观"和"主观"），就我所见，是与根据杜威先生"存疑境遇"的肯定特征所作的价值判断分析相容的。（正如我下面将指出的，当试图使所有价值判断和认识境遇都适合"存疑境遇"，都当作一个"运动障碍"来处理时，"存疑境遇"这一概念就成为强求一致。）我们来考虑一下"牙痛"或"牙齿出了问题"的情况。引起问题的"困难"既可以被公众也可以被私人察觉。通常在这种情况下是被私人察觉：我内省地观察到一种"痛苦"，这使我头脑中浮现出

[1] 亦见《质与价值》，《哲学杂志》，第 40 期（1943 年），第 337—348 页（本卷附录 4）。

一个命题"我应该去看牙医"，或者——虽然最初不太可能——"我应该去补牙"。这种疼痛不像杜威先生认为的那样，只是这种境遇下的一个"不确定的"因素，而是和我以前关于相似境遇的认识一道，构成了这种价值判断的*初步*证据。然而我还要进一步寻求证据确定它们。这进一步的证据可以由非内省的观察构成，即看我的牙上能否找到褐色斑点。这样一个观察可以由很多人做，包括牙医，或我自己面对镜子。如果公共的证据和私人的证据之间出现冲突，通常我相信牙医的公共的证据，允许他据此治疗。(只有当牙医告诉我没有什么问题时，或者告诉我牙痛本身是件好事时，我才会更多地倚重私人证据。)只有牙齿的困扰的外部表现消失了，也只有在疼痛消失之后，困难才完满地"解决了"。我用内省的观察观察到疼痛消失，以此作为证据的重要部分，证明这一情况已经解决了，因此价值判断是正确的。如果疼痛依然伴随着我，我就把它看作一个新的假设的最初证据，即问题在于神经痛而不是龋齿。两种类型的证据由此可以相互补充或相互纠正。这就是为什么杜威先生认为疼痛的知觉没有证据分量在我看来没有道理。

杜威先生对于存疑境遇的说明，是从我一直在思考的境遇的各个方面*抽象*出来的；他忽略了心理学的观察视角。因此，如果下述术语是在意义 b 上使用的，我 432
不知道如何解释他的下述陈述，即境遇的"直接的质"既不是"主观的也不是客观的，也不是两者的关系"。我也不认为，如果这些术语在意义 a 上使用，能与境遇的直接的质有关。我以为，这里有这样一种意义，在这个意义上作为*完全形态的*境遇被感知为自身具有单一的质。但就我们能够获得的对于*整体的*质的认识而言，它不是"直接的"，而是解释和推论的结果。然而，我们能够根据外部观察或内省，获得对这一整体的质的各个方面的看法；质作为一个整体的观念来自不同视角和它们提供的直接的质。

在读到杜威先生对心灵的说明时，我一直为他心理学*视角的缺乏*而感到困惑。我能够明白为什么他拒绝把内省主义和华生(Watson)的行为主义当作适当的方法，为什么他不满于心物平行论——这种理论试图机械地将私人的和公共的材料结合在一起。他对整体行为的强调是有益的，为表述心理学规律，人们经常要忽视特殊观察中的部分观点，根据"功能"和其他行为主义的概念去发表意见，这种概念径直穿过内省观察与外部观察之间的区别。但为什么区分这两种主要的观察类型对于实际心理过程的描述性分析是不合理的，这一点并不清楚。

(4) *"关于"享受的证据和享受"提供"的证据*。杜威先生认为(a)价值评价的命题"关注"享受，但他否认(b)这种命题依赖于对享受的观察"提供"的证据。他以下述方法解释我的一个陈述，即他认为我将这两个命题“视作同一”，他相信我的观点建立在这一“含糊措辞”上。我并没有想要断言命题(a)和命题(b)具有逻辑上的同一性或同等性，尽管我的确认为它们本质上是密切相关的。

433 当我预言某种经验有价值时，我不是使用对那个经验的内省来获取证据。(这种观点的确具有上述“含糊措辞”。)那个假设中的经验还没有发生，我就不能内省它。然而我可以部分地依赖内省我现在对于将来经验的预期，并根据对过去相似经验的情感性质的回忆，建立起我的预言。这一观点不是建立在任何演绎论证的基础上的，而是建立在我的经验分析的基础上的，分析我和他人在对这种事情作出决定时实际怎么做。如果我预言道，对贝多芬协奏曲的体验，或对道奇队和红人队之间的棒球赛的体验，将带给我“满足”和“享受”，因此是有价值的；这部分地是因为我回忆起过去相似情况下伴随着享受，也是因为我通过内省发现，我对可能的体验的想象伴随着愉快。这种预言表明它是充分可靠的，在作出辨别和关联的前提下我可以继续利用这类证据。当然，关于情感的性质，记忆和预期可能会有误，因此私人的证据不具有最终决定性。但根据经验主义的观点，任何其他种类的证据都不具有最终决定性。

杜威先生针对内省的证据功能的第二个驳论是，这与我所说的伦理判断本质上是预言性的这一观点不相容，[①]伦理判断重视“满足与兴趣系统之间的联系，在其整合中包含了将来和对可选择行为的比较”。我没有看到这里有什么不相容，杜威先生也没有对他的这一观点说明理由。我在这种情况下对音乐会或棒球赛作出的决定，考虑到了公共因素——我的银行存款状况，从时间角度考虑我在音乐或运动需求之外的其他需求，有无独奏或明星投手，也考虑到了私人因素；两者都可以用于预言的
434 目标。如果这样一种公共的证据排斥前面提到的私人证据，那么提供证明的责任就落到杜威先生身上。他应当通过分析这种经验的具体例证，而不是通过从涉及经验方法的一般假设出发进行演绎，来证明这一点。因为这些假设的恰当性恰恰是值得怀疑的。

如果我们现在拥有一种关于经验知识的逻辑语法的恰当学说，我相信，上述对价值判断的分析会适合于它，它会最终澄清整个领域。近年来在经验主义者中关于价值理论有许多论战，这些论战源于不能认识到价值境遇有许多不同类型、因此有许多

① 我并不认为，所有价值判断就其涉及或“关于”将来事件而言都是预言性的；在前面的文章中我只是在涉及某种类型的伦理判断时采取这种观点。我也不相信，这种判断排他地依赖于将来获得的证据。

种“价值判断”以及非常不同的逻辑结构。杜威先生、佩里先生和普劳尔(D. W. Prall)先生对价值理论的讨论,集中于从 1914 年到 1925 年的《哲学杂志》;从那时开始,杜威和佩里之间就或多或少断断续续地展开激烈辩论,这可以算是我上述论断的例子。因此杜威先生在讨论过程中曾经写道:“……普劳尔先生所批评的我的文章关注的不是价值的本质,也不是质或拥有质的事物,而是作为判断的价值评价的本质。……恰巧普劳尔先生在著述中对价值感兴趣,而我的兴趣则是在逻辑方面——即是说,是在特定的判断类型方面。”[①]或许因为他认识到了试图构建“价值评价”理论而同时又没有提供“价值”理论这一弊病,杜威先生在后来的一些场合至少开始尝试定义后一个概念。于是,在他近期的文章中他做了下述陈述,即他认为“质上的‘享受’、‘满足’”是价值判断运用于其上的“完全的材料”。但他继续说,享受在这里只是在“比喻的”意义上等同于价值;享受可以被恰当地称作价值,仅仅“因为对于价值评价判断来说它是潜在的材料,或与会发生的事件有关联”。在这里,如同在他以前对于这一主题的讨论中一样,杜威先生只关注这样一种形式的判断,他称之为实践的判断,这种判断寻求在“困难”或运动障碍面前确定行动的未来路径。这里的判断或反思的确创造或 435
修正了相关的价值。另一方面,普劳尔、佩里和大多数其他经验主义作者论及价值,是从一种更简单的判断类型出发,把“有价值的”视为谓词,将这种判断作为价值判断的原型。

现在我想指出,继续对价值本身的意义或价值判断本身的性质展开争论,只是语言上的天真。如果想要构建价值评价的逻辑语法结构,我们必须重视被称为价值判断的各种不同类型的判断。这些判断中包含这样一个类型,它或许被称为对内在价值的基本判断。这种判断的结构是:“x 对于甲在 t 时间(或在 m 境遇中)内在地有价值”,这等同于“甲在 t 时间(等等)享受 x”。这是“有价值的”的通常意义;这种形式的命题或真或假并因此而具有意义,它们的证实建立在观察基础上。“对内在价值的基本判断”这一标签并不是想要假设这种判断是逻辑原子,尽管它们是最简单的命题,其中三个项非常清楚:对象、有机体、境遇;而价值就与这三个项有关。这种判断赖以建立的证据据说是更简单的命题,类似卡尔纳普的“基本句子”(protocol sentences)或罗素(Russell)的“基本命题”[②],这些更简单的命题中一部分通常建立在内省基础上,其他则建立在外部观察基础上。甲会考虑对自己的观察,它可以被表述为“此刻

① 《哲学杂志》,第 20 期(1923 年),第 619 页(《杜威中期著作》第 15 卷,第 23 页)。

② 《意义与真理研究》(*An Inquiry into Meaning and Truth*)第十、十一章。

的享受”，或“此物被享受”。其他人则使用这样一个间接证据，如“甲看上去很快乐”或“甲说他喜欢这样”。此外，甲与其他人会使用公共证据诸如时间因素或对于其他客观因素的描述。

价值判断的另一个基本类型是：“x在境遇m中具有工具价值”，这一判断可以扩展为“m境遇中的x具有这样一种性质，这种性质能够在n境遇中为甲提高内在价值y”（或者，在许多情况下，“x将有助于避免或消除z的贬值……”）。同样，也有关于相
436 对价值的基本判断，其中既有内在的也有工具的。因此“x比y对甲更具简单的内在价值……”可以意味着“x比y赋予甲更多的享受……”（在这里定义“更多享受”并不容易）。

伦理判断与审美判断各自包含许多子判断，总是比迄今讨论的判断复杂得多。审美判断的最普通的类型之一，我们可以称之为鉴定判断，在这类判断中，“x具有审美价值”意味着“x会给予所有分享文化传统k的人以知觉享受，因为分享这一文化传统的人会训练有素地识别x的特性a、b和c”。在伦理判断的一种通常类型中，“甲应当去做行动x”意味着“比起其他可行的行动选择，x将对受其影响的甲和其他人产生更大的整合利益，形成更大的最终满足”。适当处理这种伦理命题的逻辑结构将表明，这些命题又是建立在简单的内在价值和简单的工具价值这些基本命题基础上的，或许也是建立在某些类型的审美判断的基础上。所有这些判断类型都可以根据其证据回溯到由内省的和外部的观察形成的基本句子或基本命题，因此都是经验的。

最后，我要对杜威先生将“新经验主义”或“科学的”方法等同于工具主义者的立场谈谈自己的看法。经验主义根据我的理解，是这样一种观点，即所有存在的命题的可能性都来自观察。它认为，任何领域的规律或其他复杂命题都是由观察、假设、演绎和证实获得的。这种科学方法的典型代表在许多情况下会作出两种进一步的假设，它们都源自对物理学方法的研究：(a)科学必定是度量的，只能处理事物的量的方面；(b)只有“公共的”证据是可以接受的。杜威先生拒绝将第一个假设作为广义的基本经验方法或科学方法。我要说的是，工具主义和新实证主义也应该重新考查第二种假设。如果证明它限制过度，以至于使我们不能恰当地处理价值问题，那么作为一般方法学说的经验主义只能靠拒绝这一假设来得以保存。但如果经验主义继续要靠
437 排除情感证据的方法来辩护，而多数人在进行价值判断时非常重视情感证据，那么结果将是加重杜威先生在别处说的“神经的新的故障”，使许多特别关注价值的人远离充满希望但尚未完善的经验主义的当代形态，在某种形式的直觉主义或先验主义或权威主义中寻找避难所。

6. 论杜威的美学[1]

本尼迪特·克罗齐[2]

杜威的美学在意大利几乎不为人知;就我所知,它也没有受到详细的批评性考 438
查,为其内在价值进行辩护。杜威的美学为我们提供了这位思想家——当然也是精神生活的最具洞察力的学者——非凡的精神世界的令人耳目一新的文献资料。如同他的政治和教育思想一样,现在他的艺术思想也被证明拥有鲜活的价值意义。而同时,他也是这样一位思想家,他继续坚持把自己称作经验主义者或实用主义者,拒绝并抵制那种人们谈虎色变的通常称之为"观念论"的哲学。杜威也使用"有机的"这一赞赏之词,但在他那里有点嘲讽的意味。在意大利,我们习惯于永远牢记思想史,了解关于这一主题的文献,以便认识到我们的新观念在历史上占有的位置,确认这些观念的正当性;我们感到杜威的论述在这方面有所欠缺或不甚清晰。在序言中我们读到:"在这个主题上,我受惠于其他的著作家,然而当我试图向他们致以谢意的时间,却感到有些为难。之所以这么说,乃是因为在这种受惠中,只有少许方面可以由本书所提及或援引的作者而得知。我在这个主题上已经做了多年的阅读,这些阅读在英语文献方面多多少少有些广泛,而法语的则稍微少一些,德语的就更少了,此外,我还从那些现在已难以直接记起的资料中汲取了许多东西。而且,许多著作者所给予我

① 首次发表于《美学与艺术批评杂志》,第 6 期(1948 年 3 月),第 203—207 页。杜威的答复见本卷第 97—100 页。

② 凯瑟琳·吉尔伯特译。

439 的，要比本书中可能提及到的多得多。”（第 vii 页［7 页］）[1]但他一定也利用了一些意大利作者的作品，虽然可能由于读的是英译本而包含在英文文献中。然而，杜威在其论述过程中不止一次明确提到我的研究，例如，使用我在批评艺术彼此分离时使用的概念；但更常见的是如上所说慌张地驱逐我那疯狂的“观念论”（或毋宁说是“有机的”）哲学探讨方法。

即便这样，意大利读者还是吃惊而喜悦地在每一页上都看到以往在意大利明确阐述过的理论。例如，诗性意义上的“表达”并没有被混同于那种并非自在自为的表达，而是观察者对事实的反思性解读（第 61 页［66—67 页］）；艺术作品中的情感不是个人体验，而是具有普遍特征的（第 68 页［73 页］）；表达的行为不是发生在已经形成的灵感之后，而是伴随着灵感前行（第 66 页［71—72 页］）；艺术家并不是根据其智力构思其作品，然后再转化为艺术形式，而是如果他是雕刻家，他会用陶土、大理石或青铜等构思（第 75 页［81 页］）；审美情感是独特的，然而同时又不是与其他经验截然分离的（第 78 页［84—85 页］）；我们必须拒绝形式主义者的艺术理论，他们认为美存在于线条、色彩、光和影以及诸如此类的东西中，将美与其心理学内容和意义分离（第 88 页［93—94 页］）；人们最好避免［美学中］“联想”一词，因为传统的心理学据此假设联想的材料和当下的声音和色彩都是相互分离的（第 99 页［104 页］）；主题（寓言）是一回事，艺术作品的内容又是另一回事（第 100 页［105—106 页］）；视觉的质并不是居于或被意识为居于中心的，其他的质也不仅仅是附属的（第 123 页［128—129 页］）；技术是一回事，艺术是另一回事（第 142 页［146 页］）；造型在艺术中具有音乐或绘画语
440 调的价值。杜威机智地引用了马蒂斯（Matisse）的话，这是马蒂斯对一位批评他的一幅女性画像的女士说的话：“夫人，这不是一个女人；这是一幅画。”（第 113 页［118 页］）意大利人也非常熟悉下述思想：将节奏和匀称分离，将艺术分为空间艺术和时间艺术，是一种坏的天真；事实上我们在绘画中有运动和方向，在音乐中有距离和量（第 183—184 页［187—189 页］）；并没有审美内容或非审美内容这样的东西（第 187 页［191 页］）；每一种艺术中都包含其他所有艺术（第 195 页［198—199 页］）；没有艺术的“东西”，只有艺术的行为，艺术的创造（第 214 页［218 页］）；诸如庄严的、奇异的、悲剧的、喜剧的等等所谓“美的修饰词”，具有实际用途但肯定没有概念上的或辩证的意义；审美过程对于哲学家是极其重要的，因为通过审美，哲学家能够理解每一精神过

① 约翰·杜威：《作为经验的艺术》，纽约：明顿-鲍尔奇出版公司，1934 年。除了另外注明，所有参考引文页码都来自此书。方括号中的页码指的是《杜威晚期著作》第 10 卷的。

程的本质;因此美学是哲学中不可缺少的(第274页[278页]);在艺术鉴定中,不可能不把下列两个因素放在首位:敏感和智力(第290页[295页]);审美判断不是法庭根据法律或规则做出宣告(第299—300页[303页]);历史知识对于艺术判断是不可或缺的。

还有许多,这里我列出的只是部分观点。我不想罗列它们,提出著作权或优先权,因为我观察到,无论杜威接受了他人思想的什么样的刺激、多少刺激,他自己重新进行了深入思考,因此他的观察提供了新的、自己的东西,保持了读者的兴趣;特别是引起了这样一些的人的兴趣,他们通过其他途径较早得出了同样的结论,继而发现自己的思想以新的形式出现,在这些新形式中强化了他们思想的真理性证据。

但正是因为他的学说明显与被称为观念论的美学理论一致,一位杜威的信徒和实用主义的狂热同伴最近对这部新作提出了有礼貌但坚决的抗议。他认为,这本书不忠实于实用主义的原则与方法,在美学理论中让观念论和有机体论占了主导地位,承认艺术作品中的绝对价值判断。这激起了他的惊诧,他甚至要问杜威为什么不立 *441*
即宣称他自己是黑格尔主义者。这一信徒提醒他的老师:"有机体论是一种和谐理论,以宇宙绝对和谐为终极目标。实用主义是一种冲突理论,赞扬斗争与充满朝气的生活,这种生活中每一个问题的解决都是新问题的开始,每一种社会理想都是行动的假设,价值观因冲突而蓬勃发展。"(第386页)①必须承认,对于这些指责,杜威的答复是无力的,他说他仍然是一个实用主义者,他没有成为观念论者,因为他没有演绎出他的美学理论,他的美学理论是源于对他面前的材料的考察的;而且,他所使用的术语即便在观念论美学理论中能够被发现,使用时也不是照搬同样的意义。他以这种方法试图将观念问题消解为词汇问题。

但我们并不想历数他的错误或他对实用主义的背离,只想表明他对观念论美学的批评是没有根据的。例如,他批评康德使得美成为无欲求的,认为:"其知觉被渴望或欲望所支配的人,乃是为着它自身的缘故来享用它的;他对它的兴趣是由于一种他的知觉也许会因而导致的特定行为;它是一个刺激,而不是一个知觉也许会满意地憩于其中的对象。有审美知觉能力的人在面对日落、教堂、花束时,会从欲望中摆脱出来,这是就他的欲望在知觉本身中得到实现的意义而言的。"(第254页[259页])这一修正其实不是修正,因为这正是康德区分快乐和美时(separated *Gefallen* from

① 《约翰·杜威的哲学》,保罗·阿瑟·席尔普编,《当代哲学家文库》(*The Library of Living Philosophers*),第1卷。

Vergnügen)的表述。接下来是真正的异议："这种经验的标识在于一种较之在普通经验中所出现的更为巨大的全部心理学因素的包容性，而不在于把它们化约为一种单一的反应。这样的化约乃是一种贫乏化"（第 254 页[259 页]）；但这等于是拒斥思考，因为思考就是作区分；而不将明确其特殊性的原则赋予心智形式，就没法作出区别；换言之，概念是必须的。

442 同样，当杜威继续否认美的认知特性时，他赞同"乱成一团的生活场景在审美经验中变得更可理解了；然而，不是因为反思和科学通过化约到概念形式而使事物更可理解，而是依靠把它们的意义呈现为一种得到澄清、连贯一致、有所加强或'充满激情'的经验的质料"（第 290 页[295 页]）。这正是哲学的美学理论中的所谓审美的、直觉的或先于逻辑的认识（*cognitio inferior*，*clara sed non distincta*）。接下来的异议实际上可以被还原为前面那一个，即禁止作涉及区分、批评和定义的思考："我所发现的这种再现和认知的审美理论中的困境在于，它们就像游戏和幻象理论那样，把总体经验中的其一部分孤立出来；而且这一部分之所以成为其所是，乃是由于它贡献于以及被吸收于其中的完整范型的缘故。它们把这一部分当作了整体。"（第 290 页[295 页]）

杜威对我的批评是同样的："'直觉'是整个思想领域中最为模棱两可的术语之一。在刚才所考察的理论里面，它被假定具有作为其合适对象的本质。克罗齐曾经把直觉的观念与表现的观念结合起来。它们彼此之间的等同，以及它们与艺术的等同，已经给读者带来了大量的麻烦。不过，这一点在他的哲学背景的基础上是可以得到理解的，而且为下面的情形提供了极好的例子；该情形就是，当理论家把哲学的先入之见叠加到被抑制的审美经验上时，会发生什么事情。这是因为，克罗齐作为一位哲学家，他相信唯一真正的存在是心灵，相信"除非对象被认识，否则就不存在，以及对象离不开进行认识的精神"。在普通的知觉中，对象被认为好像是外在于心灵的。因此，对艺术对象和自然之美的意识并非是知觉而是直觉的事情，这种直觉把对象本身当作心灵的状态来加以认识。"我们在一件艺术作品中所欣赏的是一种完美的想象的形式，在这种形式里，一种心灵的状态给自己裹上了外衣。""直觉之所以真的如此，乃是因为它们再现了情感。"因此，构建起艺术作品的心灵状态就是作为一种心灵状态的显示的表现，也是作为对一种心灵状态的知识的直觉。我提及这个理论，不是
443 为了驳斥它，而是把它当作哲学可能走到的某种极端的指证；之所以走到这种极端，是因为将先入为主的理论叠加到审美经验之上，从而导致武断的扭曲。"（第 294—295 页[299—300 页]）

无疑，我现在认为，作为诗歌和其他艺术的材料的，不是外部的东西（没有人知道这些东西是什么，在哪里）而是“情感”或人类的激情；并且我认为，无物能够独立于认识而存在。因为我认为这些命题为真，自然，我会用它们在心灵中建立艺术的处所。杜威并没有驳斥我的这些学说，因为他认为，他已经驳斥了它们的基础：即哲学思辨。他在另一部书中说：“作为一种将普遍性和条理性引入经验的康德式能力，理性已经让我们越来越觉得它是多余的——是人类沉溺于传统的形式主义和精巧的术语学的不必要的创造物。*以往经验引起的具体启示，按照当前的需要和匮乏而发展和成熟起来，可用作特殊改造的目标和手段*，并受到这个调整功夫的成败的检验，这就足够了；对于这些以建设性形式用于新目的的*经验启示*，我们可以用‘智慧’（intelligence）来命名。”（第 95—96 页[《杜威中期著作》第 12 卷，第 134 页]）①

像杜威这样心灵敏感天赋敏锐的人会陷入这样一个错误的循环和实证主义的同义反复，的确非常奇怪；我经常问自己他怎么会这样。或许他的思想为传统的英国经验主义所统治。或许是正统的康德主义者和黑格尔主义者——他们是他在美国的启蒙先生——的盲从和空洞引起了他的反叛情绪，这种情绪尚未平息。或许这种反叛情感妨碍了他认识到：黑格尔主义及其叙事结构已经瓦解，他认为非常可怕的绝对精神已不再存在，已经与世界、经验和历史成为一体；新的哲学拒斥黑格尔主义的静态成分，以保持并发展动态成分。新哲学是关于永恒斗争的理论，在其中问题的解决会 444
产生新的问题，它是不断丰富的；实用主义说自己是这样的理论，逻辑上却成为不了。不论他的情况怎样，他的哲学观点就像我上面描述的那样。

① 约翰·杜威：《哲学的改造》，斜体字为克罗齐所加。

7.

我们能进行价值选择吗？[①]

乔治·R·盖格

445 当价值理论趋于成为在学术杂志上讨论的东西时，它会变得非常神秘。但人类价值评价也有一些基本——但并非幼稚——的方面不容忽略。首先——这并非幼稚的——必须尝试对一种文化中呈现出的各种价值观进行选择。即便会有风险，但这样的努力是必要的。所有拒绝作出道德选择的人只是未作批判地接受了其他人已经作出的选择。在这里列举一些这种尝试中的假设。一个基本的假设是“价值”一词被理解的方式：价值，至少就其部分地与伦理学有关而言，是人的长期偏好的结果——偏好的核心包含人的生活态度，根深蒂固的品味和兴趣以及他尊重和敬畏的对象。

决定价值的生物学基础。无疑，人类价值决定的出发点必定会在驱动人活力的生物需求中发现。这些包括对食物、栖身处、性表达、健康和成长的生物学需求；对意义、自我表现、满足好奇心、拓展并提升感受性的心理需求；促使个人与他人合作的社会需求。所有这些需求——生理的、精神的、社会的——发展成一种模式，或均衡，或偏狭，这种模式为人的个性提供了背景。当然，甚至这种列举还是过分简单了。例
446 如，“健康”和“成长”，姑且不提其他方面，本身就是抽象概念；实际上，它们被假定表达的条件和过程，需要在生理学上详细说明。健康或成长，乃至看上去更确切的需求如性表达，都是事后赋予一系列具体事件的名称；若把它们看作某种先验地建立起来的现成东西，就是把人的“动力因”解释为先在的哲学原则，而不是解释为机体组织的变化。但这样一种限定并没有破坏上述列举的有效性，尽管或许只是列举了必须考

---

① 首次发表于《哲学杂志》，第 41 期（1944 年 5 月 25 日），第 292—298 页。杜威的回复见本卷第 101—108 页。

虑的抽象的人类需求；当这些需求在生物学实体中具体化时，这种限定会发出警告。

另一个过于简单化之处在于另一个很好用的词——“模式”。因为模式并非自动地或无痛苦地出自人的基本需求；它也不像按方抓药，取一些这个，取一些那个。人类需求以及源于需求的利益始终是冲突的。在这一冲突中，无论人们是否有意识，选择仍在被作出，价值观仍在进展，如同其他层面发生的一样；如果冲突成为无法忍受的，那么有些利益只能丧失，在其他层面也是如此。经过这样的基本竞争生成的人格模式，是由生物史上的野蛮甚至孤立的生存斗争塑造出的妥协。所有这一切并不意味着使现在的争论复杂化。它只是注意到这句套话“基本的身体需求的满足”并非基本形态。

但任何解决人类价值问题的途径都始于发现生物学和心理学需求，这一点显而易见。这只是陈词滥调。但因为它很平凡，这一点经常为探讨价值问题的传统哲学所忽略。没有一个可靠的基础，就不可能建立相应或永久的伦理体系和价值层次；这一基础的基石不是别的，只能是人类的基本需求。并不像这样一个传说，说世界在一个大龟背上，大龟又在某样东西之上，如此追溯下去；上述基础不需要另一个擎天的阿特拉斯(Atlas)支撑。它自身就是整个人类历史的坚实基础——这一基础不需要精巧的顶级石雕的修饰。

这只是说，除非人有了充足的食物和恰当的居所，否则他会死亡或成为不健康 447
的、矮小的人；除非他有机会获得精神和身体的满足，即有机会发展好奇心，拓展视野，用他的才智寻求意义、感受性和智力的发展，否则他就会成为一个图具外形的人，被愤世嫉俗的门肯斯(Menckens)和蔑视一切的尼采嘲笑为“蠢才”的人；最后，除非他充分参与社会生活——他是社会的一部分，被赋予机会贡献他所具有的才能，并相应地分享社会经济、政治、教育和文化生活，否则他必定会变成不完整的人，一种比较完美的人格的错误的赝品，而只有充分的社会参与才有助于创造完美的人。这些都是老生常谈。当然，这些事实需要详尽说明，这篇文章不打算详尽论述。然而，作为建立一个价值体系的*必要条件*，必须首先抓住整个基本的需求。不论宝贵的、甚至深奥的伦理和审美价值会怎样，它们不可能使自身脱离生物学、心理学和社会需求的构架，人类必须在这样一个构架中成长。重复这一基本观点本来是不必要的，不幸的是，至少(有时)对哲学家来说是必要的。

社会基础。——但这一对人类价值观的初步观察不能为在不同的、冲突的价值系列间作选择提供什么帮助。*哪种*人格模式该被赞同，*哪种*需要赞同？无疑，人类有许多需求应当满足，但只能用一种高尚的方式，而不是一种低俗的方式；因为不合理

的争斗永远存在，认为出现的模式会自动成为完整的、均衡的，这是一种过高的期望。但即便这一模式是均衡的、成熟的，判断的标准是什么呢？它是在讨女人喜欢的男人看来是均衡的，还是在哲学家看来是均衡的？这个标准就是奉献或快乐的标准吗？如果是，这个标准是什么样的？它就是幸福吗？幸福是什么？生活之路是独立思考还是放弃世俗，是行动还是复古，是爱还是责任？生活之路被查尔斯·莫里斯教授分为佛教徒的生活、酒神式的生活、普罗米修斯的生活、日神式的生活、基督徒的生活，等等。

448 最简单的摆脱困境的方法或许是，用东取一些、西取一些的说法，来回避对这一最古老然而又是最现代最重要的选择做出决定。一种和谐的整合或许已经显现出来。甘地、约翰·杜威、甚至尼采已经指出了一些东西。当然，莫里斯教授在介绍弥勒佛时也指出过一些。然而，这种整合很大程度上仅仅是在高尚的意义才成其为正确。实现这样一种值得赞美的结合需要的是超文化，文化之间在历史和技术方面的差别——用代数语言说——将被通约掉。因为在文化之间——正如在人的基本驱动力之间一样——存在斗争，尽管这种斗争不一定很明显。此外，在这种竞争中不同的价值观本身不能用人的生物学需要来解释；有必要重复一遍，这些需要是所有价值观体系的基础，但体系的建构发展则是文化的事，不是生物性的事。它是技术上的事。因此，看起来在"生活之路"中作出选择的重要过程也是文化和技术的事。下面会对选择的技术稍作展开，虽然必须认识到(没有丝毫虚伪的谦逊)这样一种表达只能是尝试性的略图。①

制定一系列假设可能是描绘这一略图的最容易的方法。其中一个假设在前面段落中已经被应用。其大意是，在人类价值观中作出选择，不能根据抽象的先验的标准——不论它多么高尚——因为这种标准建立在它被要求作出的判断的体系之外。至少，根据这样一个基础没法作出正当的、可操作的选择。那样的选择需要的要么是超文化，它会非常值得称颂，然而至今尚未出现；要么是对正确的价值等级的直觉或洞察。一直有人试图获得这种直觉，但很少有人像杰里米·边沁(Jeremy Bentham)
449 的原始规定所要求的那般真诚："我是选民的一员；现在上帝本人悉心告知选民什么是正确的。……因此，如果一个人想要知道什么是正确的，他就只需要到我这里来。"

然而这一假设仅仅是消极的。更积极的应该是坚持认为，由于我们不可能通过拉着我们的靴带跳出文化过程达到一个全能全智的推断，因此人类价值标准必定内

① 在提出这种价值的"技术"理论的某些要素时，作者深深受惠于C·E·艾尔斯教授的著作。

在于现行的技术和一系列可操作的社会制度中。当然，“现行的”和“可操作的”这两个词只是循环论证，因为要回答是什么使得一个系统成其为“现行的”或是“可操作的”？下述假设是密切相关的，它们试图给出回答：

（1）文化必须由其能够有效地延续自身来判断，由其沿着确定的技术路线前进来判断。

（2）这一技术进步路线由人们对他们的环境的理解程度来决定，环境就其最主要最宽泛的意义被解释为包含物理、生物和社会因素的文化母体。

（3）理解或认识关乎行动——控制和改变，不仅仅是深思。

或许作出下述断言是鲁莽的，即诸如此类成其为对人类价值观的检验的假设，诸如“正确的”、“动态的”、“进化的”等等性质，将在社会发展的趋势中被发现。但除此还有什么能够拿来作检验？

在确定价值观时知识的地位。——人们会注意到，这些假设是呈金字塔状的，其顶点是人类知识和理解中的道德意义。现在，在哲学框架中，这种观点即便不是单调呆板的，也过分令人耳熟能详。从柏拉图和亚里士多德以降，善被等同于真、理性、思想，首先是等同于沉思。人的终极目标是成为智慧的人，在亚里士多德和其他人看来，智慧就是幸福。他拥有“道德义务成为智慧的人”。那么，以工具主义或技术手段实现价值平衡与以理解为手段实现价值平衡有什么不同？答案似乎在于对认识过程的强调。

这一认识、探索、科学方法、反思过程——所有这些词在这里都或多或少是可互 450
换的——是人们非常熟悉的，不需要说明。这一过程的基本原则是拒绝接受传统的从知到行、从理论到实践的上升过程。经验主义者永远对方法具有极高的兴趣，由于方法的本性和用途，方法必须是操作的并能起作用的。但这一对认识的解释不仅意味着使用复杂的机制。在最广泛的意义上看这一解释意味着反对固定的目标、体系和无变化；意味着依靠变化的工作假定而不是不变的原则进行预备和重建。于是，这种认识绝不局限于职业科学家。它代表了能够在任何经验领域（甚至价值评价领域）发生作用的一种态度，一种自由的有效的知性态度。

正是这样一种态度必定将这里提出的认识和理解描述为价值标准。坦白地说，在社会层面和个体层面（如果这两个层面在某种意义上能够分离）对人类作出的决定进行的检验，在于这种决定在多大程度上表明它是并保持为*自由智慧的探索*。人类文化的一般伦理标准是，科学态度（要牢记这一短语的最广泛的可能意义）成为这种检验的一部分。在工具主义的认识过程中——这种认识令文化延续自身并理解和控制其环境——可以发现人类价值观的有效性。以上就是试图谈论同一件事的不同方式。

因此,人类智力的自由活动本身成为最高价值。但这种活动包含终极价值或目标吗?这种终极目标听起来像历史上的伦理学所尊重的至善。杜威回答了这个问题:

> 一直以来,我反对终极、最终之类的东西,因为我发现,它们总是表现为一些天生绝对、"自身即为目的"而不是在关系中互为目的的事物。它们之所以贵为
> 451 绝对,原因就在于它们被抽离出一切时间语境。一个事物就它是一个既定的时间序列中的最后一个而言是最终的,这样一来,它就是这个序列的终极。也有事物是反思性评价中最后出现的,那么在此意义上,它也是终极的。[有人]说,对我而言,理智行为的方法正是这样的终极价值。所言甚是。它是我们在关于探究的探究中所遇到的最后或结束之物。但是,由于它在探究的阶段性展示中所占据的地位并不是一个具有某种内在特性、与它物毫无关联的孤绝价值,它的绝对性体现在使用和功能上;并不因为一种使它成为神圣的先验的崇拜对象的绝对"内在性质"而宣称自己是终极的。①

像知识一样,价值关乎语境。价值是技术过程的一部分。脱离了它们的结构,价值就成为无意义的或独断的。可以肯定,技术能够被夸大;"美利坚主义"就其不好的意义而言就是这么个结果:小把戏成为对高尚举动的补偿,中产阶级成功操作的长处被提升到高于一切。但这一崇拜正是杜威对之表示悲哀的东西。它源于将方法论神圣化,将方法论作为目标本身;反之,作为关联或境遇中的目标,方法论是一种帮助克服困难的操作计划。号称遵循技术重要性的"唯物主义"与无知是不可救药的。事实上,专注于方法本身是一种承诺;因为,虽然这种专注会过度而且已经过度,但它仍然是一种有力的预防药,防止顽固地、病态地专注于那不可能接近的、孤立的人类价值观。

因此,看来在价值观之间、在人类长期的文化偏爱中间作出选择,要求这样一个前提,即这种选择是一种技术的功能,是根据情境的,不是渺茫的或求全的。进一步

---

① 引自《约翰·杜威的哲学》,《当代哲学家文库》,第 1 卷,第 594 页(《杜威晚期著作》第 14 卷,第 77 页)。

的要求看来是，伦理学及其对价值的特别关注，必须适合文化的其他方面，尤其要适
合社会性和生物性诉求，这些诉求遵循着行为方式的发展。最后，一个更有意义的假 452
设是，价值选择建立在诚实的区分上，接受“任何古老的”文化是软弱的迹象而不是世
故的标志。这里的论证总是能使人想到，将经验主义者的认识和控制结合在一起的
技术必定会为现代人建立规范。

8.

自然主义批判[①]

威尔蒙·亨利·谢尔登

453 自然主义在哲学中不是新名称。像其他一些词一样，它也有意义的变化。自然主义一词的含义在1944年的自然主义学派那里与詹姆斯·沃德(James Ward)1899年版的《自然主义和不可知论》(*Naturalism and Aguosticism*)中一样吗？抑或与普拉特1939年的《自然主义》(*Naturalism*)中一样吗？可能是不一样的。但在我们今天看来，最重要的意义是1944年的学派赋予的，他们就这样称谓他们的世界观。他们的这种用法现在成为最有影响的用法。因为他们出自对20世纪早期的观念论和二元论的反感和反叛力量，形成了哲学舞台上的明确的学派或类型。他们对追求真理充满热情和活力，他们声明真理是使哲学从云端降到(或从泥沼升到)地上所必需的。正如我们所预期的，他们的成员主要是年轻人，更进步的思想家。十五名信徒——或领导人——最近出版了讨论集《自然主义与人类精神》[②](我们时代的精神聚集起来在讨论中发起革新)。由于这一年轻人的学派的活力和影响，我们把他们当作自然主义之意义的适当代表。他们的自然主义意味着什么？

为公正地作出评判，明白无误的做法是读出他们写下的文字的含义。以旧学派为例，它几个世纪以来都在思考其文字意味或假设什么，这些说法或许能令它们的使用者不多不少正是按照学派所持的含义使用。以较年轻的学派为例，一个学派只是

① 首次发表于《哲学杂志》，第42期(1945年5月10日)，第252—270页。杜威、悉尼·胡克和欧内斯特·内格尔的回复见本卷第109—126页。

② 纽约：哥伦比亚大学出版社，1944年。除了另外注明的，其他引文均见该书。[杜威的投稿见本卷第46—62页，方括号中的页码指本卷。]

近来才具有了自我意识，上述情况就不太可能。年轻的学派相信，它正在强调一种新 454
的世界观，或者正在强调一种旧的观点，其价值刚被认识到。根据这一观点，它看到了摆脱哲学长期僵化的出路，看到了保证所有哲学家赖以取得一致结果的方法。为强调其发现的重要性，它很可能为这一发现造出新的词汇或短语，或至少在新的含义上使用一些旧的词汇或短语。因此，我们发现了“现象学”、“逻辑经验主义”等名称；因此，我们发现了今天的自然主义者将旧的词语“自然”和“科学方法”用于他的新用法。但当然“自然”是一个旧词，具有许多含义：如果要保持，他会保持其中哪些含义？他又带入了什么新的含义？正如“科学方法”，作为一个较为现代的词，也面临上述情形。一棵植物种入劣质土壤，我们连根拔起，植入较好的土壤，但我们可能在植物根上带来了一些旧的泥土。自然主义者所钟爱的这两个词会不会也这样？或许改革者非常渴望离开旧的基础，导致他们没有注意他们带来了多少泥土。在哲学史上这种情况并不少见，貌似新的观念被发现只是新名称下的旧观念。正如科斯特洛(Costello)谨慎地评论道：“我们必须提防我们被抑制的幻想改头换面再来折磨我们，就像弗洛伊德主义的深渊中跳出的龇牙大笑的魔鬼。”(第296页)普拉特在谈到他的《自然主义》一书时说：[①]“我认为我的小册子在保卫自然主义，反对它的最危险的敌人，它的大多数敌人经常被发现置身于‘自然主义者’的行列里。”那么，这些专题论集的投稿者们真正支持的观点是什么呢？众所周知，他们说他们支持以科学方法研究自然。但他们所指的自然和科学方法意味着什么呢？这些词的使用意味着什么呢？

我现在通过如下判定来开始探索。即这本论文集中上述词语的使用表明作者是唯物主义者。他们的自然主义正是唯物主义又一次使用了比较温和的名称。他们宣称已经取代了形而上学的传统形式；我相信他们又滑入了同一车辙。的确，他们精心地欲以不受谴责的方式定义唯物主义；但就其所有意图和目的而言，他们支持的是唯
物主义者一直支持的东西。因此，他们并没有像他们声称的那样，解决了观念论和唯 455
物主义历来的冲突(或经院哲学和程序-形而上学之间的冲突)；他们以偏袒的方式使冲突继续存在。

至少这一学派的胡克提出了这样的责难，他曾谈到唯物主义：“其与观念论的不同……超过了……自然主义和超自然主义的重大争论。”[②]的确，唯物主义和自然主义在其厌恶超自然之物方面是相同的。的确，一些自然主义者激烈抨击观念论者和

① 纽黑文：耶鲁大学出版社，1939年，前言第4—5页。
② 《哲学杂志》，第41卷(1944年)，第546页。

托马斯主义者的传统，因为他们是非物质存在的捍卫者。但当然这只是怀疑的根据。自然主义者最坚决地否认他们是唯物主义者。那么我们来看看他们否认这一点的方式。

主角杜威说："他[自然主义者]意识到，由于'物质'和'唯物主义'是在与被称为'精神'和'唯心主义'的东西的对立中获得其意义的，自然主义没有给后者留位置这一事实，也剥夺了前者在哲学中的所有意义。"(第 3 页[48 页])即自然主义者认为"物质"只有与精神或心灵相对才成其为真正的实体，而此时精神或心灵则被认为是另一个独立的实体。由于这一点，放弃这种对立实体的自然主义在一个更高层面上超越了唯物主义和观念论、二元论和一元论的对立。

现在让我们接受下述说法，自然主义不是唯物主义，因为唯物主义相信物质是一种固定的存在，一种没有精神的坚固材料，除非有——或看上去有——心灵与它相对，否则它没有意义。但我们不是在这个意义上谈论唯物主义的。我是"就其所有意图和目的而言"谈论唯物主义的；我用工具主义术语谈论。可以肯定，自然主义者正是应当以这种术语思考问题的人。那么我们应该用唯物主义指什么呢？为回答这一问题，需要注意：使得唯物主义和观念论的对立有意义的点在于，我们所说的意识的或心智的或精神的状态或活动，是否完全受制于我们所说的躯体的状态和过程？如果是，你就可以用一种方式安排你的生活；如果不是，你就可以用一种与上述安排完
456 全不同的方式安排你的生活。唯物主义——这里唯一涉及的那种——认为前者是完全受制于后者的。正如公开承认自己是唯物主义者的唐纳德·威廉斯(Donald Williams)所言："在整个宇宙，包括认知的心灵本身，没有不能由对其成分进行时空上的重新布局而摧毁(或修改)的东西。"[①]威廉斯为唯物主义论证道："甚至观念论者或二元论者，当他们确实想要理解或掌控某物时，都会利用时空形式。"[②]因为人们所想要的，就是理解并掌控事物；自然主义者肯定会承认这点，因为其工具主义哲学首先要寻找的就是为保证人的最高价值的实现而控制自然的工具。于是真正的问题是：我们称之为心智的或精神的状态或过程，是否能够控制我们称之为物体的状态或过程，在一定程度上独立于时空重新布局？或者，如果我们真正理解了当心灵看起来在控制躯体时实际发生的是什么，我们是否会认识到时空的重新布局是仅有的因素？接受后者就是唯物主义者。其他定义都忽视了这一问题。当然，真正的唯物主义会

---

① 《哲学评论》，第 53 卷(1944 年)，第 418 页。

② 同上，第 438 页。

承认，就现在的情况而言，当我们对控制神经系统的电能和辐射能知之甚少时，我们不得不利用比较粗糙的现成方法——即交流思想(仅仅通过物理手段)——来影响同伴。但他会坚持，思想仅仅是潜在的或暂时的肌肉反应；而确认思想会导致适当行为的唯一方法，就是拥有精确的科学知识去认识控制有机体行为的自然规律。因为毕竟，与物质有关的是物质活动：物质对我们的作用和我们能够使物质为我们做什么。实用主义的创始人詹姆斯看到了这一点，但它被遗忘了。因此，当我说自然主义者是唯物主义者时，我是指行动的唯物主义，一种超越纯粹理论、要开创一种生活方式的哲学。我认为，他们的计划和方法会导致或意味着，已知或未知的宇宙、心智、精神、生命的或无生命的全部过程，归根到底会服从于我们一致称其为物理的过程；因此，唯一可靠的控制自然、控制他人的方法，是以关于时空重新布局的知识来保证的。这 457
是唯一有意义的唯物主义，就其关注人类生活和人的将来而言。

作为唯物主义者，你或许相信无机物、植物、动物、人的等级分类，它们都不能根据低于自身的等级来完全描述。你或许把思想定义为感觉材料的奇怪的综合，这综合自身不是感觉材料(例如 R・W・塞拉斯(R. W. Sellars)所说)。要不，你或许相信，每一个等级都能根据较低等级来充分定义。无论哪种情况，你都仍是唯物主义者。关键是，更高等级的(精神的)东西，其行为是否能精确地由关于较低等级的东西的认识预知并控制。这种能力很重要，是自然主义者希望通过他们的科学方法获得的能力，通过较低等级东西的适当的"重新布局"，确保达到较高等级的东西。逻辑上的可还原性与这个问题无关。红与黑的对比产生的美能否还原为红与黑的性质？只要我们能够通过排列颜色获得这种效果，能否还原的问题又有何相干？我们发现兰德尔(Randall)和布克勒(Buchler)[①]的自然主义教科书非常强调还原论的谬误，他们说这是唯物主义犯下的。但这一观点是不相干的，仅仅是语辞上的。实际上，语辞冲突围绕着争论的关键发展——正如威廉斯在上面提到的文章中所表明的那样。(第424页及以下)唯物主义者在形而上的方面是唯名论者或唯实论者吗？在认识论上是主观主义者或实在论者或客观相对主义者吗？他能用"经验"这个词替代"心灵"和"躯体"吗？如此等等。足以令人惊奇的是，新的自然主义者自己在这里并没有真正采取工具主义态度。特别要注意胡克在与塞拉斯讨论唯物主义时所言。[②] 胡克发现

---

① 小约翰・兰德尔(John H. Randall, Jr.)和贾斯特斯・巴克勒(Justus Buchler)：《哲学入门》(*Philosophy: An Introduction*)，纽约：巴恩斯-诺布尔出版公司，1942 年。

②《哲学杂志》，第 41 期(1944 年)，第 546 页。

唯物主义的错误在于:“物质的形式或形状不是物质的,一些物质微粒的有机结合不
458 是另一个微粒,事件间的联系不是事件。”要这么说的话,世界上连一个唯物主义者都没有。甚至德谟克利特都不会说,原子的速度是原子。一个法国人不是法国人,因为他的头发是黑的!自然主义者由于把唯物主义等同于某种不相关的问题并否认之,从而逃脱了唯物主义的名称。他们看来是感到这个名称名声不好。但当真正检验——这一检验应该是他们自己的检验——他们的计划的结果时,我认为他们是唯物主义。现在我们从他们的文字中提取证据。

公认的领袖杜威说:“自然主义者必然尊重自然科学的结论。”(第2页[48页])我们假定,这一陈述并不意味着最终的定义,只是一个简要说明。这就出现了问题。“自然科学”一词包含多少东西?它包含内省的心理学吗?圈外人认为,具有确定结果、真实结论的自然科学,仅仅涉及物理事实,包括物理学、化学、天文学、生物学、地质学。即便这些,众所周知,还有一些不确定的观点;但是仍然有确定的关于事实、过程、规律的结论,这些科学中所论述的这些结论只具有物理特征。以人类学为例。当这门科学告诉我们印第安人、矮小的黑人等人种什么样时,关于他们的接触、鞠躬、颂歌、烧焦的拐杖,雕刻的木球等等,这门科学给出了确定无疑的结果。但当提出下述问题,即他们的仪式对我们或对他们意味着什么时,不确定性出现了。这里与社会学、政治学、历史学和内省的心理学一样。这些科学在我们所谓的心智方面没有获得确定的结论,这一方面使得这些科学对于人类具有趣味和价值。例如哲学家,他们之间并不一致。因此,物理科学以及任何只要是关于物质的科学,才是自然主义者应当尊重其结论的科学。物理自然是唯一可以达到关于世界的确定知识的自然。无论要对什么作出解释,必须用物理学术语来解释;其他解释都是不能被证实的。的确,自然主义者不想成为独断的;他们不会说“其他解释都不可能证明是正确的”。但他们不应当这样说吗:“从至今我们拥有的关于科学的所有证据看,物理科学看起来是唯
459 一拥有确定的真理的科学”?我认为,从杜威的话看这一点是明显的,即便他的意思不完全是这样。

但无疑他的意思不仅于此。我们清楚地知道,对于他和其他自然主义者而言,他们更强调的不是自然科学的结论而是其方法。在他们看来这是重要的*必要条件*、必要因素。兰德尔在书的末尾总结道,自然主义是“一种态度和趋向:它根本上是一种哲学方法和计划。”(第374页)杜威经常敦促我们要把科学*方法*——经验的、实证的——应用于我们的社会道德问题:“科学方法运用于人类社会的整个领域进行探索。”(第3页[48页])让我们现在反过来从结论转向方法,将自然主义看作一种方法

而不是大量结论。自然主义者所爱慕的科学方法会使他们致力于肯定怎样的世界?

的确,一个人的方法预示他对被研究的事物的看法。人们不会无中生有地获得方法;方法不是独立于内容的。我们不会用说服大人的方法去说服一个孩子。我们用望远镜观察星星,而不是用来解剖植物的种子。如果倡导某种方法,倡导者就暴露了他对于被研究的事实所拥有的可能性质的看法。没有纯粹的方法论:每种方法都面对着一种形而上学——尽管可能是暂时的。

现在,我不知道在自然主义阵营中对科学方法有什么标准分析。我们将观察获得的经验和证实视为当然,但这对于我们是悬而未决的。神秘主义的鼓吹者能通过直接观察证实神的存在吗?内省的心理学家能以私人的心灵做实验吗?为找到这类问题的答案,我们所能做的就是从这本书中挑出陈述,希望不会误传作者的意思。我所发现的大多数陈述都非常普通且很含糊,更明确的观点则直接指向唯物主义。因此兰普雷克特(Lamprecht)说,"在这篇文章中'自然主义'意味着一种哲学立场,它在方法上是经验主义的,将存在的或发生的事物都看作以无所不包的自然系统中的因果要素为条件。"(第 18 页)这基本无助于澄清方法的意义;内省的心理学家可以声称是"经验主义的",行为主义心理学家也同样可以声称是"经验主义的",以因果要素做出解释是其共性——除了现在使用偶然性的物理学。我们也不可能从下述短语—— 460
"无所不包的自然系统"——了解关于方法的任何东西;它只包括物理世界吗?或者,它包括人们想到的一切——只要他有很好的理由相信其为真,例如神和天使等?当我们问"自然"意味着什么时,随之而来的是更多的问题;此刻只有方法问题。胡克也提到了方法:他将自然主义定义为:"完全接受科学方法作为达到关于自然界、社会和人的真理的唯一可靠途径。"(第 45 页)在另一处,胡克说:"有许多各种各样的思想,它们在哲学史上被称为唯物主义和自然主义……它们的共同点不在于理论方面,是关于质料或物质结构的理论,还是关于认识或本体论体系的理论;而在于信仰方面,它们相信有效的认识是科学方法所证明的认识,相信科学方法(不必非得是物理学这一特定学科的方法和技术)应用于所有经验领域,将拓展我们的理解力或增进我们的控制力。"①这种说法仿佛是说在诸如社会学、政治学或伦理学领域有许多好的科学方法。但可叹的是它并没有告诉我们这个方法是什么。再来看另一陈述。埃德尔说:"对科学方法的依靠,以及对于物质第一性和变化普遍性的认识,我把这些看作作为一种世界观的自然主义的核心观点。"(第 65 页)"物质第一性"听起来是唯物主义

① 《哲学杂志》,第 41 期(1944 年),第 549 页。

的，但还留下了存疑之处，即是否“物质”(matter)只是指“材料”(subject-matter)。无论如何，我们没有被告知科学方法是什么。当杜威做出如下断言时模糊性减少了，他说：“科学方法毕竟仅仅是在收集、排列和检验证据时系统地、广泛地、谨慎掌控地运用公正的观察和实验。”(第 12 页[57 页])但我们还想知道，例如，是否内省是很好的证据，如何检验证据。拉文(Lavine)女士实际上似乎是把科学方法看作不定的。她说：“的确，科学史、社会人类学[等]领域的发展……已经对无条件的科学方法的观念
461 产生了重大怀疑。”(第 207 页)按照我的理解，这位作者认为，科学方法是对当今社会需求的回答，由于一代代人的这些需求是变化的，因此科学方法也应当是变化的。如果是这样，我们几乎没法从糟糕的哲学角度呆板地把科学方法定义为人类的永恒工具——即便自然主义者都感到是这样。让我们来看看这一学派目前是如何看待科学方法的。毕竟对于我们的目的而言这就足够了。内格尔做出了更准确的陈述：“或许唯一使所有各式各样的自然主义者团结在一起的，是追求根据可辨别的身体行为理解事件变迁这一心灵习性。”(第 211 页)当然，这也是唯物主义的内容，因为我们认为内格尔是在谈论科学方法。另一方面，甚至从像丹尼斯(Dennes)那样彻底的分析中，我们也得不到确定的注解。他说：“在自然主义看来，除了通常称为科学的认识外，不可能有其他认识。但这种认识不能被说成是受其方法限制在某一有限领域的，……它不排斥被称为历史的过程，不排斥美好的艺术的。因为不论问题是关于‘原子内部’的力还是……贝多芬的第二拉苏莫夫斯基四重奏，……除了检验相关证据并从中得出推论外……没有接近被检验的假设的真正方法。”(兰德尔赞同并引述，第 359 页)如果他告诉我们相关证据是什么样的也行——例如，我们是能够相信内省的报告，还是必须使用行为主义的方法！最不幸的是，这些自然主义者的著述具有许多像这样的段落。在谈到自然主义尊重科学方法并拒斥超自然方法时，丹尼斯也认为：“在这些方面，其精神非常接近于传统的、更明确的唯物主义的自然主义。……但当代自然主义比起传统的自然主义更清楚地认识到，它与其他哲学立场的区别在于它批评和拒斥的假设和程序，而不在于它自己对宇宙做出的任何肯定。”(兰德尔引述，第 359 页)的确，我们知道自然主义如何拒斥超自然物。但它怎样积极地利用自然呢？我们清楚地看到，自然主义并不想被称作唯物主义。我们也看到，当它对其方法
462 说出一些特殊和肯定的东西时，它实际上在指涉纯粹物理科学中发现的那种程序。以杜威关于观察的陈述为例：“观察的性质……很少用自己的术语来讨论问题，就像在天文台的观察中，在化学、物理学和生物学实验室的探索中，在植物学家和动物学家涉足的野外实地考察中，所使用的程序术语来讨论问题。”(第 4 页[49 页])请注意，

上面提到的科学只是关于自然方面的。因此当拉腊比(Larrabee)这样谈论美国自然主义时,我们并不奇怪,他说,“比任何理论更重要的是托马斯·杰斐逊的实践的唯物主义,他坚信‘生活与物质同在’”。(第320页)

但或许,对科学方法之意义的最好的检验可以在自然主义者对待心灵和意识的态度中发现:这是一个特殊问题同时又是核心问题。我们来看克里克雷恩(Krikorian)在其“自然主义关于心灵的观点”中所言。这里我们看到了非常明确的规定。许多段落都可以引述;我们选择一些直率地表明其行为主义的段落。“自然主义对心灵的探索是实验性的探索。这意味着心灵必须被作为行为来分析,因为行为是心灵是可以用实验来检验的惟一方面。”(第252页)“心灵可以被定义为用预期来控制行为。”(第252页)“心灵的未来指涉不需要依赖内省术语来解释。”(第254页)“预期的反应有其内省的方面,*然而内省本身正如我们会看到的,可以根据行为主义来描述*。”(第254页,斜体字为我所标)关于思想他说:“麦克杜格尔(McDougall)需要一个心灵实体……完成推理活动。但为什么要为这种活动假设一个不可证实的心灵实体呢? 正如劳埃德·摩根(Lloyd Morgan)所指出的,‘所谓相关活动,能否被合理地归结到作为整体的皮层或组织中的生理过程?’”(第257—258页)涉及麦克杜格尔,他又说:“但在自然主义者看来,对意动的分析并不要求‘纯粹的心理事实’。意动……具有其躯体基础。意动举动作为行为是可以研究的。”(第259页)又说:“欲求不是某个不可达到的领域中的不可观察的实体;它们是某种可观察的行为。……一个人饥饿的程度可以用他所吃的食物数量来验证;疲劳程度可以用他睡眠的多少来检测;疼痛程度可以用他使用止痛剂的数量来测定。”(第268页)而作为个体的私 463
密单位的心灵,“结构上这一单一体是生物有机体;行为上这一单一体是整合的行动”(第269页)。

心灵是观念论者和唯物主义者之间的一大争论焦点。自然主义者声称超越了这一争论,到达了观念论和唯物主义都消失的层面。自然主义者真的做到了这一点吗? 自然主义者的座右铭是科学方法。科学方法要求实验与观察可以为他人所证实。心智状态或过程,就其不是物质的、不是“行为”而言,不能被观察。自然主义者认为它们是“不可及的”。但对于其所有者而言,它们当然是可及的;只是对于他人,对于公众,它们是不可及的。在自然主义者看来,科学方法因此意味着,非公共的观察既没有理由也没有意义。检验是公开的;私人的和隐秘的东西应当被排除在外。公众可以观察的东西是物质的东西。因此当自然主义者研究人们称之为心智的东西时,不得不把它们当作躯体的或物质的东西来处理。这正是唯物主义的真实面目——行动中的而不仅仅是口头上的唯物主义。当自然主义者面对特殊的问题时，面对不同年代观念论者或唯心论者或二元论者与唯物主义者之间的斗争时，他明确站在唯物主义一边。这是“科学方法”对他的强制约束。这也是对自然主义者使用这一术语的约束。

现在来看另一个词，对自然主义者的信条非常重要的词，即“自然”。自然主义者用自然这个词表示什么呢？我们最好从两方面看这个问题：他理解的自然不是什么，即自然明确地排除什么；以及自然是什么，自然包括什么。我们先从否定方面开始：自然不是什么。

可以肯定，自然不是超自然。那么超自然指的又是什么？超自然的典型实例是什么？胡克说，“上帝、不朽之物、脱离肉体的灵魂、宇宙的目的和设计，正如它们通常由正统宗教作出解释，它们也为自然主义者以否定仙女、小精灵和妖精的同样原因作出否定。”(第 45 页)作为下一段的开始，“我不认为无视下述事实有什么好处，即自然主义者否定超自然的力量的存在”，(第 45 页)我们可以公正地假设，“超自然的”可以
464 被应用于“上帝”等上面提到的词。兰德尔在概述中说：“自然主义没有为任何超自然物留有余地——既没有为超自然物或超验的上帝留有余地，也没有为个人死后的残存物留有余地。”(第 358 页)对于迄今基督教或其他宗教的信仰对象而言亦然，但这一名单更长。还包括某些所谓的道德原则。杜威谈到“表面上宣称非超自然的反自然主义哲学家”，“从来没有停止过思考…… 自然冲动和欲望在道德上的诱惑性”；那种人认同“人类关系中的真正道德因素是为精神性的非自然的源泉与权威双重决定的”。(第 2 页[47 页])这些例证描述的应该是超自然思想家，因为杜威说这些思想家是“表面上”的非超自然思想家，而他们实际上是超自然主义者。他继续说：“除了公开的超自然主义外，还有一些哲学家声称他们外在于自然主义，但不是超自然主义；他们的学说是建立在更高的理性或直觉能力上的，而不是建立在某种天启，或诸如此类的其他什么上的。我个人相信，他们的哲学只能被理解为对公开的超自然主义的历史继承……”(第 2 页[47 页]，我们不需要进一步引证了)如果我没有弄错，康德、费希特和黑格尔都属于以上这类。因此我们必须在宗教集团之后再补充上道德直觉主义者和理性主义的观念论者。看来杜威把这三者都看作自然主义的敌人；或许胡克也是这样。那么使得他们如此敌对的这些敌人的特征是什么呢？杜威说，“反自然主义”，“反对运用科学方法探索人类社会事务领域的问题”。(第 3 页[48 页])其立场是：排除科学方法。看起来恰恰是这一排斥标志着超自然主义或反自然主义。在这本书中我发现再没有比这个更肯定的区分了。结论是：自然主义支持科学方法；排除

科学方法的无论什么，都属于超自然主义。我们回到了出发点。“自然”意味着可以使用科学方法的。科学方法是我们得到的一切。

迄今只涉及了“自然”的否定方面。但可以肯定，这个词有某种肯定的特征。自然主义肯定不仅是恶的循环——“对能够用科学方法来研究的东西用科学方法来研究”。做正确的事是因为做正确的事是正确的！什么是正确？我们如何能识别构成 465
自然的东西，识别我们可以研究的东西而把其余的存而不论？

兰德尔说：“根本没有应对自然的方法不能进入的‘领域’。坚持‘科学方法’的普遍性、不受限制性，是这里每一篇文章的主题。”（第358页）他曾说过：“自然主义，就这本书所持观点而言，可以被否定地定义为拒斥将‘自然’或‘自然的’看作指涉差别的词。……目前自然主义者的‘自然’毋宁说是包罗一切的范畴，相应于古希腊思想中‘存在’的作用，或观念论者那里‘实在’的作用。在这个意义上，正如丹尼斯先生所认识到的，成为包罗一切的自然主义不再是一种与众不同的‘主义’。它把无论什么人以无论什么方式的遭遇看作‘自然的’；自然，正如科斯特洛所指出的，是对‘相当混乱的混杂物’的集合名称。”（第357—358页）但现在想一想：“无论什么人以*无论什么方式的遭遇*”应该包括“仙女、小精灵和妖精”，不朽的灵魂，托马斯·阿奎那的天使等级，宇宙的完满第一因，正如它包括当今的社会趋势或电力学中的平方反比律。自然主义要在这些中作出选择吗？兰德尔清楚地意识到包容性太大这一危险，继续说，“但自然主义……认为人们遭遇的每样东西在自然中有其自然的状况，这并不意味着自然主义能够吸纳所有关于人的遭遇的哲学理论，在这个意义上不再具有独特的立场”。（第358页）“自然主义因此归入一般的作为批判地阐释的哲学活动——考察自然的所有这些不同的‘材料’。……肯定地讲，自然主义能够被定义为连续的分析——作为所有投稿者所说的‘科学方法’的运用，以批判地阐释并分析每一个领域。”（第358页）于是我们可以这样解释自然主义：自然意味着一切；将科学方法运用于一切你就会发现什么是模仿品，什么是实在，什么是真正的价值，什么是次品。超自然意味着我们对其不能运用科学方法，简单地说就是不存在。我认为，当兰德尔说自然主义没有吸纳所有关于人的遭遇的哲学理论时，他就是这个意思。一些超自然主义的理论肯定是错误的，必须抛弃。并不存在超自然之物。重新引述一遍：“自然 466
主义没有为任何超自然物留有余地——既没有为超自然物或超验的上帝留有余地，也没有为个人死后的残存物留有余地。”（第358页）我认为，他之所以这样说，原因是作为自然主义者他相信这两个概念一直在被研究，科学方法没有找到检验的方法，没有展示其前景。因而又是这样：“自然”一词无论获得什么确定的意义，都出自其运作方式,即科学方法。这种情况讽刺性地类似于托马斯·阿奎那的质料-形式:被研究的被动的质料(即自然)由于主动的原则或形式(即上述方法)的运作而获得了其特定性质。这是讽刺性的而不是调和性的!因为自然主义者将托马斯主义者当作最坏的敌人。

于是只有科学方法是我们能够掌握的一切。这一方法自身决定着什么是适于研究的,什么是无望进行研究的。信条不再是两个:自然与方法。信条只有一个:方法。自然如同经院哲学最初的质料,仅仅是可能性,是一种可以服从于科学方法的东西。在兰德尔和布克勒的自然主义教科书中肯定了这一解释:“自然主义排除了不能在科学上进行研究的东西,而将可以研究的领域称为‘自然’”。(第 183 页)

这种一点论的解释正确吗?我提出补充证据。从头读这本论文集的读者很快就会奇怪,为什么上述词没有被精确地定义,尤其是没有被这一年轻的学派定义,他们通常坚持科学的精确性。直到读到 121 页施奈德(Schneider)的文章前,读者一直会感到奇怪,只有施奈德的文章深思熟虑地试图定义“自然”一词。那么读者会发现什么呢?施奈德在驳斥了两个与我们这里关注的问题无关的可能的定义后,提出了第三个他决心采用的定义:自然(本质)①是就事物本质的意义而言的,是相对于非本质而言的。于是我们说,人的自然(本质)是思想,至于他思想的是月亮还是桌子则是非本质的。这一断言就如同亚里士多德主义-托马斯主义的观点,实际上施奈德说,“我自觉复归这一古老的本体论,因为我认为我看到了其腐朽的、中世纪的表现形式的错
467 误及其现代批判的荒谬”(第 125 页)(两极再次相遇了)。但在我们看来最重要的是:他以事物的自然(本质)指其通常所是之物,应当所是之物。当人真正表现出人类自然(本质)时,他是其应当所是。施奈德说,自然(本质)“是规范的。真实就是真的。类似地,‘忠实于一个人的自然(本质)’不是一个愚蠢的断语,虽然它是多余的。遵循一个人的自然(本质)就是真的、健康的、合理的、可靠的”。(第 124 页)“自然(本质)是一种规范,但既不是统计学的规范也不是理念的规范。”(第 125 页)“自然的(本质的)爱不是通常的爱,而是规范的、健康的爱。”(同上)“‘自然(本质)’意味着不仅仅是可能。”(同上)“……不需要考虑平均值就可以辨别规范的或健康的有机体。规范的汽车就是一个运转着的机器。”(第 125—126 页)“正是自然(本质)在运转。”(第 126 页)最后,尽管他承认这一观点易受讽刺,他说:“我宁愿采信这一观点,不愿采信观念

① 在他的定义里 nature 一词译为“本质”更好理解,为 nature 一词译法的前后一致,仍译为“自然”,而将其更确切的意思“本质”加括号置于其后,下同。——译者

论将实在等同于理念，不愿采信正统的自然主义的信仰，即所有东西在自然上（本质上）是同等的，也不愿采信正统的经验主义的信仰，即可能的就是自然（本质）。”（同上）和这一学派中的其他人不同，他提出的“自然”定义类似于“超自然主义者”的旧定义；用他自己的话说，他宁愿采信这个也“不愿采信正统的自然主义的信仰，即所有的东西在自然上（本质上）是同等的。”（同上）这真的破除了我们取自兰德尔的关于“自然”的观点吗？兰德尔评论施奈德的观点道：“施奈德先生提出的启发性观点复活了传统的关于‘自然（本质）’和‘自然的（本质的）’两词的规范用法……有许多可取之处。……而施奈德先生是否走得如此之远，以至于鼓吹大写的‘自然’（Nature）（大声地欢呼！）则仍悬而未决。但正如他承认的，这一规范的用法在当代自然主义思想中难以确立，除了他的文章外，这本论文集中没有一篇论文提到这一用法。一些人，如科斯特洛，看来肯定反对这一概念。”（第 357 页，脚注）我认为我们应该注意这些话。它们为模糊的“自然”一词的含义提供了确定的见解。当这一学派的一员提出一个肯定的明确的概念时，在兰德尔非常明智的摘要中就可以发现，它与一般对于这个词的理解有所不同。那么，除了将“自然”看作正是、也仅仅是等待被科学方法承认或否定的质料以外，还留下了什么呢？总之，科学方法是当代自然主义的最要紧的和最终的（或最首要的）东西，是最必要的，是以往哲学僵局的解决者，是将来丰富的发现的保 468
证。正如兰德尔所断言，自然主义“现在拥有详尽的关于事物结构和行为方式的知识，构成科学事业的详尽的研究技术和证实标准，以及人的才智所发明的最有效的分析和控制工具”（第 374 页）。这一判定是对科学的颂扬；因为“详尽的”关于结构的知识等，只能由自然科学而不是哲学来提供。于是我们要强调第二个部分：“构成科学事业的详尽的研究技术……，最有效……工具”，等等。

的确，这个观点似乎在别处被兰德尔或被上面提到的教科书的共同作者布克勒否定了。为确定自然主义者对科学方法的态度，这本教科书说：“它也不把科学方法提升到普遍万能的地位。因为首先，它承认认识，也承认非认识的经验——除科学之外的艺术和宗教——对于世界观的贡献。”（第 227 页）但我发现这一声明只是语言上的。当要检验某些未经证实的宗教或艺术观点时——因为当然这些观点不应不加批判地接受——检验会遵循行为主义方法。那张画真的漂亮吗？你说是。我则怀疑你真的感觉它漂亮。我将适当的物理学设备用于检测你的腺体和肌肉的反应，发现它们的反应不具备人在欣赏美的东西时的特征。你在欺骗自己。你假设的艺术洞察或体验并不存在。实际上，科学的、行为主义的方法给予了确认一个人具有艺术或宗教体验的唯一可能的方法。我们用他的话来确认：这个报告只是私人的，在可以证实的真理领域之外。如果兰德尔和布克勒将他们曾经指出的某些特殊的艺术或宗教对世界观的贡献归结为毫无疑问的真,不需要科学确证,那就好了!我怀疑他们做不到这一点。至少参加我们讨论的作者明确地将科学方法提升到"普遍万能的地位"。他们一定会这样;在他们的工具包中再没有其他东西了。

让我们以这一对自然主义信条的说明为基础。现在回到下述判定:这一信条使
469 人成为唯物主义者。理由就是这个。无论科学方法还意味着什么,它肯定意味着证实,包括公众确认、公开的和其他人的证明。仅仅私人的是无法证实的。现在坦率地说,可以由许多人来见证的现象界是物理世界。心理学中的行为主义者看到了这一点:正如C·L·赫尔(C. L. Hull)评论道,他们不像哲学家们那样去论证并说服他人,而只是记录事实,物理事实是没有分歧的。自然主义者克里克雷恩看到了这一点,正如我们上面所引述。并不是所有自然主义者都看到了这一点;但我发现根据他们的信条无法逃避这一点。即便他们仅仅承认社会证明是最后诉诸的手段,同时又认为事件中有着非物理的或内在的、我们称之为心智的方面,即他们承认整个实在必须具体化,但又声称具体化不是实在的全部——那么这时他们也没法用科学方法证明他们的断言,除非他们能使这一内在的方面得到社会确认——这意味着像物理事实那样公开展示它们。自然主义者众所周知的对社会性的强调完全符合他们对科学方法的推崇。两者直接趋向唯物主义,唯物主义认为,所有被证实的真理都仅仅关乎物理事件及其性质。

如果他们超越合理怀疑,证明科学方法是唯一可运作的方法,那么不得不在同样程度上证明唯物主义是唯一真正的形而上学。如果他们只是假设这一方法的有效性是至今发现的最有前途的,那么只是假设唯物主义的真理是最可能的形而上学。不论在哪一种情况下,只要他们是哲学家,就在行动的意义上是唯物主义者。由于今天的确存在其他类型的哲学,包括托马斯主义、观念论、心一物二元论、神秘主义等,它们否认科学方法的充分性,所以自然主义者再一次回到门派水平。不论对错,他们实际上放弃了综合的态度,尽管杜威的话貌似表明了这一态度。

现在作一个个人的"非学术的后记"。

如果你们自然主义者相信,你们对唯物主义的形而上学做出了积极的事情而不是仅仅做出欢迎姿态,那么我向你们致以下述文字。请注意,我不对指导你们的工具主义,或过程普遍性的学说提出异议。相反,你们的工具主义和过程视角在我看来是
470 对哲学的不可缺少的贡献。我要说的正是从工具主义观点出发。

因为,一种方法的优点必须被其结果检验。你们在哲学上并没有给出新结果;你

们只是指出自然科学得出的结果。如果你们认为哲学是这些科学之外的东西，就应该靠你们自己证明，如果你们想要我们相信你们的方法是正确的，就要实验它，看它是否为这些科学增加知识：不仅仅是自然科学的知识，而是形而上学的知识。你们中没有一个人试图做这些。当然，你们暗含着一种形而上学；每种方法论都会暗含形而上学。但你们显然害怕将它公之于众并为它辩护。于是，就我们旁观者来看，你们所能做的，就是要求我们悬置判断。你们自己的信条告诉你们不要相信任何事物，直到它们为实验所证实。在你们向我们表明你们的哲学方法成功地给予了我们像科学真理一样的客观真理、哲学行家都同意的真理之前，怎么能期待我们相信你们拥有正确的哲学方法？如果我们说，是的，你们或许有一种有前途的哲学方法，但在你们用它获得关于实在的新的特殊的认识之前，我们不能对它做出任何判定，那么你们会满意吗？我恐怕你们不会满意，我怕你们声称你们事先已经证明了你们的方法在哲学方面是正确的；这是个先验主张，你们是最不应该作这种主张的。

你们可能回答说：但科学方法已经被检验过了，它已经给出了证明过的结果，别的已知的方法都没有经过检验；因此显然我们应当把它应用于哲学。这是什么逻辑！科学方法在物质的东西方面取得了成功。这一点得到同意。于是你们就说，试着将它用于非物质的东西——价值、思想、天使、不朽的灵魂，等等。你们发现它不能用于这些方面——因此这些方面就是不真实的。正如说：这里有我们准备用于整个实在的某物，因此它不能对之起作用的东西，我们就称之为非实在。或者你们要诉诸普遍同意？物理学家是唯一给出普遍接受的结果的人吗？当然，如果普遍同意是我们的唯一目的，我们最好去解决物质世界中更容易的问题。但你们确信超自然的黑屋子里没有任何实在、没有黑猫吗？你们或许可以确信，但就普遍同意而言，大多数哲学家，即便我们这个科学时代的哲学家，都会反对你们的观点。这并没有减轻你们的信 471
念，不是吗？显然，普遍同意并不是如此重要。可是毕竟，当多数人反对你们时——并不是未受教育的乌合之众的多数——不是意味着你们该在科学方法外寻找另一种获得普遍同意的方法吗？因为当然我们都想要获得普遍同意，但我们并不想付出太沉重的代价，不想牺牲那许多看起来对人的生存有价值的观点。很可能，你们打算求助于普遍同意，但你们对于科学方法的特殊强调只会拖延哲学上的纷争。当然你们不能宣称由于考察了“无论什么人以无论什么方式遭遇”，就证明了观点的正确性。

另外，你们可能否认对于哲学而言有任何特别的客观真理，如同科学结论那样。你们可能认定，哲学只是科学的方法论。如果这样，你们作为哲学家来说，在写作和教学方面基本没有什么可做的事；科学家比你们更了解他们自己的方法，你们应该成为物理学家或生物学家或其他特殊的科学家，以便成为有分量的方法论家。如果我理解没错，杜威会希望哲学家以自然主义的方式加盟社会学或社会伦理学，他认为这种方式会成为人类将来的最大希望。至于在我们的大学、在独立的院系教授哲学，你们或许会继续若干年，直到科学方法的地基被完全清理出来。之后，你们或许在哲学史的课程中表明大多数哲学体系如何错误，但这不是令人鼓舞的教学计划。你们所能做的就是科学的看门狗，喝走所有超自然主义的假设，或者像塞拉斯所说的，是“各种科学的奉迎者和趋炎附势的机构”①。但可以肯定，你们的学生，如果他们留意到你们的教导，他们自己将不会进入哲学领域；他们会在这一或那一科学领域应用科学方法。因为具有什么样智力的人会把他的一生致力于抨击不科学的东西？

但不论你们做什么，事实仍然是对可怜的人类自然（本质）的一大讽刺；你们工具
472 主义的自然主义者坚持认为所有真理必须在实验上被检验，却并没有完成对你们自己的实验——或许除了杜威的教育方面的实验。就结果而言，仍如观念论和唯物主义、托马斯主义和实用主义或其他冲突的哲学对立面一样，今天的各种意见依然是对立的。

自然主义的哲学改良劝说我们在可以运用科学方法的领域，接受为刚性的科学方法所建立的东西，这话没错。但可能有适用其他方法的真理；若干世纪以来大多数哲学家是这样认为的，现在仍然这样认为。这种真理可能适合于人的隐秘的私人的心灵，适合于超自然物，甚至适合于世界上某些无理性的因素。为了以强调排他的科学方法、驱除上述内容，自然主义把我们带回我们过去所在的地方，即门派斗争的竞技场。它对于哲学联合事业或确定的真理并没有贡献新的东西。

---

①《哲学杂志》，第41期（1944年），第693页。

9.

答杜威①

致《哲学杂志》编辑： 473

杜威教授在《哲学杂志》中关于我的专著《符号理论的基础》与皮尔士符号理论的关系的讨论(《皮尔士关于语言符号、思想及意义的理论》第43卷(1946年)，第85—95页)可能给予你们的读者这样的印象，即我的分析被视为对皮尔士观点的介绍。事实不是这样。结果可能是，烦扰杜威的核心问题(行为主义倾向的符号学与诸如卡尔纳普那样的“形式逻辑学家”的作品之间的关系问题)会因为他把注意力放在下述历史问题上而被忽略，即我的观点与皮尔士观点一致或不一致到什么程度。我的专著当然没有充分关注行为主义符号理论的“逻辑分析”的领域。我打算在我的《符号、语言、行为》(*Signs, Language, and Behavior*)一书中更多地审视这一问题，这本书数周后将出版。

查尔斯·W·莫里斯

芝加哥大学

① 首次发表于《哲学杂志》，第43期(1946年)，第196页。这是对杜威的文章的答复，杜威的文章见本卷第141—152页。杜威的反驳见本卷第331—332页。

10.

答约翰·杜威[①]

亚历山大·米克尔约翰

474 在《财富》8月号上，约翰·杜威讨论了美国教育理论的现状。他为他称为“对教育中属于现代的新事物的攻击”所激动而提出抗议。杜威先生对我们的教育中“属于现代的新事物”的影响如此深刻和丰富，这样界定的任何攻击都必定会被他认为是对他毕生伟大成就的攻击。然而，由于他的无畏与大度，杜威先生欢迎攻击。他认为这种攻击可能“完全是反动的”。但“必须直面这种攻击，直面这种攻击将使长期以来处于黑暗中的信念明确起来”。“厘清目前的问题不仅有助于澄清我们教育中的混乱，而且能够为僵化的哲学注入生命力。”

杜威先生以这些话确立了一种精神，使讨论能够富有成效地进行。但在尝试相互理解时，杜威先生甚至走得更远。他坦率地承认与对手的基本观点一致，虽然只是部分地一致。他“根本上不同意”他们的理由，“同样根本上”不同意“他们主张的救治措施”。但他像他们一样极为肯定地断言：“现在的制度（如果可以称作制度）缺乏目标、材料和方法的统一，仅仅是一种拼凑起来的东西。”“我们同意”，他说，“我们不能确定我们在朝哪里走，我们想要走到哪里，我们为什么要这样做。”“我们同意，超负荷的课程需要精简。”“我们同意缺乏统一性。”

475 现在写下这些话，是希望进行公正诚实的争论。杜威先生真正掌握了苏格拉底式的反讽法，接受他的对手的用意所在作为自己的目标。像他们一样，他在拼凑的思

---

① 首次发表于《财富》，第31期（1945年1月），第207—208、210、212、214、217、219页。本篇针对的杜威的文章见本卷第261—275页。杜威的反驳见本卷第333—336页。其他信件见本卷附录11和第337页。

想和教学中根本找不到乐趣。他也憎恨语无伦次和缺乏计划。他也想知道他正在做什么，他要去哪里。于是，争论的两派有了共同的问题。课程如何能被精简？我们怎样能既不失去属于现代的新事物的丰富性和多样性，又在我们思想和教育中达到统一性？通过界定了共同的问题，杜威先生根据对手能够接受的说法陈述了问题。他的表达总结了这么个基本问题：搞乱我们当前关于教育的思想的究竟是什么？这一表达显然对于界定它的人是成功的，有意义的。

但杜威先生指出他对手错误的论断也非常犀利——虽然我认为并不是很清晰——就像他陈述其正确之处的论断一样。他告诉我们，他们认为，统一性能够通过研究过去来发现。他断言，统一性必定只有在研究现在中才能被发现。他说："我们完全不同意下述信念，即我们制度中的错误与缺点源于过度关注在人类文明中属于现代的东西，即科学、技术和当代社会问题。"他以下述的话对他的敌人发起进攻："因而我从这一事实入手，即我们正在被告知，真正自由的(liberal)教育需要回归大约两千五百年前希腊人设计的模式和标准，需要恢复和实践六七个世纪以前封建的中世纪的模式和标准。"

现在，作为杜威先生的对手之一，我发现对我的观点的陈述在两点上是不能令人满意的。首先，为什么我必须在研究过去和研究现在之间做出选择？为什么不研究这两方面？若干年前，在威斯康辛大学实验学院，我在教新的课程时有一个自由的机会。我们在那里遵循的路径恰恰是杜威先生在他对问题的抽象表述中没有说明的。在前一年中，我们研究公元前五到四世纪雅典的生活和思想。在后一年中，我们让我们自己和学生们进入十九世纪和二十世纪美国的"科学、技术和当代社会问题"。我 476
们把杜威先生向我们提出的两个选项都采纳了。

但还有第二个困难。杜威先生认为，对古希腊的研究是要"回到希腊人设计的模式和标准"。为什么呢？对过去的研究意味着我们打算仿效它吗？在实验学院肯定不是这样。在圣约翰学院也不是这样。这两个教育机构的教师和学生都尝试培养评判的理智。他们研究荷马、柏拉图、欧几里德、阿奎那、牛顿、莎士比亚、达尔文、马克思、凡勃伦、弗洛伊德，不是因为这些伟大的思想家是正确的，而是为了发现他们如何正确、如何错误，为了发现何谓"正确"、"错误"。例如，我们研究托勒密不是因为他比哥白尼"高明"。我们研究他是相信对托勒密的理解有助于更好地理解哥白尼。可以肯定，我不能为下述断言找到任何根据，即断言研究过去意味着接受过去作为优于我们自己的标准。

然而，在这方面我们最好遵循杜威先生的榜样，坦率地说出我们对他的观点的同意和不同意。就基本的意义而言，的确，所有教育都应该是对现在的研究。中小学和大学都被号召要在智力方面武装起年轻人，使得他们足以应对的实际生活的需要。我们的中小学生要作为个体，在变化的美国背景中生活十年、二十年、三十年、四十年、五十年。那么，为了把这些年的生活过好，他们需要知道什么，需要获得什么样的思维方式？对任何教育的辩护——或责难——都得从其对被教育者日后经验的影响方面来发现。他们知道他们正在做什么、他们为什么走、正在去哪里吗？如果他们知道，学校或其他机构就达到了教育的目的。如果他们不知道，那么不论学生们知道多少，对他们的教育是失败了。教育的目的是理解现在。就这一陈述而言，就我所知，在杜威先生和他批评的人之间根本没有不同意见。

477 但杜威先生和他的对手还有第二个不一致的问题。姑且承认教育的目标是理解现在，我们还必须问，这个目标如何能以最佳状态达到。对教学方法的研究虽然与目标的确定相互依赖，但并不相同。由于否认这一不同，在我看来，杜威先生误解了他的对手。他把他们对一个问题的回答当作对另一个问题的回答。由于这一误解，他和许多追随者把下述教师看作反动分子，这些教师和他们一样极为热情地为民主而战。将美国的教师团结起来或分离开来的主要问题不是“在为自由和平等的斗争中我们要进还是要退”，问题是：“我们如何前进？”

如果我们从杜威先生的一般谴责转向更明确的抨击，我认为，关键在于我们要选择一些正在继续并因此可以直接观察的具体学院计划，并以此作为证明的根据。杜威先生认为，如果一个学院致力于研究过去，就会出现某些确定的结果。但众所周知圣约翰学院许多年来一直致力于研究过去。出现了预言的结果了吗？如果出现了预言的结果，杜威先生的论断就被验证了。如果没有出现预言的结果，杜威先生的论断就被驳倒了。这里涉及的问题是事实问题。虽然就例证的本质而言，事实带有意见的色彩，我认为，这些事实是足够客观的，足以给出正当的理由以接受或拒绝杜威先生的论点。

第一个指责是非常严重的。如果这一指责有效，那么圣约翰学院会被要求改革其方法或者关门。杜威先生告诉我们，研究过去的人忽略了科学工作以及科学对我们时代文化的影响。他说：“反动的运动是危险的（或者如果它获得重大进展就会是危险的），因为它忽视并实际上否认了实验探索和直接观察的原则，而这一原则是科学进步的活力源泉，这种进步简直不可思议，因为与它比起来，以前数千年在知识方面取得的进步几乎为零。”这一指责合理吗？圣约翰学院忽视了科学吗？事实恰恰相反。在我们国家再没有一个学院像圣约翰学院那样，一贯致力于增进对于科学研究的方法和结果的熟悉和理解。我们大多数学院的学生能够很少或完全不了解科学工作就毕业，很少或完全认识不到这一事实，即"实验探索和直接观察"已经创造了一个新的世界，在这个世界中，旧的思想和行为方式已经失去了效力和地位。但另一方面，在圣约翰学院，学生把一半时间用于这项任务。圣约翰学院课程的制定者不同寻常地清醒地认识到，一个人只有了解科学是什么、科学在做什么，才能理解我们生活的世界或社会。他们因此"要求"每一个学生用一半的修课时间学习科学和数学，数学是一种"语言"，科学的进步依赖于这种"语言"。面对这一事实，杜威先生的指责是没有道理的。 478

在这点上或许需要纠正一种流行的对圣约翰学院生活的描述，看来对圣约翰学院工作的某些评价是建立在这一描述上的。人们经常谈论这所学院的学生读"百部伟大著作"。这一短语给人的印象是，年轻人，未受教育的美国男孩，花费他们部分的日日夜夜熟读并流利地讨论我们文明中的创造性思想家的著述，而这些著述甚至我们大多数有能力并擅长辩论的学者也感到很难理解。当然，对于将这些伟大著作直接用于教学，存在着严肃的基本的疑问。我承认，圣约翰学院的计划是大胆的。在这篇文章中我不能讨论这一大胆计划的价值。或许我只能简单地指出，为了教学目的直接有序地阅读我们的文明提供的原始资料，比起阅读通常由我们学校的教科书、讲义和参考书所提供的间接说明，前者拥有更大的价值。

但圣约翰学院的学生不仅仅阅读和讨论伟大的著作。他们的日常时间表非常像我们大多数学院中流行的时间表。他们有有序晋升的常规班级。他们准备的量和质被严格地甚至严酷地考查。一星期中从星期一到星期五五个早晨都有导师辅导必修的数学，有五到十个学生参加。这五个早晨还有五次语言辅导。每星期有一到两个 479
下午在科学实验室有一个很长的授课时间。有两个晚上开研讨会讨论这些伟大的著作。有一个晚上是公共课，课后有一段答疑时间。于是这一时间表包括十四或十五次必需的会面。它保证了学习不是无人负责的。从一个周末到另一个周末，都安排有课外作业、指导、改正、密切的监督和批评。

如果我们想要确定杜威对圣约翰学院的抨击是否有效，正是在这一工作时间表中，我们足以看到圣约翰学院的"科学"教育。如果有人问，学生们如何能被引导参与科学研究活动，在秩序井然的三种教学的结合中可以看出圣约翰学院的回答：(1)四年必修的数学，(2)四年必修的实验室实践，(3)四年必修的阅读科学发现的大师们的著述(大约指定的伟大著作的一半)。这每一种学习都与其他学习相关联。数学被当作推进科学和技术的"语言"。实验室一步步地展示对自然进程的知识的增长并将这些知识用于人类的目的。伟大的著作也一步步揭示了这些具有创造性的思想家的活动，他们的活动推动着知识的进步。实际接触到这一教学计划的人都不会指责这样一所研究过去的学院“忽视并实际上否认了实验探索和直接观察的原则”。他或许会怀疑它所遵循的教学方法是否明智。但他不会批评其目的和意图。当我们多年来一直以批判的目光关注圣约翰学院计划的自我完善时，我会毫不犹豫地说，它在引导其学生进入科学领域方面的成功超过了它在人文学科方面的成功。就我阅读的材料来看，圣约翰学院赋予了人类理解力的这两个方面以对等的重视。但科学和技术在今天的美国比人文学科好教。正如杜威先生告诉我们的，在科学技术领域，知识的发展
480 是跨越式的。在人文学科领域我们不知道我们做些什么，我们要去哪里，或我们为什么要去。欧几里得不像柏拉图那样难于把握。制造战争武器比使人类社会摆脱这些武器要容易。由于当代美国社会的诱惑、幻想和恶习，我所担心的是，圣约翰学院在一个方向上走得太远，可杜威却声称它根本没有朝这个方向走。

我们试图驳倒杜威先生的第一个攻击，我担心，这一企图会将我们置于他的第二次攻击的火力下。我们区分了“人文学科”与“科学技术”。杜威先生对这一区分即便不加以谴责，也非常怀疑。他认为，在这一区分之下隐藏着这样一些人的许多错误，这些人担心当下现实中的风险，因此在古代信仰和教条的权威性中寻求安全。

杜威先生所怀疑的这一区分，他发现是由他的对手以许多不同的形式制造的。他们将自由的教育与职业培训相分离。他们把人文学科看作精神上的，而科学探索和工业发明被说成是物质的。自由的和精神上的被认为在道德上有更高的地位，而物质的和实践的则或者道德地位较低或者根本没有道德地位。价值被与事实分离。文学教育被置于实践的、有用的技能培训之上。杜威先生以这些形式和其他形式告诉我们，深刻的分裂贯穿着传统的教育思想。

杜威先生对这一二元论的反应不容易解释。有时他似乎否认主张这种区分。他似乎是说，在精神的和物质的之间、自由的和职业的之间、价值和事实之间根本没有不同。然而这不是他想要表达的意思。他自己总是作出这种区分，并将他的思维建立在这种区分的基础上。例如，在我们现在讨论的文章中，这种区分是他所有陈述的基础。在前面的引述中，他告诉我们，在现代世界，我们在科学方面实现了“不可思议的进步，因为与它比起来，以前数千年在知识方面取得的进步几乎为零”。但他也告诉我们，同样在现代但在另一个领域，“我们不能确定我们在朝哪里走，我们想要走到
481 哪里，我们为什么要这样做”。除非我们区分出两个理解领域，把两种陈述分别应用于这两个领域，否则这两种陈述还能有什么意义？在其中一个领域，知识的进步是跨

越式的。在另一个领域,我们摸索着但失败了。知道“怎样做”是一回事。知道“做什么”则完全是另一回事,虽然两者有关联。成为世界上最富有最强大的国家是一回事。获得敏感和才智使美国以高度热情运用它的力量和财富致力于人类共同利益,则是完全不同的更困难的另一回事。如果一名美国教师否认这种区分的有效性,就会使我们所有的教育成为“愚人所说的谎言”。杜威先生不会这样做。

那么,杜威先生攻击的“二元论”是什么呢?他所憎恶并谴责的智力犯罪不是区分事实和价值,而是分离事实和价值。这一不合理的分离可以源于两方中的任意一方。在事实领域,我们经常可以发现调查人、“学者”,他们在认识的旗帜下建立起精确的、系统的、然而是由无意义的信息构成的巨大体系。在价值领域有太多的“梦想家”,他们不去寻求可靠的认识工具,而是想从自己的头脑中挖掘出世界应当什么样的理论。寻找事实的人和寄托希望的思想家都是二元论者,他们一方面使认识失去意义,另一方面使美德成为空想。杜威先生毕生反对这两种偏执的人,他发起了勇敢者为有组织的统一而奋斗。或许,这是他对教学理论与实践的最大贡献。

但是,就这篇文章的目的看,杜威先生论述的刺激之处在于,他认为,研究过去的学者特别倾向于以那样的方式将事实与价值分离,那是他和我们都指责的方式。这一指责能够被证实吗?我不这样认为。我自己的印象是,相反的指责更加有效。在当代,我认为,与寻求价值的人对事实的忽视相比,寻求事实的人更倾向于忽视价值问题。然而,我们今天的任务不是进行出击,而是进行抵抗。于是,在回答下述指责——即现在参加“攻击现代新事物的战斗的人”把价值从事实基础上撕裂下来,他们“思考”价值而不是“调查”价值——时,我们将说些什么呢? 482

杜威先生发现,由于价值-事实的分离,导致了两种不幸的后果。首先,他说,这种分离导致了采取“固定的”、“静态的”价值观,导致了关于道德问题的独裁的教条主义。其次,这种分离趋于使自由的教育“贵族化”,成为上等阶层的特权,根本上不同于职业培训,后者被看作适于大众的。这种指责能够被公正地用于反对圣约翰学院的教育方式吗?我可以肯定,理论上和事实上都不能证实圣约翰学院的教育方式会带来这两种后果。

为什么研究过去,正如圣约翰学院所做的那样,会导致教条主义?在实验学院,当我们转向古代雅典,去读荷马、欧里庇得斯、修昔底德和柏拉图关于价值判断的论述的时候,并不意味着在我们看来,这些作家永远有确定的价值标准,我们必须接受它们为不变的并且不可改变的。在学院里没有一个学生和老师不会嘲笑这样一个假设。同样,当圣约翰学院转向荷马和柏拉图寻找人文学科研究的开端、转向欧几里德和阿基米德寻找科学技术研究的开端时，并不是在这些作者那里寻找这一学科的“最后定论”，而是寻找“最初的论述”。教育的整个构架建立在这个基本假定上：从古希腊至今，人的知识和智慧一直在增长，有许多遗失了，也有许多又获得了，总体而言知识和智慧一直在增长。课程设置的意图就是使学生追寻着这一知识和智慧的增长，使他们能够更好地装备起来，参与他们的时代和国家的理智和道德活动。

当学生们追寻着观念的序列时，他们将面对的不是一系列“静态的”教条信仰，而是贯穿我们文明的所有基本冲突。学生们会发现，普罗塔哥拉与柏拉图斗争，康德与休谟作战，卢梭与洛克对立，凡勃伦与亚当・斯密抗争。学生们一定会试图理解这对
483 立的双方。首先，他们会被要求不去相信，而去思考，这是相信的前提。我不知道，这样一个计划怎么能使圣约翰学院接受过去的“固定的”“静态的”观念呢。这种接受在我看来与其说是从计划中推论出来的，倒不如说是计划的对立面。

其次，如果我们说，自由的教育的特定类型是“非职业的”，这一陈述需要明确定义。自由的教育必须与人的职业密切联系起来，这种说法是一回事。每个学生的自由学习必须以学生的特殊职业为中心，这种说法是完全不同的另一回事。我认为，前一个表述是正确的，非常有意义的。第二个表述在我看来是错误的，对教育而言是一个灾难。我这里只能就两者简单说几句。

如果我们假设，自由的教育是指训练学生去理解人类境遇，谁会怀疑他的主要兴趣必定在于生意和职业？一个人无须成为马克思主义者就能认识到人必须谋生。进一步说，正如他们的农业、工业和金融业的活动发生着变化，他们的生活机构、他们的信念、他们的欢乐和悲哀也发生着变化。除非一个人在观念上和事实上理解了他的时代维持并决定人们生活的科学和技术，他就不可能理解现代或其他任何时代。或许我应该补充说，在民主制度中，这种知识不是少数上层阶级的特权。它是自由社会每一位公民的必要的知识装备。这样的针对职业的研究并非职业的研究，它是自由的研究。

而与上述意见相反的是，诉诸学生的个人兴趣，围绕其职业建立每位学生的自由教育计划，这一计划理应遭到异议。它使学生对于自己职业之外的所有职业都基本无知。它以各种没有真正相互交流的特殊的理解，取代了作为真正自由教育的首要目的的共同理解。但最糟糕的是，由于它不是在计划的有效性中发现其自身的意义，而是在与私人、与学生的职业兴趣的关系中发现自身的意义，它因此切除了自由教育的道德基础。对于这一问题的所有讨论将使我们深入考察关于人性和教育的基本理论。我这里只想说，在我看来，圣约翰学院对于自由的教育作出了重大贡献，因为它

断然拒绝了像其他几乎所有学院那样，屈从于职业需求的压力。人文学院试图理解 484
并教会人们如何生活，而不是教任何个人如何安排他的生活。

杜威先生的文章在我看来非常重要，因为它承诺，在我们讨论学院教育时，要以相互理解取代误解。他提供了共同的基础，在此基础上他和他的对手们都可以找到立足点。他们对当代教育学不满。他也不满。他们悲哀地表示，我们目前没有哲学。他也有同样的抱怨。他说，“我回到下述事实，即我们过着相互混合又的相互隔离的生活。我们被推向相反的方向。我们至今还没有一种现代哲学，这现代不是在时间顺序的意义上说的。我们至今还没有这样一种教育或其他社会机构，它们不是对立的要素的混合物。自然科学的方法和结论的分离及盛行于道德和宗教中的方法与结论的分离，是一个严重的问题，无论从什么角度都应看作严重的问题。它意味着一个社会在其最重要的方面是不统一的。”对于现代的新事物的攻击者不会为他的攻击找到比上述表述更直接的表达。杜威先生和他的“对手们”有着共同的信念和共同的目的。他们不同于这样一些人，这些人相信对当代世界的哲学理解既不可能也无必要，而杜威和他的对手们则相信寻求这种哲学理解既是必要的也是值得为之努力的。我并不认为，如同他们可以共同努力一样，他们也会达到同样的哲学。我只是说，他们会致力于同样的探索，会讨论同样的问题。

为促进共同事业，我冒昧地提出如下建议。我希望杜威先生和他的同事不要把与他们意见不一致的人称为“挑战自由主义思想”。我可以友善地说，我认为，由于他们宣称对太多不属于他们的东西拥有所有权，他们损害了他们为之奋斗的事业。我们也热爱自由思想。为什么我们应该被宣布为不合法的？为什么我们被谴责为搞阴谋，被谴责为美国制造商联合会的代理人，甚至被谴责为纳粹党的代理人？举例来说，我没有“挑战自由主义思想”。我是挑战杜威先生对自由主义思想的分析。我不
能接受对现代的新事物的实用主义解释。但这并不意味着我心系过去而不是心系将 485
来。在我们很多人看来，杜威先生对“科学方法”的说明非常不能令人满意，尤其在这一解释涉及价值和事实的区分的地方。但可以肯定，我们反对一种科学理论不应被当作我们反对科学本身。我发现，杜威先生对于民主制度的解释令人产生误解并且并不完善。但这一批评并不表明我对民主不感兴趣。最后，如果我们发现一位理智的同事采取不同于我们的关于美国公共机构的观点，这并不一定意味着他是反美国的。我希望下述时刻的到来，这时美国教育学的研究者能够认识到，他们在杜威先生指引的道路上，有很多严肃的冷静的工作要做。我们有共同的问题要应对。我们能够而且应该遵循相互尊重和友好合作来处理这些问题。

11.

米克尔约翰答复杜威[1]

486 致编辑：

我很遗憾，杜威先生发现我“误解”了他的“清楚的意思”。至少同样令人不安的是我发现，他同样也误解了我的意思。

当然，下述情况是可能的，即我们中的一个——或我们两个人——在向一般读者发表意见时或许比起向对手发表意见更成功。考虑到这种可能性，我保留我最初的陈述不再进一步作出解释。

然而，杜威先生和我都没有能进行有效的交流，这一失败看来需要从两方面观察。首先，我们两人一定要认识到，如果一个人使他的意思对另一个人是“清楚的”，就不会被他“误解”。其次，尽管意愿是好的，但我们的失败能提醒我们，我们涉及的是一个非常困难的问题，在我们出场前，人们对它不清楚，感到困惑；大概，在我们离开之后很久，人们也会对它不清楚，感到困惑。我们作为教育学的学生，一直在寻找行为模式、范式和标准。这是长期的、艰难的、至今尚未完成的事业。

亚历山大·米克尔约翰

① 首次发表于《财富》，第 31 期（1945 年 3 月），第 14 页。杜威早先的文章见本卷第 261—275 页。米克尔约翰的回答见附录 10。杜威的反驳见本卷第 333—336 页。杜威对这封信的回答，见本卷第 337 页。

12.

约翰·蔡尔兹评杜威博士的信[①]

一开始我就想说明，我非常同意杜威博士对俄国形势的评述。他的信有效地提醒我们关注一些不可推翻的事实。今天俄国人以英勇有效的方式抵挡希特勒军队的强行推进，我们对此充满热情，但我们不应该忽略这些事实。我对杜威博士的评述的疑问在于，他的评述可能包含着下述意思，即我们与俄国的全部共同点在于有一个共同的敌人，因此当这个敌人——希特勒——一旦被打败，我们的合作就应当结束。斯大林领导下的俄国是极权主义国家，按照杜威博士的观点，"极权主义和民主制度是不能混合在一起的"。正是这一结论引起了我的关注。 487

我先概述一下我与杜威博士一致的观点，因为正是从这一致的立场出发，我想探究我们战后与苏维埃俄国的关系问题。我们都深信：

1. 斯大林主义政权是独裁政权，俄国参加民主国家反希特勒主义的斗争不能改变这一基本事实。正如杜威博士所指出的，是俄国的国家利益，而不是对英国和美国的爱，使得斯大林抵抗希特勒的进攻。

2. 斯大林是在与许多最初革命运动的杰出领导人进行残酷斗争后掌握俄国领导权的。他对这些过去的同志的无情镇压构成了人类历史的一个悲剧篇章。正如戴维斯大使指出的，很可能在三十年代，德国的代理人像在别处一样在俄国活动。但 488
《赴莫斯科的使命》这本书没有提供什么证据支持他的下述假设，即俄国的审判和清洗不能被看作斯大林排除政治对手的斗争，而应看作具有远见的政治家履行其爱国职责清除第五纵队及其叛国者的斗争。杜威博士强调，我们不能用忽略这种残暴行

① 首次发表于《民主前沿》，第 8 期(1942 年 3 月 15)，第 181—182 页。这篇文章是对杜威的信的回复，杜威的信见本卷第 338—341 页。杜威的回信见本卷第 342—344 页。

为的方法来巩固民主制度，这是正确的。

3. 目前斯大林主义既是政治独裁政权也是文化独裁政权。甚至科学家和职业领导人也不能享有思想和表达自由，更不用说普通劳动者和公民了。我们尊敬俄国的伟大抵抗运动，并不代表我们认为当今斯大林主义的实践是合理的，即迫使所有文化和科学工作者纳入党的统一规范，使他们遵从正统的政治路线。

4. 目前美国共产党提供了充分的证据，表明它首先忠于并关心的是莫斯科，而不是美国的民主制度。美国共产党目前无批判地支持任何宣称为了战争的计划，这等同于在希特勒和斯大林是友好合作者的那段时期它的做法，那时它一直致力于破坏美国的防卫。对于俄国军队和人民目前令人鼓舞的抵抗运动好评如潮，但这并不意味着应当提醒我们，在美国共产党继续当克里姆林的有用工具的时候，我们可以宽恕他们的活动。它的革命的民主目标没有——也不可能——证明他们堕落地运用的手段是合理的。

在所有这些重要观点上，杜威博士和我是一致的。我想提出的问题是，假设我们最终打败了轴心国势力，对于美国和苏联战后关系的上述思考意味着什么？这是一个困难的问题，不论我们作出什么决定都会导致重大的后果。

虽然杜威博士的评述首先关注的是其他问题，他的评论中似乎包含下述意思，即
489 美国与俄国的伙伴关系只是一种战争期间维持的权宜关系。尽管涉及许多困难，我倾向于去思考，我们现在应该采取这样的行动方案，即使得在战后重建期间继续与俄国合作成为可能。

大量的思考使我提出这样的政策。首先，如果联合国赢得了战争，战后四大强国将是英国、中国、俄国和美国。在相互依存的世界里，我们不能各自希望诉诸自己独立的方式。如果我们因为俄国政府的独裁主义和极权主义而孤立俄国，我们将进一步加深过去的猜疑和敌对态度。无疑，对世界上所有其他国家会共谋摧毁她的恐惧，是一个重要因素，使得苏维埃俄国固守军事和极权主义模式。或者，我们将通过集体安全防卫来摆脱这昔日的恐惧和敌对，不然我们将再一次冒险发动一系列事件，最终将导致战争。严酷的事实看来是，只有将俄国作为合作伙伴之一，否则为建成富足、和平与安全的世界的尝试不会有成功的机会。

其次，俄国由于领土广大、自然资源多样并富足，人口众多，不会由于国内需要而被迫寻求侵略性的外交和军事政策。在这方面俄国的状况与我们自己的状况相似。此外，俄国面临尚未完成的工业发展计划，尚未完成的国内重建计划。要取得这些极其宏大的工程的成功，俄国需要安全与和平，她签署慕尼黑协定，表明她更渴望有机

会推进国内的计划，而不是增加用于对付邻国的费用。为了世界和平，我们应该利用俄国的这些趋势。

就此而论，这样的期望并非过高：即便是俄国目前的政治领导人，也会认识到第三国际的计划悲惨地失败了；为了俄国的利益也为了世界其他国家的利益，该放弃利用克里姆林宫控制的阴谋集团向国外渗透。当然，劳动者的目标与在全世界实现社会化的目标将由于批判这一分裂的政治实践而获益而不是丧失其权益。 490

第三，虽然俄国现在是在一个独裁政府控制下的极权主义国家，但这并不代表俄国的全部。俄国也是多少代以来在沙皇和东正教教会相结合的独裁统治下忽视农民阶层的国家。对于近二十年来俄国发生的事件，所有维护人类自由和尊严的朋友都会感到悲痛，而这些事件中的一部分当然必须被谴责为苏维埃革命从前一个政权那里继承的落后状况。但即便在最贤明最优秀的领袖的领导下，俄国也不能在这样短的时间内完成我们称之为公民自由和文化自由的所有转化。而且，并不是所有俄国发生的事件在任何意义上都是恶的。俄国目前意想不到的国家军事力量表明，俄国的科技、工业和社会的重要发展正逐步显示出来。下述说法过早了，即认为最终这些经济、科技和社会的变化并不会被证明要比某种独裁的政治发展更具代表性。

我们也应当清楚地记得，英国和美国的资本主义民主目前是在非常不理想的经济和政治制度下运作。我们自己国家的民主观念还很缺乏，如果要再次设定在工业社会变化的条件下我们的民主生活方式，我们将不得不采取激烈的制度重建。毋庸置疑，我们在某些方面的条件远远优越于俄国和中国，但我们享有这样的优势不应使我们试图扮演孤军奋战的角色。英美不与俄国和中国合作，构建世界的努力在我看来是注定要失败的。我们必须找到这样的方式，使得“帝国主义的”英国、“极权主义的”俄国、“无组织的”中国和“资本主义的”美国能够合作，发展区域和世界秩序。这一任务的确困难，但相反的选择更可怕。

最后，作为哲学和社会学观点方面的实验主义者，杜威博士清醒地认识到，任何情况下客观条件本身不能唯一决定我们应对这一情况的方法。将这一实验主义的最
重要的原则用于目前的问题，意味着我们不得不考虑我们采取的国家政策会对俄国 491
的态度和反应有什么影响。正如杜威博士经常强调的，在人类事务中条件很少是如此地预先确定，以至于我们应对这些条件的方式不能影响最终的结果。简言之，我们将不得不应对什么样的俄国，部分地取决于我们现在对待她的方式。我的看法是，在战争中和战后采取与俄国真诚合作的坦诚政策，比起一旦战争结束即孤立俄国的政策，对民主事业将更为有利。所有自由主义者越快抛弃种族隔离的计划，对所有方面

就更有利。

我完全不能肯定杜威博士会不同意这里提出的观点。他的信主张反对某些自由主义者的倾向，即粉饰斯大林的过去，试图再一次形成与美国共产党的联合。为了倡导真诚地与俄国合作的政策，我们无须忽略俄国制度的特征，这些特征使得这种合作非常困难；我们也没有怂恿我们国家的斯大林主义者去设想他们能够很容易地回到地下去操纵政治和工人运动。当然不至于如此——假如这些自由主义者能够从经验中学习。

不幸的是，我们都必须在缺乏民主和理想的条件下生活和工作。但实验主义者相信，这种必然的强制只是对他的理智和民主目标的挑战，看看为重新创造这些条件能够做些什么。当我面对各种可能性时，我相信与苏维埃俄国合作的政策，比起一种寻求在战后国际事务中忽视或孤立俄国的政策，会使民主制度更有希望。

13. 影片《赴莫斯科的使命》反映了历史真相[①]

下述来信的作者为亚洲问题研究伊朗研究所所长，国家民心委员会创始人与会长。他十四次到俄国，去过俄国各地。他是1935年列宁格勒国际伊朗艺术展、列宁格勒和莫斯科国际伊朗艺术会议的副主任。 492

致《纽约时报》编辑：

影片《赴莫斯科的使命》被纽约新闻界赞扬为对重大题材的皇皇巨篇、增长见闻的及时介绍，它首先具有政治意义。苏联近十年来的巨大进步以及反对德国战争的重要意义，展示了她具有使整个世界惊诧的团结一致和巨大力量，并驳斥了大多数俄国的批评家，使二十多年来围绕苏联的特征和政策的不友好争论有幸逐渐平息。但现在这部影片又遭到了愤怒的谩骂。

上星期天贵报刊登的一封信中，杜威教授重复了他最初对戴维斯大使及其著作的抨击——刊登于1942年1月18日《纽约时报》——其论点并不能由于不断重复或时间的流逝而获得有效性。

传记性的注释告诉读者，联名签署这封信的约翰·杜威和苏珊娜·拉福利特，分
别是莫斯科审判国际调查委员会主席和秘书。杜威教授说，这封信"最终驳斥了"莫 493
斯科的许多证词；莫斯科审判的判定"是为知识界舆论所认同的"。

这一委员会并不具备法律地位、权限或权威。它以一种完全业余的颇为滑稽的

---

① 首次发表于《纽约时报》，1943年5月16日，第12版。杜威和苏珊娜·拉福利特的原信见本卷第345—350页。杜威和苏珊娜·拉福利特的反驳见本卷第351—353页。波普的第二封信见附录14；杜威和苏珊娜·拉福利特的最后答复见本卷第354—355页。

方式来运作。最初的委员会的一位独立成员卡尔顿·比尔斯(Carleton Beals)声称，这一调查“是一种欺骗”，并因抗议整个程序的明显的党派性和无效性而辞职。委员会的出版物缺乏文献档案。

影片驳斥了委员会的结论。杜威教授事实上认为“影片是对民主事业的极大的破坏”。他指责制片人“攻击自由的基础”。他说影片是“反英国、反国会、反民主、反真理的”，并给予我们直接的警告，说还有一些这样的影片“被不加批判地接受，……美国人就会对所有道德价值观失去兴趣”。这的确是明显的极度的破坏，希特勒若知道我们陷入如此绝境当然会感到轻松。

《时报》的电影评论家博斯利·克劳瑟(Bosley Crowther)在5月9日的令人钦佩的述评中，设定了对政治影片的要求，主张必须完全忠于事实。但杜威-拉福利特的来信提出了不合理的不切实际的要求，以学识资格及装备等限制，明确要求有争议的题材完全理智地、有序地、全面地覆盖所涉及的问题，这使得政治题材的影片实际上不可能。

杜威教授和其他人反感于将三次叛国罪的审判压缩到一起，但三次分离的审判会破坏电影的整体性和节奏。这些批评家嘲讽地、窃取论题地将审判的场面称为“合成的”，他们这样称呼，似乎它是一种伪造的卑劣的赝品。当然它是合成的，因为表现持续若干天的审判的影片不得不是合成的，这是可以理解的。所有被告都作为影片的一部分，将他们一起表现出来，把它作为一个道德事实，这在艺术上是合理的。根本问题是，他们是否犯了密谋反对国家罪。根据各方面的消息，这一罪行是成立的。

494 杜威博士和拉福利特女士提出的指责，即戴维斯先生是否被引介给拉德克、布哈林和雅戈达，这在历史上和证据上是没有意义的。这是撰写小说的基本技巧，电影技巧就是一种特殊的虚构的技巧，在主角登台之前顺带介绍其特征。

针对影片的许多细节的指责是非常不公正的。例如，断言影片是“极权主义者对于议会制度的用心险恶的批评”，这是非常荒谬的，断言影片的“全部的努力是丢美国国会的脸，同时表现苏联的专政是一种先进的民主制”，这纯粹是假想。影片并没有这种意图。国会的场面占100秒，陈述的报告再现了国会意见的真实片段。没有就所有问题访问所有国会成员，影片中就不能引用国会会期的发言吗?

同样，在赫尔的办公室的场景，也是再现了许多国会会员强烈表达的意见。一位有着像国务院一样很好消息来源的参议员的陈述，以及他肯定地作出的不会有战争的断言，1939年8月参议员博拉已经说过了。指责影片的全部努力是“表现苏联的专政是一种先进的民主制”，纯粹是捏造。

批评家们同样误读了苏联的外交政策。当波兰人获知“正是张伯伦促成了波兰的防卫”时当然会感到奇怪。他们不会忘记正是张伯伦在战前拒绝了他们 2 500 万英镑信贷的迫切要求。

杜威教授和拉福利特女士抗议影片表现斯大林被“法-英的绥靖政策驱入希特勒方面”。斯大林的确是这样，关于这一点有着越来越多的证明。杜威教授说，“影片根本没有提及法国和英国不顾一切地努力在 1939 年与斯大林达成了防御同盟”。这一努力是怎样不顾一切的？苏联驻伦敦大使梅斯基邀请上议院议员哈利法克斯或相同地位的政府代表前往莫斯科。

但哈利法克斯和其他内阁成员太忙了。因此派遣了威廉·斯特朗（William Strang），他是有能力的正直的人，但外交身份较低。英国和法国如此“不顾一切”达 495
成结果，不是坐飞机去莫斯科——这样他们 12 个小时就能到达，而是坐轮船——花费了两周时间。

日丹诺夫（Zhdanov）的评论是有理由的：“英国政府和法国政府并不期望达成一种自尊的政府之间所能达成的一致。他们不愿意真正达成协议，而只是就协议进行会谈。”他还说，“苏联政府只用了十六天时间作准备，对英国的各种提议作出回答”，但“英国和法国方面则在拖延和做官样文章上耗费了五十九天”。

批评家们完全错误地解释了苏-德条约，这是俄国为做战争准备争取时间，俄国知道战争是不可避免的。批评家们看起来反感当外交上需要玩牌时“山姆大叔”和莫洛托夫都会玩牌。批评家们真的认为苏联应当向他们注定的敌人暴露计划而破坏他们的备战吗？

杜威-拉福利特的信断言，影片造成了这样的印象，即苏联是我们反对日本的同盟者，认为“没有什么比下述误导更危险的了，即误导美国人民相信在希特勒被打败后苏联会转而对付日本”。或许杜威教授将此作为他理解苏联政策的预言和检验。他去年认为斯大林正在争取孤立的和平。

他显然忘记了，当我们将几十万吨宝贵的废料运往日本，用石油装备起日本并支持其金融体制时，当日本正在中国进行大屠杀时，正是俄国以其难以承担的代价为中国提供补给，在我们贷款给中国之前，在我们还在吝啬地为我们提供的东西讨价还价时，正是俄国给予中国 3 亿美元的贷款。

俄国深切同情中国的斗争，俄国的非常实际的帮助——军事家相信这些帮助能够使中国在可怕的战争的头几年支撑战争，这些在影片中都有所表现，表现为俄国医生和护士照顾中国受害者。这里没有丝毫歪曲。

杜威教授说，马歇尔·图哈切夫斯基根本没有受到审判。他怎么知道？军事法
496 庭不会向外国人提供情况，完全有理由认为他完全有罪。所有政府的军事情报都知道不利于马歇尔·图哈切夫斯基的大量证据，这是法国的二局(Deuxième Bureau)披露的，又被移交给了俄国政府。马歇尔·图哈切夫斯基在与德国总参谋部多次会谈后，坐在泰褒伊丝夫人(Mme. Tabouis)旁边，热烈赞扬纳粹，并多次声称德国军队"他们是无敌的"。

杜威教授非常错误地蔑视戴维斯大使评价审判的能力。然而在关于托洛茨基的调查听讼的报告序言中，杜威教授承认法庭经验是有价值的。"即便在合法组成的法庭上，在斟酌证词的价值时要考虑证人方面，这是一条定则。"(第 8 页)戴维斯大使在作为律师的长期职业生涯中享有很高名望，有大量的法庭经验。杜威教授的评论中说，影片中在审判中的供词被"热心地提供为英文的，因为戴维斯先生不懂俄文"，人们不希望杜威教授会有这种讽刺人的品质。批评家们会认为下述做法是很好的电影技巧吗，即把为美国公众制作的整部美国影片用俄语来传达？

批评家们认为他们自己的判断具有优先的价值，那么他们的资格怎样呢？他们没有受过法律方面的训练，没有法庭经验，不在审判现场，不懂俄语——他们嘲讽戴维斯大使的话也适用于他们自己。

此外，戴维斯大使的判断为许多很有能力的观察家所支持。自然，回顾叛国罪审判要写一本书而不是一封信。但下述回忆是有价值的，即审判时许多机敏的观察家都确信这是真正公正的审判。沃尔特·杜兰蒂(Walter Duranty)在《时报》上关于俄国事件的报道是我们这个时代杰出的新闻工作者的一大功绩，他确信这一点。莱昂·福伊希特万格(Lion Feuchtwanger)是对于人性的敏锐的精明的观察家，他也确信无疑。D. N. 普里特(D. N. Pritt)俄语非常流利，非常了解俄国，并且是训练有素的律师，他
497 也深信不疑。巴特鲁萨蒂斯(Baltrusaltis)是聪明博学的立陶宛的大使，他像俄国人一样了解俄国的状况，像说母语一样说俄语，并且整个审判过程都在场，他也这样认为。

支撑杜威教授的所有批评的是这样一个信念，即相信托洛茨基是清白的，没有密谋反对苏维埃政权，莫斯科审判是一场闹剧。但批评家们忽略了这一事实，即这不是普通的民事审判，而是具有完全不同的程序的另一个国家的军事法庭的审判。他们不承认所有出席者并无异议的证词，主持审判的乌尔里克将军是谨慎公正的。

在大量确凿的证据中，托洛茨基承认的一个重要证据被忽略了。1931 年，埃米尔·路德维格(Emil Ludwig)与托洛茨基在普林基坡岛(Island of Prinkipo)会面，他公布了这次会面。托洛茨基说，他自己的党"被打散了因此无法评价了"；在回答什么

时候这个党能够集合起来时，他说：“当从外部提供机会时——或许是战争，或许是欧洲人的干涉，这时政府的弱点会成为一种刺激。”

杜威教授看不到别的，只看到苏维埃政府的邪恶和欺骗。他的确赞扬俄国人民反对德国侵略的伟大战争。但他几乎不可能如此天真，居然不知道他们努力的成功不仅仅归于俄国大众，而且也归于他非常轻蔑的政府在相当规模上形成的具有远见的计划、强有力的组织纪律以及激发的自发的忠诚，这一政府确立的功绩和人类理想在许多年后对俄国人民具有巨大的号召力。

在我们面临战争与和平这一至关重要的任务时，不应当不适当地煽动公众的情绪，这是非常重要的。如果我们想克服我们与正当的重新创造的生活之间的障碍，冷静的客观性，超越争执和论战的眼光是必不可少的。我们必须特别反对有失公允的观点：用某种细节取代主要事实。他们的仇恨使他们思维更加混乱，或者将其他争执引入政治舞台，他们这样做不利于我们。

关于俄国的主要的事实是，她为各国共同事业付出的巨大努力和不可估量的牺牲，以及她致力于和平的意愿。她的一千万人的死亡——几乎是其各个盟国的二十 498
倍，她的无边的苦难，她所遭受的巨大破坏，这一事实应该能够阻止不计后果的恶毒的讲演。俄国付出了巨大代价，第一个粉碎了德国不可战胜的神话，削弱了德国一半军事力量，对此我们怎么感谢都不为过。

如果公众自己观看影片而不是由于谴责而止步，那根本不用担心他们会在影片或书，或戴维斯大使方面被误导。正如公众在书中已经看到的，他们在影片中会看到一个能干并且直率的、勇敢的、头脑清醒并着眼实际的人，他在当代最困难的外交使命中取得了极大的成功，他看到了真相，以预言即将到来的事实证明了他的洞察力，他为增进两国之间的友谊和理解所做的贡献比其他任何人都多。

美国公众已经购买了超过 70 万册《赴莫斯科的使命》，已经以行动做出了赞成的判定，这一判定会为影片所巩固。如果影片的批评家们如同他们肯定民主制的热情那样真诚，如果他们真的尊重普通人判断公仆和政治原则的能力，他们就会在公众作出判断时谦和地沉默下来，或拿出冷静的、实际的、可查证的论据来反对它。

阿瑟·厄珀姆·波普

14.

关于莫斯科影片中显现的价值[①]

499 致《纽约时报》编辑：

杜威教授和拉福利特女士在5月16日《纽约时报》上关于《赴莫斯科的使命》的来信包含着错误的陈述、错误的理解和错误的解释，需要更大的篇幅来纠正，而贵报可能不能提供这样的篇幅，但这些错误将在其他地方来为其纠正。这里可以提请注意下述几点。

杜威教授和拉福利特女士援引他们参与的调查委员会（"国际"一词谨慎地被省略），仿佛这一事实保证了特殊了解和不偏不倚，并指责我老调重弹地重复共产党对他们的工作的"中伤"。我不清楚，因为我没有读过共产党的出版物。但对委员会的大部分指责由卡尔顿·比尔斯（Carleton Beals）在1937年6月12日的《周末邮报》（*Saturday Evening Post*）发表过，比尔斯是委员会最初的成员，他因对反感委员会的行动而辞职。《纽约时报》通讯记者指出这些行动是具有欺骗性的。《周末邮报》和《纽约时报》一般都不被当作共产党的刊物。

的确如杜威教授所言，委员会的报告"有丰富的档案材料"。但是指责依然有效，根据合法的审判员的标准或学者的历史标准，它并非令人信服的、足以提供证明文件的报告，不足以向莫斯科审判的基本公正性提出严肃挑战。

杜威-拉福利特致《时报》的信诉诸已被废弃的寻章摘句法为他们不具备资格指
500 责影片辩护，将任何对寻章摘句的背离都视作罪恶目的的证据和有意欺骗美国公众；

① 首次发表于《纽约时报》1943年6月12日，第12版。杜威和拉福利特的信见本卷第345—350页和第351—353页。波普的第一次回复见本卷附录13。杜威和拉福利特的最后回答见本卷第354—355页。

指责所有这一切都有利于没有详细界定的极权主义。但对文字事实浓缩、省略、重新排列、符号象征、进行分离，在面向公众的电影中都是允许的和必要的，只要主题是明确的，主要结论是正确的；而许多人都相信这部影片的这些方面都是正确的。

一般人想要知道俄国人什么样。他们在进步吗？我们将来能够与他们合作吗？这部影片回答“是的”。一般人想知道是否老布尔什维克主义者和正统的基督教徒真的策划了一场反革命的密谋。他们怨恨斯大林强行实现工业化和农业集体化吗？在创纪录的年代，斯大林认为这对国家安全是必须的，正如约翰·惠特克（John Whitaker）所说，“十年完成了六十年的工作”。他们怨恨他们失去了权力吗？正如托洛茨基那样，谴责斯大林背叛了世界革命。他们是利用他们熟悉的革命艺术试图推翻现政权吗？

影片说他们是这样的。“托洛茨基运用他所有的才能打倒他憎恨的敌人”，伯纳德·佩尔斯（Bernard Pares）说。主要的有资格的证人也这样说。这些回答真实再现了戴维斯先生自己的经验和确信。与这些重要的肯定相比，书和影片之间在细节上的一些小小的分歧是无足轻重的。

斯大林的时间竞赛与慕尼黑绥靖也没有任何可比性，不像批评家们所断言的那样。德国由于慕尼黑协议其装备程度是英国的两倍。在慕尼黑绥靖一年之后，当那个不体面的协议结束时，英国与德国相比处于比原来更糟糕的地位，而在苏-德协定签定后每周都能见到俄国保卫自己的能力的增长。

下述流言也不是“客观真相”，即宣扬一百万蒋介石的部队正“忙于控制中国共产党人”，同时将中国所谓的共产党的军队与莫斯科苏维埃政府相等同，并暗指苏维埃俄国和中国实际上处于战争中；这就像这些批评家们对影片的其他指责一样，是完全歪曲事实的。 501

杜威教授和拉福利特女士认为，我应该知道正当的重新创造的生活不能建立在“歪曲历史和有意使人民陷入混乱”的沼泽之上——每个人都知道这一点，但没有人提出这个问题。同样普遍的是认识到，如果美国的公民感到可以随意公开指责并诋毁美国政府、机构和个人，那么这个国家的民心是不可能保持的。

由于俄国，德国损失了三百五十多万人，大量昂贵的军事物资，以及令人敬畏的威信。如果付出如此代价才被摧毁的这一强大力量仍旧完好无损、具有威胁性、需要去征服，将会如何？我们对俄国的亏欠无可估量。这该用中伤、曲解和憎恨来偿付么？“但我们只痛恨斯大林和苏维埃政权”，诽谤者们说。这种区别无法实现，俄国人民对他们的政府和斯大林具有深切的信心。他是他们的领袖，他们不需要其他人。

职责之内，无人要求杜威教授或拉福利特夫人保持沉默，但在战时，每个人的言论自由都应受到一定程度的限制，而在国家受到重压的危急关头，共同意志必须受到保护，以免于分裂斗争。

诽谤一个英勇的盟国或它选择的领袖，却仍然依赖其勇气、耐性和有组织的努力，这是非常不明智和不公正的。相互怀疑容易造成我们共同的危机；昔日的仇恨很容易重燃，这只会令我们的敌人欢喜；纳粹的宣传机器已经预备好了，以许多巧妙曲折的手法来帮助制造这种怀疑和仇恨。

在希特勒的心理武器库中，对俄国的恐惧和仇恨是最强大的武器。现在他最大的希望是延续战争。任何一个美国人为何要帮助支持他呢？

阿瑟·厄珀姆·波普

15.

经济学的“新的开端”①

《经济进步理论》

C·E·艾尔斯著

北卡罗利纳大学出版社,1944年版

亨利·黑兹利特评

这是一本陌生而又熟悉的书。像近年来上百部其他书一样,它也试图摧毁“古典 502
的”经济学。艾尔斯先生是得克萨斯大学的经济学教授,他认为经济学如今“声名狼藉”,需要一个“新的开端”。他狂妄地全盘否定他的前辈。例如,说贝姆-巴沃克关于资本和利益的理论是“昏昧”的,“是如此偏激的,以致大多数大学一年级的学生都显然能看到这一点”,在艾尔斯看来是如此明显的,以致用不着三个段落驳斥它就能使自己满意。格雷欣法则(Gresham's Law)即劣币驱逐良币,为几乎所有货币的教科书所赞同并引用,但在艾尔斯看来“显然是错误的”,他只需要三句话就解释清楚了错误的原因。他扼要地告诉我们,“19世纪最后三十年(对古典价值理论)所补充的,是把对需求-满足关系的研究转变为以数学处理为目的的无穷小增量研究。”这里用了不到三十个词抹杀了三十多年的思想。为什么艾尔斯先生要在细节上浪费时间?他囊括一切地总结道:“传统理论的荒谬之处太明显了。”

那么艾尔斯先生提供了什么?他告诉我们,这是一种新的经济学的价值理论,这种理论暗含在索尔斯坦·凡勃伦和约翰·杜威理论中。在我看来艾尔斯先生的这一推理是如此模糊混乱,以至于我无法肯定我能公正地对待它;但我几乎可以肯定地 503
说,他是说价值不在于我们自己的愿望或欲求而在于机器。

---

① 首次发表于《星期六文学评论》,第27期(1944年7月15日),第38页。杜威的回答见本卷第359—360页。黑兹利特的反驳见本卷附录16。

正是技术的不断发展不仅现在是而且永远是价值之所在。……“价值”在字面上意味着连续性；这是它唯一的意义。……人们所做、所想和所感觉的一切都是使用工具获得的。文明的连续性就是工具的连续性。……对于每一个个体和共同体而言，价值标准就是继续这种生活方式——保持机器的运转。

显然，不管它们制造出什么。可以推断，机器不是由其增进人类福利的程度来判断的，而是以它们自身为目标——或作为奇妙的工具以达到更奇妙的工具。工具的存在是为了使工具制造工具。如果我们只是不断加倍努力，我们就会忘记我们的目标。他的进步理论不可避免地使我们回想起这首古老的歌曲：“我们不知道我们要去哪里，但我们在行进！”

艾尔斯先生是博学的，至少是旁征博引的。他至少浏览了近几十年许多“古典的”经济学著作，能够显摆地谈论绘画、音乐、发明、民间传说和哲学。他使用凡勃伦的讽刺的语气和对悖论的偏好。他似乎经常为他自己的聪明而感到高兴，断定他自己的见解是迄今可能最高明的见解，而其他经济学家仍然在迷信的迷雾中摸索。的确，他似乎并不渴望理解经济学，只是想证明其他经济学家没有理解经济学。如果他能够证明经济学中现在的一个观念类似于过去的一个观念，他似乎就认为他已经证明这一观念必定是错的，似乎真理依赖于日历，如果在18世纪二加二被认为等于四，那这一答案在今天必定是错的。有时他假装奥林匹斯诸神的超然物外的语调或科学的精确的语气，但会由于某事而突然变为激烈的语气，然后又回到奥林匹斯诸神的语气，抱怨“经济学的论战现在看来比以往任何时候都更加激烈”。

16.

黑兹利特先生的答复[①]

先生：艾尔斯先生在其书中声称，“当今的讨论正趋于试图”将“杜威的价值评价 504
理论运用于理解经济学领域中价值的意义”。杜威先生会为他的信徒的著作辩护，这并不奇怪。但可惜的是他会认为必须对我的观点进行“严肃的”不加证实的指责，指责我的观点是对艾尔斯先生的书的“完全曲解”。

在解释艾尔斯先生的价值理论时，我小心地告知读者，“艾尔斯先生关于这一观点的推论在我看来非常模糊混乱，因此我不能确定我能公正地解释它”。然而，杜威先生的信，以及我对相关段落的重读，都使我相信，我对这一观点或其他观点的解释事实上是公正的。例如，我们如何理解 242 页上的这段令人惊诧的话：

> 我们有时听说，发明的唯一结果——例如飞机的发明——就是人们在比以往更大的范围相互残杀。如果这样一个观点是确实的，技术进步的概念[即艾尔斯先生的概念]的确是无意义的；因为如果人们的确在比以往更大范围被杀戮，这种环境最终就必定导致不利于推进飞机制造，不利于一般意义上的技术发展。

从这点出发可以推断，在“技术概念”中，检验进步的不是人类身上发生了什么， 505
而是“推进飞机制造”或“技术发展”方面发生了什么！

在我的观点中我假设，艾尔斯先生在书中主要试图阐明的是一种新的价值理论。他的出版者也这样认为。他们在书的护封上告诉我们：“作者以取自技术本身的价值

---

① 首次发表《星期六文学评论》，第 27 期（1944 年 10 月 14 日），第 29—30 页。黑兹利特的评论，见附录 15。本文是对杜威的反驳，杜威的文章见本卷第 359—360 页。

概念取代了价值的价格理论。”我试图几乎完全根据艾尔斯先生自己的话来陈述这一理论。但杜威先生现在告诉我们，这本书真正核心的理论是：“特定时代的工业状况反映了这一时代的技术状况，这一技术状况又反映了科学知识的状况。因此，经济进步依赖于技术进步。”

我愿采信杜威先生的话。而且我必须承认，没有他的帮助，读了艾尔斯先生自命不凡的著作，我几乎不会怀疑，这一真正的理论如此简单明白。因为说工业、技术与科学相互依赖共同发展，说的只是一个事实。我能想象“传统的”经济学家都不会对此有异议。当然，真正的问题是，什么样的因素、力量和动机使技术进步成为可能并促进技术进步？正是在这一点上，经济学分析会唤起人们注意以前的生产、储蓄和资本积累所起的决定性作用。

正是贝姆-巴沃克对这一观点作出了一个经济学家能够作出的最大贡献。杜威先生认为艾尔斯先生谴责贝姆-巴沃克的“昏昧”不适用于贝姆-巴沃克的资本和利益理论，而仅仅适用于支持这一理论的一种论证；但这只是一种吹毛求疵。这种论证恰恰是理论的核心。如果这一论证是昏昧的，贝姆-巴沃克的整个理论一定也是昏昧的。因此，在下一页上，艾尔斯先生继续写道，“不仅[贝姆-巴沃克]‘兜圈子’*理论*[斜体字为我所标]混淆了工业社会的事实”，等等。

这里唯一的昏昧，不适用于贝姆-巴沃克的论证或理论，而适用于艾尔斯先生对它的“驳斥”。杜威指出了误解和曲解，在此我或许应该补充我在评论中避免说出的
506 话：艾尔斯先生自己完全误解了他试图批评的伟大的“传统的”经济学家的观点。我们不要把这归于深思熟虑的意图，而要归于对于这些作家缺乏深刻的理解——他的谦卑和嘲讽的语调掩盖不住这一点。

亨利·黑兹利特

17.

上帝与数学[①]

1947 年 6 月号的《当前宗教思想》(*Current Religious Thought*),发表了英国皇家学会会员(F. R. S.)埃德蒙·惠特克(Edmund Whittaker)先生在英国广播公司的讲演,讨论了"宇宙中的数学、物质和心灵",从中可以看到支持某种崇高的哲学有神论的另一种尝试。显然,"数学是完全独立于外部世界的:它完全不依赖于经验和假定。数学本身并不提供关于物质世界的知识,而是提供关于我们自己的心灵结构的知识"。埃德蒙先生于是立即得出结论说,由于宇宙的规律可以根据数学予以表达,"在物质的自然中或在物质的自然背后,有着与我们的心灵类似的心灵"。 507

让我们留意一下。如果"数学是完全独立于外部世界的",并且"完全不依赖于经验",那么,难以想象它究竟如何能够被应用于外部世界。相对论,包括精心设定的数学的解释结构,在爱因斯坦的心灵中不只是一种"结构"。实际的实验表明,比起牛顿的定律,相对论更接近于实在。将大胆的假设——如相对论——转变为普遍规律的东西,不仅是"我们心灵的结构",而且是参照客观实在对这一假设的证实。

对数学的解释分为两个思想流派:埃德蒙先生所表述的是与古老的观念论哲学结盟的流派,根据这种观念论哲学,思想本身是真实的,而物质仅仅是影像,上帝是超越影像世界的某种不朽的精确的(原文为 mathematical,亦即数学的——译者)心灵。另一流派的代表人物有英国的海曼·利维(Hyman Levy)和美国的 D·J·斯特罗伊
克(D. J. Struik),这一流派认为,客观世界是真实的,我们的数学心智结构只是就它 508
们反映这一真实世界而言是有效的。这不只是一种学术论战。将数学作为"独立于

① 首次发表于《人道主义者》,第 7 期(1947 年秋),第 101 页。杜威的评论见本卷第 376—377 页。

外部世界”的心智结构，从这条道路出发容易通向将心智结构“独立于外部世界”的宗教，最后通向作为对不朽的精神本质进行神秘沉思的宗教，据说这一精神本质比这个悲惨的唯物主义的世界更真实。这样就铺就了通往反社会的逃避现实的道路！将这种思想“扼杀于萌芽状态”是人道主义的任务，即便它源于更高等的纯粹数学的氛围。

注释

下列注释依据当前编辑版本的页码和行数(页码与行数均为英文原文的页码与 509
行数——译者),对出处中没有的内容进行说明。

97.9 Professor Katharine Gilbert] 凯瑟琳·吉尔伯特教授。吉尔伯特时任杜克大学美学、艺术与音乐系主任。1947 年,在美国国务院的支持下,她从事意大利哲学研究。

98.29 The Live Animal] 活的生灵。杜威的《作为经验的艺术》第一章的标题是“活的创造物”。

159.20-21 A distinguished member of this school of contemporary thought] 当代思想界这一流派的一位著名成员。这一段的引文与罗素的论述相同。

174.40 The second of the freedoms of the socalled Atlantic charter] 所谓的大西洋宪章中的第二种自由。这是“四种自由”中的第二种,是由富兰克林·罗斯福在 1941 年 1 月 6 日向国会的报告中提出的。“大西洋宪章”于 1941 年 8 月 14 日由温斯顿·丘吉尔与罗斯福拟定。

184.9-10 The brief account] 简单报道。这一报道的作者为戈万·怀特(A. Gowan Whyte)。

193.2 eight years] 八年。引文出自亚当斯的《在赫尔大厦的第二个二十年》,由麦克米兰出版公司于 1930 年出版。

197.22 UNRRA] 联合国善后救济总署(United Nations Relief and Rehabilitation Administration)。成立于 1943 年的临时性机构。

241.10　PAC] 产业联合会政治行动委员会(Congress of Industrial Organizations Political Action Committee)。

249.17　plea made in *Labor and Nation*]《劳工与国家》中的呼吁。参见《劳工与国家》,第 4 期(1948 年 11—12 月),第 8—19 页。

281.3　Senators Murray, Morse, and Pepper] 参议员墨里、莫尔斯和佩珀。蒙大拿州的詹姆斯·爱德华·墨里(James Edward Murray),俄勒冈州的韦恩·莫尔斯(Wayne Morse),和佛罗里达州的克劳德·佩珀(Claude Pepper)。

290.7-8　Walter Duranty] 沃尔特·杜兰蒂。1922 年至 1941 年《纽约时报》驻莫斯科记者。

291.2　Litvinoff] 李维诺夫。俄国驻美国大使。

510　291.6-7　French ambassador] 法国大使。指罗伯特·库隆(Robert Coulondre)。

292.16　*Darkness at Noon*]《午时黑暗》。亚瑟·库斯勒(Arthur Koestler) 1941 年出版的小说。

310.24　Dr. Adelbert Ames] 阿德尔伯特·艾姆斯博士。1960 年,《小阿德尔伯特·艾姆斯的早期笔记》由拉特格斯大学出版社出版。该书由哈德利·坎特里尔(Hadley Cantril)编辑,包括杜威和艾姆斯之间的通信。艾姆斯于 1955 年逝世。

321.1　Tribute to James Hayden Tufts] 献给詹姆斯·海登·塔夫茨的颂词。这一纪念册保存在南伊利诺伊大学莫里斯图书馆的约翰·杜威文件与特殊馆藏的杜威个人图书馆中。

326.2-9　I wish ... acknowledgment] 我要祝贺……获得这一认可。基金是 1937 年威廉·H·基尔帕特里克(William H. Kilpatrick)从哥伦比亚大学教师学院退休时,为他做半身雕像而筹集的。这一筹款的剩余部分用于建立威廉·H·基尔帕特里克奖金,以奖励在哲学教育中作出杰出贡献者,每两年由特别委员会授予被推荐人。在 1947 年之前,由于第二次世界大战,只有两人,即肯尼思·D·贝恩(Kenneth D. Benne)和艾萨克·B·伯克森(Isaac B. Berkson),获得奖金。1947 年 11 月 10 日在教师学院贺瑞斯·曼恩礼堂举行的大会上,博伊德·博德成为基尔帕特里克奖金的第三位获得者。乔治·S·康茨(George. S. Counts)主持会议,H·戈登·富尔斐斯

(H. Gordon Fullfish)、基尔帕特里克和杜威评价了博德和他的工作。

351.13-14 our report] 我们的报告。约翰·杜威等:《利昂·托洛茨基案:调查预备委员会对莫斯科审判中对托洛茨基指控的听讼报告》(*The Case of Leon Trotsky: Report of Hearings on the Charges Made against Him in the Moscow Trials, by the Preliminary Commission of Inquiry*),纽约和伦敦:哈珀兄弟出版公司,1937 年;《无罪:调查委员会关于莫斯科审判中对托洛茨基指控的调查报告》(*Not Guilty: Report of the Commission of Inquiry into the Charges Made against Leon Trotsky in the Moscow Trials*),纽约:哈珀兄弟出版公司,1938 年。

358.28-29 Odell Waller ... penalty] 奥德尔·沃勒服极刑。沃勒于 1942 年 7 月 2 日被执行死刑,时年 25 岁。

361.5 his book] 其书。《伟大的变革》(*The Great Transformation*),纽约:法勒-莱因哈特出版公司,1944 年。

371n.1 Conference] 大会。1944 年 3 月 20 至 27 日在秘鲁阿帕塔举行的教育学大会。大会文集包括杜威这封信。

文本研究资料

文本注释

以下注释是根据当前版本的页与行，探讨重要文本中的存疑问题。 *513*

13.22　*merely*] 杜威的打印稿中，这一页最下面的“仅仅”一词下的划线很模糊，但在誊清本中很清楚。

14.16　aloneness] 用“aloofness”取代“aloneness”可能是工人的错误。在打印稿中杜威加了一个“a”，删除了“li”，将“loneliness”改为“aloneness”。

21n.9　opening sentence] 所引句子不是开篇的话。然而，詹姆斯引这句话是这样说的，“我这样说是有准备的，我承认我自己的乌托邦空想”。

50.32 - 33　[as ... force]] 括号中的内容早先出现于段落中，而不是在引文中。

67.11　matter of fact] 将“matter of fact”改为“a matter of fact”是编辑的误改，被本版否定。

98.6　I did] 在公开发表的文章中，“我”紧跟在“不仅”之后，但“不仅”这个词在打印稿中很清楚地被标出，在这里被省略，以修正句子结构。

189.4　humane] 杜威在这篇文章中通篇使用的都是 humane。因此打印原文优先。

199.25　nothing] “Neither”在这里没有意义。杜威或许要写（或打算要写）“nothing either”。

199.27　of] 杜威没有说完他的意思，或者删除了某些词，却忘了补充，本版作出调整。

204.18　institutions] “Intuitions”不属于这一系列，是排版错误。

209.24　from] 错置在这里的“it”可能是由于错误的书写。

219.3　of] 在短语"'morals' of the spiritual adviser"(精神顾问的"道德")将前置词"for"改成"of"是必要的,为了与短语"'technics' of effective action"(有效行动的"技术")形成同类结构。

270.32　humane] 这不可能是杜威将"humane"改为"human",更可能是排版错误。

文本说明

《杜威晚期著作》(1925—1953)第15卷,重新发表了杜威自1942年至1948年的 515
63篇文章;其他4篇短文(《无序的世界还是有序的世界?》《〈方法〉一书的序言》、《谈杰斐逊》和《评〈我要像斯大林一样〉》)为首次发表。《杜威晚期著作》第15卷的内容遵循下述一般编排:关于威廉·詹姆斯的短文、关于技术哲学的论文、社会与政治评论和关于教育的文章,评论,序言和导言,颂词,通信,杂记及附录。

这一卷的跨度为7年,比前面其他的《杜威晚期著作》诸卷都长,因为临近杜威学术生涯的终结,他的著述少了,并且简短了。与之对立,《杜威早期著作》第1卷,是杜威学术生涯的开端,跨度也是7年,即1882—1888年。

这些年中发表于《哲学杂志》的9篇文章,被加以修改收入杜威-亚瑟·F·本特利的著作《认知与所知》(*Knowing and the Known*);《认知与所知》将见于《杜威晚期著作》第16卷。除了当前卷的著述外,杜威还为几部再版的较早期的著作写了新的序言,包括:《德国的哲学与政治》[*German Philosophy and Politics*, 1942年(《杜威中期著作》第8卷)];《人性与行为》[*Human Nature and Conduct*, 1944年(《杜威中期著作》第14卷)];《公众及其问题》[*The Public and Its Problems*, 1946年(《杜威晚期著作》第2卷)];《哲学的改造》[*Reconstruction in Phylosophy*, 1948年(《杜威中期著作》第12卷)];以及开始为《经验与自然》(*Experience and Nature*)写新的序言。他也继续与同事和朋友们保持大量通信。

虽然杜威继续生活于纽约市,但冬天他都是在基韦斯特或迈阿密海滨度过的,夏天则在新泽西、长岛、新罕布什尔的白山或科德角度过。二战后,杜威恢复了在新斯 516
科舍的霍巴德度夏。

1946年12月11日，杜威与罗伯塔·洛维茨·格兰特(Roberta Lowitz Grant)在纽约结婚。在罗伯塔的孩提时代，杜威就结识了洛维茨一家；在罗伯塔寡居回到纽约后，他们两人重新熟悉。杜威第二次结婚时87岁，格兰特女士42岁。婚后不久，杜威与罗伯塔收养了两个孩子，一男一女，他们给孩子取名为小约翰(John Jr.)和艾德丽安(Adrienne)。这些事情证明了杜威的生命力。爱德华·菲斯(Edward Fiess)在1946年12月的《人道主义者》杂志上记录了杜威的精力及杜威在评论《人的问题》时对其哲学观点的忠实坚持：

> 约翰·杜威的最后一部著作的大多数评论者，无疑都会论及杜威令人惊异的活力，并非常公正地列举这部著作作为例证。虽然进一步思考后会认为，更值得注意的是，杜威在保持活力的同时，更坚持了他的原则。许多人寿命很长，并且一直很活跃，但这些人并不是都能够在身后成功地保持他们的观点与能量。杜威在86岁时依旧使他的信仰放光，没有因守旧、僵化和既得利益而使其失去光泽，而这些情况都可能随着岁月的推移和荣誉的增加而出现。(第147页)

这一卷中的25篇文章提供了对文本的选择：11篇选自《人的问题》(纽约：哲学文库，1946年)；另外4篇在杜威有生之年发表了不止一次。杜威的打字稿为12篇，其中9篇只发表过一次。所有这些都于下面章节讨论，一般是依据这一卷的内容顺序。其他文章包括在下述讨论中，其来源或所受评论能够启发杜威的写作和活动。

本卷注释文本中没有讨论的篇目是首次发表，参见每一篇首页的资料来源注释。它们的题目分别是："《人的问题》前言"、"亨利·华莱士与1948年选举"、"《S·O·莱
517 文森与〈巴黎非战公约〉》序言"、"《小红校舍》序言"、"《英属西印度群岛的教育》序言"、"《求真的教育》序言"、"《艺术活动的展开》序言"、"献给詹姆斯·海登·塔夫茨的颂词"、"赞博伊德·博德"、"杜威答米克尔约翰"、"杜威博士论我们与俄国的关系"、"关于莫斯科影片的再批评"、"再论《赴莫斯科的使命》"、"评贝尔和波拉尼"、"《评论》与自由主义"、"致秘鲁教师们"、"评《现代人的教育》"，以及"感谢兰德学校"。

《威廉·詹姆斯与当今世界》

1941年7月，在回复威斯康星大学哲学教授马克斯·C·奥托(Max C. Otto)的

邀请时,杜威写道:

> 我非常赞同,威斯康星大学是举行威廉·詹姆斯纪念庆典的合适之处。我愿意奔赴那里,但事实上我却不能参加这一活动并发表演讲,在冬季我不敢离开温暖的基韦斯特去北方。
>
> 如果您真的决定让我参加,我虽然非常高兴,却只能缺席,我深深地感谢您的邀请。……
>
> 因为您正在威斯康星大学做您——您个人和学院——该做的,您有权召集詹姆斯的会议,而我唯一能做的就是祝您成功。①

12月,杜威又致信奥托,写道:“我认为下述文章标题应该是‘威廉·詹姆斯与当
今世界’。我的想法是挑选两三件事,如他对绝对主义、一元论的抨击,他对情感-意
志的强调,以及指出他的思想比起当初提出时,更明显地与今天相关。”②在回答奥托
后来的疑问时,杜威答道:“务必修正(所引的)詹姆斯的引文。我没有核查,我的非文 518
字的记忆几乎靠不住了。”③

詹姆斯的纪念活动于1942年1月10日和11日举行,有一系列公开的演讲。已出版的纪念文集前言中写道:“百年演讲具有意义深远的影响,是学校生活中的一件引人瞩目的大事。”杜威的文章是在他缺席的情况下由哲学系的卡尔·伯格霍尔特宣读的。威斯康星大学校长克拉伦斯·A·戴克斯特拉(Clarence A. Dykstra)介绍了伯格霍尔特并说明道:“今晚我们有幸有杜威先生的手稿。我们对他不能亲自前来深感遗憾。我们确信,他在精神上与我们在一起。他的文章……出自他自己的打字机,是他亲自打字的,也是他亲手校订的。”④不幸的是,在威斯康星大学纪念图书馆、学校档案室、学校出版社以及州立威斯康星历史档案馆中都没有找到这份打字稿。

---

① 杜威致奥托的信,1941年7月7日,马克斯·C·奥托书信文件集,麦迪逊:威斯康星州立历史档案馆。

② 杜威致奥托的信,1941年12月4日,奥托书信文件集。

③ 杜威致奥托的信,1942年1月2日,奥托书信文件集。

④《威廉·詹姆斯其人及其思想:发表于威斯康星大学纪念其百年诞辰大会上的演讲》,麦迪逊:威斯康星大学出版社,1942年,第90页。

《经验主义者威廉·詹姆斯》

1941 年 11 月 23 日，杜威向在纽约召开的哲学方法与社会科学研究新学派研讨会提交了一篇文章。布兰德·布兰沙德(Bland Blanshard)与赫伯特·W·施奈德(Herbert W. Schneider)被指派从这次研讨会和 1941—1942 学年的其他研讨会中收集文章。这些文章发表于《纪念威廉·詹姆斯(1842—1942)》(纽约：哥伦比亚大学出版社，1942 年)。杜威向大会主席霍勒斯·M·卡伦(Horace M. Kallen)递交了一份打字稿和一封日期为 1941 年 11 月 27 日的信，他在信中写道："在我的观点于我的记忆中变得暗淡之前，我想我最好写下它。我发现写作可以使我的观点更有条理。我也补充了一些，正如某些句子所表明的那样，这是由对于比克斯勒的
519 文章中的某些东西相反的反应唤起的。"[①]朱丽叶斯·S·比克斯勒(Julius S. Bixler)的文章在同一卷中，题目是"'战争的道德对等'提出的两个问题"，在詹姆斯卷的第 58—71 页。

卡伦于 1942 年 12 月 3 日写了一封短信，对收到杜威的打字稿表示感谢，又于 12 月 11 日写了一封较长的信，信中写道："在我看来您没有遗漏您所说的每一个词，对于比克斯勒的间接的批评很好。"[②]

在纽约 YIVO 犹太研究所档案室中的 11 页打字稿是杜威打的，上面有许多杜威和霍勒斯·卡伦的手写改动。卡伦的一些改动是修正打字稿上的错误和形式上的变换。然而，许多情况下，卡伦所起的作用是作为书的编辑改动或插入了一些词。虽然现在没有杜威同意这些改动的手写材料，但他与卡伦在其他研究计划中的长期合作表明，他会给予卡伦自由支配权，使他的演讲符合书中其他部分。

杜威的打字稿以及改动成为目前编辑的范本；杜威与卡伦的改动在打字稿改动中列表并标记。这一打字稿重新打字的范本合并了两人的改动，也存放于 YIVO 研究所，被作为本卷的范本。在出版詹姆斯纪念文集时对文章的实质性改动，被当前编辑版在校勘表中采纳，我们假定杜威同意这些改动，或赋予卡伦作进一步改动的权力。

《威廉·詹姆斯的道德与朱利恩·本德的道德》

在 1947 年 12 月致克拉伦斯·埃德温·艾尔斯(Clarence Edwin Ayres)的一封

---

① 杜威致卡伦的信，1941 年 11 月 27 日，纽约：YIVO 犹太研究所档案室。

② 卡伦致杜威的信，1941 年 12 月 11 日，YIVO 犹太研究所档案室。

信中，杜威总结道："11 月的《评论》中包含着可鄙的对于实用主义的攻击，包括朱尔
斯·本德。幸运的是，他的解释极其错误，因此他使自己非常容易成为答复者的牺牲 520
品——我写了一个答复，这篇答复将于 1 月的《评论》上发表。"[①]文章发表后，杜威在致霍勒斯·弗赖斯（Horace Fries）的一封信中谈道："很高兴你喜欢《评论》的文章。编辑因某种原因缓和了我致本德的一些方面——我认为本德完全应该受到这些谴责。"[②]杜威所针对的本德的文章见本卷附录 1。

《心灵如何被认知？》

虽然在《哲学杂志》上没有关于心灵和精神的系列文章，但关于这个主题的许多文章可见于第 38 和 39 期。[③] 1940 年 12 月，在美国哲学学会东方部，W·H·谢尔登、布兰德·布兰沙德和 C·I·刘易斯宣读了引发关于这一主题的兴趣的文章。杜威的文章首次发表于 1941 年 1 月 15 日这一期，它是本卷的范本。《心灵如何被认知?》重新发表于《人的问题》(纽约：哲学文库，1946 年，第 301—308 页)，本卷接受了该书的大量校勘。[④]

《境遇的探究与境遇的不确定性》

这篇文章首次发表于《哲学杂志》第 39 期(1942 年 5 月 21 日)，在这里用作范本。
它重新发表于《人的问题》第 322—330 页，接受了杜威的大量修订。这篇文章是对唐 521
纳德·S·麦凯的文章(本卷附录 2)的回答，麦凯的文章发表于 1942 年 3 月 12 日的《哲学杂志》。杜威于 3 月 24 日写信给胡克说道，麦凯于圣诞节假日在太平洋哲学学会会议上宣读了他的文章，并寄给杜威一分抄件，说如果杜威认为这样不公平，他可以不发表；他建议杜威或许可以写一篇答复。杜威告诉麦凯尽管发表好了，最初想着

---

① 杜威致艾尔斯的信，1947 年 12 月 2 日，克拉伦斯·埃德温·艾尔斯书信文件集，德克萨斯大学奥斯汀分校，尤金·C·巴克德克萨斯历史资料中心。

② 杜威致弗赖斯的信，1948 年 2 月 18 日，霍勒斯·弗赖斯书信文件集，麦迪逊：威斯康星州立历史档案馆。

③ 弗雷德里克·安德森(Frederick Anderson)、亚瑟·F·本特利、布兰德·布兰沙德、Y·H·克里科里安(Y. H. Krikorian)、W·H·谢尔登、C·I·刘易斯关于这一主题都有文章，见《哲学杂志》(1941—1942)。

④ 这本书的文本取舍基于弗雷德森·鲍尔斯(Fredson Bowers)的《文本的校勘原则和程序》，《杜威晚期著作》第 2 卷，乔·安·博伊兹顿主编，卡本代尔和爱德华兹维尔：南伊利诺伊大学出版社，1984 年，第 407—418 页。

不做答复。[1] 显然，杜威只是草草看了一下这篇文章，因为在这篇文章发表后，他向胡克说："我没有想到有人会认为我仅仅是否定性地以不确定的境遇解释某物。我与麦凯通了几次信。……我[作答]的最初的草稿他或许认为过于苛刻。但他不能把握我的整个理论的首要的和基本的观点，除了指出这一事实外，我无法回答他的问题。"[2]

早先，当杜威准备作答时，曾写信给胡克：

> 我缓和了我最初的草稿中的语气而并不认为弱化了问题的实质。我想他不知为何一开始就错了。我认为……我一直追问他是否接受我关于探究的定义，他在什么程度上同意或不同意我的整个理论，这两个问题是一致的。我试图了解他的表达困难和批评的说服力，我太蠢了，费了很长时间才明白不确定性居于他的观念的核心，或仅仅是对不存在的命名。我现在感到奇怪，是否任何没有与我共事若干年的人都真的能理解我根据我的逻辑所说的和做的。麦凯有足够的阅历，因此他应当能够比其他大部分读者更能理解。[3]

522 4月，杜威关于这件事也致信亚瑟·F·本特利：

> 我在读了麦凯的文章后非常气馁——多年前他是哥伦比亚大学的学生，修过我的一些课程，我可以肯定地说深受我的影响。……我在给杂志的答复中写了。我必须培养你们作为作者负责地使用词汇的技术，以便我不必再寻找某种证据，证明在至关重要的地方他所归于我的并作为他批评根据的我所持的观点，同时指出他的批评使我的研究著作变得一文不值。[4]

为在《人的问题》一书中重新发表他的文章，杜威将第37页17行的"特征"改为"不确定"，第37页19行的"否定的"改为"剥夺的"，这样或许使词义更确定。

---

① 杜威致悉尼·胡克的信，1942年3月24日，悉尼·胡克/约翰·杜威文集，南伊利诺伊大学卡本代尔校区，莫里斯图书馆特别馆藏。

② 同上。

③ 杜威致胡克的信，1942年2月26日，胡克/杜威文集。

④ 杜威致本特利的信，1942年4月1日，亚瑟·F·本特利文集，印第安纳大学伯明顿分校，莉莉图书馆手稿部。

《"内在的善"的模糊性》

这篇文章是由巴尼特·萨弗利(Barnett Savery)发表于《哲学杂志》第39期(1942年4月23日,第234—244页)论内在的善的文章引发的,发表于《哲学杂志》第39期(1942年6月4日,第328—330页)(打字稿)。它见于《人的问题》一书中第282—285页,只作了微调。本卷采纳了这版增加的原来缺少的引文标注。

《极端的反自然主义》

首次发表于《党派评论》第10期(1943年1月—2月,第24—39页),这篇文章后来选入威廉·菲利普斯(William Phillips)和菲利普·拉弗(Philip Rahv)所编《党派读者》(*Partisan Reader*,纽约:戴尔出版社,1944年,第514—528页)。这篇文章的首次发表被选作范本;接受了《读者》的四处较小的修正。耶万特·克理科利安(Yervant 523
Krikorian)也将这篇文章选入了他所编辑的《自然主义和人道主义精神》(*Naturalism and the Human Spirit*,纽约:哥伦比亚大学出版社,1944年,第1—16页)。克理科利安再版时,未经杜威同意作了很多改动,本卷不接受这些改动。威尔蒙·亨利·谢尔登的文章《自然主义批判》(本卷附录8)是对克理科利安的书的回应。杜威、欧内斯特·内格尔和悉尼·胡克致谢尔登的答复见本卷109页。

《价值判断与直接的质》
《关于价值判断的进一步论述》

杜威《价值判断与直接的质》是回答菲利普·布莱尔·赖斯的《价值判断的"客观性"》一文的,见《哲学杂志》第40期[1943年1月7日,第5—14页(本卷附录3)]。杜威曾将此文的草稿寄给亚瑟·F·本特利征求意见,然后又为其新草稿写信致本特利:

> 我已经完成回答赖斯的文章。……我认为比起寄给你的草稿,改写后的文章更强硬也更限于主要观点。你的文章的发表给了我在颇长的脚注中谈及它的机会(本卷第72页),在那里我将其观点与布拉泽斯顿的观点进行了比较——给我以机会将他的观点称为"实用主义的经验主义的坏的特征"①(本卷第72页第

① 杜威致本特利的信,1943年4月14日,本特利文集。

6行)。

杜威从未对他的文章十分满意。他下一个月写信给本特利道:“我得到了我的《哲学杂志》文章的校样,读了之后我认定,在试图认真写东西之前应当要有更长的准备时间。这篇文章给我的印象是颇为混乱,没有很好地集中论述。”①

524 发表于《哲学杂志》文集,纽约哥伦比亚大学巴特勒图书馆珍贵图书与手稿藏书室的杜威的打字稿“价值判断与直接的质”作为范本,也接受了下述版本的修订:《哲学杂志》第40期(1943年6月10日,第309—317页),《人的问题》第250—260页。打字稿在某些地方大量改动(见《打字稿的变更》),反映了杜威对文章的犹豫不决。杜威改动的打字稿最少被编辑为两个版本。

杜威与赖斯之间在《哲学杂志》上的继续争论,有1943年6月24日一期上赖斯的答复(附录4),杜威的文章《关于价值判断的进一步论述》,见《哲学杂志》第40期[1943年9月30日,第543—552页(本卷第73—83页)];这一辩论也包括赖斯的《价值判断的类型》(附录5)。在印第安纳大学伯明顿分校图书馆手稿部收藏的亚瑟·F·本特利文集中,《关于价值判断的进一步论述》的打字稿是最早的草稿。在《哲学杂志》上发表的被作为范本,也接受了《人的问题》一书中杜威对这篇文章的实质性改动。

杜威在1943年8月18日致本特利的信中补充了与赖斯的争论结果:

> 一句话……说如果我不是如此克制自己的表达,我会将我对赖斯的回答的第二部分作为理解第一部分的基础。关键是你最终打通了我的思想,十分广阔的延展空间的事件对于进行任何科学描述都是必要的。如果我当时知道这一点,我打算反对的只是赖斯断章取义,并削减为简短的部分。
>
> 要在这篇文章中作出补救太晚了,但是我会再来处理这个主题的,不受赖斯的影响,作出结论。②

《本质的与技艺的》

525 这篇文章首次发表于《哲学杂志》第41期(1944年5月25日,第281—292页),

---

① 杜威致本特利的信,1943年5月27日,本特利文集。

② 杜威致本特利的信,1943年8月18日,本特利文集。

被用作范本。稍后，重新发表于《人的问题》第 286—300 页。这一版本极少改动，大部分改动是增加标点，本卷不予采纳。接受了两处实质性的改动。

《回应之前若干批评》

1947 年 10 月 31 日，《美学与艺术批评杂志》编辑托马斯·芒罗写信给杜威，要杜威对本尼迪特·克罗齐论杜威的文章作出回应，克罗齐的文章发表于该杂志 1948 年 3 月那期上（附录 6）：

> 应我的请求，吉尔伯特（见本卷第 509 页注）已经将她从意大利带回的克罗齐文章的抄件送给您了，她已经为《杂志》作了翻译。您此时可能已经收到了这个抄件。
>
> 不用说，我在这件事上站在您这一边，强烈反对克罗齐的大部分美学理论。我知道，您一直乐于论战。若不能确定您会在同一期《杂志》上作出回应，我则不愿发表克罗齐的文章。如果能这样，我认为，这种看法的交流，对于想要弄清楚您的观点与克罗齐的观点之间关系的学者是非常有价值的。①

杜威答应了芒罗的请求，递交了一份打字稿，用于在《杂志》上与克罗齐的文章一起发表。在一封信中杜威评论道："如果我这份简短附件说了什么，那只是又一次说了我在我的书中所说的，与克罗齐假设我所说的相差甚远。"② 526

这份打字稿是杜威打的，存放于俄亥俄西部保留地大学档案馆 3HM5 第 3 箱托马斯·芒罗的文件中，是正本。另一份打字稿不是杜威打的，可能是用作《杂志》的排印工人的摹本，也存放在芒罗的文件中，不具权威性。约翰·杜威的文章见《美学与艺术批评杂志》第 6 期（1948 年 3 月），第 207—209 页）。本卷采纳了这一版本的实质性改动。"不仅"一词（见《校勘表》的原文注释 98.6）在打字稿中清楚地划掉了，本卷中予以省略以修正句子结构。杜威的改动列于《打字稿中的变更》中。

《关于价值的一些问题》

为回答乔治·雷蒙德·盖格的《我们能进行价值选择吗？》而作，盖格的文章发

---

① 芒罗致杜威的信，1947 年 10 月 31 日，托马斯·芒罗书信文件集，俄亥俄州，克里夫兰：凯斯西储大学档案馆，第 3 箱，3HM5。

② 杜威致芒罗的信，1947 年 11 月 15 日，芒罗书信文件集。

表于《哲学杂志》第41期(1944年5月25日,第292—298页)[附录7],杜威的文章发表于《哲学杂志》第41期(1944年8月17日,第449—455页),作为范本;又重新发表于《人的问题》第273—281页,《价值问题合作研究》(*Value: A Cooperative Inquiry*,纽约:哥伦比亚大学出版社,1949年)第4—12页,这是一本由雷·莱利(Ray Lepley)编辑的书,受杜威的文章启发。莱利这本书的文本严格遵循《哲学杂志》的文本,只在106.12(见校勘表)增加了结束的括号。《人的问题》中重新发表时有一个不太重要的修改(107.6"that"变为"the"),这显然是排字工人的错误,已为本卷拒绝接受。

杜威送了一份这篇论文的副本给克拉伦斯·埃德温·艾尔斯,他在最后一页的脚注中向艾尔斯致谢。艾尔斯写信感谢杜威,在信的结束时写道:

527 在这篇文章的结尾,您详细阐述了一种思想,虽然在您的《逻辑》一书关于社会研究一章中只是简要地阐述过,但对我来说是全书中最令人兴奋的思想之一:社会研究(技术上)依赖于其他科学先前的发展。①

《自然主义者是唯物主义者吗?》

除了开始的段落为杜威所写外,没有证据辨别这篇文章各部分为三位作者中哪位所写。唯一能肯定的是杜威参与[未详细说明的]合作,而且他的名字作为作者之一。正如刘易斯·福伊尔在序言中指出的,杜威除了署名和对文本的最终认定,对文章没有什么贡献。

《伦理主题与语言》

1945年9月,杜威写信给亚瑟·F·本特利:

我近来一直没有写东西。我怀着兴趣读了史蒂文森的书《伦理学与语言》,这是一个好东西和坏东西的奇怪混合;我针对书中坏的东西给《杂志》写了一篇文章——特别是因为他说他的论述"主要方面并非与约翰·杜威的伦理学中的内容不同"。在某处他关注我关于价值判断的专论——但我并没有讨论过这个。

---

① 艾尔斯致杜威的信,1944年6月6日,艾尔斯书信文件集。

在读他这本书时，当他将心理学上的意义等同于查尔斯·W·莫里斯对皮尔士的完全曲解，致使我回到了皮尔士——我以前从来没有意识到，莫里斯对皮尔士的符号和意义理论的说明完全是曲解，也没有意识到心理学理论多么接近你们的理论——我们的理论。他对于非主观意义上的主观语言的使用是最大的 528
障碍。①

信的其余部分论述了"皮尔士论语言符号、思想与意义"。

《皮尔士论语言符号、思想及意义》

上面引述的致本特利的信的后面提出了这篇文章的源起：

我在论述符号-意义的心理学理论的另一篇文章中提供了足够的材料，并附带将莫里斯钉在了十字架上……他完全颠倒了皮尔士的思想——我从皮尔士那里收获了一些很好的问题，得出了下述结论："心理方面的材料只能根据非心理的词语来认知"。②

1945年10月15日，杜威向《哲学杂志》的编辑赫伯特·W·施奈德提交了关于皮尔士的文章：

我希望我没有给您和《杂志》以压力——但这是在我关于史蒂文森的文章的脚注中提到的继续论述莫里斯和皮尔士的文章。史蒂文森不准备归咎于自己——至少他只是许多作者中的一个，他们都把莫里斯当作皮尔士实用主义的权威解释者。正如我在文章中指出的，是结束这种观点的时候了。

这篇文章与史蒂文森文章之间的联系不很紧密，没有必要紧随史蒂文森的文章。③

1945年10月11日，杜威将他的文章的抄本寄给了亚瑟·F·本特利：

---

① 杜威致本特利，1945年9月17日，本特利文集。

② 同上。

③ 杜威致施耐德的信，1945年10月15日，赫伯特·W·施奈德书信文件集，南伊利诺伊大学卡本代尔校区，莫里斯图书馆特别馆藏。

附上我关于莫里斯-皮尔士的文章。——当然皮尔士不像我文章中指出的
529 那样完美(完善)。但莫里斯对皮尔士符号理论的解释是一种犯罪——之所以是犯罪,是因为它有效地阻碍了认识皮尔士的著述。他附带引证了我的"工具主义"作为同类的个人享有物,而不管我的逻辑等思想。[①]

杜威附上的打字稿被存放于印第安纳大学伯明顿分校图书馆中的亚瑟·F·本特利收藏手稿中;这是较早的草稿,与后来版本有很大不同。

《哲学杂志》第43期(1946年2月14日,第85—95页)登出文章之后,杜威致信约瑟夫·拉特纳(Joseph Ratner):

对我论述皮尔士的文章我收到了两三种反应,一般认为,皮尔士说了许多不同的事情,莫里斯或许同样有权像我作出我的解释一样作出他的解释!……这种反应的起因正是我写这篇文章的原因——许多逻辑学方面的新的形式主义者对皮尔士日益增长的声望印象深刻,认为最好将"实用主义"归于无害之档,这样它就不会妨碍卡尔纳普主义,因为后者被归于更为重要之档。这种反应证实了我的情况——如果确实是这样。[②]

查尔斯·W·莫里斯对杜威文章的回应见本卷附录9。杜威的反驳见第331页。

《〈人的问题〉导言》

《人的问题》包含选自期刊重新发表的31篇文章。最早的一篇文章《对道德进行科学研究的条件》最初发表于1903年[③];其余文章选自1935—1945年间。这里
530 再版的新的序言(本卷第154—169页)是首次发表。《人的问题》一书的内容分为四部分:第一部分"民主与教育"(10篇论文),第二部分"人性与学术"(7篇论文),第三部分"价值与思想"(10篇论文),第四部分"思想家们"(4篇论文)。《人的问

---

① 杜威致本特利的信,1945年10月11日,本特利文集。

② 杜威致拉特纳的信,1946年3月25日,约瑟夫·拉特纳/约翰·杜威书信文件集,南伊利诺伊大学卡本代尔校区,莫里斯图书馆特别馆藏。

③《代表院系的研究Ⅱ:哲学与教育》(*Investigations Representing the Departments, Part II: Philosophy, Education*),芝加哥大学十周年专辑第一系列,第3卷,第115—139页,芝加哥:芝加哥大学出版社,1903年。(《杜威中期著作》第3卷,第3—39页)

题》一书重新发表并包括在本卷中的 11 篇文章①在本页注中按照其在本卷中的顺序排列。

《人的问题》好评如潮。② 一些评论家谈到杜威的活力与精力。杰罗姆·内桑森
(Jerome Nathanson)在《新共和》中说:"很难意识到,收集在这本书中的论文的作者, 531
将于 10 月庆祝他 87 岁诞辰。……不失精神饱满,不失日益中肯,他深刻洞察到了我
们时代的核心问题。"

小约翰·赫尔曼·兰德尔谈到"杜威的特殊天赋",并补充道:"他的巨大影响的秘密在于他将理论瞄准实践的敏锐性。理论与实践如何周密地结合在一起,的确是

---

① 《民主信念与教育》("The Democratic Faith and Education", 1944, pp. 251 - 260)。
《人文学院的问题》("The Problem of Liberal Arts College", 1944, pp. 276 - 280)。
《对自由主义思想的挑战》("Challenge to Liberal Thought", 1944, pp. 261 - 275)。
《对科学的反抗》("The Revolt against Science", 1945, pp. 188 - 191)。
《价值判断与直接的质》("Valuation Judgment and Immediate Quality", 1943, pp. 63 - 72)。
《关于价值判断的进一步论述》("Further as to Valuation as Judgment", 1943, pp. 73 - 83)。
《关于价值的一些问题》("Some Questions about Value", 1944, pp. 101 - 108)。
《"内在的善"的模糊性》("The Ambiguity of 'Intrinsic Good'", 1942, pp. 42 - 45)。
《本质的与技艺的》("By Nature and by Art", 1944, pp. 84 - 96)。
《心灵如何被认知?》("How Is Mind to Be Known?", 1942, pp. 27 - 33)。
《境遇的探究与境遇的不确定性》("Inquiry and Indeterminateness of Situations", 1942, pp. 34 - 41)。
页码均为本卷边码。

② 评论见:*A. L. A. Booklist* 42(1946):311; *American Sociological Review* 11(1946):645(Roy Wood Sellars); *Clearing House* 21(1946):183 - 185(J. C. Duff); *Educational Forum* 11(1947):254; *Ethics* 57(1946):73 - 74(Glenn Nelgey); *Harvard Educational Review* 16(1946) 297 - 308 (Donald C. Williams); *Humanist* 6(1946):147 - 148(Edward Fiess); *Journal of Philosophy* 44 (1947):189 - 191(Max C. Otto); *Kenyon Review* 8(1946):683 - 685(D. W. Gotshalk); *Library Journal* 71(1946):755(Grace O. Kelley); *Mind*, n. s., 56(1947):257 - 265(Karl Britton); *Modern Schoolman* 27(1950):320 - 322(James Collins); *Nation* 163(19 October 1946):447 - 449 (Hannah Arendt); *New Republic* 115(28 October 1946):562 - 564(Jerome Nathanson); *New York Herald Tribune Books*, 1 September 1946, p. 10(zJohn Herman Randall, Jr.); *New York Times Book Review*, 9 June 1946, p. 7(Alvin Johnson); *Personalist* 28(1947):96 - 98(Daniel Sommer Robinson); *Philosophical Review* 56(1947):194 - 202(Arthur E. Murphy); *Philosophy and Phenomenological Research* 9(1948):134 - 139(Rubin Gotesky); *Progressive Education* 24 (1946):17(Ursula Reinhardt); *Review of Politics* 9(1947):502 - 504(Leo Richard Ward); *San Francisco Chronicle*, 18 August 1946, p. 16; *Saturday Review of Literature* 29(20 July 1946):14 - 15(Ordway Tead); *School and Society* 63(1946):366; *School Review* 54(1946):493 - 495 (Carroll Peters); *Springfield Daily Republican*, 30 June 1946, p. 4d(E. A. F.); *Survey Graphic* 35(1946):166 - 167(Harry Hansen); *Thought* 21(1946):733 - 734(Martin J. Smith); *Time*, 24 June 1946, pp. 45 - 46; *Western Review* 11(1947):59 - 71(Eliseo Vivas); *Yale Review*, n. s., 36(1946):156 - 159(Raphael Demos).

他整个思想的核心命题。他能够与各领域最专业的思想家们交往，他对哲学问题的深入分析极为严格冷峻。但他从来没有对于现实生活中的问题——即‘人的问题’视而不见。”

唐纳德·C·威廉斯从另一方面提出了书中的一些消极方面：“32 篇论文的汇集，长度、目的和专业水平相差很大，虚华地包装在一个具有欺骗性的题目下，对于任何一名作者的名誉都是一种考验。约翰·杜威先生及其哲学的品质胜过了《人的问题》中毁誉的败笔。”

杜威预见到会带来“具有欺骗性的题目”的指责，他于 1946 年 1 月致马克斯·C·奥托的信中说：“我将这本再版的书称为《人的问题》，但事实上这些问题限制在专业方面。因此我的导言的题目是‘人的问题与当前哲学的状况’。”在这封信中，杜威告诉奥托，他改变了定期发表一篇已经寄给奥托的文章的计划，“现有这篇文章我想用作文集的序言”。在这封信的前面部分他告知奥托：

> 哲学文库……前些时候向我建议。……他们对我近年来文章集成的一本书提供 500 元预付版税——他们在告诉我标题后会将这些文章汇集起来。有一篇文章写于很久以前……《对道德进行科学研究的条件》。……悉尼·胡克偶然看到这篇文章，建议重新发表。我至今尚未谈论过这件事，但我颇为吃惊它居然成了，——或者像我认为的那样。①

532 奥托显然反对新的导言中关于美国哲学学会委员会（奥托是这个委员会的成员）近来提出的“报告”的内容，这个报告的标题是《美国教育哲学：任务与机会》（纽约：哈珀兄弟出版公司，1945 年）。杜威向奥托保证道：

> 我稍微改动了开头的一些句子，以下述语句开头：“一个与哲学教学和著述有关的组织——美国哲学学会——委员会最近印发了一份报告。”然后继续，并没有提及在报告中关于我的书名的任何事情，如您已经做的那样。
>
> 在接到您的信时，这篇文章已经出了校样，已无法做出重大改变。但在头三段——特别是头两段之后，再没有涉及委员会或这个报告的任何内容。它让我

① 杜威致奥托的信，1946 年 1 月 14 日，奥托书信文件集。

想起，任何人都可以将我的文章的主旨与委员会的行动联系起来。①"

杜威第一次提到给奥托的文章，是在1945年11月的一封信中。他告诉奥托，“我正试图写一篇关于‘哲学的现状’的文章，这是这本书(《美国教育哲学》)引发的，但不是对这本书的评论。我想使它成为非专业的，以能够在非哲学的刊物上发表，但我写作这篇文章尚有困难，因此尚未完成。”②

12月，杜威将这篇文章寄给奥托，并附了一封信，信中写道：“我附上一篇文章，是由这本书引起的但不是关于这本书的——在第一稿中我涉及这本书更多，但后来甩开了。我不知道我还能对它做什么——我愿它有比哲学杂志更多的普通读者，但它大概对于普通读者来说太沉重了。无论如何我寄上一份副本给您，供您判断。”③

奥托在他另外一篇赞赏《哲学杂志》对《人的问题》的评论中又一次提出了这个主题：

> 愿意解惑的人可以审视导言开始的段落。杜威先生的开篇的话提及一个
> “报告”，这个报告是由美国哲学学会的五位成员写的，他们被委任“承担对于哲 533
> 学的现状以及哲学在战后世界的作用的考察”。由于一些语句，看上去仿佛我们将会收获对于这几位绅士写作的《美国教育哲学》一书的评价。不幸的是，杜威先生决定不遵循这一导语。他本来想要这样做。许多内容或许也由这本书而引发。但他没有这样做，取而代之的是做出了许多与赞誉上述作者无关的评论，之后他又继续讨论“哲学在人类意义上的现状”。
>
> 由于公正地评判只有一位作者的书是困难的，而当作者人数增加到五位时公正的评判就几乎不可能了，因此谁也不能指责杜威先生拒绝承担这项工作。然而奇怪的是，他承担了这项工作。他陷入了这项工作，对这本书及其作者做出了批评性的考察。但是然后，仿佛发现这是一项无望的工作，他突然停止了，转向思考委员会书中提出的问题。这就是我们看到的前两页的内容，为了对委员会成员公平，我们愿杜威先生多谈论一些或少谈论一些。

---

① 杜威致奥托的信，1946年1月14日，奥托书信文件集。

② 杜威致奥托，1945年11月11日，奥托书信文件集。

③ 杜威致奥托的信，1945年12月28日，奥托书信文件集。

杜威《人的问题》导言的打字稿存放于南伊利诺伊大学卡本代尔校区莫里斯图书馆特别馆藏，第3箱，文件夹6，悉尼·胡克/约翰·杜威文集，作为本书的范本。接受了《人的问题》一书的实质性校勘。

在悉尼·胡克/约翰·杜威文集第3箱中也存放着关于这一导言的其他材料。在第7—11文件夹中，有杜威在准备这一手稿时寄给胡克的草稿。第7文件夹中包括一份完整的导言打字草稿的复写稿，共20页。这份草稿先于作为范本的打字稿，因此不被当作范本。在第8—11文件夹中是许多页至少3份其他草稿的复写本。这些草稿都不完整；都早于第7文件夹中的草稿。第12文件夹包括杜威在准备这篇导
534 言过程中致胡克的8封信。这些信件的日期是从1945年11月8日到12月18日。在这期间的第一封信中，杜威写道："我没有写信答复你的明信片，是因为我要写一篇比起预料的要更困难的东西。我正在重新开始，我希望新的开端比旧的尝试要好一些——不论如何处理这份稿件，我都会给你寄去一份复写稿。"杜威在下面6封信中附上了复写稿，信的日期是11月12、14、21、27日，12月1日和7日。在这期间，他详述了在改写手稿时的几处补充的尝试。12月18日，杜威预计计划完成。他写道："正如我在电话中说的，我'放了她'几天，然后又着手修改。"虽然这些信件证明，杜威的序言的确写了好几稿，但其中不包括任何特殊材料能有助于确定文件夹8—11中部分草稿的月日次序。

《自由社会的宗教与道德》

当约瑟夫·拉特纳于1940年代计划写作杜威传记时，他致信阿尔伯特·鲍尔茨(Albert Balz)搜集鲍尔茨可能有的杜威与他通信的信件。在给拉特纳的回信中，鲍尔茨有一段写到杜威1942年在霍林斯学院的演讲：

> 几年前，在弗吉尼亚的霍林斯学院百年校庆举行的座谈会上，杜威的文章自然是重要的一部分。其他两三位与会者扮演了小角色，我就是其中之一。我的理解是，霍林斯学院会出版座谈会的文集。我认为我们都递交了文章的副本。然而我被告知，文集不会出版，至少霍林斯不会出版，就我所知是这样。或许杜威的文章在某一杂志发表了，但我从未注意。不必说，杜威的文章应当发表。[①]

---

① 鲍尔茨致拉特纳的信，1946年12月17日，拉特纳/杜威书信文件集。

1949 年，霍林斯学院最终出版了《霍林斯学院百年庆典》一书，包括杜威的演讲（第 79—93 页），也包括鲍尔茨的发言。演讲的开始有两段即席的话，在结束时又有 535
两段附加的评论，表明发表的版本来自速记。这些段落在本卷的演讲稿中被省略了。它们被列于校勘表中这个标题下的历史校勘。显得离题的部分（列于校勘表 173.13）同样没有采用。

百年校庆于 1942 年 5 月 17 日举行，杜威的演讲发表于 5 月 18 日。《霍林斯学院历史图册》（*Hollins College: An Illustrated History*）中包括下述段落：

> 霍林斯学院的七十五周年纪念由于一战没有举行；现在百年纪念又赶上了另一个战争。但是这次，霍林斯继续按计划进行。……参加 5 月 17—19 日的活动程序，许多客人已熟悉了霍林斯，诸如弗兰克·波特·格雷厄姆（Frank Porter Graham）、哈洛·沙普利（Harlow Shapley）、约翰·杜威、西奥多·H·杰克（Theodore H. Jack）、伊丽莎白·吉尔摩·霍尔特（Elizabeth Gilmore Holt）、德威特·帕克（DeWitt Parker）以及钢琴家约翰·鲍威尔（John Powell）。……举行了专题讨论："当今美国的自由"，"自由社会的道德与宗教"，"自由社会的艺术"，以及"心灵与精神自由"。①

《自由社会的宗教与道德》的打字稿存放于南伊利诺伊大学卡本代尔校区莫里斯图书馆特别馆藏，杜威文稿第 54 箱，文件夹 8（TS）。这 20 页打字稿（缺第 18 页）是由杜威打的，作为范本。同一文件夹中的 6 页助手打字稿是这一演讲的不完全的草稿。

16 页的打字稿不是杜威打的，存放于弗吉尼亚大学图书馆手稿区。这份打字稿作为 182.5 - 25 的材料的范本，补充杜威的打字稿缺失的那页。这份打字稿（UV）的校勘，与文章唯一的出版稿《霍林斯学院百年校庆》中的校勘，都为本卷所采纳。杜威在他的打字稿上的改动列于《打字稿中的变更》中。 536

《关于自然科学的几点看法》

这篇文章的 4 页手稿存放于南伊利诺伊大学卡本代尔校区莫里斯图书馆特别馆藏，杜威 VFM 24。它是应《人道主义者》杂志编辑埃德温·威尔逊（Edwin Wilson）的

① 《霍林斯学院历史图册》，夏洛茨维尔：弗吉尼亚大学出版社，1973 年，第 123—124 页。在第 124 页上有杜威在游园会上的照片。

要求递交给该杂志的：

> 如果您回到家，能够对当今独裁主义争夺教育的努力，或其他任何题目写下任何评论，寄给我们，我们可以付印，并承诺让我们的读者读到来自您的文章。另外我们注意到，您的健康不允许您写作文章。我不想催促您去写文章，但我愿让您知道，如果您寄给我们一些东西，我们会非常高兴。①

杜威于5月13日作答，"10号之前我不可能寄给你任何东西。我附上一篇短文，顺着我在[1944年5月27日纽约科学精神与民主信仰]大会上发言的思路，供以后刊物上使用。"②

杜威交给威尔逊的打字稿作为这篇文章的范本，大量校勘来自《人道主义者》杂志(1944年夏季刊，第57—59页)。杜威的改动列于《打字稿中的变更》中。

《对科学的反抗》

这篇文章的打字稿存放于南伊利诺伊大学卡本代尔校区莫里斯图书馆特别馆藏，杜威VFM 24。它被寄给《人道主义者》杂志编辑埃德温·威尔逊，作为1945年秋
537 季刊的内容，还附有一封日期为1945年7月11日的信。威尔逊几次请求杜威赐稿；杜威最终满足了他的要求，寄去一篇题为"关于自然科学的几点看法"的打字稿，发表于1944年夏季刊(本卷第184页)。1945年10月18日，威尔逊写信给杜威：

> 有您的文章的《人道主义者》秋季刊不久便将发行。
>
> 您对我为美国人道主义者学会及其季刊工作的鼓励，有助我继续努力。我们渐渐找到了支持，自本期始我们将发行2 500册。③

递交给威尔逊的打字稿作为本卷的范本。接受了《人道主义者》杂志和在《人的问题》中重新发表时的实质性校勘。杜威的改动列于《打字稿中的变更》中。

---

① 威尔逊致杜威的信，1944年5月4日，南伊利诺伊大学卡本代尔校区，莫里斯图书馆，特别馆藏，杜威VFM 24。

② 杜威致威尔逊的信，1944年5月13日，杜威VFM 24。

③ 威尔逊致杜威的信，1945年10月18日，杜威VFM 24。

《民主的国际组织对强制的国际组织》

埃米莉·格林·鲍尔奇(Emily Greene Balch)与简·亚当斯是1915年和平与自由国际妇女联盟(the Women's International League for Peace and Freedom)的创始人。为纪念这一组织成立三十周年,计划再版亚当斯的《战争年代的和平与生计》(纽约:麦克米兰出版公司,1922年)。鲍尔奇请杜威为这一纪念版写一新的序言。杜威于1944年12月29日回复道:

> 我期望能够很快写出序言,如果你能提供你认为有助于我完成序言的建议,我将非常感激。正如我自己在任何事情上都不是一个绝对主义者一样,我也不是绝对的和平主义者,我更愿代述你们所言的你们自己的态度。我高兴地看到,
> 你们的态度看来与我的态度非常相像;事实上我不想写与你们的精神相反的东 538
> 西。在我看来,我和简的不同没有任何必要进行详细的阐述——我认为我可以用简短的语言来掩饰这点,也没有任何必要详细地阐述一般公众的印象,他们像我一样不接受严格意义上的她的和平主义类型,尽管他们认识到她对于战争形势的分析是明智的,她对当今战争危险与实际可能性,以及对我们希望能够带来的和平的威胁与实际可能性的分析非常切合实际,他们对此印象深刻。①

杜威为《和平与生计》一书再版所写的新的序言作为本卷的范本。采纳了《眺望》(*Survey Graphic*)第34期(1945年4月,第117—118、138—139页)上的文章的校勘,文章的题目是"和平与生计"。书中的标题与章节被保留了,《眺望》中的小标题被省略了。

1946年3月6日,《眺望》的编辑保罗·凯洛格(Paul Kellogg)写信通知杜威期刊所作的变动,并给杜威寄去了校样。凯洛格写道:

> 我不愿日后发现我的某处改动会以错误的方式给您带来负面影响。总而言之改动非常小。我在第一段中删去了一句话(比起对文章而言,它似乎对导言更合适);根据您后来说明"警告"和"指导"的顺序调整了这里的内容——还有与

---

① 杜威致鲍尔奇的信,1944年12月29日,宾夕法尼亚州立大学图书馆,W·L·沃纳关于世界和平的珍藏。

> 《眺望》风格有关的偶然的微小的文字改动。
>
> 在我们付印此期刊物前，请及早告诉我您对原文或附加的编注方面的改动。①

3 月 9 日，杜威答复道："修改完全满意——感谢所作的修改，感谢给我的文章以更广泛的发行量。"②

539 这篇文章中的一段(196.38－197.28)形成了《国际关系理论讨论》[A Discussion of the Theory of International Relations，《哲学杂志》，第 42 期(1945 年 8 月 30 日)，第 477—497 页]的基础，这是许多哲学家应邀对杜威在这里提出的理论问题发表的谈话。参加讨论的有托马斯·沃纳·史密斯(Thomas Vernor Smith)、阿瑟·翁肯·洛夫乔伊(Arthur Onchen Lovejoy)、约瑟夫·珀金斯·钱伯林(Joseph Perkins Chamberlain)、威廉·欧内斯特·霍金(William Ernest Hocking)、埃德温·阿瑟·伯特(Edwin Arthur Burtt)、格伦·雷蒙德·莫罗(Glenn Raymond Morrow)、悉尼·胡克与杰罗姆·内桑森。

《无序的世界还是有序的世界？》

这篇论文的打字稿发现于哥伦比亚大学。杜威作为作者署名，日期是第 207 页 18 行提到的"最近法西斯主义轴心国试图……的失败"。我们没有发现这一打字稿的发表版本。

《人类历史上的危机》

自 1945 年 12 月至 1947 年 11 月，《评论》发表了一系列关于"个人主义危机"的文章。杜威的文章见于《评论》第 1 期(1946 年 3 月，第 1—9 页)。对他的文章的评注指出：

> 这篇文章是系列文章的第四篇，这一系列文章致力于使许多引领美国与欧洲思想的人关注我们时代的基本问题，即"个人主义的危机"。

---

① 凯洛格致杜威的信，1945 年 3 月 6 日，《眺望》相关记录，明尼阿波利斯大学图书馆，社会福利历史档案室。

② 杜威致凯洛格的信，1945 年 3 月 9 日，《眺望》相关记录。

这一问题表述如下:“在我们的时代,个人主义比许多世纪以来更激烈地遭到贬斥。人的个性的每个方面——其公民权利、个性、身份、尊严——都受到侵犯。数百万人被折磨并杀害。……然而个人的神圣不可侵犯一直被认为是西方文明的一部分。我们希望我们文化的任何进步都建立在这个理想上。……

“这个理想不仅一直为残暴的统治者所碾压,而且恐怕它已经在人们心中死去。但这意味着政治生活和道德生活水平的降低。” 540

这一系列困惑寻求回答如下问题:“为什么我们遇到了这一问题?”“我们西方文明在什么地方误入歧途?”“这仅仅是向具有更好的价值观的新社会过渡吗?”“当代危机是归因于技术和大规模的计划,还是它们在当今的滥用;或者归因于扭曲了基本理想,这些理想需要复兴宗教信仰或重新评估某些其他价值观?”

这一系列的前三篇文章是:莱茵霍尔德·尼布尔(Reinhold Niebuhr)的《文明将幸免于技术的灾难?》(1945年12月,第2—8页);利奥·洛温塔尔(Leo Lowenthal)的《人的可怕的原子化》(1946年1月,第1—8页);以及汉纳·阿伦特(Hannah Arendt)的《帝国主义:通向自我毁灭之路,种族主义的政治起源与利用》(1946年2月,第27—35页)。围绕这一系列的还有下述作者的文章,珀尔·巴克(Pearl Buck)、威廉·A. 奥顿(William A. Orton)、沃尔多·弗兰克(Waldo Frank)、汉斯·科恩(Hans Kohn)、弗里茨·斯滕伯格(Fritz Sternberg)、艾布拉姆·卡迪纳(Abram Kardiner)、路易斯·芬克尔斯坦(Louis Finkelstein)、卡尔·波拉尼、悉尼·胡克和朱利恩·本德——最后的文章发表于1947年11月刊。

在杜威的文章发表后不久,杜威写信给约瑟夫·拉特纳:

我不知道是否新的月刊《评论》给你寄了我在3月刊上的文章——我有机会谈论被断言为以“精神的”取代物质的——经济的——基础的孤立的个人主义的复苏。之前关于这一主题的文章,我认为是非常可怕的——R·尼布尔的文章大体上最甚,不过是他的陈旧的二元论——经济的和精神的。①

显然杜威密切注视着这一系列文章:他在致《评论》的一封信(本卷第361页)中称赞卡尔·波拉尼的文章《我们陈腐的市场心理》[《评论》,第3期(1947年2月),第

① 杜威致拉特纳的信,1946年3月25日,拉特纳/杜威书信文件集。

109—112 页]。在《评论》[第 5 期,(1948 年 1 月),第 46—50 页(本卷第 19—26 页)]的另一篇文章中,他严厉地谴责了本德的文章《抨击西方道德》[《评论》,第 4 期(1947 年 11 月),第 416—422 页(本卷附录 1)]。

《解放社会科学家》

541 除了关于"个人主义危机"的系列文章外,《评论》也刊载了许多关于"人的研究"的文章。杜威对这第二系列的贡献发表于 1947 年 10 月刊上。在春天时,他向悉尼·胡克诉说了他写作的困难:

> 我一直在改写给《评论》的文章。我认为在最初的文章中,我在一般哲学方面论述太多;我认为从哲学观点出发,有一些好的东西,但它没有认真充分地考虑当今实际的问题——我想,我是无意识地受到了我同时在写的一本哲学概要类图书的影响。……我一直试图使我的文章更尖锐一些,但是这个领域太广阔了,我发现我一直在彷徨。……我希望你会注意到脚注,我在那里提到你的相关文章(本卷第 233 页)。①

《美国青年们,小心华莱士带来的礼物》

这篇文章发表于《自由主义者》第 2 期(1948 年 10 月,第 3—4 页)(范本),于《新领袖》第 31 期(1948 年 10 月 30 日,第 1、14 页)中重新发表,题目为"华莱士对新党"。《新领袖》指出了几处排版错误,包括两处词的重复(242.6,245.34),但也纠正了《自由主义者》中的一处明显错误(于 245.20 将"满意"改为"不满"),纠正了 245.22 处的一个主语动词。关于这两处改动,本卷编辑时采纳《新领袖》版。由于杜威未必读过《新领袖》重新发表的校样,其他实质性改动没有被采纳。这篇文章的校勘表中列了两个版本的所有不同。

542 虽然杜威多年来倡导第三党,在 1912 年投了尤金·德布兹的票,在 1924 年投了罗伯特·拉福利特的票,但他对 1948 年华莱士的第三党不满。在这篇文章中,杜威叙述了他反对的理由,在给他的一名生活在纽约的学生和被保护人 Sing-Nan Fen 的信中,杜威写道:

---

① 杜威致胡克的信,1947 年 4 月 1 日,胡克/杜威文集。

> 我写了一封信，被当作致全国年轻人的演讲，这些年轻人赞同华莱士支持组成政治上的第三党，但我认为一个拥有共产主义倾向的党肯定会阻止发展受欢迎的新党——如果我等到华莱士的党采取其政纲后，一条条政纲条目都与共产党的政纲相同，我自然可以增强我的论据。华莱士向全国青年的呼吁，就证明了你们年轻人政治上的不成熟。①

《民主信念与教育》

这一对罗伯特·梅纳德·哈钦斯教育理论的抨击，是在杜威缺席的情况下，由杰罗姆·内桑森于 1944 年 5 月 27 日在纽约城道德文化学院“科学精神与民主信念”大会上宣读的。它首次发表于《安提俄克评论》第 4 期（1944 年 6 月，第 274—283 页），作为本卷范本，并于大会最终成果之书《争夺教育的命令主义尝试》（*The Authoritarian Attempt to Capture Education*，纽约：王冠出版社，1945 年，第 1—9 页）中重新发表。

为回应《安提俄克评论》的编辑乔治·盖格的请求，杜威写道：

> 我在一个单独的信封中给你寄了这篇文章的副本，这篇文章是为前一个星期在这里举行了的大会所写。我也给同期在哥伦布的庆祝大会寄去了一个副本。这是我手边所有能够提供给《安提俄克评论》的文章了。我想它会出现在分
> 别汇集的两本书中。当然，这预先就做出了双重安排。我不知道它是否值得第 543
> 三次重新发表。②

《争夺教育的命令主义尝试》指出了数处错误，如 257.21 处将“important”改为“impotent”，257.28 处将“general”改为“generous”，这两处都为本卷采纳；然而，于 256.17 处仍取“present war”而不取“recent war”，保留了文章首次写作时的时间味道。

文章确实第三次重新发表于《人的问题》，这里采纳了其中的实质性校勘。三个

---

① 杜威致 Sing-Nan Fen 的信，1948 年 7 月 31 日，杜威 VFM 77。

② 杜威致乔治·盖格的信，1944 年 6 月 10 日，复件。拉特纳/杜威书信文件集。来自博伊德·博德庆祝活动的这些文章从未发表过；杜威的文章于 1944 年 5 月 26 日由古德（V. G. Good）教授宣读。

版本的所有不同处都列在校勘表中，作为历史资料的整理。

《对自由主义思想的挑战》

这篇文章首次发表于《财富》，被广泛阅读与讨论，收入《人的问题》论文集，本卷采纳了论文集中的校勘。这篇文章的初稿存放于南伊利诺伊大学卡本代尔校区莫里斯图书馆悉尼·胡克/约翰·杜威特别馆藏，它作为范本显然太早了。

杜威于1944年初在迈阿密海滨继续写这篇文章，并及时将草稿寄给悉尼·胡克征求意见。在1月28日，杜威写信给胡克道：

> 至少有40种方法写这篇文章——无论如何我又开始重写，并希望这一次在教育与一般哲学的结合上更紧密。如果你能够做必要的修改，我会很高兴让你将它寄给珀尔(Pearl)[克卢格(Kluger)]，让她寄给《财富》。编辑理查森·伍德(Richardson Wood)与我有通信交往。我会写信向他解释它为什么会寄自纽约。
>
> 544 为数不多的保存稿很快就寄给你供你编辑并寄给珀尔。……请珀尔复写两份——一份给你，一份给我。我同意将这篇文章给《财富》。①

两星期后杜威写信感谢胡克，并告诉他文章的最新进展：

> 我非常感谢你为我做的一切并做得如此的好。你的改动恰到好处。我本来想要将律师哈钦斯与神学家马里顿进行对比，你的改动非常明智。
>
> 我在你寄给我的给《财富》的手稿上改动了几处文字表达，进一步简化某些段落的句子结构和表述，如果稿件超排，这些可以省略，现将稿件寄回。我相信被省略的文字不会减轻文章的力度。②

杜威在最初的草稿中提到的雅克·马里顿在发表的文章中没有出现。

美国教育家亚历山大·米克尔约翰于《财富》1945年1月刊上回应了杜威的文章

---

① 杜威致胡克的信，1944年1月28日，胡克/杜威文集。珀尔·克卢格在这个时期为杜威打了很多文件。

② 杜威致胡克的信，1944年12月12日，胡克/杜威文集。

(附录 9);然后杜威又于 3 月刊上写了一篇反驳文章(第 333—336 页),米克尔约翰也作了进一步的答复(附录 10),还有杜威的一封信(第 337 页)。

杜威的同事就这篇文章及其后与米克尔约翰的交锋称赞杜威。马克斯·C·奥拓于 11 月写道:

> 您的文章很有道理。在我看来,您开始将教育当作中心完全正确,关注“有助于破除僵化的哲学”并推进理论与实践的“自由结合”的结论完全正确。我只是不能理解,为什么我们的专业同事不能为您的论述所打动。……毕竟,您的论
> 述最为突出,您指出并明确了我们应当谨慎防止的教育的主要缺点。向相反方 545
> 向推动的哲学恰恰是我们的敌人。①

在杜威给奥托的答复中,他感谢奥托的赞誉,并提到了引起交锋的文章:

> 《财富》寄给我一篇米克尔约翰《答约翰·杜威》的文章;他们说不想要一篇作答的文章,而是想要在通信栏目中公平地发表的短篇信件。幸运的是这没有什么两样,而且他们说他们正在再版许多文章,会将我的答复与米克尔约翰的文章登在一起。对我来说是幸运的,他把自己交到了我手上,使我的简短的回答容易了。他明确地将我提及的回到希腊和中世纪作为自由教育的模式和标准,作为反对“研究”希腊思想!他居然在正确、完整地引用了我的句子后这样说!!②

在最初文章发表后不久,克拉伦斯·艾尔斯就写信给杜威道:

> 我刚刚非常兴奋地阅读了《财富》的文章。它确实是简洁、中肯的杰作:明确地将教育问题与文化问题等同起来,将我们的立场与古代和中世纪的情形作对比,非常完美;由此形成的道德看来是不可避免的。③

杜威感到失望,他对米克尔约翰的答复的反驳(第 333—336 页)没有出现在同一

---

① 奥托致杜威的信,1944 年 11 月 6 日,奥托书信文件集。
② 杜威致奥托的信,1944 年 12 月 3 日,奥托书信文件集。
③ 艾尔斯致杜威的信,1944 年 9 月 9 日,艾尔斯书信文件集。

期上。他于11月26日写信给胡克道:“我附上我答复米克尔约翰的‘答复’的草稿。我写得很短,目的是只涉及他的主要的曲解。……如果它到3月还不能刊出,也就根本没有必要刊登了。关于同一问题我已经谈论了许多。”①

546 这份(太早的)草稿表明,杜威对米克尔约翰的答复非常尖刻,虽然印刷版(范本)稍微温和了些。

在这次交锋的最后一封信中(本卷第337页),杜威向胡克写道:“我的最后的答复对于《财富》来说太长了,索洛(《财富》的编辑)进行了改进,缩减了它的长度使之更直接更干脆。”②

这一答复的打字稿存放于胡克/杜威文集中,并用作这封信的范本。杜威的改动列于“打字稿的改动”中。赫伯特·索洛的改动被采纳,因为杜威对改动表示满意。

《财富》出版过一个十二页的小册子,包含了杜威-米克尔约翰之间的交锋文章;《财富》杂志没有现存的副本③,它也没有列入“国家统一编目”中。

《人文学院的问题》

首次发表于《美国学者》13期,是关于“民主社会人文学院的作用”讨论会的一部分(范本),这篇文章收入《人的问题》,没有实质性改动。

《〈1947年教育发展法案〉的含意》

虽然这篇文章首次发表于《国立学校》第39期,但也发表于《进步教育》第24期(1947年4月,第206—207页),后者被选作范本。《进步教育》是季刊,这说明了它发表的日期较迟。因为那个版本的一些地方接近于杜威的典型用法,可以假定两个刊物用了同一副本,或许一个是原件,一个是复写的或新闻稿,《国立学校》编辑时按照
547 通常方式处理了。《国立学校》的标题、段落和小标题可能是编辑加的,本卷没有采纳。

《1947年教育发展法案》是由蒙大拿州参议员詹姆斯·爱德华·墨里、俄勒冈州参议员韦恩·莫尔斯和弗罗里达州参议员克劳德·佩珀发起的。它规定的目标是确定国家教育政策,为各州制定十年补助计划,进一步发展教育体系。于1946年7月

① 对于校勘来说,这份草稿太早了,1944年11月26日的信存放于胡克/杜威文集,第3箱,第5文件夹。

② 杜威致胡克的信,1945年1月11日,胡克/杜威文集。

③ 乔·马特恩致理查德·菲尔德,1988年2月11日,南伊利诺伊大学卡本代尔校区杜威研究中心。

31 日向参议院提出，不久由第 79 次国会的一次会议通过。

《方法》一书的序言

H·希思·鲍登没有出版的书《方法》的序言打字稿不是杜威打字的，打字稿由鲍登文件的管理者拉尔夫·格雷戈里（Ralph Gregory）提供给南伊利诺伊大学卡本代尔校区杜威研究中心。1967 年 6 月 14 日，格雷戈里写信给中心主任乔·安·博伊兹顿道："《方法》一书是鲍登尝试表达他所设想的取自杜威观点的杜威主义或工具主义或'实用主义'学说的核心。杜威写的序言表明，鲍登成功地维护了杜威的思想。"

鲍登在芝加哥大学时是杜威的学生。这本书的摘要见《哲学杂志》第 41 期（1944 年 10 月，第 477—495 页）。

《〈超越"艺术"之路——赫伯特·拜尔的作品〉序言》

在致他在哥伦比亚大学时的同事赫伯特·W·施奈德的一封信中，杜威提供了为多纳这本书写序言的一些背景：

> 前些时候我遇到了亚历山大·多纳博士，他是布朗大学美术系教授。他曾
> 经是汉堡博物馆的管理者，但当纳粹上台时被解雇，……因为他对展览和一般管 548
> 理的现代理念与纳粹分子的"古典主义"相对立，于是他到了我们国家，成为普罗维登斯博物馆馆长，后来又成为布朗大学教授。今年年初，他出版了一本名为《超越艺术》的书，他将他的书题献给我，并请我作序。读了校样后，我很愿意作序——我发现这本书论述艺术发展从强调静态结构到活跃的、动态的结构，思维活跃，颇有启发，他把这描绘为典型的文化的历史发展，描绘为赋予我们未来希望以唯一根据的运动。他写信给我，是因为他在我的著述中发现了这种看法。①

《俄国的立场》

这封对前驻俄国大使约瑟夫·E·戴维斯《赴莫斯科的使命》一书提出异议的信，首次发表于 1942 年 1 月 11 日的《纽约时报》（范本），于 1942 年 3 月 15 日的《民主政

---

① 杜威致施奈德的信，1947 年 6 月 27 日，施奈德书信文件集。

治》重新发表,标题改为《我们能与俄国合作吗?》由于这两个标题都是编辑加的,就保留了第一个标题。报纸加的一些小标题在这卷里被省略了。

《民主政治》指出了一处错误,340.28 处的"unleased"应为"unleashed",341.24处消除了一个有缺陷的结构,用破折号取代了"that"一词。本卷采纳了这些修改。

《〈赴莫斯科的使命〉影片中的几处错误》

在 1942 年 1 月 11 日致《纽约时报》的信中(见前段),杜威质疑约瑟夫·E·戴维
549 斯大使在其《赴莫斯科的使命》一书中提出的对于斯大林俄国的看法。当 1943 年这本书被拍成电影后,杜威又被激怒了。在与苏珊娜·拉福利特联名的致《纽约时报》的信中,杜威将影片称为"我国大众消费中极权主义宣传的首例"(第 345 页),拉福利特曾是莫斯科审判中对利昂·托洛茨基指控的调查委员会的书记,杜威时任主席(见《杜威晚期著作》第 11 卷)[①]

拉福利特寄给杜威一些剪报,是由安妮·奥黑尔·麦考密克(Anne O'Hare McCormick)和多萝西·汤普森(Dorothy Thompson)所写的抗议这部影片的。对电影的评论一片赞扬,但杜威认为由于这一抗议,相反的反应会增加。[②] 在《新领袖》第 26 期(1943 年 5 月 8 日)中,发表了一些著名人物的评论,这些人被邀请对影片作评论。多萝西·汤普森、马克斯·伊斯门(Max Eastman)、哈里·吉迪恩斯(Harry Gideonse)、悉尼·胡克、埃德蒙·威尔逊(Edmund Wilson)、迈耶·夏皮罗(Meyer Schapiro)、詹姆斯·伯纳姆(James Burnham)和德怀特·麦克唐纳(Dwight Macdonald)联合起来指责这部影片是企图"给极权主义的方法与手段在美国文化生活中以立足地"。

杜威-拉福利特的信引发了在《纽约时报》上与阿瑟·厄珀姆·波普(Arthur Upham Pope)的交锋(见本卷注,第 345 页)。《纽约时报》上的一条对波普的信的评注将波普描述为"亚洲研究伊朗研究所主任,国家民心委员会组织者与指导者。他去

---

① 在莉莲·赫尔曼(Lillian Hellman)传记中,威廉·赖特(William Wright) 提到,"《赴莫斯科的使命》是那年制作的三部后来被谴责为促进共产主义运动的好莱坞影片之一。其他两部是莉莲·赫尔曼写的《北极星》(*North Star*)和《俄罗斯之歌》(*Song of Russia*)"(纽约:西蒙-舒斯特出版公司,1986 年,第 187 页)。

② 杜威致罗伯特·格兰特的信,1943 年 4 月 11 日,杜威书信文件集。在同一封信中,杜威告诉格兰特,是拉福利特写的信,他作了一点修改。

俄国14次，广泛游历了这个国家。他是1935年列宁格勒伊朗艺术国际展览会与列宁格勒和莫斯科伊朗艺术国际会议的副主管。”①

杜威在一封致伯莎·亚历克(Bertha Aleck)的信中进一步批判戴维斯道：

> 我对斯大林，首先是对戴维斯的态度，只有一句话。当然后者不是故意说谎。他只是对历史无知；他不知道背景，他无疑真的认为他在促进两个国家之间 550
> 的友好关系——并且他有点陶醉于对他自己的重要性的感觉。……他的书包含着俄国环境的一定的真实性；这些都被影片忽略了。他对我们提出批评，似乎我们挑起了争端。影片才挑起了争端，我们有责任说明真相，因为这部影片是荒谬的。②

《奥德尔·沃勒案》

1940年，弗吉尼亚的一个佃农，奥德尔·沃勒，一个黑人土地承租人，为了五十袋小麦，枪杀了他的主人奥斯卡·戴维斯。当他被证明有罪并被判死刑之后，人们为他呼吁并上诉到高级法院，最终到美国最高法院。上诉的根据是，沃勒不是由同等的人组成的陪审团审判的。审判团是从国家近年来一直缴纳其人头税的人中选择的。这就把这个国家百分之八十的人排除在外，几乎包括了所有的佃农。最高法院两次否决了上诉。③

早在1940年12月，劳工保护同盟(Workers Defense League)、国家有色人种进步联盟和卧铺车厢服务员兄弟会(Brotherhood of Sleeping Car Porters)就反对这一案件的死刑判决。《劳工时代》杂志的呼吁指出，沃勒被判刑的罪行“是南方黑人与白人佃农和季节工难以忍受的、非人的环境条件的结果。保护沃勒因此不仅是拯救一个生命的努力，而且是为了唤起美国人民关注玷污我们所宣称的民主制度的环境条件”。④

在沃勒的上诉被否决后，他于1942年7月2日在里士满的弗吉尼亚监狱被执行死刑。当时他25岁。

---

① 《纽约时报》，1943年5月16日，第12版。

② 杜威致亚历克的信，1943年6月25日，杜威VFM 76。

③ 《沃勒案》，《新共和》第106期(1942年6月1日和15日)，第752、813页。

④ 《劳工时代》，1940年12月21日，第4页。

551 打字稿不是由杜威打字的，存放于密歇根州底特律韦恩州立大学沃尔特·P·鲁瑟图书馆大学档案馆劳工历史与城市事务档案室，被用作本卷范本。采纳了在1942年5月15日《纽约时报》发表时编辑所做的修改，只是很小的修改。

《约翰·杜威论〈经济进步理论〉》

杜威于1944年6月10日第一次就克拉伦斯·E·艾尔斯的《经济进步理论》一书写信给他："我还没有看完你的书，但我已读部分足以使我大为振奋。我非常沮丧，世界的普遍状况几乎无法补救。"①

在亨利·黑兹利特对这本书的评论(附录15)在《星期六评论》发表后，杜威写信给艾尔斯表达他的愤慨：

> 黑兹利特的评论是我所见过的最糟糕的评论之一——它说了许多。我不知道他的意图是什么，但他肯定是有目的的。……虽然为时已晚，但我还是要写信给库辛斯。
>
> 我相信库辛斯在安排上没有什么敌意。我认为这些东西肯定是偶然的，但是细心的编辑应该觉察到一些东西，不会将这种声名狼藉的东西付印。②

杜威写信给库辛斯提出抗议，但是他在9月4日从麻省查塔姆来信告诉艾尔斯："我这里没有你的书，所以我无法写信给库辛斯用来发表。看来现在写信已经晚了，但我预计星期三回来，或许还能做些什么。"③杜威还附上了一封他收到的库辛斯回答他的抗议的信。

552 9月9日，艾尔斯写信感谢杜威来信并附上了库辛斯的信：

> 我断定您说库辛斯在两个意义上是清白的是对的——或许在将我的书安排给黑兹利特方面也是这样。但如果黑兹利特匆匆一瞥断定这本书是他刀俎下的肉，要求将这本书给他，我也不会感到奇怪。
>
> 但我确实不明白，为什么您还要为它劳神。自然库辛斯很高兴您这样做。

---

① 杜威致艾尔斯的信，1944年9月4日，艾尔斯书信文件集。

② 杜威致艾尔斯的信，1944年8月30日，艾尔斯书信文件集。诺曼·库辛斯(Norman Cousins)是《星期六评论》的编辑。

③ 杜威致艾尔斯的信，1944年9月4日，艾尔斯书信文件集。

时间流逝对他来说无关紧要，从您那里获得些东西才是他的妙招……而在我看来时间流逝是有价值的。我所挂心的多数人很可能会看科学研究实验室 9 月或 10 月期，而不会在夏天去读它，如果他们只看到您的信而未一起看到黑兹利特的评论——那更好！①

当杜威回到纽约后，他写了另一封信给库辛斯——这次是为了发表。他于 9 月 17 再次写给艾尔斯的信附上了副本。他向艾尔斯道歉说："很抱歉打字稿如此拙劣，但如果我再打一遍，就会又有另一系列错误取代现在这些错误。我希望也相信库辛斯会付印。当然我可以给另一个样本，但我不想因为它太长而吓到库辛斯。"②

艾尔斯对杜威来信很高兴，他立即写信表示感谢：

致星期六评论的信真是杰作！我对您用黑兹利特自己的绳索绞杀他的技巧非常钦佩——然后又用同一绳索网住了这本书的全部内容。正如一种逻辑艺术，它使我想起了 1927 年您对洛厄尔关于萨柯和万泽蒂的报告的分析，③我把它引证为逻辑程序的典范，完全不同于其实质的意义。我当然非常感谢，因为我肯定您会吸引很多读者读这本书。但书中有着重要的欠缺。您在这里所论述的 553
问题是多么清楚！照我看您甚至增加了这本书的价值！④

在杜威的批评与黑兹利特的反驳(附录 16)于《星期六评论》第 27 期(1944 年 10 月 14 日，第 29—30 页)发表后，杜威写信给悉尼·胡克道：

所附是我对 H·黑兹利特的评论——及他对我的反驳。我认为他的反驳非常狡猾，但或许是我带有偏见的看法。就他而言，(1)以目前的无误的引文而言，我认为他想要留下这样的印象，即艾尔斯的一般理论就是我的起点，而不只是论价值的片段，并且(2)他忽略了艾尔斯的下述论述："其应用**超出了**杜威已出版的著作。"……[艾尔斯]明确区分了"正确观念""发生作用"的效应与支持制度习惯

---

① 艾尔斯致杜威的信，1944 年 9 月 9 日，艾尔斯书信文件集。
② 杜威致艾尔斯的信，1944 年 9 月 17 日，艾尔斯书信文件集。
③《心理学和公正》，《杜威晚期著作》第 3 卷，第 186—195 页。
④ 艾尔斯致杜威的信，1944 年 9 月 22 日，艾尔斯书信文件集。

的意识形态发生作用的效应。如果我想要使这一观点更清楚,就需要避免对实用主义的(可能的)许多误解。①

杜威致《星期六评论》的信的打字稿存放于奥斯汀德克萨斯大学尤金·C·巴克德克萨斯历史中心克拉伦斯·埃德温·艾尔斯书信文件集中,用作本卷范本。采纳了于《星期六评论》上发表时的实质性校勘。杜威的改动列于《打字稿中的变更》中。

《谈杰斐逊》

纽约伦理文化协会领导人杰罗姆·内桑森请杜威递交一份对杰斐逊的述评,用于印刷一本即将于 1943 年 5 月 29 和 30 日在纽约召开的关于科学精神与民主信仰研讨会的书。如同对杜威的要求一样,他自己也递交了一份草稿。他于 1943 年 5 月 12 日写信给在迈阿密海滨的杜威,这样给他的信作了总结:“只要这篇述评与此有
554 关,我希望您愿意改动多少都行——甚至将它投到筐中,如果您愿意,替换成完全不同的东西也行。”②

杜威根据内桑森的建议比较随意地写了一个述评,并附了一封信将它寄给了内桑森,信中说:“我能多写一些,但为了简短,还是省略了。”③

这次出版的打字稿存放于纽约城纽约伦理文化协会杰罗姆·内桑森书信文件集中,但没有发现出版的版本。打字稿上的改动列于改动那部分。《纽约时报》1943 年 5 月 29 日第 28 页上的一篇文章没有提到杜威的发言,但指出杜威是大会的名誉主席。关于杜威对于 1944 年召开的第二次会议的贡献的评论,见这期《评论》第 542 页。

《我为什么选择“民主与美国”》

《这是我最热烈的祝福》(纽约:戴尔出版社,1942 年)诗文选的编辑惠特·伯内特于 1942 年 5 月 19 日写信给杜威,请求从杜威的著述中选取部分编入这本书中。5 月 28 日,杜威回复了伯内特的请求:

---

① 杜威致胡克的信,1944 年 10 月 15 日,胡克/杜威文集。
② 内桑森致杜威的信,1943 年 5 月 12 日,杰罗姆·内桑森书信文件集,纽约城纽约伦理文化协会。
③ 杜威致内桑森的信,1943 年 5 月 14 日,内桑森书信文件集。

> 我迟迟未回复你19日的来信，是因为我一直期望收回我在弗吉尼亚霍林斯学院百年纪念会上讲演的手稿(《自由社会的宗教与道德》，本卷第170—183页)，我认为比起已经发表过的文章而言，新的材料可能更合适。然而我还没有从他们那里得到回音，我不再等了。
>
> 你们的条件令人满意，我很高兴应允你的邀请。
>
> 我还是认为我不久就会得到学院的回音，但如果有最终期限，你最好告诉我，我会安排准备好的东西寄给你。①

杜威后来选择了《自由与文化》(《杜威晚期著作》第13卷，第173—188页)一书 555
中《民主与美国》一章，作为给诗文选的稿件。他写了这一短文说明他选择的原因，如同其他作者一样。

打字稿存放于普林斯顿大学图书馆《故事》杂志档案集第3箱第4文件夹中，被选作范本。采纳了于诗文集中发表时的一处修正：将367.4处的“Adolph”改作“Adolf”。其他的改动是拼写和标点方面的(没有被采纳)，以及对杜威打字错误的校正。

《致中国人民》

《致中国人民》的打字稿(不是杜威打的)，杜威写于1942年，存放于华盛顿国家档案馆。它被译为中文并由美国空军在中国城市作为传单散发。

《评〈我要像斯大林一样〉》

这份只有一页的打字稿不是杜威打的，这一评论被悉尼·胡克给了南伊利诺伊大学卡本代尔校区杜威研究中心。

《乔治·塞尔迪斯与“事实”》

《事实》是乔治·塞尔迪斯编辑的时事通讯。这一简短但尖锐的否认塞尔迪斯使用杜威名义的打字稿存放于大学园区宾夕法尼亚州立大学图书馆W·L·沃纳关于世界和平的珍藏。采纳了于《新领袖》第30期(1947年7月12日)发表时的一处实质性修改——375.5处插入了“most”一词。另外，《新领袖》于375.3处说明了塞尔迪

① 杜威致伯内特的信，1942年5月28日，普林斯顿大学图书馆，《故事》杂志档案集。

斯的名字，于 375.7 处在 Mr 后加了点。其他不重要的改动没有被采纳，也没有专门
556 列出——所有重复词的删除或拼写校正都包括在《打字稿中的变更》中了。

杜威曾为塞尔迪斯的《新闻出版巨头》(*Lords of the Press*，纽约：朱利安·梅斯纳出版公司，1938 年)封面写了广告，这本书迟至 1946 年第 8 次印刷时还在使用这一广告。

《人与数学》

1947 年 10 月 9 日，杜威写信给《人道主义者》杂志编辑埃德温·威尔逊，他附上了一篇简短的短文(是他在《人道主义者》第 7 期上读到的关于"上帝与数学"(1947 年秋，第 101 页，附录 17)一文后写的)，请求作为文章而不是作为信件发表，尽管它很简短。①

威尔逊于 10 月 20 日表示感谢道："我们非常高兴接受您标题为'人与数学'的论人道主义的短文。我们准备如您建议，作为文章发表。如果'精神运动'再次发生，我们将高兴地接受来自您的话语。"②

存放于南伊利诺伊大学卡本代尔校区莫里斯图书馆特殊馆藏杜威 VFM 24 的打字稿被用作这篇短文的范本，短文发表于《人道主义者》第 7 期(1947 年冬，第 121 页)。采纳了这一版本的校勘。杜威的改动列于《打字稿中的变更》中。

P. B.

---

① 杜威致威尔逊的信，1947 年 10 月 9 日，杜威 VFM 24。

② 威尔逊致杜威的信，1947 年 10 月 20 日，杜威 VFM 24。

校勘表

除了下面所叙述的形式上的变动外，所有用作范本的实质性的和非实质性的校 557
勘都被记录在下列表中。所有列出的标题都校订了。每篇文章的范本都与校勘表开始所列的文章一致。左边页-行编码出自本卷；除页眉章节名外，所有行数都纳入计算。方括号左边的内容来自本卷；方括号后面为该文第一次出现的原始资料的缩写。方括号后的缩写顺序表明该条自第一次出现到最后一次出现的顺序。分号在原始资料的最后一个缩写之后。分号之后为否定的内容，按照颠倒的年代顺序排列，通常用作范本的最早版本出现在最后。

W代表著作(Works)——当前编辑的版本，并首次用作本卷校勘。WS(Works Source)用于表明杜威引用材料中的校勘，恢复拼写、大写以及他的原始资料中的一些必需的实质性改动(见《引文中的实质性改动》)。

因为校勘限于标点，弯曲的破折号～代表方括号之前相同的词；下方的脱字符号‸代表缺标点符号。缩写[*om.*]代表括号前的内容在编辑和印刷识别中被遗漏；[*not present*]用于不出现于被识别的原始资料中的重要材料。缩写[*rom.*]代表罗马字，用于标记省略的斜体；[*ital.*]代表斜体，用于标记省略的罗马字。保留(*stet*)与版本或印刷缩写一同使用，代表保留了一种版本或印刷中后来修订的实质性内容；拒绝做出的改动在分号之后。校勘页-行数前的星号代表这一内容在“文本注释”中进行了探讨。

全书做了许多形式上的或规范性的改动：

1. 对杜威整篇文章的脚注按照顺序加了上标序号。 558

2. 书与杂志的名称为斜体；“the”出现于杂志名称前为小写的罗马字体；文章和

书的章节用引号。

3. 句号和标点在引号中。

4. 不在引述材料中的单引号改为双引号;然而在需要和记述之处补充开头或结尾的引号。摘录文字开头或结尾的引号被省略。

5. 连字被分开。

6. 去掉编辑所加小标题未作记录。

下述拼写被规范为括号前的众所周知的杜威的用法:

centre(s)] center 76.23,78.19,127.4,130.18,143.27,256.36,257.28,307.3
cooperation] co-operation 371.11 - 12
role] rôle 87.30,138.9

《威廉·詹姆斯与当今世界》

范本首次发表于《威廉·詹姆斯其人及其思想:发表于威斯康星大学纪念其百年诞辰大会上的演讲》(麦迪逊:威斯康星大学出版社,1942 年,第 91 - 97 页)。

5.13 all-form] WS; All-form
5.13 connexions] WS; connections
5.14 each-form] WS; Each-form
5.15 connexion] WS; connection

《经验主义者威廉·詹姆斯》

范本为 11 页打字稿,由杜威所打,存放于纽约 YIVO 犹太研究所档案室。接受了在《纪念威廉·詹姆斯(1842—1942)》(纽约:哥伦比亚大学出版社,1942 年,第 48—57 页)一书中发表时的校勘。

9.4 centenary] WJ;approaching centenary TS
9.4 - 5 we celebrate.] WJ;has brought us here today. TS
559 9.6 occurred to me] WJ; been brought to my mind TS
9.7 present-day philosophy.] WJ; philosophy today. TS
9.7 There] WJ;[¶] There TS
9.12 qualities] WJ; certain qualities we TS
9.12 associated] WJ; associate TS
9.14 an opposite] WJ; the opposite TS
9.14 quality] WJ; qualities TS
9.16 are now] WJ; also are or have been TS
9.24 or] WJ; nor yet TS

9.28 a moral] WJ; moral TS

10.6-9 excessive ... upon] WJ; our standing in scholarship has reached the point where excessive regard for it is the danger it is capable of becoming, and which it does become when it is made such an end itself as to be oppressive load upon TS

10.9 is, rather,] WJ; [*not present*] TS

10.10 tendency] WJ; general tendency TS

10.12 keeping] WJ; that keep TS

10.14 and greener] WJ; green TS

10.14 do not believe] WJ; dislike to think that TS

10.15 a limitation] WJ; in fact an activity TS

10.15-16 professional attitude] WJ; attitude TS

10.16-17 act to narrow vision] WJ; have this quality in undue measure, TS

10.17 the stress] WJ; stress TS

10.17 it puts] WJ; is put TS

10.18 technical] WJ; professional TS

10.18-19 Attention ... past.] WJ; A given road, laid out in the past, is that upon which attention is fastened. TS

10.22 let us say] WJ; say TS

10.24 attention] WJ; amount of attention TS

10.24 green] WJ; the green TS

10.24 which] WJ; that TS

10.24-25 new sources of] WJ; new TS

10.26 try] WJ; to try TS

10.27 met] WJ; had TS

10.28 at] WJ; upon TS

10.34 the analysis] WJ; analysis TS

11.2 all lacking] WJ; lacking TS

11.5 to decide] WJ; [*not present*] TS

11.9 is] WJ; ~, TS

11.14 that is] WJ; [*not present*] TS

11.14 available,] WJ; ~$_{\wedge}$ TS

11.14 was not] WJ; not TS

11.15 use] WJ; use the TS

11.18 intimately] WJ; [*not present*] TS *560*

11.21 disclose] WJ; that disclose TS

11.22 do] WJ; [*not present*] TS

11.23 *analysis*] WJ; [*rom.*] TS

11.24 the procedures] WJ; operations TS

11.24 brought] WJ; has brought TS

11.26 distinctions] WJ; differences TS

11.27 what] WJ; the things which TS

11.27 a difference] WJ; differences TS

11.27 in behavior] WJ; [*not present*] TS

11.27 literal] WJ; quite literal TS

11.28 "making."] WJ; ‸~.‸ TS

11.28 If] WJ; And if TS

11.30 weapons";] WJ; ~‸, TS

11.31 existence] WJ; ~, TS

11.31 in spite ... facts] WJ; facts indifferent TS

11.35 That] WJ; [*no* ¶] That TS

12.5 those] WJ; some TS

12.5 which are] WJ; [*not present*] TS

12.7-13 Still ... notions.] WJ; [*not present*] TS

12.14 chapter] WJ; Chapter TS

12.14-15 relevant] WJ; strictly relevant TS

12.18 "mutation"] WJ; *mutation* TS

12.21 but] WJ; and TS

12.23-24 experience] WJ; experiences TS

12.25 "every] WJ; "Every TS

12.28 interaction with] WJ; [*not present*] TS

12.29 and] WJ; so that TS

12.33 in] WJ; in the discussion of TS

13.3-4 initiated] WJ; opened TS

13.4 constitutes] WJ; would constitute TS

13.5 *Pragmatism*] WJ; "~" TS

13.14 scientific resources is] WJ; resources was TS

13.17 and an outlook] WJ; previously TS

13.17-18 lacking ... predecessors.] WJ; lacking. TS

*13.22 *merely*] *stet* TS; [*rom.*] WJ

13.22 have] WJ; need TS

13.24 is] WJ; is employed as TS

13.34 profitably] WJ; [*not present*] TS

14.9 carrying] WJ; the carrying TS

14.10 problem] WJ; question TS

14.10 whether] WJ; [*ital.*] TS

14.11 discovery of] WJ; to discover TS

*14.16 aloneness] *stet* TS; aloofness WJ

561 14.22-23 And ... to] WJ; For thinkers of all schools, it is important that they do not TS

14.25 for] WJ; in TS

14.25-26 assert that they] WJ; claim to TS

14.27 "psychology"] WJ; *psychology* TS

14.36-37 psychology] WJ; that subject TS

14.38-39 in order to purge] WJ; as a means for purging TS

15.7 toward] WJ; in TS

15.9-10 resources] WJ; resources that TS

15.10 offer] WJ; can offer TS

15.11 respect] WJ; issue TS
15.15 superficially] WJ; [*not present*] TS
15.16 has] WJ; which has TS
15.19 led] WJ; lead TS
15.23 qualifications] WJ; qualification TS
15.32 truth] WJ; [*ital.*] TS
15.33 scientific] WJ; [*ital.*] TS
15.33 significance] WJ; [*ital.*] TS
15.34 *raison d'être*] WJ; *raison d'etre* TS
15.37 meaning] WJ; [*ital.*] TS
15.39 truth;] W; truth — WJ; *truth;* TS
15.40-41 "meaning"] WJ; *meaning* TS
15.41-16.1 "importance."] WJ; *importance.* TS
16.2 concern] WJ; concern as a vital human being TS
16.3 have ... being] WJ; become something vital for men, not just something TS
16.4-5 be ... enforce.] WJ; reach two conclusions. TS
16.7 upon life] WJ; [*not present*] TS
16.10 purport] WJ; purported TS
16.11 acquire] WJ; acquire quite TS
16.14 that they are] WJ; to be TS
16.15 nature] WJ; nature that are TS
16.19 those issues] WJ; issues TS
16.19 do] WJ; [*ital.*] TS
16.20 along ... all] WJ; as well as ideas verified by evidence, since TS
16.21 having] WJ; have TS
16.21-22 involve ... facts] WJ; [*not present*] TS
16.26 "unconscious"] WJ; "Unconscious" TS
16.27 seemed] WJ; seen TS
16.29 "passion"] WJ; ∧~∧ TS
16.30-31 purports] WJ; [*ital.*] TS
16.33 must] WJ; [*ital.*] TS
16.33 cannot] WJ; [*ital.*] TS
16.34 The] WJ; And the TS 562
16.37 factors] WJ; things TS
16.40 name "fact"] WJ; name of *fact* TS
17.1 name "value."] WJ; name of *value.* TS
17.4 When] WJ; And when TS
17.5 that] WJ; which TS
17.9 as to] WJ; in TS
17.19 most] WJ; [*not present*] TS
17.20 and] WJ; and also TS
17.21-22 foundations ... union] WJ; foundations in which is recognized the intimate union in experience TS

17.35 means of] WJ; [*not present*] TS

《谈〈心理学原理〉》

范本首次发表于《心理学评论》,第 50 期(1943 年 1 月),第 121 页。

18.7,28 Psychology] W; *psychology*

《威廉·詹姆斯的道德与朱利恩·本德的道德》

范本首次发表于《评论》,第 5 期(1948 年 1 月),第 46—50 页。

19.22-23 Socratic-Christian] WS; ～∧～

19.23 Was] WS; was

20.32 Continent] WS; continent

22.17 'Imperialism.'] WS; 'imperialism.'

22.23 the Philippines] W; Philippines

22.36 hearken] WS; harken

23.8 moral forces] WS; forces

26.12 there,'] WS; ～∧'

26.15 Success] WS; success

《心灵如何被认知?》

范本首次发表于《哲学杂志》,第 39 期(1942 年 1 月 15 日),第 29—35 页(JP)。接受了《人的问题》(纽约:哲学文库,1946 年,第 301—308 页)(PM)中再次发表时的校勘。

563 28.28 furnished] PM; gave JP

28.31 differences] PM; great difference JP

29.34 "mental"] PM; ∧～∧ JP

30.33 "Private"] PM; ∧～∧ JP

31.8 as] W; is PM, JP

31.39 general or] PM; general and JP

33.18 fact] PM; idea JP

《境遇的探究与境遇的不确定性》

范本首次发表于《哲学杂志》,第 39 期(1942 年 5 月 21 日),第 290—296 页(JP)。接受了《人的问题》(第 322—330 页)(PM)中再次发表时的校勘。

35.29 his belief] PM; such a belief JP

36n.4 knowledge] PM; ～∧ JP

37.16 practical,] WS; ～∧ PM, JP
37.17 indeterminateness] PM; features JP
37.19 privative] PM; negative JP
40.7 qualities] PM; ～, JP
40n.2 “situation”] W; “sitation” PM, JP

《“内在的善”的模糊性》

范本首次发表于《哲学杂志》,第 39 期(1942 年 6 月 4 日),第 328—330 页(JP)。接受了《人的问题》(第 282—285 页)(PM)中再次发表时的校勘。

42n.1 This article] stet JP; These pages PM
43.4 silver,] WS; ～∧ PM, JP
43.16-17 is “apparently] W; “is apparently PM, JP
44.21 “good”] PM; “～∧ JP

《极端的反自然主义》

范本发表于《党派评论》,第 10 期(1943 年 1—2 月),第 24—39 页(PR)。接受了《党派读者》(纽约:戴尔出版社,1946 年,第 514—528 页)(PRD)中再次发表时的校勘。

47.1 pattern-man] WS; ～∧～ PRD, PR 564
47.2 honourable] WS; honorable PRD, PR
47.3 *virtue*” “has] W; ～∧∧～ PRD, PR
47.12 Western] PRD; western PR
*50.32-33 [as ... force]] W; ∧～∧ PRD, PR
51.25 in] WS; is PRD, PR
51.26 Philosophy] WS; philosophy PRD, PR
51.27-28,28,32 Humanism] WS; humanism PRD, PR
51.30 anti-Humanism] WS; anti-humanism PRD, PR
51.32 up.”[3]] W; ～.”∧ PRD, PR
51n.1 Religious] W; *Modern* PRD, PR
51n.2 *and*] W; *in* PRD, PR
52.28 Idealism] WS; idealism PRD, PR
52.28-29 Transcendentalism] WS; transcendentalism PRD, PR
52.29 Theism] WS; theism PRD, PR
52.37 reaffirm] WS; re-affirm PRD, PR
52.39 this,] WS; ～∧ PRD, PR
53.29-30 non-Christian] PRD; non-christian PR
53.31 pronunciamento] PRD; pronounciamento PR
54.10 realise] WS; realize PRD, PR
58.9 organ or] PRD; organ of PR

60.5 Church] PRD; church PR

《价值判断与直接的质》

范本为12页的打字稿，由杜威所打，见《哲学杂志》文件，纽约哥伦比亚大学巴特勒图书馆珍贵图书与手稿藏书室(TS)。采纳了《哲学杂志》第40期(1943年6月10日，第309—317页)(JP)发表时的校勘与《人的问题》(第250—260页)(PM)中的校勘。

63.3 Mr. Philip B. Rice's] PM; Mr. Rice's JP, TS
63.19 valid, —] JP; $\sim_{\wedge\wedge}$ PM; $\sim;_{\wedge}$ TS
63n.1 Vol. XL (1943), pp. 5 - 14] JP, PM; Vol XL, pp. 5 - 14, Jan. 7, 1943 TS
64.1 I] JP, PM; [*not present*] TS
64.15 evidential support] JP, PM; concrete evidential support such as is TS
64.26 the definition] JP, PM; a definition TS
64.26 that would] JP, PM; such as would TS
64.32 them and] JP, PM; them, TS
64.33 acceptance] JP, PM; ground for acceptance TS
565 64.37 which in] JP, PM; which TS
64.39 found not] JP, PM; found TS
64.39 as] JP, PM; as not TS
65.1 ground] JP, PM; grounds TS
65.3 concrete conditions] JP, PM; concrete causal conditions TS
65.22 causal] JP, PM; [*ital.*] TS
65.23 the exercise] JP, PM; exercise TS
66.3 attributed] JP, PM; attributes TS
66.9 - 10 evidence] JP, PM; [*ital.*] TS
66.12 [me]] JP, PM; $_{\wedge}\sim_{\wedge}$ TS
66.19 statement] JP, PM; saying TS
66.19 "value-judgments"] W; "$\sim_{\wedge}$PM, JP, TS
66.19 "concerning] TS; $_{\wedge}\sim$PM, JP
66.21 *admit*"that] JP, PM; "*admit* that TS
66.32 in which] JP, PM; by which TS
66.35 prospective] JP, PM; [*ital.*] TS
66n.1 pp.9 - 10] JP, PM; p.11 TS
66n.2 P.9] JP, PM;[*not present*] TS
67.6 "objectivity"] JP, PM; [*ital.*] TS
*67.11 matter] *stet* TS; a matter PM, JP
67.18 actuality." . . . states] JP, PM; actuality"; or TS
67.19 in] JP, PM; in a TS
67.20 interests"; and that it has] JP, PM; interests", having TS
67.21 which case] W; case PM, JP, TS
67.22 - 23 alternative"; and that x] W; alternative";[5] and that *x* PM, JP;

alternative", TS

67.28 with respect to] JP, PM; as to its TS

67.34 (1)] JP, PM; (i) TS

68.3 satisfaction?] JP, PM; ~. TS

68.3 far as] JP, PM; far TS

68.16 [me]] W; ∧~∧ PM, JP, TS

68.28 pattern] JP, PM; "~" TS

68.29 valuation-*judgment!*] JP, PM; ~. TS

68.33 seem to be] JP, PM; seem TS

68.34-35 valuations"] JP, PM; valuation" TS

68.35 (p.9)] JP PM; [*not present*] TS

68.40 about,] JP, PM; obout, TS

69.3 study itself,] JP, PM; study TS

69.4 (p.9),] JP, PM; [*not present*] TS

69.17 now to] JP, PM; now TS

69.19 this] JP, PM; [*ital.*] TS

69.23 that] JP, PM; then TS

69.27 its] JP, PM; [*ital.*] TS

69.29 which] JP, PM; that TS

69.33 situation).] JP, PM; ~), TS 566

69.35 or] W; of PM, JP, TS

69.37 made.] JP, PM; ~. [6] TS

70.1 Since] JP, PM; [6] ~ TS

70.4 'end'] JP, PM; '~ ∧ TS

70.7 immediate] JP, PM; immediately TS

70.7 liking] JP, PM; a liking TS

70.28 immediacy] PM; ~, JP, TS

71.1 or] PM; and JP, TS

71.7 *to the*] JP, PM; *to* TS

71.7-8 *life-behavior*] JP, PM; *life*-behavior TS

71.15 my] *stet* TS, JP; any PM

71.19 for the latter,] JP, PM; it being, TS

71.19 is intermediate] JP, PM; intermediate TS

71.21 into a situation of] JP, PM; into TS

71.21 to] JP, PM; to its relations, TS

71.22 of the] JP, PM; the TS

71.22 same type] JP, PM; same TS

71.23-24 subjective,] JP, PM; ~ — TS

71.24 objective,] JP, PM; ~∧ TS

71.27 special] JP, PM; the special TS

71.28 many] JP, PM; the TS

71.29 discussed.] JP, PM; discussed. Perhaps in view of the currency of the metaphysical-epistemological "subject-object" relation, I am myself responsible for misapprehension on special topics. TS

71.30 Entitled] PM; His article on JP, TS

71.31 it sets] PM; sets JP, TS

71.31 saying] PM; saying that JP, TS

71.32 relation [obtains]] W; relation ... [obtains] PM, JP; relation obtains TS

71.33 procedure] JP, PM; procedures TS

71.33 beginning of enquiry] JP, PM; beginning TS

71.34 on-going] JP, PM; ongoing TS

71.34 concern" (p.14).] JP, PM; concern",[7] TS

71.35 have] JP, PM; [*ital.*] TS

71n.1 XL (1943), pp.14 - 21 and pp.29 - 39.] JP, PM; XL pp.29 - 39. (Jan. 7. 1943). TS

72.2 sets] TS, PM; set JP

72.6 genius"] JP, PM; ～$_{\wedge}$ TS

72.17 value] JP, PM; value that TS

72n.3 Brotherston's] JP, PM; Brotherston TS

72n.5 "How Is] W; "How is JP, PM; *How is* TS

567 72n.5 Mind to Be Known?"] W; Mind to be Known," JP, PM; *Mind to be Known,* TS

72n.6 "The Objectivism-Subjectivism] W; "The Objectivism-subjectivism JP, PM; *The Subjectivism-objectivism* TS

72n.7 of Modern] JP, PM; [*ital.*] TS

72n.7 (*ibid.*, Vol. XXXVIII, 1941, pp.533 - 542),] JP, PM; (Vol. XXXVIII, p.533ff.) TS

72n.9 what] JP, PM; that what TS

《关于价值判断的进一步论述》

范本首次发表于《哲学杂志》,第 40 期(1943 年 9 月 30 日),第 543—552 页(JP)。采纳了《人的问题》(第 261 - 272 页)(PM)中重新发表时的校勘。

73n.2 Judgments] W; *Judgment* PM, JP

79n.1 Mr.] PM; Dr. JP

79n.17 occurrence] W; ～"PM, JP

80.28 *must*] PM; [*rom.*] JP

82.3 - 4 a similar] PM; similar JP

82.16 facts] PM; fact JP

83.13 phrase] PM; [*ital.*] JP

《本质的与技艺的》

范本首次发表于《哲学杂志》,第 41 期(1944 年 5 月 25 日),第 281—292 页(JP)。采纳了《人的问题》(第 286—300 页)(PM)中重新发表时的校勘。

85.27 of efficacy in] PM; in efficacy of JP
88.5 continually through] PM; through continually JP
90.35 knowledge] W; ～, PM, JP
96.24 especially] *stet* JP; especial PM

《回应之前若干批评》

范本为5页打字稿，为杜威所打，存放于俄亥俄克利夫兰西部保留地大学的大学档案馆第3箱3HM5托马斯·芒罗文件(TS)。采纳了在《美学与艺术批评杂志》第6 568
期，(1948年3月，第207—209页)(JA)中首次发表的校勘。

*98.6 I] *stet* TS; I not only JA
99.26 are any] JA; any TS
99.26 points] JA; point TS
100.7 a source] JA; sources TS

《关于价值的一些问题》

范本首次发表于《哲学杂志》，第41期(1944年8月17日)，第449—455页(JP)。于《人的问题》(第273—281页)(PM)中重新发表时没有实质性的校勘，只是在107.6处去掉了一个"the"。于《价值问题合作研究》(纽约：哥伦比亚大学出版社，1949年，第4—12页)(V)中再版时也没有实质性校勘，只加了一个遗漏的括号。

106.12 propositions.)] V; ～.‸ PM, JP
107.6 that verbal] *stet* JP, V; the verbal PM
108.12 above] W; about V, PM, JP

《自然主义者是唯物主义者吗？》

范本发表于《哲学杂志》，第42期(1945年9月13日)，第515-530页(JP)。

120.1-2 *non sequitur*] W; ～-/～ JP

《伦理主题与语言》

范本发表于《哲学杂志》，第42期(1945年12月20日)，第701—712页(JP)。

133.35 groan] WS; ～, JP
134.18 These] W; There JP

《皮尔士论语言符号、思想及意义》 569

范本发表于《哲学杂志》，第43期(1946年2月14日)，第85—95页。

145n.1　151] W; 161
148.17　cannot] WS; can not
148n.4　416] W; 397
150.5　All] WS; But
151n.4　*Non-Ego*] WS; *Non-ego*
151n.14　consciousness] WS; Consciousness

《〈人的问题〉导言》

范本是 20 页的打字稿，由杜威所打，存放于南伊利诺伊大学卡本代尔校区莫里斯图书馆特别馆藏第 3 箱文件夹 6 悉尼·胡克/约翰·杜威文集(TS)中。采纳了在《人的问题》(第 3—20 页)(PM)中发表时的校勘。

154.2-3　The Problems of Men and the Present State of Philosophy] PM; The Present State and Role of Philosophy
154.4　A Report was] PM; My title is taken from a Report
154.6　philosophy, The American Philosophical Association. It] *stet* TS; philosophy, *The American Philosophical Association PM*
154.10　This] PM; The
154.11　is] PM; was
154.13　Committee] PM; ～;
154.14　"the] PM; ∧～
154.19　takes] PM; issues
154.19　a few] PM; few
154.20　After] PM; For after
154.29-30　words . . . are] PM; admission is
154.30　about] PM; concerning
154.31　whole volume] PM; volume
155.2　kept . . . from] PM; prevented
155.3　two tasks] PM; two
155.5　divided] PM; kept divided
570　155.5　Before] PM; Even if the reflection is pale, it has significance as a manifestation of the state of the world which it does not have as a professional matter. Before
155.7　agreement among them] PM; agreement
155.10　I propose,] PM; It is,
155.10　to discuss] PM; [*not present*]
155.10-11　its human bearings.] PM; this last named connection that I propose to discuss.
155.13　in the] PM; of
155.13　constitute] PM; give rise to various
155.14　But for] PM; From the standpoint of
155.14　the] PM; the general

155.14 they] PM; these

155.14 importance] PM; import

155.16 and might do if they tried] PM; [*not present*]

155.16 of the] PM; the

155.16 public] PM; public has and may have in the different movements of present day philosophy

155.17 such questions as] PM; the question

155.18 - 19 How ... men?] PM; Differences of attitude on this point come close to covering the interest the public has in the present state and role of philosophy.

155.21 Discussion] PM; Discussion of this theme

155.21 - 22 *does* exist] PM; exists

155.22 one] PM; a

155.22 - 23 possesses] PM; does possess

155.25 figure] PM; appear

155.27 For that] PM; Their

155.29 held to be] PM; [*not present*]

155.32 that] PM; which

155.33 any] PM; some

155.33 institution] PM; Institution

155.34 supernatural and] PM; supernatural

155.36 ways] PM; a way

156.1 this] PM; the

156.1 within] PM; in

156.1 philosophy] PM; philosophy which is here presented

156.2 a] PM; the

156.2 older and newer] PM; old and new

156.3 between] PM; and between

156.9 Nevertheless,] PM; $\sim_{\wedge}$

156.9 an] PM; any

156.10^{2} as] PM; there as

156.10 concerns] PM; concerns what is held to be

156.10 *aim and office*] PM; [*rom.*]

156.12 at least] PM; [*not present*] *571*

156.14 that are] PM; [*not present*]

156.15 cling] PM; [*not present*]

156.16 to] PM; cling to

156.17 which] PM; that

156.18 the knowledge which] PM; [*not present*]

156.21 that] PM; which

156.24 give sure support to] PM; support

156.24 truths] PM; truth

156.29 - 30 is so ... untouched] PM; has many aspects

156.34 They have also] PM; In addition they have

157.7 Nevertheless, the] PM; The
157.8 exhibit] PM; manifest
157.9-10 but without having surrendered] PM; without surrendering
157.11 search] PM; set by search
157.11 kind] PM; Kind
157.12 than can] PM; can
157.13 sciences] PM; the sciences
157.13-14 controversies] PM; divisions
157.14 organ] PM; organs
157.14 knowing] PM; knowledge
157.14-36 that ... occurred,] PM; expressed in Empiricism on one side and Rationalism on the other, and in various forms of realism and of idealism. Because of retention of the ancient view that the primary concern of philosophy is with supreme reality, it has so far failed to take the subject matters made known in the various sciences as authentic cases of knowledge that it has made the "problem" of the conditions and the every possibility of knowledge its main theme. The more knowledge has increased in the concrete, the more its view that philosophy is properly concerned with something below and beyond has resulted in the supposed need that philosophy provide Foundations the sciences before the results could be accepted as a ground for fulfilling the other historic task of philosophy: Search for Wisdom. The problem of problem has occupied primary place because it was taken to be the necessary condition of attaining that knowledge of Reality which it still took to define the aim and occupation of philosophy. Search for wisdom — that is for the principles and aims that would give rational direction to the conduct of the practical affairs of life — receded into the background.

572 Perpetuation of this point of view in present day philosophy has deeply significant connection with any discussion of the present state and role of philosophy that goes below the professional surface. The practical problems of morals in the political and economic aspects of contemporary life have multiplied in number and intensified in urgency during the period in which

157.36 philosophy,] PM; ~∧
157.36 for] PM; has for
157.36 part,] PM; ~∧
157.37 has relegated] PM; relegated
157.37 place that is] PM; position
157.38 an] PM; the
157.38-40 knowing ... going] PM; knowledge and its applications in life were going
158.1 of knowledge are of but] PM; became of
158.3 and of] PM; and

158.4 popular] PM; [*not present*]
158.5 fallen] PM; fallen in popular esteem
158.7 what] PM; how
158.7 philosophies do] PM; philosophies
158.7 which,] PM; ~∧
158.8 science] PM; both science
158.8 in human] PM; human
158.8 import,] PM; ~∧
158.11 potential?] PM; ~.
158.11 should devote] PM; devoted
158.11 to] PM; to the quest of
158.13 at present] PM; [*not present*]
158.13 limitation] PM; limitation of results
158.15 *not*] PM; [*rom.*]
158.15 applied] PM; systematically applied
158.16 to what] PM; and what
158.16 *might*] PM; [*rom.*]
158.16-17 applied;] PM; ~,
158.17 such inquiry] PM; [*not present*]
158.18-19 liberal,] PM; both liberal and
158.19 tested,] PM; ~.
158.19 and grounded in fact] PM; [*not present*]
158.21 present conditions] PM; conditions in which
158.21 methods] PM; methods of inquiry
158.23 live. But they are] PM; live but is
158.24 moral,] PM; ~∧
158.24 the humane,] PM; or humane
158.25 the actual] PM; actual
158.25-26 values. Hence . . . are] PM; values is 573
158.26 decision] PM; decided
158.32 and] PM; or
158.35 converts] PM; has converted
159.1 intelligent] PM; [*not present*]
159.2 which are] PM; especially in the form which is
159.3-4 *therefore* they are] PM; they are therefore,
159.4 nature] PM; ~,
159.9 consisting] PM; being composed
159.13-14 concerned as they are] PM; which are concerned
159.14 values,] PM; ~∧
159.19 But he] PM; He
159.21-22 dislikes . . . are] PM; dislikes, the latter being
159.24-26 grounds . . . privacy.] PM; grounds or support through tested evidence.
159.26 are] PM; are only

159.27[2] are] PM; they are
159.29 inspection] PM; examination
159.34 relative] PM; [*not present*]
159.36 "in] PM; ∧~
159.36-37 respects"] PM; ~∧
159.37 now] PM; now being
159.37 which,] PM; ~∧
159.37 view,] PM; ~∧
159.37 mere] PM; merely
159.38 means . . . be] PM; means and which are also on this view
159.39 with respect] PM; in reference
159.39 ends] PM; ends which
159.39-160.1 produce . . . prizes!] PM; serve.
160.2 regulation] PM; this regulation
160.4 the] PM; the ends, the
160.4 consequences] PM; ~,
160.5 that] PM; which
160.5 are] PM; are completely at the mercy
160.5 at the mercy of] PM; of
160.6 a class] PM; the class
160.10 assuredly of] PM; most assuredly of immense
160.13 that are derived] PM; that
160.14 "means"] PM; ∧~,∧
160.14 means,] PM; ~∧
160.14 philosophy.] PM; philosophy, are derived.
160.15 capable] PM; which is capable
160.16 use] PM; the use
160.17 destruction] PM; the destruction
574 160.17 mankind] PM; man and his achievements in war
160.18 not] PM; not of course
160.19 serious] PM; the most serious
160.20 it rests] PM; it is supposed to rest
160.22 central] PM; central philosophical
160.25 promote] PM; further the
160.26 For the latter] PM; It
160.26 holds] PM; has held
160.28 has] PM; had
160.29 as the] PM; as is the
160.33 for] PM; of
160.36 by] PM; for
161.2 Another] PM; There is another
161.2-3 demands] PM; that demands
161.5 that part] PM; part
161.6 that concern] PM; concern

161.6 determines] PM; determined
161.8 business of] PM; business and
161.8 with that part of] PM; with
161.9 called] PM; has called
161.9 Namely,] TS; namely, PM
161.9 - 10 search for the ends] PM; for the ends
161.10 give] PM; will
161.11 - 12 but use of] PM; but
161.14 in] PM; upon
161.16 - 17 social and] PM; social or
161.19 - 20 ideas that are] PM; idea that is
161.21 inquiry ... accomplished.] PM; inquiry.
161.22 accusation] PM; charge
161.22 childlike] PM; a childlike
161.22 science] PM; "~"
161.23 omits] PM; neglects
161.23 that science itself is] PM; the latter to be
161.24 not] PM; not as yet
161.25 achieve] PM; reach
161.26 matters] PM; matter
161.28 present time] PM; present
161.32 the projection] PM; projections
161.33 which the] PM; which
161.33 may] PM; is to
161.39 an] PM; the
162.2 are] PM; are, however,
162.2 - 3 their production] PM; connection with production by the latter
162.4 their] PM; then and there they have a practical that 575
162.4 - 5 deserves, with respect to practice,] PM; deserves
162.6 These] PM; The urgency of these
162.6 demand] PM; demands
162.9 given,] PM; ~$_\wedge$
162.9 that it be] PM; be
162.10 best tested] PM; best
162.10 command] PM; its command
162.11 Reference] PM; The reference
162.11 has just been] PM; was just
162.14 such a] PM; this
162.16 which were] PM; that there
162.16 in] PM; under
162.18 of] PM; of exact
162.20 their] PM; its
162.21 time] PM; time and place
162.24 insight, ... supply.] PM; insight.

162.25 This movement] PM; The movement in questioned

162.26 lack of] PM; lack of any

162.26 standards,] PM; ～$_{\wedge}$

162.27 consequently with] PM; consequent

162.27 to promote] PM; toward

162.30 The "state] PM; "The state

162.31 if it is] PM; in order

162.31 must] PM; should

162.32 - 33 a scarecrow] PM; scarecrow

162.33 philosophers] PM; human beings

162.33 critical] PM; any critical

162.34 upon] PM; upon the

162.34 "absolutisms."] PM; "absolutisms" which are the alternative to the kind of relativity which is held.

162.34 all history] PM; history

162.36 take] PM; find

162.38 isolated;] PM; isolated and

162.39 - 40 of . . . investigated.] PM; of actual ascertainable connections.

163.1 which marks all] PM; of

163.2 are] PM; to be

163.3 things;] PM; ～,

163.4 name of space-time] PM; name Space-time

163.5 Dependence] PM; The dependence

163.5 space-time] PM; time space

163.5 now marks all] PM; that marks

163.6 victories won by] PM; work of

576 163.6 - 7 inquiry . . . particulars.] PM; inquiry is not limited to particulars.

163.7 contrary,] PM; ～$_{\wedge}$

163.7 they] PM; it

163.8 move] PM; moves

163.8 the general] PM; what is general

163.9 wider and wider] PM; tested

163.9 connections,] PM; ～$_{\wedge}$

163.9 - 10 swim in wordy vacuity] PM; be swimming in a wordy vacuum

163.11 for] PM; in

163.12 values] PM; the values

163.14 or] PM; nor

163.15 urgently] PM; urgent

163.16 - 17 that absolutism] PM; it

163.17 - 18 relativity . . . search] PM; relativity — or rather its caricature of that scientifically grounded position — is that it is aware that search

163.19 - 20 every form of absolutism] PM; absolutism

163.22 illustration] PM; illustrations

163.23 does] PM; would

163.25 exercise] PM; have
163.26 world] PM; human situation
163.26 that,] PM; ~∧
163.30 that] PM; which
163.31 human] PM; concrete human
163.35 position,] PM; ~∧
163.36 a reflection] PM; reflection
163.36 of economic] PM; of the human, the economic
163.37 artisans (who had] PM; artisans, who has
164.1 slaves)] PM; ~,
164.1 "material,"] PM; ∧~∧∧
164.1 hence] PM; [*not present*]
164.3 share] PM; part or lot
164.4 only menial] PM; menial
164.7 the split] PM; a split
164.8 matter] PM; a matter
164.10 But the] PM; The
164.14 call] PM; called
164.16 are used] PM; used
164.17 commercial,] PM; and commercial
164.17 from the] PM; from
164.17 moral] PM; moral philosophies
164.19 this] PM; the
164.21 technology (the] PM; ~,~ 577
164.22 science)] PM; ~,
164.27 distinction,] PM; distinction which is
164.28-29 between ... instrumental,] PM; between intrinsic, final, and extrinsic, instrumental, values
164.34 Here again,] PM; Again,
164.37 office] PM; humane
164.40 called mere] PM; merely
165.2 In ... case] PM; It is a striking case in its theoretical aspect
165.3 *science*] PM; [*rom.*]
165.4-5 philosophies that regard] PM; philosophies, regarding
165.10 factual] PM; or factual
165.12 between] PM; between the
165.12 "higher" and "lower"] PM; ∧~∧~∧~∧
165.15 by a] PM; by
165.16 is given] PM; was given
165.17 from any] PM; any all
165.17-18 is their] PM; was their
165.18 *subjective* nature] PM; subjective factor
165.19 largely the] PM; large this
165.24 custom] PM; customs

165.25 Maintaining] PM; To maintain
165.27 it,] PM; ~∧
165.29 that] PM; that there
165.29 now exist] PM; exist at the present time
165.30 fixed division] PM; division
165.30 is] PM; is a
165.31 promoting] PM; promoting relevant and effective methods of
165.34 – 35 a disagreeable] PM; disagreeable
165.36 – 37 those outworn attitudes] PM; the untimely and outworn
165.38 open.] PM; open to them and which obstruct its performing a role which is humanly needed.
166.4 – 5 world . . . members] PM; world. That is the work that members
166.5 can do this work] PM; have to do
166.6 a work] PM; [*not present*]
166.7 is a] *stet* TS; is PM
166.8 leading] PM; guiding and leading
166.10 That work is] PM; But that work must be
166.10 better] PM; the better
166.10 – 11 instruments] PM; ~∧
166.11 shape,] PM; ~∧
578 166.11 Active] PM; For active
166.12 problems] PM; serious problems
166.13 rusting. Trial] PM; rusting and trial
166.13 done is] PM; done in this connection is also
166.14 out of] PM; away from
166.15 The fact that] PM; That
166.16 is] PM; is, again,
166.18 the . . . inquiry] PM; victories
166.20 – 168.3 Only . . . effect.] PM; A few centuries ago physical inquiry was just entering upon its new career. The obstacles it had to overcome were not just theoretical. They were embedded in habits and institutions. A few courageous men set to work to modify the stock of doctrines that were used to support the socalled science of the day and their practical institutional conditions and outlook. On the positive side they projected hypotheses about the physical world which were revolutionary in effect. Most of these new ideas were so comprehensive and at the time so lacking in specific factual evidence that today they would rate as "philosophical" rather than as "scientific." Nevertheless both the critical or purging activity and the constructive projections played a definite role in setting problems and indicating ways for dealing with them which give fruitful direction to the detailed inquiries by which physical knowledge was transformed.

The need and opportunity to day is a similar work in reference to existing social conditions and outlook. Today, the need is the greater, and the opportunity more difficult to take advantage of, because of the fact that while scientific inquiry has effected immense changes in everything social and human that can be put under the head of means, the moral ends and values which are embedded in habits and institutions are held to be sacrosanct. Tentative first steps to do away with this state of affairs are only beginning. Science is still held to be something undertaken and carried out by "mind," instead of being one thing which human beings do just as, say they make ploughs and reap crops. When this standpoint is naturalized, it will be evident that "science" is not something in and by itself but is constantly engaged in transactions with all other forms of human action, taking stimulus, direction, and its working tools from them and in turn giving back to them new standpoints, new ends and new means.

At present, as has been said, this is what actually goes on 579
between physical science and those forms of life-activity that are labelled "materialistic" and by which industrial, commercial and financial are kept so penned in that competent, open and tested methods of inquiry will not touch issues and methods that are moral.

History exhibits many projections of forms of social organization and outlook that are ideal to the point of being revolutionary in contrast with existing conditions. But in the absence of the lack of concrete knowledge of man and the world they have taken the form of utopias: — that is to say, of ends held desirable in total separation from the means by which they might be realizable. Now we face a different situation; things called means abound but the ends they actually serve, that is the concrete consequences they produce, are determined by almost anything save the kind of public, tested and retested inquiries that have given us means so abundant that under existing conditions they force upon us issues and problems we are morally unprepared to meet.

Hence philosophy has imposed upon it the task of helping to do away with the separation between means and ends; between economic and moral activity; between the "materialistic" and the "ideal," between the "utilitarian" and the "liberal." From sheer pressure of conditions enough has been done in applying knowledge to questions of public health to indicate what might take place were the example followed in other public matters. Some first steps have been taken in education in doing away with the sharp separation of the "vocational" and the "humanistic" — as if there were anything more human than the callings and vocations that decide the happiness and misery of most mortals. But there is a beginning only. Education does not begin to do what it might do to break down barriers between economics and morals so that the brutalities of the former would be mitigated and the latter would gain an inherent leverage and impetus for which exhortation and abstract ideals are an extremely poor substitute.

168.4 - 5　Political ... did] PM; The "modern" philosophy named Liberalism did

168.5　work] PM; fine work

168.5　emancipation. But it was so] PM; emancipating release in its day. But it did its work in a way that so

168.7　against that] PM; that

168.8　is called] PM; called

580　168.8　that] PM; that word of

168.9 - 10　the concrete] PM; concrete

168.10　that which] PM; what

168.12　actual realization] PM; realization

168.12　these traits] PM; traits

168.13　depends] PM; depend

168.17　which] PM; that

168.18 - 19　before ... work.] PM; when it was getting under way.

168.22　generalized] PM; highly generalized

168.24　will not have] PM; will have no need

168.29　Josiah Royce] PM; He

168.35　institutions,] PM; ～∧

168.36　such things as] PM; [*not present*]

168.36　faiths,] PM; ～∧

168.36　courage,] PM; ～∧

168.36 - 37　attached,] PM; ～∧

168.37　into] PM; in

168.37　philosophy,] PM; ～∧

168.37　it is] PM; is

169.1　been saying] PM; been trying to say

169.2　continued] W; continued: PM; continues TS

169.5　thoroughgoing,] PM; ～∧

169.8　we] PM; man as he lives in it

169.8　the] PM; a

169.11　which] PM; that

169.13　an] PM; the

169.13　common to] PM; of

169.14　But] PM; But there was

169.14　existing] PM; [*not present*]

169.15　when the words were] PM; when they

169.15　made this] PM; that made this particular

169.16　easy.] PM; easy to make.

169.17 - 18　homelike] W; home-/like PM; home like TS

169.19　modifies] PM; is modifying

169.19 in most] PM; in

169.23 "really,"] PM; "～∧"

169.23 fundamentally,] PM; or fundamentally

169.24 the air] PM; an air

169.25 Philosophy still has] PM; Yet philosophy still may have

169.26 that man is now] PM; now that man is

169.27 large or] *stet* TS; large PM

169.28 if used] PM; used

169.28 intelligent] PM; some intelligent

169.29 search] PM; their search

169.34 work] PM; work to do 581

169.35 that was assigned] PM; assigned

《自由社会的宗教与道德》

范本是 20 页的打字稿，由杜威所打，存放于南伊利诺伊大学卡本代尔校区莫里斯图书馆特别馆藏第 54 箱文件夹 8 约翰·杜威文件(TS)中。存放于弗吉尼亚大学图书馆的手稿区的打字稿(UV)作为自 182.5 - 25 行起材料的范本，补充杜威原稿失落的第 18 页。采纳了 UV 打字稿的校勘，以及于《霍林斯学院百年庆典》(弗吉尼亚霍林斯学院，1949 年，第 79—93 页)(CC)中发表时的校勘。这一列表也用作历史校勘。

170.2 In about] *stet* TS, UV; Madam Chairman, members and friends of Hollins College, may I first express my appreciation of the honor of being invited to take part in this anniversary occasion. And may I also express my gratitude to the President and Professor Williamson, and others who arranged the program, for adding to my feeling of being among friends — I might almost say at home — by having here with me on the platform two of my old students and constant friends, though I am not sure that it was friendly to tell this audience how many books I had inflicted on the American public, and a near-colleague, associated in a very nearby — across the street — educational institution.

I also want to thank you for your over-generous greeting, which I recognize as a tribute to the principles that we are here to speak of — the Horizons of Freedom, and the relation to them of our educational system.

In about CC

170.5 The] UV, CC; For the TS

170.7 We were] TS, CC; We are UV

170.8 aware] UV, CC; acquire TS

170.9 knew] UV, CC; know TS

170.10 brought] UV, CC; brought it TS

170.15 others] UV, CC; other TS
170.16 secure] UV, CC; free TS
170.16 all] UV, CC; all persons TS
170.17 economic] UV, CC; complete economic TS
170.18 to] UV, CC; and TS
582 170.21 free] TS, CC; a free UV
170.22 the definition] UV, CC; every sound definition TS
170.22 civilization,] UV, CC; ~∧ TS
170.26 freedom; they] UV, CC; freedom and TS
170.28 the certainty] UV, CC; the fact and the certainty TS
171.1 believed] UV, CC; thought TS
171.2 events] UV, CC; actual events TS
171.4 was] UV, CC; was still TS
171.7 increased] UV, CC; the increased TS
171.8 earth,] UV, CC; ~∧ TS
171.8 demonstration] UV, CC; the demonstration TS
171.9 all,] UV, CC; ~∧ TS
171.9 the realization] CC; realization UV, TS
171.10 barbarism,] UV, CC; ~∧ TS
171.13 And in this country] UV, CC; And TS
171.15 it] UV, CC; this country TS
171.21 time, with] UV, CC; time together with a TS
171.22 understanding,] UV,CC; ~∧ TS
171.26 as the arts] UV, CC; the arts TS
171.29 brutal] UV, CC; brutal intolerant TS
171.29 - 30 the ultimate] UV, CC; an ultimate TS
171.30 We thought] CC; We had thought UV, TS
171.33 its rank] UV, CC; rank TS
171.33 was] UV, CC; is TS
171.36 When] UV, CC; When faith in TS
171.36 - 37 of religious] CC; of religions UV; religious TS
171.37 is deliberately] UV, CC; are deliberately TS
171.38 at] UV, CC; in TS
171.39 liberal] UV, CC; the liberal TS
172.2 These rights] UV, CC; They TS
172.5 occur] UV, CC; occur at times TS
172.6 - 7 assailed in the totalitarian countries] CC; assailed UV, TS
172.7 were] CC; are UV, TS
172.8 which weaken] UV, CC; that weakened TS
172.14 is] UV, CC; is engaged in TS
172.15 them] UV, CC; these things TS
172.19 which] UV, CC; that TS
172.25 are] UV, CC; might be TS
172.27 legal] UV, CC; legal in nature TS

172.27 courts] CC; Courts UV, TS

172.27 police] TS, CC; the police UV

172.28 lost sight] UV, CC; lost TS

172.29 the religious] TS, CC; religious UV

172.38 moral;] UV, CC; moral, and TS

172.38 more] UV, CC; more morally TS

172.39 in moral value] UV, CC; than TS 583

172.39 than are the] UV, CC; the TS

173.1 produce] UV, CC; support TS

173.1 free] UV, CC; socalled free TS

173.1 carrying] UV, CC; carrying on TS

173.2 engaged on] UV, CC; engaged TS

173.3 we] UV, CC; we surely TS

173.4 society,] UV, CC; ∼∧ TS

173.4 and we need to] UV, CC; to TS

173.9 unjust] UV, CC; morally unjust TS

173.11 existing] UV, CC; present TS

173.12 conflict.] UV, CC; conflict. I mean in the first place that the present presents us with an extraordinary TS

173.13 won] *stet* TS, UV; won (a problem that may be as difficult or even more difficult, as we have already been reminded, than winning the war itself) CC

173. 15 society and have rededicated ourselves to their promotion.] CC; society. UV, TS

173.18 aware,] CC; ∼∧ UV; [*not present*] TS

173.21 new] UV, CC; new and TS

173.24 by far] TS, CC; by the far UV

173.25 history;] UV, CC; ∼, TS

173.25 in] UV, CC; and in TS

173.25 comparison,] UV, CC; ∼∧ TS

173.27 assert] UV, CC; say TS

173.30 the mind] UV, CC; human mind TS

173.31 character] UV, CC; human character TS

173.31 corrupt] UV, CC; weak TS

173.31 so] UV, CC; and so TS

173.32 a few] UV, CC; the few TS

173.33 power] UV, CC; the power TS

173.36 habits,] UV, CC; habits and TS

173.37 the centuries] UV, CC; centuries TS

173.38 the] UV, CC; these TS

173.39 to utilize] UV, CC; utilize TS

173.40 obedience of the many] UV, CC; obedience TS

174.1 wield] CC; yield UV, TS

174.1 the authority] UV, CC; authority TS

174.1 The] TS, CC; [¶] The UV
174.8 said] CC; said today UV, TS
174.10 sacred] UV, CC; principle of the sacred TS
174.14 and of] UV, CC; of TS
174.15 human] UV, CC; the human TS
584 174.15 personality. It] UV, CC; personality; it TS
174.17 the creation] UV, CC; creation TS
174.17 centres] W; centers CC; centred UV, TS
174.24 religious] UV, CC; the principle of religious TS
174.31 disease,] CC; diseases, UV; diseases$_{\wedge}$ TS
174.35 At all] UV, CC; And at TS
174.37 systematically] UV, CC; a systematically TS
174.38 true] UV, CC; the true TS
174.38-39 personality] UV, CC; personality of human beings TS
174.40 charter] UV, CC; charter, for example, TS
175.1 reads] UV, CC; "~ TS
175.3 *not*] UV, CC; [*rom.*] TS
175.3 way] UV, CC; way whatever TS
175.10 Or to] UV, CC; To TS
175.13 error,] UV,CC; $\sim_{\wedge}$ TS
175.13-14 the suppression] UV, CC; it TS
175.18 recent] UV, CC; very recent TS
175.18 affair, going] UV, CC; affair and that it goes TS
175.23 maintenance] UV, CC; the maintenance TS
175.24 is but] UV, CC; is TS
175.25-26 that are involved] UV, CC; involved TS
175.26-27 single-minded] CC; singleminded UV; single minded TS
175.27 us] UV, CC; one TS
175.28 freedom] UV, CC; this same freedom TS
175.29 other] UV, CC; other one TS
175.31 during, by far,] UV, CC; during TS
175.31 part] UV, CC; part by far TS
175.31 history.] UV, CC; history, so that while the forms taken the revival of absolutism having the name totalitarianism are new, the underlying principle is old. TS
175.32 This] TS, CC; The UV
175.32 principle of moral absolutism] UV, CC; principle TS
175.34 ought] UV, CC; sought TS
175.35 which,] CC; $\sim_{\wedge}$ UV; who TS
175.35 possession of it,] CC; $\sim_{\wedge}$ UV; possession TS
175.36 be what the Nazis call] CC; be UV, TS
175.37 other and] CC; other one, and UV; other one is the TS
175.37 principle is that the] UV, CC; of this first one. The TS
175.39 an ability] UV, CC; ability TS

176.3–4 of moral leaders] UV, CC; thus wielded TS

176.7 a denial] UV, CC; denial TS

176.8 sluggish;] UV, CC; ～, TS

176.10 for power] UV, CC; for exercise of power TS

176.11 rewards power] UV, CC; rewards it TS 585

176.12 any love] UV, CC; love TS

176.14 other interests] UV, CC; interests TS

176.15 many] UV, CC; many of its subjects TS

176.15 used] UV, CC; being used TS

176.16 ends,] UV, CC; ～∧ TS

176.21 what] CC; that UV, TS

176.21 is] UV, CC; is a semblance TS

176.21–22 least a semblance] UV, CC; least TS

176.26 gains] UV, CC; gains at the present time TS

176.29 merely inside] UV, CC; inside TS

176.29 so that] UV, CC; and that consequently TS

176.29–30 them, between] UV, CC; [*not present*] TS

176.32 little] UV, CC; so little TS

176.34 intellectual] UV, CC; only intellectual TS

176.40 do] UV, CC; did TS

176.40 our] UV, CC; our actual TS

177.3 ideas] UV, CC; ideas and beliefs TS

177.3 including] UV, CC; even TS

177.5 question] UV, CC; idea TS

177.5 moral] UV, CC; nature of moral TS

177.6 ideals of] UV, CC; ideals in TS

177.9–10 learn only] UV, CC; learn TS

177.11 one fixed] UV, CC; a certain TS

177.15 ingenuous.] UV, CC; ingenuous as well as generously inclined. TS

177.16 basic] UV, CC; two basic TS

177.17 ideas] TS, CC; idea UV

177.18 authority] UV, CC; authority and power TS

177.18 right] UV, CC; rights TS

177.19 elite] UV, CC; group TS

177.20 matters; that] CC; ～: ～, UV, TS

177.20 if] UV, CC; in fact if TS

177.21 exercise freedom of mind] UV, CC; do so TS

177.27 manifest] UV, CC; express the fundamental TS

177.28 face] UV, CC; face more seriously than we have previously done TS

177.33 acceptance,] UV, CC; ～∧ TS

177.36 some that were] UV, CC; certains that may be called TS

177.37 advantages] UV, CC; moral advantages TS

177.37 society. What] UV, CC; society, and what TS

177.38 important,] CC; ～∧ UV, TS

178.1 It] UV, CC; For it TS

178.1-2 poison; that it] UV, CC; poison, TS

586 178.3 it is directed] UV, CC; its use directed TS

178.3-4 distribution] UV, CC; a distribution TS

178.8 Even if] UV; Even CC, TS

178.10 truth, history] *stet* TS, UV; truth. History CC

178.12 indeed] *stet* TS, UV; in deed CC

178.12 a group is] UV, CC; is a group TS

178.14 it be if] UV, CC; be it when TS

178.15 others,] CC; ~; UV; ~∧ TS

178.15 and that] UV, CC; and TS

178.21 absolutism,] UV, CC; ~∧ TS

178.24 that moral] UV, CC; moral TS

178.24-25 or which does not] UV, CC; which does TS

178.27 the more] UV, CC; more TS

178.31 claim moral authority] UV, CC; claim to have moral right TS

178.33 the] CC; their UV, TS

178.34 every] UV, CC; the TS

179.3-4 Assertion] UV, CC; For in assertion TS

179.5-6 are assertions of] UV, CC; they have in effect asserted TS

179.7 a free] UV, CC; free TS

179.8 which] UV, CC; as that TS

179.9 a common] UV, CC; common TS

179.10 of] UV, CC; in TS

179.11 principle] CC; principles UV, TS

179.12 that] UV, CC; which TS

179.13-14 success] UV, CC; temporary success TS

179.14-15 absolutism, even temporarily,] UV, CC; absolutism TS

179.15 human] UV, CC; many factors of human TS

179.16-18 Mussolini ... young] CC; An appeal was made to the youth of one of these nations UV, TS

179.21 utmost social] UV, CC; utmost TS

179.22-23 live with moral nerves] UV, CC; live TS

179.23 alert] UV, CC; alert with moral nerves sensitive TS

179.23-24 taut for action. One] UV, CC; taut. And, doubtless, one TS

179.28 In] UV, CC; It is not that in TS

179.28 not opposed] UV, CC; opposed TS

179.29 but] UV, CC; but that TS

179.30 and] UV, CC; and, moreover, TS

179.32 and] UV, CC; and for that matter TS

179.35 another] UV, CC; another to be TS

179.35 social, not] TS, CC; social and not UV

179.36 *communication* — the] CC; *communication*: The UV; *communication*: the TS

179.39 - 40 others, thereby becoming] UV, CC; others and thereby become TS 587

180.3 a means] CC; means UV, TS

180.4 a single uniform] UV, CC; one TS

180.6 society.] UV, CC; society and the dependence of the liberal mind upon free communication between members of society. TS

180.7 twin] UV, CC; the twin TS

180.8 and a] UV, CC; and in a TS

180.8 - 9 group of persons] UV, CC; group TS

180.9 are] UV, CC; were TS

180.16 change] UV, CC; only change TS

180.17 only] UV, CC; the TS

180.19 a common] UV, CC; the common TS

180.20 which] UV, CC; that TS

180.21 - 22 principles of moral] TS, CC; of moral UV

180.22 when] UV, CC; in their application to society years ago when TS

180.24 multiplication table] UV, CC; multiplication TS

180.24 voting] UV, CC; vote TS

180.25 are] UV, CC; were TS

180.28 principles] UV, CC; principles which are TS

180.31 of] UV, CC; of the exercise of TS

180.33 fixed] UV, CC; some fixed TS

180.35 principle] CC; principles UV, TS

180.39 that] UV, CC; that we TS

181.8 constantly translated] UV, CC; translated TS

181.10 external] UV, CC; some external TS

181.12 search] UV, CC; the search TS

181.13 was supposed] UV, CC; supposed TS

181.16 as rewarding] UV, CC; is as rewarding TS

181.19 physical] UV, CC; the material of physical TS

181.19 science] TS, CC; sciences UV

181.22 - 23 principles] UV, CC; moral principles TS

181.26 altogether too ready] UV, CC; altogether TS

181.29 required if] UV, CC; required TS

181.31 is] UV, CC; was TS

181.32 restrictions,] UV, CC; ~∧ TS

181.32 with their] UV, CC; with TS

181.32 abolition,] UV, CC; ~∧ TS

181.36 - 37 a freedom] UV, CC; freedom TS

181.39 that] UV, CC; which TS

182.1 that it is] UV, CC; in it as TS

182.2 to be developed,] UV, CC; develops TS

182.5 - 25 One ... necessary] UV, CC; [*page missing*] TS 588

182.23 the approval] CC; approval UV

182.24 ground] CC; grounds UV

182.27 misleads] UV, CC; thus misleads TS

182.29 society which is] UV, CC; free society requires for its existence that a society TS

182.30 can be] UV, CC; be TS

182.31 being only] UV, CC; existence TS

182.31 extension,] UV, CC; $\sim_\wedge$ TS

182.31-32 restriction,] UV, CC; $\sim_\wedge$ TS

182.32 agencies] UV, CC; all agencies TS

182.33 belief] UV, CC; the belief TS

183.1 Another] UV, CC; My other TS

183.1 me,] UV, CC; $\sim_\wedge$ TS

183.1 fortunately,] UV, CC; $\sim_\wedge$ TS

183.2 today.] UV, CC; today than what I have been saying. TS

183.3 ridiculed] UV, CC; even ridiculed TS

183.4 education] UV, CC; it TS

183.4 and,] UV, CC; $\sim_\wedge$ TS

183.5 the critics,] CC; its critics UV, TS

183.8 that] UV, CC; which TS

183.9 experience] UV, CC; experiences TS

183.10 in order to create] UV, CC; as means of formation of TS

183.11 the] UV, CC; this TS

183.11 education,] UV, CC; $\sim_\wedge$ TS

183.15 worship,] UV,CC; $\sim_\wedge$ TS

183.15 is] UV, CC; it TS

183.15 secure] UV, CC; really secure TS

183.18 merely ... dislike,] UV, CC; that TS

183.22 and a] UV, CC; with the TS

183.26 this] UV, CC; the TS

183.26 is] UV, CC; may be TS

183.27 realization] UV, CC; the realization TS

183.32 mere] UV, CC; dead TS

183.33-34 religion,] CC; religions, UV; religious TS

183.34 may,] UV, CC; $\sim_\wedge$ TS

183.34 believe,] UV, CC; $\sim_\wedge$ TS

183.35 includes] UV, CC; will at least include TS

183.35-36 development;] UV, CC; $\sim_\wedge$ TS

183.36 search ... growth] CC; as a condition of growth search for new truth UV; devotion and search TS

183.36-37 that mutual] UV, CC; the mutual TS

183.37 which] UV, CC; that TS

589 183.37 constitute] UV, CC; constitutes the TS

183.37 as] UV, CC; which is TS

183.38 among men.] *stet* TS, UV; among men.

It is often said today that the world will not be the same after the war; that it will be a very different world. Now difference may be for the worse, or for the better, and I think that as I have tried to say, it is the seriousness with which we refresh ourselves upon the fundamental values of a free society, and redevote ourselves to them, that will give the guarantee that this different world will be a better world and not a worse one.

And, today, if I may say a word to the younger people who are present here, who have the opportunities that are given them here, it is your privilege as well as your responsibility to take part, not merely by giving support to the present armed conflict, but by joining in this common cooperating effort to make the ideals and values of a free society such a reality that it will be impossible in the future for anyone to question and assail them. CC

关于自然科学的几点看法

范本为4页打字稿，由杜威所打，存放于南伊利诺伊大学卡本代尔校区莫里斯图书馆特殊馆藏品，杜威 VFM 24(TS)。采纳了在《人道主义者》第4期(1944年夏)(H)上发表时的校勘。

184.2　In] H; I have recently read in
184.4　country — I have recently read] H; country —
184.5　Radio. On] TS; Radio; on H
184.8　interesting to] H; more than interesting to
184.13　reads:] H; reads as follows:
184.28　upon the] H; upon
185.4　those] H; the one
185.5　the creation] H; creation
185.6　recognition] H; a statement
185.9　Even today one can] H; One can even today
185.11　intimation that] H; intimation the
185.15　involved] H; involved a certain amount of
185.17　Revolt treated old institutions] H; Institutions
185.18　traditions] H; traditions were taken in the philosophies that tried to justify the various expressions of the revolt
185.18　“social”] H; “～”, 590
185.18　revolts as if they were] H; the revolts then being
185.19　“individualistic,”] H; “～∧”
185.19　though] H; although
185.20　as “social”] H; just as “social”
185.20　as were the] H; as the older
185.21　replacing] H; engaged in replacing
185.22　demand] H; also demand
185.22　recognition also] H; recognition

185.24 keep] H; place and keep

185.27 or,] H; Or,

185.27 in positive] H; to speak in positive

185.31 may — and,] H; "～, ～∧

185.31 should —] H; ～∧

186.3 carries] H; tends to carry

186.10 recognition] H; open recognition

186.11 to use] H; use

186.19 to which] H; in which

186.31 along with] H; and

186.33 merely physical] H; physical

186.38 widespread] H; more widespread

186.39 method. It should result in] H; method, and as a means for

187.1 the door of science] H; its door

187.3 "ideal," between] H; "ideal",

187.4 which] H; which what is now show

187.4 knowledge] H; knowledge of

187.5 the earlier pre-scientific] H; an earlier

187.5 mankind] H; culture

《对科学的反抗》

范本为4页打字稿，由杜威所打，存放于南伊利诺伊大学卡本代尔校区莫里斯图书馆特殊馆藏杜威 VFM 24 (TS)。采纳了在《人道主义者》第5期(1945秋)上发表时的校勘(H)；以及《人的问题》(第160—163页)(PM)发表时的校勘。

188.21-22 isolationism] PM; Isolationism H; Isolationalism TS

188.23 which are] H, PM; are TS

188.25 as] H, PM; [*ital.*] TS

189.1 and that] H, PM; and that it TS

189.4 delineates] H, PM; illuminates TS

*189.4 humane] *stet* TS; human PM, H

591 189.8 have "authority"] H, PM; have a vested class interest in maintaining old interests and old types of "authority" TS

189.18 be found] H, PM; found TS

189.26 millennia] PM; millenia H, TS

189.32 than of general] PM; than one of wide H; than of any wide TS

189.39 *are* science,] *stet* TS; are science ∧ H; are science, PM

189.40 on the] H, PM; in the TS

190.2 life] PM; belief generally H, TS

190.3 here] PM; in this particular article H, TS

190.37 elsewhere,] H, PM; ～∧ TS

190.39 When] H, PM; [*no* ¶] When TS

191.1 institutions] PM; the institutions H, TS

191.2 harshness] PM; such harshness H, TS

《民主的国际组织对强制的国际组织》

范本首次发表于简·亚当斯为1915—1945周年纪念编的《战争年代的和平与生计》(纽约:王冠出版社,1945年,第ix—xx页)(PB)。采纳了于《眺望》第34期(1945年4月,第117—118页)(SG)中以"和平与生计"为题重新发表时的校勘。

192.1-2 Democratic versus Coercive International Organization] *stet* PB; Peace and Bread SG

192.4 republication] SG; present republication

192.4 *Peace and Bread*] *stet* PB; "Peace and Bread" SG

192.5 timely.] SG; timely. Some of the external reasons for this timeliness are evident without need of prolonged analysis.

192.5 Jane Addams' book] SG; The book

192.8 first publication] SG; publication

192.10 events. Her book] W; events. [¶] Her book SG; events. The book PB

192.10-11 earliest period] SG; period

192.11 that war] SG; the war

192.21 merely] SG; merely gave the instruction and

192.21-22 warning ... instruction] SG; warning

192.22 traits] SG; the traits

192.24 warning and the instruction] SG; instruction and the warning

193.13 wrote in 1922] SG; wrote

193.20 have opposed] SG; opposed

193.26 were those who,] *stet* PB; [*not present*] SG

193.29-30 the warning and instruction] SG; the instruction and the warning 592

193.30-31 Miss Addams wrote] SG; written

193.31 *warning*] SG; [*rom.*]

193.34 "Terms of Peace,"] SG; "terms of peace,"

193.35 *instruction*] SG; [*rom.*]

193.36 tradition,] SG; tradition and

194.19 First World War] SG; war

194.34 co-ordinated] SG; coördinated

194.35 called] SG; calls

194.37 had been] SG; were

194.38 modern] SG; present

195.8 *Peace and Bread*] W; "Peace and Bread" SG; the present book PB

195.18 has become] SG; is a

195.20 Second World War] SG; War

196.2 she] SG; Miss Addams

196.4 co-ordinated] SG; coördinated
196.5 Miss Addams holds] SG; she holds
196.32 today] SG; today, as I have said,
196.33 who will] SG; who
196.39 wrote] SG; said
197.1 On one] SG; On the one
197.3 other hand] SG; other
197.22 UNRRA] SG; the UNRRA
197.22 this war is being waged] SG; war is still going on
197.29 significance] SG; importance
197.29 the need] SG; need
197.32 - 33 accorded] SG; attached
197.37 - 38 Hull House was] SG; it was
197.39 She] SG; Miss Addams

《二元论与原子裂变》

范本发表于《新领袖》第28期(1945年11月22日),第1、4页。

*199.25 nothing] W; neither
*199.27 of] W; that
200.18 - 19 discrepancy] W; discrepancy
200.31 has] W; ha
201.7 possessed] W; possessed

593 《无序的世界还是有序的世界?》

范本为11页打字稿,不是杜威打的,存放于哥伦比亚大学巴特勒图书馆珍贵图书与手稿藏书室。

*204.18 institutions] W; intuitions
207.13 Holy] W; holy
208.39 aggressive] W; agreessive
*209.24 from] W; from it
209.24 it would] W; would

《人类历史上的危机》

范本发表于《评论》第1期(1946年3月),第1—9页。

211.12 if it] W; it
*219.3 of] W; for
222.33 manner] W; matter

《解放社会科学家》

范本发表于《评论》第 4 期(1947 年 10 月),第 378—385 页。

225.2　1947] W; 1946

225.22　February] W; January

《美国青年们，小心华莱士带来的礼物》

范本首次发表于《自由主义者》第 2 期(1948 年 10 月),第 3—4 页(L)。采纳了于《新领袖》第 31 期(1948 年 10 月 30 日,第 1、14 页)(NL)重新发表时的校勘。

242.1-2　American Youth, Beware of Wallace Beating Gifts] *stet* L; Wallace vs a New Party NL

242.6　party of victory and liberator of] *stet* L; party of NL

242.11　party of] *stet* L; party of NL

243.16　Democracy] *stet* L; democracy NL

243.34　stand] *stet* L; stands NL

244.15　1928] W; 1926 NL, L

245.13　Italy and] *stet* L; Italy, NL

245.20　dissatisfied] NL; satisfied L　*594*

245.22　indicates] NL; indicate L

245.34　campaign of ideas, in this campaign] *stet* L; campaign NL

245.35　European] *stet* L; the European NL

246.8　urge you] *stet* L; you urge NL

246.23　nation existing] *stet* L; nation NL

246.27　decision . . . active] *stet* L; decision. NL

《如何确立自由主义》

范本发表于《劳工与国家》第 4 期(1948 年 11—12 月),第 14—15 页。

249.24　prerequisites] W; prerequisities

《民主信念与教育》

范本首次发表于《安提俄克评论》第 4 期(1944 年 6 月),第 274—283 页(AR)。采纳了以下书中重新发表时的校勘,《争夺教育的命令主义尝试》(纽约:王冠出版社,1945 年,第 1—9 页)(AA),《人的问题》(第 23—33 页)(PM)。此表亦作为历史校勘。

251.19　insure] AR, PM; ensure AA

251.21 - 22 conflict. [¶] Another] AR, PM; conflict. Another AA
251.24 knowledge] AR, PM; ∼, AA
251.24 the diffusion which] AR, PM; its diffusion, that AA
251.25 that] AR, PM; which AA
252.14 men] AR, PM; man AA
252.14 that] AR, AA; ∼, PM
252.14 enlightenment] AR, AA; ∼, PM
252.16 insuring] AR, PM; ensuring AA
252.23 everyone] AR, PM; every one AA
252.25 - 26 suffices] AA, PM; suffice AR
252.28 occurred] PM; are AA, AR
252.28 wars] AR, PM; ∼, AA
252.31 have seen] PM; have AA, AR
252.31 - 32 thoroughgoing] AR, PM; thorough-going AA
252.38 now have] PM; have had AA, AR
253.5 more desirable] PM; desirable AA, AR
595 253.5 goals] PM; goals held AA, AR
253.18 speaking] AR, PM; ∼, AA
253.19 *Laissez-faire*] AR; *laissez-faire* PM, AA
253.20 - 21 widespread] AR, PM; wide-spread AA
253.22 has] PM; has in fact AA, AR
253.30 short-term] AR, PM; ∼$_{\wedge}$∼ AA
254.6 commerce] AR, AA; ∼, PM
254.38 fact that] AR, AA; ∼, PM
254.40 moral] PM; new moral AA, AR
255.1 that] *stet* AR, AA; which PM
255.4 prescientific and pretechnological] AR, PM; pre-scientific and pre-technological AA
255.5 - 6 salvation. [¶] The] AA, PM; salvation. /II/ The AR
255.6 now being made] *stet* AR, AA; made from time to time PM
255.8 abstract] AR, PM; the abstract AA
255.25 class-control] AR, AA; ∼$_{\wedge}$∼ PM
255.39 that] *stet* AR, AA; which PM
255.39 are] AR, PM; are now AA
256.13 writer] AR; ∼, PM, AA
256.15 - 16 the organized campaign now in] *stet* AR, AA; such organized campaigns in PM
256.17 present war] *stet* AR, AA; recent war PM
256.22 prescientific] AR, PM; pre-scientific AA
256.23 Then thirdly] AR, PM; ∼, ∼, AA
256.28 - 29 reactionaries] AA, PM; reactionaries would AR
256.29 issues] PM; issue AA, AR
256.30 *results*] AR, PM; [*rom.*] AA
256.32 - 33 *physical*] AR, PM; [*rom.*] AA

256.35 which] AR, PM; ~, AA
256.36 gravity are those that] AR, PM; gravity, AA
256.40-257.1 naturalistic. [¶] What] AA, PM; naturalistic. /III/ What AR
257.21 impotent] AR, PM; important AA
257.28 generous] AR, PM; general AA
257.30 equality;] AR, PM; ~, AA
258.2 examined] AR, PM; ~, AA
258.6 prescientific and pretechnological] AR, PM; pre-scientific and pre-technological AA
258.7-8 age. [¶] This] PM; age. This AA, AR
258.9 as a rule still govern] AR, PM; still govern as a rule AA
258.11 namely] AR, PM; ~, AA
258.12 readymade] AR, AA; ready-made PM
258.27 subjects,] AR, AA; ~∧ PM
258.32 is of course] AR, PM; ~, ~~, AA 596
259.4 the creation of free] AR, PM; creation of a free AA
259.7 and those] AR, PM; and the callings AA
259.8 fact] AR, PM; ~, AA
259.13-14 sponsored for example] AR, PM; ~, ~~, AA
259.20 taught] AR, PM; ~, AA
259.21 social-moral] AR, PM; universal social-moral AA
259.22-23 possess. [¶] If] AA, PM; possess. /IV/ If AR
259.31 naive] AR, PM; naïve AA
259.39 it is, as far] PM; ~∧~ AR; as far AA
259.40 world, a] PM; ~∧~ AR; world it is a AA
260.7 and the] AR, PM; together with AA
260.12 science,] AR, PM; ~∧ AA
260.12 technology,] AR, PM; ~∧ AA
260.19 free, wide-ranging,] AR, PM; ~∧~∧ AA
260.24 problem. If] PM; problem and if AR; problem and, if AA
260.24 found] AR, PM; ~, AA

《对自由主义思想的挑战》

范本首次发表于《财富》第30期(1944年8月),第155—157、180、182、184、186、190页(F)。采纳了于《人的问题》(第143—159页)(PM)中重新发表时的校勘。

262.19 estimate of] *stet* F; estimate on PM
263.15 that,] *stet* F; which, PM
263.29 application] PM; applications F
265.12 scientist-philosopher] PM; ~∧~ F
266.2 before in the] *stet* F; before the PM

267.15–267n.1 Mr. Hutchins wrote as follows:[1] . . . 1. *Fortune*, June 1943.] W; Mr. Hutchins wrote as follows: * . . . * *Fortune*, June, 1943. PM; I select examples from writers who have contributed earlier articles to this particular series. Mr. Hutchins wrote as follows (FORTUNE, June, 1943): F

269.39 humanity] PM; humanism F

*270.32 humane] *stet* F; human PM

271.3 "lower"] *stet* F; the "lower" PM

271.39 anthropological] PM; the anthropological F

272.4 was also] PM; was F

273.27 attitude] *stet* F; attiture PM

597

《〈1947年教育发展法案〉的含意》

范本发表于《进步教育》第24期(1947年4月,第206—207、212—213页)(PE)。采纳了于《国立学校》第39期(1947年3月,第20—21页)上发表时的校勘(NS)。

281.1 Implications of S. 2499] *stet* PE; S. 2499 / Its Antidemocratic Implications NS

281.2 "Education] *stet* PE; "Educational NS

281.18 support is known to] NS; support

281.18 people] NS; people know

281.27 nonprofit] NS; non-profit

281.28 a beneficiary] NS; beneficiary

282.29 democratic life] NS; life

282.33 has] NS; had

282.34 among] NS: between

282.36 remains the] NS; it remains our

282.37 contribution we have made] NS; contribution

282.38 process] NS; very process

283.6 who have] NS; who

283.14(2),19 among] NS; between

283.23 are] NS; is

283.24 underlie] NS; underlies

283.28 nature] NS; very nature

283.32 they] NS; that they

284.4 have as its main objective] NS; have

284.5 needs.] NS; needs as its main objective.

284.6 imposition of benefits] NS; imposition

284.18 public education] NS; it

284.19 the complete] NS; complete

285.1 is, namely, as] NS; is—

285.10 are] NS; is a

285.10 obligations] NS; obligation

《〈赴莫斯科的使命〉没有揭示苏联审判的新证据》

范本发表于《新领袖》第25期(1942年1月17日),第5页(NL)。

289.16 "someone] W; ∧ someone WS; ∧ some one NL
290.26 Davies'] W; ~, NL
292.2,6 Terror] WS; terror NL

《铁棒背后》 598

范本发表于《新领袖》第30期(1947年9月13日),第11页。

296.32 infallibility] W; infallibility
297.27 increditable] W; incredititble
297.29 events.)] W; ~. ∧
298.32 and] W; anl

《〈英属西印度群岛的教育〉序言》

范本发表于埃里克·威廉斯的《英属西印度群岛的教育》一书中(西班牙港,特立尼达:瓜雷恩印刷商,1946年,第vii—viii页)。

308.13 well as] W; well

《〈超越"艺术"之路——赫伯特·拜尔的作品〉序言》

范本发表于亚历山大·多纳的《超越"艺术"之路——赫伯特·拜尔的作品》一书中(纽约:威滕堡-舒尔茨出版公司,1947年,第9—11页)。

312.29 what, both] W; ~. ∧ ~,
313.9[1] which] W; of which

《詹姆斯·海登·塔夫茨》

范本发表于《哲学评论》第52期(1943年3月),第163—164页。

324.2-3 the American Philosophical Association] W; this Association
325.15 Magister] WS; magister

《答查尔斯·莫里斯》

范本发表于《哲学杂志》第43期(1946年5月9日),第280页。

599 331.8 Peirce] WS; Peirce's
311.24 to" scientists] W; to scientists"

《答米克尔约翰》

范本是一页打字稿，由杜威所打，存放于南伊利诺伊大学卡本代尔校区莫里斯图书馆特殊馆藏悉尼·胡克/约翰杜威文集。采纳了于《财富》第 31 期(1945 年 3 月)(F)发表时的校勘。

337.3-4 My reply ... is] F; The problem of first discovering and then coming to agreement as to the standards and patterns by which to guide our thinking and practice in educational and other social matters is indeed a difficult one. My original article was devoted to showing that it was a mistake to look to Greek thought and that of the middle ages for needed models and standards. Mr. Meiklejohn's rejoinder transformed this particular opposition of mine into opposition on my part to *study* of Greek and medieval thought. Mr. Meiklejohn is certainly
337.4 that he misconceived them.] F; misunderstanding on his part.
337.5 But when] F; When
337.5 a "joint failure" I find him overinclusive.] F; "joint failure" he is both vague and much too inclusive.
337.6 His final] F; In my reply to his criticism I confined myself to correcting his misconceptions of my own views. I had no occasion to deal with his views and did not attempt to do so beyond setting him straight as to what I wrote in my original article. Mr. Meiklejohn's final
337.6 constitute] F; constitute a case of

《俄国的立场》

范本首次发表于 1942 年 1 月 11 日《纽约时报》第 7 版(NYT)。采纳了《民主前沿》第 8 期(1942 年 3 月 15 日，第 179—180 页)(FD)重新发表时的校勘。

338.1-3 Russia's Position / Mr. Davies's Book Regarded as Incorrect Picture] *stet* NYT; Can We Work with Russia? / A Letter by John Dewey to the New York Times FD
340.28 unleashed] *stet* NYT; unleased FD
341.24 know —] FD; know that NYT

600

《〈赴莫斯科的使命〉影片中的几处错误》

范本发表于 1943 年 5 月 9 日《纽约时报》第 8 版。

346.30 pages 52 and 53] W; Page 52

346.35 incommunicado] WS; incomunicado
347.7 Terror] WS; terror

《奥德尔·沃勒案》

范本为两页打字稿，不是杜威打的，存放于密歇根底特律韦恩州立大学沃尔特·P·鲁瑟图书馆大学档案馆劳工历史与城市事务档案室，采纳了于1942年5月15日《纽约时报》第18版(NYT)上首次发表时的编辑加工。

356.25 pleaded] NYT; plead
356.26 18] NYT; eighteen
357.21 it] NYT; its
357.32 as the] NYT; the
357.36 poll-tax payers] NYT; poll-taxpayers
358.3 refuses] NYT; refused
358.6 in the] NYT; in
358.12 Daniels] NYT; Daniel
358.21 no] NYT; not
358.23 courageous] NYT; ~,

《约翰·杜威论〈经济进步理论〉》

范本为两页打字稿，由杜威所打，存放于奥斯汀德克萨斯大学尤金·C·巴克德克萨斯历史中心克拉伦斯·埃德温·艾尔斯书信文件集中。采纳了首次发表于《星期六文学评论》第27期(1944年10月14日，第29页)(SR)的校勘。

359.8 does] SR; did
359.13 Hazlitt] SR; Hazlitt's review
359.19 economics] SR; economics stated with equal brevity
359.24 presented] SR; presented by Boehm-Bawerk
359.25 theory by Boehm-Bawerk,] SR; theory,
359.25 its] SR; [*ital.*]
359.27 "theory] SR; the theory
359.28 *theory*] SR ; [*rom.*] 601
360.1 criticizing the theory of] SR; the criticism of the theory that
360.2 as] SR; are
360.3 to] SR; to the
360.4 the] SR; that
360.20 theory] SR; view
360.23 is] SR; was

《介绍〈不要恐惧！〉》

范本首次发表于爱德华·斯潘塞·考利斯的《不要恐惧！》(纽约：威尔科克斯-福

利特出版公司，1941 年，第 xiv 页）一书中。

365.4　　*Afraid!*] W; "Afraid,"
365.19　　*Afraid!*] W; "Afraid."

《谈杰斐逊》

范本为一页打字稿，由杜威所打，存放于纽约伦理文化学会杰罗姆·内桑森书信文件集中。

366.4　　vilified] W; villified

《我为什么选择"民主与美国"》

范本为两页打字稿，由杜威所打，存放于普林斯顿大学图书馆《故事》杂志档案集第 3 箱文件夹 4(TS)。采纳了惠特·伯内特编辑的《这是我最热烈的祝福》(纽约：戴尔出版社，1942 年，第 1099—1100 页)(MB)一书中发表时的修改。

367.4　　Adolf] MB; Adolph TS

《评〈我要像斯大林一样〉》

范本为存放于南伊利诺伊大学卡本代尔校区杜威研究中心的一页打字稿。

373.23　　The] W; the
373.24　　morality"; "a morally] W; ～∧; ∧～

602

《人与数学》

范本为一页打字稿，由杜威所打，存放于南伊利诺伊大学卡本代尔校区莫里斯图书馆特别馆藏杜威 VFM 24(TS)。采纳了于《人道主义者》第 7 期(1947 年冬，第 121 页)(H)发表时的校勘。

376.3 - 376n.1　　mathematics[1]... 1. See "In Periodicals and Books," the *Humanist,* Autumn 1947, p.101.] H; mathematics
376.13　　tells "about] W; "tells about H, TS
376.14　　that it is] H; that is
376.22　　work. So] H; work, so
376.22　　(but] H; (but that
377.1　　beings] H; [*ital.*]
377.2　　language] H; [*ital.*]

打字稿中的变更

在以下列表中显示的是在本卷条目的打字稿中，杜威用打字或手写所作的变动。603
杜威在写作和修改的过程中作的所有变更都显示在这里了，除了以下情况：为使一个字更清晰而加深字母、打入字中的不相干字母、字的错误开头、重复字，以及其他明显的打字机的机械错误。在错误可能是另一个词或另一个词的开头这类可能性存在的地方，情况都被列出来了。

方括号前的字指的是原始打字稿；如果打字稿已经被校勘过，或者拼写被规范化，则回车前面的一个井号＃表示此版本中的该文本在"校勘表"中。在此版本中，如果同一行上相同的两个或多个字中的一个字被涉及了，则某个在前面或后面的字或标点符号会被加入以便识别。否则，那个特指的字会被标上 1 或 2 来显示它在该行中的出现。

对于显示在方括号右边的杜威的变更，缩写 *del*（被删除的）用来显示被用墨水或铅笔（这些介质在每一条的批注中都有详细说明）标记出的材料；所有被注有 *added*（被加上的）的变更，也都是用墨水或铅笔写的。打字的变更，用缩写 *t* 表示。所有的插入符号都是手写的；当一个插入符号伴有打字的行间书写的时候，插入符号用墨水或铅笔写。当插入符号和手写的变更一起用时，它们和变更用的是同样的介质。对于打字稿中被删除的材料，使用了 *x'd-out*。缩写 *alt. fr*（从……改变过来的）被用来标示以某种方式从词或标点符号的更早的形式改变过来的材料；如果是手写的改变，则注明介质。缩写 *undrl.* 应用于墨水或铅笔画的下划线，而 *quots.* 则表示引号。

至于位置，当插入的是一个简单的行间书写时，则公式就是 *intrl.* 或者 *intrl. w. caret.*。当删除行间书写时，*intrl.* 就不用了，而公式则写作 *ab. del.* 'xyz'；*w.*

604 *caret ab. del.* ‘xyz’；或者 *ab. x’d-out* ‘xyz’。*Ab.*（上面）表示在上面插入行间书写而没有插入符号的，除非一个插入符号被特别说明；*bel.*（下面）表示在下面插入行间书写而没有插入符号的，除非对插入符号有所说明；*ov.*（在……上）表示直接修改在原来的字母上，没有行间插入。缩写 *bef.*（前面）和 *aft.*（后面）表示在同一行上所作的变动，不论是原始行还是插入行。缩写 *insrtd.*（插入）指的是加入的内容，不能被叫做行间插入，然而是同样的性质。

当一个变更包含一个先前的修订时，那个修订会被放在方括号中加以描述，方括号紧随在它所指的字后面，或者，一个星号 * 会被放在方括号中的描述所属内容的第一个字的前面。

《经验主义者威廉·詹姆斯》中的变更

该文档是 11 页长的打字稿，存放于纽约 YIVO 犹太研究所档案室。手写的变更是用铅笔或蓝色水笔写的。由霍勒斯·卡伦所做的改动标为 HK；若两人同时有改动，则杜威的改动标为 D。

9.2 in] *in penc. ov.* ‘of’ HK
9.3 the influence] ‘the’ *intrl. in penc. w. caret* HK
9.6 reflections] *bef. x’d-out* ‘that have come to my mind in’
#9.6-7 concerning his significance for philosophy today.] *w. caret ab. del.* ‘by this occasion’
#9.7 There] *aft. insrtd.* ‘¶’
9.8 matters] *aft. x’d-out* ‘points’
9.10 works,] *comma ov. period*
9.10 in fact] *w. caret aft. del.* ‘He was in fact’
9.10 professor.] *bef. del.* ‘of philosophy’ [*alt. fr.* ‘philosopher’]
9.11 characteristics] *in penc. ab. penc. del.* ‘qualities’ HK
9.11 the] *t. intrl. w. caret*
#9.12 associate with] *w. caret ab. del.* ‘find in’
9.13 absence] *bef. x’d-out comma*
9.13-14, together with] *w. caret ab. del.* ‘and’
#9.14 qualities,] *comma added*
9.16 this] *aft. x’d-out* ‘there’
9.16 connection] *bef. del.* ‘is of a sort which’
9.16 who] *aft. del.* ‘here’
#9.16 also] *intrl. w. caret*
9.16 teachers] *aft. del.* ‘*themselves also’ [*aft. x’d-out* ‘also’]
605 9.18 richer —] *dash in penc. ov. comma*
9.19 particular —] *dash in penc. ov. comma*
#9.24 nor] *alt. fr.* ‘or’

#9.24 yet] *intrl. w. caret*

9.25 range of] *intrl. in penc. w. caret* HK

9.25 - 26 experiences] *in penc. w. caret ab. penc. del.* 'contacts' HK

9.26 also] *w. caret ab. del.* 'did'

9.26 escaped] *alt. fr.* 'escape'

9.26 academic] *aft. x'd-out* 'effect'

10.1 for even] *t. w. caret ab. x'd-out* 'so that'

10.2 special] *t. intrl. w. caret*

10.2 qualities] *t. alt. fr.* 'quality'

10.3 me] *alt. fr.* 'be'

10.4 too frequently used] *intrl. w. caret*

#10.6 is] *w. caret ab. del.* 'has become'

#10.8 and which it does become] *t. intrl. w. caret and guideline;* 'and' *in penc.*

#10.8 - 9 oppressive load] *t. w. caret ab. del.* 'put an' *and x'd-out* 'burden'

10.9 our] *in penc. w. caret ab. del.* 'the'

#10.10 general] *intrl. in penc.* HK

10.10 phase] *aft. x'd-out* 'aspect'

10.11 quasi-prescribed] 'quasi' *t. ab. x'd-out* 'semi'; *aft. x'd-out* 'certain line'

10.14 fields.] *bef. del.* 'surrounding the road to be trod.'

10.14 I] *bef. x'd-out and del.* 'show'

10.15 is] *w. caret ab. del.* 'has'

#10.15 in fact an activity of this sort.] 'in fact of this sort.' *ab. del.* 'this property' D; 'an activity' *further intrl. in penc. w. circle and guideline* HK

#10.16 - 17 this quality] *w. caret ab. del.* 'it'

10.17 stress] *aft. x'd-out* 'the'

#10.17 that is] *intrl. w. caret*

#10.18 - 19 given] *ab. del.* 'particular'

10.19 laid] *aft. del.* 'already'

#10.19 in the past,] *intrl. w. caret*

10.20 re-grading] *hyphen intrl. w. caret*

10.20 done;] *semicolon ov. period*

10.20 that] *intrl. w. caret and guideline*

10.20 unnecessary] *alt. in penc. fr.* 'Unnecessary'

10.21 eliminated;] *semicolon added*

10.21 that] *intrl. w. caret*

10.21 points] 'p' *ov.* 'P'; *aft. del.* 'excessive unevennesses of surface * are to smoothed down.' [*aft. x'd-out* 'to be']

10.22 leading] *intrl. w. caret* 606

10.22 art,] *comma added*

#10.24 the green] *aft. del.* 'either'

10.24 may] *intrl. w. caret*

10.25 nourishment,] *comma added*

10.25 or] *alt. in penc. fr.* 'nor'

10.25 to] *intrl. w. caret*

10.26 chosen] *aft. x'd-out* 'preferred'

10.26 The] 'T' *ov.* 't'; *aft. del.* 'Both'

10.27 also] *intrl. w. caret*

#10.27 had] *t. alt. fr.* 'has'; *bef. del.* 'when it first appeared'

#10.28 upon its first appearance] *intrl. w. caret*

10.28 hold] *in penc. w. caret and guideline ab. penc. del.* 'have' HK

10.28-29 continuing] *t. intrl. w. caret*

10.31 verbally] *aft. x'd-out* 'is'

10.31-32 just said] *in penc. w. caret ab. penc. del.* 'been saying' HK

10.34 with] *intrl. w. caret*

10.37 upon] *intrl. w. caret and guideline*

10.37 basis] *w. caret ab. del.* 'foundation'

10.37 identification] *aft. del.* 'which is an'

10.38 own] *t. intrl. w. caret*

10.39 James,] *comma added*

10.39 criticise] *alt. fr.* 'criticism'

10.40 even] *aft. x'd-out* 'as i'

10.40 as if] *bef. x'd-out* 'the'

11.1 ideas are copies] *t. w. caret ab. x'd-out* 'an idea is a copy'

11.1 or] *t. w. caret and guideline bef. x'd-out* 'or'

11.1 compounds] *alt. fr.* 'compound'; *t. intrl. w. caret*

11.1 sensations,] *aft. x'd-out* 'a'

11.4-5 important] *aft. del.* 'to be'

11.6 doing] *aft. x'd-out* 'done'

11.7-8 authors of the] *intrl. in penc. w. caret and guideline* HK

11.9 What I do hold] *in penc. ab. penc. del.* 'The more' HK

11.9 important] *bef. del.* 'point'

#11.9 is,] *comma added in penc.* HK

11.10 renders both] *in penc. ab. penc. del.* 'puts' HK

11.12 work of James] *w. caret and guideline ab. del.* 'theory'

11.12 replaces] *in penc. w. caret ab. penc. del.* 'abandons' HK

11.12 dialectic] *aft. x'd-out* 'purely'

11.13 with] *in penc. ab. penc. del.* 'for' HK

11.13 scientific] *bel. intrl. w. caret then del.* 'the'

11.14 available] *bef. del. comma*

607 11.15 James] *w. caret ab. del.* 'he'

11.21 for] *ov.* 'to'

11.22 empiricism] *bel. intrl. then x'd-out* 'better'

11.22 the popular] *aft. del.* 'in' [*aft. del.* 'what is set forth']

#11.24 operations] *aft. del.* 'the'

11.24 knowing,] *ab. del.* 'inquiry and knowledge'

#11.26	differences] *alt. fr.* 'difference'
#11.27	differences,] *alt. fr.* 'difference'; *aft. del.* 'a'; *comma added*
#11.28	of making] *intrl. w. caret and penc. guideline*
11.28	we] *intrl. w. caret and penc. guideline*
11.28	unifying] *aft. del.* 'the'
11.29	reasoning,] *t. intrl. w. caret*
11.29	definition] *t. intrl. w. caret and guideline*
#11.30	weapons,] *comma alt. fr. semicolon*
#11.30-31	means of attack upon the brute facts of existence, facts indifferent in them-] *t. w. caret and guideline ab. x'd-out* 'instrumentalities by which'
11.35	to] *w. caret and guideline ab. del.* 'as methods for'
11.36	render] *alt. fr.* 'rendering'
11.36	is,] *comma added in penc.* HK
11.37	mind,] *comma added* HK
11.37	James's] *in penc. w. caret ab. penc. del.* 'his' HK
11.39	than] *bef. x'd-out* 'those' *and del.* 'the'
11.39	arguments] *in penc. ab. penc. del.* 'criticisms' HK
12.1	which] *aft. x'd-out* 'that'
12.1	in] *w. caret ab. del.* '" the word' [*aft. x'd-out* 'in reason']
12.1	"reason,"] *comma added*
12.2	for reasonableness.] *ab. del.* 'for reason and rationality.' [*aft. x'd-out* 'what is']
12.3	with experience is, indeed,] *t. intrl. w. caret and guideline aft. x'd-out* 'is indeed'; *commas added*
12.3	a denial] *aft. x'd-out* 'denies'
12.3-4	account] *bef. x'd-out* 'of rea'
12.4	which] *in penc. ab. penc. del.* 'that' HK
12.4	experience. But] *period alt. fr. comma;* 'B' *ov.* 'b'
12.4	this] *alt. fr.* 'that'
12.5	fact] *intrl. w. caret*
#12.5	some] *w. caret ab. del.* 'the'
12.7	of an outside "Reason."] *added*
12.15	James's] *in penc. ab. penc. del.* 'His' HK
12.16	which] *in penc. ab. penc. del.* 'that' HK
#12.18	*mutation*] *alt. fr.* '*mutations*' [*t. alt. fr.* '*mutation*']
12.19	wider] *aft. x'd-out* 'bi'
12.19	are,] *comma added*
12.19	James] *in penc. ab. penc. del.* 'he' HK 608
12.19	holds,] *comma added*
12.19	that] *intrl. w. caret*
12.20	amount] *alt. fr.* 'amounting'
12.20	structures] *aft. x'd-out* 'the'
12.20-21	organism. They] *period added;* 'They' *ab. del.* 'which'

12.21 start] *intrl. w. caret*

12.21 they] *w. caret ab. del.* 'these changes'

12.21 may be] *t. w. caret ab. x'd-out* 'are'

12.22 for] *aft. x'd-out* 'in'

12.24 wrought] *aft. del.* 'that are'

12.25 can] *w. caret ab. del.* 'could'

12.25 He] *aft. x'd-out* 'Even'

12.25 say] *w. caret ab. del.* 'state'

12.28 have] *aft. del.* 'of them'

#12.29 so that their worth for further life-processes depends upon] *bef. x'd-out* 'the' *ab. del.* '* for further living depends upon' [*aft. x'd-out* 'the consequences of which'; 'living' *x'd-out*]

12.30 whose] *t. intrl. w. caret*

12.32 talks] *aft. x'd-out* 'lectures'

12.32 *Pragmatism*] *undrl.*

12.32 - 33 as tests of ideas and beliefs] *t. intrl. w. caret and guideline*

12.33 involved in] *w. caret ab. del.* 'said in connection with'

#12.33 the] *intrl. in penc.* HK

#12.33 discussion of] *intrl. w. caret and guideline*

12.33 this] *alt. fr.* 'the'

12.33 topic] *bef. del.* 'just mentioned'

12.35 that] *intrl. w. caret*

12.35 occur] *intrl. in penc.* [*ab. del.* 'occurring' D] HK

12.35 any] *in penc. ab. penc. del.* 'a' HK

12.36 the] *alt. fr.* 'that'

12.37 an] *t. w. caret ab. x'd-out* 'an'

12.37 growth] *aft. x'd-out* 'process'

12.37 wherein] *in penc. ab. penc. del.* 'in which' HK

12.40 first] *intrl. w. caret*

12.40 as] *aft. x'd-out* 'woul'

12.40 standards,] 'standards' *w. caret ab. del.* 'criteria'; *comma added*

13.1 - 2 believe] *bef. del.* 'that'

13.2[1] the] *aft. x'd-out* 'a'

#13.4 constitute] *aft. x'd-out* 'indeed'

13.4 revolutionary] *intrl. w. caret*

609 13.4 - 5 empiricism.] *bef. del.* 'that as revolution in philosophy would have effects far outside technical philosophy'

#13.5 *"Pragmatism"*] *undrl.*

13.6 British] *aft. x'd-out* 'Bacon'

13.7 will] *aft. x'd-out* 'find'

13.8 more] *intrl. w. caret*

13.9 had] *aft. x'd-out* 'contribu'

13.9 scientific] *intrl. w. caret and guideline*

13.9 - 10 resources] *alt. in penc. fr.* 'sources'

13.10 predecessors. He] *period added aft. del.* 'and'; 'H' *ov.* 'h'

13.11 these] *alt. fr.* 'them'

13.11 resources] *intrl. w. caret and guideline*

13.12 empirical] *intrl. w. caret*

13.14 resources] *alt. fr.* 'sources'

#13.14 was,] *comma added*

13.14 course,] *comma added*

13.15 which] *aft. x'd-out* 'in'

13.15 The] *aft. x'd-out* 'Jame'

13.16 provided] *aft. x'd-out* 'had'

#13.17 previously] *t. intrl. w. caret*

13.17 lacking] *aft. x'd-out* 'hitherto'

13.19 critics,] *comma added*

13.20 them,] *comma added*

13.20 often] *aft. del.* 'so'

13.22 the] *intrl.*

13.22 biological] *bef. del.* 'biological terms'

13.23 in reading James] *t. intrl. w. caret and guideline*

13.23 at] *alt. fr.* 'that'

13.25 from] *aft. x'd-out* 'that'

13.30 experience] *w. caret ab. del.* 'the latter'

13.31 every] *ov.* 'any'

13.33 postulate] *t. ab. x'd-out* 'idea'

13.33 is] *aft. x'd-out* 'can'

13.33 world,] *comma added*

13.36 He] *aft. insrtd.* '¶'

13.36 a] *intrl. w. caret*

13.37 within experience] *t. intrl. w. caret and guideline*

13.37 psychology] *bef. del.* 'theory'

13.38 the] *intrl. w. caret*

13.38 division] *alt. fr.* 'divisions'

13.38 into] *aft. x'd-out* 'of the'

13.39 action] *bef. penc. del. comma*

13.39 "will."] *aft. del.* 'socalled'

14.1 in life] *t. intrl. w. caret*

14.2 its] *w. caret ab. x'd-out* 'the' *610*

14.2 very] *intrl. w. caret*

14.2 continuance.] *period added; bef. del.* 'of life.'

14.2 at] *alt. fr.* 'an'

14.3 would] *aft. x'd-out* 'is'

14.4 after] *w. caret ab. del.* 'since'

14.5 that has] *w. caret ab. del.* 'having'

14.6 receiving] *t. intrl. w. caret*

14.8 the] *intrl. w. penc. caret*

14.8 which] *insrtd.*

14.8 are] *intrl. w. caret*

14.8 namely] *intrl. w. caret*

#14.9 the] *insrtd.*

14.10 not,] *comma added*

14.10 - 11 as it is] *ab. del.* 'but'

#14.11 to] *intrl. in penc. w. caret* HK

#14.11 discover the] *alt. fr.* 'discovery of the'; *t. ab. x'd-out* 'how they do it in'

14.12 himself,] *comma added* HK

14.13 him,] *comma added* HK

14.14 will] *intrl. w. caret*

14.15 that it has] *in penc. ab. penc. del.* 'having' HK

14.16 aloneness] *alt. fr.* 'loneliness'

14.17 do] *in penc. ab. penc. del.* 'shall' HK

14.21 its analysis] *w. caret ab. del.* 'analyzing it'

14.21 importance,] *comma added*

#14.25 in] *in penc. ab. penc. del.* 'for' HK

14.26 values] *alt. fr.* 'value'

14.26 "reason,"] *comma added*

14.27 away] *aft. x'd-out* 'way'

14.28 occasion,] *comma added*

14.29 could] *t. w. caret ab. x'd-out* 'can'

14.30 British analystic school] *t. intrl. w. caret*

14.30 - 31 and the] *t. intrl.*

14.31 school] *t. alt. fr.* 'schools'

14.31 positivism,] *comma added*

14.32 pre-Jamesian] *aft. x'd-out* 'a'

14.33 As] *aft. del.* 'There is another aspect in which sound psychological knowledge is of import to philosophers.'

14.35 These] *alt. fr.* 'They'

14.36 nature;] *semicolon added bef. del.* 'and' HK

14.36 from] *aft. del.* 'today'

14.37 relatively] *t. alt. fr.* 'relativity'

14.38 psychological] *alt. fr.* 'psychology'

611 #14.38 - 39 for] *ov.* 'of'

#14.38 - 39 purging] *aft. del.* 'critical'

14.39 notions —] *dash added*

14.40 the] *in penc. ab. penc. del.* 'its' HK

14.40 of this knowledge] *intrl. in penc. w. caret* HK

14.41[2] the] *ov.* 'what'

14.41 significance of James] *ab. del.* 'James still signifies'; 'James' *in penc.*

15.2 it.] *intrl. w. caret ab. del.* 'experience.'

15.2 And he] 'And' *intrl. in penc. w. caret;* 'h' *in ink ov.* 'H'

15.4 During] *in penc. ab. penc. del.* 'Even after' HK

15.5 which have] *intrl. in penc. w. caret* HK

15.5 elapsed] *alt. fr.* 'elapsing'

15.5 we] *intrl. in penc.*

15.5 have] 'h' *ov.* 'H'

15.5 been able] *in penc. w. caret ab. del.* 'enabled us'

15.6 openings] *aft. del.* 'somewhat'

15.6 which] *w. caret ab. del.* 'that'

15.6 made,] *comma added*

15.6 to] *insrtd.*

15.7 much,] *bef. x'd-out* 'not'

15.8 has] *alt. fr.* 'had'

15.9 and] *t. ab. x'd-out* 'but' *aft. del. comma*

15.10 present-day] *hyphen added*

#15.10 can] *w. caret ab. del.* 'have to'

#15.11 issue] *in penc. ab. del.* 'matter'

15.11 in] *w. caret ab. del.* 'with respect to'

15.12 those] *aft. x'd-out* 'us'

15.12 who] *aft. del.* 'of us'

15.12 today] *aft. del.* 'are'

15.12 are] *intrl. w. caret*

15.12 philosophy,] *comma added*

15.13 shall] *w. caret ab. del.* 'can'

15.13 outline.] *aft. del.* 'briefest'

15.14 part] *aft. x'd-out* 'most precious'

15.14 today] *w. caret ab. del.* 'to'

15.16 criticism,] *comma added*

#15.16 which] *aft. x'd-out* 'has'

15.16[2] most] *aft. del.* 'the'; *bef. del.* 'of'

15.17 many] *in penc. ab. penc. del.* 'those' HK

15.17–18 the tenor of his work.] *ab. del.* 'the spirit of his ideas.'

15.18 those] *intrl. w. caret*

15.20–21 along with evidential consequences] *intrl. w. caret*

15.21 test for the] *intrl. w. caret and guideline*

15.22 conceptions] *in penc. ab. penc. del.* 'ideas' HK 612

15.23[2] the] *intrl. w. caret*

15.24 in his challenge of conventional] *w. caret and guideline ab. del.* 'in his desire to challenge'

15.24 beliefs.] *period added; bef. del.* 'that he believed were largely conventional.'

15.24–25 But in fact, he] *in penc. w. caret ab. penc. del.* 'He' HK

15.27 As] 'A' *in penc. ov.* 'a'; *after del.* 'But'

15.27 his] *intrl. w. caret*

15.27 however,] *in penc. w. caret* HK

15.28 namely,] *intrl. w. caret*

15.29 predilections] *t. alt. fr.* 'predilection'

15.29 satisfaction] *alt. fr.* 'satisfactions'

15.31 Now] *aft. insrtd.* '¶'

15.34 philosophic] *alt. in penc. fr.* 'philosophy'

15.35 principles.] *aft. del.* 'philosophic'

15.36 this remark.] *w. caret and guideline ab. del.* 'what I have just said.'

15.36 There] *aft. x'd-out* 'He'

15.37 - 38 of scientific] *aft. del.* 'ideas, especially' [*aft. x'd-out* 'and']

15.38 intended to be] *intrl. w. caret*

#15.39 *truth;*] *undrl.; semicolon alt. fr. comma*

15.39 fostered] *w. caret ab. del.* 'further'

15.40 sometimes] *aft. x'd-out* 'something'

#15.40 - 41 *meaning*] *undrl.*

15.41 sense,] *comma added*

#15.41 - 16.1 *importance.*] *undrl.*

16.2 concern] *bef. del. comma*

16.2 that] *aft. del. comma and x'd-out* 'for'

#16.3 become] *w. caret ab. del.* 'be'

#16.3 men,] *comma added; bef. del.* 'and'

#16.4 - 5 reach] *aft. x'd-out* 'come'

16.6 that] *bel. x'd-out* 'human'

16.6 a sense for the] *w. caret ab. del.* '"interest in the' [*bef. x'd-out* 'interest']

16.6 isssues] *aft. del.* 'problems,'

16.9 false] *aft. del.* 'now'

16.9 or] *t. ab. x'd-out* 'and'

16.9 even] *intrl. w. caret*

16.9 they are] *intrl. w. caret*

16.11 acquire] *w. caret ab. del.* 'get'

16.12 their] *intrl. w. caret*

16.13 - 14 Philosophers] 'P' *ov.* 'p'; *aft. del.* 'The positive aspect of this recognition is that philosophy, that is'; *bef. del. comma*

613 16.15 producing] *alt. fr.* 'production'

16.15 exhibiting] *alt. fr.* 'exhibition'

16.15 truths] *aft. del.* 'of'

#16.15 that are] *ab. del.* 'but'

16.16 comprehensive,] *comma added*

16.16 more] *intrl. w. caret*

16.17 scientists] *alt. fr.* 'scientist'

16.18 between] *in penc. ab. penc. del.* 'of' HK

16.19 and] *in penc. ab. penc. del.* 'with' [*aft del.* 'upon' D] HK

16.20 ideas] *aft. x'd-out* 'scientifically'

#16.21 , since those issues have to do with guidance of human behavior.] *added*

16.23 culture] *bef. del.* 'outside at least of philosophy'

16.25 tendencies,] *comma added*

16.26 collectively] *intrl. w. caret*

16.26 popularly] *t. intrl. w. caret and guideline*

16.30 a-rational] *alt. fr.* 'arational'

16.30 life.] *aft. x'd-out* 'exp'

16.31 and] *ov.* 'or'

16.32 — I] *aft. x'd-out period*

16.35 James,] *comma added; bef. del.* 'instead'

16.35 non-rational] *aft. x'd-out* 'irration'

16.36 philosophy devote itself to] *intrl. w. caret and guideline*

16.36 instituting] *alt. fr.* 'institution'

16.36 a] *bef. del.* 'in' [*w. caret ab. del.* 'a' {*ov.* 'of the'}]

#16.37 interaction of knowledge & the things that move men to act.] *ab. del.* 'relation.' [*bef. del.* 'become the declared {*aft. x'd-out* 'chief'} task of philosophy.']

16.39 outstanding] *t. intrl. w. caret*

17.2 problem,] *comma added*

17.3 also] *intrl. w. caret*

17.3 can] *ab. del.* 'could'

17.4 today] *bef. del. comma*

17.5 exclusively] *t. intrl. w. caret*

17.6 view,] *comma added*

17.7 either] *aft. del.* 'in so far'

17.8 commands] *aft. del.* 'are'

17.9 complete] *t. w. caret ab. x'd-out* 'the'

17.10 science] *aft. x'd-out* 'ideas and'

17.10 We] 'W' *ov.* 'w'; *aft. del.* 'For' [*bef. x'd-out* 'the separatio']

17.13 relations,] *comma added*

17.15 virtual] *aft. x'd-out* 'an'

17.16 nations] *w. caret ab. del.* 'states'

17.16 in] *w. caret ab. del.* 'of'

17.16–17 a struggle for achieving] *w. caret ab. del.* 'securing' 614

17.19 accordingly,] *comma added; bef. del.* 'both'

#17.20 and also] *w. caret ab. del.* 'but'

#17.21–22 is recognized] *moved w. caret and guideline fr. aft.* 'union'

#17.21–22 in experience] *t. intrl. w. caret and guideline*

17.22 emotion] *aft. x'd-out* 'the'

17.24 the fact of] *t. intrl. w. caret*

17.26 signifies] *ab. del.* 'means'

17.27 consist] *aft. del.* 'well'

17.27 the vocation] aft. x'd-out 'the execution'
17.27 which] aft. x'd-out 'to'
17.29 ambition] aft. x'd-out 'claim' [aft. del. 'the']
17.30 absolute] intrl. w. caret
17.34 outworn] t. intrl. w. caret
17.35 projection,] comma added
17.36 attainable] intrl. w. caret
17.36 knowledge,] comma added
17.37 neither] aft. x'd-out 'not'
17.37 shimmering] intrl. w. caret
17.37 - 38 will-o-the-wisps] alt. in penc. fr. 'wills-of-the-wisp'

《价值判断与直接的质》中的变更

该文档是一份12页长的打字稿，收于纽约哥伦比亚大学巴特勒图书馆珍贵图书与手稿藏书室，《哲学杂志》文件。稿件打在印有“SERV V”水印的纸上。除非特别指出，所有改动都是用蓝色水笔写的。

63.5 agree.] period added in penc. bef. del. 'with.'
63.6 metaphysical] aft. x'd-out 'socalled the'
63.6 the] t. alt. fr. 'their'; t. intrl. w. caret and guideline
63.6 in] bef. x'd-out 'socalled'
63.8 - 9 opposition] aft. x'd-out 'the'
63.9 views] intrl. w. caret
63.9 values,] alt. fr. 'value'; comma added
63.10 the] alt. fr. 'there'
63.10 result] intrl. w. caret
63.11 denial] intrl. w. caret
63.12 upon] bef. x'd-out 'that'
63.12 those] t. intrl. w. caret and guideline
615 63.12 positive] intrl. w. caret
63.12 aspects] alt. fr. 'aspect'
63.13 problem] aft. x'd-out 'poss'
63.14 - 15 the possibility of] t. intrl. w. caret
63.16 life-behavior;] semicolon alt. fr. comma
63.16 which] aft. x'd-out 'upon'
63.17 by] aft. x'd-out 'upon'
#63.19 valid;] semicolon alt. fr. comma
63n.3 upon] bef. del. 'the question of'
63n.4 it] alt. fr. 'its'
64.2 one's] t. w. caret ab. x'd-out 'the'
64.3 one's] ov. 'his'
64.4 which] bef. x'd-out 'de'

64.7 fundamentally] *aft. x'd-out* 'different'

64.8 correlative.] *period added; bef. del.* 'terms.'

64.8 For] *added*

64.8 *subjective*] '*s*' *ov.* 'S'

64.8 is] *aft. x'd-out* 'and'

64.9[1] one] *added*

64.9 directly] *aft. x'd-out* 'open'

64.9 by] *moved w. penc. caret and guideline fr. aft.* 'observation'

64.10 and] *intrl. w. caret*

64.11 "*self*-knowledge"; —] *dash added*

64.11 an] *alt. fr.* 'and'

64.11 accordingly] *t. intrl. w. caret and guideline*

64.12 It] 'I' *ov.* 'i'; *aft. x'd-out* 'In short,'

64.12 , then,] *intrl. w. caret*

64.13 an] *intrl.*

64.14 "reality,"] *comma added*

64.14 on the other hand,] *t. intrl. w. caret and guideline*

64.15 basis] *t. ab. x'd-out* 'ground'

#64.15 evidential] *aft. x'd-out* 'that [*t. ab. x'd-out* 'the'] method of [*del.*] observation and test by'

#64.15 such as is] *t. w. caret ab. x'd-out* 'and test'

64.15 depended upon] *w. caret ab. del.* 'employed'

64.16 does] *aft. x'd-out* 'that'

64.19 a] *intrl. w. caret*

64.19 material] *added*

64.19 provides] *aft. del.* 'subject-matter' [*alt. fr.* 'subjective matter']

64.19 a special kind] *t. intrl.*

64.19 of] *intrl. w. caret and guideline*

64.20 judgments,] *comma added*

64.20 a kind] *intrl.*

64.20 can] *bef. x'd-out* 'be' *616*

64.21 the] *aft. x'd-out* 'that'

64.21 evidence] *t. intrl. w. caret*

64.21 by] *bef. x'd-out* 'the method of'

64.22 obervation,] *comma added*

64.22 such as is] *t. intrl. w. caret*

64.22 arriving at] *t. intrl.*

64.23 a view which renders the] *t. ab. x'd-out* 'and hence is itself'

64.23 "subjective"] *t. alt. fr.* '"objective"'

64.23 - 24 itself "objective"] *t. intrl. w. caret and guideline; bef. x'd-out* '" on the basis' [*t. intrl.*]

64.25 Before] *aft. insrtd.* '¶'

64.25 latter] *t. intrl. w. caret*

64.25 say] *alt. fr.* 'saying'

#64.26 a] *t. w. caret ab. x'd-out* 'the the'

#64.26 such as] *w. caret ab. del.* 'which'

64.26 on] *aft. x'd-out* 'if'

64.27 used] *t. w. caret ab. x'd-out* 'Mr. Rice accepts'

64.28 follows:] *colon added*

64.29 or] *t. intrl.*

64.30 fail] *t. w. caret and guideline ab. x'd-out* 'in fact do not'

64.30 to] *t. intrl.*

64.30-31 genuine] *aft. x'd-out* 'for'

64.31-32 nevertheless] *aft. x'd-out* 'are'

64.32 are] *t. intrl. w. caret and guideline*

64.32 at the time] *t. intrl.*

#64.32 to possess them,] *ab. del.* 'to provide sufficient ground'

#64.33 hence to provide ground for] *w. caret ab. del.* 'for the'

64.34 in this definition] *t. w. caret ab. x'd-out* 'here'

64.34 empirically] *aft. x'd-out* 'ver'

64.35 that] *aft. x'd-out* 'postulate'

64.35-36 concrete] *t. intrl. w. caret*

64.36 causal conditions] *t. ab. x'd-out* 'casuses'

64.36 which,] *comma added in penc.*

64.36 circumstances,] *comma added*

64.37 *produce*] *undrl.*

64.37 judgments;] *intrl. in penc. w. caret and guideline*

64.37 which] *aft. x'd-out* 'that in'

64.37 conditions] *in penc. w. caret ab. x'd-out* 'such as to'; *aft. del.* 'the'

64.37 that] *t. intrl.*

64.38 that is generated, while] *added in penc. aft. penc. del.* 'held and in'

64.38 in] *aft. penc. del.* 'and'

617 64.39 they] *intrl. in penc. w. caret and guideline*

#64.39 to be such as not to] *in penc. w. caret ab. del.* 'out not to do'

64.39 justifying] *aft. x'd-out* 'the'

65.1 make] *aft. penc. del.* 'may'

65.2 hallucinations,] *alt. in penc. fr.* 'hallucination'

65.3 that] *bef. penc. del.* 'that'

65.3-4 occurrence,] *comma added*

65.4 these conditions] *in penc. w. caret ab. del.* 'they'

65.5 and] *bef. x'd-out* 'eithr' *and penc. del.* 'either'

65.5 eliminated,] *comma added in penc.*

65.5 discounted,] *comma added in penc.*

65.5 capacity] *aft. penc. del.* 'their'

65.6 is] *in penc. w. caret ab. del.* 'are are'

65.7-8 together] *t. w. caret ab. penc. del.* 'all'

65.8 concrete] *aft. x'd-out* 'the'

65.9 general] *aft. del.* 'single'

65.9 supposedly] *in penc. w. caret ab. del.* 'further'

65.10 "a subject,"] *comma added in penc.*

65.10[1] a] *intrl. in penc. w. caret*

65.10 for] *bef. penc. del.* 'a [*t. intrl.*] special and'

65.10[2] a] *intrl. w. caret*

65.10 peculiar] *added in penc.*

65.11 has] *intrl. in penc. w. caret*

65.12 which are subject to] *ab. x'd-out* 'capable of'; 'which' *in penc. bef. del.* 'that'

65.13 that] *in penc. ov.* 'which'

65.14 warrant] *aft. del.* 'are found to'

65.14 valid] *aft. x'd-out* 'bei'

65.14 propositions] *bel. intrl. w. caret then del.* 'and other matters'

65.15 or] *t. intrl. w. caret*

65.15 view] *in penc. ab. del.* 'article'

65.16 of] *in penc. ov.* 'on'

65.16 evaluative] *aft. x'd-out* 'valuations abo'

65.16 the] *alt. fr.* 'this'; *bef. intrl. then del.* 'method'

65.17 epistemological-metaphysical assumption in the case of] *ab. del.* 'kind of procedure with respect to the definition of'

65.17–18 "objectivity",] *closing quot. and comma added*

65.18–19 The consistent empirical view is] *ab. del.* 'I sum up this phase of the discussion by saying'

65.19 *events*] *undrl.*

65.19 as] *intrl. w. caret; bef. t. then del.* 'what are called'

65.20 the] *intrl. w. caret and guideline*

65.20 both] *intrl. in penc. w. caret*

65.20 of] *bef. penc. del.* 'precisely' *618*

65.21 (and] *paren. added in penc.*

65.21 basically)] *paren. added in penc.*

65.22 serve] *bef. del.* 'also'

65.22 *grounds;*] *undrl. in penc.; semicolon alt. in penc. fr. comma*

65.22 in] *aft. x'd-out* 'as verifying' *and del.* 'or'

65.23 ability,] *comma added*

65.23 that is,] *added*

65.23 up] *bef. del.* 'with respect to'

65.23 in] *intrl. w. caret*

65.24 function.] *bef. x'd-out* 'He gives, however, certain'

65.28 (by its very nature)] *t. intrl. w. caret*

65.29 exclusive,] *comma added*

65.29 and] *in penc. w. caret ab. del.* 'or'

65.29–30 non-social.] *t. ab. x'd-out* 'scial' [*ab. del.* 'social']

65.30 He] *aft. penc. del.* '* However, he gives' [*aft. insrtd. in penc.*

'(no ¶)']

65.31 position] *bef. del.* 'which'

65.32 attributed to me,] *in penc. ab. del.* 'supposed to be mine,'

65.33 may have] *t. w. caret ab. x'd-out* 'has'

65.33 to be] *intrl. w. caret*

65.34 the discussion] *t. w. caret ab. x'd-out* 'it'

65.34 out,] *comma added*

65.34-35 develops,] *comma added in penc.*

65.35 two] *t. ab. x'd-out* 'a'

65.35 points] *t. alt. fr.* 'point'

65.36 concerns] *bef. penc. del.* 'directly'

65.37 "value-experience,"] *quots. added in penc.*

65.37-66.1 (as described by Mr. Rice)] *parens. added in penc.*

66.2 value-*judgments*] *undrl. in penc.*

66.3 Mr. Rice] *aft. penc. del.* 'That to which a private and inner experience is supposed to furnish additional-or-plus verifying material may be gathered from the following statements of'; *bef. penc. del. comma*

66.4 are conclusions of inquiries] *ab. del.* '* have as their subjectmatter' [*aft. x'd-out* 'are']

66.4 into] *added*

66.5 results] *bef. x'd-out quot.*

66.6 view] *bef. penc. del.* 'of mine'

66.8 he] *alt. fr.* 'her'

#66.9-10 *evidence*] *undrl.*

66.10 for] *t. ab. penc. del.* 'for'

66.12 My] *in penc. ov.* 'His'

619 #66.12 me] *in penc. ab. del.* 'him'

66.14 This] *aft. x'd-out* 'The'

66.14-15 of itself] *t. intrl.*

66.15 assert] *t. ab. x'd-out* 'mention that [*aft. penc. del.* 'the fact'] Mr. Rice holds'

66.17 an] *in penc. ov.* 'the'

66.17 apart] *intrl. in penc. w. caret*

66.18 nature.] *period alt. in penc. fr. comma; bef. penc. del.* 'and the [*aft. x'd-out* 'to'] former quetion is the theme of the discussion which immediately follows.'

66.19 Mr. Rice's] *ab. ink and penc. del.* '* He says that' [*aft. penc. del.* 'Mr. Rice's statement, as just cited, neglects one important, in fact indispensable, part of my view.']; *aft. insrtd.* '¶'

#66.19 saying that] *t. intrl.*

66.20 itself,"] *comma alt. in penc. fr. period*

66.20 is joined] *ab. penc. del.* 'And he joins'

66.21 to a] *t. w. caret ab. x'd-out* 'this'

66.21 statement] *bef. x'd-out and del.* 'with'

66.21 that] *aft. penc. del.* 'the [*t. intrl.*] remark'

66.23 force] *aft. x'd-out* 'value'

66.25 qualitative] *t. intrl.*

66.26 the] *t. ab. x'd-out* 'that'

66.26 experienced] *t. alt. fr.* 'experience'

66.26-27 material] *t. intrl.*

66.30 enjoyment] *bef. x'd-out comma*

66.31[2] a] *aft. x'd-out* 'the'

66.31 illustrated] *aft. x'd-out* 'which is'

#66.32 by] *t. bel. x'd-out* 'in'

66.33 but] *t. ab. x'd-out* 'but or'

66.33 one] *t. ab. x'd-out* 'candiate save'

66.34 a future] *t. ab. x'd-out* 'an'

66.35 that is,] *t. ab. x'd-out* 'In short a man is called a candidate'

66.36 being] *aft. x'd-out* 'the fact'

67.4 of] *bef. x'd-out* 'the'

67.5 himself] *t. intrl.*

67.5 the] *t. ab. x'd-out* 'this'

67.6 judgment] *bef. x'd-out comma*

67.8 lays] *aft. x'd-out* 'clai'

67.8-9 in the sense of evidential support.] *t. intrl. bel.*

67.16 is] *t. intrl.*

#67.18 or that] *t. ab. undel.* 'that'

#67.20 , having] *aft. x'd-out* 'being true'

67.21 the] *t. ab. x'd-out* 'that'

67.22 to a greater extent] *ab. del.* 'better' [editor] *620*

#67.22-23 alternative";[5]] *superscript* '5' *added*

67.23 has] *t. ab. x'd-out* 'and thus is "having'

67.23 refers] *aft. del. quot.*

67.23 "to] *quot. added*

67.23 *my*] *bef. x'd-out* '*liking*'

67.24 *moment.*"] *quot. added*

67.24 not] *t. intrl.*

67.25 upon] *bef. x'd-out* 'inquiry'

67.26 on] *aft. x'd-out* 'how'

67.27 compared and] *t. intrl.*

#67.28 to its connection with] *t. ab. x'd-out* 'to'

67.28 a system of interests, save] *t. ab. x'd-out* 'respective values save'; 'save' *aft. x'd-out* 'save'

67.32 since] *bef. x'd-out* 'he seems to'; *ab.* 'xxxxx'

67.32 he] *t. intrl.*

67.32 agrees] *t. alt. fr.* 'agree'

67.34 evaluations:?] *colon added; bef. penc. del. superscript* '6'

67.34 namely, as to the points] *ab. penc. del. superscript* '6' *and x'd-out* 'Namely,'

#67.34 (i)] *t. intrl. w. caret and guideline*

67.35 amounts] *aft. x'd-out* 'is'

67n.1 *Op. cit.*] *undrl.*

#67n.1 p.11.] *bef. del.* 'and p.12.'

67n.1 my italics] *added* [editor]

68.1 that] *bef. x'd-out* 'this'

68.2-3 occurrence] *aft. x'd-out* 'fact of the'

68.3 given] *t. intrl.*

68.3 far] *bef. x'd-out* 'as'

68.4 My critic] *in penc. w. caret ab. del.* 'He'

68.5 an] *t. intrl.*

68.5-6 verifying] *t. intrl. w. caret*

68.6 *evidence;*] *semicolon alt. in penc. fr. comma*

68.6 he holds that since what is liked is] *t. w. caret ab. x'd-out* 'that' *and penc. del.* 'being'

68.6 qualitative] *bel. x'd-out and penc. del.* 'qualitative'

68.7 subjective,] *comma added in penc.*

68.8 or is] *intrl. in penc. w. caret*

68.9 first his view] *added*

68.9-10 a necessary part of the] *intrl. in penc. w. caret and guideline*

68.12 has] *aft. x'd-out* 'is'

68.15 Hence,] *intrl. w. caret ab. added and del.* 'But'

68.15 the] 't' *ov.* 'T'

621 68.17 experience] *aft. x'd-out* 'satisfaction'

68.18 seems] *bef. penc. del.* ', then,'

68.18 equivoke.] *bef. x'd-out* 'of' *and del.* 'on his part.'

68.18-19 "ignoring"] *quots. added in penc.*

68.19 that,] *comma added in penc.*

68.19 my view,] *t. ab. x'd-out* 'me'; *comma added in penc.*

68.23 is] *ab. x'd-out* 'has im'

68.23 reads] *aft. x'd-out* 'seems to'

68.23 explicit] *bef. x'd-out* 'denial aserio'

68.23-24 endorsement] *in penc. w. caret ab. del.* 'assertion'

68.26 very] *bef. penc. del.* 'same'

68.27 although its] *in penc. w. caret ab. del.* 'whose'

68.28 whole] *t. intrl.*

#68.28 "pattern"] *in penc. w. caret ab. del.* 'system'

68.30-31 passage] *bef. penc. del.* 'of his article.'

68.31 He says] *in penc. w. caret ab. del.* 'Mr. Rice holds'

68.33 seem] *bef. x'd-out* 'to'

68.35 the] *intrl. in penc.*

68.35 exclusion] *alt. in penc. fr.* 'excluding'

68.36 of] *added in penc.*
68.36 an] *in penc. w. caret ab. del.* 'the'
68.36-37 *evidential*] *aft. x'd-out* 'the'
68.38 it] *bef. penc. del.* 'from any recognition'
68.39 that] *aft. x'd-out* 'and e'
68.40 obout,] *comma added in penc.*
68.40 "is concerning,"] *quots. and comma added in penc.*
68.40 the] *in penc. ov.* 'an' [*ab. x'd-out* 'the']
69.1 view,] *comma added in penc.*
69.4 clear] *intrl. in penc. w. caret*
69.4 there is] *t. intrl. w. caret*
69.6 a] *in penc. ov.* 'the'
69.6 the] *t. ab. x'd-out* 'the'
69.6 fact] *aft. penc. del.* 'undeniable'
69.6 liking] *bef. x'd-out* 'occurs as that'
69.10 It] 'I' *in penc. ov.* 'i'; *aft. penc. del.* 'For' [*aft. x'd-out* 'And']
69.11 how] *bef. x'd-out* 'an inquiry into'
69.11-12 into *its* conditions and results] *t. intrl.*
69.13 worth,] *aft. x'd-out* 'val'
69.13 determination] *aft. x'd-out* 'value'
69.15 immediately] *t. intrl.*
69.15 *qualitative*] *undrl. in penc.*
69.18 since] *bef. x'd-out* 'the enjoyment is'
69.19 "subjective."] *period added in penc.*
69.19 For] 'F' *in penc. ov.* 'f'
#69.19 *this*] *undrl. in penc.* *622*
69.22 being] *in penc. w. caret ab. del.* 'since it is'
69.23 as] *aft. x'd-out* 'se'
69.23 own,] *comma added in penc.*
#69.23 then] *aft. x'd-out* 'that'
69.25 held] *aft. penc. del.* 'expressly'
69.26 And] *aft. x'd-out* '—in'
69.26 a] *in penc. ov.* 'the'
69.27 inquiry,] *comma added in penc. aft. x'd-out comma*
69.27 *judgment,*] *comma added in penc.*
69.27 it is] *alt. in penc. fr.* 'its'
69.27 *problematic*] *undrl. in penc.*
#69.27 *its*] *t. intrl.*
69.28 relatively] *aft. x'd-out* 'and therefore'
69.29 Hence] *bef. penc. del.* 'the'
69.29 any] *intrl. in penc. w. caret*
69.31 inquiry] *aft. x'd-out* 'the'
69.32 immediately] *t. intrl. w. caret*
69.33 problematic] *bef. undel.* 'matter which sets the problem to be resolved

in judgment; that in [*aft. x'd-out* 'as'] this problematic status it persists throughout the entire operation of judging. Just how a phenomenon under study is ruled out when we study *its* conditions and sonsequences as a means of forming a judgment about it in terms of its' situation),] *paren. added in penc.*

#69.33 situation),] *paren. added in penc.*

69.33 What] 'W' *in penc. ov.* 'w'; *aft. penc. del.* 'The function of'

69.35 status] *in penc. ab. del.* 'capacity'

70.7 of] *in penc. w. caret ab. del.* 'constituting'

#70.7 a] *in penc. ov.* 'a'

70.9 Mr. Rice ... theory] *t. ab. x'd-out* 'his view that my theory that valuation is'

70.9-10 is defective ... determined] *t. intrl.*

70.11 consequences,"] *bef. x'd-out* 'is defective because I leave out as *evidence* a conclusion'

70.11 thus] *intrl. in penc. aft. x'd-out* 'that material to be self-evidently.'

70.12 evidence] *aft. x'd-out* 'reached he [*aft. x'd-out* 'what'] assumes as a self-evident "subjective"'

70.13 Hence,] *comma added in penc.*

70.13 that,] *comma added in penc.*

70.14 theory,] *comma added in penc.*

70.14 while the initial] *t. ab. x'd-out* 'neither the initiati'; *aft. penc. del.* 'that'

70.15 resolved] *alt. in penc. fr.* 'resolves'

623 70.16 nor] *bef. x'd-out* 'is'

70.20 give] *alt. in penc. fr.* 'gives'

70.21 phenomena] *t. intrl. w. caret; bef. x'd-out* 'or and liking,'

70.21 of] *t. intrl.*

70.22 open] *t. w. caret and guideline ab. x'd-out* 'only'

70.24 inherently] *intrl. in penc. w. caret*

70.24 should give] *in penc. w. caret ab. del.* 'show'

70.25 that] *bef. x'd-out* 'that'

70.25 events] *aft. x'd-out* 'primary'

70.25 which] *aft. penc. del.* 'with'

70.25 provide] *in penc. ab. del.* 'judgment is concerned as' *and x'd-out* 'is'

70.25[2] the] *intrl. in penc.*

70.26 *situations,*] *comma added in penc.*

70.27 is] *in penc. w. caret ab. del.* 'are'

70.29 distinction] *bef. x'd-out* 'between'

70.29 and] *bef. penc. del.* '/or'

70.30 subject] *bef. x'd-out* 'of'

70.31 *denial*] *undrl. in penc.*

70.31 of] *bef. x'd-out* 'theis'

70.31-32 this relation ... epistemological-metaphysical] *ab. x'd-out* 'of the epistemological-metaphysical character'

70.34 general] *t. intrl.*
70.34 knowledge,] *comma added in penc.*
70.34 of] *in penc. ov. comma*
70.37 And] *aft. x'd-out* 'For'
70n.1 *The Theory of Inquiry*] *ab. x'd-out* 'The Theory of Inquiry'
71.1 in] *in penc. w. caret ab. del.* 'with'
71.1 inquiry,] *bef. penc. del.* 'observation,'
71.4 But] *bef. x'd-out* 'so do judgments'
71.5 one] *aft. x'd-out* 'each other'
71.6 genuinely] *intrl. in penc.*
71.6 of] *aft. x'd-out* 'that'
71.7 much greater] *t. intrl.*
71.7 *importance*] *bef. x'd-out* 'of value-judgments'
#71.7 *conduct*] *aft. x'd-out 'the'*
71.8 possessed by] *in penc. ab. del.* 'of'
71.9 in comparison with] *t. ab. x'd-out* 'with respect to'
71.9 the] *t. alt. fr.* 'their'
71.9 deep and broad] *in penc. w. caret and guideline ab. x'd-out* 'basic and inclusive'
71.10 *human*] *undrl. in penc.*
71.10 of their subjectmatter,] *t. intrl. w. caret and guideline*
71.14 my] *bef. penc. del.* 'my'
71.15 article] *t. alt. fr.* 'articles' *624*
71.15 for] *alt. fr.* 'form'
71.16–17 "subject-object"] *hyphen intrl. w. caret and guideline*
71.17 relation,] *comma added in penc.*
71.18 situations] *aft. penc. del.* 'the occurrence of'
71.18–19 relation,] *bef. penc. del.* 'the distinction-relation in question'
#71.19 it] *intrl. in penc. w. caret*
#71.19 being,] *comma added in penc.*
71.19 view,] *comma added in penc.*
71.21 in respect to] *in penc. w. caret ab. del.* 'as to'
71.22 qualities,] *comma added in penc.*
71.23 nature,] *bef. penc. del.* 'a situation'
71.24 two.] *bef. penc. del.* 'being inclusive of and basis to the very cases in which a distinction between them is made'
71.25 have] *aft. x'd-out* 'am aware that'
71.26 grasp] *aft. x'd-out* 'misunderstood'
#71.27 the special] *in penc. w. caret ab. del.* 'prvial'
71.28 I] *aft. penc. del.* 'that'
#71.29 relation,] *comma added in penc.*
#71.29 misapprehension] *aft. x'd-out* 'this'
71.30 point.] *period added in penc.; bef. del.* 'on the fundamental question.'
71.30 His] 'H' *ov.* 'h'; *aft. x'd-out* 'In'

71.32 a] *aft. x'd-out* 'the'
71.34 Representatives] 'R' *t. ov.* 'r'; *aft. x'd-out* 'though'
#71.35 *have*] *undrl. in penc.*
71.35 made,] *comma added in penc.*
71.35 according to him,] *t. ab. x'd-out* 'the mistake of'; *comma added in penc.*
71.35 showing] *aft. x'd-out* 'pinting'
71.35 that] *bef. penc. del.* 'that'
71n.1 29 - 39.] *t. ab. x'd-out* '169 - 187,'
72.4 not] *t. intrl.*
72.7 of] *bef. penc. del.* 'of'
72.8 that] *bef. x'd-out* 'that'
72.9 involve] *alt. in penc. fr.* 'involves'
72.11 at] *t. intrl.*
72.11 clear] *bef. x'd-out* 'what can be'
72.12 to qualities] *t. ab. x'd-out* 'those'
72.17 situations in which] *t. ab. x'd-out* 'a situation'; *aft. x'd-out* 'the'
72.17 terminate] *t. intrl. w. caret and guideline aft. x'd-out* 'verified'
625 #72.17 that are] *t. intrl. w. caret and guideline*
72.18 *facts.*] *bef. x'd-out* 'may terminate.'
72.18 But] *bef. x'd-out* 'there difference between'
72.22 in] *bef. x'd-out* 'the'
72.23 it] *t. intrl.*
72.23 immediate] *t. intrl.*
72.23 to] *t. ab. x'd-out* 'in the matter of'
72n.1 article] *aft. penc. del.* 'recent'
72n.2 correctly,] *comma added in penc.*
72n.2 effects a] *intrl. in penc.*
72n.2 correction] *alt. in penc. fr.* 'corrects'
72n.2 of] *intrl. in penc. w. caret and guideline*
#72n.7 (Vol. XXXVIII, p. 533 ff.)] *t. intrl. w. caret; closing paren. added in penc.*
72n.9 environmental] *bef. x'd-out* 'conditio' *and penc. del.* 'facotrs'
72n.9 a] *t. intrl.*
72n.10 meant] *t. ab. x'd-out* 'intended'
72n.10 situations,] *bel. intrl. and x'd-out* 'certain'
72n.11 to] *bel. intrl. and x'd-out* 'their'
72n.11 *production*] *aft. x'd-out* 'occurrence of situ'
72n.12 situations] *aft. x'd-out* 'those'

《回应之前若干批评》中的变更

该文档是一份5页长的打字稿，收于俄亥俄西部保留地大学档案馆3HM5第3箱，托马斯·芒罗书信文件集。稿件打在一张质量较差、没有水印的纸上，看起来像是碳写复印件。手写的变更是用铅笔或黑色墨水写的。

97.6[2] have] *intrl. w. caret*

97.7 country,] *comma added*

97.8 hearty] *alt. fr.* ‘heart’

97.15 deviarions] *t. alt. fr.* ‘deviation’

97.18 substance,] *comma added*

97.21 not,] *intrl. w. caret*

97.21 matter,] *comma added*

97.21 carried] *alt. fr.* ‘carry’; *aft. del.* ‘failed to’

97.22 successfully] *t. intrl. w. caret*

97.22 involved] *aft. del.* ‘that is’

97.22 The] ‘T’ *ov.* ‘t’; *aft. del.* ‘But’

97.22 actual] *intrl. w. caret; alt. fr.* ‘actually’

97.24[2] the] *aft. x’d-out* ‘that’ *626*

97.26 - 27 of knowledge,] *added*

97.28 (whether] *paren. ov. comma*

97.29 it] *w. caret ab. del.* ‘the fact’

97.29 not)] *paren. ov. comma*

97.29 a] *aft. x’d-out and del.* ‘as’

98.1 of] *aft. del.* ‘, in most cases,’

98.2 - 3 of this approach] *t. intrl.*

98.3 studies,] *alt. fr.* ‘study’.

98.3 was] *w. caret ab. del.* ‘is’ [*aft. x’d-out* ‘that’]

98.4 nor] *intrl. w. caret*

98.4 in] *t. intrl.*

98.5 terms,] *comma added*

98.5 seemed to] *intrl. w. caret*

98.5 fit] *alt. fr.* ‘fitted’

98.6 result,] *comma added*

98.6 did] *t. w. caret ab. x’d-out* ‘have’ [*aft. del.* ‘not only’]

98.7 write] *t. alt. fr.* ‘written’

98.7 or application of] *t. intrl. w. caret*

98.9 stated),] *comma added*

98.9 or in] *ab. del.* ‘but’

98.9 subjection ... philosophy] *t. w. caret and guideline ab. del.* ‘not in’ *and x’d-out* ‘reference to any system but for evil in the eyes of critics’

98.9 - 10 The net ... critics] *ab. del. caret and guideline and* ‘who are philosophers, and for good’ *and x’d-out* ‘as I see the matter and as I am happy to add in the eyes of some critics who read my’

98.11 creation of] *t. intrl. w. caret*

98.12 philosophy;] *semicolon alt. fr. comma*

98.12 but,] *comma added*

98.12 add,] *comma added*

98.12 was] *intrl.*
98.13 engage] *alt. fr.* 'engaged'; *aft. del.* 'are'
98.14 to] *ov.* 'as'
98.14 be] *intrl. w. caret*
98.16 pragmatic] *t. ab. x'd-out* 'practice'
98.17 postulate] *ab. del.* 'belief'
98.18 beings;] *semicolon added bef. del.* 'and'
98.18 that knowing] *intrl. w. caret*
98.19 life;] *semicolon alt. fr. comma*
98.19 while] *ab. del.* 'and that'
98.20 also] *intrl. w. caret*
98.20 *Art as Experience*] *undrl.*
627 98.21 be] *t. ab. x'd-out* 'were'
98.21 two,] *comma added*
98.21–22 science or art,] *intrl.*
98.22 I should] *aft. del.* 'fine art or science,'
98.23 conducted] *bef. intrl. w. caret then del.* 'as'
98.24 technology,] *comma added*
98.26 part] *aft. x'd-out* 'role'
98.28 presence] *aft. x'd-out and del.* 'appe'
98.29 my] *ov.* 'the'
98.29 The Live Animal] 'T' *ov.* 't'; 'L' *ov.* 'l'; 'A' *ov.* 'a'
98.31 the] *intrl. w. caret*
98.33 The] *ab. x'd-out* 'the' [*aft. del.* 'For']
98.34 read] *aft. x'd-out* 'used'
98.39 reply] 'r' *ov.* 'R'
98.40 may] *ov.* 'shall'
99.2 presumably] *intrl. w. caret*
99.2 indebted,] *comma added*
99.6 Art] 'A' *ov.* 'a'
99.6 Esthetics] 'E' *ov.* 'e'
99.7 philosophy,] *comma added*
99.7 as] *ov.* 'to'
99.8 I have] *aft. del.* 'But'
99.9 however] *intrl. w. caret*
99.11 literature,] *comma added*
99.12 what] *aft. x'd-out* 'writers'
99.12 the] *ab. x'd-out* 'the'
99.13 source,] *comma added*
99.13 judgment,] *comma added*
99.13 that is] *intrl. w. caret*
99.14 those who philosophize on art] *ab. del.* 'the arts they practice'
99.15 plastic] *alt. fr.* 'plastics'
99.17 composed] *aft. x'd-out* 'wr'

99.19 I fear] *t. ab. x'd-out* 'I am afraid that'
99.20 these statements] *ab. del.* 'what precedes'
99.20 listed] *w. caret ab. del.* 'mentioned'
99.21 along] *intrl. w. caret*
99.21 a] *ov.* 'the'
99.21 they] *alt. fr.* 'that'
99.23 which are] *intrl. w. caret*
99.23 order of] *t. intrl.*
99.25 to] *intrl.*
99.26 which] *ab. del.* 'that'
99.27 especial] *aft. del.* 'any'
99.27 dependence upon] *w. caret ab. del.* 'connection with' 628
99.28 them,] *comma added*
99.28 could,] *comma added*
99.29 years,] *comma added*
99.30 probability,] *comma added*
99.31 My] *ov.* 'The'
99.33 forward] *intrl. w. caret*
99.33 by] *intrl. w. caret and guideline; bef. intrl. then del.* 'from'
99.34 essayist;] *semicolon alt. fr. comma*
99.34 also] *w. caret ab. x'd-out and del.* 'Ia hope'
99.34 from] *intrl. w. caret*
99.35 of] *added*
99.35 evoked] *ab. del.* 'induced'
99.35 a] *t. intrl.*
99.37 memory,] *comma added*
99.37 either] *bel. intrl. then del.* 'reflections'
99.38 to] *w. caret ab. del.* 'I shall'
99.38 specific—] *dash alt. fr. semicolon*
100.1 there] *t. w. caret ab. x'd-out* 'in'
100.2 tradition] *alt. fr.* 'traditions'
100.2-3 *production*] *aft. x'd-out* 'the'
100.3 art,] *comma added*
100.3 as well as of] *w. caret and guideline ab. del.* 'to say nothing about'
100.3 appreciation] *ab. del.* 'judgment'
100.4 them.] *period ov. dash*
100.4 Indeed] 'I' *ov.* 'i'
100.4 the] *t. w. caret ab. x'd-out* 'my'
100.6 Dr Barnes] *ab. del.* 'he'
100.6 the] *t. intrl. w. caret*
100.6 and] *ov.* 'but'
#100.7 sources of instruction with respect to] *w. caret and guideline ab. del.* 'instructive for'
100.8 self-defense] 'self-' *added; aft. x'd-out* 'defense'

100.8 add,] *comma added*

100.8 conclusion,] *comma added*

《〈人的问题〉导言》中的变更

该文档是一份 20 页长的打字稿，收于南伊利诺大学卡本代尔校区的莫里斯图书馆，特殊馆藏，第 3 箱，6 号文件夹，悉尼·胡克/约翰·杜威文集。它是一份碳写复印件，没有水印。手写的变更是用黑色墨水和铅笔写的。

629 154.4 a Committee of an] *t. ab. x'd-out* 'an'

#154.5-6 concerned ... philosophy.] *t. ab. x'd-out* 'teachers and writers concerned'

154.12 This] *t. ab. x'd-out* 'The'

154.12-13 a statement] *t. ab. x'd-out* 'the following words'

154.13 entrusted] *aft. x'd-out* 'committed'

154.13 It] *aft. x'd-out* 'for'

154.17 is] *t. ab. x'd-out comma*

154.19 few] *t. ab. x'd-out* 'slight'

154.28 as] *bef. x'd-out* 'the public'

154.28 concerns] *t. alt. fr.* 'concern'

154.28-29 interest] *aft. x'd-out* 'and'

154.29 outside] *aft. x'd-out* 'are involved'

154.29 circle] *aft. x'd-out* 'br'

#154.29-30 admission] *t. ab. x'd-out* 'statement'

155.4 by] *t. intrl.*

155.4 which] *bef. x'd-out* 'keep'

#155.5 has] *bef. x'd-out* 'a'

155.10 in] *aft. x'd-out* 'as'

#155.10-11 this last named] *t. ab. x'd-out* 'its'

#155.10-11 connection] *bef. x'd-out* 'with'

155.11 professional] *aft. x'd-out* 'phi'

155.12-13 differences] *aft. x'd-out* 'the'

#155.14 From] *aft. x'd-out* 'What is'

155.14 public] *bef. x'd-out comma*

155.16 The] 'T' *ov.* 't'; *aft. x'd-out* 'As for' [*bel. t. intrl. and x'd-out* 'as concerns']

155.16 interest] *bef. x'd-out* 'of the non-'

#155.16 present day] *t. intrl.*

#155.16 philosophy] *bef. x'd-out* ', the central question [*bel. t. intrl. and x'd-out* 'pertinent issue'] is'

#155.18-19 point] *aft. x'd-out* 'matter'

155.21 there] *bef. x'd-out* 'is in existence'

#155.21-22 exists] *t. intrl.*

155.24 declare] *bef. x'd-out* 'that it is'

155.30 in] *added in ink*

155.31 a] *t. intrl.*

155.31 standpoint] *t. alt. fr.* 'standpoints'

155.31 according] *aft. x'd-out* 'that'

155.32 should] *aft. x'd-out* 'are'

155.34 theological] *aft. x'd-out* 'and' *630*

155.37 which] *t. ab. x'd-out* 'that'

155.38 philosophy] *t. alt. fr.* 'philosopher'

156.3 life,] *comma t. intrl.*

#156.3 and] *t. intrl.*

156.3 what] *aft. x'd-out* 'the'

156.10 concerns] *aft. x'd-out* 'ph the'

156.11 one basic] *t. intrl.*

156.11 the] *t. intrl.*

156.11 philosophy] *t. alt. fr.* 'philosophies'

156.12 type] *t. intrl.*

156.12 some] *aft. x'd-out* 'the secular type'

156.17 fundamental] *aft. x'd-out* 'and'

156.20-21 , with the possible exception of mathematics,] *t. intrl.*

156.28 life] *aft. x'd-out* 'social'

156.28 "modern"] *t. intrl.*

156.30 it] *t. alt. fr.* 'its'

156.39 anthropology] *aft. x'd-out* 'and'

157.1 theological] *aft. x'd-out* 'older'

157.3-4 temporal interests and those called eternal] *t. ab. x'd-out* 'the interests'

157.4 special] *t. intrl.*

#157.8 manifest] *aft. x'd-out* 'combine' [*aft. x'd-out* 'unite the']

157.9 industry] *aft. x'd-out* 'economics'

157.11 for] *bef. x'd-out* 'a more'

157.13 been] *bef. x'd-out* 'such'

#157.37 to a position] *t. intrl.*; 'position' *aft. x'd-out* 'to the'

158.4 discredit] *aft. x'd-out* 'progressive'

158.13 causes] *t. ab. x'd-out* 'grounds fo'

158.13 that] *t. ab. x'd-out* 'their'

158.14 life only] *t. ab. x'd-out* 'indirectly without its'

158.18 in] *t. ab. x'd-out* 'of'

158.21 Under] *aft. x'd-out* 'While many'

158.24 moral] *bef. x'd-out* 'ends'

158.24 ends] *bef. x'd-out* 'they'

158.24 by] *bef. x'd-out* 'these'

158.25 actual] *aft. x'd-out* 'the'

158.27 and] *t. intrl.*

158.35 by] *t. ab. x'd-out* 'of'
158.35 philosophies] *bef. x'd-out* 'with'
159.1 them.] *bef. ink del.* 'doctrine. It retains the doctrine that the concern of philosophy is with some superior form of Being while it repudiates what [*aft. x'd-out* 'the'] has gone by the name of search for wisdom.'
631 #159.3-4 and that they are therefore,] *t. ab. x'd-out* 'which are,'
159.5 of either] *t. intrl.*
159.15 wholly] *t. intrl.*
159.23 judgment] *aft. x'd-out* '"objective"'
159.27 means;] *bef. x'd-out* 'not'
159.31 happen] *bef. penc. del.* 'to'
159.31 to] *intrl. in penc. w. caret*
159.33 or] *t. intrl.*
159.34 with respect to their opportunities and their] *t. intrl.*
159.34-35 disadvantages] *aft. x'd-out* 'is deprive'
#159.38 also on this view] *t. intrl.*
159.39-40 irresponsible] *bef. x'd-out* 'with respect to'
159.40 finally] *t. intrl.*
160.4 while] *aft. x'd-out* 'and'
160.5 are] *aft. x'd-out* 'cannot be altered'
#160.6 and the] *t. intrl.*
160.9 the truth or falsity of] *t. intrl.*
160.13 the] *t. alt. fr.* 'these'
160.15 of] *t. ab. x'd-out* 'rational or'
160.15 intelligent] *t. alt. fr.* 'intelligence'
160.19 for] *bef. x'd-out* 'its'
160.21 of late] *t. intrl.*
160.28 also holds] *t. ab. x'd-out* 'is held'
160.29 all-sufficient] *aft. x'd-out* 'needed'
160.31 judgments] *aft. x'd-out* 'the morals'
160.32 benefit] *aft. x'd-out* 'adv'
160.32 their] *t. intrl.*
160.33 infallible] *t. ab. x'd-out* 'sure'
160.34-35 especially ... possess] *t. ab. x'd-out* 'are also'
160.35 the attainment] *t. ab. x'd-out* 'the realization'
161.4-5 completely] *t. intrl.*
161.5 which] *t. ab. x'd-out* 'that'
161.6 reality] *bef. x'd-out* 'to be'
161.14 limitations] *aft. x'd-out* 'the present'
161.15 the] *t. ab. x'd-out* 'scientific'
161.16 from] *aft. x'd-out* 'to'
#161.16-17 or] *aft. x'd-out* 'and'
161.19 are] *aft. x'd-out* 'but'

#161.22 The charge brought against it of a childlike trust in "science" neglects the fact that its] *in ink ab. ink del.* 'science'
161.24 holds] *aft. ink del.* 'also'
161.25 will] *bef. ink del.* 'do so'
#161.25 reach manhood] *intrl. in ink w. caret*
161.26 aspects] *aft. x'd-out* 'the'
161.33 required] *t. intrl. w. penc. caret* *632*
161.38 They] *aft. x'd-out* 'It cease'
162.1 special] *t. intrl.*
162.2 There] *aft. x'd-out* 'They are'
162.2 issues] *bef. x'd-out* 're'
162.7 is] *bef. x'd-out* 'impo'
162.7 relatively] *t. intrl.*
#162.11 The] *aft. x'd-out* 'It fo'
162.15 in] *aft. penc. del.* 'useful'
#162.25 The] *aft. x'd-out* 'The acco'
162.29 urgencies] *aft. x'd-out* 'the'
162.31 its] *t. ab. x'd-out* 'the'
162.36 whether] *aft. x'd-out* 'take refuge in'
163.3 actual] *t. intrl.*
163.3 connections] *aft. x'd-out* 'in space continua'
#163.9 so as not to be] *t. ab. x'd-out* 'are not'
163.10 And] *aft. x'd-out* 'Any'
163.10 employs] *bef. x'd-out* 'sciences'
163.11 of] *bef. x'd-out* 'curr'
163.12 regulating] *aft. x'd-out* 'the'
163.13-14 space-time] *t. ab. x'd-out* 'space'; 'time' *aft. x'd-out* 'and'
163.16 The] *aft. x'd-out* 'That'
163.18[1] the] *t. intrl.*
163.18 events] *bef. x'd-out* 'on the widest possible scale is'
163.20 secures] *aft. x'd-out* 'protects.'
163.20 wherever] *aft. x'd-out* 'whenever it'
163.22 need] *aft. x'd-out* 'are'
163.23 this] *t. ab. x'd-out* 'the'
163.23 substitute] *aft. x'd-out* 'in'
163.25[1] the] *t. ab. x'd-out* 'a'
163.25 it] *t. alt. fr.* 'in'
#163.26 human] *aft. x'd-out* 'world'
163.26 Were] *aft. x'd-out* 'If'
163.28 more] *t. intrl.*
163.30 philosophical] *t. alt. fr.* 'philosophy'
163.31 obstructive] *aft. x'd-out* 'so'
163.32 Separation] *aft. x'd-out* 'The'
163.35 lowest] *aft. x'd-out* 'base'

164.2 no] *aft. x'd-out* 'neit'
164.4 these] *aft. x'd-out* 'act'
164.4 Division] *aft. x'd-out* 'The'
164.6 servile] *aft. x'd-out* 'and'
633 #164.7 and a matter of mere routine and a split] *t. w. penc. caret ab. x'd-out* 'a division'
#164.10 The] *aft. x'd-out* 'We'
164.20 certainly] *aft. x'd-out* 'obstruct'
164.21 means of] *t. intrl.*
#164.28 - 29 final,] *t. intrl.* [*aft. x'd-out* 'and']
#164.28 - 29 instrumental] *aft. x'd-out* 'or'
164.29 an] *aft. x'd-out* 'phi'
164.31 projection] *t. ab. x'd-out* 'reflection'
164.33 present] *aft. x'd-out* 'th'
164.33 in] *aft. x'd-out* 'which'
164.37 exercise] *t. ab. x'd-out* 'do'
164.40 represents] *aft. x'd-out* 'is'
165.3 connectivities] *aft. x'd-out* 'connections'
165.14 serves to introduce] *t. ab. x'd-out* 'indicates'
165.21 practical] *aft. x'd-out* 'serv'
165.23 the] *t. ab. x'd-out* 'an'
#165.27 it] *bef. x'd-out comma*
165.28 social] *aft. penc. del.* 'all'
165.28 Wholehearted] *t. intrl. w. penc. caret*
165.30 events] *aft. x'd-out* 'affairs into'
165.30 subjective] *t. alt. fr.* 'subject'
165.34[1] a] *t. ab. x'd-out* 'the'
165.35 job. This is the work of] *t. ab. x'd-out* 'work of'
165.36 perpetuations] *aft. x'd-out* 'those'
#165.36 - 37 untimely] *aft. x'd-out* 'unworn and'
165.37 those] *aft. x'd-out* 'philosophers'
166.1 - 2 philosophy] *aft. x'd-out* 'of'
166.2 Philosophy] *aft. x'd-out* 'That'
166.8 are needed] *t. intrl.*
166.8 The] *aft. x'd-out* 'These new'
166.9 for] *aft. x'd-out* 'of'
166.11 in] *aft. x'd-out* 'in the'
166.12 present] *t. intrl.*
166.12 only] *t. intrl.*
#166.13 trial] *aft. x'd-out* 'the'
166.13 and] *aft. x'd-out* 'work'
166.13 also] *aft. x'd-out* 'th'
166.14 kept] *bef. x'd-out* 'from'
166.15 originates] *t. alt. fr.* 'origination'

166.15 measures] *aft. x'd-out* 'and'
#168.4-5 "modern"] *aft. x'd-out* 'philo'
168.5 so] *aft. x'd-out* 'converted'
168.9 traits] *aft. x'd-out* 'properties of' 634
168.13 capacities] *t. alt. fr.* 'capacity'
168.13 specific] *aft. x'd-out* 'arrang'
168.15 this] *t. ab. x'd-out* 'those'
168.18 assault] *aft. x'd-out* 'break'
168.21 by] *aft. x'd-out* 'of'
#168.22 highly generalized] *t. intrl. aft. x'd-out* 'or'
168.26 atmosphere] *aft. x'd-out* 'intellectual'
168.35 customs] *aft. x'd-out* 'the'
169.2 passage] *bef. x'd-out* 'goes'
169.6 assumed] *bef. x'd-out* 'that'
169.9 The] *aft. x'd-out* 'In'
169.10 by] *aft. x'd-out* 'systema'
169.12 They] *aft. x'd-out* 'The last'
169.14 during] *aft. x'd-out* 'at the'
169.15 made] *aft. x'd-out* 'it'
169.21 show] *bef. x'd-out comma*
169.27 the] *aft. x'd-out* 'suggestion'
169.35 assigned] *aft. x'd-out* 'the'

《自由社会的宗教与道德》中的变更

该文档是一份 20 页长(第 18 页遗失)的打字稿,收于南伊利诺大学卡本代尔校区的莫里斯图书馆,特殊馆藏,第 54 箱,8 号文件夹,约翰·杜威文集。它是一份碳写复印件,没有水印。所有变更都是打字的,除了第 170.28 行(非杜威的)。

170.8 lived] *aft. x'd-out* 'not'
170.9 We] *aft. x'd-out* 'But'
170.18 liberty] *aft. x'd-out* 'license pa'
170.21 free] *aft. x'd-out* 'a'
170.28 who] *added in ink* (not Dewey)
171.7 also] *t. intrl.*
171.7 interdependence] *aft. x'd-out* 'demon'
171.9 that] *aft. x'd-out* 'of'
171.12 to] *aft. x'd-out* 'for'
171.28 highest] *alt. fr.* 'higher to'
171.31 wars] *bef. x'd-out* 'would probably'
171.32 might] *t. intrl.*
171.34 every] *aft. x'd-out* 'all'
#171.39 the liberal] *aft. x'd-out* 'li'

172.1 the] *t. intrl.*

635 172.8 class] *t. alt. fr.* 'class-'

172.9 selfish] *aft. x'd-out* 'private and'

172.15 believe] *aft. x'd-out* 'th'

172.19 various] *aft. x'd-out* 'freedoms'

172.20 mind] *aft. x'd-out* 'the'

#173.12 presents] *aft. x'd-out* 'is'

173.17 significance] *aft. x'd-out* 'moral'

173.26 almost] *aft. x'd-out* 'always'

173.28 was] *t. alt. fr.* 'has'

173.28 embodied] *aft. x'd-out* 'been'

173.31 so] *t. ab. x'd-out* 'and'

173.34 science] *aft. x'd-out* 'societ'

173.35 through] *t. ab. x'd-out* 'in'

173.40 and of] *t. intrl.*

174.11 the statement] *aft. x'd-out* 'it'

174.12 for] *aft. x'd-out* 'to utter'

#174.15 it is] *aft. x'd-out* 'and'

174.18 personality] *aft. x'd-out* 'the heart of'

174.18 is] *ov.* 'fr'

174.18 something] *aft. x'd-out* 'lies in'

174.19[2] freedom of] *t. intrl.*

174.21 the] *t. intrl.*

174.21-22 unquestioning] *t. ab. x'd-out* 'willing'

174.25 as] *aft. x'd-out* 'for'

174.28 hold] *aft. x'd-out* 'promul'

174.31 disease] *t. alt. fr.* 'diseases'

174.32 units] *bef. x'd-out* 'that'

174.32 composing] *t. alt. fr.* 'compose'

174.33 use] *bef. x'd-out* 'socially'

174.33 the] *t. intrl.*

174.34 constitutes] *aft. x'd-out* 'is the equivale'

#175.1 "reads] *aft. x'd-out* 'is'

175.4 since our own practice gives] *t. ab. x'd-out* 'Or to ask the more, in'

175.4-5 an affirmative . . . carrying] *t. ab.* '* since at the present time' [*t. ov.* 'an affirmative answer']

175.5 the principle] *aft. x'd-out* 'the our own society state do carries'

175.5 political] *t. intrl.*

175.6 religious] *aft. x'd-out* 'mora'

175.8 and legal] *t. intrl.*

#175.10 To] *aft. x'd-out* 'Or'

175.11 indifference] *bef. x'd-out* 'with and'

175.11 with] *t. intrl.*

636 175.12 in] *aft. x'd-out* 'to'

175.15-16 that should be] *t. ab. x'd-out* 'to be'
175.16[2] it] *bef. x'd-out* 'as an illustration'
175.16 point] *t. alt. fr.* 'points'; *bef. x'd-out* 'one of them con'
175.17 freedom] *aft. x'd-out* 'the'
175.17[1] the] *aft. x'd-out* 'intellig'
175.23 freedom] *aft. x'd-out* 'freedom'
175.26 wholehearted] *bef. x'd-out* 'belief in'
175.28 article] *aft. x'd-out* 'principle of social'
#175.31 so] *aft. x'd-out* 'and'
#175.31 forms taken] *t. ab. x'd-out* 'form which'
#175.31 are new] *aft. x'd-out* 'is new'
175.32 This] *aft. x'd-out* 'It is that'
175.32 principle] *bef. x'd-out* 'is consists of'
175.35 relatively small] *aft. x'd-out* 'few'
176.6 enemies] *t. ab. x'd-out* 'foes'
176.7 worth] *aft. x'd-out* 'reality and'
176.9 actually] *t. intrl.*
176.11 rewards] *bel. t. intrl. and x'd-out* 'brought by'
#176.11 it brings] *aft. x'd-out* 'possession of force.'
176.11 case] *aft. x'd-out* 'dangerous'
176.12 could] *aft. x'd-out* 'that'
176.13 support.] *period added*
176.13 What] *aft. x'd-out* 'and'
176.15 firmly] *aft. x'd-out* 'have'
176.20 In order] *aft. x'd-out* 'To rule' [*aft. x'd-out* 'It']
176.20 to be able] *t. intrl.*
176.20 to control the] *t. intrl.*
176.20 lives] *aft. x'd-out* 'the'
176.21 power] *t. ab. x'd-out* 'rule'
#176.21 that is] *t. intrl.*
176.21 at least] *t. intrl.*
176.23 through] *t. intrl.*
176.24 the] *t. ab. x'd-out* 'its'
#176.29 and that] *aft. x'd-out* 'and that'
176.33 Yet] 'Y' *t. ov.* 'y'; *aft. x'd-out* 'And'
176.33 the doctrine of] *t. ab. x'd-out* 'belief in a divo'
176.35 between] *aft. x'd-out* 'and'
176.35 within] *t. intrl.*
176.36 played] *aft. x'd-out* 'have'
176.37 obtains] *aft. x'd-out* 'actually exists'
176.40 seriously] *aft. x'd out* 'play'
177.1 inquire,] *comma added bef. x'd-out* 'and'
177.2 their] *t. alt. fr.* 'they'
177.3 to] *aft. x'd-out* 'and' *637*

177.6 learn] *aft. x'd-out* 'merely'

177.7 that the] *t. ab. x'd-out* 'importance of immense'

177.7-8 is so ... power] *t. ab. x'd-out* 'and that nothing as a great American'

177.13 inquiry] *aft. x'd-out* 'other da kin'

177.17 express] *aft. x'd-out* 'accept the'

177.17 ideas] *t. alt. fr.* 'idea'

177.28 of] *bef. x'd-out* 'what'

177.36 mainly] *t. intrl.*

177.39 absolutist] *t. alt. fr.* 'absolutists'

#178.1 For] *t. ov.* 'It'

178.2[2] those] *t. intrl.*

178.3 whom] *aft. x'd-out* 'its'

178.3 brought] *aft. x'd-out* 'in'

178.5 abuses] *aft. x'd-out* 'the'

178.10 moral] *aft. x'd-out* 'the'

178.12 safely] *aft. x'd-out* 'go so far as to'

178.18 appealed] *aft. x'd-out* 'is'

178.27 corruption] *aft. x'd-out* 'fact of'

178.31 between] *aft. x'd-out* 'of'

178.31 principles] *aft. x'd-out* 'the'

178.32 The] *aft. x'd-out* 'But'

178.33[1] the] *aft. x'd-out* 'that in'

178.33 identity] *aft. x'd-out* 'case of'

178.34 social] *aft. x'd-out* 'the'

178.39 other] *aft. x'd-out* 'short cut'

179.3 in] *aft. x'd-out* 'and'

179.9 in] *bef. x'd-out* 'a'

179.24 in persuading] *aft. x'd-out* 'to persu'

179.25 a] *t. ab. x'd-out* 'the'

179.33 for] *aft. x'd-out* 'that the'

179.34 human] *aft. x'd-out* 'society'

179.35 not] *aft. x'd-out* 'and'

179.39 others] *aft. x'd-out* 'ther'

180.2 use] *aft. x'd-out* 'control'

180.2 pulpit,] *t. intrl.*

180.5 identity] *aft. x'd-out* 'importance of'

180.5 freedom] *aft. x'd-out* 'the cause of'

180.8 principles] *t. ab. x'd-out* 'truth'

180.9 who] *aft. x'd-out* 'to'

180.16 the] *aft. x'd-out* 'all they'

180.16-17 concerns] *aft. x'd-out* 'is'

180.17 use] *aft. x'd-out* 'possible'

638 180.17 methods,] *comma added bef. x'd-out* 'and'

#180.22 in their application to society] *t. ab. x'd-out* 'applied to social rule years'
180.22 ridiculed] *aft. x'd-out* 'compared'
180.25 or] *aft. x'd-out* 'and'
180.26 ordering] *aft. x'd-out* 'government of'
180.27 societies] *bef. x'd-out* 'that' [*t. ab. x'd-out* 'hold the moral']
180.27 rest . . . moral] *t. intrl.*
180.33 fixed] *aft. x'd-out* 'ab'
180.37 this] *ab. x'd-out* 'the latter'
180.40 know] *bef. x'd-out* 'we an'
180.40[1] and] *t. intrl.*
180.40 to] *t. ab. x'd-out* 'for'
180.40 learn] *t. alt. fr.* 'learning'
181.3 Belief] *aft. x'd-out* 'The'
181.3-4 and fixed] *t. intrl.*
181.4 in] *aft. x'd-out* 'and'
181.13 method] *aft. x'd-out* 'use of'
181.16 matters] *aft. x'd-out* 'social'
181.19 science] *t. alt. fr.* 'sciences'
181.20 to members of free societies] *t. intrl.*
181.27 every] *aft. x'd-out* 'each human'
181.29 the] *aft. x'd-out* 'in order'
181.30 too] *aft. x'd-out* 'been'
181.32 that] *aft. x'd-out* 'full'
181.32 liberty] *aft. x'd-out* 'the'
181.33 of freedom] *t. intrl.*
181.34 in] *aft. x'd-out* 'of'
181.36 conscience] *aft. x'd-out* 'and freedom' [*aft. undel. period*]
182.3 require] *aft. x'd-out* 'are'
#182.29 requires] *aft. x'd-out* 'can'
#182.29 a society] *t. ab. x'd-out* 'the ends of a'; *bef. x'd-out* 'better and freer'
182.29-30 in any respect whatever,] *t. ab. x'd-out* 'society in any and every respect'
#182.30 be] *aft. x'd-out* 'can'
182.33 the ends of] *t. intrl.*
182.35[2] free] *aft. x'd-out* 'inquiry'
182.36 those] *aft. x'd-out* 'we can'
183.7 social] *t. intrl.*
183.8 processes] *bel. x'd-out* 'the' [*t. ab. x'd-out* 'processes of']
#183.8 which] *aft. x'd-out* 'in'
183.15 it] *t. alt. fr.* 'its'
#183.15 it] *t. intrl.* 639
183.21 other] *alt. fr.* 'others'; *t. intrl.*
183.22 ours] *bef. x'd-out* 'and the de'
183.22 cooperate] *aft. x'd-out* 'assist'

183.24　worship] *aft. x'd-out* 'free'
183.24　Search] *aft. x'd-out* 'Th'
183.25　wisdom] *aft. x'd-out* 'knowledge and'
183.27　that] *bef. x'd-out* 'the'
183.28　to] *aft. x'd-out* 'toegther'
183.29　life] *t. ab. x'd-out* 'love'
183.30　our] *aft. x'd-out* 'is'
183.33　means] *bef. x'd-out* 'meanty'
183.33　power] *aft. x'd-out* 'groth' *and undel. period*
#183.36　devotion] *aft. x'd-out* 'faith in'

《关于自然科学的几点看法》中的变更

该文档是一份4页长的打字稿，收于南伊利诺伊大学卡本代尔校区的莫里斯图书馆，特别馆藏，杜威VFM 24。所有改动都是用蓝色水笔写的。

184.1　The ... Science] *added*
#184.2　have recently] *intrl. w. caret bef.* 'read in'
184.5　over] *t. ab. x'd-out* 'on'
184.5　On] *ov.* 'in'
184.5　two] *t. intrl. w. caret*
184.5　of them] *ov.* 'which'
184.5　the cause] *aft. del.* 'of which'
184.7　Murray;] *semicolon added bef. x'd-out* 'and' *and del.* 'while'
184.7　in the third] *intrl. w. caret*
184.8　interesting to] *bef. x'd-out* 'have the' *and del.* 'be able'
184.8　all] *aft. x'd-out* 'the'
184.9　a] *t. w. caret ab. x'd-out* 'no'
184.9–10　account] *bef. x'd-out* 'in'
184.10–11　quotations] *aft. del.* 'two'
184.12　two of] *intrl. w. caret*
184.12　text] *aft. del.* 'kind of'
184.12　some] *ab. del.* 'a few'
184.13　passage] *ab. x'd-out* 'sentence'
184.17　can] *aft. x'd-out* 'would'
184.18　over-hopeful] *hyphen added*
640　184.18　for us] *intrl. w. caret*
184.20　the] *intrl. w. caret*
184.20　reactionaries.] *alt. fr.* 'reactionary'; *bef. del.* 'institutions.'
184.20　The passage is] *t. w. caret ab. x'd-out* 'It' *and del.* 'is even'
184.20　however] *intrl.*
184.20　most] *ov.* 'more'
184.21　misrepresentations] *bef. del. comma*

184.21 (amounting] *paren. added*

184.22 case,)] *paren. added*

184.22 what] *aft. del.* ‘the’

184.22 stand] *aft. del.* ‘actually’

184.24 attitude] *bef. del. comma*

184.25 worker] *t. alt. fr.* ‘workers’

184.27 world,] *alt. fr.* ‘work, ’

184.27 these] *aft. x’d-out* ‘who’

184.28 time] *bef. x’d-out* ‘being’

184.28 upon] *bef. del.* ‘the’

184.30 worker] *t. alt. fr.* ‘workers’

184.30 an] *ov.* ‘the’

184.30 ongoing] *t. intrl. w. caret*

185.1 knowledge] *aft. x’d-out* ‘ongoing stream of’

185.1–2 although] *ov.* ‘in’; *bef. del.* ‘being’

185.2 the] *intrl.*

185.2 that] *ab. del.* ‘since the latter’

185.2 crumbles,] *comma added*

185.3 growing,] *comma added*

185.4 originally] *aft. del.* ‘who are’ [‘are’ *t. intrl. and del.*]

185.5 responsible] *bef. x’d-out* ‘and responsible’

#185.6 a] *intrl. w. caret*

#185.6 statement] *t. ab. del. and x’d-out* ‘the’

185.7 fact] *aft. x’d-out* ‘statement that’

#185.9 even today] *ab. del.* ‘still’

185.10 come from the press] *ab. del.* ‘are put forth’

185.12 socio-cultural] *aft. x’d-out* ‘social’

185.12 otherwise strange] *intrl. w. caret*

185.12 is] *bef. del.* ‘itself’

185.13 itself] *intrl. w. caret*

185.14 historic] *t. intrl. w. caret*

185.15 involved] *alt. fr.* ‘involve’

185.16 established] *aft. del.* ‘well-’

185.16 and] *aft. x’d-out period*

185.16[2] against] *t. intrl.*

#185.17–18 Institutions & traditions] *ab. del.* ‘The latter’

#185.18 expressions of] *ab. del.* ‘forms taken by’ *641*

#185.18 “social, ”] *comma added bef. del.* ‘and’

#185.18 then being] *w. caret ab. del.* ‘as’

185.23 habits] *aft. x’d-out* ‘in’

185.24 workers] *bef. del.* ‘themselves’

#185.24 place and keep] *w. caret ab. del.* ‘obtain’

185.26 render] *bef. x’d-out* ‘science’

#185.27 sense; Or,] *semicolon alt. fr. comma;* ‘O’ *ov.* ‘o’

185.27 terms,] *comma added*
185.27 - 28 that tends]*intrl. w. caret*
185.28 or use] *t. intrl.*
185.28 the] *t. intrl. w. caret*
185.29 which contain] *ab. del.* 'that form'
185.30 time] *alt. fr.* 'times'
185.32 - 33 and proper] *t. intrl. w. caret*
185.33 natural] *intrl. w. caret*
185.33 science] *bef. del.* 'concern of natural science'
185.34 This] *aft. x'd-out* 'The vi'
185.35 outside] *bef. del.* 'of'
185.35 above,] *intrl.*
185.36 nature;] *semicolon alt. fr. dash*
185.36 an] *alt. fr.* 'and'
185.36 inheritance which]*ab. del.* 'which when it is advanced'
185.37 ranked] *ab. del.* 'classed'
185.37 *anti*-scientific] *'anti' undrl.*
185.38 Another] *alt. fr.* 'The other'
185.38 passage] *bef. x'd-out* 'reads as follows'
#186.3 carry] *added*
186.4 - 5 concerned to promote] *ab. del.* 'all engaged in carrying on'
186.6 with] *aft. x'd-out* 'trust'
186.6 falsely] *t. intrl. w. caret*
186.7 namely,] *intrl. w. caret*
186.8 in a common cause.] *intrl. w. caret*
186.9 the] *intrl. w. caret*
186.10 immense] *ab. x'd-out* 'difference'
186.10 gap] *bef. x'd-out* 'there is'
186.11 not] *aft. x'd-out* 'with'
186.14 movement,] *comma added*
186.14 any] *alt. fr.* 'every'
186.14 quarter,] *comma added*
186.15 widespread] *t. w. caret ab. x'd-out* 'general'
186.15 that] *w. caret ab. del.* 'which'
186.16 attitude.] *period alt. fr. comma*
642 186.16 And to this recognition] *t. ab. x'd-out* 'but which'
186.16 - 17 must be joined] *t. ab. x'd-out* 'one which however is not generally perceived'
186.17 the fact] *added*
186.17 - 18 that this ... actualization.] *t. ab. x'd-out* 'because'
186.18 For science] *t. ab. x'd-out* 'just because science'
186.18 often] *aft. x'd-out* 'so'
186.18 influentially] *aft. x'd-out* 'so'
186.21 belief] *aft. x'd-out* 'idea of the'

186.25 science;] *semicolon alt. fr. colon*
186.25-26 rests . . . of] *t. w. caret ab. x'd-out* 'identifies'
186.26 taken to be] *w. caret ab. del.* 'called'
186.27 that] *t. intrl. w. caret*
186.28 comes] *aft. x'd-out* 'is'
186.29[2] of] *intrl. w. caret*
186.29 at] *aft. x'd-out* 'when'
186.30 life,] *comma added*
186.31 problem,] *comma added*
186.32 applications] *aft. x'd-out* 'the'
186.32 in human] *aft. x'd-out* 'of the'
186.32 *conclusions*] *undrl.*
186.33 *attitude*] *undrl.*
186.33-34 and method] *w. caret ab. del.* 'approach [*aft. x'd-out* 'and'] and attitude'
186.34 these] *alt. fr.* 'the'
186.35 affairs & problems] *aft. del.* 'some problems'
186.37 significant] *aft. x'd-out* 'use'
186.38 widespread] *t. w. caret ab. x'd-out* 'general'
186.39 the application] *aft. x'd-out* 'the use'
#186.39 method,] *comma added*
#186.39 a] *t. intrl.*
187.1 the] *intrl. w. caret*
187.1 fact] *aft. x'd-out* 'truth due'
187.2 maintenance] *aft. x'd-out* 'one'
187.4 which] *t. ab. x'd-out* 'that the'
#187.4 what is now] *ab. del.* 'known fact'
187.4 are] *t. ab. x'd-out* 'to be the'
187.4 the] *t. w. caret ab. x'd-out* 'an of'

《对科学的反抗》中的变更

该文档是一份4页长的打字稿,收于南伊利诺伊大学卡本代尔校区的莫里斯图书馆,特别馆藏,杜威VFM 24。除非特别指出,所有改动都是用蓝色水笔写的。

188.2 would] *aft. x'd-out* 'is not' 643
188.2 the] *t. intrl. w. caret*
188.3 time] *t. intrl. w. caret*
188.3-4 science,] *comma alt. in penc. fr. period*
188.4 for] *intrl. w. caret*
188.4 its] 'i' *ov.* 'I'
188.5 takes] *aft. x'd-out and penc. del.* 'is found'
188.7 ailments] *aft. x'd-out and penc. del.* 'evils of'

188.7 and] *aft. x'd-out* 'of'
188.7 school] *aft. x'd-out* 'system'
188.8-9 subordination] *aft. del.* 'the'
188.9 quotation] *aft. x'd-out* 'the hu'
188.11 in this field] *intrl. w. caret*
188.11 proceeds] *aft. x'd-out* 'is'
188.12 proceeds] *aft. x'd-out and penc. del.* 'consists'
188.12 humane] *alt. fr.* 'human'
188.17 This] 'T' *ov.* 't'; *aft. ink and penc. del.* 'Examination shows that'
188.17-18 belief in the] *intrl. w. caret*
188.19 over] *t. ab. x'd-out* 'of'
188.19 its] *t. ab. x'd-out and penc. del.* 'the'
188.20 sense—] *dash ov. comma*
188.20 that of a] *intrl. w. caret*
188.21 separation,] *comma added in penc.; t. w. penc. guideline aft. x'd-out* 'most' [*ab. x'd-out* 'sepa'] *and ab. x'd-out* 'fundamental'
188.21 the most fundamental] *t. intrl. w. caret*
188.24 the] *alt. fr.* 'they'
188.24 they] *aft. del.* 'which'
188.24 face—] *dash ov.* 'and' [*aft. penc. del. comma* {*added*}]
188.24-25 conditions] *intrl. w. caret*
188.26 will] *aft. x'd-out* 'thinks'
188.27 offered to view by] *intrl. w. penc. caret*
188.27 beings] *bef. del.* 'presents simply'
188.28 alone,] *intrl. w. caret; comma added in penc.*
188.29[2] of] *ov.* 'in'
188.29 identification] *alt. fr.* 'identifying'
188.29[3] of] *added*
188.30 linguistics] *t. w. penc. guideline ab. x'd-out* 'language'
189.2 indictment] *aft. x'd-out and penc. del.* 'accusations'
189.2 then] *intrl. w. caret*
644 189.2 depend] *w. caret ab. del.* 'rest'
189.3 spotlights] *aft. x'd-out and penc. del.* 'throws light upon'
189.4 science;] *semicolon alt. fr. comma*
#189.4 it illuminates] *intrl. w. caret and penc. guideline*
189.4 the] *in penc. ab. penc. del.* 'the'
189.4 genuinely humane] *t. intrl. w. caret*
189.5 points to] *intrl. w. caret*
189.5 only] *aft. x'd-out* 'kind of'
189.5 which] *aft. x'd-out* 'there is'
189.5-6 genuine,] *comma added*
189.6 a sham,] *w. penc. guideline ab. del.* 'pretended'
189.7 with reference] *t. intrl. w. caret*
189.7 revolt,] *comma added*

#189.8 have a vested class] *t. ab.* 'who' [*t. alt. fr.* 'whose'] *and penc. del.* 'vested'

#189.8 interest] *t. intrl. w. caret aft. x'd-out and del.* 'initerested'

189.8-9 movements] *aft. x'd-out* 'the'

189.9 in] *t. intrl. w. caret and misplaced penc. guideline*

189.9 new,] *t. ab. x'd-out* 'new'; *comma added*

189.13 existing] *intrl. w. caret*

189.13 political,] *comma t. bef. x'd-out* 'and'

189.14 and more vocally] *t. intrl. w. penc. caret*

189.15 find] *t. and penc. alt. fr.* 'finding'

189.15 that] *intrl. w. caret*

189.15 is] *intrl. w. caret*

189.16 impaired,] *comma added*

189.16-17 do the work of] *t. w. caret ab. x'd-out and penc. del.* 'become'

#189.18 It will found significant] *bel. x'd-out* 'It is significant'

189.19 that] *w. caret ab. del.* 'which'

189.20 "Conflict] 'C' *ov.* 'c'; *quot. added*

189.20 Science] 'S' *in penc. ov.* 's'

189.20 Religion."] 'R' *in penc. ov.* 'r'; *quot. added*

189.21 attacks] *aft. x'd-out* 'the'

189.21 hinged] *aft. x'd-out* 'were'

189.22 astronomical] *t. alt. fr.* 'astronomy'; *bef. penc. del.* 'science'

189.23 The attacks] 'T' *ov.* 't'; *t. w. caret ab. x'd-out and del.* 'It'

189.24 doctrinal] *t. intrl. w. caret*

189.24 the] *alt. fr.* 'these'

189.25 established] *bef. x'd-out and penc. del.* 'at an earlier history'

189.25 history,] *comma added*

189.25 that,] *comma added*

#189.26 millenia,] *comma added*

189.27 of] *bef. del.* 'traditional emotional,' 645

189.27 intellectual,] *comma added*

189.27 institutional] *intrl.*

189.30 Protestant] *alt. fr.* 'Protestantism'

#189.32 any] *intrl. w. caret*

189.32-33 importance.] *w. caret ab. del.* 'concern'; *period added in penc.*

189.35[2] a] *intrl. w. penc. caret*

189.36 matters] *w. caret ab. del.* 'beliefs'

189.39 which] *aft. x'd-out* 'which constitutes'

189.39 with] *aft. x'd-out* 'especially'

189.39 especial] *t. intrl. w. penc. caret*

189.40 human] *aft. del.* 'human issues, &'

189.40 institutional] *aft. x'd-out* 'problems and'

190.1 who & what shall have authority] *w. penc. caret ab. del.* 'right' [*aft. x'd-out* 'authority']

#190.2 to belief generally] *added*
190.4 used] *aft. del.* 'which is'
190.4 justification] *aft. del.* 'intellectual'
190.4-5 whenever] *in penc. ab. x'd-out comma and penc. del.* 'when' [editor]
190.5 anyone] *bel. penc. del.* 'if'; *aft. x'd-out and penc. del.* 'it ventures'
190.6 "material"] *bef. x'd-out and penc. del.* 'filed'
190.7 provided] *aft. ink and penc. del.* 'as its own: "—'
190.7 dare to] *w. caret ab. x'd-out* 'stray'
190.8 humane] *alt. fr.* 'human'; *aft. ink and penc. del.* 'definitely'
190.9 show] *aft. x'd-out* 'certain outward'
190.9[2] the] *t. intrl. w. caret*
190.10 made] *aft. del.* '"which are' [*aft. x'd-out* 'of']
190.10 "materialistic,"] *comma added*
190.11[1] the] *t. ab. x'd-out* 'important'
190.11 values.] *period added in penc. bef. del.* 'which should find realization.'
190.11-12 distinction] *aft. x'd-out and penc. del.* 'common'
190.13 repeat] *w. caret ab. del.* 'make'
190.14 elsewhere—] *dash alt. fr. semicolon*
190.14 namely,] 'n' *ov.* 'N'
190.14 which] *aft. x'd-out* 'made'
190.17 and eternal] *t. w. caret and penc. guideline ab. x'd-out* 'and'
190.18 merely] *intrl. w. caret*
190.18[2] things] *w. caret and guideline ab. x'd-out and penc. del.* 'and earthly'
190.20 I want] *aft.* '¶' *insrtd.*
646 190.20 however] *ab. x'd-out* 'whatever' [*aft. x'd-out* 'how']
190.20-21 good may be the grounds] *t. w. caret ab. x'd-out* 'ground'; 'good' *alt. fr.* 'goods'; 'may be the' *ov.* 'are the'
190.21 a] *w. caret ab. penc. del.* 'a'
190.21 have] *aft. del.* 'may'
190.23 Science] *aft. x'd-out and penc. del.* 'They'
190.24 their] *aft. del.* 'terms of'
190.24 the] 't' *in penc. ov.* 'T'; *intrl.*
190.24 consequences it has on] *w. penc. caret ab. del.* 'in terms [*aft. x'd-out* 'their'] of'
190.25 daily] *t. intrl. w. caret*
190.25 the] *t. alt. fr.* 'their'
190.25 enjoyments] *aft. x'd-out and penc. del.* 'and'
190.26 homes,] *aft. del.* 'factories,'
190.27 and factories; on] *w. penc. guideline ab. penc. del.* 'in'
190.27 failures] *aft. ink and penc. del.* 'their'
190.29 from] *t. ab. x'd-out and penc. del.* 'than it makes'
190.32 other] *t. intrl. w. caret*

190.34 *it*] *t. w. penc. guideline ab. x'd-out 'that'*

190.37 found;] *semicolon alt. in ink and penc. fr. comma*

190.37 not] *aft. x'd-out and penc. del.* 'is where'

190.39 humanists,] *comma added; bef. del.* 'and'

190.40 mankind,] *comma added*

#191.1 the] *t. intrl. w. caret and penc. guideline*

191.3 alike] *intrl. w. caret*

191.3 and] *added*

191.3 other] *intrl. w. caret*

191.4 for a generous human life,] *intrl.*

191.4 transforming] *aft. x'd-out and penc. del.* 'because the' [*aft. x'd-out and del.* 'using']

191.6 that] *intrl. w. caret*

191.7 values] *aft. x'd-out and del.* 'realities'

191.7 instead of] *w. caret ab. del.* 'not'

191.9 *Human is as human does.*] *added; undrl. in penc.*

《答米克尔约翰》中的变更

该文档收于南伊利诺大学卡本代尔校区的莫里斯图书馆，特殊馆藏，第1箱，11号文件夹，悉尼·胡克/约翰·杜威文集。所有改动都是用蓝黑色水笔写的。

#337.3-4 article] *bef. x'd-out* 'my'

#337.3-4 needed] *aft. del.* 'the'

#337.3-4 opposition] *bef. del.* 'to' 647

#337.4 part.] *aft. del.* 'own'

#337.5 he] *ov.* 'is'

#337.6 I confined myself to correcting his misconceptions of my own views] *t. w. caret and guideline ab. x'd-out* 'I confined myself to setting him straight on my own view.'

#337.6 I had no occasion to] *aft. x'd-out* 'to deal with his views' [*t. ab. x'd-out* 'was {*aft. undel.* 'There'} neither {*aft. x'd-out* 'no'} occasion to misconceive his views']

#337.6 Meiklejohn's] 's' *added*

337.6 final] *ab. del.* 'last'

337.6 constitute] *w. caret ab. del.* 'be'

《约翰·杜威论〈经济进步理论〉》中的变更

该文档收于奥斯汀德克萨斯大学尤金·C·巴克德克萨斯历史中心克拉伦斯·埃德温·艾尔斯书信文件集中。它是一份2页长的打字稿，第一页是原件，第二页是碳写复印件。所有改动是用一种颜色很深、看起来像是黑色的蓝色水笔写的。

359.6 a] *ov.* 'the'
359.9 (in] *aft. x'd-out* 'state either the matter at issue,'; *paren. added*
359.9 book)] *paren. ov. comma*
359.9–10 either the] *w. caret ab. del.* 'the point at'
359.10 or] *alt. fr.* 'nor'
359.11 taking it] *ab. del.* 'his position'
359.12 man.] *period alt. fr. comma bef. del.* 'and'
359.12 Anyone] 'A' *ov.* 'a'
359.12 depends] *alt. fr.* 'depended'
#359.13 Hazlitt's] *alt. fr.* 'Hazlitt'
#359.13 review will get] *w. caret ab. del.* 'would form'
359.14 This] 'T' *ov.* 't'; *aft. del.* 'I recognize that'
359.14 is] *t. intrl. w. caret*
359.14 In evidence] *intrl.*
359.14 one] *ov.* 'an'
359.15–16 , briefly put,] *intrl. w. caret*
359.16 the state of industry at a] *w. caret ab. del.* 'economic progress'
359.16 given time] *aft. x'd-out* 'is due, fundamentally, to technologic'
648 359.17 period,] *comma added*
359.19 "classic,"] *comma added*
#359.19–20 stated with equal brevity] *intrl. w. caret*
359.21 contingent] *aft. x'd-out* 'dependent'
359.21 capital] *aft. x'd-out and del.* 'funds ('
359.23 criticizing] *aft. x'd-out* 'discussing this'
359.23 Ayres] *ab. del.* 'he'
359.24 presented] *aft. x'd-out* 'used by,'
#359.25 in support of the theory] *t. intrl. w. caret aft.* 'Boehm-Bawerk'
359.25 he] *aft. x'd-out* 'fer'
#359.25 *its*] *ab. x'd-out* 'the'; *undrl.*
#359.27 the] *aft. x'd-out* 'athe'
359.27 interest,"] *comma added*
359.27 Mr] *aft. x'd-out* 'he can'
#359.28 regards the theory as a fatuity and] *t. intrl. w. caret*
359.29 "in] *quot. added*
359.29 satisfaction."] *quot. added*
#360.1 the criticism] 'the' *intrl.*; 'criticism' *alt. fr.* 'criticizing'
#360.1 of the] 'of' *intrl. w. caret*
#360.1 theory] *bef. x'd-out* 'and to presentation of'
#360.1 that] *ab. del.* 'of'
#360.2 are] *ov.* 'as'
360.3 society,] *comma added*
#360.3 to the] 'the' *intrl. w. caret*
360.3 an] *aft. x'd-out* 'his own'
#360.4 that] *alt. fr.* 'the'

360.7	the] *intrl. w. caret*
360.8	for example] *intrl. w. caret*
360.9	inequality,] *comma added*
360.11	that] *intrl. w. caret*
360.11-12	important,] *comma added*
360.15	instance] *t. w. caret ab. x'd-out* 'case'
360.18	the] *t. intrl. w. caret*
360.20	representation] *aft. x'd-out* 'account the'
#360.20	view] *ab. del.* 'theory'
360.22	reviewer] *alt. fr.* 'review'
#360.23	was] *ov.* 'is'
360.23	him] *aft. x'd-out* 'it to'
360.23	it] *intrl. w. caret*
360.23	On] *aft. x'd-out* 'Ithis d'
360.23-24	contrary,] *comma added*
360.25	such] *aft. x'd-out* 'adverse'
360.26	criticized] *t. intrl. w. caret*
360.26	be] *bef. x'd-out* 'fairly' 649
360.26	one] *aft. del.* 'the'
360.27	supposedly] *intrl. w. caret*

《谈杰斐逊》中的变更

该文档是一份一页长的打字稿原件，收于纽约伦理文化协会罗杰姆·内桑森书信文件集中。打字稿打在普通的、没有水印的打字纸上。所有的变更都是用黑色墨水写的。

366.4	the] *aft. x'd-out* 'those'
366.6	only] *aft. del.* 'it is'
366.6[2]	for] *t. ab. x'd-out* 'for of'
366.7	a] *ov.* 'right'
366.8	a] *ov.* 'the' [*t. intrl. w. caret*]
366.9	would] *t. intrl. w. caret*
366.11	particular] *t. intrl. w. caret*
366.12	his] *aft. x'd-out* 'the grounds'
366.12	faith,] *comma added*
366.12-13	re-state ... grounded.] *t. ab. x'd-out* 'renew our confidence in the reasonable grounds upon'
366.13	For everywhere] *t. w. caret ab. x'd-out* 'Forall'; *bef. x'd-out* 'a'
366.13	find] *bef. x'd-out* 'a'
366.13	evidences] *alt. fr.* 'evidence'
366.15	in] *t. intrl.*
366.15	ambition] *t. alt. fr.* 'ambitions'
366.16	now] *w. caret ab. x'd-out* 'threatened'

366.17 philosophy,] *intrl. w. caret*
366.18 where] *w. caret ab. del.* 'in'
366.18 they] *alt. fr.* 'the'
366.18 take the form] *intrl. w. caret; aft. del.* 'form'
366.19 method,] *comma added*
366.19 assertion] *aft. del.* 'in'
366.19 a] *in ink aft. x'd-out* 'the'
366.20 as they] *w. caret ab. del.* 'that'
366.21 authority] *aft. x'd-out* 'an'
366.21 investigated or criticized,] *t. w. caret ab. x'd-out* 'questioned only'; 'or' *aft. x'd-out* 'and'
366.25 discuss] *aft. x'd-out* 'shortly'
366.26 intrinsic and inalienable] *t. intrl. w. caret*

650 《我为什么选择"民主与美国"》中的变更

该文档是一份2页长的打字稿原件，收于普林斯顿大学图书馆《故事》杂志档案集第3箱第4文件夹中。打字稿打在普通的、没有水印的打字纸上。除了已标出的铅笔或打字改动，所有变更都是用蓝色墨水写的。

367.3 It happens] *aft.* '¶' *insrtd. in penc.*
367.6 now] *intrl. w. caret*
367.7 wrote] *alt. fr.* 'write'
367.8 what] *aft. x'd-out* 'this chapter'
367.11 its] *aft. x'd-out* 'the'
367.12 moral] *intrl. w. caret*
367.12 foundation] *alt. fr.* 'foundations'
367.15 majority-rule] *hyphen added*
367.16 has] *aft. x'd-out* 'hdsseen'
367.17 weakest,] *comma added*
367.18 Because] *aft.* '¶' *insrtd. in penc.*
367.19 realized] *bef. del.* 'the necessity'
367.19 that] *aft. x'd-out and del.* 'for'
367.19 be] *bef. del.* 'must'
367.23 consent,] *comma added*
367.23 in] *aft. del.* 'is'
367.23 is] *intrl. w. caret*
367.26 that is] *intrl. w. caret*
367.27 assembly,] *comma added*
367.29-30 the lowest kind of estimate of the] *t. intrl. w. caret*; 'estimate' *aft. del.* 'an'
367.30 capacities] *aft. x'd-out* 'profound'
368.1 just] *intrl. w. caret*

368.2 beings,] *comma added*
368.4 means] *aft. del.* 'mean'
368.8 is] *aft. x'd-out* 'can'
368.9 ideal] *aft. x'd-out* 'principle.'

《人与数学》中的变更

该文档是一份一页长的打字稿,收于南伊利诺伊大学卡本代尔校区的莫里斯图书馆,特别馆藏,杜威 VFM24。所有改动都是用蓝黑水笔写的。

376.1 Man & Mathematics] *added* *651*
376.4 topic] *aft. x'd-out* 'subject'
376.6 a] *ov.* 'and'
376.8 comment] *bef. del.* 'referred to above'
376.9[1] is] *intrl. w. caret*
376.9 speak,] *comma added*
376.11 scientific] *aft. x'd-out* 'sub'
376.11 materials] *aft. x'd-out* 'sub'
376.12 - 13 mental] *aft. del.* 'either'
#376.13 "tells] *bef. x'd-out* 'us'
376.13 our] *aft. x'd-out* 'the'
376.15 mathematician,] *added w. caret and guideline*
376.17 that,] *comma added*
376.17[1] it,] *comma added*
376.17[2] it] *intrl.*
376.19 *from the outside*] *undrl.*
376.21 creative,] *comma added bef. del.* 'or'
#376.22 so] *aft. x'd-out* 'and'
376.22 the] *aft. x'd-out* '"rules'
376.22 working] *aft. x'd-out* '"rules"'
376.22 "rules"] *quots. added*
376.22 *not*] *undrl.*
376.24 art,] *comma added*
376.24 direction,] *comma added*
376.25 others] *aft. x'd-out* 'any'
376.26 view] *bef. del.* 'of the' [*bef. x'd-out* 'constructions human being']
376.26 construction] *t. alt. fr.* 'constructions'
377.2 - 3 language,] *comma added*
377.3 it is] *intrl.*
377.3 in] *aft. x'd-out* 'to'
377.4 is it a] *added w. caret and guideline aft. del.* 'a'
377.5 *as . . . it*] *undrl.*

行末连字符列表

652 ## I. 范本表

以下是编辑给出的一些在范本的行末使用连字符的、可能出现的复合词：

47.27－28	anti-naturalist
47.35	cooperation
53.11	anti-naturalist
57.4	non-theological
61.11	so-called
61.26	supernaturalism
61.34	anti-naturalism
61.39－40	non-supernaturalism
62.8	wholehearted
74.21	exteroceptors
76.38	pan-psychists
85.13	subject-matter
86.3	subject-matters
97.25	subjectmatter
105.12	two-fold
111.4	spacio-temporal
111.16	spacio-temporal
121.22	thermoelectric
137.7	subject-matter
137.16	non-cognitive
138.17	subject-matter
138.26	quasi-imperative
154.9－10	non-professional
186.7	money-making
206.28	large-scale
216.1	So-called
228n.1	over- frequent
229.4	pre-existing
230.6	clear-cut
236.6	reinforce
237.12	predetermined
243.2	reenforced
243.33－34	anti-democratic
273.18	one-sidedness
276.3	widespread
278.14	widespread
283.10	anti-democratic
283.15	self-perpetuating
303.23	outworn
304.2	so-called
316.13	one-sidedness
334.6	re-editing
339.1	self-confessed
342.8	hard-headed

345.15	semi-official	371.15	cooperation
349.29	pro-nazism		

II. 校勘文本表 653

在本版的复本中,被模棱两可地断开的、可能的复合词中的行末连字符均未保留,但以下的除外:

14.24	self-stultifying	121.16	thermo-couple
29.11	self-revealing	128.14	subject-matter
29.14	subject-matters	129.8	subject-matter
37.14	non-existential	137.16	extra-cognitive
47.24	anti-naturalist	138.12	anti-ethical
47.35	anti-naturalistic	154.9	non-professional
49.11	pre-democratic	165.30	pre-requisite
53n.4	anti-naturalism	175.26	single-minded
58.1	anti-naturalists	177.40	self-government
58.25	non-supernatural	184.27	non-individualistic
61.40	non-supernaturalism	185.34	pre-scientific
65.29	non-social	208.26	two-sided
68.7	*self*-observation	228.32	quasi-godlike
76.33	self-centered	233.14	self-enclosed
81.10	*subject-matter*	243.33	anti-democratic
84.25	self-contained	266.32	book-shelf
87.35	subject-matters	272.4	pre-scientific
89.5	ever-accelerated	282.20	self-discipline
95.11	all-controlling	305.20	pre-technological
98.32	over-optimistic	322.24	pre-established
103.5	long-time-span	348.13	high-ranking
109.10	age-old	366.11	re-affirm
118.11	subject-matter		

引文中实质用词的变化

654 杜威在引号中对实质用词的改变被认为非常重要，足以需要这一特殊列表。杜威以各种方法再现了资料来源，从记忆性的复述到逐字逐句的引证都有；有些地方完整地引用资料，有些地方只提到了作者的姓名，还有些地方完全省略了文献资料。引号中所有的资料已经查到，已被明显强调或者重申的资料除外。杜威的引文已经过核对，必要时作了校勘。

除了校勘表中注明的必要更正之外，所有引文按均它们在范本中的原状一一保留。假如有排印方面的错误，恢复原文的实质用词或偶发拼读上的变化被作为著作(W)校勘标注出来。杜威像那个时期的许多学者那样，不关心形式方面的精确性，引文中的许多变化很可能出现在印刷过程中。比如，将杜威的引文与原文进行对比，可以显示有些编辑和排字人员将所印材料和杜威本人的材料作了印刷方面的个性化处理。因此，在本版中，原文的拼写和大写一律从旧。

杜威常常改动或省去所引材料的标点符号，当这种改动或省略有实质性的含义时，我们便恢复原文的标点。在校勘表中，我们已标明了那些变化。杜威常常并不表明他已省略他所引用的材料。被省略的短语出现在本表中。省略一行以上，便用中括号注明。原始材料中的斜体字被作为实质用词对待。杜威省略或补充的斜体字，在这里已经注明。杜威的引文与包含这些引文的上下文的出处之间的差异，如数字或时态的变化，此处没有注明。

这一部分使用的形式旨在帮助读者确定杜威究竟是直接引用了原始资料还是仅凭记忆引用这些资料。本部分的标注方法遵循以下格式：本版行-页数后面是词条，
655 然后是括号。括号后面是原文形式，然后是作者姓名、取自杜威的参考文献目录的简

化原文标题,以及原始文献的页-行参考,全都加上了括号。

《威廉·詹姆斯与当今世界》

4.12 sincerity] sincerely (Perry, *James*, 1:322.24)
4.12 himself] one's self (Perry, *James*, 1:322.24)
4.13 *total process*][*rom.*] (Perry, *James*, 1:322.25)
4.14 evils that seem] evil that seems (Perry, *James*, 1:322.26)
4.16 If] If, as in Homer, (Perry, *James*, 1:322.32)
4.16 *divided*] [*rom.*] (Perry, *James*, 1:322.32)
4.18 will] will enough (Perry, *James*,1:322.34)
4.19 live] lead (Perry, *James*, 1:322.35)
4.19 meliorism] moralism (Perry, *James*, 1:322.35)
5.18 upon] on (James, *Universe*, 324.18)
5.19 run] strike (James, *Universe*, 324.20)
5.22 neighbor] neighbors (James, *Universe*, 326.6)
5.26 stands for a] names a genuine (James, *Universe*,324.20-21)
5.30 is] is but (James, *Universe*, 286.9)

《经验主义者威廉·詹姆斯》

16.29 must] ought only to (Hume, *Treatise*, 1:248.13)
16.29 passion] the passions (Hume, *Treatise*, 1:248.13-14)

《威廉·詹姆斯的道德与朱利恩·本德的道德》

20.36 psychological] psychologic (James, *Letters*, 2:74.12)
20.37 loosed] loose (James, *Letters*, 2:74.13)
20.40 It] We (James, *Letters*, 2:74.17)
23.2-3 is a shame] a shame that (James, *Letters*, 2:88.18)
23.7 forms] their forms (James, *Letters*, 2:90.5)
23.33 [pragmatism]] Marxist dogma (Benda, "Western Morality,"421.2.18) [*Later Works* 15:390.24-25]
26.14 that] the (James, *Letters*, 2:260.18)

《境遇的探究与境遇的不确定性》

36n.3 belongs] pertains (Mackay, "'Indeterminate Situation,'"142.8) [*Later Works* 15:394.16]
37.3 modification] temporal modification (Dewey, *Logic*,118.27)[*Later Works* 12:122.2-3] 656
37.20 *causal*][*rom.*] (Mackay, "'Indeterminate Situation,'" 146.6) [*Later*

Works 15:398.32]

37.20 - 21 situation] reality (Mackay, "'Indeterminate Situation,'" 146.7) [*Later Works* 15:398.32 - 33]

38.35 a] the (Mackay, "'Indeterminate Situation,'" 146.10) [*Later Works* 15:399.1]

38.36 characteristics] operationally identified characters of things or events (Mackay, "'Indeterminate Situation,'" 146.13 - 14) [*Later Works* 15:399.4 - 5]

39.19 is also] is not only that which binds all constituents into a whole but it is also (Dewey, *Logic*, 68.21 - 22) [*Later Works* 12:74.7 - 8]

39.20 each] in each (Dewey, *Logic*, 68.22) [*Later Works* 12:74.8 - 9]

《"内在的善"的模糊性》

42.15 a thing] the thing (*Oxford English Dictionary*, s.v. "intrinsic," 438.2.12)

43.5 upon] on (Locke, *Works*, 5:139.12)

43.18 depends solely upon] *depends solely on* (Savery, "Intrinsic Good," 235.31 - 32)

43.19 the intrinsic ... question] [*ital.*] (Savery, "Intrinsic Good," 235.32)

《极端的反自然主义》

47.1 The pattern-man] the State's pattern man (Newman, *Lectures*, 207.13)

47.2 is] be (Newman, *Lectures*, 207.14)

47.3 power, but] power, [...] but (Newman, *Lectures*, 207.15 - 17)

47.3 *mere natural virtue*] [*rom.*] (Newman, *Lectures*, 207.18)

47.4 closed] quite closed (Newman, *Lectures*, 207.12)

50.22 Determinists, materialists] determinists; [...] Materialists (Neill, "'Fifth Column,'" 151.1.28 - 31)

50.26 which we] we (Neill, "'Fifth Column,'" 151.1.39)

50.30 Gobineau] Arthur de Gobineau (Neill, "'Fifth Column,'" 151.2.41)

657 50.31 Chamberlain] Houston Stewart Chamberlain (Neill, "'Fifth Column,'" 151.2.42)

50.31 them would be] whom would have been (Neill, "'Fifth Column,'" 151.2.43)

50.31 complete] completed (Neill, "'Fifth Column,'" 151.2.44)

51.26 man] men (Maritain, "Renewals," 14.14)

51.26 is] is just (Maritain, "Renewals," 14.5)

52.26 Men] Many (Brown et al., "Spiritual Basis," 2:255.10)

52.29 they] they still (Brown et al., "Spiritual Basis," 2:255.14)

52.30 conception] conception of man (Brown et al., "Spiritual Basis," 2:255.14)

52.34 animal. They] animal [...] they (Brown et al., "Spiritual Basis," 2:

255.18 - 21)

52.37 *must*] [*rom.*] (Brown et al., "Spiritual Basis," 2:255.26)
53.2 greatly] gravely (Brown et al., "Spiritual Basis," 2:255.31)
54.7 As] So (Chesterton, *America*, 296.7)
54.13 basis] author (Chesterton, *America*, 296.26)
60.6 it,] it, as a mere shade, (Newman, *Lectures*, 199.17 - 18)
60.7 a single] one single (Newman, *Lectures*, 199.18 - 19)

《价值判断与直接的质》

67.17 concerning] involving (Rice, "'Objectivity,'" 12.1) [*Later Works* 15:409.39]
67.20 interests] my interests (Rice, "'Objectivity,'" 11.31) [*Later Works* 15:409.25]
67.24 *at*] of (Rice, "'Objectivity,'" 11.28) [*Later Works* 15:409.22]
69.3 upon] on (Rice, "'Objectivity,'" 9.37) [*Later Works* 15: 407.22]
70.5 'close.'] *close.* (Dewey, *Logic*, 158.3) [*Later Works* 12:160.11]

《自然主义者是唯物主义者吗？》

110.22 - 23 inorganic,] inorganic, plant, (Sheldon, "Critique," 256.27 - 28) [*Later Works* 15:457.5]
119.36 or] nor (Sheldon, "Critique," 262.13) [*Later Works* 15:463.15]
123.26 something] something merely (Sheldon, "Critique," 267.8 - 9) [*Later Works* 15:468.31]

《伦理主题与语言》 658

132.15 refer] [*ital.*] (Stevenson, *Ethics*, 42.6)
133.34 upon] on (Stevenson, *Ethics*, 39.4)
134.35 grief,] grief, sorrow, (*Oxford English Dictionary*, s.v. "alas," 1:205.3.33)
135.12 for] [*ital.*] (*Oxford English Dictionary*, s.v. "alas," 1:205.3.33)
135.17 for] at (*Oxford English Dictionary*, s.v. "alas," 1:205.3.41)
135.18 its] for the (*Oxford English Dictionary*, s.v. "alas," 1:205.3.44)

《皮尔士论语言符号、思想及意义》

142.8 - 9 interpreter] [*ital.*] (Morris, *Signs*, 3.29)
142.30 relation] relations (Morris, *Signs*, 6.22)
142.31 that] the objects (Morris, *Signs*, 6.22)
142.31 they] the signs (Morris, *Signs*, 6.22)

144.21 pragmatical dimension] [*ital.*] (Morris, *Signs*, 6.27)
145.15 saying] saying that (Peirce, *Papers*, 5:151.27)
145.23 "thing-sentence,"] [*ital.*] (Morris, *Signs*, 15.28)
147.7 bumping] bumping up (Peirce, *Papers*, 1:162.13)
147.17 in] by (Peirce, *Papers*, 1:162.31)
148.20 convey] convey some (Peirce, *Papers*, 2:137.23)
150.28 to] necessary to (Peirce, *Papers*, 5:158.29)
151n.6 and the] and (Peirce, *Papers*, 5:378.39)

《人的问题及哲学的现状》

154.8 and] and of (Blanshard et al., *American Education*, vii.4)
159.17 the actions of men] their actions (Russell, *Western Philosophy*, xiv.13)
159.19 evil] what is evil (Russell, *Western Philosophy*, xiv.15)
168.30 doing] actually doing (Royce, *Spirit*, 1.23)
168.31 And what] What (Royce, *Spirit*, 1.23)
168.32 living involves] life involves (Royce, *Spirit*, 1.24 – 25)
168.33 these] all these things (Royce, *Spirit*, 1.26)
169.3 significance] of significance (Royce, *Spirit*, 2.2)
169.4 worth] the worth (Royce, *Spirit*, 2.3)
169.4 the world] our world (Royce, *Spirit*, 2.3)
659 169.4 matter of] matter for (Royce, *Spirit*, 2.4)
169.6 philosophy] a philosophy (Royce, *Spirit*, 2.5)

《民主的国际组织对强制的国际组织》

193.5 the first] that first (Addams, *Hull-House*, 119.10)
193.5 war] the war (Addams, *Hull-House*, 119.10)
193.13 become] grown (Addams, *Peace and Bread*, 5.7)
194.20 change] a change (Addams, *Peace and Bread*, 51.8)
194.27 – 28 government] organization (Addams, *Peace and Bread*, 51.20)
194.29 impulses] impulse (Addams, *Peace and Bread*, 51.22)
196.29 peoples] people (Addams, *Peace and Bread*, 113.2)
196.29 – 30 to military than to] for military than for (Addams, *Peace and Bread*, 113.3)
198.8 peoples] people (Addams, *Peace and Bread*, 65.6)

《解放社会科学家》

224.27 long-range] specific long-range (Glazer, "Manipulation," 85.2.43 – 44)
225.6 the everyday] everyday(Bell, "Men to Machines,"79.1.7)
225.18 few] no (Bell, "Men to Machines," 87.2.4)

225.18 kind] kinds (Bell, "Men to Machines," 87.2.5)

225.20 best alter] alter (Bell, "Men to Machines," 87.2.7)

232.26 the social] social (Seligman, "Economics," 5:344.1.35)

232.27 provision] the provision (Seligman, "Economics," 5:344.1.35 - 36)

232.27 individuals] the individual (Seligman, "Economics," 5:344.1.36)

232.27 groups] of organized groups (Seligman, "Economics," 5:344.1.37)

《对自由主义思想的挑战》

273.15 toward] towards (Peirce, *Papers*, 5:394.34)

《〈赴莫斯科的使命〉没有揭示苏联审判的新证据》 660

289.22 - 23 to my] in my (Davies, *Moscow*, 273.14)

291.29 foundations] foundation(Davies, *Moscow*, 181.11 - 12)

291.33 Their] the (Davies, *Moscow*, 52.16)

291.33 vice] vice in the procedure from our point of view (Davies, *Moscow*, 52.16 - 17)

292.3 There] There are many evidences here in Moscow that there (Davies, *Moscow*, 302.18 - 19)

292.3 down] down into(Davies, *Moscow*, 302.19 - 20)

292.6 is] is again (Davies, *Moscow*, 303.3 - 4)

292.10 friends] their friends (Davies, *Moscow*, 303.7)

292.10 *particular . . . political*] [*rom.*] (Davies, *Moscow*, 303.14)

《铁棒背后》

296.18 politic] easily removed (Dallin and Nicolaevsky, *Forced Labor*, ix.13)

298.10 in] of the (Dallin and Nicolaevsky, *Forced Labor*, 223.6)

298.11 of] of the (Dallin and Nicolaevsky, *Forced Labor*, 223.7)

《〈超越"艺术"之路——赫伯特·拜尔的作品〉序言》

313.26 special contributor] specific contributor (Dorner, *Way*, 16.7 - 8)

314.25 philosophy] philosophies (Dorner, *Way*, 19.30)

《〈艺术活动的展开〉序言》

316.36 make] would make (Schaefer-Simmern, *Unfolding*, 6.29)

316.37 personality] his personality (Schaefer-Simmern, *Unfolding*, 6.30)

《詹姆斯·海登·塔夫茨》

325.6 *personal relations*] [*rom.*] (Ames, *Tufts*, 29.7)
325.14 was] was indeed (Smith, *Tufts*, 13.19)
325.16 and of intent] of intent (Smith, *Tufts*, 13.21)

661 ## 《答查尔斯·W·莫里斯》

331.7 upon] on (Morris, "Reply to Dewey," 196.12) [*Later Works* 15:464.12]

《杜威答米克尔约翰》

334.24 may] has (Meiklejohn, "Reply to Dewey," 217.49) [*Later Works* 15:471.49]

《俄国的立场》

338.17 assiduously attended] attended [...] assiduously (Davies, *Moscow*, 35.26)

《〈赴莫斯科的使命〉影片中的几处错误》

346.32 from the] from (Davies, *Moscow*, 52.23)
346.35 for] for weeks and (Davies, *Moscow*, 53.4)

《关于莫斯科影片的再批评》

351.19 the] his (Dewey et al., *Trotsky*, xvii.24)

《再论〈赴莫斯科的使命〉》

354.7 is] is necessarily (Pope, "Merit," 12.7.3) [*Later Works* 15:501.21-22]
354.8 peril] national stress and peril (Pope, "Merit," 12.7.5) [*Later Works* 15:501.23]
354.11 is] is particularly (Pope, "Merit," 12.7.8) [*Later Works* 15:501.25]

《奥德尔·沃勒案》

356.23-24 act not only with justice but] not only deal with people with justice, but also with (*New York Times*, "Appoints," 4.2.58-

59)
358.13 man] tenant (Daniels, "Native," 635.2.21)

《约翰·杜威论〈经济进步理论〉》 662

360.5 tradition] tradition it must be admitted (Ayres, *Theory,* 53.10-11)

《评〈我要像斯大林一样〉》

373.24 the children] children (Yesipov and Goncharov, *Stalin,* 43.16)
373.26 people] his people (Yesipov and Goncharov, *Stalin,* 42.14-15)

杜威的参考书目

663 这里所列是杜威引用的所有出版物。杜威个人图书馆(南伊利诺伊大学莫里斯图书馆的约翰·杜威书信文件集与特集)中的书尽可能列出。杜威给出参考页码的书,编辑时直接注明引文出处;这里所列其余参考文献,是根据出版和发表的地点和时间他最可能接触到的版本,或明显出自通信和其他材料。

Addams, Jane. *Newer Ideals of Peace.* New York: Macmillan Co., 1907.

——. *Peace and Bread in Time of War.* New York: Macmillan Co., 1922.

——. *The Second Twenty Years at Hull-House: September 1909 to September 1929.* New York: Macmillan Co., 1930.

Aiken, Henry. Review of *Ethics and Language,* by Charles L. Stevenson. *Journal of Philosophy* 42 (16 August 1945): 455-70.

Ames, Edward S. Tribute. In *James Hayden Tufts.* Privately printed memorial pamphlet, pp. 15-31. N.p. [1942].

Aristotle. *The Organon, or Logical Treatises, of Aristotle.* 2 vols. Translated by Octavius Freire Owen. London: H. G. Bohn, 1853.

Arnold, Matthew. "Stanzas from the Grande Chartreuse." In *The Poems of Matthew Arnold, 1840 to 1866*, pp. 256-61. Everyman's Library. London: J. M. Dent and Sons; New York: E. P. Dutton and Co., 1908.

Ayres, C.E. *The Theory of Economic Progress.* Chapel Hill: University of North Carolina Press, 1944.

Bacon, Francis. *The New Organon.* In *The Works of Francis Bacon,* edited by James Spedding, Robert Leslie Ellis, and Douglas Devon Heath, 4:39-248. London: Longmans and Co., 1875.

Bell, Daniel. "Adjusting Men to Machines." *Commentary* 3 (January 1947): 79-88.

Benda, Julien. "The Attack on Western Morality." *Commentary* 4 (November
664 1947): 416-22. [*The Later Works of John Dewey, 1925-1953*, edited by Jo

Ann Boydston, 15: 381 - 92. Carbondale and Edwardsville: Southern Illinois University Press, 1989.]

Bentley, Arthur F. "Truth, Reality, and Behavioral Fact." *Journal of Philosophy* 40 (1 April 1943):169 - 87.

Blanshard, Brand, et al. *Philosophy in American Education: Its Tasks and Opportunities.* New York: Harper and Bros., 1945.

Bode, Boyd H. "Cognitive Experience and Its Object." *Journal of Philosophy, Psychology and Scientific Methods* 2 (23 November 1905):658 - 63.

——. "The Concept of Pure Experience." *Philosophical Review* 14 (November 1905): 684 - 95.

Brotherston, Bruce W. "The Genius of Pragmatic Empiricism." *Journal of Philosophy* 40 (7 and 21 January 1943):14 - 21, 29 - 39.

Brown, J. Douglas, et al. "The Spiritual Basis of Democracy." In *Science, Philosophy and Religion: Second Symposium,* edited by Lyman Bryson and Louis Finkelstein, pp. 251 - 57. New York: Conference on Science, Philosophy and Religion in Their Relation to the Democratic Way of Life, 1942.

Bryson, Lyman, and Louis Finkelstein, eds. *Science, Philosophy and Religion: Second Symposium.* New York: Conference on Science, Philosophy and Religion in Their Relation to the Democractic Way of Life, 1942.

Chesterton, G. K. *What I Saw in America.* New York: Dodd, Mead and Co., 1922.

Childs, John L. "Comments by John L. Childs on Dr. Dewey's Letter." *Frontiers of Democracy* 8 (15 March 1942):181 - 82. [*Later Works* 15:487 - 91.]

Cowles, Edward Spencer. *Don't Be Afraid!* New York: Wilcox and Follette Co., 1941.

Croce, Benedetto. "On the Aesthetics of Dewey." *Journal of Aesthetics and Art Criticism* 6 (March 1948):203 - 7. [*Later Works* 15:438 - 44.]

Dallin, David J., and Boris I. Nicolaevsky. *Forced Labor in Soviet Russia.* New Haven: Yale University Press, 1947.

Daniels, Jonathan. "A Native at Large." *Nation* 151 (21 December 1940):635.

Davies, Joseph E. *Mission to Moscow.* New York: Simon and Schuster, 1941.

Dewey, John. *Art as Experience.* New York: Minton, Balch and Co., 1934. [*Later Works* 10.]

——. *Logic: The Theory of Inquiry.* New York: Henry Holt and Co., 1938. [*Later Works* 12.]

——. "Ethical Subject-Matter and Language." *Journal of Philosophy* 42 (20 December 1945):701 - 12. [*Later Works* 15:127 - 40.]

——. "How Is Mind to Be Known?" *Journal of Philosophy* 39 (15 January 1942): 665
27 - 33. [*Later Works* 15:29 - 36.]

——. "Logical Conditions of a Scientific Treatment of Morality." In *Investigations Representing the Departments.* University of Chicago, The Decennial Publications, first series, 3:115 - 39. Chicago: University of Chicago Press, 1903; *Problems of Men.* New York: Philosophical Library, 1946, pp. 211 - 49. [*The Middle Works of John Dewey, 1899 - 1924*, edited by Jo Ann Boydston, 3:3 - 39.

Carbondale and Edwardsville: Southern Illinois University Press, 1978.]

——. "The Objectivism-Subjectivism of Modern Philosophy." *Journal of Philosophy* 38 (25 September 1941):533 - 42. [*Later Works* 14:189 - 200.]

Dewey, John, and James H. Tufts. *Ethics.* New York: Henry Holt and Co., 1908; 1932. [*Middle Works* 5; *Later Works* 7.]

Dewey, John, et al. *The Case of Leon Trotsky. Report of Hearings on the Charges Made against Him in the Moscow Trials, by the Preliminary Commission of Inquiry.* New York and London: Harper and Bros., 1937.

Dewey, John, et al. *Not Guilty: Report of the Commission of Inquiry into the Charges Made against Leon Trotsky in the Moscow Trials.* New York: Harper and Bros., 1938.

Dorner, Alexander. *The Way beyond "Art"—The Work of Herbert Bayer.* New York: Wittenborn, Schultz, 1947.

Dynnik, M. "Contemporary Bourgeois Philosophy in the U.S." *Modern Review* 1 (November 1947):653 - 60.

Edman, Irwin. "The Arts of Liberation." In *The Authoritarian Attempt to Capture Education.* Papers from the 2d Conference on The Scientific Spirit and Democratic Faith, pp.25 - 29. New York: King's Crown Press, 1945.

Field, Frederick V. "Behind the Chinese Front." *New Masses* 46 (26 January 1943): 21- 23.

Finkelstein, Louis, and Lyman Bryson, eds. *Science, Philosophy and Religion: Second Symposium.* New York: Conference on Science, Philosophy and Religion in Their Relation to the Democratic Way of Life, 1942.

Geiger, George R. "Can We Choose between Values?" *Journal of Philosophy* 41 (25 May 1944):292 - 98. [*Later Works* 15:445 - 52.]

Glazer, Nathan. "Government by Manipulation." *Commentary* 2 (July 1946): 81 - 86.

——. "What Is Sociology's Job?" *Commentary* 3 (February 1947):181 - 86.

Goncharov, N.K., and B.P. Yesipov. *I Want to Be Like Stalin.* Translated by George S. Counts and Nucia P. Lodge. New York: John Day Co., 1947.

666 Hazlitt, Henry. "A Fresh Start in Economics." *Saturday Review of Literature* 27 (5 July 1944):38. [*Later Works* 15:502 - 3.]

Hook, Sidney. *Education for Modern Man.* New York: Dial Press, 1946.

——. "Ballyhoo at St. Johns College—Education in Retreat." *New Leader* 27 (27 May 1944):8 - 9.

——. "Ballyhoo at St. Johns—II. The 'Great Books' and Progressive Teaching." *New Leader* 27 (3 June 1944):8 - 10.

——. "Intelligence and Evil in Human History." *Commentary* 3 (March 1947): 210 - 21.

——. "The U.S.S.R. Views American Philosophy." *Modern Review* 1 (November 1947):649 - 53.

Humanist. "God and Mathematics." *Humanist* 7 (September 1947): 101. [*Later Works* 15:507 - 8.]

Hume, David. *A Treatise of Human Nature: Being an Attempt to Introduce the*

Experimental Method of Reasoning into Moral Subject. Vol. 1, *Of the Understanding*. London: John Noon, 1739.

Hutchins, Robert M. "Toward a Durable Society." *Fortune* 27 (June 1943):159 - 60,194,196,198,201 - 2,204,207.

James, William. *The Letters of William James*. Edited by His Son, Henry James. Vol. 2. Boston: Atlantic Monthly Press, 1920.

——. *Memories and Studies*. New York: Longmans, Green, and Co., 1911.

——. *A Pluralistic Universe*. New York: Longmans, Green, and Co., 1909.

——. *Pragmatism: A New Name for Some Old Ways of Thinking*. New York: Longmans, Green, and Co., 1907.

——. *The Principles of Psychology*. 2 vols. New York: Henry Holt and Co., 1893.

——. *The Will to Believe: And Other Essays in Popular Philosophy*. London: Longmans, Green and Co., 1927.

Kelley, Earl C. *Education for What Is Real*. New York and London: Harper and Bros., 1947.

Krikorian, Yervant H., ed. *Naturalism and the Human Spirit*. New York: Columbia University Press, 1944.

Lewis, Clarence Irving. "Some Logical Considerations Concerning the Mental." *Journal of Philosophy* 38 (24 April 1941):225 - 33.

Locke, John. *An Essay concerning Human Understanding*. In *The Works of John Locke*, 10th ed., vols. 1 - 3. London: J. Johnson, 1801.

——. *Further Considerations concerning Raising the Value of Money*. In *The Works of John Locke*, 5:131 - 206. London, 1823. Reprint, Berlin: Scientia Verlag Aalen, 1963.

Mackay, Donald Sage. "What Does Mr. Dewey Mean by an 'Indeterminate Situation'?" *Journal of Philosophy* 39 (12 March 1942):141 - 48. [*Later Works* 667
15:393 - 401.]

Maritain, Jacques. "Contemporary Renewals in Religious Thought." In Maritain et al., *Religion and the Modern World*. Philadelphia: University of Pennsylvania Press, 1941.

Meiklejohn, Alexander. "A Reply to John Dewey." *Fortune* 31 (January 1945): 207 - 8,210, 212, 214, 217, 219. [*Later Works* 15:474 - 85.]

Moore, G. E. *Ethics*. New York: Henry Holt and Co., 1912.

——. *Philosophical Studies*. New York: Harcourt, Brace and Co., 1922.

Morris, Charles W. *Foundations of the Theory of Signs*. *International Encyclopedia of Unified Science*, edited by Otto Neurath, vol. 1, no. 2. Chicago: University of Chicago Press, July 1938.

——. "Reply to Dewey." *Journal of Philosophy* 43 (28 March 1946):196. [*Later Works* 15:473.]

Murphy, Arthur E. "Tradition and Traditionalists." In *The Authoritarian Attempt to Capture Education*. Papers from the 2d Conference on The Scientific Spirit and Democratic Faith, pp. 13 - 24. New York: King's Crown Press, 1945.

Neill, Thomas P. "Democracy's Intellectual 'Fifth Column.'" *Catholic World* 155

(May 1942):151 - 55.

Newman, John Henry. *Lectures on Certain Difficulties Felt by Anglicans in Submitting to the Catholic Church*. London: Burns and Lambert, 1850.

New York Times. "Gaynor Appoints Herman Robinson." *New York Times*, 13 January 1910.

Nicolaevsky, Boris I., and David J. Dallin. *Forced Labor in Soviet Russia*. New Haven: Yale University Press, 1947.

Oxford English Dictionary. Oxford: At the Clarendon Press, 1933. [s. vv. "alas"; "intrinsic."]

Peirce, Charles Sanders. *Collected Papers of Charles Sanders Peirce*. Edited by Charles Hartshorne and Paul Weiss. Vols. 1, 2, 3, and 5. Cambridge: Harvard University Press, 1931, 1932, 1933, 1934.

Perry, Ralph Barton. *The Thought and Character of William James*. Vol. 1, *Inheritance and Vocation*. Boston: Little, Brown, and Co., 1935.

Polanyi, Karl. *The Great Transformation*. New York: Farrar and Rinehart, 1944.

——. "Our Obsolete Market Mentality." *Commentary* 3 (February 1947):109 -17.

Pope, Arthur Upham. "Merit Seen in Moscow Film." *New York Times*, 12 June 1943, p.12. [*Later Works* 15:499 - 501.]

——. "*Mission to Moscow* Film Viewed as Historical Realism." *New York Times*, 16
668 May 1943, p.12. [*Later Works* 15:492 - 98.]

Rice, Philip Blair. "'Objectivity' in Value Judgments." *Journal of Philosophy* 40 (7 January 1943):5 - 14. [*Later Works* 15:402 - 12.]

——. "Quality and Value." *Journal of Philosophy* 40 (24 June 1943): 337 - 48. [*Later Works* 15:413 - 25.]

——. "Types of Value Judgments." *Journal of Philosophy* 40 (30 September 1943): 533 - 43. [*Later Works* 15:426 - 37.]

Roosevelt, Franklin D. *Atlantic Charter*. *Congressional Record*. 77th Cong., 1st sess. 1941. Vol. 87, pt. 1, pp. 44 - 47.

Royce, Josiah. *The Spirit of Modern Philosophy*. Boston: Houghton, Mifflin and Co., 1892.

Russell, Bertrand. *A History of Western Philosophy*. New York: Simon and Schuster, 1945.

Savery, Barnett. "Intrinsic Good." *Journal of Philosophy* 39 (23 April 1942): 234 - 44.

Schaefer-Simmern, Henry. *The Unfolding of Artistic Activity*. Berkeley and Los Angeles: University of California Press, 1948.

Seligman, Edwin R. A. "Economics: The Discipline of Economics." In *Encyclopaedia of the Social Sciences*, edited by Seligman and Alvin Johnson, 5: 344 - 46. New York: Macmillan Co., 1931.

Sheldon, Wilmon Henry. "Critique of Naturalism." *Journal of Philosophy* 42 (10 May 1945):253 - 70. [*Later Works* 15:453 - 72.]

Smith, T. V. Tribute. In *James Hayden Tufts*. Privately printed memorial pamphlet, pp. 8 - 14. N.p. [1942].

Stevenson, Charles L. *Ethics and Language*. New Haven: Yale University

Press, 1944.

Thompson, Ralph. "Books of the Times." *New York Times*, 29 December 1941, p.19.

Tufts, James Hayden. *America's Social Morality: Dilemmas of the Changing Mores*. New York: Henry Holt and Co., 1933.

——. *The Real Business of Living*. New York: Henry Holt and Co., 1918.

Tufts, James Hayden, and John Dewey. *Ethics*. New York: Henry Holt and Co., 1908; 1932. [*Middle Works* 5; *Later Works* 7.]

Whyte, A. Gowans. "The Three Humanisms." *Literary Guide and Rationalist Review* 59 (March 1944):30 – 31.

Williams, Eric. *Education in the British West Indies*. Port-of-Spain, Trinidad, B. W.I.: Guardian Commercial Printery, 1946.

Windelband, Wilhelm. *A History of Philosophy with Especial Reference to the Formation and Development of Its Problems and Conceptions*. Translated by James H. Tufts. New York: Macmillan and Co., 1893.

Woodward, Frederic. Tribute. In *James Hayden Tufts*. Privately printed memorial 669
pamphlet, pp.1 – 7. N.p. [1942].

Yesipov, B. P., and N. K. Goncharov. *I Want to Be Like Stalin*. Translated by George S. Counts and Nucia P. Lodge. New York: John Day Co., 1947.

索 引①

① 本索引中每个条目后所附的页码为英文原书页码,即本书边码。——译者

译后记

作为哲学家、社会学家和教育家，杜威的一生都关注人的问题，关注人类的前途和命运。经历了第二次世界大战的杜威，晚年关注这些问题的兴趣不曾稍减。第二次世界大战引发了一系列思想危机：首先是人类理性的危机。两次世界大战表明，理性无法驾驭、更无法战胜情感和意志，在为情感和意志左右的人类行为面前，理性是那样苍白无力。其次是对人生价值和意义的怀疑。面对日益陌生、充满暴力、失去意义的世界，人与世界、人与人更加疏离，更多的人们选择逃避，不再抱有积极的人类关怀，不再追求人生的价值和意义。再次是在无序的世界中产生的对自由、民主、科学、教育等现代社会的价值观与政策的怀疑。人的自由与个人主义的混淆，民主制度向极权主义的妥协，科学技术与伦理道德的割裂，人文教育与职业教育的分离，使得向往稳定生活的人们趋于向传统妥协，试图重新以传统规范现实，以重新追求"永恒"来逃避时空的变迁，回避社会的发展。

杜威深刻地洞察到，个人与社会、情感与理性、物质与精神的二元对立，是人类社会危机的根本原因。人与世界的疏离，价值理想的消失，更加重了这种危机，但人类绝不能由此转向绝对主义。绝对主义只能导致自由民主的社会向极权专制的社会妥协，导致社会的更深层的危机。耄耋之年的杜威仍然倡导积极的社会价值观导向，促进对积极生活意义的追寻，主张对社会自由、民主、科学、教育等现实问题进行哲学思考，引导哲学家担负起关注人类共同体健康发展的重任。半个多世纪过去，人类社会有了长足的发展，但也积累了更多的问题，机遇与危机并存。杜威当时关注的社会问题，在当今世界与中国社会依然有其现实意义。杜威一生致力于捍卫人的自由，但他认为，必须划清人的自由与个人主义的界限。个人不能成为绝对的个人，个人的自由不能被看作是摆脱社会道德约束的自由。人的个体性与社会性，是人的实际存在的两个方面。片面的个人主义运动只能导致同样片面的社会主义运动。必须结束人与社会的二元对立，防止自由放任的个人主义的泛滥，关注社会合作与联合，同时必须防止极权主义的统治方式，保障个人的自由与发展。

当代社会并未消除人与社会的二元对立，并未解决好个人自由与社会整合的问题，个人与社会的矛盾在现代社会日益突出。诚如杜威所见，人类社会的健康发展，既要保证个体的发展，不能以绝对主义、极权主义的方式来保障社会秩序，也要保证社会有序、向善地发展，不能任孤立的个体无节制地随心所欲。也诚如杜威所见，就世界范围而言，世界是多元的，当代世界的问题是多元的世界如何合作、联系与整合的问题。因此，杜威提出的当代哲学与社会科学的任务，依旧是我们当今的任务，即探索哪一种社会关系一方面能保证人的个体性成为可能，另一方面能够保证人与人之间形成密切的合作与联合，保障人民的民主权利与社会的健康发展，并且探索将这种社会关系扩大到人类关系的所有领域，保护并扩大人类的自由。

当代社会并没有消除精神与物质的二元对立，崇尚物质层面的成功成为现代人的特征，而精神层面的追求则在强大的物质成功面前显得苍白无力，至多成为象牙塔中的雕琢。杜威认可詹姆斯对美国人生活中主要缺点的论述：最理想的成功只是物质层面上最大限度地、尽快地达到目的。诚如他们所言，当代世界在某种程度上确实是拜物教取得了成功。从个人追求物质享受，到各地政府追求 GDP，物质层面的成功成为社会所推崇的价值标准；从道德底线的丧失，到空洞的意识形态说教，精神层面的败退已成为不争的事实。或者可以说，当代社会正在加速马尔库塞所说的单向度的物质社会与单向度的物质的人的发展，正在以物质层面对精神层面的压倒优势来克服精神与物质的二元对立。

为消除人与社会的二元对立，消除精神与物质的二元对立，杜威一生致力于哲学研究。他认为，就哲学研究的内容而言，专业的哲学研究是有必要的，在哲学家圈子中和在学院的哲学教学中，构成体系和学说的各种哲学结论都应拥有其位置。然而这些只是职业兴趣，面对人类面临的重大问题，面对大众的兴趣，这些都是微不足道的。哲学应当积极面对实际生活中亟待解决的问题，为人类提供更有价值、更有意义，更实际、更亲切的智慧的指导。他反对致力于“永恒的”哲学问题的研究，但他认为哲学应当把引导人类善恶行为作为终极关怀，这是极端重要的，是名副其实的终极目的。哲学体系的原则、力量、重要性和存在的理由，便是关注人类生活和世界万物的意义问题。他认为，生活应当永远是生动的。要去发现世俗的平凡的真理，因为生活本身是藉此发展的。生活在发展的同时，也揭示了更多鲜活的真理，这些真理之所以是鲜活的，是因为它们不是封闭的、已完成的绝对真理。

就哲学研究的方法而言，杜威主张经验主义的方法、相对性的方法，反对各种形式的绝对主义。他认为绝对是孤立的，不能通过考察其各种关系作出判断，而相对性是标志整个哲学与科学探索的特征，经验主义的方法是科学探索的有效方法。但杜威也反对科学探索仅仅停留在特殊性上，反对哲学研究仅仅停留在对各门科学的分门别类指导方面。他认为，科学探索需要更广泛的时空联系，它们永远趋向于一般，而哲学研究必须将社会物质层面要素与社会精神层面要素的研究结合起来，形成综合性的对社会发展方向的说明与指导。

杜威从哲学层面探讨了与二元对立有关的当代社会特别突出的一些问题，例如人与自然、人与社会、人与环境的关系问题，人的理智与情感的问题，价值评价的客观性与主观性的问题，科学的社会作用的问题，等等。在人与自然的关系方面，杜威认为，人与自然主客二分的方法在历史上起过积极的作用，建立人的心灵和自我的内在的权威，反对神学与既定制度的外在的权威，使得科学得以发展，社会得以进步。但是，当代科学进步已经表明，人是世界的一部分，而不是与世界对立的存在物，因此再坚持主客二分，便妨碍了理智地讨论当今社会的问题，如人与环境关系的问题、目的与工具的关系问题等。

反观当今社会，人与自然、人与环境的矛盾日益突出，极端膨胀的物欲导致向自然无节制地索取，地球的资源正在耗竭，生态环境正受到空前的破坏。人类社会有如一列高速行驶但制动失灵的列车，大多数乘客对列车的高速津津乐道，但却不关心列车最终驶向何方。如果我们像杜威一样，不再坚持主客二分，而是把人类置于自然之中，理智地看待发展问题，把人们的欲望限制在地球可承载的范围之内，人类社会这辆列车就可以在方向明确的轨道平稳行驶。

为消除人与社会、情感与理性、物质与精神的二元对立，杜威一生还致力于教育研究与实践。他向往自由的、人文的、与个人自身兴趣和职业需求相结合的教育。他看到，自由的、非学院式的教育能够使年轻人积累广泛的经验，促进对探索世界奥秘的渴望，追求精神与人格的独立，使个人与社会都变得更加富有。他还看到，呆板的学院式教育，各种不必要的考试与测验，会扼杀年轻人的创造性和创新思维；过于专注于学术的教育，会使得年轻人为学术而学术，丧失在周围环境中汲取新营养、获得新活力的兴趣，同时丧失对整个世界的人文关怀。但杜威也看到，现代社会教育日益标准化，过去的非学院式的、广泛积累各种经验的自由教育已经不再可能，当今世界从事教育的教师们只能面对这样的事实，只能经常反思自己引导学生步入专业领域的方法，是否压抑了年轻人的天赋与兴趣，是否限制了人们的眼界与思路，是否妨碍了人们利用当代科学文化提供的资源，是否忽视了人文关怀和对人类的生活意义的寻求。

面对当今世界的学院式的标准化和职业化的教育，杜威采取的态度是：一方面，反对复古，反对按照古希腊的传统，将教育分为自由的、人文的教育与技术的、实用的教育，分为精英教育和职业教育，认为教育领域必须打破实用的教育与自由的教育之间的分离；另一方面，面对现实，关注当今普及化的职业教育，使实用的、职业的教育人文化，使之获得人文导向。杜威强调，当代的科技和职业教育如果没有人文的源泉和灵感，就不能使人获得自由，不能保证人们具有正确评价当今世界的环境与需求的能力；而经典理论如果割断了与时代生活需要的联系，就不能接纳当代科学技术的新的方法，就会成为僵化的、过于学术的教条。只有人文教育与职业教育的结合而不是分离，才是使人真正获得自由的教育。

缺乏人文关怀的教育，既是物质和精神两分的产物，又会加剧物质和精神的对立。人文关怀是人类文明的一种境界。文明不应当理解为对自然的征服，而应当理解为和自然的统一。文明也不仅应当理解为物质的极大丰富，更是物质文明基础上的精神世界的丰富。超越了物我两分的限制，人的精神境界的提升就会超越对物质财富的追求，对自然的开发就不会无节制，社会发展就会向理性与情感的平衡回归。

先哲远逝，精神永存。读者若能够通过杜威晚期文章了解杜威思想的万一，则译者幸甚。

余灵灵

2015 年 4 月

图书在版编目(CIP)数据

杜威全集.晚期著作:1925～1953.第15卷:1942～1948/(美)杜威著;余灵灵译.—上海:华东师范大学出版社,2015.4
ISBN 978-7-5675-3380-6

Ⅰ.①杜… Ⅱ.①杜…②余… Ⅲ.①杜威,J.(1859～1952)—全集
Ⅳ.①B712.51-52

中国版本图书馆CIP数据核字(2015)第075947号

国家社科基金重大项目资助(项目批准号:12&ZD123)

杜威全集·晚期著作(1925—1953)
第十五卷(1942—1948)

著　　者　[美]约翰·杜威
译　　者　余灵灵
策划编辑　朱杰人
项目编辑　王　焰　曹利群
审读编辑　朱华华
责任校对　高士吟
装帧设计　高　山

出版发行　华东师范大学出版社
社　　址　上海市中山北路3663号　邮编200062
网　　址　www.ecnupress.com.cn
电　　话　021-60821666　行政传真021-62572105
客服电话　021-62865537　门市(邮购)电话021-62869887
地　　址　上海市中山北路3663号华东师范大学校内先锋路口
网　　店　http://hdsdcbs.tmall.com

印 刷 者　上海中华商务联合印刷有限公司
开　　本　787×1092　16开
印　　张　39.5
字　　数　646千字
版　　次　2015年4月第1版
印　　次　2015年4月第1次
印　　数　1—2100
书　　号　ISBN 978-7-5675-3380-6/B·930
定　　价　118.00元

出 版 人　王　焰